修改后刑诉法实施与检察工作

XIUGAIHOU XINGSUFA SHISHI YU JIANCHA GONGZUO

曾页九／主编

中国检察出版社

《修改后刑诉法实施与检察工作》
编辑委员会

前　　言

2012年3月，十一届全国人大五次会议审议通过了《全国人民代表大会关于修改〈中华人民共和国刑事诉讼法的决定〉》。刑事诉讼法的修改与检察工作关系密切，贯彻落实修改后刑事诉讼法直接影响检察工作全局。准确理解和把握刑事诉讼法修改的重大意义、立法宗旨、立法原则和制度规定等，是当前和今后一个时期检察机关一项重大而紧迫的任务。曹建明检察长在全国检察长座谈会上强调，要牢固树立“五个意识”，进一步做到“六个并重”，着力转变和更新执法理念，这为检察机关全面贯彻修改后刑诉法指明了方向。

为更好地理解“六个并重”，切实转变执法理念，规范执法行为，江西省人民检察院于2012年10月10日至11日在南昌举办了“坚持‘六个并重’，全面贯彻修改后刑诉法论坛”，省院领导、检委会专职委员、副厅级检察员、副巡视员、各内设机构负责人，各市分院检察长、研究室主任及部分论文作者代表共计80余人参加。论坛得到了高检院和省内部分高校的大力支持，检察日报社社长李雪慧、最高人民检察院检察理论研究所副所长谢鹏程作了专题辅导发言和精彩点评；同时也得到了全省检察机关的积极响应，各级检察长带头参与、亲自领题，检察人员认真撰写、踊跃投稿，论坛共收到论文119篇。这些论文主题鲜明、形式规范、言之有据，围绕“坚持六个并重”的研讨主题，结合修改后刑诉法规定和检察工作实际进行了深入研究，体现出了一定的研究能力和学术水平，集中反映了近一段时期我省检察机关学习研究修改后刑诉法的最新成果。

我们从论坛论文中精选出65篇汇编成《修改后刑诉法实施与检察工作》，旨在总结交流学习贯彻修改后刑诉法的最新成果和成功经验，进一步明晰修改后刑诉法的深刻内涵和对检察工作的要求，增强全省检察机关贯彻落实的紧迫感和责任感，真正做到与修改后的刑诉法有序衔接，推动全省检察工作科学发展。

江西省人民检察院法律政策研究室

二〇一二年十二月

目　录 CONTENTS

概　述

坚持惩治犯罪与保障人权并重

坚持程序公正与实体公正并重

坚持全面客观收集审查证据与坚决依法排除非法证据并重

坚持司法公正与司法效率并重

坚持强化法律监督与强化自身监督并重

坚持严格公正廉洁执法与理性平和文明规范执法并重

附　录

概　述

坚持“六个并重”
全面贯彻落实修改后的刑诉法

曾页九*

2012年3月，十一届全国人大五次会议审议通过了修改后的刑事诉讼法，这是我国刑事法治建设的重要成果，也是刑事法律界的一件大事。全面做好实施修改后刑事诉讼法的各项准备工作，是现阶段检察机关工作任务的重中之重。周永康书记在实施修改后刑诉法座谈会上突出强调，要牢固树立“五个意识”；曹建明检察长在全国检察长座谈会上反复强调，要始终坚持“六个并重”，这是刑诉法修改原则和价值取向的高度概括，也是社会主义刑事司法的基本要求。全省检察机关要深刻领会，牢牢把握，勇于创新，使自觉践行“六个并重”真正深入人心，植根实践沃土，促进全面正确有效地贯彻执行修改后的刑诉法。

一、深刻认识刑诉法修改对检察工作的重大影响

这次刑诉法的修改，是对我国刑事诉讼理念、原则、任务以及具体制度设计的一次重大调整和完善，涉及总则、辩护制度、证据制度、强制措施、侦查措施、审判制度、执行制度以及特别程序等多个方面，很多修改内容都与检察工作密切相关，对于检察机关的执法理念、执法行为、执法模式、执法能力、执法保障等必将产生直接而深远的重大影响。总的来讲，是机遇和挑战并存，有利条件和严峻考验同在。

从机遇的角度看，修改后的刑诉法对证据制度、辩护制度、强制措施等作了重要补充，对侦查、起诉、审判、执行以及特别程序作了重要完善，有利于检察机关更好地执行法律；进一步明确了检察机关在刑事立案、侦查、审判、刑罚执行等各个环节的法律监督职能，有利于检察机关更好地维护司法公正；赋予了检察机关实施技术侦查、调查核实等权力，适当延长了传唤、

* 江西省人民检察院党组书记、检察长。

拘传时间，有利于检察机关更好地发挥惩治犯罪、促进廉政、维护稳定的重要作用。

从挑战的角度看，修改后的刑诉法对检察工作的要求越来越高，更加强调尊重和保障人权，更加强调对司法权力的规制和监督，更加强调程序公正与实体公正并重，更加强调证据在诉讼活动中的重要地位，这些修改使得控辩双方的对抗性明显增强，指控犯罪、突破案件、获取证据的难度越来越大，侦查监督、公诉、职务犯罪侦查等工作面临重大挑战。修改后的刑诉法赋予了检察机关新的诉讼监督职能，增加了检察机关承担的出庭公诉等工作任务，执法办案力量面临严峻考验。

鉴于这些情况，全省检察机关要深刻认识刑诉法修改对检察工作带来的新机遇、新挑战，切实增强责任感和紧迫感，把全面贯彻修改后的刑诉法作为事关法律监督职能全面正确有效履行和深入推进检察事业科学发展的大事来抓，牢牢把握机遇，沉着应对挑战，确保修改后的刑诉法在检察工作中得到不折不扣的贯彻执行。

二、准确把握“六个并重”的基本内涵

在2012年7月召开的全国检察长座谈会上，最高人民检察院曹建明检察长就贯彻实施修改后的刑诉法提出要始终坚持“六个并重”，即坚持惩治犯罪与保障人权并重、程序公正与实体公正并重、全面客观收集审查证据与坚决依法排除非法证据并重、司法公正与司法效率并重、强化法律监督与强化自身监督并重、严格公正廉洁执法与理性平和文明规范执法并重。这“六个并重”，是对这次刑诉法修改原则和价值取向的高度概括，是对周永康同志强调的“五个意识”的进一步深化，与“六观”和“六个统一”一脉相承，充分体现了我国刑事诉讼制度对检察工作提出的基本要求，具有很强的理论性、思想性和针对性，对于检察机关贯彻落实修改后的刑诉法具有十分重要的指导意义。其中，坚持惩治犯罪与保障人权并重，集中反映了刑事诉讼的基本目标，是贯穿刑诉法修改的一条鲜明主线，也是检察机关贯彻实施修改后刑诉法必须坚守的一项重要原则；程序公正与实体公正并重，是对司法公正的深刻阐释和全面把握，更加凸显了程序的独立价值，是提升检察机关办案质量和执法公信力的重要保证；全面客观收集审查证据与坚决依法排除非法证据并重，充分体现了证据在刑事诉讼中的核心和基石地位，是保证办案质量、实现司法公正的关键，也是防范刑讯逼供等违法取证行为的重要途径；司法公正与司法效率并重，是社会主义司法制度追求的重要价值目标，是这次刑诉法修改统筹兼顾的重要方面；强化法律监督与强化自身监督并重，是检察

机关法律监督属性的内在要求，也是检察机关基于客观公正立场而作出的必然选择，充分体现了党和人民对检察机关的要求和期待；严格公正廉洁执法与理性平和文明规范执法并重，积极回应了刑诉法修改对司法工作提出的更高要求，既反映了执法的核心价值和本质要求，也表明了执法的行为方法和基本准则，有利于促进检察机关公正规范执法，树立良好形象。全省检察机关要站在全局和法治的高度，深刻领会刑诉法修改的价值取向和基本原则，准确把握“六个并重”的思想内涵和精神实质，进一步更新和转变执法理念，指导和推动修改后的刑事诉讼法全面正确有效地贯彻落实。

三、正确处理贯彻实施修改后刑诉法涉及的几个重大关系

贯彻实施修改后的刑诉法，涉及新旧法律的衔接、与已出台司法改革措施的关系等一系列重大关系。我们要从有利于推进法治进程、有利于尊重和保障人权、有利于规范执法行为的高度出发，积极稳妥地处理好这些重大关系，保证修改后的刑诉法正确有序实施。

*要正确处理好过渡时期适用新旧刑诉法的关系。*根据最高人民检察院的要求，对于新刑诉法关于尊重和保障人权、不得强迫自证其罪以及非法证据排除等原则性规定，在执法办案中应当立即贯彻执行；对于有关限制司法权力、有利于保障当事人权利的规定，如拘留和逮捕后通知家属等，现在就可以参照执行；对于新增加的对检察机关的授权性规定，如传唤和拘传时间的延长等，必须在新法正式实施后才能执行；对于现行制度规范要求比修改后的刑诉法规定更为严格的，如讯问同步录音、录像制度等，要严格执行现行制度规范，不得任意降低要求。

*要正确处理好新刑诉法与已出台司法改革措施的关系。*这次刑诉法修改，吸收或调整了一系列司法改革的重要成果，进一步完善了刑事诉讼制度。同时，也有一些司法改革措施没有上升到立法层面。因此，要正确处理贯彻实施修改后的刑事诉讼法与深化司法改革的关系，对中央已经批准实施的司法改革措施，这次刑事诉讼法修改没有涉及的，比如对公安机关不应当立案而立案的情形进行监督，对司法人员在诉讼活动中的违法行为可以采取“建议更换办案人”的方式进行监督等，应当依照中央批准的文件规定的原则和要求，继续探索，稳步推进；对刑诉法已作明确规定，各地在检察改革实践中探索的做法与刑诉法规定不一致的，如附条件不起诉、当事人和解的公诉案件诉讼程序等，要按照刑诉法的要求进行调整；对刑诉法未作规定，检察改革措施不违背刑诉法精神的，应当继续稳步探索和推进。

*要正确处理好全面推进与试点探索的关系。*在贯彻实施修改后刑诉法过

程中，必然会遇到这样或那样的、新情况新问题，由于没有现成的模式可以套用或者借鉴，就须要我们立足实际、因地制宜、积极稳妥地采取措施加以解决。特别是对于一些涉及面广或难度较大的问题，应当先行稳步开展一些试点工作，在探索积累比较成熟的经验之后，再全面推开，避免发生不良后果，造成不必要的损失，使修改后刑诉法的贯彻实施工作有序、良性地运行。

四、注意把握贯彻实施修改后刑诉法的几个重大问题

随着2013年1月1日起修改后的刑诉法正式实施，检察工作将面临严峻考验和重大挑战。我们要积极适应刑诉法修改后检察职能的新调整、新变化，深入研究和思考对策措施，妥善应对可能出现的重大情况和问题，确保全面、正确、有效地履行法律监督职责。

要进一步强化刑事诉讼监督。修改后的刑诉法扩大了检察机关对刑事诉讼活动的法律监督范围，赋予了检察机关依法对侦查措施是否合法，非法收集证据行为，指定居所监视居住，阻碍辩护人、诉讼代理人行使诉讼权利，对死刑复核、精神病人强制医疗的决定和执行等进行法律监督的任务，配套完善了监督程序，丰富了监督手段，增强了监督效力。面对强化诉讼监督的新形势，全省检察机关要认真执行相关规定，切实履行好各项法律监督职责，坚决保障司法权依法行使，更加有力地维护司法公正。

要坚决防止检察权滥用。检察权依法规范行使，是对检察机关的基本要求。只有坚持严格规范执法，检察机关才能赢得执法公信力，才能真正发挥好监督作用。修改后的刑诉法在赋予检察机关开展法律监督的诸多新职能的同时，也对检察机关规范行使职权、加强自身监督制约提出了一系列新的更高要求。我们一定要准确把握立法精神，严格按照修改后的刑诉法规范行使检察权，有效防范执法办案中可能出现的偏差和风险，特别是要坚决防止超越权力边界和极限，坚决防止违背立法初衷将例外规定常态化，坚决防止滥用检察权侵害当事人的合法权益。

要依法正确适用侦查措施和强制措施。修改后的刑诉法根据司法实践的需要，规定了技术侦查措施、指定居所监视居住等新的侦查措施和强制措施。从实践来看，这些措施运用得当，有利于侦查办案、追究犯罪；反之，就很容易对公民权益造成侵害，产生负面影响。因此，要全面准确地理解立法意图，严格按照法律规定的条件和程序，正确运用这些措施，既敢于依法使用，又要稳妥慎重，以便准确、及时、有效地揭露犯罪、证实犯罪、惩治犯罪，更好地保障国家安全和社会安全，维护良好的社会秩序。

要切实保障律师执业权利。保障律师依法行使诉讼权利，既是检察机关的法定职责，也是保证检察机关办案质量的一个重要条件。这次刑诉法修改，辩护制度是一个重点和亮点，对律师会见、阅卷、调查取证等权利的保护比以往前进了一大步，这是我国刑事诉讼制度不断走向文明和成熟的表现。我们一定要积极适应这一修改，正确认识辩护制度在刑事诉讼中的重要作用，不仅在自身的执法办案中要坚决维护律师的执业权利，对其他司法机关严重妨碍律师依法执业的行为也要依法监督纠正。

贯彻实施修改后的刑事诉讼法，是当前和今后一个时期全省检察机关的一项重要任务。各级检察院要把它作为“一把手”工程，切实加强组织领导，抓紧做好实施前的各项准备工作，为贯彻实施修改后的刑诉法营造良好氛围、奠定坚实基础、创造有利条件。要切实解决等待观望、消极畏难等情绪，进一步增强贯彻实施的紧迫感和自觉性。要继续抓好学习培训，提升素质能力，保证每一位检察人员对修改后的刑诉法都能熟练掌握、弄通会用。要主动争取党委、人大、政府和有关方面的关心、重视和支持，着力协调解决人财物等方面的困难和问题。要突出加强基层执法办案力量，进一步解决人员编制紧张、检察官断档等问题，确保修改后刑诉法赋予的各项职责任务落到实处。

贯彻实施修改后的刑诉法，关系检察工作全局，关系检察事业的长远发展。我们要深刻理解和准确把握“六个并重”，全面贯彻落实修改后的刑诉法，更好地强化法律监督、维护公平正义、推动科学发展、促进社会和谐，为建设富裕、和谐、秀美江西作出新的更大贡献！

转变执法理念　全面贯彻修改后刑诉法

薛江武*

此次刑诉法修改，是继1996年之后的又一次重大修改，它从我国的基本国情出发，对我国现行刑事诉讼法律制度作了重要补充和完善，既强化和细化了人权保障措施，又加大了惩治犯罪力度，充分彰显了近年来我国民主法治建设和司法体制改革的巨大成就，对促进我国刑事诉讼制度和刑事司法工作的不断完善和发展、切实维护社会和谐稳定具有重大的现实意义和深远的历史意义。检察机关执法办案涉及刑事诉讼全过程，刑诉法修改对检察工作影响深远、意义重大，机遇与挑战并存。检察机关要切实转变执法理念，坚持“六个并重”，全面正确贯彻修改后刑诉法。

一、深刻认识修改后刑诉法对检察工作带来的挑战

立法的每一次进步都是对执法者的一次全新挑战。此次全国人大关于修改刑诉法的决定共111条，其中对检察机关直接作出规定的有20多条，关系较紧密的有近50条，进一步拓宽了检察机关对刑事诉讼活动法律监督的范围，丰富了监督手段，增加了监督责任。检察机关贯彻修改后的刑诉法既面临着难得的机遇，也面临着前所未有的挑战。

（一）对检察机关的执法理念提出了更高要求

惩治犯罪和保障人权，是刑事诉讼制度的目的和基本功能。此次刑诉法修改，无论从刑诉法的原则层面，还是从非法证据排除、侦查措施和强制措施的适用、证据合法性的监督审查、诉讼参与人权利保障等具体规定上，对人权和诉讼权利的保障都有了更为具体的内容和更高的要求。检察机关既是法律监督者，又是刑事诉讼的直接参与者，必须顺应这一变化和要求，不断强化人权保障意识、证据意识和诉讼民主意识，切实保障当事人的合法权益，履行法律监督职能。要进一步清醒认识到，检察机关不仅负有监督公安机关、人民法院及其工作人员尊重和保障人权的职责，而且自身执法办案必须更加

* 江西省人民检察院党组副书记、副检察长。

重视尊重和保障人权。要尊重犯罪嫌疑人、被告人作为“人”所应当享有的基本权利和人格尊严，依法保障犯罪嫌疑人、被告人的辩护权、获得法律援助权、不受强迫证实自己有罪权、不受任意逮捕权、获得公正审判权、上诉权、申诉权等，依法保障被害人的案件处理知情权、获得赔偿权、获得法律援助权等诉讼权利，保证无罪的人不受刑事追究。

（二）审查逮捕工作和审查起诉工作任务加大、要求提高

修改后刑诉法对审查逮捕工作增加了讯问犯罪嫌疑人、询问证人等诉讼参与人、听取辩护律师意见、逮捕必要性审查等内容，在法定时限基本不变的情况下，工作任务加大。尤其是对捕后羁押必要性审查的具体操作，还有待于对审查时间、方式、内容、救济措施等进行进一步规范，以切实发挥羁押必要性审查对遏制不当逮捕、减少判前羁押的重要作用。

此次刑诉法修改，加大了对律师执业权利的保障，并规定在法庭审理过程中，对与定罪、量刑有关的事实、证据都应当进行调查、辩论，这就将控、辩双方置于更加平等的地位；同时，修改后刑诉法增加了非法证据排除程序和庭前会议程序，出庭公诉工作将由过去的定罪公诉向定罪公诉、量刑公诉和程序公诉三位一体转变，这都将导致庭审抗辩性越来越强，指控犯罪的难度加大，公诉工作面临重大挑战。此外，简易程序审理案件检察院应当派员出庭和二审开庭范围扩大的规定也使得审查起诉工作任务大量增加。

（三）职务犯罪侦查工作难度增大

修改后刑诉法增加的不得强迫自证其罪以及非法证据排除、侦查人员出庭作证、讯问场所严格限定、律师会见权利的充分保障、近亲属免除强制出庭作证义务等规定，使职务犯罪侦查难度越来越大，侦查模式和侦查能力面临重大挑战。原先偏重依赖口供办案、传统人力型办案和侦查部门分割办案的侦查模式都不能适应刑诉法修改的要求，亟须向综合运用各种侦查措施，切实加强初查，实行全程同步录音、录像，依法全面收集证据，综合运用情报信息、科技手段侦破案件，完善侦查一体化，有效整合资源，加强内外部协作配合的侦查模式转变。

（四）增设的特别程序对检察机关的法律监督提出了新要求

修改后刑诉法新增的四个特别程序，在丰富检察机关监督层面、拓宽监督领域的同时，也带来许多新的任务，如对未成年犯的教育、感化、挽救和社会调查，对附条件不起诉对象的监督考察，对刑事和解自愿性、合法性的审查以及和解协议的主持制作，对犯罪嫌疑人、被告人逃匿死亡案件违法所得没收程序和精神病人强制医疗程序的申请和裁决的监督等。这些规定对检察机关的法律监督提出了新课题、新要求，需要我们加强探索和研究。

二、坚持"六个并重"，促进执法理念的根本转变

理念是行动的先导，是指导实践的思想基础。贯彻实施修改后刑诉法，检察机关面临的挑战很多，但最主要的是执法理念的挑战。周永康书记在实施修改后刑诉法座谈会上突出强调要强化"五个意识"，曹建明检察长在全国检察长座谈会上重点提出要做到"六个并重"。"五个意识"是对刑诉法修改原则和价值取向的高度概括，"六个并重"是"五个意识"的具体要求，既为检察机关贯彻修改后刑诉法提供了保障，也为检察工作创新发展指明了方向。在贯彻修改后的刑诉法过程中，"六个并重"是必须始终坚持的执法理念，也是必须始终坚持的工作要求。坚持"六个并重"，是全面、客观、准确实施修改后刑诉法的关键。只有坚持"六个并重"，才能真正正确把握刑诉法修改的基本原则和价值取向，正确把握司法规律和诉讼原理，切实转变执法理念和执法方式，促进诉讼民主、诉讼文明、诉讼公开和诉讼监督，使法治精神在检察工作中得到更好的体现和落实。我们要认清新形势、发现新问题、迎接新挑战，全面把握"六个并重"内涵，不断更新执法理念，主动适应修改后刑诉法的新要求。

坚持惩治犯罪与保障人权并重，就是要充分认识到，尊重和保障人权是维护宪法尊严、建设法治国家的必然要求。我们一定要切实转变执法理念，采取措施，在刑事诉讼各环节全面贯彻人权保障的要求，切实避免违规违法办案和侵犯人权现象的发生。要尊重和保障犯罪嫌疑人、被告人依法享有的辩护权和其他诉讼权利，尊重和保障其健康权、财产权等基本人权，特别是着力防止刑讯逼供、暴力取证，着力防止违法限制涉案人员人身自由，着力防止涉案人员非正常死亡等办案安全事故，着力防止违法查封、扣押、冻结和处理涉案款物，全面加强刑事诉讼中的人权保障。同时也要防止因过分强调人权而忽视对犯罪的打击，要始终坚持两者兼顾，平衡发展。

坚持程序公正与实体公正并重，就是要凸显程序公正的独立价值，真正把程序公正作为保证办案质量、实现实体公正的前提和基础，以程序公正促进实体公正。切实防止和克服程序违法现象，依法保障诉讼参与人的实体和程序权利。要加强案件管理机制建设，依托信息化平台，实现对执法办案的统一、全程、动态管理，以有效促进规范执法，提高办案质量和效率，强化内部监督制约，为程序公正的实现提供可靠的制度机制保障。

坚持全面客观收集审查证据与坚决依法排除非法证据并重，就是要牢固树立证据意识，全面提高收集、审查和运用证据的能力。要强化证据审查理念，切实提高依法收集审查证据的能力，一方面要更加重视规范文明执法，

提高依法收集证据的能力，更加注重证据合法性审查，把排除非法证据落实到侦查、审查逮捕、审查起诉等各个诉讼环节，切实承担起对其他侦查机关和侦查人员非法取证行为进行调查核实和提出纠正意见的法定职责。另一方面，要加强对言词证据以外的其他证据特别是电子数据证据的收集取证能力，高度重视侦查技术的运用和侦查信息化建设，强化初查能力，逐渐改变“由供到证”的办案模式，弱化对口供的依赖性。

坚持司法公正与司法效率并重，就是要强化时效意识，严格遵守法定时限要求，确保程序公正得到有效实现。法定时限关乎人权与自由，关乎司法公信力。要严守法定时限要求，决不超期羁押，决不随意延长期限，切实防止发生各种不必要、不合理甚至不合法的诉讼拖延。面对案多人少的突出矛盾，通过繁简分流、多部门联动、类案办理等工作，依法缩短诉讼周期，不断提高办案水平。

坚持强化法律监督与强化自身监督并重，就是要树立监督者更要接受监督的权力观，全面提高司法公信力。要更加注重坚持客观公正立场，敢于监督、善于监督、依法监督、规范监督，在一些新的领域积极稳妥探索如何开展监督、完善监督，促进有关部门依法行使侦查权、审判权、执行权，共同履行好惩罚犯罪、保障人权的法律责任。要做到自身正、自身硬、自身净，大力加强自身监督制约机制建设。要克服重配合、轻监督的习惯办案思维，强化检察机关各业务部门之间、执法办案各环节之间的监督制约，强化纪检监察部门的监督，严格按照法定权限和程序行使权力、履行职责，保障检察权的正确行使。

坚持严格公正廉洁执法与理性平和文明规范执法并重，就是要牢固树立正确的执法观，努力实现忠诚、为民、公正、廉洁的政法核心价值。各级检察机关要认真分析执法办案中存在的一些不规范问题，特别是反复发生、成为“顽症”的根源，下决心、下大气力对执法办案各环节的程序进行严格的规范，坚决纠正一切违反刑诉法的行为。尤其是要正确理解和适用强制措施、侦查措施，坚持“必要性和最低限度”等原则，依法正确行使职权，切实做到以法为据，以规范执法促进公正执法，树立良好的执法形象。

三、坚持“六个并重”，全面正确贯彻修改后刑诉法

检察机关学习贯彻修改后刑诉法要认真学习领会曹建明检察长的讲话精神，切实把思想认识统一到修改后刑诉法的立法精神上来，统一到树立“五个意识”、坚持“六个并重”的要求上来。

（一）妥善应对检察职能新变化带来的挑战与问题

修改后刑诉法进一步细化和明确了检察机关在刑事立案、侦查、审判、刑罚执行等各个环节的法律监督职能，赋予了检察机关新的职责任务，明确了检察机关相应的法律监督手段和效力，拓展了检察机关的工作领域，检察机关面临新的重大机遇和挑战。贯彻好修改后的刑诉法要注意把握工作重点和关键环节。

第一，在审查批捕工作中，要强化对逮捕必要性的审查。改变“构罪即捕”、“一押到底”的习惯做法，体现宽严相济、减少羁押的立法原意，按照“必要羁押”的理念要求，严把批捕审查关，同时要规范捕后羁押必要性的审查，明确审查职责、审查时间和审查方式。对于可捕可不捕的，应当坚持不捕；对采取逮捕措施的，要随着诉讼的进展和案情的变化对继续羁押的“必要性”进行审查，该变更的要及时变更或者解除。

第二，在起诉工作中，要强化对证据合法性与证明力的审查。公诉工作要从定罪公诉向量刑公诉和程序公诉转化，牢固树立尊重人权意识，保障刑事辩护权利的落实。加强侦、捕、诉配合，完善介入侦查、引导取证工作机制；用好庭前会议程序，尽可能把难题解决在庭审之前；加强证据综合分析判断，依法排除非法证据，确保证据的合法性和证明力。

第三，在侦查工作中要转变侦查模式，提高案件突破能力与规范执法水平。要转变思路，高度重视初查阶段调查取证工作，充分利用技术侦查措施，加强情报采集和固定，全力突破对口供的依赖性，有效应对翻供串供和取证阻力加大、侦查难度加大等情况，在严格依法的框架下促进办案工作的持续发展。加快推进侦查信息化和装备现代化建设，着力提高开放、透明、信息化条件下的侦查能力，推动职务犯罪侦查预防工作平稳健康发展。

第四，在诉讼监督工作中，不断提升监督能力，有效应对监督范围扩大、监督手段增强、监督要求提高的新变化。将由申诉、控告启动监督与依职权主动进行监督相结合，严格按照法定程序开展监督工作，注意听取侦查机关的意见，区分情况采取不同的监督纠正措施。要进一步明确办理简易程序案件的重点，妥善应对四个特别程序带来的新任务。全面落实刑诉法对涉罪未成年人特别保护的一系列规定，加强办案专业化建设，积极依靠社会力量做好未成年人犯罪的帮教预防工作。认真执行当事人和解的公诉案件诉讼程序和犯罪嫌疑人、被告人逃匿、死亡案件的违法所得没收程序。

（二）积极稳妥地进行有关试点工作

为了实现新法实施的有效衔接，各地已经开展了一些试点工作，比如未成年人犯罪案件诉讼程序，当事人和解的公诉案件程序，简易程序案件办理，关键证人、鉴定人、侦查人员出庭，信息化侦查，羁押必要性审查等试点工作都在进行。省院和市分院对于已经开展的试点工作要加强指导和调研，对于还未开展试点工作的，市分院可以结合本地实际，有选择性地稳步开展，进行探索。要及时总结、评估、交流试点经验，对于可行性、可操作性比较好，成熟的经验和做法要尽快报送材料，在全省检察机关推行，并力争取得好的效果和影响，为明年修改后刑诉法的实施积累经验，奠定基础。

（三）进一步规范执法办案工作

修改后刑诉法在赋予检察机关开展法律监督的诸多新职能的同时，也对检察机关规范行使职权提出了更高的要求。规范执法关系到案件的质量，关系到检察机关的形象，能不能做到规范执法是对我们执法能力的考验。我们一定要把握好权力边界和权力限度，强化自我约束，防止权力滥用。

一要依法履行职责。要严格按照法律规定的条件、范围、程序依法履行职责，严格执行《人民检察院刑事诉讼规则》和其他规范性文件中规定的监督制约机制，切实保障检察权规范行使。

二要正确适用强制措施。在适用强制措施时，要注意与犯罪嫌疑人的人身危险性程度和犯罪的轻重程度相适应，对于可采取可不采取强制措施的，应当坚持“不采取”；能采取低强度的措施，就不要采取高强度措施；采取强制措施后，要随着案情的变化对羁押必要性进行审查，该变更解除的要及时变更或者解除。特别是在技术侦查、指定居所监视居住等涉及人身财产权利强制措施的适用方面，务必防止出现权力滥用。

三要建立完善规范执法的监督制约机制。要加强与人大代表、政协委员的联络工作，坚持人民监督员制度，依法向社会公开执法的标准、过程和结果，把执法活动置于全社会的监督之下。要强化检察机关各个诉讼环节之间的制约，实行过程控制、跟踪监督和实时预警，把办案的管理和监控关口前移，变事后监督为同步监督。要着力解决违法查封扣押冻结处理涉案款物问题，加强侦查监督和案件管理，对违法使用、处理涉案款物的行为，要及时监督纠正。

四要做好执法办案安全工作。要高度重视和切实抓好办公办案、交通通信、机要保密、枪支弹药等方面的安全防范工作，完善应急处置预案，落实安全责任制度，坚决防止发生重大安全事故。

坚持惩治犯罪与保障人权并重

试论修改后刑诉法对职务犯罪案件侦查权机制的优化

胡火箭*

修改后刑诉法把"尊重和保障人权"这一宪法原则写入总则后，检察机关查办职务犯罪案件如何实现惩罚犯罪和保障人权并重是我们每一位检察干警应该考虑的重要课题。修改后刑诉法从加强犯罪控制的目的出发，强化了侦查机关的侦查手段，完善了强制措施体系，发展了证据制度；与此同时，修改后刑诉法对辩护制度、侦查讯问程序、羁押制度的修改，进一步提升了诉讼中的人权保障水平。刑诉法通过对侦查程序作出上述修改，使惩罚犯罪与保障人权并重的法治设想落到实处。

一、职务犯罪侦查中惩治犯罪与保障人权并重存在的两大误区

（一）落后的办案观念："重实体、轻程序，重打击、轻保护"

我国传统的刑事司法奉行一种严格的犯罪控制观念，以确定犯罪人的刑事责任和对犯罪人施以刑罚为基本内容，在注重有效打击犯罪、维护国家利益的同时，却相对忽视了对诉讼参与人的权利保障，尤其是对犯罪嫌疑人、被告人的权利保障。在司法实践中，"重实体、轻程序"、"重打击，轻保护"的办案观念在办案人员思维里根深蒂固。

1. 传统法律思想影响下的"重实体，轻程序"。中国的传统法律文化是以儒家思想为主导的，其主要特征就是追求惩恶扬善，维护等级特权，强调命令服从。体现在法律上则是侧重定分止争的实体合法，追求"无讼"的理想境界。①再加上传统的中国法制强调"法"与"情"的统一，要求案件的处理结果不仅要合法，还应当能够被老百姓接受，即能够"合情"。为了解决实体问题，往往会不顾程序正义，而程序的唯一价值就在于保证实体法的实现。

---

* 江西省赣州市人民检察院检察长。

① 孙洪坤：《刑事诉讼法的时代精神》，法律出版社2009年12月版，第84页。

最后，造成了实体法相对发达而程序法极度落后的状态，导致对证据定案的意义认识不够，所以就缺少相关的证据规则，轻视程序。

2. 一定刑事政策影响下的“重打击，轻保护”。长期以来，我们一直笼罩在“严打”的刑事政策之下，片面强调打击犯罪的重要性，并认为这是刑事司法的唯一价值取向，其他利益和价值必须服从于这个取向。在没有对科学的刑事政策展开研究的基础上，囿于很长时期内的基本国情，为了快速、有效地打击犯罪，本身无可厚非，但一直固守从快、从重，不惜一切手段，个人的权利几乎被抹杀的情形下打击犯罪，显然是与当今“宽严相济”的刑事政策相偏离的。同时，在“严打”的刑事政策之下，司法实践当中对于法律的理解运用，热衷于“主观主义”解释理念，这种情形进一步使得“重打击，轻保护”观念进入司法领域并对司法实践产生挥之不去的影响，至今尚未完全散去。

（二）畸形的取证模式：“口供一元中心主义”

口供是犯罪嫌疑人、刑事被告人向司法机关提供的关于案件情况的供述或自白，根据其载体不同可以分为口头、书面材料或者视听资料等。在刑事诉讼发展的历史上，口供曾经是证明案件事实的“中心”，诉讼的要旨就是获取被告人的口供，而且是有罪供述，“据调查显示，没有一件有罪判决的案件缺乏被告人有罪供述的证据；近50%的案件只有被告人供述一个直接证据，其他都是与被告人供述相互印证的间接证据；89.86%的案件中被告人被反复多次讯问，其中在3次以上的占37.7%，最多的讯问了8次，无一件是讯问一次就作为证据的。”①“口供乃证据之王”的思想就是这种证据制度的必然产物，从而带来司法实践中的“口供一元中心主义”，侦查人员为了获得口供，往往对嫌疑人采取一些不近人情的方式和手段，漠视和忽视了对他们的人格尊严的尊重，把严格执法片面理解为“冷酷无情”。② 对司法手段的运用穷尽所能，甚至将体罚或变相体罚作为获取口供的谋略加以应用，惩治犯罪的同时又侵犯了嫌疑人的人身权利。

对于职务犯罪侦查而言，面对的侦查对象或者说犯罪嫌疑人，相对而言其智商、知识层次等远非普通刑事犯罪嫌疑人所能匹敌，甚至职务犯罪嫌疑人本身即熟知法律、谙熟诉讼，即便职务犯罪初查工作做得很充分，诸多案件也很难说掌握了“足够的犯罪信息”。所以，在职务犯罪中单纯以避免刑讯

① 樊崇义等：《刑事诉讼法修改专题研究报告》，中国人民公安大学出版社2004年版，第366页。

② 许水平：《文明办案与侦查谋略》，载《反贪工作指导》2003年第2期。

逼供或者以其带来的更甚危害为理由便将口供的证明作用一概否定，笔者认为，这也不是一种认真对待口供的态度。关键是我们不能固守畸形的“取证模式”——口供一元中心主义，“口供中心”并不会过时，过时的仅仅是“口供一元中心”的时代。在现代刑事诉讼中，应当不断建立完善确保口供真实性、合法性的机制，并不断发现、发展方法和技术，建构证据多元中心。

二、修改后刑诉法优化权力配置，突出查办职务犯罪与保障人权并重

在职务犯罪侦查过程中，我们既要保证侦查权的高效、顺畅运行，又不能让侦查权滥用以致打击犯罪的同时损害犯罪嫌疑人的合法权利，无论我们承认与否，实践中这都是一大难题。沃尔德曾言，“侦查程序是刑事诉讼的核心和顶点”①。修改后刑诉法一方面从惩治犯罪的角度，通过完善职务犯罪侦查权行使的辅助机制，为查办职务犯罪提供了新的“武器”。另一方面，刑诉法又通过完善辩护制度和证据制度等方面，增强嫌疑人的防御性权利来制约侦查权，实现保障人权的目的。这对在查办职务犯罪中坚持惩治犯罪与保障人权并重，切实提升职务犯罪案件质量，意义重大而深远。

从职务犯罪侦查角度来看，修改后刑诉法对侦查程序所作修改与完善，主要包括如下内容：

（一）完善了职务犯罪侦查权行使的辅助机制，强化了侦查权

1. 适当延长了直接立案侦查案件的审查逮捕期限。原刑事诉讼法规定，人民检察院对直接立案侦查的案件，认为须要逮捕的，应当在10日内作出逮捕决定，特殊情况下可以延长1日到4日。在办案中，由于受到最长不超过14日的决定逮捕期限的限制，我们对直接立案侦查案件的犯罪嫌疑人通常都会决定采取逮捕措施，这既不利于切实保障犯罪嫌疑人的权利，也可能妨害直接立案侦查案件的正确办理。为了解决这一问题，保证我们准确适用逮捕措施，更好地办理职务犯罪案件，保护犯罪嫌疑人的合法权利，修改后刑诉法对检察机关直接立案侦查案件的审查逮捕期限作了适当延长。根据规定，人民检察院对直接受理的案件中被拘留的人，认为须要逮捕的，应当在14日以内作出决定。在特殊情况下，决定逮捕的时间可以延长1日至3日。

2. 增加规定办理特别重大贿赂犯罪案件时可以对犯罪嫌疑人指定居所监视居住。原刑事诉讼法没有明确规定指定居所监视居住的适用情形，实践中

---

① ［德］勃朗特·舒乃曼：《警察机关在现代刑事程序中的地位》，《研究生法学》2000年第2期。

监视居住适用量非常少。① 修改后刑诉法将监视居住定位为逮捕的替代措施，明确规定了监视居住的适用情形，同时规定了监视居住原则上应当在犯罪嫌疑人的住处执行，除非特别重大贿赂犯罪，在住处执行可能有碍侦查的，经上一级人民检察院批准，可以在指定的居所执行。但是，不得在羁押场所、专门的办案场所执行。当然，这一规定也表明，检察机关可以决定采取指定居所监视居住的，只能是涉嫌特别重大贿赂犯罪的案件。对于检察机关负责立案侦查的国家工作人员实施的贪污犯罪、渎职侵权犯罪案件，除非同时涉及特别重大贿赂犯罪，否则，不能对犯罪嫌疑人指定居所监视居住。

3. 赋予在办理某些重大职务犯罪案件时采用技术侦查措施的权力。原刑事诉讼法未规定检察机关在办理职务犯罪案件时有权采用技术侦查措施，实践中检察机关开展职务犯罪侦查工作遇到很多困难。为了提升检察机关侦办职务犯罪案件的业务能力，修改后刑诉法规定，人民检察院在立案后，对于重大的贪污、贿赂犯罪案件以及利用职权实施的严重侵犯公民人身权利的重大犯罪案件，根据侦查犯罪的需要，经过严格的批准手续，可以采取技术侦查措施，按照规定交有关机关执行。可以看出，赋予检察机关采取技术侦查措施的权力，显然是基于打击职务犯罪活动的现实需要。职务犯罪分子在身份上的特殊性以及案件本身具有的隐蔽性，导致常规侦查手段往往无法有效地破获此类案件，有必要借助一定的技术侦查措施。②

（二）修改了辩护制度、证据制度等相关制度，增强对侦查权的制约机制

1. 强化了辩护律师在侦查阶段享有的诉讼权利，以辩护权制约侦查权。原刑事诉讼法并未明确律师在侦查程序的辩护人地位，并且规定涉及国家秘密的案件犯罪嫌疑人聘请律师，或者律师会见在押的犯罪嫌疑人须经侦查机关批准；律师会见犯罪嫌疑人时，侦查机关根据案件情况和需要可以派员在场，修改后的刑诉法对此作了修改。根据规定，在被检察机关第一次讯问或者采取强制措施之日起，犯罪嫌疑人即有权委托律师作为辩护人。检察机关在第一次讯问犯罪嫌疑人或者对犯罪嫌疑人采取强制措施的时候，应当告知犯罪嫌疑人有权委托辩护人。辩护律师在侦查阶段可以为犯罪嫌疑人提供法律帮助，代理申诉、控告，申请变更强制措施，向侦查机关了解犯罪嫌疑人涉嫌的罪名和案件有关情况，提出意见。辩护律师持律师执业证书、律师事

---

① 宋英辉：《职务犯罪侦查中强制措施的立法完善》，载《中国法学》2007 年第 5 期。

② 朱孝清：《试论技术侦查在职务犯罪侦查中的适用》，载《国家检察官学院学报》2004 年第 1 期。

务所证明和委托书或者法律援助公函要求会见在押的犯罪嫌疑人的，看守所应当及时安排会见，至迟不得超过48小时；检察机关和看守所都不能阻止和无故拖延辩护律师会见犯罪嫌疑人。除了特别重大贿赂犯罪案件在侦查期间辩护律师会见在押的犯罪嫌疑人须要经过检察机关的许可外，其他职务犯罪案件辩护律师会见在押的犯罪嫌疑人都不须要经过检察机关的许可，持“三证”即可会见。此外，在案件侦查终结前，辩护律师提出要求的，侦查机关应当听取辩护律师的意见，并记录在案。以上规定，在更加注重保障侦查程序中辩护律师诉讼权利的同时，一定程度上能够防止侦查权滥用，保障侦查权顺畅高效运行。

2. 进一步规范了侦查讯问程序，防止对犯罪嫌疑人刑讯逼供和以其他非法方法获取口供的现象发生，促进人性化执法。虽然原刑事诉讼法规定了“严禁刑讯逼供和以威胁、引诱、胁迫等非法方法收集证据”，但对侦查讯问程序的规范存在一定缺陷。根据修改后刑诉法的规定，人民检察院对不须要逮捕、拘留的犯罪嫌疑人，可以传唤到犯罪嫌疑人所在市、县内的指定地点或者到他的住处进行讯问，也可以根据案件情况采取拘传措施。采取传唤、拘传持续的时间不得超过12小时；案情特别重大、复杂，须要采取拘留、逮捕措施的，采取传唤、拘传持续的时间不得超过24小时。不得以连续传唤、拘传的形式变相拘禁犯罪嫌疑人。传唤、拘传犯罪嫌疑人，应当保证犯罪嫌疑人的饮食和必要的休息时间。这里对超过12小时的拘传作出了明确的条件要求，不仅要案情特别重大复杂，而且还应当是须要采取拘留、逮捕措施的。就是说，一般案件不得超过12小时。此外，这里的“饮食和必要的休息时间”，应当按照一般人的日常习惯加以理解。对于须要采取拘留、逮捕措施的，在拘留、逮捕后，应当立即将被拘留人或者被逮捕人送看守所羁押，拘留后送交看守所的时间至迟不得超过24小时。对于人民检察院决定逮捕、拘留犯罪嫌疑人的，必须在逮捕、拘留后的24小时以内进行讯问。讯问只能在看守所内进行，不得以任何理由将犯罪嫌疑人带出看守所进行讯问。对于可能判处无期徒刑、死刑的案件或者其他重大职务犯罪案件，在讯问犯罪嫌疑人时，还应当对整个讯问过程进行全程、同步的录音或者录像；讯问其他职务犯罪案件的犯罪嫌疑人，可以对讯问过程录音或者录像。以上规定，在很大程度上可以防止侦查讯问过程中发生刑讯逼供或者其他非法取证的现象，有利于切实保障犯罪嫌疑人的合法权利。

3. 进一步规范侦查取证程序，确立了非法证据排除制度，增加不得强迫任何人证实自己有罪的规定。为了从根本上杜绝刑讯逼供和其他非法方法收集证据现象的发生，维护司法公正和刑事诉讼参与人的合法权利，修改后刑诉法在保留“严禁刑讯逼供和以威胁、引诱、欺骗以及其他非法方法收集证据”的规定基础上，增加了“不得强迫任何人证实自己有罪”的规定。此外，修改后刑诉法明确规定了非法证据排除的具体内容，包括两个方面：一是采用刑讯逼供等非法方法收集的犯罪嫌疑人、被告人供述和采用暴力、威胁等非法方法收集的证人证言、被害人陈述，应当予以排除；二是收集物证、书证不符合法定程序，可能严重影响司法公正的，应当予以补正或者作出合理解释；不能补正或者作出合理解释的，对该证据应当予以排除。

三、惩治犯罪与保障人权并重语境下职务犯罪查办之实践趋向

（一）秉持尊重和保障人权意识，以文明办案实现人权保障

文明办案是社会主义法治的发展趋势，是人性化办案的必然要求，同时也是尊重和保障人权的基础。尊重和保障人权具体到查办职务犯罪案件时，主要指要尊重和保障嫌疑人合法的人身和财产权利。刑诉法在“侦查”一章中规定了各种强制措施和侦查措施，以保证侦查机关侦破案件和惩治犯罪的需要，但侦查措施的强制性和攻击性特点，一旦用之不当或滥用势必会侵犯嫌疑人合法的人身和财产权利，不利于保障人权。文明办案的要求是要依法文明执行法律，根据笔者多年办理职务犯罪案件的经验，不文明的办案方式主要表现在以下两个方面：一方面是违法办案侵犯处于被追诉地位的犯罪嫌疑人、被告人人权。如采用刑诉法禁止的方式以暴力威胁甚至刑讯逼供的手段获取犯罪嫌疑人、被告人的口供。另一方面是采取表面“合法”的方式（隐性违法）侵犯被追诉地位的犯罪嫌疑人、被告人人权。具体表现为在讯问时采用粗话、脏话等辱骂性语言，不顾个案的社会危害大小和犯罪情节一律羁押嫌疑人和对犯罪嫌疑人行使合法权利采用推诿拖延方式制造障碍等。应该说，随着法治化进程不断加快，特别是修改后的刑诉法对遏制刑讯逼供制定一系列措施，我们有理由相信前述以明显违法的方式来侵犯被追诉地位的犯罪嫌疑人、被告人人权的现象会不断减少甚至绝迹。在侦查阶段侵犯人权的现象更多地会以第二种情况出现，有时甚至会冠以惩治腐败、侦查谋略和侦破案件的需要等许多冠冕堂皇的理由而存在。基于此，笔者认为，在查办职务犯罪案件时应贯彻合法、合理、合情的文明执法观念，以文明办案来实现惩治犯罪和保障人权并重。要文明办案应当做到：

1. 树立尊重和保障人权的意识是文明办案的前提。检察机关在理解、适用修改后的刑诉法时，应当注意以下几点：一是在刑事诉讼中强调尊重和保障人权主要侧重于保障处于被追诉地位的犯罪嫌疑人、被告人的人权。二是尊重和保障人权包括尊重人权和保障人权两个方面。就尊重人权而言，司法

机关应当把犯罪嫌疑人、被告人当作平等的诉讼主体来对待，保障人权的核心就是依法保障人权。① 检察机关在查办职务犯罪案件时，要认真执行修改后的刑诉法有关保障人权的相关配套规定，做到严格执法，文明办案。

2. 人性化办案，在办案方式上体现文明办案。文明办案须从小事抓起，突出的是行为、举止、谈吐，不管是审讯嫌疑人、接待当事人或律师，还是接待来访、问讯或外出调查取证，执行搜查等，都要牢固树立文明办案的意识，做到取证重程序，审讯不逼供，接待讲法理，处事按礼仪，以凸显检察官的“忠诚、为民、务实、清廉”的行业风范。如从执法用语方面来说，在讯问、询问案件当事人时，应当严格按照法律法规的规定进行，不得使用对人身安全、个人前途、个人名誉、隐私等进行威胁的语言，对人格等进行侮辱的语言，点明直问等诱供类语言，粗话、脏话等辱骂性语言，以及其他与检察官职业道德准则相悖的不文明用语。

3. 合理使用强制措施和侦查措施，防止滥用隐性侵犯人权。我们知道，刑诉法根据案件社会危害程度和犯罪嫌疑人、被告人的人身危险性等不同，规定一系列强制程度不等的强制措施和侦查措施，是为了保证案件侦破的需要。因此，在查办职务犯罪过程中，应根据案件的不同情况采用合理相当的强制措施和侦查措施，能用非羁押性强制措施的就不用羁押性强制措施，能不用查封、扣押等侦查措施的就坚决不用，避免办案中以破案深挖犯罪或打击犯罪等理由，过度使用强制措施，特别是涉及人身自由的强制措施，避免对当事人人权的不当侵犯。

4. 树立以权利制约权力的观念，保障辩护权的全面行使。修改后的刑诉法明确在侦查期间犯罪嫌疑人有权委托律师辩护，为其提供法律帮助，辩护律师可以了解涉嫌的罪名和案情。自侦部门应转变抵触辩护的观念，不能采取无故拖延等变相违法的方式回避犯罪嫌疑人行使辩护权。

（二）加强职务犯罪案件侦查的检察机关内部监督制约

检察机关作为我国的法律监督机关，在进行侦查活动时，出于严格查办职务犯罪和保障人权以及提高执法公信力的需要，作为监督者本身应受到更严格的监督。按照我国的政体架构，检察机关在主动接受党的领导和人大监督等外部监督制约的同时，要进一步强化检察机关内部的监督制约体系，以防止侦查权的滥用。

1. 进一步强化上级检察机关的监督制约。省级以下检察院对直接受理侦

---

① 李忠诚：《把握时机　推动反渎职侵权工作健康发展》，载《人民检察》2012 年第 7 期。

查案件决定立案的，按照有关规定报上一级检察院备案审查。省级以下检察院对自侦案件须要逮捕的，报上一级检察院审查决定。省级以下检察院对自侦案件拟作撤销案件、不起诉决定的，应当报请上一级人民检察院批准。

2. 进一步强化内部职能部门的监督制约。如：（1）侦、捕、诉分工制约。应当按照程序公正、体现司法规律、具有可操作性以及重要权力的决定权与执行权分离等基本要求，来进一步优化职务犯罪侦、捕、诉权力的配置。在权力分配上，应淡化批捕与侦查、公诉的一体化，强调或突出批捕权的中立化；加强或突出侦查与公诉的一体化，实行公诉引导侦查、侦查融于公诉的工作机制；将检察机关办理职务犯罪案件的一些重要强制措施及侦查措施的决定权与执行权分离，将强制措施及侦查措施的决定权集中由侦查监督部门统一行使，健全和完善侦查监督部门对强制措施及侦查措施执行情况的定期复核以及跟踪监督制约机制；侦查部门仍享有自侦工作的高度自主权，以及一般性强制措施的决定权和执行权。检察院对自侦案件的受理、立案侦查、审查逮捕、审查起诉等工作分别由自侦部门、侦监部门和公诉部门等内设机构承担。（2）控告申诉部门的制约。举报中心负责对案件线索的接受和处理，并移送侦查部门，侦查部门经过初查，不论是否决定立案都应将案件处理情况和初查案卷移送举报中心。（3）监所检察部门的制约。侦查部门应当将决定、变更、撤销逮捕措施的情况书面通知本院监所检察部门。监所检察部门负责对是否超期羁押的审查，对侦查部门在办案中违反法定羁押期限的情况，有权提出纠正意见。此外，内部监督制约还包括案件管理中心的制约及纪检、监察部门的监督制约等。

（三）强化证据意识和程序意识，切实提升职务犯罪案件侦查质量

现代刑事诉讼理念要求认定案件事实应当根据证据，这被称为证据裁判原则。证据制度对于保证刑事案件办理质量，正确定罪量刑具有关键作用。在查办职务犯罪过程中，案件证据的强弱关键取决于侦查环节侦查质量的高低。这次刑事诉讼法修改，在总结近年来司法体制改革经验特别是吸收两个“证据规定”的基础上，完善了刑事诉讼证据制度。侦查过程中要把保证案件证据质量作为查办职务犯罪的生命线，强化证据意识，坚持依照法定程序、通过合法手段收集、固定证据，确保与定罪有关的事实必须有相应证据证明，努力使办理的每一起职务犯罪案件都做到事实清楚，证据确实、充分，真正办成“铁案”。坚决杜绝刑讯逼供行为，摒弃片面重视口供的错误观念和为了突破案件关键而违法取证的错误做法，有效预防、坚决杜绝刑讯逼供和以其他非法方式收集证据，严格落实拘留、逮捕后及时送交看守所羁押、在看守所内进行讯问，对讯问过程进行全程、同步录音、录像等规定，从源头上防

止错案的发生。

坚决纠正“重实体、轻程序”的错误、落后观念和做法，侦查全过程做到实体与程序并重，把程序公正的要求落实到职务犯罪活动全过程。特别要严格执行采取强制措施后通知家属的规定，严格执行犯罪嫌疑人在侦查阶段可以委托辩护人的规定，依法保障律师在刑事诉讼活动中的执业权利，增强“权利制约权力”意识；同时，要注意听取辩护律师的意见，在案件侦查终结前，辩护律师提出要求的，应当听取辩护律师的意见，保证侦查权有效运行，提高诉讼中的侦查效率，从而真正提升职务犯罪案件质量。

修改后刑诉法保障人权问题的检视与对策

熊少健*

【内容摘要】将“尊重和保障人权”写入修改后刑诉法，是贯彻国家“尊重和保障人权”宪法原则的具体体现，有其深厚的理论基础和现实需要。当前和今后一段时间，人权保障仍面临诸多问题：立法者在价值选择上模棱两可，遗留问题没有得到改观，新问题不断出现。刑事司法在现实条件下须要从理念上予以更新，在实践中予以完善，在司法解释上予以补缺。

【关键词】人权保障　检视　未来　修改后刑诉法

自2004年我国首次将“国家尊重和保障人权”载入宪法以来，修改后刑诉法再次将“尊重和保障人权”列入条款，并试图从多角度、全方位在诉讼法内容上进行调整，引起司法理论界和实务界的广泛赞誉。笔者在思考人权保障双刃剑带来的伤害前提下，在本文中力图以一种反思的精神分析当前和今后一段时期，刑事诉讼领域保障人权任重而道远。我们不能苛求立法的完美，但可以在实践中不断完善，让人权保障的光辉照耀到每一个公民。

一、人权刑事诉讼保障理论

“人权”（Human Rights）一词滥觞于资产阶级革命时期，其思想渊源于欧洲文艺复兴，并伴随着人类社会从近代走入现代，其生命力不仅未见衰减，反而历久弥坚，以至演变成全球性的话语。

1. 人权概述。人权问题在今天一直占据国际及国内事务的中心地带，其中西方人权思想、马克思主义人权思想以及由联合国发布的《世界人权宣言》最具有代表性。一是西方人权思想。西方在人权问题研究领域出现过一大批学者，如柏拉图、亚里士多德、黑格尔、格老秀斯、卢梭等。而近代意义上的人权思想是文艺复兴时期但丁提出来的，并使古代关于平等、自由、独立

---

* 江西省九江市人民检察院检察长。

的道德主张得以明确和普及。① 但西方所标榜的“人权”把妇女和奴隶、有色人种排除在“人”的概念之外。二是马克思主义人权思想。马克思曾指出：“权利永远不能超出社会经济结构以及由经济结构所制约的社会的文化发展。”② 恩格斯也曾论述过：“一切人，或至少是一个国家的一切公民，或一个社会的一切成员，都应当有平等的政治地位和社会地位。”③ 马克思主义不仅讲人权，而且认为人权是社会的、历史的、具体的，而不是天赋的、抽象的。三是《世界人权宣言》中的人权。两次世界大战彻底颠覆了西方社会所标榜的人权神圣光环，并引起全人类的反思。1948 年第二次世界大战刚结束不久，联合国就制定了《世界人权宣言》，并确立了一个包含了需要公权力尊重和保障的超过 24 种人权类型的列表。我们可以将这些具体的权利归纳为 6 个门类：安全权、政治权、正当程序权、平等权、福利权（或曰“经济、社会与文化人权”）、群体权。

2. 人权刑事诉讼保障的理论。以权利保障为逻辑起点的现代刑事诉讼其代表理论有三种：一是天赋人权理论。天赋人权论由格老秀斯与斯宾诺莎最先提出，后经霍布斯与洛克将其发扬光大，最后由卢梭等人完成理论系统化工作。该理论认为人的权利是人生而有之的，不因为一个人从普通人成了犯罪嫌疑人或者被告人而改变。在该理论指导下，各国相继废除旧的刑事诉讼制度，确立了保障犯罪嫌疑人、被告人基本人权的当代刑事诉讼制度。二是正当法律程序理论。正当法律程序的思想可追溯到古希腊、罗马时期，而其概念最早见于 1215 年的英国《自由大宪章》，但其作为一个法律名词的出现，是在 1354 年英王爱德华三世颁布的《伦敦威斯敏特自由法》中。④ 2003 年 10 月联合国大会通过的中国政府签署的《联合国反腐败公约》正式确定正当法律程序作为其基本原则。三是权力制衡理论。其源头可远溯到古希腊的亚里士多德，近代最早提出的是约翰·洛克，而后由孟德斯鸠集其大成，受该理论影响，世界各国均提倡强化辩护权以制衡具有公权力性质的公诉和审判权。

3. 我国修改后刑诉法保障人权内容。我国修改后的刑诉法在人权保障方面作出了不懈的努力，表现在以下几方面：

（1）修改后刑诉法第 2 条增加规定：“尊重和保障人权”，把人权保障作

---

① 夏勇：《人权概念起源》，中国政法大学出版社 1992 年版，第 127 页。

② 《马克思恩格斯选集》第 3 卷，人民出版社 1972 年版，第 12 页。

③ 《马克思恩格斯选集》第 3 卷，人民出版社 1972 年版，第 142—143 页。

④ 该法第三章第 28 条规定“任何人非经正当法律程序之审判，不问该人阶层与社会地位如何，皆不得将其驱逐出国，或强迫其离开所居住之采邑，亦不得逮捕、拘禁，或取消其继承权，或剥夺其生命”。

为刑诉法的一项重要任务规定下来。

（2）改革刑事辩护制度，把人权保障原则落到实处。如侦查阶段辩护人的地位得到确定，律师介入诉讼的时间提前，赋予律师申请回避权（第31条）、执业保障权（第47条）、非法证据排除申请权（第56条）、辩护意见附卷权（第159、170条）、死刑复核表达意见权（第240条）等。

（3）建构了一套严禁刑讯逼供的运作机制。一是确立了“不得强迫自证其罪”的原则（第50条）；二是确立了“非法证据排除规则”（第54、58条）；三是出台了一整套保障依法讯问的措施，包括侦查讯问中的全程录音录像措施（第121条），规定审讯必须在看守所进行（第116条）。以上三个方面的规定形成了一套完整的严禁刑讯的科学机制，力图解决长期以来禁而不止的问题。

（4）修改后刑诉法坚持“以人为本”。一是取保候审、监视居住措施，特别关注患病、生活不能自理、生活不能自理的人的唯一抚养人、怀孕或在哺乳自己婴儿的妇女等；二是强化各种强制措施执行中的救济，如通知家属，依法变更，听取辩方意见，以及不服申诉、控告等；三是把法律援助的范围进一步扩大到可能被判处无期徒刑、死刑的案件；四是在第五篇专门设立了4种特别程序，其中有3种程序集中体现了人文关怀精神；五是在执行程序中确立社区矫正制度（第258条），对执行程序中的人文、人伦精神的贯彻在我国是一个创新。

（5）完善审判程序，保障被告人获得公正审判权。主要有以下三点：一是完善第一审程序，明确证人在一定情况下应当出庭作证，并可强制其到庭，甚至可以采取训诫或拘留措施。二是完善第二审程序，限制发回重审的次数，保障上诉不加刑原则有效实施。三是改革死刑复核程序，由行政化的内部审核转向适度诉讼化。如应当讯问被告人，辩护律师提出要求的，应当听取辩护律师的意见等。

（6）增加检察机关法律监督的内容，强化了检察机关在人权保障中的作用。一是在辩护制度中，增加了检察机关对公安司法机关及其工作人员阻碍辩护人、诉讼代理人依法履行职责的法律监督权。二是在非法证据排除制度中，增加了对非法证据应当依法予以排除，不得作为起诉决定的依据。三是在强制措施制度中，一方面，强调检察机关对指定居所监视居住的法律监督权；另一方面，审查批捕程序中，在一定情形下应当讯问犯罪嫌疑人；辩护律师提出要求的，应当听取其意见；逮捕后，仍应当对羁押的必要性进行审查，作出相应处理。四是在侦查程序中，当事人和利害关系人向有关机关申诉或控告，对处理不服，可以向检察机关申诉。检察机关应及时审查处理。

五是在死刑复核程序中，最高人民检察院可以向最高人民法院提出意见，最高人民法院应当将死刑复核结果通报最高人民检察院。

二、修改后刑诉法人权保障之检视

考量修改后刑诉法人权保障之内容，我们发现立法者在价值选择上标准不统一，同时，我们认为原有的问题不能得到解决，新的问题又不断出现。人权刑事诉讼保障是一把“双刃剑”，保障不力则伤及无辜，保障过度则让罪恶重生，“惩治犯罪与保障人权并重”才为上策。正是在这样的理念之下，笔者作以下检视。

1. 立法者的价值标准模糊不定。在马克思看来，“至于谈到权利，我们和其他许多人都曾强调指出了共产主义对政治权利、私人权利以及权利的最一般的形式即人权所采取的反对立场”①。这种观念影响着中国现代刑事诉讼立法者的思维，新中国成立后的相当长时期，我们在思想上和法律上均将人权问题视为禁区。改革开放三十多年后的今天，仍有人认为“人权主体普遍性的栅栏一旦允许有了豁口，人权马上就不成为人权，而蜕变成特权”。② 上述观念直接影响着本次修订刑诉法的价值选择。

（1）态度模糊。一方面在保护犯罪嫌疑人、被告人权利上遮遮掩掩。如“尊重和保障人权”只是在第 2 条的中间予以明示，而不是作为原则予以规定。另一方面在保障被害人权力上过度孱弱，关于被害人的上诉权、精神损害赔偿权、获得公权力补偿权、法律援助权、避免第二次伤害权等在本次修订过程中没有予以重视和改变。

（2）价值标准难以抉择。在刑事诉讼法修改过程中，立法者之所以态度模糊，实际上是在两种价值标准上取舍不一，即任何人都是潜在的犯罪嫌疑人，保障犯罪嫌疑人的权利就是保障多数人的权利；任何人都是潜在的被害人，保障被害人的权利就是保障我们自己。经过艰难博弈最终选择前者，尽管也坚持得不够。是故，修改后刑诉法既有保障犯罪嫌疑人、被告人权利底气不足的一面，又有保障被害人权利相当孱弱的一面，其原因在于立法者的价值选择标准模糊，更深层次的原因在于刑事诉讼目的是倾向于保障被告人还是保障被害人，很难作出均衡的判断。

2. 遗留问题没有得到根本解决。我们全面检视修改后刑诉法人权保障内容，发现一些顽疾没有得到很好的解决，以至于让今后的司法实践产生混乱。

---

① 《马克思恩格斯全集》第 3 卷，人民出版社 1960 年版，第 228—229 页。

② 徐显明：《对人权的普遍性和人权文化之解析》，载《法学评论》1997 年第 6 期。

（1）刑讯逼供现象难以得到根本的遏制。本次修法时在遏制刑讯逼供问题上有所加强，如非法言词证据绝对排除、非法实物证据裁量排除，规定“不得强迫任何人证实自己有罪”，侦查审讯必须在看守所进行且全程同步录音、录像，等等。但是笔者认为，由于立法过程中多方角逐，可能导致刑讯逼供问题得不到根本解决：即一方面规定“不得强迫任何人证实自己有罪”，另一方面又保留了“如实回答”义务。从逻辑上分析，两者之间实为互相矛盾的规定。我们研究发现，当今世界，对由“不得强迫任何人证实自己有罪”引申而来的“沉默权”进行诸多限制，甚至予以取消，但任何国际规则都没有规定“如实供述”义务，“如实供述”无论从逻辑上还是国际惯例（如判例）中都找不到合理根据。[①]“如实回答义务”在实践中成了被告人负举证责任的法律依据，这也是刑讯逼供屡禁不止的原因之一。

（2）辩护制度没有完全解决“会见难、取证难”。本次修法，辩护制度得到了较大程度的改革和完善。但是，笔者认真分析修改后刑诉法的有关规定认为，由于条文的不协调可能导致律师会见权、取证权无法顺利实现。一是会见权被隐藏。修改后刑诉法第83条、第91条规定拘留、逮捕后应通知其家属，删除了原刑诉法规定的通知中包括拘留、逮捕的原因和羁押的处所的内容。在不告知羁押场所的情况下，律师的会见权就被立法者雪藏。二是侦查阶段取证权模糊。修改后刑诉法尽管赋予侦查阶段律师辩护人地位，权利也有所扩大，但对其是否有主动收集证据的权利，法律规定比较模糊。修改后刑诉法第36条没有明确规定辩护人有取证的权利；第41条的前半句规定，辩护律师在侦查阶段是可以收集证据的，但后半句规定未提及向公安机关申请，这又似乎将辩护人取证权限于审查起诉阶段和审判阶段。

（3）非法证据排除规则引起争议。该规则在修改后刑诉法中得以体现，其主要目的在于遏制刑讯逼供，保障犯罪嫌疑人、被告人的权利，确保案件质量。[②]笔者认为该规则仍然存在诸多不协调的地方：一是非法证据的界定不够明确，就非法言词证据来看，“刑讯逼供”、“暴力”、“威胁”在司法实践中应如何认定，其标准如何并未明确。如疲劳战术或者精神折磨是否属于非

---

① 1988年，英国政府以“沉默权严重阻碍犯罪调查”为理由，通过了《刑事证据法令》对沉默权加以了限制。1994年11月英国议会通过的《刑事司法和公共秩序法》更是对沉默权进行了重大限制。《公民权利与政治权利国际条约》也只有“反对强迫自证其罪”的规定，而并无沉默权的明确要求。

② 尽管非法证据排除规则是修改后刑诉法新增内容，但却是吸收2010年“两高三部”联合发布的《关于办理死刑案件审查判断证据若干问题的规定》以及《关于办理刑事案件排除非法证据若干问题的规定》，因此笔者将其归类于“遗留问题”。

法，不能确定；就非法实物证据来看“可能影响公正审判”的条件过于主观，完全取决于法官的自由裁量，有可能导致该内容的虚设。二是举证责任的分配规则难以落实。修改后刑诉法规定，举证责任由检察机关承担，但当侦查机关与检察机关并非同一的情况下，检察机关负担举证责任勉为其难。实践中举证责任的承担情况并不统一，有的由检察机关承担，有的由人民法院到公安机关调查，有的由人民法院自行承担，更有甚者，干脆由辩护人承担①。三是侦查人员不出庭说明情况，该证据的效力如何判断没有规定，是否排除处于不确定状态，使得该规则可能形同虚设。

（4）强制措施的修改不尽如人意。“强制措施的适用状况从一定程度上来讲代表了一个国家的法治水平。”② 修改后的刑事诉讼法将拘传延续至24小时、设定指定监视居住、羁押必要性审查等制度完全符合我国国情。但审视整体强制措施的构架，我们认为还有一些问题有待于改进。一是非强制性措施与强制性措施混用的局面难以得到改观。仍将非强制措施与强制措施规定在一个条文内不加区分（第117条第2款），同时其强制措施（拘传）的时限比非强制措施（留置盘问）的时限还要短，将更加促使执法者将其混同使用。二是延长拘留期限没有变化。根据修改后刑诉法第96条，与原刑事诉讼法相同。在实践中情况是“被严重扩大化，几乎所有犯罪，侦查机关都是在接近30日时才报请检察机关审查批捕，有的检察人员在审查批捕工作中发现，侦查机关在7日内提请批准逮捕的一例都没有。”③ 三是自审自批情况没有改观。公安机关在适用强制措施过程中，除了逮捕以外各级公安机关的领导按照内部审批手续就能作出决定；检察机关在职务犯罪案件侦查过程中，也只须要履行一下内部审批手续即可。这种自审自批、自由裁量不受节制的权力行使模式与权力制衡中要求的“互相制衡”原则相悖。

3. *新增内容质疑之声不容忽视*。本次修法，就保障人权而言，新增内容之多、范围之广引起广泛关注，赞誉声不绝于耳，但同时质疑之声也从未示弱，甚至有人冠以“挺法派”和“毁法派”之分④，有人认为“尊重和保障

① 叶青：《关于非法证据排除规则体系的若干问题思考》，载《政治与法律》2011年第6期。

② 陈卫东：《惩治犯罪与保障人权：惩“恶”也要扬“善”求“美”》，载法律教育网，2012年8月3日。

③ 樊崇义：《刑事审前程序改革与展望》，中国人民公安大学出版社2005年版，第96页。

④ 张建伟教授2012年8月17日在国家检察官学院授课时有过上述分析，甚至将其戏称为“歌德派”和“缺德派”。

人权”仅有宣示性意义，“置于刑事诉讼法第2条‘任务’中，成为刑事诉讼法诸项任务之一，降低了它本应享有的提纲挈领的重要地位，削弱了它的核心价值。”①。下文对有关内容进行具体分析。

（1）技术侦查措施留有隐患。本次修法将技术侦查合法化，是实务界的一大喜事，同时我们也看到从保障人权的角度，该规定仍有不少隐患：一是种类不明。关于技术侦查的种类，理论界的意见并不统一，有人认为“包括电子监听（俗称窃听）、秘密录像、秘密拍照、用机器设备排查、传送个人情况数据以及用机器设备对比数据等手段”②；也有人认为“主要包括监听、技术追踪、视频监控、互联网监控等手段”③。对于窃取脑电波信息、体内植入芯片遥控个人意识等措施是否属于技术侦查没有界定，从而给人权带来的隐患将难以估量。二是适用范围不确定。修改后刑诉法第148条规定“其他严重危害社会的犯罪案件”、“重大贪污贿赂案件”带有明显的不确定性，在今后的实践中不能避免扩大化倾向，有可能沦落为“口袋”。三是审批程序模糊。修改后刑诉法规定“经过严格的批准手续”，而何谓“严格”，是侦查机关负责人批准，还是侦查机关的上一级批准才算严格难以明了。四是执行混乱。第148条第2款规定“交有关机关执行”，这里的有关机关如何定位，是检察机关还是公安机关拟或是国家安全机关，修改后刑诉法没有明确。一旦运用过程中出现偏差，极易造成对人权的伤害。④

（2）指定监视居住饱受诟病。修改后刑诉法第73条，在草案一经公布时就受到来自方方面面的指责，有人称为“纪委‘双规’曲线入法”⑤，也有人认为“实际上已经成为具有中国特色的第六种强制措施”，更有网民将其妖魔化为“盖世太保条款”⑥。笔者认为该措施有其存在的必要性和合理性，而且

---

① 陈光中2012年3月11日接受《京华时报》访谈时作以上表示，载东方法眼网。

② 万毅：《西方国家刑事侦查中的技术侦查措施探究》，《公安大学学报》（自然科学版）1999年第4期。

③ 陈光中主编：《中华人民共和国刑事诉讼法修改条文释义与点评》，人民法院出版社2012年版，第217页。

④ 就修改后刑诉法第二编第二章第八节“技术侦查措施”的内容而言，笔者认为包含有“技术侦查、秘密侦查和控制下交付三种措施，用“技术侦查措施”统领，从逻辑学角度来看不太妥当，似乎用“特殊侦查措施”更为恰当。

⑤ 王敏远：《指定居所监视居住：“双规”曲线入法》，载财经网，2012年3月15日。

⑥ 《网易论坛》于2011年9月22日在《社会万象》栏目转载多位网民对第73条的评价。

该制度并非中国独有①。但笔者也强调该制度确实存在人权保障的风险。一是有变相羁押的危险。指定监视居住实质上有变相羁押的倾向，由于其最长时间可达6个月，而拘留、逮捕法定时限均少于6个月，从而使拘留、逮捕有可能被虚置。二是有可能将控制刑讯逼供的努力化为泡影。第73条如果不加以严格规制，诸如立案后的审讯必须在看守所进行、非法证据排除规则、全程录音录像的制度、律师会见制度等将形同虚设。三是适用对象上有扩大化的可能。第73条对使用对象作出限制：符合逮捕条件、可能有碍侦查以及三种罪行。司法实践中为了案件的侦破效率，拘留后就可能采取该措施，同时“可能有碍侦查”完全基于侦查人员的主观判断，“特别重大贿赂犯罪”对立案阶段可以适用于任何贿赂犯罪。因此，适用的扩大化很难避免。

（3）法官自由裁量权不当扩张。本次修法对人权保障带来的冲击还有一个重要的方面，就是法官的自由裁量权不同程度有所扩张。② 这种扩张最终将在一定程度上以牺牲人权为代价。突出表现在三个方面：一是审判期限延长使快速审判期望落空。“快速审判”是当代保障人权的重要内容。本次修法在一审程序中宣判期限由原来的1+1.5+1延长至2+3+3+n（见第202条），在二审程序中宣判期限由原来的1+1.5+1延长至2+2+n（见第232条）。在此期限上还规定可以无限期延长的情形（见第232条），给审判期限带来极端不确定性，将被告人获悉判决的权利置于不稳定状态。二是提高证人出庭率有可能变得不现实。本次修法将提高证人出庭率作为保障被告人的辩护权的重点解决问题之一，该问题没有得到根本解决。主要体现在第59条和第187条两个条文上。第59条在“质证”之前取消了“讯问”一词，使证人不是非得出庭不可；第187条“人民法院认为证人有必要出庭作证的”规定自由裁量权太大，让前面的两个条件形同虚设。正如有专家论断“又恢复了证人可不出庭的现实。现在这一条的规定我认为很糟糕。”③ 三是先入为主本已遏制的现象可能死灰复燃。检察机关提起公诉时采取起诉书一本主义还是案卷移送问题，在1996年修改刑诉法时就有过激烈的争论，后来立法者采取折中态度，形成了中国特色的起诉书加证人名单、证据目录和主要证据复印件移送方式。而修改后刑诉法第172条的规定恢复了1979年刑诉法所规定的案

① 英国有“附条件保释制度”。德国刑事诉讼法第116条规定“被告人未达到法官或检察官的许可，不能离开居住地或一定区域，除在一个指定的人的监视下，不能离开”。

② 刘金林、戴佳、庄永廉：《特别报道：刑诉法大修“探秘” 探访修改背后故事》，载《检察日报》2012年5月14日。

③ 陈光中接受《京华时报》采访时作上述评价。见王丽娜《本报专访刑诉法学奠基人之一陈光中“部分条款做到了超前”》，载《京华时报》2012年3月9日。

卷移送主义，否定了1996年刑诉法修改后所吸收的起诉书一本主义的基本思想。笔者认为该条规定是本次修法为数不多的“败笔”。

三、人权刑事诉讼保障之对策

前述修改后刑诉法保障人权若干问题，笔者认为在再次修改法律短期内不可能的前提下，我们只有期待执法者在理念上有大的转变，在行为上更加文明、理性，更期待两高出台符合立法精神的司法解释。

1. 转变执法理念。曹建明检察长强调“理念是行动的指南，是指导实践的思想基础。”① 在面对立法机关努力兼顾惩治犯罪与保障人权问题上，执法者的当务之急就是着力转变执法理念，以坚持惩治犯罪与保障人权并重来重塑我们的行动指南。

（1）重新塑造人权观。鉴于当代人权理论在中国立法界造成一定的分歧，笔者在此提供重塑人权观的三种选择标准，并期待引起哲学家们的关注。一是中国的刑事诉讼人权保障范围应当以宪法为依据。作为人，有全方位的个人权利，但刑事诉讼并不能确保每一个人的全部权利，何种权利必须保障，何种权利应当受到限制应当有一定的标准，而该标准只有宪法能够担当，宪法中的人权保障是刑事诉讼法的依据。修改后的刑事诉讼法第2条列举了4种权利，其中“其他权利”只能是宪法所保障的权利。② 二是权利冲突时的选择标准应当坚持公共权力优先原则。当个人权利和国家权力产生冲突时，我们不能盲从所谓的个人权利至上的观念。正如有学者主张，强调个人或者社会居于首位，都是错误的。③ 刑事诉讼法第51条也予以确定。三是保障犯罪嫌疑人、被告人的权利不能忽视被害人的权利保障。笔者认为被害人权利已经受到一次伤害，诉讼过程乃至地位有意无意被淡忘实属受到第二次伤害，当在两者冲突时过分保障前者，可能让后者第三次受到伤害，司法权威将荡然无存。

---

① 曹建明：《牢固树立“五个意识” 着力转变和更新执法理念 努力做到“六个并重” 确保刑诉法全面正确实施》，载《检察日报》2012年7月23日。

② 刑事诉讼法规定的人权具体有：关于政治权利和自由：公民有言论、出版、集会、结社、游行、示威的自由，选举权和被选举权，批评和建议的权利，申诉、控告或者检举的权利。关于人身权利和自由：人身自由权，人格权，住宅权，通信自由和通信秘密权。关于宗教信仰自由。关于经济、文化和社会权：私有财产权和继承权，劳动权，休息权，获得物质帮助权，受教育权，文化活动的自由，男女平等权，婚姻自由等。

③ ［美］霍奇逊：《现代制度主义经济学宣言》，北京大学出版社1993年版，第83页。

（2）全面把握“尊重和保障人权”本意。关于“尊重和保障人权”的立法本意可以做如下理解：一是关于“尊重”。汉语中“尊重”意指“尊敬并严肃对待”。[①] 由此，可以对“尊重”作出两种理解，即价值取向的变化和对公权力的约束。一方面，表明以人权的实现为国家权力运作的价值取向，而不再仅单纯地追求社会秩序的稳定性；另一方面，公权力要受到合理的限制，从刑事诉讼法的角度约束公权力对人权的侵害，此时的“尊重”意味着“不侵犯”。二是关于“保障”。对“保障”作出如下理解，即防护和救济。对于修改后刑诉法所列举的权利，国家不仅自己不能侵犯，还须要以政权的力量保证其实现，当这些权利受到侵犯时还要提供有效的救济。

（3）克服执法过程中两种倾向。在理论研究和司法实践中，对人权的保障要克服两种错误倾向。一是求真不求善的倾向。为查明案件真相不惜牺牲人权的现象要加以克服，如可能任意扩大技术侦查的适用对象、任意使用指定监视居住等。二是全盘西化的倾向。对所谓的“普世价值”不加批判的盲从，对中国传统文化的摒弃。在实践中出现为过分追求民主自由而放弃公平正义的法律底线的现象，使保障人权成为个人私权恣意的代名词。如对犯罪的放纵、对被害人权利的漠视等。

2. 规范执法行为。保障权利，必须规范权力的运行。修改后刑诉法的若干制度多数是围绕“保障人权”而设置的，本文所列举的问题，我们既要期待司法解释予以明确，更要在司法实践中寻找解决方案。笔者在此提出以下的解决方法。

（1）关于技术侦查：一是从严掌握。从严规定技术侦查措施适用的案件类型、对象、条件和期限，只有在采取一般侦查措施难以或者无法实现预期效果时，方可使用；同时要履行严格的审批程序，实行层级上报、逐级把关的多重审批机制。二是强化协作执行。修改后刑诉法未赋予检察机关技术侦查措施的执行权，而规定由相关机关执行。在实践中，为避免贻误时机，可以尝试与执行机关建立联动协作机制，建立长期合作关系，由相关机关安排专人负责执行，构建从决定到执行的无障碍通道。三是规范结果运用。制定操作手册，明确使用技术侦查措施所捕获、收集的信息和材料只能用于案件相关活动，不得用于其他用途。实行信息安全责任制，由承办人作为第一责任人，负有妥善保管信息和材料的职责，使用完毕的信息材料应及时移至档案室进行封存。采取监销办法，对于与案件无关的信息、材料应及时销毁，

① 中国社会科学院语言研究所词典编辑室编：《现代汉语词典》，商务印书馆 2005 年版，第 1824 页。

同时确保两人在场，由档案室派员监销，并登记造册备案。

(2) 关于指定监视居住。为规范该强制措施，笔者设想可从以下几个方面设防：一是设置两种批准方式。修改后刑诉法规定该措施的批准机关为“上一级人民检察院或者公安机关”。但是考虑到指定居所的监视居住可能面临更加严重的侵犯嫌疑人、被告人人身权利的危险，又考虑到可能出现的对“无固定住所”解释的随意性，监视居住的期限长达6个月。而由人民检察院批准执行则可以实现权力的制衡和一定程度的司法审查和控制。因此，笔者设想的批准方式为两种，即公安机关办理的案件，30日以下的由上一级公安机关办理，而30日以上的由上一级检察机关办理；检察机关办理的案件由上一级检察机关批准。二是应当通知嫌疑人、被告人的家属。修改后刑诉法第30条规定了两种罪行可以不将监视居住的原因和执行的处所通知被监视居住人的家属。我们认为，从保障人权的角度，为了避免秘密关押的弊病，对此类案件也应当及时通知被监视居住人的家属，但只是通知家属嫌疑人被监视居住，而不通知具体执行的处所来予以变通。弥补可能带来“秘密羁押”的嫌疑。三是建立羁押必要性审查制度。由于指定监视居住的期限可长达6个月，在某种程度上与羁押相当，显然也应当接受羁押必要性的审查。

(3) 关于辩护权问题。为维护犯罪嫌疑人的合法权益，彻底解决律师会见难等问题，笔者提出以下意见。一是会见许可应当明确标准。重点是关于“特别重大的贿赂犯罪”应当明确界定。检察机关一度掌握的内部标准是10万元以上10年以上作为特别重大的案件。如果套用这个标准来确定特别重大案件范围，并不符合立法的原意。因为立法修改的过程，明确是要将这类许可才能会见的案件范围限制于少部分特别严重的案件，而不是大量的受贿10万元以上的案件。因此，应当按照立法的原意和社会对这个法律概念的一般理解来确定标准。二是司法实践中应当注意对律师取证权、申请取证权的保障。笔者认为，法律尽管没有完全明确律师在侦查阶段是否具有取证权，但我们应当全面理解修改后刑诉法精神，尤其是第40条“辩护人收集的有关犯罪嫌疑人不在犯罪现场、未达到刑事责任年龄、属于依法不负刑事责任的精神病人的证据，应当及时告知公安机关、人民检察院”。既然应当通知公安机关，就说明律师在侦查机关有取证权。

(4) 关于非法证据排除规则问题。笔者认为，可以从如下几方面进一步完善我国非法证据排除制度。一是证据能力规则要更具体化。其一，就范围而言，可以根据证据种类的不同，逐步建立非法证据排除规则。言词类证据无疑是首要应该排除的。其二，就非言词类证据而言，如果取证程序的违法性达到了影响其来源可靠性的程度，就应该坚决排除。其三，从权利侵害程度看，优先考虑排除侵害公民身体健康自由及以人格侮辱方式取得的证据。如果能够在公民的健康权和隐私权之间选择，应该选择前者。二是证据力确定要有最低限度规则。例如，对于特别重大的案件，辩护一方主张某些关键性言词证据是通过违法方式而获得时，在没有查明相应的情况前就不应该作出逮捕的决定；鉴定意见的审查需要专家证人的帮助、追诉者本人及其辩护人参与审查等。三是建立程序裁判机制。程序裁判机制的建立能够为证据非法性问题提供程序空间。没有这一空间，非法证据在诉讼中的负面影响便存在无法控制的局面。通过这一机制，能够使证据的资格和证明力都得到最大限度的考量。

3. 期待司法解释。再次修法短期内不可能，而两高最近在制定各自的司法解释，我们期待在司法解释中对有关问题进行明确规范。

（1）明确概念。一是关于“刑讯逼供”。应当将实践中频频出现的疲劳战、精神折磨纳入其中，明确规定“刑讯逼供，是在刑事诉讼过程中，追诉者对被追诉者进行讯问时采用肉刑、变相肉刑或精神折磨等方法逼取其供认犯罪的行为。”所谓“肉刑”，是指对被追诉者的肉体进行摧残或伤害，如殴打、夹指、捆绑、吊起、用警棍电击等。“变相肉刑”，是指罚站、罚跑、罚冻、罚晒、罚饿等。“精神折磨”，是指用药剂催眠、不让睡眠、搞车轮战等。“逼取”，是指逼迫和获取。“供认”，是指供述和承认。二是关于“等非法方法”。按照某些实务界学者的观点，“等非法方法”包含“暴力、威胁、引诱”，[①] 笔者不完全同意该观点。笔者认为“等”字的理解应当是与“刑讯逼供”程度相当的方法，即“质”的同属性和“种”的等效性。包含三层含义：极端反人性、突破基本社会道德底限的威胁、引诱、欺骗性取证手段，违法羁押期间取得的口供、使用药物、没有得到同意的催眠。三是关于“重大贪污贿赂案件、特别重大贿赂犯罪”。“重大”一词应理解为“10万元”以上；而“特别重大”应当明确为50万元以上。

（2）确定种类。一是“技术侦查的种类”，根据第149条规定，“种类问题”尤为重要，哪些种类是合法的，应当进行列举。笔者的意见是技术侦查措施包括电子监听、秘密录音录像、监视或录制电子通信等手段，这些手段以外的均不可以使用，它们的具体名称须要在司法解释中加以明确。二是关于“有碍侦查的情形”，修改后刑诉法两次使用该词，即采取强制措施不通知家属的（第83条）、指定监视居住中在住处执行监视居住的（第73条）。哪

---

① 颜煜群：《如何界定“刑讯逼供等非法方法”——对修改后刑诉法五十四条的理解》，载厦门检察网，2012年6月1日。

些属于此类情况，有待于司法机关进行解释，笔者的观点“有碍侦查”的情形包括：同案的犯罪嫌疑人可能逃跑、隐匿、毁弃或者伪造证据的；不讲真实姓名、住址，身份不明的；其他有碍侦查或者无法通知的。

（3）设定限制。一是关于证人出庭作证。修改后刑诉法对证人出庭作证设定了两个条件（第187条），而这两个条件均为主观条件，如司法解释还不加以限制，证人出庭作证的期望值将大打折扣。笔者的意见是将“重大影响”条件降低，限定在只要在定罪上可能影响此罪与彼罪即可，不必影响到罪与非罪才让证人出庭；而“人民法院认为”限定在合议庭中有人认为即可，也就是设定反向否决程序，只要有一人认为证人不出庭就会影响到定罪量刑，该证人就应当出庭。二是关于“可能严重影响司法公正”问题。在非法实物证据排除中（第54条）同样是主观判断。对于“可能”与“公正”应当进行限制，限制的方式仍然可采用“反向否决”方式。三是侦查人员不出庭作证的证据效力。修改后刑诉法规定了侦查人员两种出庭作证情形，即第57条关于证据合法性问题出庭说明情况，第187条关于执行职务目击犯罪情况出庭作证。立法没有就两种情况侦查人员不出庭，该证据是否有效进行规定。笔者的意见是，可以参照鉴定人不出庭的情形作同样的处理，即侦查人员拒不出庭作证的，该证据不得作为定案依据。

修改后刑诉法在保障人权方面有多处创新和发展，尽管仍有不少的缺憾，但仍然与我国的经济社会情况相适应，符合我国国情，同时也在许多方面借鉴国际经验。我们应当有足够的耐心和胸怀迎接一个新的刑事诉讼时代的到来！

从证据角度谈惩治犯罪与保障人权并重

丁高保*

【内容摘要】检察机关担负侦查、起诉的职责，同时担当法律监督的角色，要达到惩治犯罪与保障人权两个目的的有机统一，证据的收集、审查和固定工作是切入点。证据制度修改对检察工作带来重大影响，检察机关应当从调整执法理念、建立科学办案机制、提高业务素质等方面加以应对，同时结合实践从检察机关执法理念、执法机制和执法能力等方面提出建议，以保障正确适用修改后的刑事诉讼法。

【关键词】刑诉法　证据　规则　惩治　保障

惩治犯罪与保障人权是刑事诉讼法（以下简称刑诉法）的两大目的。二者的有机统一，是中国乃至世界各国刑事诉讼法律制度追求的目标。本次刑诉法修改，一方面增加和完善了司法机关打击犯罪的手段、措施和程序；另一方面，将尊重和保障人权明确规定为刑事诉讼法的任务，完善了非法证据排除制度、辩护制度、刑事和解、未成年人特别程序等配套措施，彰显以人为本、以人权为本位的现代诉讼理念。本文主要从修改后刑诉法证据体系的角度，就证据制度中体现二者原则的条文进行梳理，以期使我们在面对证据制度变化的工作中，更好地把握惩治与保障的平衡点，解决问题。

一、惩治犯罪与保障人权并重是检察工作的出发点

1997 年刑事诉讼法第 2 条明确规定了刑事诉讼法的任务，一是惩治犯罪，二是保护无罪之人不受法律追究，三是保障公民各项权利。15 年过去了，司法实践经历了一个从侧重打击到强调保护，进而提出惩治犯罪与保障人权二者并重的历程。客观地说，惩治犯罪与保障人权并重的观念已经深入刑事司法工作中，虽然实践中还存在某些不尽如人意的地方。例如，一些检察人员将律师片面地理解为“对手”、“敌人”，对辩护人依法行使权利心存抵触，

---

* 江西省南昌铁路运输检察分院检察长。

不积极予以支持。一些检察人员将检察机关在刑事诉讼中的角色片面地定为“控方”，一定程度上弱化了法律监督者的“客观公正”义务。这些现象，与修改后刑诉法赋予检察机关尊重和保障人权的职责使命不相适应，须要着力加以研究解决。但是那种采取刑讯逼供办案，或者只追求办案指标而不考虑工作方式和法律效果的工作状况，的确已经很少见。有一首很通俗的打油诗说：“办案诚可贵，不错价更高。若为工作故，二者皆可抛。”也就是说，很多检察人员宁愿不办案，也不愿意办错案。更不愿意因为错案被考核的缘故而丢失了自己安身立命的工作。所以，现实社会法制大环境的变化，法律工作者素质的提高，已经使“尊重和保障人权”这个新增加的规定更多只是一种强调强化的表达。

另外，惩治犯罪与保障人权并重无论如何强调都不为过。首先，当前中国社会矛盾凸显，刑事犯罪形势严峻，有些地区严重影响人民的生活质量。因此，追究犯罪是刑事诉讼基本的、不能回避的任务。其次，人权并不仅仅是犯罪者的人权，一切法律意义上的“公民”都应当享受法律赋予的保障权利。最后，惩治与保障并重事实上也是两个工作关系的体现，即实体与程序的关系，公正与效率的关系。这两个关系也是检察工作的重点，处理好了，自然也就找寻到检察工作的平衡点了。

二、证据是惩治犯罪和保障人权的立足点

对于检察机关而言，惩治犯罪就是寻找罪犯证实犯罪的过程。如果把这个过程比作盖房，证据就是形成房子的砖瓦，其对于指控犯罪的作用毋庸多言。同时，证据也是辩护制度的基础。修改后刑诉法证据制度兼顾刑诉法两大任务，使得惩治犯罪更加规范化，保障人权更加具体化。

（一）惩治犯罪更加规范化

修改后的刑诉法重新定义证据，完善证据种类，对行政机关在行政执法过程中收集的物证书证等实物证据的证明能力进行了规定。这种规范化对于刑事诉讼程序的运作，特别是检察机关的反贪和公诉工作职能的发挥、技巧的提升，都提供了良好的制度平台。

1. 证据概念重新定义。1997 年刑诉法第 42 条规定：“证明案件真实情况的一切事实，都是证据。”而同时该法律又规定，证据只有经过查证属实，才能作为定案的根据。从这个角度而言，并非所有的证据都是定案的根据，只

有终结刑事诉讼程序的机关①才有确定证据的权力。因为每个诉讼结论的作出，必须要有各个机关所依据的证据来支撑。既然作为处理的依据，当然可以称为证据。但是，在此之前的诉讼阶段，证据并不能作为最后结果的依据，因为还须要经过有权机关的认定，经过查证属实。所以在此之前的诉讼阶段，所谓的证据确切的说只能称之为证据材料。显然，根据1997年刑诉法的定义，证据虽然是“可以证明案件真实情况的一切事实”，但是并不一定是定案的根据。其中的矛盾显而易见。

那么，证据究竟是什么？修改后刑诉法第48条对证据的定义作出了重大修改，证据是“可以用于证明案件事实的材料”。这样的修改，一是明确证据形式上只是证据材料。既然为材料，就有真有假，如此才有查证的必要。这样的定义与第2款的“证据必须经过查证属实，才能作为定案的根据”相呼应。二是明确了证据实体上与事实的关系。证据首先要能证明案件的事实，如果不可以，那就意味着与案件无关，不是本案的证据。其次证据证明的案件事实并不能等同于案件的真实性。单就证据本身而言，有可能被伪造，被篡改，有可能真，有可能假。只有能够证明案件真实的才是定案的根据。以上两个方面，分别从形式和实体说明了证据的特征。

2. 证据种类重新划分。在案件进入审判程序前，检察人员要面对与案件有关的各种信息，以什么标准对这些信息材料进行筛选分析乃至作为指控的证据材料，直接关系案件最终的质量。可以说，对刑事证据种类进行规范化处理是我国实现刑事法治的必由之路。

（1）对证据种类采用开放列举式表述。1997年刑诉法对于证据种类，表述为“证据有下列七种”。这被认为是一种“封闭列举式”② 表述。这样表述的弊端是使得一些新类型的证据材料只能通过套用某种证据种类名称，很牵强。修改后刑诉法采用的是“开放列举式”的规定，表述为“证据包括”。这意味着证据不仅仅有8种，也意味着随着社会生活和证据制度的发展，将会有新的材料被认定为新的证据种类。为司法解释增加或者修改证据种类预留空间。

（2）书证、物证由并列改为单列，证据种类由7种改为8种。这样的修改，一是因为物证、书证本来就是两个证据种类。物证以其物质属性或者外部特征来证明案件事实，不同于书证以其记载的内容或者表达的思想来证明案件事实；二是由于民事、行政诉讼法中，物证、书证是分别列明的，只有

① 终结刑事诉讼的机关，因处理结果不同而不同。比如，不起诉的，是检察机关；提起公诉后，一般是审判机关。如果侦查阶段撤案的，是侦查机关。

② 樊崇义、张中：《证据定义转向形式理性》，载《检察日报》2012年4月24日。

刑诉法是将二者并列的。这次修改保持了三大诉讼法证据形式上的统一；三是由于书证、物证在证明效力、证明方式和审查程序上均有很大不同，分开列明有利于法律规定的严谨。

（3）鉴定结论改为鉴定意见。司法鉴定是实践中问题较多，各部门反映较强烈的领域。主要表现在：鉴定依据、鉴定论证过于简单，鉴定结论专业性不强、可信度不高；不同人不同机关对同一事实鉴定结论差别过大，鉴定结论主观性强。现实中一些司法人员对鉴定结论的依赖性过大，主观上认为鉴定结论是经过科学论证的，不加审查就当证据使用。修改后刑诉法将鉴定结论改为鉴定意见，一是为了更加明确鉴定结果的证据地位。鉴定结果只是鉴定人个人的认识和判断，表达的也是鉴定人个人意见。它与书证、物证等一样，须要经过查证，才能作为证据被使用。二是为了更加规范地表述鉴定结果的作用。鉴定结果并非最终的裁判结论，使用“结论”一词容易使人产生盖棺论定的误解，用“意见”一词则比较恰当。

由于鉴定意见是对诉讼中涉及的专门性问题进行鉴别和判断形成的意见，对于案件定性具有直接的影响。为此修改后刑诉法在第187条还进一步规定，对于有异议的鉴定意见必须经过庭审质证，方式是由法院决定并通知鉴定人出庭作证。否则，该鉴定意见不得作为定案的根据。

（4）赋予“辨认笔录”、“侦查实验笔录”的证据地位。实践中，辨认作为一个常用的侦查手段被使用。其过程记录对于展示辨认程序，锁定犯罪嫌疑人有重要的作用。但是由于其独有的特征，使得在进行证据归类时无法确定。有的检察机关把辨认笔录归入言词类证据，有的归入书证。甚至有辩护人通过否认其证据形式进而否定其证明效力。此次，辨认笔录和侦查实验笔录与勘验、检查笔录一道规定为同一种证据类型，明确了其证据地位。

（5）增加“电子数据”证据种类。随着计算机网络的发展，电子邮件、网上聊天记录、手机短信、电子签名、网络博客等形式的证据在案件中频频出现。① 它们不同于传统的物证、书证或者视听资料，又兼具以上证据的特征。因此，有的地方将它们归类于视听资料，有的归类于书证。这一次修改后刑诉法将电子数据与视听资料并列在一类证据种类中，是满足现实发展的需要。

3. 赋予行政机关收集的证据材料的证据地位。修改后刑诉法第52条第2款规定：行政机关在行政执法和查办案件过程中收集的物证、书证、视听资料、电子数据等证据材料，在刑事诉讼中可以作为证据使用。

---

① 樊崇义、张中：《证据定义转向形式理性》，载《检察日报》2012年4月24日。

实践中可能面临的问题是：（1）确定行政机关的范围。并非所有行政机关收集的证据都可以作为证据使用，必须是具有行政执法权力的行政机关。公安机关是行政机关，并且是集行政执法和司法权于一身。所以具有行政执法权的机关才具有收集证据的资格。（2）行政机关制作的言词类证据能否作为证据使用。法条表述中，仅仅列举物证、书证、视听资料、电子数据证据，没有列举言词类证据，却又写了个“等”字兜底。笔者认为，证人证言可以作为证据使用，而行为人在行政立案后刑事立案前的供述不能作为证据使用。因为证人是知道案件情况的人，其身份与案件诉讼阶段没有关系。而犯罪嫌疑人是行为人被刑事立案后的称呼，此前行为人的言词证据不属于犯罪嫌疑人供述，也不符合刑事证据种类的任何一种。（3）纪委收集的证据能否作为证据使用。关键是对纪委这一单位的定位。在我国，纪委只是一个统称。它可以在政府机关、事业单位中设立，也可以在企业中设立。此时纪委因为所处的机构性质不同，其地位也就不同。而且纪委本是针对中国共产党党员所设立的组织。因此，纪委所收集的证据还须要进行转化才可以作为证据使用。

（二）保障人权更加具体化

“尊重和保障人权”不仅仅是一个宣示性表述，具体到证据制度中，围绕证据收集、审查、排除、采信等问题，建立完整的刑事证据制度，遏制刑讯逼供等非法行为，提高司法公信力就是具体化的保障人权。

1. 明确举证责任分配。首先是强调了控方举证责任。修改后刑诉法第49条规定：公诉案件中被告人有罪的举证责任由人民检察院承担，自诉案件中被告人有罪的举证责任由自诉人承担。实际上，这是法理上谁主张谁举证原则在刑事诉讼中的具体化，实践中也是这么操作的。之所以在修改后刑诉法中新增加这一条款，强调的意义更大些。实践中的问题是：在法庭审判中，公诉机关对于被告人无罪的辩解事实，谁举证？举证到何种程度？第一个问题，检察机关具有对有罪事实的举证责任，这其中是否包括对否定无罪辩解事实的举证。实践中的做法往往是犯罪嫌疑人或者被告人提出证明的线索，检察机关承担对该线索查证的责任。第二个问题，举证责任的程度。对于犯罪嫌疑人提出辩解被否认后还继续提出辩解并提出证据线索的，检察机关是否还有举证的责任？对于根本不认罪，又不提供具体辩解事实线索的，举证责任是否还是由检察机关承担。从客观的角度而言，这两个问题的答案应该都是否定的。因为辩解属于犯罪嫌疑人的主张，本应由其自行证明。由于其人身受羁押或者个人收集证据的限制，存在事实上举证不能，因此检察机关承担对辩解的查证。但是应当有两个前提：一是辩解涉及的线索具体，具有可查性；二是辩解符合常理，具有合理性。倘若像上述两种情况，提出的辩解已经被否定，或者根本就不提供线索，证实该嫌疑人辩解缺乏真实性，不应该再由检察机关无限制承担举证责任。可是实践中许多法院因此要检察机关承担举证不能的责任。尤其在职务犯罪的案件中，这种情况尤其严重。

其次是明确规定不得强迫任何人证实自己有罪。修改后刑诉法第 50 条增加了“不得强迫任何人证实自己有罪”。要注意的是：第一，这个条文的增加是“尊重和保障人权”这一新增刑诉法原则的体现之一，再次强调检察机关承担有罪事实的举证责任，个人不承担证实自己有罪的义务。第二，更加弱化口供的重要性，进一步从取证必要性上消除刑讯逼供、威胁利诱方式获取口供的可能性。第三，不得强迫任何人证实自己有罪不等同于沉默权，刑诉法中还保留了犯罪嫌疑人应当如实供述自己罪行的规定。可以预料，随着修改后刑诉法对于“不得强迫任何人证实自己有罪”的宣传，“零口供”的案件将成为刑事案件的常态。这尤其对检察机关自侦的受贿类案件形成冲击。

2. 证明标准的具体界定。无论是审查起诉阶段还是审判阶段，刑事案件的证明标准都是一个——证据确实、充分。对于何谓证据确实、充分，修改后刑诉法第 53 条予以了界定，三个条件缺一不可：（1）定罪量刑的事实都有证据证明；（2）据以定案的证据均经法定程序查证属实；（3）综合全案证据，对所认定事实已排除合理怀疑。这三个条件其实是逐步递进的，第一个条件解决证据有没有的问题，第二个条件解决单个证据合法真实性的问题，第三个条件解决全案证据的证明力问题。

证明标准突出了三点：第一，量刑事实要有证据证明。这些年公诉部门一直在实施量刑建议改革。与之相配套，不仅仅是庭审前量刑建议书的实行，发表公诉意见时对量刑意见的表述，更重要的还有庭审中对量刑事实证据的出示和辩论。这种量刑事实的质证将和定罪事实部分的质证一样重要。因为相当部分案件，被告人对定罪部分往往争议并不大，但是对是否自首、立功、坦白等量刑情节有争议，而这些量刑情节的认定很大程度上影响最后的量刑结果。第二，证据首先具有形式合法性，其次才审查客观真实性。法治的一个重要特征是程序正义。从证据材料成为定案的根据，首先要解决证据形式合法性的问题。否则，非法收集的证据即使内容真实，也无法进入证据之列。在此基础上，再进一步审查证据材料是否真实的问题。这也是这次刑诉法修改传递出来的一项重要信息，无论如何，必须遵从程序。没有程序正义，实体的公平正义就是奢谈。第三，全案矛盾证据已经排除，定案证据形成证据锁链。根据修改后刑诉法规定，全案证据的证明效力必须达到对所认定事实已排除合理怀疑的程度。何为合理怀疑？笔者认为，矛盾证据无法排除即为案件存在着合理怀疑。排除矛盾证据，一是从证据本身的瑕疵来审查，例如形式、来源不合法，与案件事实无关联等。二是从与其他证据的关系来审查。例如，证明内容不真实或者被其他多个证据予以否定；证明内容虽然得到部分证据的印证，但是该部分证据的可信程度低于其他证据。在矛盾证据排除的基础上，还需要现有认定的证据形成证据锁链。所以在思维的方式上，检察机关审查办理案件，就像是做一篇论文。首先选择论据，之后考虑论据之间的逻辑关系，层层递进论证，最终得出一个结论。

3. 证据采信原则的变化。最重要的体现就是非法证据排除规则正式纳入刑诉法。此次修改后刑诉法吸收了 2010 年 6 月 13 日两高三院颁行的《关于办理刑事案件排除非法证据若干问题的规定》主要内容，要把握的问题是：

（1）如何界定非法证据的“非法”。“非法”有轻有重，有一般违法和严重违法，所取得的证据有非法证据与瑕疵证据，关键是要紧紧抓住是否侵犯了被讯（询）问人的宪法所规定的基本权利，① 不能把一般的程序违法的证据统统称之为非法证据加以排除。②

（2）排除非法证据的范围：第一类：非法言词证据，适用绝对排除的原则。包括：①采用刑讯逼供等非法方法收集的犯罪嫌疑人、被告人供述；②采用暴力、威胁等非法方法收集的证人证言、被害人陈述。第二类：非法实物证据，适用相对排除的原则，又称附条件排除的原则。即收集物证、书证不符合法定程序，可能严重影响司法公正的，应当予以补正或者作出合理解释；不能补正或者作出合理解释的，对该证据应当予以排除。

（3）检察院排除非法证据程序。在非法证据排除的诉讼过程中，检察机关身兼两个角色。第一，法律监督者。修改后刑诉法第 55 条规定，检察院接到报案、控告、举报或者发现侦查人员以非法方法收集证据的，应当进行调查核实。对于确有以非法方法收集证据情形的，应当提出纠正意见；构成犯罪的，依法追究刑事责任。由此，程序的启动者是检察院，启动程序后检察机关具有调查核实权，处理方式上因非法证据情形的严重程度不同而不同。如果这个案件处于审判前阶段，检察机关就成了裁判者，对非法证据直接下达一个决定，对侦

---

① 例如，“两高三院”关于《办理死刑案件证据的规定》第 14 条规定的“证人证言的收集程序和方式有下列瑕疵，通过有关办案人员的补正或者作出合理解释的，可以采信：（一）没有填写询问人、记录人、法定代理人姓名或者询问的起止时间、地点的；（二）询问证人的地点不符合规定的；（三）询问笔录没有记录告知证人应当如实提供证言和有意作伪证或者隐匿罪证要负法律责任内容的；（四）笔录反映出在同一时间段内，同一询问人员询问不同证人的。

② 樊崇义：《“五条八款”确立非法证据排除规则》，载《检察日报》2012 年 3 月 20 日。

查部门所做的侦查活动有没有违法作出一个“裁判”。① 第二，被审查者。检察机关自行侦查的案件，在审判阶段一样面临非法证据的问题。此时，检察机关处于被审查的地位。这个阶段，由法院启动非法证据审查的程序。

（4）法院排除非法证据程序。相对而言，检察院主要是在审判前承担非法证据排除的工作，提起公诉后非法证据排除工作由法院在庭审过程中承担。这主要体现在修改后的刑诉法第56条至58条。三条文分别规定了法院排除非法证据程序的启动、程序中各方权利义务以及程序处理结果。

4. 律师具有核实证据的合法权利。从通说上来看，证据采信的主体应当是具有办案权力的机关。从广义上来看，刑事案件证据采信的有权机关包括公安机关、检察院、法院。狭义的证据采信机关仅仅指法院。无论哪种观点，辩护律师在刑事诉讼中都可以对证据提出质疑，可以依法收集向法庭提供，没有对证据真实与否进行核实的权利。而核实证据是决定证据是否采信的基础。从这个意义上看，此次关于赋予律师核实证据权利的规定，也是涉及证据采信原则的一个变化。

修改后刑诉法第37条条第4款规定：“辩护律师……自案件移送审查起诉之日起，可以向犯罪嫌疑人、被告人核实有关证据……”这是一个全新的规定。结合修改后刑诉法关于“检察机关提起公诉的同时，将案卷材料、证据材料一并移送法院”的规定，这意味着，在审查起诉阶段以及之后的审判阶段，辩护律师在会见在押的犯罪嫌疑人、被告人时，可以就案件中的有关事实和证据向犯罪嫌疑人、被告人进行核实，包括将案内有关证据的内容，特别是与犯罪嫌疑人、被告人陈述不一致，甚至有较大出入的证据内容告知犯罪嫌疑人、被告人。客观地说，这一规定对被告方、辩护方的利益是显而易见的。一方面，被告方在起诉前就掌握了控方指控的事实与证据；另一方面，辩护律师可以和被告方在庭前对事实证据充分交流，做好辩护准备。而此时，控方对被告方、辩护方的证据在掌握时间、掌握程度以及提出证据异议方面明显存在相对的弱势。② 必然的，控方证据被采信的优势相对降低。

---

① 张伯晋：《直面新问题应对新挑战，迎接修改后刑诉法实施——“贯彻实施修改后的刑事诉讼法座谈会”综述》，载《检察日报》2012年3月27日。

② 修改后的刑事诉讼法第40条规定了辩护人收集的有关犯罪嫌疑人不在犯罪现场、未达到刑事责任年龄、属于依法不负刑事责任的精神病人的证据，应当及时告知公安机关、人民检察院，这是为了防止证据突袭。但是对于除此之外的控方证据有异议的，辩护方并没有及时告知的义务。这样，可能造成一种场面，庭审中辩护方不断对证据提出异议，法庭不得不为了核实证据而延期审理，事实上影响诉讼的效率。如果这样的沟通在庭前发生，由检察机关针对有异议的证据进行补充侦查或者核实，则要好得多。

须要明确的是：第一，辩护律师核实证据的方式。律师在会见时，能否将所有证据出示给犯罪嫌疑人、被告人，还是通过转述证据内容的方式核对。简单说就是案卷能否全部给被告方看。个人认为要考虑两点：（1）修改后刑诉法实行全卷移送，在庭前，律师已经掌握了全部证据。此时再限制律师核实证据的方式，没有意义。直接出示并进一步核实，比起转述那种无法全文准确的出示核实要准确，有效率。（2）被告人在诉讼中应具有同等的证据知情权，因为有没有委托辩护人而导致证据知情权的行使不同，这样是不合适的。有委托辩护人的，由辩护人出示核实。没有委托辩护人的，法院书记员在送达起诉书时，应征求被告人对庭前核实证据的要求。除非其自愿放弃，否则法院要承担该阶段出示核实证据的责任。第二，律师核实的结果如何反馈、何时反馈的问题。对于控方证据，尤其是证人证言，可能双方争议较大。对此，如果不规定一个反馈程序，直到庭审才对证据提出质疑，不利于庭审顺利进行。建议规定：辩护律师在与被告方核实证据后，应及时向合议庭反馈意见，否则不允许在法庭上对该证据提出异议。如此，处于证据相对弱势的控方才好应对部分不良辩护律师证据突袭，做好证据巩固和反驳的准备。

三、证据制度修改对检察工作的影响及应对

证据是刑事案件一切工作的基础，修改后的刑诉法就刑事证据制度所做的重大修改对检察工作提出了更高的要求，如何适应新的证据制度是当前检察机关贯彻和落实修改后刑诉法的一项重要任务。

（一）证据制度修改对检察工作的影响

证据制度的修改对检察机关的执法理念、执法机制和执法能力等方面具有重大影响。其中，最直接和现实的影响就是检察机关指控犯罪面临败诉风险加剧。

1. 从证据可变性的角度来看。由于修改后刑诉法第 187 条规定一些证人和鉴定人必须出庭作证，而实践中证人翻证已屡见不鲜，鉴定人的鉴定意见不被采纳也时有发生，庭审不可预见性因素增多，案件的变数加大。

2. 从控、辩双方所掌握的证据的角度看。由于检察机关指控犯罪的证据处于完全公开透明的状态，而律师则没有义务告知检察人员其掌握的证据（法定事项除外），律师掌握的某些证据可能不在审查起诉阶段提供而在法院审理阶段出示。换言之，检察人员掌握的证据律师都能掌握，而律师掌握的

证据检察人员却不一定知情。① 由此，原来检察机关在暗处律师在明处的状态完全颠覆，在庭审阶段形成新的控辩失衡，指控犯罪的难度加大。

3. 从承担证明责任的角度看。修改后刑诉法规定检察机关承担被告人有罪的举证责任，律师不承担“反证”的举证责任。因此，针对检察机关出示的证据，律师只须指出证据存在不合法、证据体系不完善等疑问即可，庭审质证和辩论过程中就会出现律师主动进攻公诉人被动防守的局面。如果律师提出公诉机关提供的证据不足以支持其指控的意见被采纳，检察机关败诉的风险就会加剧。

（二）检察机关的应对策略

检察机关理性的态度是“顺势而为，内外兼修”。进而言之，对内在调整执法理念、建立科学办案机制、提高业务素质等方面下功夫；对外则与行政执法机关、公安侦查机关、法院、律师加强沟通联系，在证据的“三性”上下功夫。

1. 调整执法理念。首先要认清“我是谁”，即搞清楚检察机关（检察官）是什么，从何而来。根据台湾学者林钰雄先生考察，欧陆历史上创设检察官制度的目的之一是：守护法律，保障民权。“检察官不是、也不该是片面追求打击罪犯的追诉狂，而是依法言法、客观公正的守护人，有利不利一律注意。”② 由此决定了检察机关（检察官）必须履行“客观性”义务，“惩治”之外还要“保障”。这与“不枉不纵”原则相契合。其次要“各就各位”，即搞清楚检察机关（检察官）的位置。检察机关（检察官）是国家法律监督机关，是国家法意代表人，代表的是国家权力。虽然在庭审阶段，检察官与律师“各为其主”争锋相对，但在保障人权方面，二者都有义务，不过力度不同。因此，检察机关负有双重义务，既为犯罪嫌疑人、被告人“不利”事实承担证明责任，又为其“有利”事项奔波，实现惩治犯罪与保障人权并重的目的。

2. 建立科学办案机制。首先，在办理自侦案件方面，探索建立与公安、行政执法机关以及通信、工商、银行、房产等单位的协作机制，切实做到侦查模式从由供到供向由证到供转变。在案件初查阶段，要超前考虑可能遇到的问题，采取相应措施，做精、做细、做实证据，为判明是否须要立案侦查、是否须要追究刑事责任打下坚实的基础。在掌握了足以证明有犯罪事实的证

---

① 参见朱孝清在全国检察长座谈会上的讲话《刑诉法给侦监、公诉的影响》，2012年7月17日。

② 林钰雄：《检察官论》，法律出版社2008年版，第8页。

据后再与犯罪嫌疑人接触，必要时，可以邀请人民监督员到场见证审讯，并同步录音、录像。如未能获取“口供”，可以在对犯罪嫌疑人采取非羁押性措施的同时，依法利用技术侦查措施，如采取电话监听、秘密录音录像等手段，尽可能获取犯罪嫌疑人与关系人之间串供、转移赃款赃物等再生证据，为审查起诉工作打下基础。

其次，探索建立检警合作新模式，完善检察机关引导侦查机制。一方面，在类案上，通过公检联席会议制度，对办案中出现的突出问题、倾向性问题和新情况，进行专题研究，在庭审证据要求方面形成共识。另一方面，在个案上，建立信息通报制度，及时掌握发案动态。如探索在相应的公安机关设立“检察室”，派驻检察官，及时介入公安机关侦查的案件，派驻的检察官要立足中立位置，引导侦查人员客观、全面收集证据，既重视收集有罪证据，又不忽视罪轻、无罪证据，并对公安取证等侦查行为进行监督。

最后，完善捕、诉联动机制。检察机关在引导侦查取证时，侦监部门与公诉部门要加强联系，注重以公诉的思路和庭审的证据规格为基础，密切配合，形成捕诉联动引导侦查取证的合力。侦监部门在介入侦查活动时，要通知公诉部门派员参加，与公诉部门一起研究制作《提供法庭所需证据材料意见书》，并督促公安机关在移送审查起诉前落实到位，公诉部门在接到公安机关移送案件材料时，要对引导意见逐一对照检查，使证据在提起公诉前达到要求。

3. 利用“庭前会议”程序，解决证据问题。修改后的刑诉法第 182 条确立了“庭前会议”程序，就回避、出庭证人名单、非法证据排除等问题，在法官的主持下，听取控、辩双方意见。可以预见，证据展示制度必将确立①，未在“庭前会议”中展示的证据将被禁止在庭审阶段出示。因此，检察官要加强与法官、辩护律师的沟通，及时将可能出现的证据问题，通过“庭前会议”程序予以解决。

4. 提高业务素质。一是深入学习修改后刑诉法，精读其文本，领会其精神。二是提高证据审查、分析判断和应用能力，把好证据关。三是提高出庭公诉能力，“攻守兼备”，确保庭审效果。四是提高诉讼监督能力，既保证案件质量，又彰显检察机关法律监督职能。

作为检察机关，我们一方面要以修改后刑诉法规范自己的行为，另一方面要以修改后刑诉法为标尺对侦查审判行为开展法律监督。对此，我们只有

① 杨波：《非法证据排除规则适用程序研究——以庭审程序为核心的分析》，载《中国刑事法杂志》2011 年第 9 期。

苦练内功，在把好证据形式关的基础上，在证据的巩固和综合分析判断上下功夫，才能从容应对修改后刑诉法带来的挑战，才能有效实现惩治犯罪与保障人权有机统一的目标。

论职务犯罪嫌疑人权利保障

刘志成*

【内容摘要】在打击犯罪中，以规范的程序落实人权保障宪法原则，是新刑诉法的重要使命。检察机关在查处职务犯罪案件中要坚决贯彻执行新刑诉法各项规定，坚持打击犯罪与尊重和保障人权相结合，依法节制适用自由裁量权，适度使用强制措施，改变“口供为王”陋习，立足外围线索，巧用合法手段调查证据，充分尊重嫌疑人的辩护权，依法为辩护权行使提供便利，切实强化内部制约监督与管理，确保犯罪嫌疑人合法权利的有效实现。

【关键词】打击犯罪与保障人权　职务犯罪查处　嫌疑人权利保障

尊重和保障人权是我国宪法确立的一项重要原则。具有“小宪法”、“人权法”之称的刑事诉讼法秉持法治精神，贯彻宪法原则，以规范的程序确定行为的罪与非罪以及如何处罚为基本要旨，以打击犯罪的同时落实人权保障为内在目标，本质上是公民权利保护性法律。新修正的刑事诉讼法写入“尊重和保障人权”，不仅将宪法和法律赋予全体公民应有的基本人权纳入保护范畴，而且在程序设计中让参与者，特别是犯罪嫌疑人、被告人拥有的权利以可行使、有保障、能实现的应然状态予以明确。就职务犯罪嫌疑人的权利保障而言，主要体现在三个方面：一是疑犯自然保有权利，包括不得强迫任何人自证有罪、申辩和控告话语权、法律帮助受援权等；二是程序设定保障权利，包括完善辩护制度，保障律师始于侦查阶段的辩护权、会见权和辩护人的阅卷权、调查取证权等；三是制约监督保护权利，包括严格强制措施适用等。检察机关是贪污贿赂、渎职侵权犯罪案件直接立案侦查的机构，在查处职务犯罪案件中要坚决贯彻执行修改后刑诉法各项规定，把追究犯罪与保障人权有机统一，保确犯罪嫌疑人合法权利的实现。

---

* 国家检察官学院井冈山分院副院长。

一、树立“权力可为最小化，权利可有最大化”人权保障落实观

法律是针对过往社会管理问题而设定的未来行为的准则，具有规范性、概括性等特点。其规范性是指法律为人们的行为提供模式、标准、样式和方向，其概括性是指从以往大量现实的、具体的行为中高度抽象出来的行为模式。可以说，法律深深的烙印着过去的提炼和未来的要求。但是过去并不雷同现在，更不等于未来。任何法律规定都不可能明确详尽现在和未来所有行为或者事实，必然具有一定的自由裁量的空间。刑事诉讼法关涉人们的生命、自由、财产、尊严等问题，各个个案侵权起因有别，危害后果不同，罪与非罪、如何处罚等事关权利要求与保障，联结着社会经济与观念心理，随时变迁在所难免。故此，刑事诉讼法中留下公权力自由裁处的空间就是必然了。新修正的刑事诉讼法多处出现的“可以”、“可能”、“或者”，以及时效方面的“之前”、“以内”等，就是自然表现。

在现代民主法治国家理念中，公权力拥有刑罚权的价值不在于为了惩治犯罪而占有，更重要的是为着尊重和保障所有人的人权而行使。其最高宗旨是，在“使无罪的人不受刑事追究，罪轻的人不致重罚”的前提下，实现惩罚和预防犯罪功能，还社会和被害人公平正义。权力易于膨胀，权利易受侵害。当权力的张力蚕食权利享有的时候，宁可漏过轻过，不可错过是基本准则。面对强悍的刑罚追诉权，无论哪个诉讼阶段，犯罪嫌疑人、被告人都是弱小的。职务犯罪嫌疑人虽然在岗时拥有相当权势，一旦面对指控和追究，没有不低下高昂头颅，在祈祷与侥幸中抵抗、挣扎的，法定的权利在自信与尊严流失的境况下，往往意识不到损害，或者因角色而不敢冒犯、抗争，惧怕“眼前亏”而先行忍受不公正待遇。这就是常有的庭上翻供的原因之一。“尊重和保障人权”不只是宣告，更应是有正确理念指引下的实实在在的行动。因此，侦查机关在适用自由裁量规定、行使自由裁量权的时候，为了防范侵害犯罪嫌疑人的合法权利，应该谦抑裁剪，节制适用，尽可能从有利于犯罪嫌疑人的权利保障着想，养成“权力行使最小化‘可以’，权利拥有最大化‘可以’”的自由裁量权执行理念。我国检察机关是维护国家法制统一的法律监督机构，理当胜于他人践行人权保障，但从查办职务犯罪案件实践情况来看，权利保障不力甚至刑讯逼供等侵害人权个案常常拷问责任的担当。其中原因也许很多，但自身的自由裁量权的权利保障性节制意识缺乏是重要的一个因素。

在公权滥用可陈不尽、腐败形势严峻不降的当下中国，倡导职务犯罪嫌疑人的权利保障的最大化“可以”，看似不识时务。但腐败不是一日形成的，

根源也是复杂的，干着急是无用的，依赖侵权式的严厉更不能真正解决问题。不惜损害犯罪嫌疑人的合法权利，特别是刑讯逼供的侦查取证行为，是一种滥权表现，更是一种缺失自信、腐败无能的癫狂。遏制当前我国公权滥用、腐败蔓延问题，最根本的思路、理念应该是：在立法上从严“剥夺其掠夺”，以得不偿失的后果警示预防后来者；在执法侦查中充分利用行使诸如技术侦查等手段，让那些传言中的贪腐数额、犯罪劣迹不至于最终缩水、折扣，留下遗憾和疑虑。设置沉默权的香港尚能创建成清廉的世界，我们何以怕犯罪嫌疑人充分享有合法权利呢！

二、正确理解和执行“不得强迫自证有罪”规定

调查取证是办理职务犯罪案件的重要环节，依法收集证据是准确适用法律，公正处理案件的基本要求。但在打击犯罪功能理念主导下，围绕证实犯罪收集证据的办案思维常常影响证据的获取行为，尤其在外部客观调查没有有力证据的情况下，往往把案件突破寄托于犯罪嫌疑人的口供，而采取刑讯逼供等违背人权保障规定的手段。近年来司法实践中发生的冤案、错案，大多与刑讯逼供取证有关。针对刑讯逼供的危害与顽症，修改后刑诉法明确将收集证据“不得强迫任何人证实自己有罪”入法，这是我国刑事司法制度文明进步的标志，也是履行我国签署的有关国际公约的需要。

“不得强迫任何人证实自己有罪”规定虽然与国外的“沉默权”有差异，但仍是在保障犯罪嫌疑人的权利原则下，侦查机关收集口供的禁止性规定，要求办案讯（询）问犯罪嫌疑人不能以任何手段迫使其认罪和提供证明自己有罪的证据。① 其内涵包括：一是禁止侦查人员以伤害犯罪嫌疑人身体和精神的强制性和欺骗性手段，获取口供；二是犯罪嫌疑人是否承认犯罪事实只能在宣讲刑事政策、宣传法律有关交代罪行可从宽处理的规定而启发“如实回答”提问，不得强迫认罪；三是采用刑讯逼供等非法手段获取的证据应予排除，不能作为定罪依据；四是没有犯罪嫌疑人认罪口供，其他证据完整充分的仍可定罪处罚。

在侦查职务犯罪案件实践中，长期存在过分依赖犯罪嫌疑人口供的现象，忽视、淡漠外围调查取证，以口供突破案件。因而，常常把侦查重点放在加大审讯力度上，一方面组成审讯精兵强将，轮番持续强势审问，甚至不惜使用威吓、欺骗等所谓谋略手段获得犯罪嫌疑人罪行供认；另一方面对羁押中

① 郎胜主编：《中华人民共和国刑事诉讼法释义》，法律出版社 2012 年版，第 107 页。

的疑犯实行疲劳战，给予其巨大的精神压力，摧毁其心理防线，甚至不惜施以人身体罚、折磨，让其顺着审问者的推断、满足论证罪行的需要回答提问，且在最后询问笔录签署中草率画押。这种做法与法律规定不符，是侵害犯罪嫌疑人权利的错误行为，必须纠正。经验表明，法律监督者的权威来自严格践行依法办案的表现。上述审讯思维和做法极有可能造成冤假错案，损害检察机关的公信力。检察机关是维护国家法制统一的监督机构，只有模范地遵守法律规定，才能在执法中赢得尊重。查办职务犯罪案件既要针对不同案情和对象讲究策略方法，更要执行好“不得强迫自证有罪”规定：一是侦查取证思路要抛弃“口供为王”陋习，立足外围线索，巧用合法手段，排查矛盾疑点，深挖痕迹漏洞，迅速果断出击，固定关联证据；二是审讯取证要依法宣讲法律政策，告知如实回答获得从宽处理的规定与益处，消解抗拒侥幸心理，催生敢作敢为勇气，在不经意交谈中获取有用线索与事实；三是坚持执行录音、录像和拘传、羁押管理规定，防范庭审翻供抵赖。

正因为对犯罪嫌疑人审讯中的逼供行为严重，修正的刑事诉讼法严明了排除非法证据。这是贯彻人权保障不得已的断然决策。我们在职务犯罪案件审查决定逮捕和起诉等环节，要坚决地严格执行非法证据排除规定，反向促使改变调查取证重审讯口供，轻外围调查的观念与做法。侦查审讯人员应该以理性和自信的心态对待被审问者，与其在后续程序中排除而被动，① 不如多从外围挖掘、突破。

三、为辩护权有效行使提供方便

刑事诉讼中犯罪嫌疑人、被告人的辩护权是最基本的一项诉权，这是现代刑事诉讼的重要标志之一。辩护与控诉、审判三方交互作用，共同推动诉讼过程。没有辩护，就称不上现代刑事诉讼。辩护权由刑事犯罪嫌疑人（被告人）及其辩护人行使，是对被控告、被追究的犯罪，从事实、证据、法律、处刑等诸方面进行申辩、反驳、反证，以及其他维护犯罪嫌疑人（被告人）的合法权益，使案件得到公正合法处理的权利。我国刑诉法早已规定辩护制度，但在“对敌人的宽恕，就是对人民的犯罪”的“专政”观念影响下，立

---

① 被誉为非法证据排除第一案的章国锡受贿案，法庭因章国锡确实存在体表伤痕，于是转而要求公诉方证明没有进行刑讯逼供。在公诉方没有提供充分证明的情况下，法院将章国锡的有罪供述直接予以排除。检察院指控受贿 7.6 万元，一审法庭最终只认定 6000 元，判章国锡犯受贿罪，免予刑事处罚。检察院提起抗诉，但二审开庭也不能证明没有进行刑讯逼供。参见《法制日报》2011 年 12 月 27 日。

法粗简疏漏，执行中理解异议阻碍多，长期没有得到应有落实。修正的刑事诉讼法进一步明确和强化了辩护制度，充分昭示了我国社会主义法治尊重和保障人权的本质与追求。

职务犯罪案件自侦查阶段开始，犯罪嫌疑人除了自行辩护外，可以委托律师和其他有人身自由的人帮助辩护，而且在委托辩护的时间上从审查起诉阶段提前到侦查阶段。具体辩护权利主要包括：（1）律师在诉讼开始的介入权。第一次讯问或者对犯罪嫌疑人采取强制措施之日起，律师可以接受委托成为辩护人，为犯罪嫌疑人提供法律帮助、代理申诉控告、申请变更强制措施以及了解犯罪嫌疑人涉嫌罪名和案件有关情况等。（2）辩护律师的会见和通信权。侦查阶段辩护律师可以同在押犯罪嫌疑人会见和通信，其他辩护人经检察院许可也可以会见和通信，并且会见不被监听。（3）辩护人申请调取证据权。在完善阅卷权的同时，规定了辩护人认为在侦查、审查起诉期间，侦查机关收集的证明犯罪嫌疑人无罪或者罪轻的证据材料未提交，有权申请调取。（4）犯罪嫌疑人和辩护人的话语权。在审查逮捕时，增加了“犯罪嫌疑人要求向检察人员当面陈述意见的”和辩护律师提出要求的，审查批准逮捕部门办案人员必须听取的规定；在审查起诉时，在听取犯罪嫌疑人意见基础上，又增加了听取辩护人意见的规定。（5）犯罪嫌疑人及其法定代理人、近亲属和辩护人有申请变更或解除强制措施权。申请变更既包括申请强制措施种类的变更，也包括申请变更强制措施的执行方式；并在申请后3日以内得到决定；不同意变更强制措施的，要通知申请人并说明理由。强制措施法定期限届满的可以要求解除。（6）犯罪嫌疑人获得法律援助权。获得法律援助新增加了犯罪嫌疑人，而且扩大到各个诉讼阶段，没有委托辩护人的，除了因经济原因由本人及其亲属申请外，对于身体健康存在缺陷或障碍的和可能判处无期徒刑、死刑的，检察机关有义务通知法律援助机构指派律师为其辩护。（7）犯罪嫌疑人、辩护人、诉讼代理人对检察机关及其工作人员侵犯其合法权益的，有权进行申诉或者控告，对申诉、控告处理不服的，可以向上一级检察院申诉。

权欲易膨胀，权力常越界。辩护权的设立和行使，不仅仅是为了反驳追究、控诉，更重要的本质目的还是保证刑事法律适用，防范冤假错案以及国家法制公平正义的污损。调查指控职务犯罪嫌疑人罪责是检察机关的责任，尊重并方便犯罪嫌疑人辩护权的行使是侦查、审查起诉部门的义务。辩护权的充分有效行使不仅仅有利于保障犯罪嫌疑人的权利，也有利于提高打击犯罪的准确性，提高办案质量，维护法律尊严。检察机关查办职务犯罪既要加大打击力度，充分利用刑事诉讼法修改后增加的技术侦查手段等措施，遏制职务犯罪势头，提高民众对反腐败的满意度，又必须依法办案，牢固树立人权保障意识，贯彻执行犯罪嫌疑人权利保障规定，充分尊重其辩护权，依法为辩护权行使提供便利。一是及时主动向犯罪嫌疑人告知应有的辩护等权利，并提供相应帮助，积极履行应尽的法定义务；二是认真听取犯罪嫌疑人、辩护人意见，可信可取的应该采纳或者纠正，依法不能采纳的也要说明解释；三是及时为辩护律师依法履行职务提供便利，尤其是在安排会见、查阅复制案卷等方面不能故意阻碍、拖延，要尽可能满足其合法要求；四是认真考虑、慎重决定辩护人调取无罪或者罪轻证据材料的要求，尽量完整提交收集的与案件有关的事实证据。

林子大了，什么鸟都有。我国律师队伍中，知法违法犯法的人有的是，但我们不能“以其人之道”治之。应该给予律师、辩护人的权利，只要没有被撤销委托，就不能折扣阻碍。职务犯罪嫌疑人的辩护人违反法律规定，帮助、策划犯罪嫌疑人伪证、串供等禁止性行为的，要坚决揭露和打击，但必须依法进行。涉嫌犯罪应当追究刑事责任的，要执行修正后的规定，“由办理辩护人所承办案件的侦查机关以外的侦查机关办理”，不得自行查办。

四、自律节制适用强调措施

为保证刑事诉讼活动的正常进行，在侦查阶段对具有社会危险性的犯罪嫌疑人采取一定的强制措施是必要的。我国刑诉法设定了拘传、取保候审、监视居住和逮捕 4 种强制措施。由于强制措施具有限制、剥夺人身自由的特性，不得不慎重。法律规定了严格的适用条件，是否适用、采用何种强制措施，要根据案件具体情况决定。但在实践中，仍然存在随意甚至滥用强制措施的情况和超期羁押现象。这次修正刑诉法从保障犯罪嫌疑人的权利出发，作了很多修改完善。在职务犯罪侦查中，适用强制措施规定对查实犯罪证据极为重要。但是，强制性剥夺自由及财产的事实与后果，并非法院审判意义上的定罪惩罚，使用不慎就会侵害犯罪嫌疑人的权利。作为维护法制的监督机关，不仅要模范地遵守法律的规定，还应该尽可能地自律节制强制措施使用。对于不具有社会危险性的犯罪嫌疑人，可以不采用强制措施的尽量不采用；采用较轻强制措施能够保证诉讼活动进行的，不应采用较重的强制措施；解除变更强制措施不影响诉讼活动进行的，应解除或变更。

1. 节制适用拘传，不得以拘传方式变相拘禁。侦查中，对不须要逮捕、拘留的犯罪嫌疑人，可以传唤到犯罪嫌疑人所在市县内的指定地点或其住处讯问。如果犯罪嫌疑人拒不接受传唤到案，或者不拘传可能逃跑或走漏消息的，可以采用拘传的强制措施。针对实践中的问题，修改的刑诉法对拘传的操作作了补充完善，对案情特别重大复杂的拘传时间可以适当延长，但最长不得超过24小时；拘传要保证犯罪嫌疑人的饮食和必要的休息时间；不得以拘传方式变相拘禁犯罪嫌疑人。对于实践中存在的连续拘传、怎样保证犯罪嫌疑人饮食和必要的休息时间等问题没有规定。本着“不得变相拘禁”和人道主义原则，正确理解与适用拘传规定，应将能够具体细化的问题在检察机关刑事诉讼规则中明确，并认真贯彻执行。如因案情需要再次拘传的间隔时间，至少不少于12小时；按正常人身体机能保持与维持需要，保障犯罪嫌疑人应有的吃喝和睡眠与休息的时间，特别是延长拘押的；延长拘传时间应从严把握，规定报批手续等。

2. 节制适用逮捕，不得违法羁押和审讯。逮捕是以关押的方式限制犯罪嫌疑人、被告人人身自由的最严厉的强制措施。修正的刑事诉讼法从切实保障被羁押人的权利着想，针对实践中问题细化规定了逮捕条件和适用要求，删除了原来模糊的、可以自由发挥的“有逮捕必要”即可逮捕的规定，明确列举存在5种采取取保候审不足以防止发生社会危险的情况才可逮捕。而且要求逮捕后，立即送看守所羁押，除无法通知外，应当在24小时以内通知家属。过去在职务犯罪侦查中，为方便调查取证，立案就逮捕和有意延缓通知亲属，为突破案情“造势”自定审讯羁押场所成为习惯。另外，在审讯中常以限制休息等疲劳战获取口供的做法，都是违背人权保障规定的，修改后刑诉法是禁止的，决不能使用。对被拘留的人，应该在24小时内进行讯问，发现不当，立即释放，不能为了表示拘留应当，想方设法也要在“鸡蛋里挑出骨头”来。

3. 节制适用取保候审，不要以案件“尚未办结”而降格替代。取保候审是以保证人担保或者交纳保证金的形式来保证犯罪嫌疑人、被告人在传讯、审判时及时到案，并且不毁灭、伪造证据或者串供，不干扰证人作证的强制措施。修正的刑事诉讼法增加两类情况规定：一是适用条件中对对象作了人道性许可明确，即只要采取取保候审不至于发生社会危险性的三种情况可以适用：（1）患有严重疾病；（2）年老残疾等原因生活不能自理；（3）怀孕或者正在哺乳自己婴儿的妇女。二是羁押期限届满，案件尚未办结，须要采取取保候审的。同时，细化了被取保候审人应当遵守的事项等规定。对在犯罪嫌疑人的羁押期限内不能办结的案件，原法律规定“可以取保候审或者监视居住”。修正后的法律，为防止办案久拖不结而无限期羁押，首先增加规定“应当予以释放”，其次是“需要继续查证的”，才采用取保候审。在查办职务犯罪中，由于案件侦查的特殊性，很多都不能在规定期限内办结，而延长关押，因为原法律在是否继续关押问题上是“可以取保候审”，即存在自由裁量权。执行新的刑事诉讼法对羁押期届满的是释放，尽管也“可以取保候审”，但这是有前提的，即继续查证需要。有些案件可能无法查证到刑罚追究的程度，不管办案人员如何理解“需要继续查证”，应当先考虑释放，不能降格以求，以一句“尚未办结”而不释放被羁押人。

4. 节制强制措施期限适用“最大化”，不得延缓解除和变更。为了防止案件久拖不决而无限期羁押，修正的刑事诉讼法增加了对犯罪嫌疑人羁押期限届满未能结案的，应当释放的规定；犯罪嫌疑人及其法定代理人、近亲属和辩护人有权要求解除法定期限届满的强制措施。虽然羁押期限未届满，但犯罪嫌疑人及其法定代理人、近亲属和辩护人有合法理由提出变更强制措施申请的，检察机关在接到申请后3日以内应当作出决定；不同意变更强制措施的，要通知申请人并说明理由。这些规定，将有利于解决长期存在的超期羁押问题，检察机关应该毫无折扣地执行，特别是合法申请变更，必须尊重，不可淡漠，弃之不理。

五、强化内部制约监督与管理

依照法律管辖规定，普通刑事案件的侦查由公安机关进行，检察机关进行监督、制约，而由检察机关直接受理，行使侦查的职务犯罪案件，在法庭审理前没有诉讼法意义上的系统外的监督制约，从受案立案到侦查起诉全由检察机关自己决定与实行。任何权力都有滥用的可能，检察权也不例外。法律之所以没有规定对职务犯罪侦查的外部监督，并不是确认检察权具有天然的滥用免疫力，只是相信作为国家法律监督机关的检察院能够做好内部监督制约，何况检察机关上下级是法定的领导关系。事实上，这些年最高人民检察院一直在加强推进内部监督和依法接受外部监督工作，近十年来探索建立的人民监督员、不起诉审批、逮捕权上提一级和案件管理机构的设立等制度，主要针对的就是自侦案件的监督制约。但是，实事求是地看，内部监督的力度、效果与依法办案、保障人权的要求和效果还有差距。修正的刑事诉讼法顺应我国法治发展需要，吸收近年来司法改革成果，赋予了检察机关保障人权的更加重要的使命，在很多方面强化、突出了检察机关的监督保障职能。我想，这些强化不仅仅是希望检察机关对公安侦查、法院审判和刑罚执行监管机关履行相应职能进行监督，确保尊重和保障人权，还包括检察机关内部对自侦案件办理的做好制约监督，也确保职务犯罪嫌疑人的合法权利充分实现。

司法活动是通过对立的辩驳，探寻真相，获取正义的过程。分权制约和正当程序是法治的重要原则，也是司法权法治的基本要求。从检察权的司法性要求看，维护自侦案件查处的公平公正，保障犯罪嫌疑人的诉讼权利，要强化内部监督，更要改善内部制约。检察机关查办职务犯罪案件尽管在内部分设了履行侦、捕、诉职能的机构，但由于同体制约监督的自然“善”性和人员“熟”性等原因，往往难以真正“对立求真”，特别是一些市、县检察院，因人员少，上案就从各部门抽调人员组成专案组，立案审查、使用强制措施、审查决定逮捕、审查起诉等各项工作主要是专案组人员自己进行，相应的审查批准和监督机构只是依照要求办理手续。专案组人员尽管来自履行不同职责的部门，但到同目标的组里后，或多或少会淡漠原本应有的责任意识，制约监督的效果自然难以实现。为贯彻刑事诉讼法，保障查处职务犯罪嫌疑人权利要求，侦、捕、诉职能预设的功能作用必须保证，内部制约监督必须改善：一是分管领导必须分开，不能共管兼管。二是侦、捕、诉三机构不能同化、合并，必须各自依法履行职责。三是制约监督意见应有“优越权”。职能部门意见与侦查办案意见不一致时，领导特别是检察长要优先重视考虑和采信制约监督意见，不能考虑面子，照顾情绪。四是加大办案人员违规办案追究处理力度，不能以功抵过，以能淡过。

为加强内部监督，提高办案质量，促进案件管理工作标准化、规范化，各级检察机关正在内部设立和完善案件管理机构。这是对检察业务管理模式的创新探索。就目前最高人民检察院案件管理中心的职责范围而言，总体是以管理案件程序为主，兼管实体监督，这是必要的。检察职权中具有终结性的权力，是自侦案件办理中的立案、采用强制措施、决定逮捕、不起诉等。这些权力，法律没有规定外部监督制约机构和权利救济办法，都有可能侵害犯罪嫌疑人及其他诉讼当事人的权利。长期以来我们自身对这些问题重视不够、解决不太好，常常出问题，是“谁来监督监督者”质疑的重要依据，是影响公信力的主要环节。案件管理机构设立既然从内部监督出发，就应该在最需要、最缺乏、最薄弱的业务管理上发力，重点是增强自侦案件办理权力行使的对立力量，抗衡侦查权的“自话自说”。因此，应明确赋予新设立的案件管理中心对自侦案件的制约监督职权，一方面对不立案、撤案、不捕不诉等案件实行复查，另一方面对人身和财产强制措施采用与变更、技术侦查措施使用和特别程序中当事人、辩护人合法要求意见以及控告、申诉处理情况进行审查，既防止查处职务犯罪案件打击不力，又防范办案中侵害犯罪嫌疑人和其他诉讼参与人的权利的问题。

试论检察机关如何正确查封、扣押、冻结和处理涉案财物

——以惩治犯罪和保障人权为视角

罗　军*

【内容摘要】当前，检察机关在办案中确实存在违规扣押、冻结和处理涉案款物侵犯案件当事人合法财产权益等情况；同时，由于对刑事诉讼中违法所得的概念、范围和处理程序、证明标准不明确，导致司法机关对职务犯罪违法所得追缴不力的问题亦很突出，也给检察机关办理相关涉财信访案件带来较大压力。为了全面贯彻修改后刑诉法惩治犯罪和保障人权并重的原则，一方面要坚持从预防犯罪的高度，全面追缴案件当事人的违法所得，要完善追缴处理刑事案件违法所得的程序机制，明确追缴处理违法所得的范围和证明标准，切实贯彻《刑法》第64条关于一切违法所得均应追缴的规定。另一方面，要严格规范和完善检察机关查封、扣押、冻结和处理涉案财物工作的程序，加强内部监督制约，妥善处理涉财信访案件，依法保障案件当事人的合法财产权利不受侵犯。

【关键词】扣押　冻结　处理　涉案财物　违法所得　规范

修改后的刑事诉讼法对查封、扣押、冻结和处理涉案财物的规定作了一系列重要补充和完善，一方面加强了对涉案财物的查扣和追缴措施，增加了对涉案财物的查封手段，扩大了查询冻结涉案财产范围，明确了人民法院作出判决时应当对查封、扣押、冻结的财物及其孳息进行处理以及增加了对犯罪嫌疑人、被告人逃匿、死亡案件违法所得的没收程序等重要规定。另一方面，加大了对被违法查封、扣押、冻结和处理涉案财物当事人诉讼权利的保障力度，主要是增加了有关当事人和辩护人、诉讼代理人、利害关系人对违法查封、扣押、冻结和处理涉案财物的申诉控告权以及上级检察机关必须及时对相关申诉控告进行审查和处理的规定。刑事诉讼法的上述修改，对加大司法机关追缴违法所得力度，规范

* 江西省人民检察院法律政策研究室主任。

检察机关查封、扣押、冻结和处理涉案财物工作具有重要意义，同时也给检察机关在查办职务犯罪案件中既要依法剥夺犯罪分子违法所得，又要保障案件当事人的合法财产权利带来新的挑战。对此，笔者结合全省检察机关近几年来查封、扣押、冻结和处理涉案财物工作的基本情况和问题分析，谈谈检察机关如何认真贯彻落实修改后刑事诉讼法的相关规定和要求，全面规范和正确开展对涉案财物特别是对违法所得的查扣和处理工作。

一、江西省检察机关扣押、冻结、处理涉案款物工作的基本情况

检察机关历来重视自侦案件扣押、冻结涉案款物工作的规范化管理，2009年年底，江西省检察机关共对2004年1月至2009年7月25日全省检察机关办结的3705件职务犯罪案件中扣押、冻结款的7.7亿余元人民币、821件物品等涉案财物进行了全面清查，纠正了一批违规违法扣押、冻结涉案款物的问题。之后，省院反贪局和省院控申处对2010年以来办理的24件要求返还扣押、冻结款物的涉检信访案件、涉财信访案件进行了梳理，并赴部分市院和基层院进行了调研，今年省院研究室又牵头对六个地市检察机关2010年以来办理的职务犯罪不起诉和撤案案件情况包括对涉案财物的处理情况进行了督查。从上述专项清查、信访调研及案件督查情况看，全省检察机关扣押、冻结、保管和处理涉案款物工作整体较好，基本做到了收缴分离、统一管理、依法处理，没有发现贪污、挪用、私分扣押、冻结涉案款物的现象，大部分未立案先行扣押冻结、超范围扣押冻结、该上缴未上缴、该移送未移送、该返还未返还涉案款物的情况得到了较好解决。但仍然存在一些行为不规范、执法不严格和涉财信访案件处理不到位的问题，导致违规查扣处理当事人财物和查扣追缴涉案财物特别是违法所得不力的现象并存，主要表现为：

1. 扣押、冻结、保管涉案款物的程序不规范。一是扣押、冻结款物程序不当。多数案件没有扣押审批手续，有的未立案就先行扣押、冻结款物，有的超范围扣押、冻结款物。二是扣押、冻结手续较混乱。有的检察院出具的是财政罚没收据，有的出具的是扣押物品清单，有的出具的是办案人的手写收条。同为扣押物品清单，有的加盖的是检察院公章，有的加盖的是部门印章。这样既影响法律的严肃性，又容易对扣押、冻结涉案款物的监管失控。三是扣押、冻结款物的监督制约不到位。有的案件扣押物品清单内容不全，签名不规范；有的扣押款物入账不及时、登记不细致，甚至账实不符；有的案件没有建立账卡制度，没有真正做到一案一账、一物一卡。

2. 处理涉案款物的随意性大。一方面处理时间不符合要求。多数案件未等法院判决或未移交主管机关处理，在案件侦查终结后就自行将涉案款物上

缴财政；少数案件在诉讼程序终结后，没有及时将扣押、冻结款物上缴财政或返还当事人。另一方面处理涉案款物普遍缺乏法律文书或工作文书依据。大多数案件未按最高人民检察院2010年的工作规定的要求在侦查终结报告和移送审查（不）起诉意见书中提出对扣押、冻结的涉案款物的处理意见，没有在撤案决定书、不起诉决定书和起诉书中写明对扣押、冻结的涉案款物的处理结果和情况，诉讼程序终结后没有制作扣押、冻结款物处理报告或处理决定书。大多数案件将暂扣款上缴财政时，没有出具相应的法律文书，几乎全部用地方财政的罚没收据替代法律文书。

3. 办案中存在违法违规现象。个别检察院违反取保候审保证金由公安机关统一收取和保管的规定，直接收取犯罪嫌疑人取保候审保证金；一些检察院对违法所得界定不清，将不属于违法所得的款物予以收缴；个别检察院存在挪用扣押款用于弥补办公办案经费不足的问题。一些办案人将扣押的涉案赃物长期放在身边，不移交财务部门集中保管，由于监管失控，甚至发生过扣押、冻结的金银首饰长期置于办案人员个人手中，后在依法拍卖或返还时，却鉴定为赝品的情况。一些基层检察院没有依法独立行使检察权，在整顿市场经济秩序中与当地纪检、公安、税务等行政部门联合办案、联合调查，并根据当地纪委意见对相关人员涉嫌侵占、行贿的违法行为以检察机关一家名义作出不予立案和扣押追缴相关赃款的决定，后来有关当事人控告后检察机关承担了对涉案款物处理不当的全部责任。

4. 检察机关涉财信访案件多发，相关处理程序和依据不明确，处理效果不佳。当前在不服检察机关处理决定的涉检信访案件中，涉及不服检察机关扣押、冻结和处理涉案财物决定的占相当比重。从近3年最高人民检察院交办的涉检信访案件情况来看，其中涉财信访案件几乎占到70%。从处理程序来看，江西省检察机关处理涉财信访案件大多数由控申部门按申诉案件程序办理，少数由自侦部门作为善后工作处理，个别案件按赔偿程序办理。从办理涉财信访案件的效果来看，江西省检察机关近三年来办结涉财信访案件的纠正率达66.7%，涉及要求返还的款项达上千万元，有些案件牵涉面广、办案期限较长，负面影响较大。一方面部分纠正的涉财信访案件反映出一些检察机关自侦部门办案中确实存在不当扣押和追缴案件当事人的合法财产，应当予以纠正；但是另一方面也存在部份涉财信访案件因为办案部门对扣押、冻结的违法所得处理程序不当或者没有查清事实及时结案或者没有将违法所得移送主管机关处理，导致事后因为程序上的问题使得本应收缴的违法所得不得不退回有关案件当事人，效果并不好。如徐某行贿案，徐某通过层层行贿手段以次充好将废矿渣卖给某国有钢厂获取了巨额非法利益，且造成国有钢厂巨额经济损失，九江检察机关以取保候审保证金的形式扣押了徐某的部分违法所得，事后检察机关没有查清徐某涉及的有关贿赂犯罪事实，最后对徐某作了不起诉处理，因检察机关将徐某的取保候审保证金直接上缴财政违反了有关程序，徐某进京上访后最高人民检察院交办省院处理，最后九江检察机关作了退赔处理，法律效果和社会效果不好。又如南昌金某受贿和巨额财产来源不明案，一审判决对检察机关指控的金某巨额受贿犯罪金额只作了少部分认定，但对没有认定为受贿的金额作为违法所得予以没收，检察机关抗诉后，二审法院基本维持了一审法院的受贿金额认定，但对一审判决虽然没有认定为受贿但作为违法所得予以没收的部分未作任何处理，金某因此上访要求检察机关退回二审法院没有认定的受贿数额。类似由于法院判决对违法所得认定和处理的随意性，导致针对检察机关的涉财信访案件时有发生，且因相关处理依据不明确，使得此类涉财信访案件的处理难度大，处理效果不佳。

二、检察机关查扣处理涉案款物工作中存在问题的深层原因分析

江西省检察机关扣押、冻结和处理涉案款物工作中存在的上述不规范问题，既有执法理念不端正的原因，也有内部监督制约不严密和经费保障不足的原因，但是导致当事人不服检察机关扣押、冻结和处理涉案财物决定和做法的涉财信访案件层出不穷的深层原因，主要在于有关法律法规的规定不明确和不完善。这主要表现为相关法律法规对“违法所得”、赃款赃物的概念没有进行界定，对犯罪数额以外其他违法所得的认定标准和处理程序不明确，对涉财信访案件处理程序和依据不清晰等方面，亟待司法实践乃至立法加以解决。对此，笔者简要分析如下：

1. 刑事诉讼中“违法所得”概念和范围的界定不明确。《刑法》第64条规定对犯罪分子违法所得的一切财物，应当予以追缴或者责令退赔，而1996年《刑诉法》第198条第3款对公诉案件中赃款赃物之外其他违法所得如何处理没有规定，这与《刑法》第64条的规定和要求不相配套。《刑事诉讼法》是《刑法》实施的程序保障法，但两部法律中关于对违法所得处理规定的不协调，使得如何界定违法所得的概念和范围以及如何认定违法所得和赃款赃物二者之间的关系，成为司法机关正确开展查扣和处理涉案财物工作的首要问题。因为它直接关系到司法机关查封扣押、冻结和追缴涉案财物的范围和事后认定司法机关在诉讼活动中查封扣押、冻结和处理涉案财物的决定是否合法，以及案件当事人对司法机关在诉讼活动中查封扣押、冻结和处理涉案财物的决定是否有权申诉控告和取得赔偿。

根据通常的理解，违法所得包括一般违法所得和犯罪所得。但对此也有

争议。第一种观点认为，依据刑法、刑诉法之规范目的，其中规定的“违法”所得的一切财物应为“犯罪”所得。① 第二种观点认为，从检察机关查处的职务犯罪案件来看，违法所得包括“案内违法所得”和“案外违法所得”，其中“案外违法所得”包括不起诉案件、撤销案件的违法所得，以及检察机关认定为非赃款赃物的违法所得和检察机关认定为赃款赃物但未被法院认定为犯罪所得的违法所得。② 第三种观点认为，应当将违法所得定义为因违法行为获得的除犯罪所得之外的财物。上述第一种观点将违法所得视为犯罪所得即认为违法所得就是赃款赃物。第二种观点中的案内违法所得基本等同于被法院认定为赃款赃物的违法所得，而涉案的没有被法院认定为赃款赃物的其他违法所得被称为案外违法所得。第三种观点所称的违法所得为除赃款赃物之外的违法所得，这应当是指最狭义的违法所得（这对如何确定一般违法所得的证明标准有意义）。笔者认为，刑法第 64 条规定应当追缴的违法所得包括犯罪所得即赃款赃物和一般违法所得两部分。1996 年《刑事诉讼法》第 142 条第 3 款规定对被不起诉人的一般违法所得都应移交主管机关没收，举轻以明重，对公诉案件被告人的违法所得当然应当予以追缴。对此，最高人民检察院 2010 年《人民检察院扣押冻结涉案款物工作规定》（下称《工作规定》）第 2 条也将违法所得定义为“犯罪嫌疑人、被告人实施违法犯罪行为所取得的财物及其孳息”，而非仅指犯罪嫌疑人、被告人的犯罪所得即赃款赃物这一部分。最高人民检察院、最高人民法院、公安部、司法部 2012 年 9 月 11 日联合下发的《关于办理黑社会性质组织犯罪案件若干问题的规定》第 20 条不但重申了对犯罪分子（含组织）通过违法犯罪活动获得的财产及其孳息应当予以追缴没收的原则，还进一步明确了对黑社会性质组织及其成员通过非正当手段聚敛的财产及其孳息和其他组织和个人利用黑社会性质组织及其成员的违法犯罪活动获得的财产及其孳息、收益，以及资助支持黑社会性质组织的财产应当依法予以追缴和没收。这充分反映了最高司法机关贯彻刑法第 64 条关于犯罪分子违法取得的一切财物均应追缴规定的决心，值得重视。

2. 刑事诉讼中违法所得的处理程序不明确。1996 年《刑事诉讼法》第 198 条第 3 款仅规定了对占刑事案件绝大部分的公诉案件中扣押、冻结的赃款

---

① 黄国盛：《追赃与扣押、冻结侦查措施的运用》，载倪英达、颜大和主编：《海峡两岸检察实务研究——强化检察职能对犯罪之追诉处罚》，中国检察出版社 2011 年版，第 159 页。

② 广州市海珠区人民检察院课题组：《完善职务犯罪违法所得追缴机制的构想》，载《法治论坛》第 16 辑，第 324 页。

赃物的处理方法，对人民法院是否可以没收和追缴犯罪分子赃款赃物之外的其他违法所得未作明确规定，使得司法机关在处理公诉案件中除赃款赃物之外的其他违法所得时缺乏程序保障。因此，司法实践中有关机关对如何落实刑法第64条即对一切违法所得进行追缴和责令退赔的规定存在争议，造成执法不统一。检察机关在移送起诉职务犯罪案件时，对扣押、冻结的赃款赃物之外的违法所得，有的一并移送法院判决，有的不移送法院判决。在检察机关对赃款赃物之外的违法所得一并移送法院判决的案件中，有的法院作了违法所得的认定并予以没收，有的不认定为违法所得，有的对其性质根本不作认定；检察机关对公诉案件中不移送法院判决的违法所得或法院不作认定的违法所得，有的移送主管部门处理，有的主管部门不受理或者难以确定主管部门的直接上缴财政，有的退还案件当事人，导致司法机关在处理公诉案件中除赃款赃物之外的其他违法所得时标准不明，做法不一，程序不清，客观上成为引发涉财信访案件的重要诱因。

对此，最高人民检察院在2010年修改出台《工作规定》时，也想统一各地对扣押、冻结涉案财物的处理方法，该规定第37条规定人民检察院对提起公诉案件中扣押的依法不移送的涉案款物应当严格按照人民法院的生效判决裁定进行处理和上缴国库。《工作规定》的本意也是要求人民法院按照《刑法》第64条的规定精神对检察机关扣押、冻结的包括赃款赃物和一般违法所得在内的所有涉案财物作出判决。但是如果法院根据1996年《刑事诉讼法》第198条第3款规定仅在判决中对赃款赃物的处理作出决定，而不在判决中对检察机关扣押、冻结的其他违法所得作出决定，便会使《工作规定》第37条的要求落空。最高人民检察院在制定《工作规定》时似乎也考虑到了这一点，又在第37条最后一款中规定对于起诉书中未认定的扣押、冻结款物以及起诉书中已经认定，但人民法院判决裁定中未认定的扣押、冻结款物，参照本规定第36条和第40条的规定处理，亦即移送主管机关处理或返还有关当事人。而且《工作规定》第37条最后一款关于起诉书和判决书所谓“认定”二字的确切含义不清，即究竟是认定为赃款赃物还是认定为违法所得不清楚，这样又使问题回到了起点。从法理上说，检察机关对不起诉案件和已撤案案件中的扣押、冻结的违法所得一律移交主管机关处理，对起诉案件中扣押、冻结的依法不移送的包括赃款赃物在内的违法所得一律交由法院裁决，程序清晰明了，也基本符合司法规律（当然也存在一定问题，后文会谈及）。法院裁判具有终局性和程序正当性，且司法审查程序显然比行政处理程序更有利于保护当事人的合法权益，将移送起诉案件中的违法所得移交有关主管部门处理不合理，而且有违刑法对一切违法所得应当予以收缴这一规定的刑事处罚性质的要求。

3. 刑事诉讼中违法所得的认定依据和范围不明确。对刑事诉讼中犯罪嫌疑人和被告人的违法所得的认定依据，相关司法解释没有规定。笔者认为，认定违法所得显然不应仅限于有关刑事法律的规定，而是应该包括其他法律和行政法规。《行政监察法》第24条、《行政机关公务员处分条例》第53条分别规定对违反行政纪律和违法违纪取得的财物应当没收、追缴或者责令退赔；另外，《招投标法》、《政府采购法》、《反不正当竞争法》、《招标投标法》、《产品质量法》、《消费者权益保护法》、《土地管理法》、《著作权法》、《专利法》、《审计法》、《证券法》、《税收征管法》等法律法规均有对违法所得予以收缴或者没收的规定。如犯罪嫌疑人和被告人的行为涉及触犯这些法律法规时，司法机关在认定和处理有关违法所得时应该参照适用。如具有党员身份的国家工作人员触犯《中国共产党纪律处分条例》相关规定时，可根据该条例第41条的规定将其违纪所得移送纪检监察机关处理。

司法实践中，检察机关对扣押、冻结的涉案财物中违法所得的认定和处理较混乱，特别是在认定违法所得的范围方面亟须厘清，问题主要集中在以下几点：一是对贿赂犯罪中行贿人特别是未作犯罪处理的行贿人通过行贿手段谋取的利益（如通过行贿手段承接工程、推销产品等）或者规避的损失如何认定和处理没有明确规定。二是对贪污案件中犯罪嫌疑人、被告人仅违反了相关财经纪律，或者受贿案件中因没有为行贿人谋利或行贿人不承认行贿，最终没有认定为贪污、受贿犯罪所得的涉案财物如何认定和处理；三是对在查办巨额财产来源不明案件中扣押、冻结的巨额涉案款物中，查明其中部分财物属于犯罪嫌疑人、被告人违法经商、偷漏税收等违法违纪所得的，或者犯罪嫌疑人、被告人承认受贿而相关行贿人不承认或找不到行贿人的这部分涉案财物如何认定和处理；四是对犯罪嫌疑人、被告人通过徇私舞弊和滥用职权获得的受贿之外的违法所得如何认定和处理等。

4. 刑事诉讼中认定一般违法所得的证明标准不明确。在刑事诉讼中如何认定一般违法所得，其证明标准是什么，相关法律和司法解释没有直接规定。顾名思义，违法所得是因违法行为获得的财物，认定违法应当设定一定的条件，要有一定的证明要求。但是，认定一般违法所得与认定赃款赃物在证明标准上应当有所区别，即认定赃款赃物的证明标准应高于认定违法所得的证据标准。根据刑诉法的规定，对刑事案件赃款赃物的认定标准显然应与认定犯罪的证据标准一致，即在证据上要达到“确实充分”和“可以排除合理怀疑”的程度。而根据刑诉法关于对不起诉案件的违法所得要移交主管机关处理的规定，特别是修改后刑诉法关于刑事违法所得的特别没收程序中规定了属于民事诉讼处理形式的缺席审判制度，认定一般违法所得的证明标准应当参照民事、行政诉讼中的“证据优势”标准执行。即认定违法所得应当符合以下条件：“有证据证明行为人的财物是通过违法行为获得的；行为人通过违法行为获得的财物不能被证明是犯罪所得的；对认定行为人获得的财物为违法所得没有相反证据或者阻却事由，或者相反证据或者阻却事由在案件的证据体系中处于弱势地位的。”① 对职务犯罪案件当事人的违法所得适用优势证据标准，笔者认为，还有更深层次原因，即职务犯罪案件当事人均属国家工作人员，因其具有公职权力，廉洁奉公是其天职，为防止其利用公权力谋取私利，如同对公众人物的隐私权有一定限制一样，应对国家工作人员的财产权利作出一定限制，现代法治国家普遍规定国家公职人员必须如实申报和公示个人财产即是明证，也就是说国家公职人员应当如实申报和公示个人的财产及合法来源，因此对案件现有证据中认定其来源非法的可能性大于其来源合法的可能时，即可认定该财产属违法所得。在我国还未有效建立财产申报公示制度和建立禁止大额现金交易及防止虚假转账洗钱特别是向镜外转移违法所得等金融监管制度的情况下，贿赂犯罪高发且难以查证，为防止我国陷入类似拉美国家因腐败难以遏制而导致的中等收入陷阱，亟须采用优势证据标准来认定违法所得，并尽快建立财产申报制度和加强金融监管禁止大额现金交易的配套预防制度，以促进反腐败斗争的深入进行。

5. 刑事诉讼中违法所得的相关处理权属规定不尽合理。这个问题直接关系到对违法所得的最终处理程序，对此有不同看法。一种认为只有法院有权处理违法所得，这是基于狭义的犯罪所得的理解；另一种是主张检察机关有权处理；还有的认为检察机关和相关的主管机关根据违法的法律性质的不同结合各自的职能分别享有处理权。笔者认为，检察机关对案件中扣押的涉案财物具有一定的处理权。司法实践中检察机关对属于被害人的财物，应当及时返还被害人，对属于犯罪嫌疑人、被告人的合法财物或者是案外第三人的合法财物也应及时退还，而返还或退还扣押、冻结的涉案财物包括违法所得理应属于处理行为。目前，对涉案违法所得的处理权问题的争议主要集中在检察机关对扣押、冻结的违法所得是否有追缴权。追缴二字来自《刑法》第64条的规定，1996年《刑事诉讼法》没有追缴的相应规定，只有没收的提法。1996年《刑事诉讼法》修改之前，根据高检研发字（1990）第5号的批复要求，人民检察院和人民法院一样有权追缴赃款赃物或者违法所得，并直接上缴国库。1996年《刑事诉讼法》规定对不起诉案件的违法所得的没收要移送主管部门处理，对被扣押、冻结的赃款赃物及其孳息要依照人民法院的

① 梁玉霞、何正华：《违法所得探析》，载《人民检察》2005年第12期。

生效判决处理，未对公安机关和检察机关的追缴权予以明确规定，从立法修改的精神上来看，对公诉案件赃款赃物等违法所得的追缴应当是法院量刑时的权力，追缴应在刑事案件结案时运用；对不起诉案件的违法所得由主管部门处理，也就是说检察机关基本上没有对案件违法所得的追缴权。但是司法实践中，因法院对公诉案件中赃款赃物之外的违法所得的处理比较随意，很多并没有通过判决来处理；对不起诉案件和撤案案件，因主管部门不受理或者难以找到相关主管部门，检察机关在以上情况下往往直接将有关违法所得移送财政部门上缴国库。对此，财政部1998年下发的《公检法工商行政管理部门行政性收费和罚没收入监缴暂行办法》，规定了公安、检察、法院、工商等执法司法机关解缴罚没款物的程序和要求，这也说明了检察机关在办案中将有关违法所得移交财政部门处理也有文件依据。另外，最高人民检察院《工作规定》第34条规定了检察机关对因犯罪嫌疑人死亡以外的其他原因撤销案件的，直接通知冻结机构上缴国库或者返还被害人。这一规定也反映出检察机关在特定情况下可以追缴处理被冻结的涉案存款。从国外的立法来看也有赋予检察机关没收处分权力的规定，如日本《刑事诉讼法》第499条明确规定“没收物应当由检察官处分”。《国家赔偿法》修改后，案件当事人不服检察机关扣押、冻结和处理涉案款物决定的，可以提出赔偿要求和申请复议，不服的还可以提请上一级法院赔偿委员会作出赔偿决定，也就是说检察机关处理乃至在特定情况下追缴违法所得并不会导致权力滥用和当事人无法得到救济的情况发生，反而有利于节省执法资源、提高诉讼效率。以上这些均说明赋予检察机关在特定情况下对涉案违法所得的追缴权具有可行性，有待进一步研究和明确。

6. *检察机关涉财信访案件的处理程序比较混乱。*检察机关涉财申诉或赔偿案件，主要包括以下几种类型：检察机关作出撤案决定或不起诉决定后没收或追缴了当事人的财产；在法院判决认定的赃款赃物数额以外，对法院没有认定或者检察机关未起诉到法院的当事人的财产予以没收或追缴；对案件没有作出任何结论，只有没收决定或追缴赃款赃物决定等；在案件处理后，对扣押、冻结的财产没有给出任何结论性处理意见等。如果当事人对相关财产的处理决定不服，可能提出申诉或赔偿，而对于此类案件，按照《国家赔偿法》的规定，属于侵犯财产权的刑事赔偿范围；按照《人民检察院复查刑事申诉案件规定》，亦属于刑事申诉复查案件的管辖范围。刑事赔偿案件与刑事申诉案件管辖界限重合，选择何种程序办理上述案件，实际操作中控申部门各行其是，有的按照申诉程序办理，有的按照一般信访案件办理，有的按照自侦案件善后程序处理，少数案件按照赔偿程序处理。这种执法工作的不统一严格来说不符合《国家赔偿法》的要求，因为《国家赔偿法》属于上位法规定，《人民检察院复查刑事申诉案件规定》和相关信访工作规定则属于下位法规定，在上位规定与下位规定发生冲突时，应以上位规定为准。另外，一些检察机关在办理涉财信访申诉案件特别是上级交办件时，对法院判决没有认定为犯罪所得即赃款赃物的涉案财物包括相关违法所得一律退还上访的案件当事人及其近亲属，这种做法其实就是将赃款赃物的范围等同于违法所得的范围，当然一些检察机关作此处理的深层原因与相关法律法规对犯罪数额以外其他违法所得的认定标准和处理程序及依据不明确、不清晰有很大关系，这样不利于正确办理涉财信访案件，甚至给检察机关查办职务犯罪带来较大的负面影响。

三、检察机关正确开展查封扣押、冻结和处理涉案财物工作的几点设想

1. 坚持从预防犯罪的高度，全面追缴职务犯罪违法所得，加大惩治犯罪力度。目前，刑事司法实践中基本上还是侧重于对犯罪行为本身的认定和对行为人的处罚，追缴违法所得主要是基于追究犯罪行为的需要而涉及，并将追缴作为证明和追诉犯罪的一种手段，这样导致在全面追缴刑事案件违法所得方面存在制度上的缺陷，从长远来看，《刑法》第 64 条全面追缴犯罪分子违法所得的规定应当规定在犯罪的总则第一章中，而不能仅规定在刑罚的具体运用一章中。这也是 1996 年刑诉法对公诉案件赃款赃物之外违法所得（这些违法所得与证明和认定犯罪没有直接关系）的处理未作明确规定的深层原因。在当前反腐败斗争形势依然严峻的形势下，我们一定要从犯罪对策的高度深刻认识全面追缴违法所得在预防腐败和更有力地惩治职务犯罪方面的意义。① 司法机关应当全面落实《刑法》第 64 条对违法所得予以追缴或者责令退赔的规定，追缴不应当属于刑罚措施，而应属于追究犯罪嫌疑人、被告人违法犯罪责任的当然手段，犯罪嫌疑人、被告人对其违法所得不具有任何合法权利，一旦发现在任何时候都应被收缴，唯有如此才能有效震慑犯罪和提高腐败成本。当前犯罪嫌疑人、被告人犯罪后转移违法所得的情况日趋严重，对此，司法机关应在对其从重量刑的基础上，在相关裁判文书中明确落实对其转移的违法所得的后续追缴措施。对贪财型犯罪的被告人应并处财产附加刑，且应在全部追缴其违法所得的基础上，再对其适用罚金和没收个人财产。这一点在当前职务犯罪案件判缓刑免刑比例高企和科处财产附加刑比例较低并存的司法现状下尤为必要。值得注意的是，修改后的刑诉法第 234 条第 4 款将对赃款赃物的“一律没收，上缴国库”改为“一律上缴国库”，更加符

① 聂生奎：《试析检察机关对违法所得的规范处理》，载《人民检察》2011 年第 18 期。

合刑法第64条的本意，使追缴赃款赃物的措施与没收被告人的财产的刑罚手段区别开来，两者并用，才能充分发挥彻底剥夺犯罪分子违法所得的震慑作用，提高犯罪成本，有效惩治和预防职务犯罪。

2. 严格规范查封、扣押、冻结和处理涉案财物工作的程序，依法保障案件当事人的合法财产权利不受侵犯。财产权及其制度历来是人类生存和发展的重要基础。从现代各国立法和司法实践来看，对财产权的保障，已经成为现代法律制度的基本价值导向和基本内容之一。刑事诉讼法作为“刑法的保障法”和“宪法的施行法”，承担着惩治犯罪和守护公民基本人权的双重任务。在刑事诉讼过程中，为了追究犯罪嫌疑人、被告人的刑事责任，实现国家刑罚权，国家权力运用得主动、广泛而深刻，可能因为国家权力的违法行使而对犯罪嫌疑人、被告人的财产权造成不当侵犯；加之在刑事诉讼中犯罪嫌疑人、被告人处于弱势地位，因而须要在刑事赔偿中确立财产权赔偿。根据新修订的《国家赔偿法》的规定，受害人对公安司法机关及其工作人员违法行使职权对其财产采取查封、扣押、冻结、追缴等措施造成损失的，有权取得赔偿，且取消了赔偿确认程序，增加了上级法院赔偿委员会的审查监督和支付银行同期存款利息的规定，加重了司法机关的赔偿责任。对此，检察机关在采取财产性强制措施时一定要严格规范执法。

第一，要规范查封、扣押、冻结款物的范围。在刑事诉讼中，检察机关侦查过程中采取查封、扣押、冻结等强制性措施时考虑的证明标准应当是预期可定罪的证明标准，或者虽然不涉嫌犯罪但与犯罪有一定关联，也就是说刑事案件违法所得的认定以涉嫌或关联刑事犯罪为最初标准，这样才能有效规范侦查行为，最大限度地防止超范围查封扣押、冻结。当然在侦查阶段由于违法与犯罪两者的界限难以明确区分，在此情况下可适当对可疑财产采取查封扣押、冻结措施，一旦发现与刑事案件无关即应解除措施，对其中涉嫌违反相关行政法规的亦应及时移送主管机关处理。另外，要严禁扣押非犯罪嫌疑人的财产和与犯罪无关的财物。

第二，要严格采取查封、扣押、冻结涉案财物的程序。要严禁在立案前扣押、冻结款物。扣押、冻结后除返还被害人的财产和与案件无关的财产外，严禁在诉讼终结（撤案、不起诉、判决）前处理涉案款物。扣押、冻结款物与保管款物要分离。检察机关扣押、冻结保管处理涉案款物要书面告知当事人或其近亲属有权投诉。要使用最高人民检察院统一下发的法律文书，扣押时不能只有扣押清单，要报请检察长签发扣押决定书同时附扣押清单，对勘验搜查时临时发现要扣押的，可先填写扣押清单事后及时补扣押决定书等。严禁使用没收决定书或罚款决定书。扣押时一般要同时拍照或录像，密封、启封要规范。

第三，要严格按程序处理扣押、冻结款物。检察机关要严格依照生效的判决裁定处理涉案财物，对相关法律文书没有认定检察机关认为须要没收的，应当提出检察意见，连同扣押、冻结款物一并移送主管机关处理；违法所得无主管机关移送或者主管机关不受理的，要提出有关依据商请财政部门上缴国库，依据不足的处理要慎重。检察机关在办案中为单位和个人挽回的经济损失，不属于应当上缴国库范围的，应当直接发还给有关单位和个人。

第四，要加强对扣押、冻结款物的监督制约。要在做好相关风险评估预警工作和发挥侦查监督与公诉部门、计财部门对扣押、冻结涉案财物监督制约的基础上，进一步发挥纪检监察部门特别是案件管理办公室的职能作用，运用扣押、冻结涉案款物信息化软件，对自侦部门办理的案件实施流程控制，全面加强查封、扣押、冻结和处理涉案财物的监督和管理，促进自侦部门严格依法办案。

第五，要处理好加强与纪检监察机关的协作配合和坚持依法独立办案的关系。加强与纪检监察机关的协作配合，既是形势的需要，也是领导体制和工作格局的要求。但在具体办案过程中，要注意严格依法进行，在进行款物的扣押、收缴和处理时，要把握法律尺度，严格依法进行。在其他机关要求采取扣押、冻结措施时，考虑法律权限、法律阶段、法律依据等因素，不可以超越法律采取措施，必要时可以报上一级检察院把关。

3. 完善处理涉案财物特别是违法所得的相关司法解释和工作机制。关于对刑事诉讼中查封、扣押、冻结的财物及其孳息的处理，修改后的刑诉法第234条第3款和第4款对1996年刑诉法第198条作了重大修改，首次增加和明确了人民法院在判决中应当对查封、扣押、冻结的涉案财物作出处理，以及规定有关机关应当根据判决对查封、扣押、冻结的财物及其孳息进行处理。这一修改对正确处理公诉案件中查封、扣押、冻结的涉案财物提供了明确的法律依据，但是令人遗憾的是修改后刑诉法第234条第4款在明确了有关机关应当根据判决对查封、扣押、冻结的财物及其孳息进行处理后，只规定了对查封、扣押、冻结的赃款赃物（而非违法所得）及其孳息，除依法返还被害人的以外，一律上缴国库。也就是说修改后刑诉法尽管规定了人民法院在判决中应当对查封、扣押、冻结的涉案财物作出处理，但是对赃款赃物之外的涉案财物包括违法所得的具体处理方法仍未作明确规定，这个立法漏洞仍会影响司法实践中对涉案违法所得的全面追缴。

对此，最高人民检察院应当在修改的《人民检察院刑事诉讼规则》中落实修改后刑诉法第234条的要求，并对如何正确处理公诉案件中查扣的赃款赃物之外的违法所得作出明确规定，细化全面追缴涉案违法所得的相关程序，明确规定认定涉案一般违法所得时应当适用不同于认定赃款赃物的证明标准即适用优势证据标准；同时要协调最高人民法院在制定执行修改后刑诉法的司法解释中对如何认定和追缴侦查机关查扣的赃款赃物之外的违法所得作出相应规定，即明确规定人民法院应当在刑事审判中对依法认定的赃款赃物之外的违法所得作出一律追缴和上缴国库的判决，同时规定对被告人转移或挥霍的涉案赃款赃物和违法所得的应当在判决中责令其退赔，司法机关可在判决后的任何时候发现被告人有可供退赔的财产时进行追缴，使《刑法》第 64 条的规定真正落到实处。

同时，为了在司法实践中正确处理查封扣押、冻结的涉案财物特别是违法所得，检察机关亟待与人民法院、有关主管机关建立追缴和处理涉案违法所得的联系协调机制。一是要与人民法院建立健全全面追缴和处理涉案违法所得的工作机制。修改后刑诉法第 234 条第 1 款明确规定公安、检察机关对查封、扣押、冻结的涉案财物，应当妥善保管，并制作清单，随案移送。实践中对移送起诉的受贿案件中查扣的相关行贿人的违法所得和对仅起诉了部分被告人的共同犯罪中其他被不起诉人的违法所得，笔者认为，移送法院一并判决处理效果会更好，但检察机关要做好与法院的相关协调工作。另外，对公诉案件中查扣的被告人赃款赃物之外的违法所得和被告人之外未起诉的其他犯罪嫌疑人的涉案违法所得，除了要在随案移送的清单中列明外，还应在相关法律文书中载明相关违法所得的事实和证据，但对是在起诉书中载明，还是在起诉书的附件抑或在相关追缴违法所得的检察意见中载明还须在实践中探索。此外，检察机关还应当根据修改后刑诉法的规定，与法院共同做好对犯罪嫌疑人、被告人逃匿、死亡案件违法所得及其涉案财产的没收工作。二是要与相关主管机关（包括纪检监察机关）建立追缴和处理涉案违法所得的工作协调机制。根据刑诉法和相关司法解释，检察机关对决定不起诉或者撤案的案件中查扣的犯罪嫌疑人的涉案财物应当解除查封、扣押、冻结，认为须要没收其违法所得的应当提出检察意见移送主管机关处理。这就须要事先做好与相关主管机关的协调工作，检察机关对认为属于违法所得的在解除相关查扣措施时，应当协调相关主管机关采取相应查扣措施，防止被不起诉人和被撤案人转移违法所得，给后续没收追缴工作带来障碍。同时，检察机关要向主管机关移交证明相关财物属于违法所得的事实证据材料，并建议主管机关对相关涉案人员在没收违法所得的同时作出相关行政处罚或纪律处分决定，使其违法行为得到应有的处罚。对公诉案件查扣的赃款赃物之外的违法所得法院判决没有认定的，亦应做好上述相关移送主管机关处理的工作。对相关主管机关不受理或无正当理由不处理的，检察机关可提出纠正意见，亦可将有关涉案违法所得移送同级财政部门追缴入库。

4. *明确常见职务犯罪案件违法所得的查扣处理范围。*建议最高人民检察院对常见职务犯罪案件违法所得的追缴范围研究下发有关指导性意见。一是关于贿赂犯罪违法所得的范围问题。鉴于当前我国贿赂犯罪的高发（据透明国际2011年度行贿指数报告中国排名倒数第二）与司法机关在追缴贿赂犯罪违法所得力度不够有很大关系，为了有效提高贿赂犯罪成本，促进反腐败斗争的深入开展，对贿赂犯罪中行贿人通过行贿手段谋取的利益（如通过行贿手段承接工程、推销产品等）或者规避的损失，不管该行贿人的行为是否构成犯罪和是否追究其刑事责任，均应当将通过行贿手段谋取的利益或规避的损失认定为违法所得予以查扣追缴，对不追究行贿人刑事责任的，要同时建议主管机关对其作出行政处罚。二是对贪污案件中犯罪嫌疑人、被告人违反财经纪律侵占了部分公共财产又不宜以贪污罪定性的涉案财物以及在查处受贿案件过程中司法机关以犯罪嫌疑人、被告人没有利用职务便利或者没有为行贿人谋利为理由，对其收受行贿人的财物不以受贿罪认定的，或者受贿人承认受贿但找不到行贿人或行贿人不予交待最后难以认定受贿犯罪的涉案财物均应认定为违法所得。三是对在查办巨额财产来源不明案件中，扣押冻结的犯罪嫌疑人、被告人的巨额涉案款物中，查明其中部分财物属于违法经商、偷漏税收等违法违纪所得的应当认定为违法所得，对犯罪嫌疑人、被告人承认受贿而相关行贿人又不承认的这部分违法所得可直接认定为巨额财产来源不明罪中的犯罪数额，以防止其通过编造受贿情节来规避对其巨额财产来源不明罪的追诉。四是对犯罪嫌疑人、被告人通过徇私舞弊和滥用职权手段取得的非受贿的非法利益应当认定为违法所得予以查扣追缴。

5. *加强和规范对检察机关涉财信访案件的办理。*修改后刑诉法第115条规定案件当事人认为检察机关查封、扣押、冻结和保管其财物的强制性措施不当时有权向上一级检察机关提出申诉或者控告，上一级检察机关应当进行审查和处理。修改后刑诉法的这一监督制度设置，与修订后的《国家赔偿法》相呼应，完善了对涉财申诉和信访案件的处理规则，实现了涉财申诉程序、善后处理程序与侵犯财产权刑事赔偿程序的衔接，亦有利于案件当事人的合法财产权利得到及时公正的维护。① 因此，检察机关在查封、扣押、冻结和处理涉案财物时应及时告知案件当事人及其近亲属有权投诉和有权向上一级检察机关申诉控告，上一级检察机关要及时进行审查处理。对案件诉讼终结的，要

① 李定达、高洁峰：《修改后刑诉法对刑事赔偿法律适用的影响》，载《人民检察》2012年第14期。

及时将案件当事人及其近亲属的投诉控告转为申诉赔偿案件办理，当事人要求国家赔偿的应当按照赔偿案件程序办理，当事人不服检察机关赔偿决定的，可以向上一级人民法院赔偿委员会提出复议。

检察机关在办理相关涉财申诉赔偿案件中，要准确认定对涉案财物违法采取查扣追缴措施的情形，在执法实践中应注意把握以下几点：一是没有刑事追缴权的司法机关，超越职权，违法实施刑事追缴措施造成损害的，应当予以赔偿。二是滥用追缴权力，追缴了与案件无关的财产，造成损害的，应当予以赔偿，这种赔偿不以刑事案件当事人为限。三是犯罪嫌疑人、被告人最终被确定为无罪，并可以认定追缴措施违法的，国家应该承担赔偿责任，否则，国家不承担赔偿责任。认定追缴措施是否合法，应当以追缴当时的案件事实为依据，以追缴当时的法律、法规及司法解释为准绳，结合无罪的具体情况来确定。四是追缴财物后，没有妥善保管，造成不必要的损失的，即使犯罪嫌疑人有罪，国家也应当承担相应的赔偿责任。五是对被追缴财产没有按照法律规定处理，如不应该上缴而上缴，不应该发还原单位而发还等，造成侵害的，应视案件的具体情况，视违法行使职权的具体情节，给予适当合理的赔偿。① 在此要特别注意对要求退赔无罪案件中追缴的涉案财物和要求退赔对法院判决中没有认定为赃款赃物的涉案财物的申诉赔偿案件，一定要以追缴当时的案件事实为依据，以追缴当时的法律、法规及司法解释为准绳，结合无罪的具体情况来确定相关追缴措施是否违法，对上述两种案件中追缴的涉案财物，虽然不能认定犯罪所得，但是可以认定为违法所得的，仍不应作出退赔决定，对没有进行违法所得的认定程序的，应当移送有关主管部门认定或者由人民法院作出追缴违法所得的决定，而不能为了息事宁人，将应追缴的有关违法所得款项一退了之，损害法制权威。

① 刘志远主编：《刑事案件国家赔偿实务指南》（上篇），中国法制出版社 2010 年版，第 69—70 页。

量刑建议——实现公诉权价值目标的有效途径

曹　金*　吴　鲲**

【内容摘要】 量刑建议是公诉工作的主要内容之一，其对刑事审判进行的诉讼监督，不仅在形式上赋予公诉工作内容上的丰富性，更在实质上提升了公诉工作的品位，而这种品位的核心就是客观公正，价值就是实现惩罚犯罪、保障人权的高度契合。

【关键词】 量刑建议　公诉权　价值目标　途径

修改后的刑事诉讼法，将“尊重和保障人权”明确写入了总则。这是宪法中有规定以来，我国部门法第一次有了人权规定。量刑建议是完成惩治犯罪与保障人权的有效途径，公诉人在出庭支持公诉过程中，根据被告人的犯罪事实、犯罪性质、情节和社会危害程度等，代表人民检察院提出建议，要求人民法院对被告人处以某种特定之刑罚，对刑种、刑期、罚金数额、执行等若干方面提出具体要求，是刑事诉讼监督职能的一种重要完善，其对刑事侦查和刑事审判进行的诉讼监督，不仅在形式上赋予公诉权内容的丰富性，更在实质上提升了公诉权的品位，而这种品位的核心就是客观公正，价值就是保障人权。如果说公诉人指控犯罪就是欲剥夺犯罪嫌疑人、被告人人权的话，那么量刑建议的行使就是对这种剥夺的限制，包含对公诉权行使过程中的自我限制和刑事审判权行使过程中的对他限制，在这种剥夺和限制的博弈中，量刑建议作为公诉权惩治犯罪、保障人权两大价值目标的载体现象便逐渐显现。

一、惩治犯罪、保障人权系公诉权的天然价值

现代检察制度的雏形是14世纪的法国国王代理人制度，但直到18世纪法国大革命以后，才产生了真正意义上的现代检察制度。其目的是监督警察

* 江西省景德镇市人民检察院副检察长。

** 江西省景德镇市人民检察院干部。

滥用警察权侵犯人民，防止法官自由垄断，草菅人命。随着检察制度在世界范围内跨越不同意识形态而被现代政治文明所广泛接纳，检察制度也愈来愈完善，检察官的地位也愈来愈高，在法国甚至被誉为“站着的法官”。而苏联及我国等社会主义国家的检察制度，则将检察权的发展又推向了一个新的高峰，赋予检察机关以国家法律监督机关的崇高定位，检察官亦被赋予公平正义的形象，成为保护人民的力量化身。

“当代法治的理念、法治的精髓是一种限权、控权、积极法治的理念。也就是对权力进行有效的限制、控制并且在对权力进行有效限制、控制的同时，保障专制对象应有的合理权益”。① 检察官崇高社会地位的取得，并非仅仅来源于出庭支持公诉时对被告人的强力指控，亦非依赖于作为国家专政工具时对犯罪分子的高压姿态，否则就无法解释同为国家专政机器的警察却总也无法得到如此高的荣誉，最根本的原因在于其惩治犯罪时对各方当事人的人权保障，在于其办理案件时的公正无私，在于这一制度所产生的天然义务特性——“客观性义务”。离开贯彻检察权运作始终的人权保障这一核心价值，而特意偏重于其打击犯罪的功能价值，检察权的运作将不可避免地招致各方的质疑，检察制度也将失去其存在的根基。因此，检察机关权力的运作，无论是侦查权、公诉权还是刑事诉讼监督权，惩治犯罪和保障人权都是其必须追求的价值目标。

二、量刑建议，实现公诉权天然价值的有效载体

自20世纪50年代以来，我国开始赋予检察机关法律监督权，使检察权有了更为特别的含义，其目的都在于通过权力制约权力的方式对执法司法权进行制约，其目的都是防止权力的滥用。而作为承担控诉犯罪职能的公诉权充分发挥量刑建议的作用，实则体现其对检察权自身和审判权的双重制约。因为司法权可能滥用的现象主要是犯罪嫌疑人和被告人，而滥用之结果则是财产、自由乃至生命的剥夺。因此，对执法司法权制约的根本价值目标就在于惩治犯罪时加强对犯罪嫌疑人和被告人权利的保护。换言之，惩治犯罪和保障人权是公诉权与生俱来的天然价值，而量刑建议则是实现公诉权天然价值的重要载体和有效途径。

（一）量刑建议有利于制约法官的自由裁量权，防止法官量刑时过于偏颇，提醒法官不枉不纵

我国刑法采用的是相对不确定的法定刑，法官拥有较大的量刑自由裁量

---

① 季美君：《量刑建议权与刑事司法公正》，载《法学家》2004第3期。

权。“一切有权力的人都容易滥用权力，这是万古不易的一条经验。有权力的人们使用权力一直到遇有界限的地方才休止”。① 拥有较大权力的法官容易滥用权力，造成部分刑事案件量刑不均衡。检察官的量刑建议虽然只是一种请求权，对法官没有法律拘束力，但是法官在判决书中要对控辩双方的量刑意见进行说理，事实上对法官的自由裁量权起到了制约作用。检察机关是我国的法律监督机关，公诉人依法对刑事审判实行监督，可以依法对刑事判决提起抗诉。当法官没有采纳公诉人的量刑建议时，检察院认为违法就可以依法行使抗诉权，促使法官对公诉人的量刑建议给予充分的重视，在判决时依法找到打击犯罪与保障人权的平衡点。

（二）量刑建议有利于从程序上使量刑公开化和透明化，有效避免枉法裁判、损害人权现象的发生

刑事裁判的量刑公正、程序公开是刑事诉讼的一个基本原则，这一原则的基本含义是“正义不仅要实现，而且要以看得见的方式实现”。② 其实质是，通过公开的机制，保护当事人的合法权益，防止暗箱操作、权力滥用和司法腐败，避免司法专横。当事人有充分的机会参与刑事案件裁判的制作过程，并对裁判结果的形成发挥其影响是程序公开原则的要求之一。目前，我国刑事案件的量刑过程相对封闭，存在一定程度上暗箱操作的现象。在刑事案件审判中推行量刑建议制度，公诉人在庭审时提出量刑建议，被告人及其辩护人可以就量刑建议展开辩论，法官居中裁判，实质上在法庭上增设了一个量刑听证环节，量刑不仅对抗辩双方公开，而且置于社会监督之下。这样有利于在我国贯彻程序公开原则，防止量刑的“暗箱操作”和司法腐败，保证当事人对量刑过程的参与和对裁判结果的影响，有利于形成更加公正的量刑裁判。

（三）量刑建议有利于提高公诉人的法律素养和办案能力，提升惩治犯罪、保障人权的能力

公诉活动中运用量刑建议，促使公诉人在关注被告人定罪的同时，对量刑有关的事实、证据、法定量刑情节、酌定量刑情节和社会效果等方面要全面把握，研究本地区甚至全国的相关案例，把握相同案件的量刑标准，对被告人的量刑作出准确的认定。

---

① ［法］孟德斯鸠：《论法的精神》，张雁琛译，商务印书馆1982年版，第154页。

② ［英］丹宁勋爵：《法律的正当程序》，刘庸安译，法律出版社1999年版，第11页。

三、实践中运用量刑建议遇到的几个问题

(一) 量刑建议中如何确定量刑起点的问题，值得明确

确定量刑起点是进一步确定基准刑进而适用何种情节予以量刑的基点，如果同一项犯罪涉及的很多量刑情节已经在折算基准刑时予以适用，在确定量刑起点时似乎不应再作考虑。但是其他非法定、非酌定的情节，在确定量刑起点上又如何做到标准统一，是值得商榷的问题。

(二) 人为限制量刑建议适用范围

在我国，量刑建议是新生事物，是公诉改革的内容之一，虽然通过试行推广，有了一些成功的经验做法，但由于公诉人员受传统观念的影响，改革的积极性不高，思想上存有畏难情绪，认为如果法院不采纳量刑建议会使自己处于尴尬境地，并且提出量刑建议，多了一道环节，加重了自己的责任和工作量，从而在运用量刑建议时较为保守，大大弱化了量刑建议权。如提出量刑建议的案件主要集中在伤害、盗窃、抢劫犯罪等几类常发性的、法定量刑幅度层次明显的案件。这本身对于量刑建议的完善运用就是一大瓶颈，因为此类犯罪虽为高发频发犯罪，但大多属于简单、轻微的刑事犯罪，对于复杂、较重的刑事犯罪，更加需要量刑建议对其进行适用。

(三) 提出量刑建议的方式和程序不够规范

在目前公诉实践中，检察机关提出的量刑建议，有的是基于承办人审查案件之后，具体的量刑建议呈报主管检察长进行审查决定，同时以书面方式向人民法院提出；有的则基于案件承办人审查完毕案件后，在出庭公诉发表公诉意见时当庭口头向人民法院提出；甚至出现在同一案件中书面量刑建议与口头建议相冲突的情况。由于在案件量刑建议提出程序和方式上的不统一，影响了量刑建议的严肃性、公正性，且容易造成对法官裁判权监督的削弱。

(四) 提出的量刑建议具体内容不够科学

我国量刑建议制度发展起步晚，同时公诉人员缺乏经验，使得量刑方法操作程序不够全面。对于提出量刑建议的具体内容，有的针对被告人所犯罪行法定应判处的刑种、刑期均提出了明确的意见，而对于被告人实际应判决的刑期又提出一个较小的量刑幅度，对于后一种量刑建议内容的提出，显然是不够精确和科学的，这势必会影响到量刑建议的有效性。

四、完善量刑建议在公诉活动中的运用，实现打击犯罪与保障人权并重

(一) 改变以往注重打击犯罪忽视人权保护的量刑观念

长期以来的公诉和审判活动中，公诉人往往只注重对被告人定罪证据的

把握，量刑建议基本上也围绕定罪展开，而忽视了对被告人罪轻证据的收集，但如果只重定罪、轻量刑，显然无法完全实现刑事诉讼的公平与正义。当量刑出现问题时，往往会牵扯到定罪，同样，定罪的最终落脚点也是量刑，两者之间是密不可分的关系。量刑要做到公正与合理兼具。量刑公正，就是要对被告人做到重罪重判、轻罪轻判、罚当其罪，坚决反对重罪轻判、轻罪重判。量刑合理，就是要使量刑符合适用刑罚的目的和量刑的法定条件，畸轻畸重固然是量刑错误，偏轻偏重从本质上讲也是一种量刑“错误”，因为量刑的偏差直接影响到罪刑均衡原则的实现，有失修改后刑诉法尊重和保障人权的立法本意。

（二）因时、因事制宜，书面建议与口头建议相结合，灵活运用，确保两个效果的统一

实践中书面量刑建议一般在向法院提起公诉时一并随案移送，这样做的好处在于能较好地规范量刑建议，使法官在审理案件时有针对性地对案件进行审理，减少司法资源浪费的同时促进案件审判的公正。但如果公诉人在庭审时一味注重书面量刑建议的照本宣读，则极易脱离庭审实际，量刑建议乏善可陈，法庭调查也就失去了其应有的意义。因此，在庭审时公诉人不仅要注意围绕书面量刑建议开展法庭调查，而且对庭审时突然出现的影响被告人量刑的证据与行为要有足够的应变能力，适时给出正确的判断，弥补书面量刑建议的不足，必要时可对书面量刑建议作出应有的、合法的更正，从而保证量刑建议的公平、公正，促使被告人认罪服法，获得被害人及其家属的认同，既打击犯罪，又体现检察机关以人为本、保护人权的执法理念，达到法律效果与社会效果的统一。值得注意的是，更正建议的刑种、刑期及刑罚的执行方式等内容都必须符合刑法规定且完全与被告人所具有的量刑情节相结合。如被告人李某失火毁林一案，李某因烧田间杂草引发森林火灾，造成过火有林地面积300余亩，给某国有林场造成了重大损失，依法应当处3年以上7年以下有期徒刑，笔者在送达法院的书面量刑建议中建议对李某处3年至4年的徒刑。后该案在庭审时，辩护人当庭提供了被告人李某家属已代其部分赔偿了某国有林场经济损失的证据材料，且李某当庭表示愿意对过火的山林补种树木并养护，以弥补自己的过失。对于庭审时出现的新状况，笔者没有一味强调之前的书面量刑建议，而是在审查确认辩护人提交的证据来源性、合法性后，当庭建议法院可以考虑对被告人李某处3年有期徒刑并适用缓刑，庭审后及时向主管检察长汇报，得到认可。法院判决也完全采纳了该量刑建议，李某表示服判，感谢给了其一个改过的机会，判决后其依约对过火山林进行了补种，当地群众对法院判决也深表赞同。

（三）涉及可能判处死刑、无期徒刑的案件慎用量刑建议

死刑案件尤其是严重暴力犯罪可能判处死刑、无期徒刑的案件一般在当地影响较大，被害人家属与被告人一方矛盾尖锐，因此在处理上要慎之又慎，不仅要查清犯罪事实，更要注重细节，查清量刑情节。对于具有自首情节，家庭婚姻或邻里纠纷等矛盾引发的故意杀人、伤害致死案件，除那些罪大恶极、情节特别严重、手段特别残忍的以外，一般没有必要提出明确的量刑建议，而以相对量刑建议为主，这样既保证了量刑建议的监督作用，又给了法官化解双方矛盾、正确量刑的空间，体现了对法官自由裁量权的尊重。而对于那些虽然手段并非特别残忍但民愤极大、严重影响当地人民生活且不具有任何从轻情节的恶性案件，该建议适用死刑的要大胆建议。

（四）二审案件出庭检察员应善用量刑建议

在适用二审程序的案件中，检察机关行使国家对被告人的控诉权，作为公诉权的应有之义，量刑建议权对所有的案件，即无论上诉或抗诉案件，都应适用。应当注意的是，在上诉案件的量刑建议提出时，应坚持上诉不加刑原则，在要求维持原判决的同时，体现公诉权对人权的保护。对于抗诉案件的量刑建议，由于量刑建议与抗诉所要达到的目标是一致的，因此，适用刑种的范围既可针对主刑，也可包括附加刑，以对主刑提出量刑建议为重点，并且可以较为明确地提出主刑应适用的刑种、刑期，量刑建议与支持抗诉意见书互为补充，力求通过抗诉促使二审法院找到平衡打击犯罪与保障人权的切入点。

（五）严格规范制作书面量刑建议

2010 年 9 月 12 日，最高人民检察院公诉厅印发《人民检察院量刑建议书格式样本（试行）》，为书面量刑建议提供了格式样本，有利于量刑建议的规范化操作，体现了量刑建议的严谨性、权威性。公诉人在制作量刑建议书时对被告人行为触犯的法律、涉嫌罪名、法定刑、量刑情节、建议的法律依据、建议的主刑种类及幅度、执行方式、附加刑种类都要有所说明，尤其是量刑情节须着重提出，不仅包含法定从重情节和酌定从重情节，而且包含法定从轻、减轻、免除情节和酌定从轻情节。严格按照“格式样本”制作量刑建议不仅规范了量刑建议书的制作，确保了量刑建议的效力，而且促使公诉人在审查案件时既注重对被告人所犯罪行的把握，也注重对被告人的量刑情节及相关法律条文的把握，既惩治犯罪，又不忘保障人权。

修改后刑事诉讼法视野下对职务犯罪技术侦查措施的几点思考

刘水华* 王荣华**

【内容摘要】修改后的刑事诉讼法在授予检察机关技术侦查权的同时，又对该权力的行使进行了严格的限制和制约，体现了惩治犯罪和保障人权的平衡。但法律文本过于概括和原则，导致在职务犯罪技术侦查措施种类、适用范围、条件和对象、批准程序和救济措施规定上的含糊不清，亟待出台相关司法解释予以明确和细化。

【关键词】技术侦查 职务犯罪 程序 救济

技术侦查，又称技术侦察、技侦手段或行动技术手段，是指侦查人员利用现代科技手段，秘密收集犯罪证据，查明犯罪嫌疑人的各种侦查措施的总称，具有科技性、秘密性、侵权性、强制性、从属性的特点①。修改后的刑事诉讼法将“技术侦查措施”单独列为一节，明确授予了检察机关职务犯罪技术侦查权，同时将执行权授予了公安机关和国家安全机关，并对其使用设定了严格的条件，体现了控制犯罪与保障人权的平衡，具有重要的历史意义。但同时由于法律文本的语焉不详，也导致技术侦查诸多问题须进一步明确和细化。

一、职务犯罪技术侦查措施的种类

修改后的刑事诉讼法授予了公安机关和检察机关技术侦查权，却未列明两个机关具体可以采取的技术侦查手段。有观点认为，是由于考虑到“随着科学技术的发展，技术侦查手段也会不断地发展变化”②的缘故，笔者赞同此

---

* 江西省分宜县人民检察院代检察长。

** 江西省分宜县人民检察院法律政策研究室主任。

① 朱孝清：《职务犯罪侦查措施研究》，载《中国法学》2006年第1期。

② 朗胜主编：《中华人民共和国刑事诉讼法修改与适用》，新华出版社2012年版，第277页。

种观点。法律文本的留白是为了照顾律法的前瞻性和稳定性，但难免造成实务部门的困惑。因此，为使用好技术侦查措施这一刑事诉讼法赋予检察机关打击职务犯罪的利器，最高人民检察院宜以司法解释的方式，对当前常用职务犯罪技术侦查措施种类予以列举。本文认为，当前检察机关在查处职务犯罪过程中，常用的技术侦查手段有以下几种：

1. 电子侦听，即通常所说的窃听，是指通过在犯罪嫌疑人及与案件密切相关人员办公室、家中等处安装窃听装置，实现对人与人之间的直接性口头谈话的监听。

2. 电信监控，即对电信通讯工具实行的监控，包括对电话监听、手机定位、查询短信内容等。

3. 电子监控，包括进行秘密的拍照与录像，也包括使用针孔摄像机、跟踪器等方式对犯罪嫌疑人及案件相关人员进行监视、跟踪与定位。

4. 邮件检查，对纸质的通信进行秘密检查，最近也开始发展为对物流的包裹、快递进行秘密检查。

5. 秘密获取物证，即对侦查相对人所处的地点或物品进行秘密的搜查以及提取物证、书证等相关证据，搜查提取结束后相对人并不知悉该搜查行为已经发生。

6. 网络监控，包括对侦查对象的电子邮件及其他互联网文字、声音、图像通信的截取，对储存在网络空间中的信息的秘密调取，对上网轨迹、上网地址的查询、定位等。①

值得注意的是，修改后的刑事诉讼法在第 8 节“技术侦查措施”第 151 条中还规定了隐匿身份侦查和控制下交付两种侦查手段。这就产生了两个问题：一是这两种手段是否属于技术侦查措施，二是检察机关在侦查职务犯罪过程中是否可以采取隐匿身份侦查。

对于前一个问题，笔者认为，技术侦查措施必须同时符合技术性和秘密性两个特征，技术侦查从属于秘密侦查措施，但秘密侦查措施中纯粹以人力进行的盯梢、乔装侦查（即卧底）、监控并不属于技术侦查。因此，隐匿身份侦查和控制下交付属于秘密侦查措施的范畴，与技术侦查措施不可混为一谈，之所以立法将其归入“技术侦查措施”一节，是由于“立法的意图是将其作

① 程雷：《刑事诉讼法〈修正案〉中的隐藏身份实施侦查与控制下交付》，载《中国检察官》2012 年第 4 期。

为了技术侦查的附属品顺带在此次刑事诉讼法修改过程中予以规范”,① 此属于立法技术和认识上的问题，但并不意味着以立法的形式确立了隐匿身份侦查和控制下交付属于技术侦查措施。

关于第二个问题，有论者认为，现行刑事诉讼法第131条、修改后刑事诉讼法第162条规定“人民检察院对直接受理的案件的侦查适用本章（即侦查章）的规定”，可以得出检察机关在侦查直接受理的案件中可以采取侦查章所规定的各种侦查行为的结论，因此，检察机关可以使用隐匿侦查手段。②笔者不赞成这种观点，修改后的刑事诉讼法侦查章中对各种侦查行为均明确规定了使用主体，凡允许检察机关使用的侦查行为，皆表述为“侦查人员”或“公安机关、人民检察院”；但修改后的刑事诉讼法第151条规定隐匿身份侦查的主体时使用的表述为“公安机关”，并没有明确表述“侦查人员”、“人民检察院”或“检察机关”等可以涵盖人民检察院自侦案件范畴的术语，根据“法无明文规定公权力机关不得为”的原则，检察机关在侦查职务犯罪过程中不得采用隐匿身份侦查手段。

二、职务犯罪技术侦查的适用范围、条件和对象

（一）适用范围

由于技术侦查措施的适用必然侵犯侦查对象的基本权利，因此应当对其适用的案件范围有严格的限定性条件。世界各国基本上都以重罪作为技术侦查的范围，主要有三种模式：一为列举式，明确规定适用案件的种类，如美国和德国；二为概括式，不规定具体的罪名，以刑罚的标准来确定，如法国；三为综合式，既规定可以监听的案件的种类，又按照刑罚的标准来确定是否可以监听，如意大利。③ 修改后的刑事诉讼法第148条采取了重罪原则，以列举的方式规定了适用技术侦查措施的三种职务犯罪情形：

1. 重大的贪污、贿赂案件。法律的生命在于执行，法律条文的含糊不清无疑给司法工作者贯彻执行法律带来困惑。在此处，有两个问题必须明确：一是何为重大？二是贪污、贿赂案件是指刑法分则第8章“贪污贿赂罪”里规定的全部罪名还是仅仅指贪污罪和贿赂罪？这都有待于最高人民检察院出台明确的司法解释。文本认为，所谓重大，应包含犯罪数额巨大（10万元以

---

①② 程雷：《刑事诉讼法〈修正案〉中的隐藏身份实施侦查与控制下交付》，载《中国检察官》2012年第4期。

③ 叶新火：《国外监听措施的分析与启示》，载《华东政法学院学报》2003年第3期。

上）、给国家造成严重损失（30万元以上）、造成了极恶劣社会影响、[1] 窝案串案等情形。对于后一个问题，笔者赞同只包括贪污罪和行贿、受贿等贿赂类犯罪。理由有二：一是从条文表述上看，凡是概括刑法分则第八章规定的全部罪名时，刑事诉讼法都用“贪污贿赂罪”来表述，贪污和贿赂之间并无顿号，如刑事诉讼法第18条规定“贪污贿赂犯罪，国家工作人员的渎职犯罪，国家机关工作人员利用职权实施的非法拘禁、刑讯逼供、报复陷害、非法搜查的侵犯公民人身权利的犯罪以及侵犯公民民主权利的犯罪，由人民检察院立案侦查。”因此，此处以顿号间隔，应是示以区分的意思。二是从比例性原则出发，刑法分则第八章规定的挪用公款罪、私分国有资产罪、巨额财产来源不明罪相对贿赂犯罪而言，取证较为容易，缺乏采取技术侦查的必要性。有学者作出解释称“这里规定的贪污、贿赂犯罪案件不是指刑法第八章贪污贿赂罪中规定的所有犯罪，而只是限于贪污罪、受贿罪、行贿罪”。[2] 笔者认为这种说法对“贿赂罪”进行了不合理的限缩解释，此处的贿赂罪应该还包括单位受贿罪、利用影响力受贿罪等贿赂类犯罪。

2. 利用职权实施的严重侵犯公民人身权利的重大犯罪案件。具体包括刑事诉讼法第18条所规定的国家机关工作人员利用职权实施的非法拘禁、刑讯逼供、报复陷害、非法搜查的侵犯公民人身权利的严重犯罪。[3] 此处，重大的标准是指什么？笔者认为，应该包括以下情形之一：一是手段特别恶劣、情节严重的，如采取了械具、捆绑等手段，实施了殴打、侮辱、虐待等行为的；二是后果严重的，如造成了被侵权人重伤、死亡或精神失常及导致冤假错案，引起社会强烈反响的；三是多人利用职权实施的侵犯人身权利的案件；四是实施侵权行为人次在6人次以上的。

3. 追捕被通缉或者批准、决定逮捕的在逃职务犯罪嫌疑人、被告人。在这种情形下使用技术侦查措施时，既无重大案件的限制，也无“经过严格批准程序”的要求，经过批准即可实施。如此规定的原因，大抵是因为在追逃时，使用技术侦查的目的在于确定在逃犯的位置，以便将其缉拿归案，并非为获取其犯罪证据，与前述两种情形相较，对犯罪嫌疑人权利的侵犯程度亦较低。因此，笔者认为，凡是检察机关办理自侦案件须要追逃时，经过检察长批准，即可实施技术侦查措施确定在逃犯罪嫌疑人、被告人位置。

（二）适用条件

对职务犯罪技术侦查措施的适用，修改后的刑事诉讼法第148条规定了

---

①②③ 朗胜主编：《中华人民共和国刑事诉讼法修改与适用》，新华出版社2012年版，第278页。

两个条件：其一，从适用环节上，规定了必须在职务犯罪立案后；其二，必须出于侦查的需要。前一个条件可以称为事实条件，以立案作为时间节点，实际上表明采取技术侦查的前提条件必须是侦查人员有理由相信有犯罪事实发生，并且有一定的证据予以证明，达到立案所要求的“合理怀疑”的程度；后一个条件属于法律条件，体现了必要性原则，即并非所有重大的职务犯罪案件的侦查活动都可以适用技术侦查措施，只有采用公开的或其他秘密侦查方法产生不了或很可能产生不了理想的侦查结果，而技术侦查可能是唯一行之有效的侦查对策，才能考虑运用技术侦查，否则不能动用，即技术侦查只有作为一种最后的手段时才能使用。

（三）适用对象

修改后的刑事诉讼法并未明确指出技术侦查措施应对哪些对象实施，只是原则性地规定为须以“根据侦查犯罪的需要”来确定适用对象。所谓“根据侦查犯罪的需要”，笔者认为，是指技术侦查适用对象的确定必须遵循相关性原则，即技术侦查只能针对犯罪嫌疑人及其有关特定人员，技术侦查的范围不能超出特定侦查目的的内容。

须要特别指出的是，职务犯罪技术侦查的适用对象不能仅限于犯罪嫌疑人，在必要时应囊括与犯罪嫌疑人有关的特定人员，尤其是为犯罪嫌疑人发送、传达和收受通讯信息的人。但是，“某些特定人员，如律师与其当事人之间的通讯应当受到保护，即使侦查需要也不应将其列为监听的对象，以防止辩护权受到干扰和侵害”。①

三、职务犯罪技术侦查措施的适用程序

程序是正义的保障，程序是否依法履行到位，关系到技术侦查所获取证据的效力，其重要性不言自明。对于采取职务犯罪技术侦查措施应具体履行哪些程序，修改后的刑事诉讼法并无明确完整的规定，其第148条规定检察机关采取职务犯罪侦查措施必须经过“严格的批准手续”，并交由有关机关执行。按照惯例，这一“严格的批准手续”还有待最高人民检察院进一步作出详细的规定。笔者认为，职务犯罪技术侦查的适用程序应当包括申请、审查批准、执行、资料保存和销毁四个环节。

（一）申请

首先，提出申请的主体应该是检察机关的职务犯罪侦查部门，即反贪污

① 王彬：《比较法视野下的技术侦查制度研究及其启示》，载《武汉大学学报》（哲学社会科学版）2010年第5期。

贿赂或反渎职侵权部门。其次，申请的形式应该采用书面的形式，承办人员应填写《提请采取技术侦查措施报告》，报告的内容应包括：犯罪嫌疑人基本情况、涉嫌主要犯罪事实，初步证据，采用技术侦查的理由、目的、内容和方式，实施场所和期限。最后，申请报告应层报至检察长签发。

（二）审查批准

1. 审批机关。对于审批机关，许多学者认为应由法院来审批，理由是世界各国的技术侦查一般多报经法官批准，适用司法审查原则。① 由中立的法院作为审批主体授权检察机关实施技术侦查措施，可实现权力的制衡，防止侦查机关滥用职权，更有利于实现对犯罪嫌疑人的人权保障和程序公正。②

笔者认为，在我国现阶段由法院对技术侦查进行审批并不可行，将技术侦查审批权交由检察机关行使更符合我国现状。首先，检察机关作为国家法律监督机关的宪法定位，决定其对侦查活动具有监督职能，技术侦查措施作为一种强制性的侦查措施，理所当然在其监督范围之内。其次，检察机关积累了丰富的查处职务犯罪的经验，作为审批主体，能够及时准确地破获职务犯罪案件，比法院更擅长处理有关问题。再次，当前司法活动易受不应有的案外因素干扰，如将职务犯罪技术侦查审批权交由法院行使，难免出现跑风漏气、拖延时间等不正常的现象，影响打击犯罪的效果。最后，多年来检察机关不断加强执法办案内部监督，已形成了比较完善的内部监督机制，能够对职务犯罪侦查行为进行有力的监督制约。因此，本文认为，职务犯罪技术侦查措施的审批应仿照逮捕上提一级的做法，省级（不含省级）以下检察机关提出的申请，应由上一级检察院侦查监督部门进行审批。这样，既有利于保护犯罪嫌疑人的合法权利，又可以避免地方不必要的干扰。

2. 审批程序。对于重大的贪污、贿赂案件和国家工作人员利用职权实施的严重侵犯公民人身权利的重大犯罪案件，其审批程序可参照职务犯罪逮捕程序，即：省级以下检察机关（不含省级）自侦部门将《提请采取技术侦查措施报告》及相关案卷材料交至本院侦查监督部门，本院侦查监督部门经过形式审查，提出是否使用技术措施的审查意见，连同《提请报告》、案卷材料以及本院侦查监督部门审查意见一并报上一级人民检察院侦查监督部门审查，并确保报请材料齐备、规范。上一级检察机关在收到相关材料后，应当及时

---

① 王秋杰：《试论检察机关适用技术侦查的精密化设计》，载《中国检察官》2012年第2期。

② 柯昌林：《职务犯罪技术侦查与证据采信》，载《湖南科技学院学报》2011年第7期。

审查，在24小时内决定是否准许，至迟不能超过48小时，以体现使用技术侦查手段的慎重和及时。

而在追捕被通缉或者批准、决定逮捕的在逃的职务犯罪嫌疑人、被告人情况下，笔者认为，由于修改后的刑事诉讼法第148条第3款仅规定“经过批准，可以采取追捕所必需的技术侦查措施”，故在此种情形下，从有利于尽快将追捕对象捉拿归案考虑，其审查批准的严格程度应有所降低，应允许本级检察院自行决定采取追捕所需的技术侦查措施，即由自侦部门将相关申请材料提交本院侦查监督部门进行审查同意后，报本院检察长批准签发即可实施，同时应将决定书报上级检察院侦监部门备案。

3. 批准方式。技术侦查措施的授权方式，国外一般采取的是有证侦查和无证侦查两种方式。笔者认为，我国应当采取有证形式。即批准机关批准使用技术侦查措施的，应下达批准决定书，决定书上应载明犯罪嫌疑人的基本情况，涉嫌犯罪的罪名，采取技术侦查措施的类型、方法、内容以及决定书的有效起止期限。如果不予批准，应出具不予批准使用技术侦查措施决定书，并阐明理由。在这种情况下，下级检察院不得使用技术侦查措施，但有权对不予批准的决定申请复议、复核。

（三）执行

1. 执行主体。修改后的刑事诉讼法第148条第1款规定检察机关决定使用技术侦查措施后，应“按照规定交有关机关执行”，表明检察机关只有决定权无执行权。从我国实际情况来看，有技术侦查能力的，只有公安机关和国家安全机关。因此，此处所指“有关机关”，应当是提出申请的检察机关同级的公安机关或国家安全机关。

对于修改后刑事诉讼法未授予检察机关技术侦查执行权，检察机关内部多持不同声音：一是担心公（国）安机关本身技侦任务就很繁重，对于检察机关交给的技侦任务未必有足够的人员和精力来完成。二是公安机关隶属于地方政府，与方方面面关系密切，受人情网的影响，恐出现泄密、拖延等情况，影响侦查效果。因此，应修改立法，将职务犯罪技术侦查执行权也授予检察机关。笔者认为，将决定权、执行权分别授予不同的机关，体现了刑事诉讼法“分工负责、相互配合、相互制约”的基本原则，有利于保障公民权利，防止技术侦查权滥用。上述两种不利情形确实客观存在，但都属于法律执行中的问题，并非立法技术上的不足，解决这个问题有赖于检察机关加大监督力度，加强与公安机关的沟通协作，切实把法律规定落到实处。

2. 执行内容。技术侦查得到批准后，执行机关应当严格按照决定书执行，包括侦查对象、侦查措施类型、方法、时间、地点等方面的规定，不得滥用或者超越决定书的范围。执行人员应当就每次技术侦查的实施进行详细的记录，载明技术侦查实施的时间、种类及人员等内容。检察机关负有对技术侦查执行活动的监督职责，发现执行机关有违法使用技术侦查措施的情形，应当以检察建议、纠正违法通知书、更换人员等方式予以坚决制止。

3. 执行期限。应当严格按照修改后的刑事诉讼法第 149 条的期限要求，批准使用技术侦查措施的决定书应当自签发之日起 3 个月内有效。对于满足修改后刑事诉讼法规定之条件的可以延长，每次不得超过 3 个月；对于不须要继续采取技术侦查措施的，应当及时解除。同时，下级检察院侦查监督部门应当在公安机关执行完毕后 3 日以内，将执行回执报上一级检察院。修改后刑事诉讼法并未规定延长技术侦查的次数，似乎只要是出于侦查的需要，可以不限次数地延长。笔者认为，对此应作出限制，凡 2 次以内的延长可由原审批检察院批准，但第 3 次延长开始，应层报至原批准检察院的上一级检察院进行批准。

（四）资料保存和销毁

对于资料的保存和销毁，修改后的刑事诉讼法第 150 条规定："侦查人员对于采取技术侦查措施过程中知悉的国家秘密、商业秘密和个人隐私，应当保密；对于采取技术侦查措施获取的与案件无关的信息和事实材料，应当及时销毁。"除此之外，还应明确规定通过技术侦查获取的资料应尽可能制作成录音、录像等视听资料，以避免被篡改或变更。对于技术侦查获取的与案件无关的信息和事实材料的销毁，应由两名以上侦查人员实施，并制作销毁笔录。

四、职务犯罪技术侦查的救济措施

技术侦查的本质是国家公权力对公民隐私权的干预，是出于打击犯罪的需要而对公民权利的合法侵犯。公权力的扩大无疑将导致公民权利的缩小。由于技术侦查的秘密性及强制性，使得当事人无法预料其将何时开始并何时结束，令当事人难以预防，事后的权利救济机制成为必要。因此，世界各国在对技术侦查进行程序设计的同时，还规定了相应的救济措施。① 修改后的刑事诉讼法第 150 条的规定将对技术侦查的监督制约完全寄希望于侦查人员的自我约束，笔者认为这完全不够，还不足以遏制侦查人员因急于破案而采取违法技侦手段的冲动。没有救济就没有权利，打击犯罪固然重要，但必须将对公民合法权利的侵犯控制在最小范围之内，因此完全有必要建立完善技术

① 叶新火：《国外监听措施的分析与启示》，载《华东政法学院学报》2003 年第 3 期。

侦查的救济制度。

笔者以为，应着手建立以下救济措施：

1. 技侦知情权。技术侦查结束后，应当将技术侦查措施的有关情况通知当事人，使其清楚自己的法定权利。

2. 提出异议权。在技术侦查措施使用结束时，可由侦查对象对技术侦查所获得的证据进行审查和提出异议，对于技术侦查所获取的证据应该在法庭上予以出示并接受质证。对于技术侦查获取证据的真实性应允许被告申请专家鉴定。

3. 请求排除权。修改后的刑事诉讼法确立了非法证据排除规则，因此对侦查人员非法采用技术侦查手段严重侵犯公民权利获取的证据材料应严格予以排除。该请求排除权可由犯罪嫌疑人以及辩护律师提出后，由批捕、公诉部门决定，也可由批捕、公诉部门主动审查而行使。

4. 请求赔偿权。即如果检察机关违法使用技术侦查侵害犯罪嫌疑人的合法权利，造成其财产损失的，受害者应有权申请国家给予适当的赔偿。但大多数技术侦查措施并不一定造成犯罪嫌疑人的财产损失，往往是对犯罪嫌疑人的隐私造成侵害，致使其精神利益受到损害。由于现行《国家赔偿法》并未规定精神损害赔偿，故在现行条件下，犯罪嫌疑人的请求赔偿权恐难以实现。为此，笔者认为，立法者应考虑到技术侦查措施的这一特性，对因不当和不法采取技术侦查措施受到精神损害的也应纳入赔偿范围。

试论监所检察对捕后羁押必要性的审查

李泽新*

【内容摘要】分散的羁押监督存在诸多缺陷，难于有效解决违法、超期和不当羁押问题。修改后的刑事诉讼法赋予检察机关捕后羁押必要性审查的职责，彰显了我国人权保障事业在刑事司法制度上的巨大进步。捕后羁押的必要性审查是原则，合法性审查是例外。检察机关应当明确监所检察部门负责羁押必要性审查，建立健全羁押必要性审查配套制度，推动实现尊重和保障人权。

【关键词】羁押　必要性审查　监所检察

十一届全国人大五次会议通过的《关于修改〈中华人民共和国刑事诉讼法〉的决定》明确规定，逮捕后，应当立即将被逮捕人送看守所羁押；犯罪嫌疑人、被告人被逮捕后，人民检察院仍应当对羁押的必要性进行审查。对于不须要继续羁押的，人民检察院应当建议有关机关释放或者变更强制措施；对羁押期限届满而案件尚未办结的，应当予以释放或变更强制措施。这些规定，体现了尊重和保障人权的原则，彰显了我国人权保障事业在刑事司法制度上的巨大进步。笔者认为，检察机关应当明确监所检察部门负责羁押必要性审查，切实解决违法、超期和不当羁押问题，维护被羁押人的人身自由权利。

一、分散的羁押监督存在缺陷

逮捕是指检察机关、人民法院作出逮捕决定以后，公安机关将被逮捕人送看守所关押，以限制其人身自由的一种强制措施。由于逮捕即羁押，羁押期限等同于办案期限，为防止错捕，我国刑事诉讼法在规定逮捕适用条件的同时，将“分工负责、互相配合、互相制约”的原则贯彻其中，即批准和决定逮捕由检察机关、人民法院负责，执行逮捕由公安机关负责。这种分权制

* 江西省新余市人民检察院监所处处长。

约的制度，对于防止“错捕”具有一定意义，但对超期羁押、久押不决则不起作用。实践中，逮捕后的羁押期限几乎不受外部监督，办案单位完全可以根据自身需要随意延长羁押期限。由于羁押监督依据不足、职责不清、手段缺乏，“一押到底”大有愈演愈烈之势。

（一）自行纠正成摆设

刑事诉讼法规定人民检察院和人民法院对于各自决定逮捕的人，公安机关对于经人民检察院批准逮捕的人，必须在逮捕后的24小时以内进行讯问。在发现不应当逮捕的时候，必须立即释放，发给释放证明。捕后讯问的程序设计，意在防止错捕给当事人造成更大的伤害。但实践中，决定逮捕的办案单位，通过讯问发现不应当逮捕的几乎为零。

（二）相互制约越权

从逮捕及羁押的程序上看，逮捕后公安机关在执行中，可以不经批准机关的审查，直接变更或者撤销逮捕决定。一般认为，现行刑事诉讼法关于捕后讯问、羁押不当的撤销或者变更的规定，其目的是设定我国逮捕后的审查程序，防止错捕，但实际上却赋予了公安机关更大的权力，可以不经批准机关的同意而改变其决定。

（三）捕后羁押不受审查

相对于拘留而言，侦监部门审查批准或决定逮捕，是一种羁押必要性审查，但逮捕后的羁押则不再接受任何审查。侦监部门、人民法院决定逮捕后仅须通知公安机关执行，无须送达其他机关（机构），办案单位延长羁押的次数、长短，不受任何外部监督制约，容易造成法定办案期限有多长，被羁押人的羁押期限就有多长的局面。

（四）看守所难于履行羁押期限提示职责

现行《中华人民共和国看守所条例》第43条规定，在押人员法定羁押期限即将到期及超期羁押时，看守所负有“及时通知办案机关迅速审结”和“将情况报告人民检察院”的职责。但长期以来，换押不及时、延长羁押不通知的情况比较普遍，看守所不知道被羁押人的羁押期限何时被延长、延长了多久、延长了几次等情况，根本无法准确计算、统计其合法的羁押期限，难于履行即将到期通知和超期报告的职责。

（五）分散的羁押监督作用有限

按照现有职权配置，检察机关的侦监、公诉、监所三个部门都有羁押监督的职责，各部门随着诉讼程序的启动而开展，形成分散的羁押监督体系。侦监部门通过审查批捕、立案监督、侦查监督，实现对侦查行为的法律监督，但对公安机关的立案、刑事拘留及捕后变更、捕后撤案仍然难于控制。公诉部门在指控犯罪的同时，有权监督侦查活动和法院审判活动是否合法，但对于被羁押人在看守所权益的保护，以及羁押的监督，公诉部门并无此项职能。监所部门具有羁押监督的法定职责，但监督单位仅限于看守所，监督对象只单纯停留在羁押期限的合法性上，且缺乏必要的监督手段，导致羁押监督表面化，有时流于形式。

二、监所检察部门对羁押必要性进行审查的必要性

为有效解决羁押率高、羁押期限长、变更（解除）羁押难等问题，这次刑事诉讼法修改增设了羁押必要性审查制度，将捕后羁押决定统一纳入人民检察院的羁押必要性审查中。修改后刑事诉讼法第 93 条明确规定："犯罪嫌疑人、被告人被逮捕后，人民检察院仍应当对羁押的必要性进行审查。对不须要继续羁押的，应当建议予以释放或者变更强制措施。有关机关应当在十日以内将处理情况通知人民检察院。"从这一规定中可以看出，羁押必要性审查具有以下特点：一是时间的紧迫性。犯罪嫌疑人、被告人被逮捕后就应当着手审查，并且这种审查应保持到判决或裁定生效前，贯穿在每一个诉讼阶段中。二是范围（对象）的局限性。原则上仅限于审查继续羁押的必要性，不审查检察机关、人民法院羁押决定的合法性，但经审查发现羁押延长及变更、撤销羁押决定违法，也可以提出纠正意见。三是审查内容、目的的明确性。即审查是否具有不需要继续羁押的情形。具体包括：（1）是否具有刑事诉讼法第 15 条规定的情形；（2）刑事诉讼法第 79 条第 1 款规定的社会危险性、"身份不明"、"情节严重"等情形是否消失；（3）法定羁押期限是否届满。四是具有一定的强制性。根据审查结论提出的建议，虽然不直接产生对被羁押人释放或者变更强制措施的法律后果，但有关机关必须启动对羁押决定的复议程序，并在 10 日内将复议处理情况通知人民检察院。

但是，对于羁押必要性审查由哪个部门负责的问题，检察机关内部分歧较大，比较集中的意见有两种：一是由监所检察部门负责；二是由侦监部门和监所检察部门分别负责，侦查阶段由侦监部门负责，侦查终结之后由监所检察部门负责。笔者认为，这两种意见争论焦点在于如何看待羁押必要性审查的具体指向，即审查"羁押"、"羁押期限"，还是"羁押决定"。如果是审查"羁押"，而"羁押"由看守所负责，那么审查对象、范围仅限于看守所，显然与第 93 条规定不符。如果是审查"羁押期限"，而"羁押期限"又是由"羁押决定"决定和控制的，不当、超期、违法羁押，都是"羁押决定"的法律后果。因此，羁押必要性审查的具体指向只能是"羁押决定"。基于上述分析，笔者同意第一种意见。具体理由如下：

（一）由侦监部门负责违背分权制约理论

批准或决定逮捕权是一种强制性权力，表现为逮捕决定权。侦监部门一旦作出逮捕决定，公安机关就必须将被逮捕人送看守所羁押；作出不予逮捕决定，则必须立即将被羁押人释放或变更强制措施。而羁押必要性审查权则是一种救济性权力，表现为不须要继续羁押建议权，其本身不具有强制性。对于审查部门提出的释放或者变更强制措施的建议，有关机关仅须在10日以内将处理情况通知审查部门。有关机关根据案件的具体情况，可以采纳，也可以不采纳。批准或决定逮捕权与羁押必要性审查权，属于相互制约的权力。这两种权力同由侦监部门行使，与分权制约理论相悖。

（二）由侦监部门负责不利于实现立法目的

修改后的刑事诉讼法第79条与第93条的立法目的不同。第79条是从逮捕的角度出发，采用列举的方式，规定逮捕的条件及适用情形，目的在于查明犯罪事实和保证诉讼顺利进行。而第93条则是从释放或者变更强制措施的角度出发，规定不须要继续羁押的处理程序，目的在于防止不当或者错误羁押，保护被羁押人的合法权益。前者倾向于押，后者倾向于放。两者都由侦监部门负责，不利于实现立法目的。

（三）多部门负责缺乏救济动力

现行刑事诉讼法第73条、第52条已经对捕后羁押必要性作了救济性规定，明确了不同阶段由不同部门负责的模式。但由于担心自身利益受损，各职能部门不主动去做该项工作，导致这两个条文未有效落实。从试点情况来看，让侦监和公诉部门来主导羁押必要性审查，后来又由监所检察部门从中及时传递待审信息，最终都失败了。“一押到底”没有改变。如果还是沿用“铁路警察各管一段”的分责管理体系，将修改后刑事诉讼法第93条的履职主体分散到侦监、监所检察部门，那么在捕后侦查环节，羁押必要性审查仅由侦监部门一家承担，监所检察部门势必因为事不关己而作壁上观，这样又回到了老路，第93条就有可能和现行刑事诉讼法中第73条、第52条一样，成为被搁置的条文。①

（四）由监所检察部门负责切实可行

监所检察部门只负责大墙内的人权保护和监管秩序，不参与诉讼活动，没有部门利益冲突。过去监所检察部门对羁押的监督只单纯停留在对羁押期

① 最高人民检察院检察理论研究所研究员但伟在2012年7月18日接受《法制日报》记者采访时表示，监所检察审查羁押必要性可解“一押到底”。载http：//www.legaldaily.com.cn/index_article/content/2012-07/18/content_3718688.htm？node=5955。

限合法性的监督上，忽视了羁押必要性监督。在押人员合法权利中最大的权利应该是其人身自由权，即依法享有可以不被羁押权。因此，监所检察部门理应将其纳入监督范畴。根据监所检察部门的职责范围和要求，监所检察部门从刑事拘留开始直到有效判决生效前的诉讼全过程，都可以在其日常的监督工作中发现不当羁押和错误羁押，以及接受来自在押人员及其法定代理人、近亲属或者辩护人要求变更和解除强制措施而未被有关机关采纳的申诉，并及时向不同诉讼阶段的有关机关提出变更和解除强制措施的建议。因此，由监所检察部门承担这项工作实际上是对羁押期限监督工作的具体化，并没有超出职权范围。①

（五）侦监、公诉、侦查和控申等相关部门应予以配合

由监所检察部门负责，在于确定责任主体，并不意味着没有相关部门的事。相反，需要侦监、公诉、侦查和控申等相关部门密切配合。如犯罪嫌疑人、被告人被逮捕的案件，批准或决定逮捕的机关（部门）应当将逮捕的事实和理由书面通知同级人民检察院监所检察部门。控申部门收到在押犯罪嫌疑人、被告人及其法定代理人、近亲属或者辩护人提出请求启动羁押必要性审查程序、释放或者变更强制措施申请的，应当及时转达监所检察部门。在办理羁押必要性审查案件中，监所检察部门应当分别听取侦监、公诉、侦查部门和侦查机关、人民法院的意见等。

以上分析可以看出，羁押必要性审查是羁押监督的重要手段，应当由监所检察部门负责，而不宜由侦监部门和监所检察部门分段负责。

三、坚持羁押必要性审查原则

羁押必要性审查是修改后刑事诉讼法确立的一项新的原则，是检察机关对被羁押人是否须要继续羁押进行审查并提出意见的诉讼行为。必要性审查的实质是对检察机关行使法律监督权的限制，即检察机关在羁押监督中享有不完全的审查监督权。

（一）只审查继续羁押的必要性，不审查此前羁押的必要性

监所检察部门只对继续羁押的必要性进行审查，如果对拘留、逮捕不服而向监所检察部门提起审查，则不属于监所检察部门的审查范围，监所检察部门不予受理。羁押必要性审查的对象只能是继续羁押的必要性，不包括此

---

① 最高人民检察院检察理论研究所研究员但伟在2012年7月18日接受《法制日报》记者采访时表示，监所检察审查羁押必要性可解“一押到底”。载http://www.legaldaily.com.cn/index_article/content/2012-07/18/content_3718688.htm?node=5955。

前羁押的必要性。如果监所检察部门审查羁押必要性时，发现此前羁押也没有必要，也只能建议有关机关撤销羁押决定，而不得直接建议办案单位释放，更不能将其撤销。

（二）原则上只审查必要性，不审查其合法性

监所检察部门必须在法律规定的范围内行使羁押必要性审查权，对羁押决定机关的法定职权应予以尊重。监所检察部门对羁押的必要性进行审查，原则上只对继续羁押的必要性进行审查并提出建议，而不对羁押决定是否合法提出意见。刑事诉讼法原则上限制了检察机关对羁押决定的合法性进行审查的权力。

（三）以必要性审查为原则，以合法性审查为例外

刑事诉讼法第93条只要求检察机关对逮捕后的羁押必要性进行审查，没有赋予其对逮捕合法性进行审查的权力。但如果监所检察部门在进行羁押必要性审查时发现逮捕决定及其延长、变更、撤销决定违反法律、法规和司法解释的规定，也可以向羁押决定机关提出纠正意见。

（四）审查权不代行羁押决定权

监所检察部门的羁押必要性审查权不得代行人民法院和侦监部门的羁押决定权，不得变更、撤销羁押决定。监所检察部门不能代替有关机关行使羁押决定权，只能以监督为本，但不纠正。

四、建立羁押必要性审查配套制度

要建立完备的羁押监督制度，制定羁押必要性审查程序，确保被羁押人不受非法和不当羁押，可以借鉴审查逮捕制度，对羁押必要性审查的启动主体及审查的内容、标准、方式、时间和结果等内容作出规定。明确人民法院、公安机关和侦监、公诉等部门在羁押决定通知及收到不须要继续羁押建议等方面的责任和程序。公安机关认为须要释放或变更强制措施的，应向监所检察部门提出不须要继续羁押的意见、理由及依据。在办理公诉案件中，同级检察机关公诉部门、人民法院认为不须要继续羁押的，仅须分别报经批准并在被羁押人释放或变更强制措施后通知监所检察部门。在办理职务犯罪案件中，下级检察机关认为须要撤销或者变更上一级检察机关决定的逮捕措施时，应当报请上一级检察机关同意。对上级公安机关、检察机关、人民法院办理的案件，监所检察部门经审查认为不须要继续羁押的，应当及时向上级检察机关监所检察部门报告，由上级检察机关审查后向同级公安机关、人民法院提出释放或者变更强制措施的检察建议。监所检察部门进行羁押必要性审查，应当审查羁押决定、查阅案卷材料、与被羁押人谈话和进行必要的调查等，

听取办案单位、看守所以及被羁押人及其法定代理人、近亲属或者辩护人对羁押的意见。重点审查不须要继续羁押的事实、证据及其依据，以及继续羁押是否必要、是否合法。对于不须要继续羁押的，应向作出羁押决定的机关发出释放或变更强制措施的建议书。羁押决定机关采纳建议的，应在24小时内通知办案单位、公安机关执行，在办案单位到看守所办理释放或变更手续后，将有关情况书面通知监所检察部门；羁押决定机关不采纳建议的，应将维持羁押的理由及依据书面通知监所检察部门。对于羁押必要性审查中发现的问题，监所检察部门可以通过口头或书面方式提出纠正意见。

（一）建立羁押信息交换制度

看守所应建立被羁押人信息化档案，并与驻所检察室电脑联网。交换羁押信息的目的，在于全面掌握被羁押人诉讼阶段、羁押期限变化、思想动态、在押表现、健康状况、合理诉求以及检举控告等情况，有的放矢地开展同步管理、监督工作。羁押信息交换起于被羁押人入所，止于出所，涵盖每一个诉讼阶段。主要内容包括：（1）拘留、逮捕、移送审查起诉、起诉和判决时间；（2）换押时间；（3）是否上诉和抗诉；（4）二审判决或裁定的时间及罪名；（5）延长羁押期限的时间、理由、期间等。

（二）建立羁押决定报送制度

被羁押人在整个诉讼过程中，涉及拘留证、逮捕证、换押证、延长、变更和撤销羁押决定、判决和裁定等法律文书，这些法律文书是监所检察部门开展羁押必要性审查的重要内容。应当明确人民法院、公安机关、检察机关相关内设机构在作出逮捕及延长羁押期限决定后的3日内将有关法律文书送达看守所，并将其副本抄送监所检察部门。监所检察部门应及时对办案单位送达的法律文书进行审查，通过与看守所联网羁押信息比对、核实和必要的调查，及时发现并建议办案单位纠正不当、超期和违法羁押问题。

（三）建立换押制度

换押是划分羁押期限的节点，是确定办案单位羁押期限是否届满的关键。应当改变办案单位自行计算羁押期限的做法，代之以看守所的换押时间，来界定各个诉讼阶段的羁押期限起止时限。（1）案件移送换押。在案件移送交接时，由移送单位填写《换押证》，并加盖公章随案移送；收案单位接受案件时，应加盖公章交移送单位，由移送单位将《换押证》送达看守所进行换押；看守所应当在《换押证》上注明换押时间，回执分别交移送、接收案件的单位，并报告监所检察部门。（2）延长羁押期限换押。对于各种延长、重新计算羁押期限，办案单位应当在原法定的羁押期限届满前，将有关延长、重新计算羁押期限的法律文书送达看守所，办理延长羁押期限手续，并抄送监所检察部门。对于因身份不明、精神病鉴定、延期审理等情形，办案单位应在原法定的羁押期限届满前，将上述情况书面通知看守所，办理法定的侦查羁押、审查起诉、审理期限手续，并抄送监所检察部门。办案单位不严格执行换押制度，看守所应当拒绝提讯、提解，监所检察部门应当依法履行其监督职责。

浅议民事赔偿对死刑适用的影响

——如何做到惩治犯罪与保障人权并重

刘美霞*

【内容摘要】 近年来，在司法实践中越来越多一审判处死刑立即执行的案件由于二审中达成赔偿协议而改判，足见民事赔偿对于死刑适用产生重大影响已是不争事实，但是由于在实践操作层面不能理性而节制地考量这种影响，进而对刑法打击犯罪和保障人权的目的造成了冲击。为了充分发挥民事赔偿在限制死刑适用中的积极作用，必须完善一些制度：首先要合理界定适用“赔偿免死”案件范围，其次要完善刑事附带民事赔偿制度。

【关键词】 民事赔偿　死刑适用　打击犯罪　保障人权

一、引言

2012年3月14日，第十一届全国人大第五次会议通过的关于修改刑事诉讼法的决定，对进一步推进我国民主法治进程，完善中国特色社会主义刑事司法制度具有重要意义。此次修改条文变动大，内容涉及面广，对我们检察机关的各项工作，特别是公诉工作提出了更高的要求。此次修法将“国家尊重和保障人权”的宪法原则首次写入刑事诉讼法，体现了我国民主法制和人权事业的进步，使素有“小宪法”之称的刑事诉讼法真正成为公民权利保护的宪章，对公诉机关而言，保护人权不再是空洞的口号，在公诉工作中必须正确处理好打击犯罪与保障人权的关系。①笔者现就职于省院公诉二处，主要承办死刑案件的二审开庭工作，发现越来越多一审判处死刑立即执行的案件由于二审中达成赔偿协议而改判，但由于民事赔偿适用的案件范围、使用的程序缺乏相应的制度，实践中不乏滥用乱用的现象，给社会民众造成了“花

---

* 江西省人民检察院公诉二处干部。

① 吴春莲：《面对新刑诉法，公诉人如何转变理念》，载《公诉人》第234期。

钱买命”的不良影响，也有碍于实现刑法的目的。

二、案例回顾：赔偿能否免死

被告人张某和龙某均系某医院的职工，两人均因赌博欠债生活拮据，得知本院出纳刘某会每天将营业款存到银行，二人商议抢劫杀害刘某。案发当天，二人按计划开车来到刘某必经之路等候刘某，以送刘某前往银行为由将刘某骗上车，行驶一段路程后，张某开车，龙某则趁被害人不备用事先二人准备的钢管将被害人打昏，开车行至一偏僻地点，被害人苏醒，张某停车，与龙某一起将被害人掐死。掐死被害人后，两人开车来到龙某的乡下老家，找来蛇皮袋、尼龙绳、砖头等物将被害人尸体沉入附近水库。二人共抢到3万元左右现金以及金首饰若干，二人基本平分。

一审法院认为：被告人张某、龙某在抢劫杀人过程中，共同商议、共同实施了抢劫杀人行为，杀人后均分了赃款，足见二人作用相当，不宜区分主从犯，均应严惩，鉴于二人犯罪情节极其恶劣，均判处死刑立即执行。二人均认为量刑过重，提出上诉。二审期间，被告人龙某的家属与被害人家属达成赔偿协议，赔偿给被害人家属10万元，被害人家属对龙某表示谅解，而同案犯张某因家境极其困难没有进行任何赔偿，最终二审法院以被告人龙某具有悔罪表现为由改判其死缓，维持被告人张某死刑立即执行的判决。

二审判决结果出来后，社会上引发了极大反响，虽然法院对被告人龙某以具有悔罪表现为由改判，但大家心知肚明，就是因为其二审积极进行了民事赔偿。广大司法工作者及社会民众纷纷质疑：一是二被告人抢劫杀人并沉尸，可谓作案动机极其卑劣、作案手段极其残忍、社会危害性极大，实属罪行极其严重，对于这类案件能否仅因为出现民事赔偿情节就改判呢？是否会因此放纵犯罪呢？二是二被告人作用相当，一审也作出了明确的认定，二审期间能否因为有人积极赔偿了就改判呢？是否因为意味着花钱可以免死？是否有违法律面前人人平等的刑法基本原则呢？

那么，如何在死刑案件中规范适用民事赔偿情节，充分发挥长处，抑制不足，实现刑法打击犯罪、保护人权的双重目的，是目前刑法理论界和司法界一项光荣而艰巨的任务。为了解决问题，得先分析问题。笔者接下来将从民事赔偿在死刑案件中适用的现状着手，分析其对刑法目的的冲击。

三、现状分析：“赔偿免死”的不当适用对刑法目的的冲击

我们知道，刑法的目的在于打击犯罪，保护人民，这两个方面是密切相关、有机统一的，只有打击犯罪才能更好地保护人民，只有保护人民才能更

好地打击犯罪。[①] 然而，民事赔偿对死刑适用产生的不当影响，往往会对打击犯罪和保护人民这两个方面造成冲击。

（一）“赔偿免死”适用的案件范围缺乏规范，导致对犯罪的放纵，不利于实现刑法打击犯罪的目的

目前，在实践中，民事赔偿在哪些案件中能否影响死刑的适用，缺乏原则性的规定和可掌握的参考标准，导致执行情况比较混乱，其主要表现在以下五个“未限制”上：一是未从案件性质上进行限制。由于因婚姻家庭、邻里纠纷等民间矛盾激化引发的死刑案件，如果被告人真诚悔罪、积极赔偿，往往能取得被害方的谅解，对这类案件适用“赔偿免死”，符合“少杀、慎杀”政策。但司法实践中对严重危害社会治安、严重侵犯公民人身权利的抢劫、强奸、绑架犯罪，只要被告人进行了赔偿，被害方要求判处死刑的愿望不是十分强烈，也有大量适用“赔偿免死”的情况。二是未从主观恶性上进行限制。预谋犯罪具有更大的主观恶性、更严重的社会危害性和人身危险性，除非有法定从轻情节，一般不能适用“赔偿免死”。而事实上，有的司法机关不但对民间矛盾引发的案件不予区分地适用“赔偿免死”，对大量非民间矛盾引发的预谋杀人，甚至对十分恶劣的涉黑的杀人、伤害、雇凶杀人等犯罪也予免死。三是未从手段残忍性上进行限制。残忍的杀人方法是罪行极其严重的重要表现，对于那些以执拗、残虐、卑劣手段作案的被告人，应当依法严惩，坚决排除“赔偿免死”的适用。如以放火、爆炸等危险方法杀人，毁容杀人，长时间折磨、污辱致死等情形。但实际上，对上述情形也已出现了免死的恶劣先例。四是未从犯罪后果的严重性方面进行限制。犯罪后果是被告人承担刑事责任的重要依据，杀一人与杀多人，危害性孰大孰小，一目了然。有些案件被告人导致多人死亡，在这样严重的后果面前，赔偿情节的权重到底有多大，确实应该仔细思量，慎重下判。五是未从被告人的从重情节方面进行限制。如被告人具有累犯，杀害未成年人、孕妇弱势群体等法定从重和酌定足以从重情节的，应该慎用“赔偿免死”，但司法人员对此往往考虑得较少。

对于上述这些被告人主观极其恶劣、作案手段极其残忍，造成极其严重后果的案件，应予以严惩，如果因为其有赔偿能力赔偿了被害方损失而不判处死刑，无异于透露出一股“花钱买命”的味道，如此一来容易造成对犯罪的放纵。在刑事附带民事案件中，行为人所要承担的刑事责任和民事责任都是其犯罪行为所产生的法律后果，二者之间存在着某种必然的联系，但这并

① 高明暄、马克昌主编：《刑法学》，中国法制出版社2007年版，第9页。

不意味着被告人承担了民事责任就可以免除或者减轻其刑事责任，也不意味着被告人承担了刑事责任就可以免除或者减轻其民事责任。“追究刑事责任主要是国家出于维护社会秩序的需要发动的，而追究民事责任则由被害人及其亲属为了保障私权而发动”,① 仅仅因为被告人赔偿了被害人损失就对其免除死刑立即执行的判罚，必然向世人传导出“有钱人犯罪能够从轻处罚”的错误信息，也会助长一些有钱人有恃无恐的骄纵心态，认为即使犯了重罪，关键时刻也可以通过花钱来保住性命。因此，严重影响实现刑法打击犯罪的目的。

（二）刑事附带民事赔偿程序不规范，既有可能侵犯被告方的权利，也有可能侵犯被害方的权利

达成赔偿协议是民事赔偿的调解工作所追求的结果，至于如何达成赔偿，法律及司法解释均缺乏程序性的规定，操作随意性大，难以保障各方权利。在法院调解过程中，难以保证自愿、合法的调解基石。审理附带民事诉讼案件，除人民检察院提起的以外，可以调解。调解应当在自愿合法的基础上进行,② 但在调解实践中，强制调解、胁迫（有形或无形的压力）调解的情况时有出现。

一方面，假如被害方为了抬高自己在谈判桌前的筹码，使自己在调解过程中占据主动地位，采取到司法机关上访、请愿、静坐的方式以获得一个比较满意的“要价”，为了构建所谓的“和谐社会”，法官往往会暗示被告方再多赔些钱有可能改判，否则将维持死刑，在这种“诱惑”与压力之下，被告方只能四处举债，尽力满足被告人提出的调解数额（有些可能远远超过了判决书认定的赔偿数额），最终也极有可能获得改判的机会。被告人犯了罪固然要受到谴责和惩罚，但其权利也应得到应有的尊重，试想，在相同情况下，因为某个被告人无力赔偿就对其适用死刑立即执行，很明显有违法律面前人人平等的刑法原则，也是对被告人权利的公然侵犯。

另一方面，假如被告方是权贵阶层、黑恶势力、泼皮无赖或处于其他强势地位，往往想尽千方百计向被害方施压，迫使被害方接受赔偿并表示谅解。出于方方面面的考虑,③ 有些法官则会夸大从轻情节的重要性，将案件划定为

① 方文军：《民事赔偿与死刑适用的平衡规则微探》，载《法律适用》2007 年第 2 期。

② 最高人民法院《关于执行〈中华人民共和国刑事诉讼法〉若干问题的解释》（法释［1998］23 号）第 96 条。

③ 有些法官是出于逃避最高法院司法监督的心理（死刑立即执行的判决必须报最高法院核准），有些是为了实现自己的利益，比如尽快结案甚至寻租等。在有可能的情况下，法官都更倾向于死缓判决。

“可杀可不杀”的范畴，以说服被害方接受被告方的赔偿金额和“不杀”的判决。面对经济的压力或者现实的威胁，被害方会认为与其自己不接受赔偿被告人也不会被判处死刑立即执行，还不如接受赔偿以弥补经济损失，只好接受被告方的“报价”。在这种情况下，谁来替九泉之下的死者伸冤？谁会关注被害方的辛酸和无奈？谁又会挺身而出保障被害方的权利呢？

四、规范“赔偿免死”的适用制度，实现打击犯罪和保障人权并重

（一）理性界定“赔偿免死”的案件范围

民事赔偿犹如一把“双刃剑”，用之得当，当事人双方均受益；用之失当，则损害司法公正。所以，必须把握好民事赔偿与死刑适用之间的平衡关系，如果盲目扩大适用范围以至于突破刑事司法正义的底线，既不利于实现刑法打击犯罪的目的，也容易造成“花钱买命”的负面影响。

首先，应当从案件性质上对可能“赔偿免死”的案件范围进行限制。《刑法修正案八》将死刑罪名从 68 个减少为 55 个，分布在刑法分则九个章节之中，其中第一章危害国家安全罪 7 个，第二章危害公共安全罪 14 个，第三章破坏社会主义市场经济秩序罪 7 个，第四章侵犯公民人身权利、民主权利罪 5 个（故意杀人罪，故意伤害罪，强奸罪，绑架罪，拐卖妇女、儿童罪），第五章侵犯财产罪 1 个（即抢劫罪），第六章妨害社会管理秩序罪 5 个，第七章危害国防利益罪 2 个，第八章贪污贿赂罪 2 个，第十章军人违反职责罪 12 个。根据死刑罪名分布情况，我们主张，先从罪名上进行梳理：第一章、第二章、第七章、第十章罪名侵犯的是国家利益或者公共安全，由于侵犯国家法益的刚性，即使被害人愿意赔偿，也难以达到修复社会关系的目的，所以这样的犯罪是国家打击的重点，在考量民事赔偿情节对死刑适用的影响力时，应当一律排除。① 第三章、第六章、第八章被害人相对来说比较抽象，由于没有明确的被害人，无法开展调解工作。那么，有可能适用的罪名就只剩下故意杀人罪，故意伤害罪，强奸罪，绑架罪，拐卖妇女、儿童罪，抢劫罪，其中强奸罪，绑架罪，拐卖妇女、儿童罪，抢劫罪由于侵犯不特定公众，严重危害社会治安，严重影响人民群众安全，社会容忍度几乎为零，盲目适用民事赔偿情节，极易引起社会民众不满。从实现刑法打击犯罪的角度出发，适用“赔偿免死”的案件范围主要限于故意杀人罪和故意伤害罪了。

---

① 虽然孙伟铭案因改判引发社会广泛关注，法院给出了 5 条改判理由，但大家心知肚明关其键原因是具有民事赔偿情节，只是法院表达的较为隐晦而已。笔者认为，对于这类案件，其侵犯客体是公共安全，即使有具体的被害人，也不宜仅因双方达成了赔偿协议就免死。

其次，虽然明确了罪名，但并没有完全解决问题，因为并不是所有的故意杀人和故意伤害死刑案件都可以“赔偿免死”。根据相关的司法解释文件，主要适用于因婚姻家庭、邻里纠纷等民间矛盾激化引发或者被告人具有自首、立功法定从轻情节的。① 如果被告人具有自首、立功情节的故意杀人、故意伤害案件，因为具有法定从轻情节，当与民事赔偿情节竞合，意味着被告人判处死刑立即执行的条件更不充分，适用“赔偿免死”符合“宽严相济”的刑事政策。那么，接下来，如何在婚姻家庭、邻里纠纷等民间矛盾的故意杀人、故意伤害案件中适用“赔偿免死”呢？这就必须合理界定婚姻家庭、邻里纠纷等民间矛盾的范围，以防被滥用。“民间矛盾”是以婚姻家庭、邻里纠纷为主又不仅限于此的民间纠纷，在实践中一般表现为：血亲姻亲之间因婚姻存续、家庭财产、扶养赡养等引发的婚姻家庭纠纷；乡邻街坊之间因宅基地、相邻权、共有财物归属等引发的邻里矛盾纠纷；亲朋好友之间因债权债务、争风吃醋、言语不合等引发的琐事争执纠纷；雇主雇员之间因劳动分工、收入报酬、工钱结算等问题引发的劳资合作纠纷等。② 笔者认为，司法实践中可对此作适当扩大解释，如同居、情人、离异、同学、同事、同乡关系甚至是陌生人因情感问题、债务问题、小口角、小争执激化引发的案件，只要是发生在特定的范围之内，都可纳入此类。

最后，已将可能“赔偿免死”的范围限定为：故意杀人罪、故意伤害罪因“民间矛盾”激化引发或者具有自首、立功情节的死刑案件。但并不意味着所有上述案件均可适用，最终确定哪些案件最终可以“赔偿免死”。须要结合将本文第二部分“案件范围不限制”的内容来分析，对于那些主观恶性极大、手段极其残忍、后果极其严重的案件，划入“罪行极其严重”的范畴，坚决不予考虑“赔偿免死”的问题。

通过上述一系列分析，笔者认为，对于“赔偿免死”适用的案件范围应该做到宽严有度，真正从实体上保障刑法打击犯罪和保障人权的双重目的。

（二）完善刑事附带民事赔偿制度

1. 完善刑事附带民事调解制度。一是坚持自愿合法的调解原则。自愿合法是进行调解的前提，民事调解必须充分尊重双方当事人的调解意愿，只有在双方都同意调解的前提下才能进行，不能勉强调解甚至强行调解。当事人

---

① 聂韶伟：《刑事和解对死刑是否适用》，载《人民法院报》2007 年 10 月 12 日。

② 王成全、秦传熙：《论死刑的司法控制——以民间纠纷引发的暴力犯罪为视角》，载杰罗姆·柯恩、赵秉志主编：《死刑司法控制论及其替代措施》，法律出版社 2008 年版，第 325－326 页。

提出退出或终止调解的，应当及时作出判决，不可久调不判、调而不判。调解协议的内容必须符合法律的规定，赔偿数额必须依法计算并尽力赔偿，不得故意不赔、少赔，不得非法免除被告人未尽的法定义务，不得约定以赔偿影响被告人的量刑。对于当事人双方自行达成的赔偿协议，法院必须严格审查是否是双方意思的真实表示，必须查明协议内容的合法性，并形成笔录附卷备查。二是坚持公平正义的调解立场。首先，对可以适用“赔偿免死”的案件，要积极、主动进行调解，讲究调解艺术，提高调解水平，深入细致地做思想工作，积极借助社会各方力量，调动一切有利于调解的积极因素，尽可能通过调解达成赔偿协议。对不能适用“赔偿免死”的案件，既不主动进行调解，也不能因为被害方与被告人自行达成了赔偿协议而对被告人判处死缓。其次，要坚持法律原则，不能屈服于当事人的压力，满足其不合法的要求。对其不切实际的诉求要做耐心的说服解释工作，稳定当事人的情绪，预防、处理好可能出现的突发事件。总之，在民事调解过程中，既不能片面保障被害人的权益，也不能片面保障被告人的权利，要力求做到被害人权益、被告人权益、国家利益三者兼顾。

2. 完善刑事附带民事财产保全制度。根据《刑事诉讼法》第 71 条之规定，在刑事附带民事诉讼中，只有法院在认为必要的时候，才可以查封或者扣押被告人的财产，采取财产保全措施，也就是公安机关和检察机关无权采取财产保全措施，这在单纯的民事诉讼中不存在任何问题，但刑事附带民事诉讼在程序上有其特殊性，一般要经过侦查和起诉两个阶段，需要很长时间，在这段时间内，被告方完全有时间转移、隐匿财产，使得刑事附带民事判决成为一纸空文。为了避免这种情况，笔者认为，可以考虑赋予公安机关、检察机关在必要时候采取财产保全措施的权利。当然，在保护被害方权利的同时，为了防止对被告方财产权利的侵犯，须要加强和完善对侦查机关、公诉机关财产保全权行使的监督。如果能够建立比较完善的财产保全制度，判决结果出来后民事部分的执行也会相对容易些，民事赔偿对于死刑适用的影响也无疑小得多，一定程度上避免出现民事制裁和刑事制裁难以兼顾的困境。

3. 完善刑事被害人国家补偿制度。如果财产保全制度能够付诸实施，应该能够较大改善被害方的赔偿问题，但不容否认，该项措施具有明显的局限性，其前提是被告人要有财产，但是根据江西省实践大部分死刑案件的被告人基本没有个人财产，若其亲属愿意代为赔偿，则司法机关和被害方极有可能受到赔偿金的诱惑甚至操纵，从而冲击刑罚目的。为了解决这个问题，理想的对策是通过建立被害人国家补偿制度，既有利于保障人权，又有利于打击犯罪。首先，其保障人权体现在：一方面死刑案件发生后，被害人的家属面对突然降临的灾难，痛苦万分，此时此刻的他们就像妇女、儿童、老人一样，成为最需要关怀的弱势群体，对这些弱势群体，国家给予必要的补偿当然是保护人权的应有之义；① 另一方面可以实际解决被害方生活困难，很多案件的被害人是家庭的经济支柱，一旦被害，整个家庭的艰难程度可想而知，国家补偿对于他们而言是非常必要的，这项制度保障人权的作用也就显而易见了。其次，其打击犯罪的作用体现在：如果国家能够通过被害人补偿制度保障被害方的生活，安抚其情绪，那么，对民事赔偿的依赖程度也会相应降低，对被告人的量刑能回归到法律层面，依据其犯罪事实及情节来决定是否判处死刑，当然，也更有利于实现刑法打击犯罪的目的。

总之，只有通过上述制度，才能最大限度地消除在死刑案件中适用民事赔偿的负面影响，真正做到打击犯罪和保障人权的有机统一。

五、结语

我国现行的刑事附带民事制度不能保障被害人获得充分赔偿，而现行政策却要求加大调解力度，尽量保障被害人的合法权益，以至于造成对民事赔偿的过度适用，有些案件以牺牲法律的公平公正为代价换取被告人的赔偿，演变成了一种讨价还价的交易，对刑法目的的冲击自不待言。

笔者5年来一直在办理死刑二审案件，对民事赔偿对死刑适用造成的不当影响困惑已久，文中所提的问题及方案还有待在司法实践中检验，笔者只希望起到抛砖引玉的作用。

---

① 陈至求：《论我国建立被害人国家补偿制度的必要性和可行性》，载《法制与社会》2008年第5期。

浅析羁押必要性审查制度

孙　怡*

【内容摘要】 修改后刑诉法确立的羁押必要性审查制度在保障人权、节约诉讼成本、促进社会和谐等方面具有重要意义，同时也给检察工作带来了新的机遇和挑战。检察机关应及时转变执法理念，更新评价体系，加强机制建设，积极贯彻落实羁押必要性审查制度。

【关键词】 修改后刑诉法　羁押必要性　审查

2012 年 3 月 14 日，十一届全国人大五次会议顺利通过关于修改刑事诉讼法的决定，其中增加了一条作为 93 条，正是这一条规定了羁押必要性审查制度：犯罪嫌疑人、被告人被逮捕后，人民检察院仍应当对羁押的必要性进行审查。对不须要继续羁押的，应当建议予以释放或者变更强制措施。这是刑事诉讼法修改的一个新亮点，是进一步贯彻"少捕"、"慎捕"理念，维护社会和谐稳定的新举措，彰显了我国惩治犯罪与保障人权有机统一的刑事司法制度的重大进步。

一、确立羁押必要性审查制度的重要意义

（一）保障犯罪嫌疑人、被告人的合法权益，进一步完善刑事诉讼制度

保障人权，是刑事诉讼制度固有的与惩治犯罪同等重要的基本功能，也是检察制度内在的与追究犯罪同等重要的基本功能。[①]在现代法治国家中，公民的基本人权应当受到尊重和保护已经成为共识，一个人犯了罪，应该受到法律的惩处，但这并不意味着他作为公民的一些最起码的基本权利要被剥夺，更不意味着我们可以肆无忌惮地对他们的基本权利进行践踏。联合国《公民权利和政治权利国际公约》第 9 条第 3 款规定："等候审判的人受监禁不应作

---

* 江西省人民检察院法律政策研究室干部。

① 童建明：《正确理解与适用修改后刑诉法提升检察工作能力的几个问题》，载《中国刑事法杂志》2012 年第 4 期。

为一般原则，但可规定释放时应保证在司法程序的任何其他阶段出席审判，并在必要时报到听候执行判决。”① 我国早在10年前就已经加入了该公约，出于国家信誉和对人民负责的精神，更应该模范遵守公约，保障人权。确立羁押必要性审查制度，及时将没有或者已经失去羁押必要性的犯罪嫌疑人、被告人解除羁押，强化了国家对犯罪嫌疑人、被告人合法权益的切实保护，不仅能够较好地贯彻落实科学发展观和宽严相济的刑事司法政策，而且能充分体现我国作为社会主义国家以人为本、尊重和保护人权的最大原则。

（二）节约诉讼成本，提高司法效率

长期以来，刑事强制措施滥用问题一直是刑事诉讼中的顽疾，高羁押率和超期羁押问题也一直广受社会质疑和司法界诟病。有资料显示，近几年来，我国刑事犯罪羁押候审率一直在85%以上的高位徘徊，最高甚至达到90%以上，而在这些人中轻刑犯所占比例较大，最后判决结果为3年以下有期徒刑、管制、拘役、独立附加刑、缓刑、免刑的大约要占到全部案件的60%。② 超高的羁押率导致诉讼成本居高不下，看守所经常人满为患、超负荷运行，相关的财政支出也在逐年增加，既损害了部分轻罪无逮捕必要的犯罪嫌疑人、被告人本应享有的免受羁押的合法权益，又导致大量的社会财富、司法资源被白白浪费。羁押必要性审查制度的建立，可以改变“一捕到底”、“一押到底”的不合理的刑事司法现状，降低审前羁押率，从而节约诉讼成本，减少司法资源的无谓浪费。同时，部分犯罪嫌疑人基于逮捕措施的震慑力，试图通过坦白、自首、检举揭发、协助取证等手段让检察机关在羁押必要性审查过程中重新审视其社会危险性，以获得变更强制措施的结果，而上述行为客观上可以大大提升司法效率。

（三）减少社会对抗，促进社会和谐

每一起刑事案件的背后，都牵涉到国家法律的正确实施；每一起限制人身自由的背后，都是一个家庭或者几个家庭的悲伤和苦痛。对于确实已经认罪悔罪，与被害人达成和解协议，积极履行赔偿义务，不具有人身危险性而无羁押必要的轻微刑事案件犯罪嫌疑人，依法变更强制措施，不仅可以促使其真心悔悟，尽早回归家庭、回归社会，而且可以切实保障被害人的合法权益，使被害人及时得到赔偿，从而有效化解双方积怨，减少社会对抗，促进社会和

① ［法］费尔南·布罗代尔：《15至18世纪的物质文明、经济和资本主义》（第1卷），施康强等译，三联书店1992年版，第565页。

② 刘建鹏：《修改后刑诉法规定的检察机关羁押必要性审查权探析》，来源：http：//www. dffy. com/faxuejieti/ss/201207/30088. html。

谐。尤其是对无羁押必要的未成年犯罪嫌疑人依法变更强制措施，可以减少看守所复杂环境的交叉感染，最大限度地教育、挽救未成年犯罪嫌疑人。

二、羁押必要性审查制度对检察工作的影响

立法的每一次进步都是对执法者的一次全新挑战，修改后刑诉法确立的逮捕后羁押必要性审查制度，不仅为检察工作提供了很好的发展机遇，也对检察机关履行法律监督职能提出了更高要求。

（一）机遇——赋予了检察机关更多的法律监督职责

根据现行刑事诉讼法的规定，人民检察院是审查批准和决定逮捕的法定机关，行使对侦查机关提请逮捕的审查批准权，通过审查批准直接控制逮捕权的行使，防止侦查机关滥用强制措施。这意味着检察机关只在审查批捕环节拥有一次性、有限的羁押必要性审查权。修改后刑诉法第 93 条的规定明确了检察机关在刑事审判全程中的羁押必要性审查权和建议释放或者变更强制措施权，这无疑扩展了检察机关诉讼监督的范围，加大了检察机关对强制措施适用的监督力度。人民检察院对经审查不须要继续羁押的向有关机关提出监督性意见，为有关机关行使继续羁押的权力设置控制防线，使羁押措施的持续状态不再无所约束，能充分实现检察监督对逮捕羁押权的有效控制。

（二）挑战——对检察机关规范行使职权提出了更高的要求

权力意味着责任和压力，更意味着挑战和风险。羁押必要性审查制度为检察机关履行法律监督职责增加了新手段、新措施，更对检察机关的执法理念和执法能力提出了新的挑战和考验。第一，传统的办案观念与修改后刑诉法强调的保障人权理念不相适应。我国传统的刑事司法奉行严格的犯罪控制观念，“重打击，轻保护”的办案观念在办案人员的思维里根深蒂固。当控制犯罪与权利保障发生冲突时，往往认为控制犯罪、维护社会秩序和社会安全是刑事司法最根本的利益，自由利益的保护不应妨碍打击犯罪并主要通过对犯罪的惩罚来实现。① 与此相对，羁押必要性审查制度更加强调人权保障理念，注重在实现惩罚犯罪目的的同时，加强对诉讼参与人特别是犯罪嫌疑人的权利保障。第二，改变了原有的工作模式。司法实践中，羁押在一定程度上被广泛地作为一种重要的侦查手段，尤其是获取犯罪嫌疑人、被告人口供的手段。办案人员通过限制人身自由给犯罪嫌疑人、被告人施加压力，从而获得自己想要的口供。审查起诉阶段和审判阶段的羁押则基本上属于侦查阶段羁押的自然延续，检察院、法院一般不会就是否继续羁押犯罪嫌疑人、被

---

① 左卫民：《刑事程序问题研究》，中国政法大学出版社 1999 年版，第 8 页。

告人进行任何形式的审查。犯罪嫌疑人、被告人在羁押状态下接受侦查以及等候审判，成为我国处理刑事案件的常规模式。逮捕后羁押必要性审查制度将改变这种“一押到底”、“以捕代侦”的现状，更多的犯罪嫌疑人、被告人将在非羁押的情形下开展刑事诉讼，这对检察机关规范行使职权、加强自身监督制约提出了新的更高要求。

三、贯彻落实羁押必要性审查制度的建议

羁押必要性审查制度是刑事诉讼法修改的重要内容，也是社会文明程度不断提高和社会主义法治建设不断进步的一个标志。但是羁押必要性审查制度毕竟还是“新生事物”，检察机关如何准确把握立法意图并在司法实践中正确实施，笔者认为，应从以下几个方面着手：

（一）转变执法理念

检察人员在执法办案中，既要注重惩治犯罪，又要注重保障人权。

1. 要树立正确的羁押理念。羁押并非刑事诉讼的必经程序，只是为防止犯罪嫌疑人逃跑、串供或者毁灭证据等妨害刑事追诉情况的出现而设置的一种例外性措施。① 羁押作为拘留、逮捕后的必然结果，其仅是对犯罪嫌疑人的人身自由暂时剥夺的措施，而非一种侦查手段，也不是刑罚的预支（虽然羁押期间可以折抵刑期），更非“打击犯罪、维护社会稳定的工具”。② 检察人员要树立“必要羁押”的理念，要从人权保障出发，增强工作的主动性，能不羁押的尽量不羁押，最大限度地减少不必要羁押对犯罪嫌疑人人身权利的损害。

2. 要改变追求高逮捕率、高捕后起诉率、有罪判决率的惯性思维。检察机关承担着代表国家提起公诉的重要职能，长期惩治犯罪的执法理念使我们忽视了其作为监督者的职能。犯罪嫌疑人的人身权利在刑事诉讼活动中是否得到保障也是我们应当监督的重要内容。高逮捕率、高捕后起诉率、有罪判决率固然是我们工作成果的体现，但刑事诉讼活动监督的成果也应成为我们关注的重点。检察人员要改变“构罪即捕”、“一捕到底”的惯性思维，加强对羁押措施的监督，保护被逮捕犯罪嫌疑人的人身权利，防止超期羁押和不必要羁押。

3. 要树立“阳光审查”的意识。监督者更要自觉接受监督，检察人员在审查羁押必要性时，应做到公开透明，实现从闭门审查向“开门纳谏”的转变。依法讯问犯罪嫌疑人，保障律师履职，并主动听取和接受律师的意见，

---

① 张洪宇：《对捕后羁押问题之实证分析》，清华大学硕士学位论文，2010 年 4 月。

② 陈瑞华：《审前羁押的法律控制——比较法角度的分析》，载《政法论坛》2001 年第 4 期。

从而更好地维护和保障犯罪嫌疑人的诉讼权利。同时，还要有“敢于纠错”的勇气，一旦发现错捕或者确无羁押必要的，立即纠正、释放或变更强制措施，决不护短扯皮。

（二）更新评价体系

绩效考核体系是单位和个人评先评优、个人职务晋升的重要量化指标，科学合理的业务考核指标体系，能确立正确的执法导向，实现办案数量、质量、效果的有机统一。现有的逮捕质量绩效考核体系仅对“构罪”而逮捕给予正面评价，这显然与修改后刑诉法的立法意图相违背。

1. 重新确立绩效考核的地位。司法实践中，捕后起诉、诉后有罪判决是检察机关考核办案人员工作业绩的重要指标，而办案人员根据案件实际情况依法作出的不捕、逮捕后变更强制措施、不予批准延长侦查羁押期限审查意见在考核体系中均被作为重点对象，无错便罢，更不要指望得到正面评价。如若被告人被法院判了无罪，那么在绩效考核中很有可能会被列为“逮捕错误”而予以重点考核。数字化的考核指标、以偏概全的考核内容造成了办案人员在逮捕之际就追求有罪判决。笔者认为，改变这种局面的当务之急首先应当重新确立绩效考核的地位，不能将绩效考核结果作为办案人员工作成果的唯一评价标准，防止办案人员办案时不以法律为准绳，而为绩效考核的评分标准所左右。

2. 建立全面、正确的考核指标体系。批准逮捕仅仅是刑事案件侦查过程中一个环节，且往往是整个刑事诉讼中一个较为“靠前”的环节，随着案件发展，发生“变化”、特别是羁押必要性的变化是“正常”的而且有时还是“必然”的，因而，在犯罪嫌疑人、被告人被逮捕后，人民检察院对羁押必要性的审查是“应当”的。对强制措施的变更或撤销也可能是正确的、必要的。① 检察机关在制定考核制度、量化考核指标的过程中，应当对捕后强制措施的变更作出更客观全面的评价，而不应“一票否决”。相反，在绩效考核中，对应当变更而不提出变更意见的，可以考虑予以扣分，引导检察人员在办案时，不以起诉率、有罪判决率作为评价准绳，而以羁押措施是否恰当来评价逮捕质量，从而促进羁押必要性审查工作的有序开展。

（三）加强机制建设

修改后刑诉法第93条的规定较为原则概括，没有明确审查标准和操作程序等具体内容。在新的司法解释出台前，要使羁押必要性审查成为检察机关的一项常规性工作，必须围绕一些实务性问题尽快研究和制定可行的工作流

---

① 孙云萃：《羁押必要性审查构想》，载正义网，2012年6月29日。

程与机制。

1. 明确审查内容。审查内容应当包括对前期逮捕必要性的复查和后期继续羁押必要性的动态监控，重点是对证明是否有逮捕必要的原有证据和新事实、新证据的审查。具体来讲，应从以下几个方面进行审查：（1）变更逮捕强制措施后，有无扰乱刑事诉讼秩序的可能，如干扰证人作证，毁灭、伪造证据或串供，在传讯的时候能否及时到案等；（2）变更逮捕强制措施后，有无再次发生社会危险性的可能，如继续实施新的犯罪，对被害人、举报人、控告人实施打击报复，企图自杀或逃跑等；（3）犯罪嫌疑人、被告人的身体健康状况，是否患有严重疾病、生活不能自理、不应继续羁押的；（4）是否存在案件事实或情节发生变化，犯罪嫌疑人、被告人可能被判处管制、拘役、独立适用附加刑、免予刑事处罚或者判决无罪的；（5）是否存在证据发生重大变化，可能不构成犯罪或判处无罪的情况；（6）案件事实是否基本查清，证据已经收集固定，符合取保候审或监视居住条件的；（7）羁押期限是否届满或继续羁押犯罪嫌疑人、被告人，羁押期限将超过依法可能判处的刑期的。必要时，也可以充分听取犯罪嫌疑人亲属、所在单位、村民等意见，保证审查的客观、公正。

2. 确定审查主体。具体应由检察机关哪个部门来承担羁押必要性审查工作呢？笔者认为，从有利于获取羁押必要性的信息来看，由承担审查逮捕和审查起诉职能的部门根据诉讼程序进展依次进行审查较为合理。首先，侦查阶段宜由侦查监督部门进行羁押必要性审查。在审查逮捕环节，侦查监督部门对逮捕的必要性已经有了一个客观的分析和准确的把握，由其进行羁押必要性司法审查，既可以对侦查机关捕后羁押行为进行有力的法律监督，又能最大限度地保障犯罪嫌疑人的人身权利，维护被害人的合法利益，防止超期羁押和不必要的羁押。其次，公诉阶段或审判阶段宜由公诉部门进行羁押必要性审查。在公诉环节，公诉部门经过羁押必要性司法审查后，对不须要继续羁押的，可以依职权直接予以释放或作出变更逮捕强制措施的决定，而不必再向有关机关发出检察建议，可以减少工作程序和工作环节，提高司法效率。当案件进入到审判阶段，公诉部门不仅可以对本院侦查监督部门批准或决定逮捕的案件进行羁押必要性司法审查，还可以及时对法院决定逮捕的案件进行羁押必要性司法审查，更加全面地对审判机关的审判活动进行审判监督，这也与公诉部门的法定职责相适应。须要指出的是，负有羁押监管职责的监所检察部门也要充分发挥职能，及时提供犯罪嫌疑人在监管场所的表现情况、身体状况等相关信息，确保侦监、公诉部门进行全面审查、准确判断。在监所检察工作中发现不须要羁押的，可以提出释放犯罪嫌疑人、被告人或者变更强制措施的建议。

3. 严格启动程序。羁押必要性审查可以通过以下几种途径启动：(1) 检察机关侦查监督、公诉部门可以依职权、视情形自行启动羁押必要性审查程序；(2) 侦查机关在捕后的侦查过程中，根据案件进展情况认为犯罪嫌疑人无羁押必要性时，可以向侦查监督部门提请变更强制措施；(3) 犯罪嫌疑人、被告人及其法定代理人、近亲属或者辩护人可以向检察机关提出变更羁押措施的申请。至于捕后多长时间可以启动羁押必要性审查程序，笔者认为，从维护法律统一、司法权威的角度来看，没有特殊情况，不宜在捕后短期内就进行变更。在侦查阶段，犯罪嫌疑人捕后的侦查羁押期限一般为 2 个月至 7 个月，因此应当在犯罪事实基本查清、证据基本确实充分的基础上，1 个月之后，进行羁押必要性审查较为适宜；在公诉、审判阶段，则可以根据案件的需要和变化，随时启动羁押必要性审查。

4. 规范工作流程。羁押必要性审查应遵循公开、公正、透明的原则，由案件承办人个案提请，部门负责人和分管领导严格审查，检察长或检委会决定。具体流程根据启动羁押必要性审查主体的不同细化如下：(1) 检察机关依职权主动启动羁押必要性审查程序的，应注重收集相关材料，加强侦监、公诉、监所等部门的沟通联系，在评估羁押必要性的过程中，承办人要充分听取公安机关、被害人及其法定代理人对犯罪嫌疑人、被告人羁押必要性的意见，听取犯罪嫌疑人、被告人及其委托的辩护人的陈述和辩解，听取羁押场所、监所检察部门对犯罪嫌疑人、被告人捕后表现的评估意见，在此基础上，综合考虑犯罪嫌疑人、被告人犯罪时的主观恶性、社会危害性、社会影响性、身体健康状况等因素，最后形成羁押必要性审查报告，报检察长或检察委员会讨论决定；(2) 侦查机关提出改变强制措施或者释放建议的，应制作《变更强制措施或者释放建议书》，并附相关材料一并报检察机关审查，检察机关应当在受理后 3 日内作出是否同意的意见，如不同意，应向侦查机关说明理由，侦查机关如不同意检察机关意见，可以向检察机关提出复议，对复议结果不服的，可向上一级检察机关提出复核，复核结果为最终结果；(3) 犯罪嫌疑人、被告人及其法定代理人、近亲属或者辩护人提出变更强制措施申请的，应说明不须要继续羁押的理由，并附相关证据和材料，检察机关应当在受理后 3 日内完成审查，作出是否改变强制措施或者释放的建议。如经审查认为不符合改变强制措施或者释放的要求的，应及时向申请人作出答复并说明理由；如经审查认为符合改变强制措施或者释放的要求的，应及时向案件所处诉讼环节的相关部门提出改变强制措施或者释放的建议，相关机关应当在收到建议 10 日以内将处理情况通知检察机关。

修改后刑诉法视野下未成年人刑事检察工作机制之体系化构建

——以南昌市进贤县检察院近三年办案情况为分析样本

吴振华[*] 刘 璇[**]

【内容摘要】 最新修正的刑事诉讼法，就未成年人犯罪的刑事司法程序进行了诸多变革，也为未成年人刑事检察工作机制设定了更高的要求。而司法实践中，未成年人刑事检察工作远未脱离成人化司法色彩，相关工作机制亦较为零散、缺乏系统性，与相关要求还存在相当差异。应就未成年人刑事检察工作建立专门化工作小组，确立以非羁押为原则、羁押为例外的批捕机制和相对不捕、附条件不起诉的考察机制，同时多措并举，实现未检工作与社会帮扶体系的有效衔接，最终形成体系化的未成年人刑事检察工作机制。

【关键词】 修改后刑诉法 未成年人 刑事检察工作机制

修改后的刑诉法从理念与制度的双重角度，对未成年人刑事检察工作提出了新的更高要求，这与未成年人犯罪自身的特点以及未成年人司法保护的特殊性实现了有效的契合。如何准确把握检察职能新变化，对已有的工作机制和模式进行修订完善，更好地维护社会公平正义，成为当前检察机关迫切须要解决的课题，也是推进检察工作新发展的重要契机。在刚结束的全国检察长座谈会上，曹建明检察长亦强调，全国各级检察机关要做好实施修改后刑诉法的各项准备工作，切实转变检察机关的执法办案理念，努力做到“六个并重”，切实加强人权保障和法律监督，努力实现惩罚犯罪和保障人权相统一。而未成年人犯罪的惩罚与权益保障，亦是题中应有之义。有鉴于此，笔者拟立足修改后刑诉法的程序革新，以南昌市进贤县人民检察院近3年工作

---

* 江西省南昌市进贤县检察院副检察长。

** 江西省南昌市进贤县检察院干部。

情况为样本，分析现阶段未成年人刑事检察机关工作的现状及不足，并就如何系统化构建未成年人刑事检察工作机制提出若干设想。

一、修改后刑诉法中未成年人刑案的程序革新与实践要求

（一）修改后刑诉法对未成年人采取了更详尽、更具体的特别制度设计

首次在刑诉法中明确“教育、感化、挽救”的指导方针，将未成年人利益放在第一位；对未成年人犯罪案件的参与人员提出了“专业化”的要求，与成年人犯罪相区分，也与联合国相关司法准则相一致；① 并通过强制辩护制度、合适成年人在场制度、未成年人犯罪记录封存制度等充分保障未成年人的各项权利。此外，还有对未成年犯罪嫌疑人、被告人实行社会调查制度、严格使用逮捕措施，并实行分案处理制度、未成年人附条件不起诉制度等，共同构建了未成年人刑案特别程序体系，尽可能对未成年人的各项权利进行全方位细致保护，以期达到抑制未成年人犯罪，使之有序回归社会的目的。

（二）修改后刑诉法给未成年人刑事检察工作带来了新挑战

修改后的刑诉法规定，在审查逮捕阶段，办理未成年人犯罪案件，讯问的时候要通知法定代理人或者其他具有临时监护责任的人员或机构代表到场。由于办案期限只有 7 天，如未成年人是外地人，其法定代理人、亲属均在外地，就很难在这些人员到场的情况下进行讯问，在这种情况下，可启动合适成年人参与程序；同时，改变过去“构罪即捕”的观念，对未成年犯罪嫌疑人严格限制适用逮捕程序；审查起诉阶段，检察机关要对被附条件不起诉的未成年犯罪嫌疑人进行监督考察，等等。这些规定都对检察机关执法办案提出了新的要求。

（三）检察机关应对修改后刑诉法未成年刑案程序规定的工作重点和难点

根据讯问未成年人时适用的合适成年人在场制度，启动这一程序时如何界定合适成年人的资质，确定参与的诉讼阶段、次数以及如何切实保障参与？根据逮捕必要性审查和捕后必要性羁押审查制度，要求检察机关变“一捕到底”为“必要逮捕”、“必要羁押”，如何落实这一职责？由于对未成年人犯罪记录要实行保密管理，因此，检察机关在对未成年犯罪嫌疑人进行监督考察时，如何有效开展工作，并有效保护犯罪信息？这些对检察机关来说都是今后工作的重点和难点所在。

二、对当前未成年人刑事检察工作的理性思考

近年来，未成年人犯罪有不断上升的趋势，未成年人刑事检察工作的压

① 张珂君、郝芃：《修改后刑诉法中未成年人刑案特别程序的革新》，载《法制与社会》2012 年第 4 期（中）。

力与难度也随之增大。以进贤县人民检察院为例，2009—2011 年该院侦监科共受理案件 588 件 760 人，从近 3 年的案件数量及涉案人数的统计上来看（图一），未成年人的犯罪数量与参与人数总体都呈上升趋势。可见在今后预防与处理未成年人犯罪的工作中仍须加大力度，寻找更多的突破点，更加充分地发挥检察职能，做好有关未成年人的刑事司法工作。

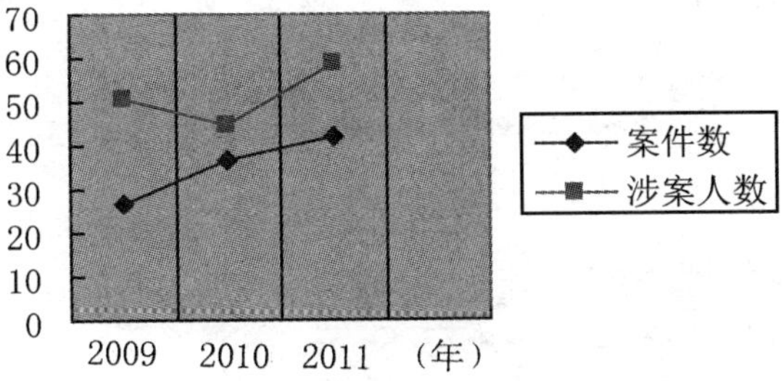

图一

（一）未成年人犯罪特点及现状分析

1. 未成年人犯罪出现低龄化趋势。在 2008—2011 年的统计数据中，18 周岁以下犯罪人数 106 人，占全部犯罪人数的 14%，其中，已满 14 周岁不满 16 周岁的犯罪人数为 49 人，占全部犯罪人数的 6%。从近 3 年的统计数据可以看出（图二），14～16 周岁的犯罪人数呈现增加趋势。

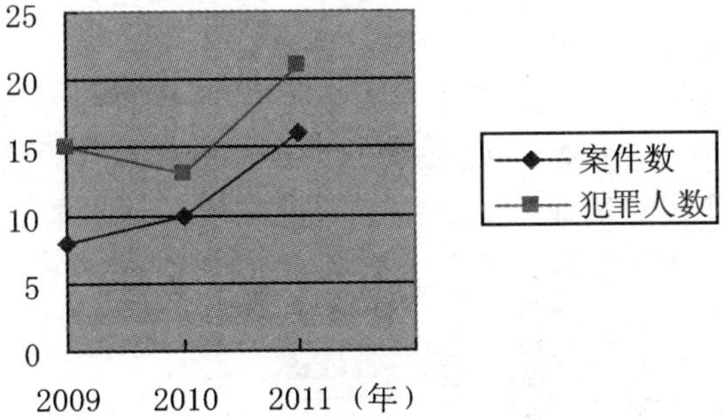

图二

2. 未成年人共同犯罪数量增加。2008—2011 年的统计数据显示，未成年人的共同犯罪案件数占未成年人犯罪案件总数的 22%（图二），犯罪人数达到 47%（图三），由于共同犯罪数量及人数的增加，致使未成年人犯罪的社会危害性势必增加，其所造成的影响及后果也日益严重。

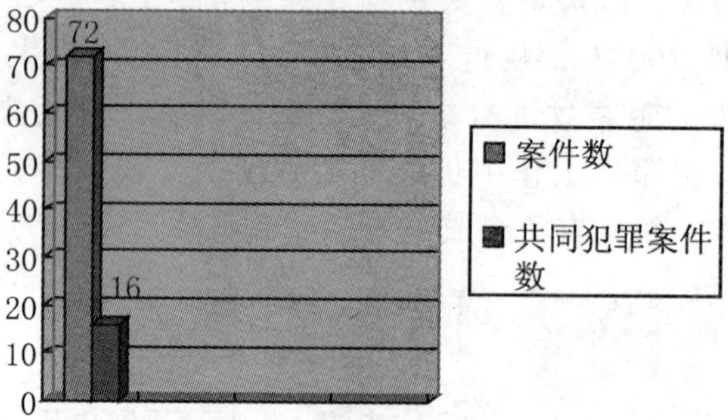

图三

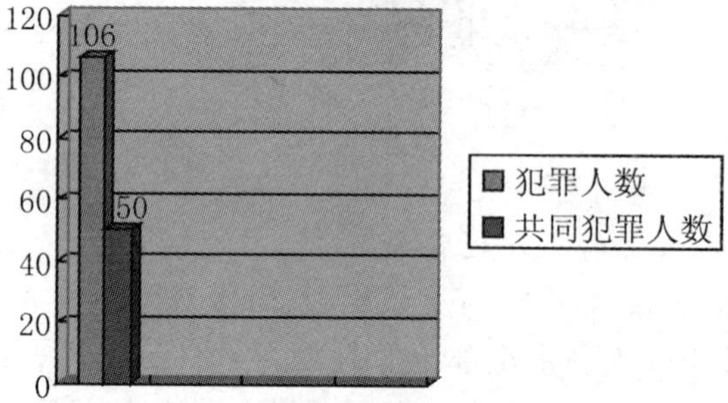

图四

3. 具有前科的未成年人占未成年犯的比例小。从进贤县人民检察院2009—2011年这3年未成年犯罪人的前科现状来看（图五、图六），绝大部分的未成年人是初犯、偶犯，大多数未成年人实施犯罪偏差行为的原因不外乎缺乏父母管教、上网、冲动、寻求刺激等。实施犯罪偏差行为后，大部分未成年人十分懊悔，一旦其被法律正式处罚后，便贴上了永久性的标签，对其终生产生不利影响，极易造成累犯的产生。

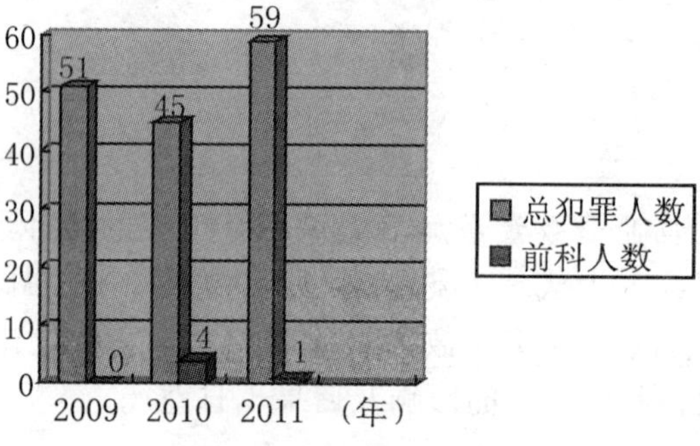

图五

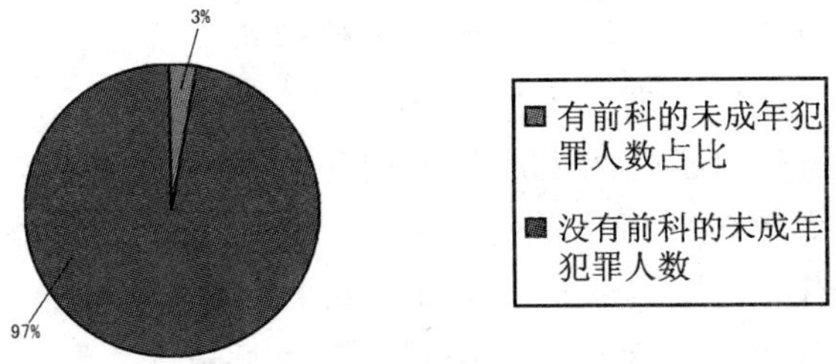

图六

（二）当前未成年人检察工作现状及存在的问题

目前，在最高人民检察院全力推动的一系列检察制度改革中，就有专门针对未成年人检察工作的内容。全国各地司法机关在办理未成年人刑事案件过程中，也对其工作机制纷纷进行试点探索，上海闵行区人民检察院创设了非羁押措施可行性评估程序，① 四川彭州人民法院试行少年犯“前科消灭”方案。进贤县人民检察院结合本院在青少年维权活动中创造的基础条件，对未检工作作出了积极的探索，但由于该项工作仍处于实践阶段，尚未对其一体化运行机制制定出较完善方案，故修改后刑诉法正式实施后的工作仍有进一步发展的空间。

1. 成立专门工作小组，但专门机构缺乏，未检工作缺乏系统性。进贤县人民检察院将“青少年维权岗”活动列入了重要议事日程，2000 年就成立了以检察长为组长，以分管检察长为副组长，侦查监督科、公诉科、民行检察科、监所检察科等相关部门负责人为成员的“青少年维权岗”工作领导小组，实行专人审查办理未成年人案件制度。在办理未成年人涉嫌犯罪案件时，始终采取人性化的办案机制，将依法保护未成年犯罪嫌疑人的合法权益贯穿于刑事检察工作的全过程。然而，这些做法仍存在不足之处：检察长要对全院工作负责，不能够集中全部精力分管未检工作，侦监科科长、公诉科长除未成年人案件外，均要对本科室其他案件负责。简言之，由于没有专门的工作机构，未成年人刑事案件只能分散于各部门中，使未成年人刑事工作较为零散、缺乏系统性。

① 叶敏、顾晓军：《未成年人刑事检察诉讼程序改革完善的实践与构想》，载《法学》2006 年 10 期。

2. 制定办案原则，但未检工作部门分散，办案效率有待提高。本着宽缓处理原则，进贤县人民检察院将在校未成年犯罪嫌疑人的犯罪情节、平时表现、家庭情况、犯罪原因、悔罪态度作为检察机关决定是否批捕、提起公诉及提出量刑建议的重要依据。可捕可不捕的一律不捕，可诉可不诉的一律不诉，并就符合从宽处罚条件的未成年人向法院提出量刑建议。但是由于未成年人刑事工作分散于各部门，纵使采取了迅速、简易、宽缓办理的原则，其办案效率仍比具有专门办理未成年人刑事案件机制的效率低。

3. 完善相关程序，但囿于人员编制、精力所限，工作未全面展开。进贤县人民检察院对拟作“无逮捕必要”不予批捕的案件，实施“三见面一考察”制度；对不捕未成年人实行“帮教与考评”规定：建立未成年人犯罪个案跟踪档案，不定期对缓刑犯罪未成年人进行监督检查；对于依法不起诉及判处缓刑的未成年人，施行“宽严相济”帮教制度，整合社会力量，做好案后延伸及预防工作；对服刑的未成年犯罪人，主办检察官抽空探望并做思想工作。此外，与辖区内小学、初中、高中等多所学校构建青少年维权法律教育基地，开展多种形式法制宣传活动，发挥家庭、学校、社会、司法作用，实行社会整体维权教育和预防犯罪教育，有效地提高了青少年的法律意识。但由于人员编制有限，犯罪案件较多，工作量大，无法保证有足够的人员及时进行案后延伸跟踪监督工作和开展普法工作。

三、未成年人刑事检察工作机制的完善与体系化构建

近年来，各地司法机构纷纷对未成年人犯罪案件的办理进行了一些积极的实践和有益的探索，积累了宝贵的经验，对这些实践成果有必要予以系统化、制度化的确认，以期构建一个体系化的未成年人刑事检察工作机制并不断加以完善。

（一）专门工作小组工作机制

全国未成年人检察工作会议明确提出要建立捕、诉、监、防一体的专门机构。江西省检察院设立“未成年人刑事检察工作办公室”，由公诉、侦监、监所部门参加，可看做是对这一会议精神的贯彻实践。笔者认为，在条件允许的情况下，可以在专门工作机构的设置中加入“专家咨询组”，由理论界未成年人检察方面的学者专家和精通未成年人法律的律师组成，形成专门工作小组机制，当遇到较为重大、复杂、疑难未成年人案件时，检察机关专门办案人员可与“专家咨询组”成员进行探讨，以求解决之道。

（二）检察机关办案机制

1. 以非羁押为原则、羁押为例外的机制。修改后的刑诉法第269条规定，

“对未成年犯罪嫌疑人、被告人应当严格限制适用逮捕措施”。为适应宽严相济的刑事政策，建立以非羁押为原则、羁押为例外的机制，应引入风险评估制度。“风险评估”，指研究可能造成本人或他人伤害的因素以及是否已经采取足够的防范措施以防止伤害。① 评估未成年人的社会危险性和人身危险性，作为采取何种强制措施的参考建议，从而确定采取何种措施能够防止伤害的再发生。

2. 相对不捕考察机制。在检察机关对涉案未成年人作出相对不捕决定后，联络其家庭、学校及社会力量组成帮教小组，观护其生活、学习或工作，并在条件成熟时将适用对象扩大到一切有证据证实实施了罪错行为的未成年人，包括因年龄证据不足而存疑不捕或因数额不足而绝对不捕等情况。

（三）未检工作与社会帮扶体系对接机制

1. 社会调查机制。进行社会调查是为了全方位了解未成年人的社会环境、家庭背景、成长经历、性格特点、社会活动等因素，根据问题少年犯罪偏差和结合上述调查的因素，从而确定合适其的处罚措施。在审查批捕、起诉、不捕不诉前，检察人员根据社会调查机制的内容进行调查并形成报告，作为审查批捕、起诉和不捕不诉的重要参考。

2. 观护、帮教机制。帮教活动往往由于外来人员没有固定住所，所以帮教工作做不到位。建立这一机制整合社区各方力量，推动扩大青少年社工队伍，试点并逐步推选外来未成年人社会观护体系工作，将部分无固定住所、无收入来源、无监护人但具备帮教条件的未成年人，纳入观护帮教范围，并与社区矫正工作有机结合，将没有接受矫正而重犯的情况，及时汇报有关部门，落实观护、矫正衔接制度。加强与青少年主管部门如团委、妇联的沟通，形成未成年人社会观护工作体系，共同完成对未成年人帮教工作。条件成熟时，与团委、社区及学校合作建立集犯罪预防、教育、矫治功能于一体的未成年人社会观护基地，通过集中授课、个案沟通等方式，完善对涉罪未成年人的教育考察和帮教机制。

3. 前科消灭机制。新刑诉法第 275 条规定，“犯罪的时候不满 18 周岁，被判处五年有期徒刑以下刑罚的，应当对相关犯罪记录予以封存”。前科消灭意在消除问题少年“犯罪人”标签，减缓犯罪的未成年人的心理压力，为其顺利回归社会提供机会。从前述统计数据所反映的未成年犯罪人的前科现状可以说明修改后刑诉法此次设立这一制度的必要性。针对以往未成年人由于前科问题所产生的后遗症，司法机关在实践中进行了一些有益的探索。如上海检

① 张鸿巍：《少年司法通论》，人民出版社 2008 年版，第 309—310 页。

察机关推行未成年人“污点”限制公开制度，对不起诉的未成年人的记录限制公开。① 笔者认为，要保障这一制度的顺利实施，从操作层面来说应建立前科消灭机制。一是审查起诉阶段，检察机关对涉案未成年人作相对不诉处理的，《不起诉决定书》应封存，可以不进犯罪未成年人的人事档案。二是在刑罚执行阶段，对于犯罪时未成年，虽受到刑事处罚但认罪并有悔改表现，被判处轻刑的罪犯，在刑罚执行完毕之后，在考察期内无违法和犯罪行为的，可以向原判决法院提出申请，由法院严格审查后作出封存决定，并由公安机关负责执行。检察机关应当加强对公安机关、审判机关的材料审核及取消刑事污点执行情况的监督，可视为刑罚执行监督的延伸。

修改后刑诉法在未成年人保护方面提出了很多新的思想和规定，这给检察工作，特别是基层检察工作提出了新的挑战和要求。对未成年人实行特殊司法保护的做法，显示了对未成年人的刑法保护理念，不仅有利于解决司法实践中未成年犯的法律适用问题，也有利于法律价值的最终实现。而如何在现有规范框架内，进一步发挥检察工作职能，在未成年人刑事犯罪案件中，实现惩罚犯罪与人权保障的有机统一，还有待我们在司法实践中不断探索。

---

① 林中明：《上海检察机关推行未成年人犯罪非羁押评估》，载《检察日报》2007年8月20日。

论刑事诉讼法修改后检察机关对人权的保障

——以犯罪嫌疑人、被告人的权利保护为视角

朱礼扩*

【内容摘要】 保障犯罪嫌疑人、被告人的权利，是保护人权的一个重要方面。然而，立法上对此类群体的保护有所欠缺，司法实践中犯罪嫌疑人、被告人的权利更是没有得到充分的保护。这次刑事诉讼法修改，强化了对人权的司法保障，不仅将尊重和保障人权写入了刑事诉讼法总则，而且贯彻到具体的刑事诉讼制度中，体现了我国人权事业新的发展进步。本文就检察机关应该牢固树立“五个意识”、努力做到“六个并重”，特别是要强化人权意识，努力做到惩治犯罪与保障人权并重，切实保障犯罪嫌疑人、被告人权利的问题进行了探讨。

【关键词】 犯罪嫌疑人　被告人　权利　保障

今年3月14日，第十一届全国人民代表大会第五次会议通过了修改刑事诉讼法的决定。本次刑诉法修改一个最突出的亮点，就是将“尊重和保障人权”写进刑事诉讼法总则，并在多项具体规定和制度完善中加以贯彻和体现。这是“尊重和保障人权”这一原则于2004年载入宪法后，我国第一次在部门法律中载入“尊重和保障人权”的规定，可谓意义重大。

此次修改后的刑事诉讼法也加重了检察机关的职责，使检察机关在“尊重和保障人权”方面面临了新的机遇和挑战。曹建明检察长在全国检察长座谈会上明确指出，各级检察机关要认真贯彻落实修改后的刑事诉讼法，牢固树立“五个意识”，进一步做到“六个并重”，着力转变和更新执法理念，全面履行法律监督职能。牢固树立“五个意识”，首先就要强化人权意识，努力做到惩治犯罪与保障人权并重，全面加强刑事诉讼中的人权保障。刑事诉讼领域内的保障人权，可以从三个层面去理解，第一个层面是保障犯罪嫌疑人、被告人和罪犯的合法权利，防止无罪的人受到刑事法律追究，防止有罪的人

---

* 江西省南昌市青云谱区人民检察院办公室副主任。

受到不公正的处罚；第二个层面是保障所有诉讼参与人特别是被害人的权利；第三个层面是通过对犯罪的惩罚保护广大人民群众的权利不受犯罪侵害。其中，第一个层面保障被追诉人的权利是保障人权的重心所在。①

一、保障刑事犯罪嫌疑人、被告人诉讼权利的必要性

1. 保障犯罪嫌疑人、被告人的权利是改变民众传统观念的需要。长期以来，受传统思想的影响，人们都认为刑事被告人是作恶多端的犯罪分子，对他们没有什么人权可言。在中国的民众（包括一些法律人士）的观念中，被害人由于遭受了犯罪行为的侵犯，因而是最悲惨的，也是最需要同情和保护的。因此，相对于保护被害人的权利而言，保护被告人的权利并不具有任何的优先性。事实上，保护被告人的权利和保护被害人的权利，从来没有绝对的、永恒不变的标准。保护谁的权利，关键是看谁的权利处于危险之中。在现代各主要国家，由于国家追诉原则的确立，使得被告人的权利始终处于被国家权力侵犯乃至剥夺的危险之中。

2. 在宪政民主中，平衡是刑事程序法最基本的特征。这种平衡存在于政府权力与个人隐私、自由、财产权利之间，但刑事程序法还包含其他因素的平衡，如社会与个人间的平衡；法律、社会和意识形态之间的平衡；正式规则与自由裁量权之间的平衡。② 被害人、被告人是刑事诉讼中最重要的当事人，切实保障二者的诉讼权利将直接关系到刑事诉讼惩罚犯罪、保障人权双重目的的实现。但是对二者诉讼权利的保障却存在矛盾的一面，任何一方权利的扩张和行使可能就意味着另一方的义务和责任的增加。刑事诉讼立法和刑事司法应当建立均衡的权利保护体系，并尽量形成一种“双赢”的司法格局。但就目前的中国而言，最须要予以关注的不是被中国的民众给予了太多同情的被害人，而恰恰是那些被人唾弃、为人不齿的被追诉人。因为，判断一个国家的刑事司法是否人道、宽容和民主，不是看它是如何对待“好人”的，而恰恰是看它是如何对待“坏人”的。

3. 保障犯罪嫌疑人、被告人的权利是与国际做法相接轨的需要。尊重和保障人权，是联合国刑事司法准则中最高位阶的原则，是评判一个国家民主法治的标杆。西方各法治国家和地区，尤其是英美宪法和法律赋予了被告人广泛的权利，并建立了严密的保护体系。在英美，基于对被告人权利保护过头的司法现实，还有“往回走”的呼声和趋势。如在英国，由于沉默权总是

① 陈光中、刘林呐：《尊重和保障人权，不仅仅是一项基本原则》，载《检察日报》2012 年 3 月 19 日。

② 张建伟：《刑事司法的现代意象》，载《中国政法大学学报》2001 年第 11 期。

让犯罪人而非无辜者从中受益。在反对浪潮的推动下，1971 年英国刑事法修改委员会提出一项报告：如果被告在警察审讯时不回答警察的提问，而所提的问题又是被告在法庭辩护时所依据的事实，对当初被告的沉默，法庭可以作出对被告不利的推断。然而在中国，无论是刑事诉讼立法，还是刑事司法，所强调和追求的乃是对犯罪的有效控制，而对被追诉人的权利保护则关注不够。现在，将“尊重和保障人权”列入修改后刑诉法，并在相关条款建立和完善无罪推定、非法证据排除、法律援助等基本原则和制度，也体现了我们在尊重和保障人权方面的巨大进步。

二、检察工作中在犯罪嫌疑人、被告人的人权保障方面尚存在的问题及原因

随着刑事诉讼法的修改，刑事诉讼领域的人权保护状况获得了极大的改观。检察机关严格执行刑事诉讼法、人民检察院刑事诉讼规则和最高人民检察院的各项办案规定，强调转变执法观念，注意保障人权，既坚决打击了犯罪，又最大限度地保障了犯罪嫌疑人、被告人和被害人的合法权益。但是，由于受到传统封建文化和国家本位主义思想的影响，在诉讼活动的价值取向上，对犯罪的打击占据了首要的位置，少数人在执法办案时忽略犯罪嫌疑人、被告人合法权益的现象仍不同程度地存在。这表现为：

1. 个别检察人员的思想中仍存在“重打击、轻保护”，“重实体、轻程序”等落后执法观念。反映在执法中，把对犯罪嫌疑人、被告人的定罪处刑作为唯一追求的目标，重视犯罪嫌疑人、被告人有罪证据的收集、分析、运用，而忽视犯罪嫌疑人、被告人无罪和罪轻的证据。对个别证据不足案件久拖不决，使犯罪嫌疑人、被告人长期处于不确定的司法评判状态。同时，在实践中往往因为办案任务繁重、完成考核指标、照顾工作关系等因素影响，没有严格执行规定程序：应当告知诉讼权利而不告知、不充分听取犯罪嫌疑人陈述辩解、消极对待律师意见等问题难以杜绝。

2. 任意使用强制性措施和羁押期限。尽管我国刑事诉讼法明确规定，强制措施应当与犯罪的严重性、嫌疑程度（掌握证据的充分性）以及案情的紧急性和必要性相对应，然而在实践中，侦查机关任意使用强制性侦查措施的情况却时有发生，致使我国刑事诉讼中的犯罪嫌疑人在羁押的状态中等待漫长的侦查、起诉和审判。① 同时，不依法操作的现象也屡见不鲜，如非法搜查、

① 吴茜：《试论我国审前羁押的独立化改造》，载《山东警察学院学报》2006 年第 1 期。

扣押，不当使用拘传、取保侯审和监视居住，超期拘留、超期羁押、滥用械具、以捕代侦、以罚代侦等。在侦查过程中出现侵犯犯罪嫌疑人权利的现象主要是受执法环境的影响，犯罪嫌疑人完全能在法定羁押期以内不开口，而侦查人员又必须在法定羁押期内把问题搞清楚，如果在法定羁押期以内搞不清楚，特别是一些疑难案件，办案干警急于求成，容易超出法定办案原则违法办案。①

3. 刑讯逼供屡禁不止。刑讯逼供是对人类尊严的侮辱和对人权的严重侵犯，为现代法律所不允许。因过分依赖口供而产生的刑讯逼供、诱供、指供现象还未得到彻底杜绝。在侦查讯问实践中，最突出的问题是刑讯逼供屡禁不止，全国人大常委会“刑事诉讼法检查组”向大会汇报《刑事诉讼法》实施情况时指出，刑讯逼供在我国“仍然比较突出”。② 这一情况也与我国尚未确立沉默权制度有较大的关系，尽管目前我国理论界对沉默权的问题争议很大，但从世界各国对人权的呼声，从我国刑事诉讼法已经吸收了无罪推定的合理内核实行疑罪从无来看，在我国确立沉默权只是时间问题，且沉默权是无罪推定的必然要求。

4. 对侦查活动中侵犯人权行为的监督纠正力度不够。我国公检法三机关遵循“分工负责、互相配合、互相制约”的原则，因此，侦查、起诉、审判三阶段相互独立、互不隶属，作为负有监督职能的检察机关，由于法律规定的监督范围、监督方式等比较原则且多属于事后监督，亦不可能对具体的违规行为进行有效制约。再者，公安机关的侦查部门拥有使用除逮捕之外的所有的刑事诉讼法规定强制侦查手段的权力，公安机关法制部门的监督也只是一种形式上的监督，上级侦查机关对下级侦查机关监督力度不够，内部监督还没有形成合力。因此，监督机制不健全使司法实践中被追诉人的人权得不到充分的保障。

三、在检察工作中加强人权保障的思路

修改后刑诉法在加强人权保障的指导思想下，在辩护制度、证据制度、强制措施、侦查程序、审判程序等方面进一步完善了对犯罪嫌疑人、被告人的权利保障措施，同时在保障人权方面加强了检察机关的法律监督，强化了

---

① 毛启刚、杨永军：《浅论刑事侦查阶段律师会见制度的完善》，载《天府新论》2005 年第 12 期。

② 姜虹：《刑事侦查中犯罪嫌疑人的权利保障》，载《吉林工程技术师范学院学报》2007 第 7 期。

检察机关在人权保障中的作用,① 因此，检察机关应尽快转变执法观念，改变办案方式，强化法律监督，发挥检察机关在尊重和保障人权中应有的作用。牢固树立“五个意识”，努力做到“六个并重”，首先就是要强化人权意识，努力做到惩治犯罪与保障人权并重，全面加强刑事诉讼中的人权保障。

1. 检察人员应当进一步更新执法理念，强化人权保障意识。理念是行动的指南，是指导实践的思想基础。贯彻实施修改后刑诉法，检察机关面临的挑战很多，首先是执法理念的挑战。检察机关只有牢固树立社会主义法治理念，更好地转变和更新执法理念，才能有效提升自身的执法能力素质，保证法律的正确实施。② 修改后的刑事诉讼法除了在第2条加入了尊重和保障人权的要求，也在很多程序设计中增加了刚性规定，如“不得强迫自证其罪”，更好地呼应了有关“罪刑法定”、“疑罪从无”和“有利于被告人”的原则要求。而设计检察制度的逻辑起点正在于检察权不仅要实现打击犯罪，更要保障人权。可见，在此双重目标之下，检察机关更应侧重于保障人权之功能。试想，如果检察官“自命为打击犯罪的急先锋，而非兼顾被告人利益的保护者”，如果是刑事司法权只须要满足打击犯罪的功能，那么“包公式”的究问式审判足矣，检察制度存在的必要性又何在?③

2. 加强学习，提高素质，切实做到尊重和保障人权。“尊重和保障人权”已经写入刑诉法总则，但那仅仅是写在纸上的法律。“法律必须被信仰”,④ 特别是被执法之人信仰，写在纸上的法律才能变成活的法律。因此，提高检察官的素质，正确认识和行使检察权，是尊重和保障人权的前提。修改后的刑诉法进一步强调保障人权、规范执法，对检察机关严格公正执法提出了新的更高要求：将“尊重和保障人权”写入刑诉法总则，规定了“不得强迫自证其罪”，完善了非法证据排除制度，在刑事诉讼各个环节全面贯彻体现了人权保障的要求；严格规范强制措施、侦查措施的适用，加强对证据合法性的监督审查，强化了当事人、辩护人和其他有关人员的知情权、辩护权、申诉权、控告权等。所有这些修改都对检察人员的执法理念、办案方式、工作机制提出了新的挑战，促进广大检察人员不断提高侦查突破案件能力、依法收

---

① 陈光中、刘林呐：《尊重和保障人权，不仅仅是一项基本原则》，载《检察日报》2012年3月19日。

② 曹建明：《牢固树立“五个意识”着力转变和更新执法理念，努力做到“六个并重”确保刑诉法全面正确实施》，载《检察日报》2012年7月23日。

③ 李乐平：《保障人权，检察机关的天然使命》，载《检察日报》2012年6月25日。

④ 孙力：《检察实务中诉讼参与人合法权益保障研究》，中国检察出版社2006年版，第23页。

集证据能力、出庭支持公诉能力和监督纠正违法等能力。①

3. *加强对自侦案件办案活动的规范和制约，防止滥用侦查权。*这次刑诉法修改更好地统筹了惩治犯罪与保障人权的关系，一方面通过完善强制措施，健全证据、侦查、审判等制度，延长传唤、拘传时间和审查决定逮捕期限，赋予检察机关技术侦查、指定居所监视居住、查封等措施，为检察机关依法惩治犯罪提供了新的重要法律依据；另一方面，在强化犯罪嫌疑人和被告人辩护权、不得强迫自证其罪、继续羁押必要性审查、非法证据排除、讯问录音录像、当事人诉讼权利救济等方面作出一系列新规定，更加重视尊重和保障犯罪嫌疑人、被告人依法享有的辩护权和其他诉讼权利。特别是对于限制人身自由的措施，立法者更是高度重视贯彻人权保障原则，各种措施的审查、批注、听取当事人的意见，变更不服申诉与控告，以及救济制裁措施，比较完备齐整，的确在人权保障方面提升了层次和水平。② 因此，在执法办案中，检察人员必须更加重视尊重和保障人权。不但重视被害人的人权保护，更重要的是重视尊重和保障犯罪嫌疑人、被告人依法享有的辩护权和其他诉讼权利，尊重和保障其健康权、财产权等基本人权，着力防止刑讯逼供、暴力取证，着力防止违法限制涉案人员的人身自由，着力防止涉案人员非正常死亡等办案安全事故，着力防止违法扣押、冻结、处置涉案款物，全面加强刑事诉讼中的人权保障。

4. *全面强化诉讼监督，维护司法公正，实现对人权的保障。*孟德斯鸠在其著作《论法的精神》中指出："一切有权力的人都容易滥用权力，这是万古不易的经验。有权力的人们使用权力一直到遇有界限的地方才休止。""要防止滥用权力，就必须以权力约束权力。"因此，检察机关要加强刑事诉讼监督，既防止打击不力，又注重保障人权。要通过加强与公安、法院的沟通联系，健全完善刑事立案、侦查、审判监督的配套措施，从监督诉讼程序入手，强化对刑事诉讼各环节的监督，保护犯罪嫌疑人、被告人的合法权益。如在侦查活动监督中，要强化对诉讼活动中严重违反程序、侵犯人权问题的监督，坚决纠正滥用和随意改变强制措施的现象。再如在刑罚执行监督中，要注意保护当事人和服刑人员的合法权益，特别要注意通过建立健全制度和机制防止和纠正超期、长期羁押等侵犯人权的现象。要加强民事审判和行政诉讼监

---

① 曹建明：《牢固树立"五个意识"着力转变和更新执法理念，努力做到"六个并重"确保刑诉法全面正确实施》，载《检察日报》2012 年 7 月 23 日。

② 樊崇义：《刑事诉讼法修正案（草案）的哲理之思》，载《人民检察》2012 年第 5 期。

督，平等保护诉讼当事人的合法权益。

5. *认真执行刑诉法新规，在完善措施中尊重和保障人权。*本次刑诉法修改在很多具体诉讼制度和程序规定中都注意体现尊重和保障人权的原则，这包括通过完善强制措施，健全证据、侦查、审判等制度，强化犯罪嫌疑人和被告人的辩护权，不得强迫自证其罪，继续羁押必要性审查，非法证据排除，讯问录音录像，当事人诉讼权利救济等。这些新规定在刑事诉讼各环节全面贯彻体现了人权保障的要求，检察机关在执法办案中要逐步完善措施，审查逮捕、公诉工作要更加注重执法谦抑性，提高证据审查质量和出庭水平；职务犯罪侦查工作要更加注重及时取证固证，综合运用侦查措施和谋略，推进侦查信息化；诉讼监督工作要更加注重全面履行职责，加强事中监督，增强监督刚性，通过完善具体措施，确保修改后的刑诉法在检察工作中得到全面正确贯彻落实，以更加有效地惩罚犯罪、保护人民。

6. *尊重人格尊严，倡导人文关怀精神。*由于刑事诉讼犯罪嫌疑人和被告人主体的特殊性，要有效地保障其人权，在执法活动中强调人文关怀、弘扬人文精神更有其重要意义。犯罪嫌疑人、被告人在诉讼活动中已经部分或者完全失去了人身自由，他们在争取人权及法律救济方面处于相对被动的地位，不能因为其处于弱势，而随意以刑讯逼供、超期羁押等方式剥夺其合法权利，应严格依照法律规定，保障其人身权利和人格尊严，给予人文关怀。当然，也要防止人文关怀、人性化办案向“人情案”、“关系案”方向扭曲，严格规范于法律规定之内。

虽然我国的刑诉法与国际公约和联合国的规定相比仍然存在差距，但是通过此次对刑事诉讼法的“大修”，我国的刑事诉讼制度进一步走向民主化、科学化，在保护被告人的权利方面迈出了一大步。检察机关面临这一机遇和挑战，应当严格履行修改后的刑事诉讼法规定的各项任务和要求，牢固树立“五个意识”，努力做到“六个并重”，特别是要强化人权意识，始终坚持“保障人权”的理念，努力做到惩治犯罪与保障人权并重，确保落实“尊重和保障人权”的要求，确保公正司法，切实发挥“法律保护人”的职能。

试论刑事诉讼法的修改与审查批准逮捕程序的完善

刘　杰*

【内容摘要】逮捕作为一种刑事强制措施，对于保证司法机关正确有效地查清案件事实，提高诉讼效率具有十分重要的现实意义。要从审查批准逮捕的性质入手，立足于我国国情和司法实践，进一步改革和完善我国审查批准逮捕程序。

【关键词】审查批准逮捕　现状问题　改革完善

刑诉法的修改，使我国刑事诉讼制度更加科学化、民主化、法治化，诸项修改将对侦查监督工作产生重大影响，尤其是强调“尊重和保障人权”、明确逮捕条件和程序，以及排除非法证据、加强诉讼监督等方面的新规定，对侦查监督工作提出了新的要求，带来新的机遇和挑战。本文拟通过对刑诉法修改前后审查批准逮捕程序的比较，阐明我国审查批准逮捕程序已趋于完善，并对其进一步完善提出若干建议。

一、刑诉法修改前我国审查批准逮捕程序的分析

（一）刑诉法修改前我国审查批准逮捕程序的立法现状

根据1996年刑诉法和《人民检察院刑事诉讼规则》的规定，关于人民检察院审查批准逮捕程序的相关规定如下：

一是关于案件受理、审查和决定的规定。公安机关要求逮捕犯罪嫌疑人时，应当写出提请批准逮捕书，连同案卷、证据材料，一并移送同级人民检察院审查批准。人民检察院侦查监督部门具体负责公安机关提请批准逮捕案件的办理。检察机关受理案件后，应指定办案人员进行实体审查，并在7日内作出是否批准逮捕的决定。办案人员以审阅卷宗为主，以提审犯罪嫌疑人

* 江西省浮梁县人民检察院干部。

和其他复核证据的方法为辅。① 办案人员在审查案件后，应当制作审查逮捕案件意见书，提出是否批准逮捕的处理意见，经部门负责人审核后，报请检察长批准；重大案件应当经检察委员会讨论决定。检察机关作出的批准逮捕或不（予）批准逮捕决定，公安机关应立即执行，并将执行情况及时通知检察机关。检察机关和公安机关如果发现对犯罪嫌疑人、被告人采取强制措施不当，应当及时撤销或变更。公安机关释放被逮捕的人或变更强制措施的，应当通知原批准的人民检察院。

二是关于审查批准逮捕程序中犯罪嫌疑人享有权利的规定。1996 年刑诉法第 75 条规定：犯罪嫌疑人、被告人及其法定代理人、近亲属或者犯罪嫌疑人、被告人委托的律师及其他辩护人对于人民法院、人民检察院或者公安机关采取强制措施超过法定期限的，有权要求解除强制措施。第 96 条规定，犯罪嫌疑人在被第一次讯问后或被采取强制措施之日起，有权聘请律师，为其提供法律咨询、代理申诉、控告及申请取保候审等。换言之，犯罪嫌疑人在审查批准逮捕阶段，有权聘请律师，为其提供法律帮助。另从 1996 年刑诉法第 33 条的规定来看，在审查批准逮捕程序中，犯罪嫌疑人无权委托辩护人为其辩护。

三是对审查批准逮捕决定不服的救济方法的规定。这主要涉及侦查机关和犯罪嫌疑人。对于侦查机关而言，根据《公安机关办理刑事案件程序规定》和《人民检察院刑事诉讼规则》的相关规定，公安机关认为人民检察院的不批准逮捕决定有错误的，应当在收到不捕决定 5 日内，向作出不捕决定的人民检察院申请复议。人民检察院应当另行指派办案人员办理，并在收到提请复议书和案卷材料后的 7 日内作出是否变更的决定。公安机关对复议决定不服的，应当在收到检察机关复议决定的 5 日内向上一级人民检察院申请复核。上一级人民检察院应当在收到复核材料后的 15 日内作出是否变更的决定，通知下级人民检察院和公安机关执行。对于犯罪嫌疑人而言，我国刑事诉讼法没有规定犯罪嫌疑人不服检察机关批准逮捕决定的司法救济途径。但为了保障犯罪嫌疑人的权利，也规定了几项相关程序。第一，通知程序。1996 年刑诉法第 71 条规定：“逮捕后，除有碍侦查或无法通知的情形以外，应当把逮

---

① 最高人民检察院《关于对提请批准逮捕的案件可否侦查问题的批复》规定：人民检察院审查公安机关提请逮捕的案件，经审查，应当作出批准或者不批准逮捕的决定，对提请批准逮捕的案件不另行侦查。人民检察院在审查批准逮捕中如果认为提请批准逮捕的证据有疑问的，可以复核有关证据，讯问犯罪嫌疑人、询问证人，以保证批准逮捕案件的质量，防止错捕或漏捕。

捕的原因和羁押的处所，在24小时以内通知被逮捕人的家属或者他的所在单位。”第二，及时讯问程序。1996年刑诉法第72条规定：“公安机关对于人民检察院批准逮捕的人，必须在二十四小时以内进行讯问。在发现不应当逮捕时，必须立即释放，发给释放证明。”第三，及时撤销或变更程序。1996年刑诉法第73条规定：“人民法院、人民检察院和公安机关如果发现对犯罪嫌疑人、被告人采取强制措施不当的，应当及时撤销或变更。公安机关释放被逮捕的人或者变更强制措施的，应当通知原批准的人民检察院。”上述三项程序的实行主体均为公安机关，换言之，犯罪嫌疑人权利的实现程度取决于公安机关的履责程度。

（二）刑诉法修改前我国审查批准逮捕程序存在的问题

从刑诉法修改前我国审查批准逮捕程序的立法来看，虽然为公民的人身自由权利不被任意剥夺提供了法律上的保障，但与审查批准逮捕权的司法性相比，我国的审查批准逮捕程序还存在一定的不足。

一是审查批准逮捕办案模式的行政化。审查批准逮捕权是具有司法性的法律监督权，这就要求审查批准逮捕权的行使应当与该属性相契合，建立控、辩、审三方参与的诉讼结构，由检察机关居中裁判。然检察机关现行的审查批准逮捕办案模式却与该属性相背，具有明显的行政化特征。我国的1996年刑诉法对审查批准逮捕案件的办理程序没有具体的规定，《人民检察院刑事诉讼规则》对此进行了明确，第92条规定：“审查逮捕部门办理审查逮捕的案件，应当指定办案人员进行审查。办案人员应当审阅案卷材料，制作阅卷笔录，提出批准或者决定逮捕、不批准或者不予逮捕的意见……”由该条规定可见，审查批准逮捕案件由办案人提出批准或者决定逮捕、不批准或者不予逮捕的意见，经部门负责人审核后，报请检察长批准或者决定；重大案件应当经检察委员会讨论决定。由办案人承办、部门负责人审核、检察长决定的审查决定程序，具有明显的行政审批特征。检察机关在办理审查批准逮捕案件时，以书面审查为主，并未要求讯问犯罪嫌疑人，更没有为犯罪嫌疑人与侦查机关的沟通对抗提供平台。最高人民检察院、公安部联合制定的《关于审查逮捕阶段讯问犯罪嫌疑人的规定》，虽然对4类案件明确规定应当讯问犯罪嫌疑人，但讯问的主要目的只是核实犯罪嫌疑人在侦查阶段的供述是否属实，从而进一步确认犯罪嫌疑人的行为是否涉嫌犯罪，而非听取犯罪嫌疑人对于其是否应被逮捕的意见。

二是律师不能有效介入审查批准逮捕程序。虽然1996年刑诉法明文规定，犯罪嫌疑人在被侦查机关第一次讯问或采取强制措施之日起，有权聘请律师，律师有权代为犯罪嫌疑人申请取保候审。《关于审查逮捕阶段讯问犯罪嫌疑人的规定》第13条也明确规定："犯罪嫌疑人委托的律师提出不构成犯罪、无逮捕必要、不适宜羁押、侦查活动有违法犯罪情形等书面意见以及相关证据材料的，检察人员应当认真审查。必要时，可以当面听取受委托律师的意见。对律师提出的意见及相关证据材料，应当在审查逮捕意见书中说明是否采纳的情况和理由。"不少检察机关为了有效贯彻这一规定，对审查逮捕阶段听取律师意见也进行了规范。但在司法实践中上述规定存在以下问题：第一，犯罪嫌疑人聘请律师的权利得不到有效保障；第二，律师的会见权得不到有效保障，也因此无法了解是否存在不构成犯罪等不符合逮捕条件的情形；第三，审查逮捕意见书是检察机关的内部工作文书，不具有公开性，律师和犯罪嫌疑人无法了解其意见是否被采纳的情况及理由，容易产生"暗箱操作"的怀疑；第四，分别听取侦查机关和律师的意见，双方不能进行直接公开的论辩，即使检察机关最终作出公正的决定，也难以让人信服。

三是当事人不服逮捕决定救济途径的虚无。根据我国1996年刑诉法的规定，被告人对人民法院判决不服的，有权依法提出上诉。只要依法提出上诉，二审法院必须对案件进行全面审查，且不得加重被告人的刑罚。上诉救济程序对保障公民的人身权利免受非法侵害无疑起到了非常重要的作用。然而，当事人对逮捕决定不服并无"上诉权"。虽然1996年刑诉法第75条和第96条分别赋予了犯罪嫌疑人在被超期羁押时申请解除强制措施的权利，以及在被逮捕时申请取保候审的权利，但关于上述权利行使的具体程序法律并没有明确规定。尤其是第96条，关于申请取保候审的条件和形式、公安机关对取保候审申请的办理、申请被驳回的救济等都没有具体的规定，使得该权利在司法实践中形同虚设。由于在法律规定内缺乏有效的救济途径，在押的犯罪嫌疑人、被告人及其亲友、律师等自然就转向法律外寻求帮助，最常见的即向当地、上级甚至中央一级的党委、政府等上访，从而使本来可以通过司法手段化解的社会矛盾进一步激化。

四是定期复查制度的缺失。根据无罪推定原则，犯罪嫌疑人、被告人在被法院依法审判之前，不得认定有罪。我国1996年刑诉法虽然没有明确规定无罪推定原则，但根据1996年刑诉法第12条规定："未经人民法院依法判决，对任何人都不得确定有罪。"据此，逮捕作为刑事诉讼强制措施的一种，其最主要目的应当是保障刑事诉讼的顺利进行，而非对犯罪的惩罚。这就对逮捕的适用提出了一个基本要求，绝不能仅仅因为犯罪嫌疑人涉嫌犯罪，即对其批准逮捕。逮捕措施的适用，必须考虑必要性，一是为保障刑事诉讼程序顺利进行所必须；二是为防止发生新的危害社会行为所必须。而这些条件在诉讼中是不断发生变化的，这就要求检察机关对逮捕必要性的审查必须是持续的，当发现逮捕理由不存在时，应立即撤销或变更逮捕决定，而不是一次审查“一成不变”。我国 1996 年刑诉法虽然规定“人民法院、人民检察院和公安机关如果发现对犯罪嫌疑人、被告人采取强制措施不当的，应当及时撤销或变更，及公安机关释放被逮捕的人或者变更强制措施的，应当通知原批准的人民检察院”。但该规定有以下弊端：第一，公安机关享有撤销或变更逮捕措施的权力，损害了检察机关审查批准逮捕权的司法权威。审查批准逮捕权只能由检察机关行使，公安机关不享有自行决定逮捕的权力，自然也不应该享有变更或撤销检察机关逮捕决定的权力。公安机关未经检察机关许可擅自变更或撤销逮捕措施，是对检察机关审查批准逮捕权权威性的侵害。事后虽有通知检察机关的义务，但公安机关是否履行该义务取决于其自身，检察机关无法进行有效的监督制约，容易导致公安机关对变更或撤销逮捕措施的滥用。第二，检察机关变更或撤销逮捕措施的规定过于原则，缺乏可操作性。该规定虽然赋予了人民检察院对不当逮捕的变更和撤销权，但并未对权力行使的时间、程序等进行明确，导致该项权力在司法实践中基本被束之高阁。

二、修改后刑诉法对我国审查批准逮捕程序的改革

刑诉法修改后，审查批准逮捕程序日臻完善，给审查批准逮捕工作带来新机遇，解决了审查批准逮捕工作中遇到的一些问题，为审查批准逮捕工作发展提供了有利的条件。

（一）将“尊重和保障人权”写入刑事诉讼法

在修改后刑事诉讼法中明确规定“尊重和保障人权”，相对于原来规定的“保障无罪的人不受刑事追究”，在保障人权方面前进了一大步，其意义深远、重大。贯彻这一原则，进一步更新了执法理念，增强了人权保障意识、证据意识、程序意识、效率意识、权限意识，把坚持理性、平和、文明、规范执法和打击犯罪与保障人权并重贯穿于刑事诉讼的全过程。

（二）进一步明确了逮捕条件

修改后刑事诉讼法的具体规定，将过去有关规范性文件关于逮捕必要性的规定，上升为法律规定，有利于侦查机关（部门）和检察机关统一认识，准确掌握逮捕条件，提高逮捕办案质量。

（三）进一步完善了审查批准逮捕程序

修改后的刑事诉讼法吸收了司法改革成果，增加规定了审查批准逮捕时讯问犯罪嫌疑人和听取律师意见的程序。一方面，有利于保证正确行使批准逮捕权，防止错误逮捕；另一方面，减少了审查批捕的行政审批色彩，增强

了其司法属性，完善了审查逮捕的司法程序构造，彰显了程序正义。

（四）创设了逮捕后对羁押的必要性进行定期审查机制

修改后的刑诉法规定，对于不须要继续羁押的，应当建议予以释放或者变更强制措施。虽然何为“定期”、如何审查等具体规定并未在法律中加以明确，但这一新制度已经为检察机关继续探索羁押必要性审查机制奠定了良好的基础。

三、完善审查批准逮捕程序的几点建议

尽管修改后刑诉法细化和完善了检察机关的审查批准逮捕程序，但这并不表明就完美无缺了，它仍然有许多问题须进一步完善。

（一）建议完善审查批准逮捕工作机制

一是引入逮捕必要性审查工作机制。逮捕条件的细化，要求加强逮捕必要性条件的审查，进一步提高逮捕办案质量。检察机关要在总结实践经验的基础上，建立健全逮捕必要性审查工作机制，要求侦查机关（部门）提请逮捕时，不仅要提供犯罪事实证据，而且要提供具有逮捕必要性的证据。

二是加强审查逮捕阶段非法证据的排除。修改后的刑事诉讼法增加规定：“在侦查、审查起诉、审判时发现有应当排除的证据的，应当依法予以排除，不得作为起诉意见、起诉决定和判决的依据。”从审查批捕工作的司法审查性质和法律监督属性、从保障人权的要求出发，审查逮捕时应当加强非法证据的审查和排除，确保逮捕质量。

三是引入听证程序。① 听证程序的设立，可以使检察机关充分听取公安机关、犯罪嫌疑人、律师以及其他人的意见，以根据案件的事实、性质、情节，犯罪嫌疑人的认罪悔罪态度、个人情况等，准确判断是否符合逮捕条件。因此，听证程序的主体主要包括控方、辩方及中立的裁判者三方。控方是指提请采取逮捕措施的侦查机关一方，辩方是指犯罪嫌疑人及其辩护人一方，中立的裁判者则是指检察机关一方。被害人及其委托的诉讼代理人也有权参加听证。犯罪嫌疑人有权自行辩护或聘请律师进行辩护。听证会的程序应由当事人的申请而启动，对于公安机关提请批准逮捕的案件，公安机关在提请逮捕的同时，应当告之当事人有要求举行听证的权利。当事人要求举行听证的，应当及时提出（比如在接到通知之日起3日内），确保给予检察机关足够的审查时间。听证程序由检察机关的侦查监督部门主持召开，听证双方当事人到场参加。首先由侦查机关陈述其提请逮捕的理由并出示证据；其次由犯罪嫌

① 刘林呐：《对审查逮捕听证制度的几点思考》，载《晋中学院学报》2007年第2期。

疑人及其辩护人提出不应当逮捕的理由及证据；再次由侦查机关与犯罪嫌疑人及其辩护人针对存在争议的问题进行辩论；最后由检察机关在听取双方意见的基础上，综合有关证据进行评议，并作出是否批准逮捕的决定。当然，由于审查逮捕有期限限制，如果适用听证程序可能会导致多名犯罪嫌疑人的案件或者重大疑难复杂案件的办案期限紧张，因此，须要在实际办案中摸索出一套合理的操作程序。

（二）建议完善定期复查制度

由于刑事诉讼持续的时间较长，而案件情况又在不断发展变化，因此对犯罪嫌疑人是否符合逮捕条件的审查应当是持续性的，而非一次性的。当逮捕的条件不复存在时，就应当立即作出撤销或变更逮捕的决定。

一是完善依职权定期复查制度。我们可以设立检察机关主动进行的定期复查制度，在判决前的整个羁押期间依职权进行定期复查，以确保刑事诉讼比例原则的实现。这个时间可以由检察机关自行决定，比如在批准逮捕之后，每间隔半个月或者1个月复查一次。复查的内容主要限于继续羁押的必要性和合理性。复查时，由侦查机关报送案件进展和证据情况等材料，检察机关在书面审查的同时，应讯问犯罪嫌疑人，以决定是否须要撤销或变更逮捕决定。①

二是赋予被逮捕人申请复查权。在羁押过程中，当被羁押的犯罪嫌疑人认为不应被继续羁押时，应当有权提出申诉，以更好地保障其人身自由权不被侵犯。应明确规定被逮捕的犯罪嫌疑人享有申请复查权，在羁押期间被逮捕的犯罪嫌疑人及其法定代理人或近亲属有权自行提出或者委托律师提出撤销或者变更逮捕决定的复查申请，复查申请的提出不宜过于频繁，可以结合定期复查制度的期限，规定为两次申请提出的间隔时间不得少于半个月或者1个月。作出逮捕决定的机关必须在规定的期限内（如7日内）作出是否变更或撤销的决定。对该决定不服的，犯罪嫌疑人有权在规定的期限内（如7日内）向上级检察机关申诉，上级检察机关应当在规定的期限内（如7日内）作出是否维持的决定。复查应以书面审查与讯问犯罪嫌疑人相结合的方式进行。

三是赋予侦查机关请求复查权。1996年刑诉法和修改后的刑诉法都有相同的规定："公安机关如果发现对犯罪嫌疑人、被告人采取强制措施不当的，应当及时撤销或变更。公安机关释放被逮捕的人或者变更强制措施的，应当

---

① 柯葛壮：《论建立羁押复查制度》，载陈光中主编《诉讼法理论与实践》，中国政法大学出版社2004年版，第249页。

通知原批准的人民检察院。”如前所述，该规定与审查批准逮捕权的司法性相背，且极大地损害了检察机关审查批准逮捕权的权威性。笔者建议，取消公安机关有权变更或撤销逮捕决定的规定。明确规定公安机关发现逮捕措施不当，需要变更或撤销时，应当书面提请原决定的检察机关审查批准。原作出决定的检察机关应当在规定的期限内（如 7 日内）作出是否变更或撤销的决定。对该决定不服的，公安机关应当在规定的期限内（如 7 日内）向上一级人民检察院申请复核，上一级人民检察院应当在规定的期限内（如 7 日内）作出决定。

（三）建议增加犯罪嫌疑人不服逮捕决定的司法救济权

逮捕作为剥夺犯罪嫌疑人人身自由的强制措施，对于被剥夺人身自由权的犯罪嫌疑人应当设立相应的救济机制，以保证其合法权利不受非法侵犯。由于我国目前的刑事诉讼法只规定提请逮捕的侦查机关有权对检察机关的不批准逮捕决定申请复议复核，而犯罪嫌疑人在逮捕决定作出后，无权提出异议。虽然被逮捕的犯罪嫌疑人及其法定代理人、近亲属、聘请的律师有权申请取保候审，但法律上没有关于是否应予批准的具体标准，批准与否完全取决于侦查机关的自由裁量。实践中，除非由于健康等方面的原因不适宜继续关押，犯罪嫌疑人向公安机关提出的取保候审申请一般都会被驳回。犯罪嫌疑人对逮捕决定不服救济权的缺失，不仅使可能错误的逮捕决定不能得到及时有效的更正，而且逮捕制度自身的公正性也易受到质疑。① 因此，应当规定犯罪嫌疑人及其法定代理人不服检察机关逮捕决定的，可以在规定的期限内（这个期限，可以是在收到逮捕决定之日起 7 日内）向作出逮捕决定的检察机关的上级机关提出申诉，上一级检察机关的侦查监督部门在规定的期限内（如 7 日内）通过听证程序作出是否维持的决定。上一级检察机关作出的决定系最终决定，必须遵照执行。

① 宋英辉：《我国逮捕程序完善之思考》，载《河南社会科学》2009 年第 6 期。

刑诉法修改后适用有无逮捕必要探析

——兼对高逮捕率现状反思

郭　军*

【内容摘要】 司法实践中，逮捕适用率一直居高不下。检察机关应以贯彻落实修改后刑诉法为契机，通过构建控辩对抗的审查逮捕机制、统一羁押必要性继续审查标准、确立逮捕救济机制等措施，严格控制逮捕适用率，进一步保障人权，节约司法资源。

【关键词】 逮捕必要　高逮捕率　修改后刑诉法

在正当程序严格限制下的逮捕是惩治犯罪的有效手段；而不受限制的逮捕，则会成为践踏人权的工具。由于立法上对有逮捕必要的规定过于宽泛，对无逮捕必要的标准无明确规定，以致司法实践中审查逮捕的检察人员在能否适用无逮捕必要不捕时产生诸多困惑，出现对同类案件处理不同结果的现象，影响了司法的统一性。2012 年 3 月 14 日，十一届全国人大五次会议通过了《关于修改〈中华人民共和国刑事诉讼法〉的决定》对逮捕条件及逮捕后救济措施等方面作了修改，进一步凸显出对人权的保障，但刑诉法修改之后，如何加强和完善适用有无逮捕必要工作仍然是须要我们研究和重视的问题。

一、逮捕适用率高的现状与原因分析

（一）逮捕适用率高的现状

近年来，各级检察机关侦查监督部门以“少捕、慎捕，可捕可不捕的不捕”作为逮捕工作的基本要求，但是，从相关统计数字上看，逮捕的适用率却一直居高不下。据某设区市检察院统计，2011 年共办理审查逮捕案件 807 件 1484 人，同比 2010 年分别上升 0.5% 和 7.61%。其中不捕 69 人，不捕率为 4.65%，同比下降 13.75%。不捕案件中以无逮捕必要不捕 28 人，无逮捕必要率为 1.88%，与去年基本持平。其下设的各个县区检察院中同样存在过

---

* 江西省萍乡市安源区人民检察院干部。

高的逮捕率与无逮捕必要极低的适用率两者产生巨大反差的现象。

（二）逮捕适用率高的原因分析

在我国司法实践中，由于无逮捕必要在司法实践中极少使用，而逮捕措施被过多使用，使得逮捕必要性条件虚置化，其原因是多方面的，但其根本原因在于逮捕功能的异化。

1. 理论困惑和运行困境。在我国，刑事诉讼目标的主流观点是惩罚犯罪和保障人权并重，但是“兼顾”等辩证思维往往忽视了观念冲突存在的取舍问题、观念和制度的促动与联系，最终难免流于形式，① 在特定的时代背景下可能会产生鲜明的倾向性。将打击犯罪作为刑事诉讼的首要目的，是对现代刑事诉讼目的的重大误读，是滋生冤假错案现象的主要思想根源。“打击犯罪”也不是一个严格意义上的法律概念，这种一段时期的宣传口号，表达了国家在对付威胁社会秩序的犯罪现象方面所持有的鲜明立场。② 然而，它却严重违背了现代法律价值的基本追求，更不可能成为任何法的目的。从整体上考察我国的刑事诉讼程序立法和司法运作体制，控制犯罪、维护社会秩序仍是修改前刑事诉讼最基本的价值目标，大多诉讼规则都在考虑如何打击犯罪。③ 惩罚犯罪和保障人权并重也只是学界对于刑事诉讼的合理化构想，随着司法实践的深入往往会被扭曲变形。逮捕这一措施意味着犯罪嫌疑人的人身自由的剥夺，在实际运作中往往也演变成了刑事追诉的手段。

2. 公共利益与私人利益冲突。适用逮捕措施，要考虑是否存在社会危害性，是否有利于提高办案效率和采取取保候审等措施能否替代逮捕。是否批准逮捕，表面上看是条件确认问题，实质上是为防止犯罪嫌疑人逃避处罚或继续危害社会的公共利益，是检察机关代表的公共利益与犯罪嫌疑人的私人利益之间的一种博弈。检察机关行使逮捕自由裁量权的根本意义，在于从公共利益与私人利益的冲突与博弈中寻求最佳平衡点，逮捕措施往往演变成了处理社会性矛盾的一种选择，违反了审查逮捕立法的初衷，也使得处理社会性矛盾办法面临更加狭隘的选择。

3. 控诉与审查逮捕职能的冲突。从法理上讲，法律监督应是客观的、公允的，这就要求行使法律监督权时保持中立地位。德国刑诉法教授米德迈尔曾说：“检察官应该力求真实与正义，因为他知晓，显露他片面打击被告的狂

---

① 陆而启：《刑事诉讼法治的困境与出路》，载《法学家》2005 年第 3 期。

② 冯菊英：《论逮捕的价值回归》，载《云南大学学报法学版》2006 年第 6 期。

③ ［加］丹尼尔·普瑞方廷：《联合国刑事司法准则与中国刑事法制》，陈光中译，法律出版社 1998 年版，第 193 页。

热将减损他的效用和威信，只有公正合宜的刑罚才符合国家的利益。”① 作为监督强制措施的检察机关，在诉讼中也处于控诉方的地位，与侦查机关存在法律上的配合关系，并与犯罪嫌疑人形成了诉讼程序中对抗的双方，这种法律监督很难保证具有司法审查最起码的中立性和超然性。受我国传统的逮捕后羁押期限依附于刑事追诉活动，依附于查办案件需要，与刑事诉讼的进程保持一体化思想的影响，侦监部门更关心犯罪嫌疑人能否按时到案、是否干扰证人作证或者是否具有社会危险性，以履行控诉犯罪职能，在审查逮捕实践中多选择安全系数较大的逮捕措施而放弃无逮捕必要的适用，难以保持其客观性。

4. 逮捕救济措施缺乏。修改后的刑诉法对强制措施规定的局限性体现在对强制措施的修改中赋予了公检法更大权力的同时，却缺乏对权力制约机制的规定；没有确立强制措施的救济原则，没有赋予对强制措施处分人充分的救济权利；立法的技术过于粗放化，很多条款过于模糊，不易操作，甚至会遭到公权力的滥用。无救济便无权利充分表达了权利救济手段的重要性。② 在刑诉法修改之前，我国没有羁押复查制度③，1996 年刑诉法确立的只有超期羁押的情形下才有权申请救济的模式，修改后的刑诉法第 93 条规定：“犯罪嫌疑人、被告人被逮捕后，人民检察院仍应当对羁押的必要性进行审查。对不需要继续羁押的，应当建议予以释放或者变更强制措施，有关机关应当在十日以内将处理情况通知人民检察院。”该条变更为被追诉方在被羁押的任意时刻有权申请救济。增加的逮捕后继续监督内容实际上是逮捕必要性审查的延续，目的是强化检察机关对羁押措施的监督，降低羁押率，保障犯罪嫌疑人的合法权利。但是，该条规定过于原则，对检察机关启动监督程序的具体时间、监督措施等未作出明确规定，缺乏可操作性。

二、有无逮捕必要自由裁量权的合理运用

刑诉法规定有逮捕必要是适用逮捕应当具备的必要条件之一。无逮捕必要是指检察机关依据逮捕必要性条件，对触犯刑法可能被判处管制、拘役、独立适用附加刑，或者虽然可能被判处有期徒刑以上刑罚，但采取取保候审、

---

① 林任雄：《检察官论》，学林文化事业有限公司 1999 年版，第 76 页。

② 宋英辉、吴宏耀：《刑事审判前程序研究》，中国政法大学出版社 2002 年版，第 187 页。

③ 羁押复查制度是指在待审羁押期间，如果被指控人既未申请羁押复查也未对羁押提起控告的，司法官应依双权进行审查（被指控人有辩护人的除外），以查明待审羁押的前提条件是否存在的一项制度。

监视居住不致发生社会危险性的犯罪嫌疑人依法作出不予批准逮捕时所依据的理由,① 也是检察机关行使逮捕权时把握的重要尺度。

（一）适用有无逮捕必要的自由裁量实质标准

在刑事诉讼中，“社会危险性”是一个非常重要的概念，作为逮捕措施适用所依据的“社会危险性”是从已发生行为中反映得出的未然性，这种未然性也是与刑事诉讼的正常进行紧密相关的一种可能性。② 从理论上说，有无逮捕必要实际上取决于该犯罪嫌疑人有无“社会危险性”或“社会危险性”的大小。然而对这样重要的概念，刑诉法中却没有作出明确的规定，相关司法解释也未对此作出详细解释，这使得对“社会危险性”的解释权基本归于承办案件的检察人员。由于危险性属于一种未然性的判断，难把握且无明确可操作性的规定，对是否符合“社会危险性”条件的认定，检察人员具有了更大的自由裁量空间，而对检察人员的自由裁量权却缺乏相应的监督，使得逮捕的“必要条件”违背了立法的初衷，没能起到控制逮捕数量居高不下的情形的作用。

修改后的刑诉法对逮捕条件中“社会危险性”具体列举了可能实施新的犯罪等5种情形，虽然对逮捕的“社会危险性”要件进行了细化，但是其中诸如“可能发生新的犯罪”的规定有实现社会防卫的目的，使检察机关侦查监督部门与公安机关或检察机关侦查部门极易在掌握逮捕标准上产生认识分歧，给准确把握社会危险性标准带来困难。

（二）适用有无逮捕必要自由裁量之具体考量

为使无逮捕必要与有逮捕必要有一个较明晰的界限，避免误用或者滥用，有必要明确规定适用无逮捕必要不捕的情形。

1. 从犯罪性质上考量。犯罪性质是考虑有无逮捕必要的重要基础，一般而言，犯罪性质严重，表明其社会危险程度大，必须按照程序批准逮捕，限制其人身自由，使其不能继续危害社会。反之，对于一般犯罪性质不严重，采取取保候审、监视居住等方法能够防止其发生社会危险性的，则属于无逮捕必要。

2. 从主体身份上考量。对于患有严重疾病或者正在怀孕、哺乳自己婴儿

---

① 《人民检察院刑事诉讼规则》第89条、第90条规定了人民检察院作出不批准逮捕决定的具体情况有三种：一是不构成犯罪的不批准逮捕，即绝对不捕；二是已构成犯罪，但无逮捕必要的不予批准逮捕，即相对不捕；三是因事实不清、证据不足不符合逮捕条件的不予批准逮捕，即存疑不捕。

② 王占洲：《“社会危险性”证明标准的应用》，载《贵州警官职业学院学报》2005年第5期。

的妇女则无逮捕必要，这是对无逮捕必要的法律规定。除此之外，对于未成年犯、聋哑人、身体状况不适合羁押的老年人或者残疾人，由于其主体身份特殊，人身危险性一般较小，可以考虑按无逮捕必要处理。

3. 从主观方面上考量。事先预谋的犯罪不同于临时起意的犯罪；故意犯罪不同于过失犯罪。犯罪嫌疑人的主观恶性不同，意味着人身危险性有大小之分，对于临时起意犯罪、过失犯罪、中止犯罪和胁从犯，采取取保候审、监视居住等方法能够防止其发生社会危险性的，一般可认定为无逮捕必要。

4. 从量刑情节上考量。中止犯罪不同于未遂犯罪，未遂犯罪不同于既遂犯罪，从犯、胁从犯不同于首犯、主犯，偶犯不同于惯犯和累犯。除此之外，还要考虑酌定从轻情节，如被害人有过错，犯罪嫌疑人认罪态度好、积极退赃或主动赔偿损失、悔罪表现等。

5. 从其他影响诉讼因素考量。同案人是否到案；案件中重要的证据是否已收集，在案犯罪嫌疑人串供、隐匿证据、伪造证据、毁灭证据的可能性；是否严重违反取保候审、监视居住的规定；是否未经批准，擅自离开规定地点；对犯罪嫌疑人是否具有社会化危险性的审查中，应从犯罪后果及对社会造成的影响大小来综合加以判断，准确预测犯罪嫌疑人是否具有“再次危害社会”和“妨碍刑事诉讼正常进行的可能”。①

三、完善适用有无逮捕必要的建议

此次刑诉法的修改在惩治犯罪的同时强调保障人权，刑诉法修改将此项宪法原则首次载入部门法，这又是一个新的突破，表明我国民主法治的进步和人权事业的新发展。但长期以来，在司法实践中，公、检、法三机关对逮捕这一强制措施的适用，在执法观念上，仍然停留在以保障刑事诉讼正常进行和保护被害人权利的认识水平上，而往往忽视了对犯罪嫌疑人的诉讼权利和其他合法权利的保护，这种观念与现代司法理念的要求相背离。宽严相济无疑是人权保障的一个重要领域，对可捕可不捕的应当不捕是宽严相济刑事政策的体现。再者就是少捕、慎捕与有无逮捕必要是紧密相连的，既能制约逮捕率上升，也可节约司法资源，是保证不枉不纵打击犯罪的一个有效措施。

（一）建构控辩对抗的审查逮捕机制

修改后的刑诉法规定检察机关在批准逮捕的时候，如果犯罪嫌疑人认为自己不应该被逮捕，那么有权向检察人员当面陈述，检察人员应当听取辩护律师的意见。在审查逮捕阶段听取律师的意见，强化律师的作用，有助于律

① 向泽选：《修改后刑诉法的实施与审查逮捕》，载《人民检察》2012 年第 12 期。

师（辩护方）与侦查机关（控方）之间形成一种制约关系，从而使检察机关的审查逮捕更加客观与公正。针对以侦查阶段存在刑讯逼供为由翻供的情况，构建的控、辩对抗的审查逮捕机制中的应当听取辩护律师意见的义务性规定，利于调查侦查人员到底有无刑讯逼供行为，并及时予以纠正。检察机关对作为“控诉方”的侦查机关提供的案件进行审查，通过讯问犯罪嫌疑人、听取辩护律师的意见，能够全面了解案件情况，做到严格控制审查逮捕环节。

（二）建立逮捕必要性证明机制

公安机关在提请逮捕时，案卷中应当依附有证明犯罪嫌疑人有逮捕必要性的证据材料，检察人员在审查逮捕时，要将有无逮捕必要性作为重要情节予以考量，全面审查和判断，必要时可以通过讯问犯罪嫌疑人、补充调查和实行逮捕听证等方式进一步予以核实。对修改后刑诉法第 79 条“可能实施新的犯罪”的把握应从“犯罪嫌疑人的基本情况、个性特征、涉嫌犯罪性质、有无前科、是否累犯、犯罪情节的程度”等方面进行分析，对“可能实施新的犯罪”进行综合考量，得出是否具有社会危险性的结论。将来的司法解释中应当对“可能”所要达到的证明标准以及何为“社会安全”、“国家安全”等作出明确规定。通过立法或司法解释罗列出部分必要或不必要的情形，使“必要性”的考察有相应的参照，统一逮捕必要性标准，在检察、公安机关全面推行逮捕必要性证明机制。

（三）统一羁押必要性继续审查标准

修改后的刑事诉讼法第 93 条规定检察机关“应当对羁押的必要性进行审查”，这是检察机关法律监督司法属性的体现，检察机关相关部门应加强跟踪监督力度，与各相应诉讼阶段办案人员保持紧密联系，适时了解办案情况，通过调阅卷宗、审查收集到案的证据材料，对羁押必要性进行重新审查。检察机关何时启动羁押必要性的重新审查程序，修改后的刑诉法未予明确。这个问题的关键，在于统一公检法司的认识，相关部门应尽快作出司法解释或实施细则，对修改后的刑诉法第 93 条如何操作等问题进行界定，使相关规定更加明确化、具体化，以便检察机关对逮捕必要性进行监督。检察机关对羁押必要性进行审查，应当查明立功材料、和解协议、退赔证明等内容的真实性，并对变更强制措施后对刑事诉讼的影响进行评估。如办案人员对照案情每过一个时段即审查逮捕时存在的“必要性”条件是否消失，如果作出逮捕决定时的“必要性”要件已经消失，经过评估变更强制措施不致影响诉讼顺利进行，也不致发生涉检、涉诉风险的，向侦查机关发出检察建议，建议予以释放或变更强制措施，保障犯罪嫌疑人的合法权益。

（四）建立逮捕犯罪嫌疑人的救济机制

我国实行捕押合一制，逮捕即意味着羁押。2006 年 9 月 28 日颁布的《人民检察院审查逮捕质量标准（试行）》规定了犯罪嫌疑人被逮捕后判无罪，或者不起诉，承办案件的检察人员将受到错案追究和业务考评的影响，但仍缺乏对人民检察院错误逮捕的制约程序。在失去程序规制的背景下，人民检察院有可能滥用批捕权，以达到充分举证、指控犯罪之目的。修改后刑诉法在1996年刑诉法确立的“主动救济”①的基础上，确立了被追诉方“申请救济”模式。因此，为强化对犯罪嫌疑人合法权益的保护，确保无逮捕必要的正确有效适用，应当进一步强化犯罪嫌疑人对逮捕措施的司法救济程序的遵循。同时应明确规定被羁押者对重新审查的机构作出的不予变更强制措施或者不予终止羁押的决定不服的，可以向其上一级机关或者同级政府部门申诉或者申请复议，或者向有管辖权的法院再申请司法救济。

（五）建立防范滥用逮捕权的考核机制

修改可能导致滥用逮捕权的考核标准，可以考虑修改逮捕率等有关的考核、评比指标。当前公、检、法的量化考评指标很有必要，但仍有不足之处。公安机关自上而下应统一规范考核指标，取消或者减弱对立案数和报捕数的考核，应加大对破案率和刑拘转捕比率的考核，增设立案后有罪判决率的考核指标。检察机关应当重视对具体分析个案逮捕时的事实和证据，增设立案监督有罪判决率、复议复核改变率等多项考核指标，建立符合诉讼规律和工作特点的考核评价体系，促使侦查阶段对犯罪嫌疑人多采取监视居住、取保候审等强制措施，降低逮捕率。②

---

① 1996年刑事诉讼法第73条规定：人民法院、人民检察院和公安机关如果发现对犯罪嫌疑人、被告人取保候审不当的，应当及时撤销或者变更。公安机关释放被逮捕的人或者变更逮捕措施的，应当通知原批准的人民检察院。该条规定确立了对羁押合法性的主动救济制度。

② 曹青：《准确把握“有逮捕必要”的条件》，载《中国检察论坛》2004年第1期。

浅析公诉工作面临的问题与对策

——以修改后刑诉法对刑事辩护制度修改为背景

周永生*

【内容摘要】 此次《刑事诉讼法》修改的亮点之一就是对刑事辩护制度的修改和完善，侦查阶段律师的“辩护人”地位得以确认、会见权得以加强、阅卷权得以扩大、调查取证权得以保障。这就给公诉工作提出了一系列更高的要求，增加了控方证明的难度、固定证据的难度、审查起诉和出庭公诉的难度。为应对修改后刑诉法中刑事辩护制度修改带给公诉工作的挑战，公诉部门应当牢固树立“尊重和保障人权”的理念，努力实现审查起诉工作向前、向后延伸，认真落实侦捕诉衔接机制、证据开示机制和全面审查机制，全面做好与院党组的汇报工作，与公安、法院、律师的协调工作，与上级院、当地党委的请示工作，与律师管理部门的沟通工作。

【关键词】 修改后刑诉法　刑事辩护制度　公诉工作　挑战　对策

《刑事诉讼法》是国家的基本法律，与公民的基本权利和自由密切相关，因此被一些学者称为“小宪法”。2012 年 3 月 14 日，十一届全国人大五次会议审议通过了《中华人民共和国刑事诉讼法修正案》，并于 2013 年 1 月 1 日正式实施。这次修订从我国国情出发，对现行刑事诉讼制度作了重要补充和完善，对于打击和惩治犯罪、维护和保障人权等方面都具有重要意义。此次修改的亮点之一就是对刑事辩护制度的修改和完善，这既给公诉工作提出了一系列更高的要求，也带来了前所未有的发展机遇。本文将结合公诉工作实际，对公诉工作应对刑事辩护制度修改的基本理念、司法对策进行初步探讨，以期对指导实践有所裨益。

* 江西省兴国县人民检察院法律政策研究室主任。

一、修改后刑诉法对刑事辩护制度的修改

1. *侦查阶段律师的"辩护人"地位得以确认。*根据现行《刑事诉讼法》第96条第1款的规定，犯罪嫌疑人在被侦查机关第一次讯问或者采取强制措施之日起，可以聘请律师为其提供法律咨询、代理申诉、控告，该条文实际上并没有明确赋予律师在侦查阶段的辩护人地位，从而使得律师在侦查阶段的介入名不正、言不顺。新修订的《刑事诉讼法》第33条对该问题有了明确的规定——犯罪嫌疑人有权委托辩护人，而且还明确了可以委托辩护人的时间——自被侦查机关第一次讯问或者采取强制措施之日起。不过，鉴于侦查阶段的特殊性，故将在侦查阶段可以委托辩护人的范围限定于律师。这种制度设计将打击犯罪和保障人权的刑事诉讼双重目的体现得淋漓尽致，很好地保持了二者之间良好的动态平衡。

2. *辩护律师的会见权得以加强。*现行刑事诉讼法第96条第2款规定，"受委托的律师有权向侦查机关了解犯罪嫌疑人涉嫌的罪名，可以会见在押的犯罪嫌疑人，向犯罪嫌疑人了解有关案件情况。律师会见在押的犯罪嫌疑人，侦查机关根据案件情况和需要可以派员在场。涉及国家秘密的案件，律师会见在押的犯罪嫌疑人，应当经侦查机关批准"。虽然赋予了辩护律师会见权，但受到很大限制。新修订的《刑事诉讼法》进一步细化和深化了相应规定，具体表现在以下方面：一是在借鉴新《律师法》中"律师凭三证会见"的规定的基础上，更进一步落实了会见权——看守所（即会见的义务机关）应当及时安排会见，至迟不得超过48小时。二是规定了可以直接会见的情形，即除了法定的几种情形——"危害国家安全犯罪案件、恐怖活动犯罪案件和特别重大贿赂犯罪案件"——之外，其他的案件律师都不需要侦查机关批准就有权会见犯罪嫌疑人、被告人。这样，就将原则和例外很好地结合起来，既保障了辩护律师的会见权，又可以根据侦查的需要和案件的特殊性对律师会见权进行必要的限制。三是明确了辩护律师会见时的活动内容，针对案件所处的阶段，规定了不同的会见活动内容，即"辩护律师会见在押的犯罪嫌疑人、被告人，可以了解有关案件情况，提供法律咨询等；自案件移送审查起诉之日起，可以向犯罪嫌疑人、被告人核实有关证据。辩护律师会见犯罪嫌疑人、被告人时不被监听"，既有利于保障侦查活动的顺利进行，又明确了辩护律师会见在押的犯罪嫌疑人、被告人不被监听的权利。四是重新定位对监视居住犯罪嫌疑人、被告人的会见权。此次修改《刑事诉讼法》适当调整了监视居住的定位，对监视居住的监督管理更加严格，所以对于辩护律师同被采取监视居住的犯罪嫌疑人、被告人会见权的规制相应加强。

3. 辩护律师的阅卷权得以扩大。根据现行《刑事诉讼法》第36条的规定，辩护律师自人民检察院对案件审查起诉之日起，只能查阅、摘抄、复制案件的诉讼文书、技术性鉴定材料；自人民法院受理案件之日起，可以查阅、摘抄、复制案件所指控的犯罪事实的材料，这极大地限制了律师辩护职能的发挥。新修订的《刑事诉讼法》第38条规定："辩护律师自人民检察院对案件审查起诉之日起，可以查阅、摘抄、复制本案的卷宗材料。"据此，只有到了刑事诉讼的最后一个环节——审判阶段，辩护律师才能查阅到全案证据材料，一定程度上限制了律师辩护职能的发挥。这样不仅巩固了辩护律师的阅卷权，而且扩大了其阅卷范围，切实解决了辩护律师以往在审查起诉阶段不能查阅卷宗材料而对案情只是"雾里看花"的尴尬境地。

4. 辩护律师的调查取证权得以保障。根据现行《刑事诉讼法》第37条规定，辩护律师向单位或者个人调查取证时必须取得他们同意，而向被害人或者其近亲属、被害人提供的证人收集有关材料除了征得他们自己的同意外，还需要人民检察院或者人民法院的许可。由于该条文在司法实践中的执行力度不大，使辩护律师的调查取证行为实际上很难发挥应有的作用。新修订的《刑事诉讼法》将辩护律师调查取证权的相关规定予以细化，首先，根据修改后刑诉法第39条规定，在辩护律师基于各种可能性无法调取到，而公安机关、人民检察院又恰好调查收集到了有关犯罪嫌疑人、被告人无罪或者罪轻的证据材料而未提供之情况下，辩护律师有权申请人民检察院、人民法院提供；其次，上文提及的扩大辩护律师阅卷权的范围以及允许辩护人介入到侦查阶段，也为辩护律师的调查取证工作提供了更多的可能性。

二、修改后刑诉法对刑事辩护制度的修改给公诉工作带来的挑战

1. 增加了控方证明的难度。现行《刑事诉讼法》确立了控辩式的诉讼模式，但是，由于立法局限性和传统思想的影响，控、辩双方的力量是绝对不对等的。修改后的刑诉法扩大了辩护律师的权利，从而一定程度上限制了控诉方的权力，控诉方和辩护方的力量对抗也就从表面上的平等向实际上的平等迈出坚实的一步，进而使控、辩双方的对抗性进一步增强。从具体情况来看，修改后刑诉法进一步明确了人民检察院的举证责任，证据合法性证明责任，证据确实、充分的具体标准和检察机关举证不力的败诉风险，这样必然增加控方证明的难度。

2. 增加了固定证据的难度。在案件侦查和审查起诉阶段，大部分犯罪嫌疑人和证人由于不了解侦查机关（部门）在侦查活动中对哪些人采取了哪些措施，获取了哪些证据，因而不敢轻易翻供翻证。而新修改的《刑事诉讼法》赋予了辩护律师更充分的会见权、调查取证权和阅卷权，律师在审查起诉阶

段可以查阅侦查机关（部门）移送的证据卷材料，因而可以知悉案件的全部证据及全案的证据弱点、薄弱环节。同时，律师还可以提前了解案件相关证人的证言或者其他同案犯的供述。这样一来，犯罪嫌疑人和证人之间、犯罪嫌疑人和同案犯之间进行串供的可能性增大，必然增加了固定证据的难度。

3. *增加了审查起诉和出庭公诉的难度*。辩护律师通过行使会见权、调查取证权、阅卷权，对案件证据和犯罪嫌疑人的心理状态有了较全面、充分的了解和掌握，而公诉人对律师所获取的证据却不一定全面了解，势必造成公诉人和律师在证据地位上的不平等，如果律师在法庭上突然出示其自行调取的证据，有可能使出庭公诉工作因律师的证据“突袭”而加大败诉风险，使公诉机关处于非常被动的地位。

三、公诉部门应对修改后刑诉法中刑事辩护制度修改的策略

1. *夯实人权理念，突破传统执法观念束缚*。此次《刑事诉讼法》修改，将“尊重和保障人权”写入第2条的刑事诉讼任务，成为此次修改的一大亮点。所以，审查起诉工作中也必须树立“尊重和保障人权”这一基本理念。一方面要转变重权力轻权利的观念，新修订的《刑事诉讼法》赋予了辩护律师与检察机关同等乃至相对优先的权力，改变了检察机关在刑事诉讼中原有的优势地位，不能心怀抵触情绪被动地去适应法律，要把它看成是一次提高素质的机会，积极研究应对方法，不断提高自身能力，努力适应新工作的要求；另一方面要转变重打击轻保护的观念，检察机关既承担追诉犯罪的责任，又担负保障犯罪嫌疑人的合法权利、维护司法公正的任务。无论是对于犯罪嫌疑人，还是正在服刑的罪犯的合法权益都应予以保障，体现人性化执法，全面、客观、公正地审查全部证据，更好地履行法律监督职责。

2. *延伸工作触角，形成公诉监督多元化*。一是实现审查起诉工作向前延伸至侦查阶段，形成侦诉合力。公诉部门要加大对侦查阶段侦查活动的引导力度，以起诉标准指导侦查部门补强完善证据，不但要指导侦查机关（部门）收集证明犯罪嫌疑人或被告人有罪、罪重的证据，还要注重收集证明其无罪、罪轻的证据。及时发现并填补证据链中的漏洞，弥补证据链中的瑕疵。二是实现审查起诉工作向后延伸至判决环节，对于案件在起诉后以及在庭审中出现的证据变化情况，在案件宣判后，公诉部门可对照判决书，组织侦查人员重新审视案件的证据收集固定工作，通过总结经验、反思不足，进一步增强侦查人员全面收集证据的意识。

3. *落实机制改革，构建公诉工作新模式*。一是落实侦捕诉协作机制，进一步增强侦捕诉一体化的意识，加强侦查、批捕、公诉三个部门（机关）之

间的协作，加大提前介入力度，形成捕诉合力，在案件定性、证据收集等方面对侦查活动予以引导，共同引导侦查机关（部门）调查取证，使案件在侦查阶段打下坚实的基础，避免因非法证据、瑕疵证据而造成案件无法批捕或起诉的情况发生，同时，进一步强化批捕、公诉的案件资源共享，确保批捕、公诉案件的质量。二是落实证据开示机制，就公诉方而言，根据修改后刑诉法之规定，在审查起诉阶段，凡是与案件有关的诉讼文书及案卷材料都可以向辩护律师开示，在审判阶段，凡是与案件有关的所有材料也可以向辩护律师开示；就辩护方而言，凡辩护方准备在法庭上使用的证据也应当事前向公诉方开示。同时，进一步完善证据开示的时间、方式、管理保障等相关规章制度。三是落实全面审查机制。在审查起诉过程中，要全面审查案件的事实经过，犯罪嫌疑人的主观恶性、社会危害性、具体犯罪情节，对证据的审查则包括有罪、无罪、罪轻、罪重的证据，以保障起诉时达到案件事实清楚、证据确实充分、定罪准确、法律适用适当的标准。但由于公诉部门担负着国家法律监督职能，必然存在更注重追诉犯罪嫌疑人犯罪行为的倾向性，所以为避免客观归罪或主观归罪的错误倾向，公诉人应重点审查能够证明犯罪嫌疑人无罪、罪轻或者有从轻、减轻处罚情节等事实的证据。随着修改后刑诉法对辩护律师会见权、调查取证权及阅卷权的强化，公诉人更应全面审查辩护律师所开示的有关证据。

4. *加强多方联动，打造公诉工作良好“软环境”。*一是做好向院党组的汇报工作，为确保刑诉法修改后的公诉工作顺利开展，结合公诉部门办案程序、办案质量等客观要求，就如何加强公诉队伍专业化建设向院党组做好汇报工作，加强对公诉部门的人员配备，选拔公诉业务能力较强的人员充实、补强公诉力量，全面提高整体素质，为法律的统一正确实施奠定基础。二是做好与公安、法院、律师的协调工作，保证刑事诉讼的顺利进行。除了继续加强与公安、法院的协调配合工作外，还要加强与律师的沟通，主动听取辩护律师的辩护意见，充分考虑辩护观点，庭前与辩护律师进行证据交换，防止庭审中的“证据突袭”。三是做好与上级检察机关和当地党委的请示汇报工作。基层院对有争议的案件多请示汇报，以得到上级院从证据收集固定等方面的指导，形成合力，达到准确指控犯罪的目的。对疑难复杂、重大有影响的案件要加强请示汇报，积极争取党委、政法委的协调支持。四是加强与律师管理部门的沟通。律师职业性质是为当事人提供法律服务的执业人员，检察机关既要支持和保障律师依法执业，又要协助律师管理部门监督规范律师的执业行为，要加强与司法行政部门、律师协会的联系和沟通，促使律师行业的规范化管理，共同促进刑事诉讼的健康发展。

修改后刑事诉讼法实施后检察机关如何尊重和保障人权

叶　鹏*

【内容摘要】“尊重和保障人权”写入修改后刑事诉讼法，为检察机关强化法律监督，进一步在刑事诉讼中尊重和保障人权提供了明确的法律依据，也对检察机关开展刑事诉讼提出了新要求。当前检察机关在刑事诉讼进程中尊重和保障人权方面存在不少问题和不足，学习贯彻修改后的刑事诉讼法，须要理解好、把握好立法关于“尊重和保障人权”这一新思想、新变化。切实提高人权保障意识，健全内部监督制约机制，在职务犯罪案件侦查、审查批捕、审查起诉和诉讼监督各环节，落实“尊重和保障人权”的各项举措。

【关键词】检察机关　保障人权　刑事诉讼　实现路径

“尊重和保障人权”于2004年载入宪法，成为我国宪法的一项重要原则，开创了以人为本、依法保障人权的新篇章，反映了我国对人权的高度重视，体现了社会主义民主的本质要求。2012年，这一宪法原则被写入修改后刑事诉讼法，这对保障公民的人权具有十分重要的意义，它进一步完善了我国现行刑事司法体制，在价值观上认同了尊重和保障人权的巨大价值，同时也给检察机关提出了新的要求。新形势下检察机关如何理解和把握在刑事诉讼进程中“尊重和保障人权”的基本内涵、具体对象、主要内容以及写入修改后刑事诉讼法的意义，并在刑事诉讼中充分尊重和保障相关当事人的人权，是新时期检察工作的重要课题之一。结合多年基层工作实际，笔者就修改后刑事诉讼法实施后检察机关在刑事诉讼过程中如何进一步尊重与保障人权略陈管见。

* 江西省横峰县人民检察院检察长。

一、刑事诉讼中尊重和保障人权的基本内涵、具体对象及主要内容

（一）刑事诉讼中尊重和保障人权的基本内涵

“人权”一词，最早出现于古希腊悲剧作家索福克勒斯的作品中，意大利伟大诗人但丁在人类历史上第一次明确提出“人权”概念，随着十八世纪卢梭、孟德斯鸠等资产阶级启蒙思想家“天赋人权”口号的提出，人权理论开始走向系统化。《牛津法律大词典》表述，“人权，就是人要求维护或者有时要求阐明的那些应在法律上受到承认和保护的权利，以使每一个人在个性、精神、道德和其他方面的独立获得最充分与最自由的发展”。马克思指出，“所谓人权，无非是市民社会的成员的权利，即脱离了人的本质和共同体的利己主义的人的权利”。1948 年 12 月 10 日联合国通过的《世界人权宣言》首次阐明了人类大家庭所有成员的固有尊严和普遍人权，作为所有人民和所有国家努力实现的共同标准。当代国际社会，人们普遍认为人权是指人为维护自身生存发展而享有的、在人类历史过程中不断形成和发展的、受国家法律保护而神圣不可侵犯的基本权利，涵盖了人身权利、财产权利、政治权利、民主权利等与人有关的各种权利和自由。

尊重和保障人权，是对公民行使人权的认可、支持并排除现时和将来的妨碍，使之最终实现的制度化保护。在刑事诉讼中尊重和保障人权，是指司法机关依法履行侦查、法律监督、审判、刑罚执行等职责中，尊重和保障刑事诉讼参与人的合法权益。检察机关作为法律监督机关不仅要参与刑事诉讼的全过程，还要对侦查、审判、刑罚执行等刑事诉讼活动进行监督，实现对人权的尊重和保障。

（二）刑事诉讼中尊重和保障人权的具体对象

刑事诉讼中尊重和保障人权的具体对象是刑事诉讼参与人，即刑事诉讼中除公安、检察院、法院、国家安全、军队保卫、监狱等专门机关依职权办案的人员之外，享受一定诉讼权利并承担一定诉讼义务而参加刑事诉讼的人，包括当事人和其他诉讼参与人两大类：一是当事人。指与案件事实和刑事诉讼结果有切身利害关系，在诉讼中处于控告或被控告地位并享有较大诉讼权利的诉讼参与人，包括被害人、自诉人、犯罪嫌疑人、被告人、附带民事诉讼的原告人和被告人、罪犯。二是其他诉讼参与人。指刑事诉讼参与人中，除当事人以外根据案件情况和诉讼需要参加诉讼的人，包括法定代理人、诉讼代理人、辩护人、证人、鉴定人和翻译人员。刑事诉讼监督中尊重和保障人权的主要对象是当事人，而保障犯罪嫌疑人、被告人、罪犯的权利是保障人权的重心所在。

(三) 刑事诉讼中尊重和保障人权的主要内容

刑事诉讼中应当得到尊重和保障的人权，主要是指刑事诉讼参与人在刑事诉讼过程中应当享有的未被法律剥夺或限制的权利。这些权利包括刑事诉讼参与人的知情权、控告权、请求权、决定权、参与调查权，和犯罪嫌疑人（被告人）的辩护权、沉默权、合法财产权、生命权、健康权、人身自由和政治权利等。

二、“尊重和保障人权”写入修改后刑事诉讼法的意义以及给检察工作刑事诉讼进程提出的新要求

(一) “尊重和保障人权”写入修改后刑事诉讼法的意义

1. 是宪法原则的具体化，有利于完善人权保障的法律体系。宪法是一国的根本大法，它规定了一个国家的基本制度、根本任务和公民的基本权利，在国家的整个法律体系中居于主导地位，具有最高的法律权威和最大的法律效力。2004 年，“尊重与保障人权”被写入宪法，开了我国法制史上关于人权保障问题的先河。2012 年，“尊重与保障人权”被写入修改后的刑事诉讼法中，这是宪法原则具体化的重要体现，这有利于健全社会主义法律体系，有利于促进人权法律保护体系完善。

2. 是人权保护理念的法治化，有利于提高人权保障的法律水平。人权，被认为是当代国际社会获得普遍承认的价值和政治道德观念，它是联合国刑事司法准则中最高位阶的原则，是评判一个国家民主法治的标杆，其他一切原则确立的目的都是实现尊重和保障人权。刑事诉讼法素有“小宪法”之称，被视为“行动中的宪法”，是一国法治文明与人权保障的试金石，“尊重与保障人权”在写入宪法之后再被写入修改后刑事诉讼法中，有利于实现人权保护理念的法治化，从而有利于提高人权保障的法律水平。

3. 为检察机关进一步尊重和保障人权提供了明确的法律依据。检察机关对刑事诉讼的法律监督是其进行的一种专门性的法律监督，目的是保证国家刑罚权的实现，保证刑事诉讼的顺利进行，维护当事人的合法权益不受侵犯，保证国家刑事法律在全国范围内的统一正确实施。修改后刑事诉讼法在诸多方面进一步扩大了检察机关法律监督的内容，有利于发挥其在人权保障中的重要作用。

(二) “尊重和保障人权”写入修改后刑事诉讼法给检察机关开展刑事诉讼活动提出了新要求

1. 辩护制度的进一步完善和法律援助范围的进一步扩大，要求检察机关更加充分尊重和保障刑事诉讼参与人的相关合法权益。辩护制度是刑事诉讼

程序中保障犯罪嫌疑人、被告人权利的核心制度。修改后刑事诉讼法在这方面取得了重大进步：一是确认了律师在侦查阶段“辩护人”的地位；二是完善了律师会见程序；三是扩大了辩护律师的阅卷权；四是修改了追究辩护人刑事责任的规定；五是确立了辩护律师对委托人涉案信息的保密权。同时，修改后的刑事诉讼法扩大了法律援助的范围：一是将被告人因经济困难或者其他原因没有委托辩护人的，经申请符合条件的，可以提供法律援助改为应当提供法律援助；二是将原指定辩护的范围增加为两种案件，即尚未完全丧失辨认或控制自己行为能力的精神病人的案件和当事人可能被判处无期徒刑、死刑的案件；三是适用范围从原来的审判阶段延伸到侦查、审查起诉阶段。以上这些新变化要求检察机关在开展刑事诉讼活动时要更加充分尊重和保障相关当事人的权利。

2. 不得强迫自证其罪原则和非法证据排除规则的确立，给检察机关自侦工作提出了新要求。修改后的刑事诉讼法结合中国国情并参考《联合国公民权利与政治权利国际公约》，规定了不得强迫任何人证实自己有罪原则，并确立了非法证据排除规则，即绝对排除非法言词证据和相对排除非法实物证据，这给检察机关的自侦工作在侦查办案的观念和侦查办案的模式方面提出了新要求，最明显的就是将由现在的“供→证”的侦查观念和“由人到事”的侦查模式向“证→供”的侦查观念和“由事到人”的侦查模式转变。

3. 家属知情权和讯问全程录音、录像制度进一步完善给检察机关自侦工作和审查工作带来新变化。修改后刑事诉讼法完善了采取拘留强制措施后不通知家属的例外情形仅限于涉嫌危害国家安全犯罪、恐怖活动犯罪两种案件。同时明确了公安机关和检察机关的侦查人员讯问犯罪嫌疑人可以和应当进行全程录音或者录像的情形。这些规定一方面使检察机关在办理自侦工作时的侦查难度和对抗性大大增加，另一方面也给审查工作提出了新的要求。

4. 法律监督内容的增加赋予检察机关在更多领域尊重和保障人权的重任。修改后的刑事诉讼法增加了检察机关的法律监督内容，赋予其在更多领域尊重和保障人权的重任，具体表现为：一是在辩护制度中，增加了检察机关对相关司法机关及其工作人员阻碍辩护人、诉讼代理人依法履行职责的法律监督权；二是在非法证据排除规则中，增加了检察机关对侦查人员非法取证的法律监督权；三是在强制措施制度中，强调了对指定居所监视居住的法律监督权和逮捕后的羁押必要性进行审查；四是在侦查程序中，增加了对侦查人员侵犯当事人和利害关系人合法权益的法律监督权；五是在死刑复核程序中，增加了检察机关介入死刑复核程序的内容；六是在特别程序中，增加了检察机关对特别程序的法律监督权；七是在强制医疗程序中增加了对强制医疗决定和执行活动实行监督。

三、当前检察机关在刑事诉讼进程中尊重和保障人权方面存在的问题和不足

（一）尊重和保障人权的意识有待进一步提高

受我国长期强调“严打”刑事政策的影响，一些检察人员特别是基层一线办案人员往往重视有罪和罪重证据的审查判断，而轻视无罪与罪轻证据的采信。在尊重和保障人权的对象上，有时会轻重不分或者本末倒置，错误地把对犯罪嫌疑人、被告人、罪犯的权利保障无限放大，而对更应该尊重和保护的被害人、证人的权利漠然处之。在尊重和保障人权的内容上，过多重视身体、财产等可见权益，而忽视名誉、人格等精神方面的权益。

（二）内部监督制约有待进一步严谨

当前，检察机关内部监督制约机制还不够完善，存在着诸多监管盲区。如在案件管理方面，缺少一个统一受理、登记、流转、移送的部门，检察机关内部各业务机构长期分散受案和各自办案。在审查环境上，承办人的权利过大，缺乏有效机制对其监督与制约，近年来多次出现少数公诉部门干警徇私枉法事例。加之少数检察人员对党的领导、人大监督、社会监督缺乏正确的认识，只强调服务大局，而忽视检察独立，对诸如征地拆迁中的民事矛盾上升为刑事案件办理的行政性指令无条件服从，结果造成冤假错案。

（三）执法办案程序有待于进一步规范

少数基层检察院往往因为办案任务繁重、完成考核指标、照顾工作关系等因素影响，没有严格执行刑诉法规定的相关程序，如应当告知犯罪嫌疑人、被害人诉讼权利而不告知，应当听取犯罪嫌疑人的供述辩解而没有充分听取，消极对待律师的辩护意见，超期羁押和超时限办案时常发生。甚至有少数基层检察院在办案经费紧张的情况下，受利益驱动，违反法律和纪律越权办案谋利，如插手经济纠纷。

（四）与侦审辩部门的配合和制约有待进一步协调

部分基层检察人员认为：与侦审辩部门讲配合，就成了“一家人”，就会造成无原则的“一致对外”，对明显的执法不规范、不公正问题不监督、不纠正；而与侦审辩部门讲制约，就会针尖对麦芒，吹毛求疵，相互拆台。在实践中，经常会出现辩护律师和检察机关自侦人员及审判人员之间，主观上对立与客观上权能不对等的局面。律师在刑事诉讼中常会出现会见难、阅卷难、调查取证难“三难”现象，严重影响了辩护职能的发挥和刑事诉讼的正常进行。另外，对于审判机关重罪轻判、轻罪重判、审判程序违法等问题，检察

机关常常考虑到两者间的配合关系，不敢采取抗诉的监督方式。

四、修改后刑事诉讼法实施后检察机关在刑事诉讼进程中尊重和保障人权的实现路径

（一）加强思想教育，增强人权保护意识

通过学习培训等方式加强检察人员的思想教育，使其在思想上增强法治意识、公正意识、平等意识、公益意识、人权保护意识，其中最重要的是要增强人权保护意识。人权保护意识是核心和归结点，前四项意识是人权保护意识形成的必要基础条件，检察人员人权保护意识的增强是检察机关保障人权的前提，它直接影响到检察机关人权保护工作的效果。检察人员只有把人权保护理念根植于内心深处，才能在行使法律监督权时自觉地践行“忠诚、为民、公正、廉洁”的核心价值观。

（二）健全内部监督制约机制

最重要的是要加强检察机关业务管理和队伍管理。一是加强业务管理。要改变办案陈规，注意规范办案流程，做到有章可循，违规易究，要落实好案件质量管理职责，定期开展案件质量评查，对案件进行检查、评查、分析，促进办案质量的提高。二是加强队伍管理。要逐步淡化行政化色彩，实行检察官分类管理，进一步健全目标管理考核、主诉检察官、首办责任制、错案责任追究制等制度，规范检察权的行使。另外，要完善检务和院务公开，把检察工作置于社会监督之下。

（三）注重查办职务犯罪案件过程中的人权保障

查办职务犯罪案件是检察机关的一项重要职能，修改后的刑事诉讼法实施后，检察机关应在以下几个方面下功夫，充分保障相关刑事诉讼参与人的人权：一是加强立案前的初查工作。自侦人员要改变以往取证依靠首次讯问获取口供的办案模式，坚持侦查工作重心前移，在正面接触犯罪嫌疑人之前把调查工作尽量做充分，通过外围调查掌握更多的客观性证据。二要充分运用好修改后的刑事诉讼法的新规定。切实运用好修改后的刑事诉讼法关于检察机关适用技术侦查措施以及对传唤、拘留等强制措施的新规定，坚持以用促建，强化实战应用，为侦查办案提供强有力的科技支撑。三要积极推进侦查一体化建设。特别是要推进侦查信息库建设、公共信息执法协查机制建设、侦查指挥体系建设，提升侦查工作中的信息收集汇总的及时性、侦查研判依据的丰富性、信息使用的整合性。

（四）注重审查环节中的人权保障

批捕、起诉职能是检察职能的重要组成部分，对于严厉打击各种刑事犯

罪，维护和谐稳定的社会环境具有十分重要的作用。因此，检察机关很有必要从以下几个方面切实保障当事人的合法权益。一是充分保障犯罪嫌疑人和被告人享有的法定程序性权利。坚决贯彻“无罪推定”的原则，以事实为依据，以法律为准绳，对于证据不足不能认定有罪的，应依法作出不捕或不起诉决定。要严格遵守办案时限，杜绝超期，及时保障犯罪嫌疑人、被告人聘请及会见律师等法定权利。二是充分保护被害人的合法权利。要严把被害人相关诉讼权利告知关，认真听取被害人关于案件处理的意见和惩罚犯罪的要求，及时了解被害人因犯罪遭受到的物质、身体损失，告知其有权提起附带民事诉讼，对不起诉的公诉案件也可另行提起民事诉讼。三是提高审查证据的质量。按照“证据确实、充分”的三个必要条件来审查判断证据。在审查模式上要从偏重被告人口供等言词证据转变到以客观性证据为核心上来。用好用足修改后刑事诉讼法赋予的检察机关对非法证据的调查核实权和非法证据排除规则。

（五）强化诉讼监督，有效保障人权

对诉讼活动开展法律监督，是宪法和法律赋予人民检察院的重要职能，它对维护司法公正、切实保障人民群众的合法权益具有重要现实意义。当前，检察机关开展诉讼监督要围绕以下几个方面有效保障相关刑事诉讼当事人的权利：一是加强对重点案件的监督。将可能影响社会和谐稳定的案件和群众反映强烈司法不公的案件作为监督的重点。例如，对基层公安派出所以罚代刑，应当立案而不立案，以及对审判人员重罪轻判、轻罪重判等重点案件，检察机关要及时进行监督，深挖背后的腐败问题。二是用好用足并创新监督手段。在依法运用传统的要求公安机关说明不立案理由、通知公安机关立案、提出纠正违法意见、提出抗诉等手段的同时，要注意总结经验，积极探索各种有效的监督形式。三是注重综合运用多种监督措施。将事后监督与事前预防、事事预防、同步监督相结合，通过介入重大案件侦查、预防超期羁押、对刑罚变更执行的同步监督等措施，不断增强监督的主动性。

总之，保障人权是检察机关的天然使命。修改后刑事诉讼法关于“尊重和保障人权”的规定要求检察人员既要坚决惩治犯罪，又要高度重视人权保障。在开展刑事诉讼活动的过程中，检察人员不仅要严格执行新刑诉法关于“尊重和保障人权”的司法理念和精神，更要不断探索和创新机制，切实保障每一位公民的合法权益，让法律在实践中迸发力量，将我国的刑事诉讼制度推向更高境界。

羁押必要性审查与检察对接之探究

罗智敏*

【内容摘要】 羁押必要性审查可遏制不当逮捕，减少判前羁押，填补我国现行强制措施救济机制缺陷。修改后刑诉法确立了羁押必要性审查制度，但是规定得过于原则，对于审查的阶段、审查的内容、启动的主体、救济措施和途径、审查结果的执行等都没有作出具体规定，须要结合实际予以完善。

【关键词】 羁押必要性　审查　制度完善

修改后的刑诉法第93条规定："犯罪嫌疑人、被告人被逮捕后，人民检察院仍应对羁押的必要性进行审查。对不需要继续羁押的，应当建议予以释放或者变更强制措施。有关机关应当在十日以内将处理情况通知人民检察院。"该法条规定了检察机关要对被逮捕后的犯罪嫌疑人、被告人的羁押必要性进行审查。这是修改后的刑诉法新构建的"逮捕后对羁押的必要性继续审查"制度。①该制度契合我国刑事诉讼制度的总体设计，并凸显在刑事诉讼活动中保障人权措施的中国特色，②也是检察机关通过贯彻修改后的刑诉法，坚持惩治犯罪与保障人权并重的具体体现。本文试就实际工作中我国现行羁押呈现的不正常现象、羁押审查制度在我国诉讼程序中的作用，以及今后检察机关如何将羁押必要性审查与检察对接进行探讨。

一、我国现行羁押呈现不正常之现象

在西方国家，羁押是法律明确规定的强制措施之一，通常仅适用于刑事

---

* 江西省抚州市临川区人民检察院法律政策研究室主任。

① 王尚新、李寿伟主编：《"关于修改刑事诉讼法的决定"解释与适用》，人民法院出版社2012年版，第107页。

② 卢乐云：《认"逮捕后对羁押的必要性继续审查"之适用》，载《中国刑事法杂志》2012年第6期。

诉讼过程中，而不包括作为刑罚执行的关押或“拘禁”。在我国，羁押并不是一种法定的强制措施类型，而是代表着一种人身自由被暂时剥夺的实有状态。1996年刑诉法中与羁押有关的是拘留和逮捕。虽然羁押往往与拘留、逮捕等措施的适用相伴而生，但羁押实际上并不是拘留和逮捕，拘留和逮捕是刑事诉讼法规定的强制措施类型，而羁押则是适用拘留和逮捕之后所生成的法律状态与结果，不应视为一体。① 但在司法实践中，为了实现刑事追诉、有效控制犯罪，常常以牺牲犯罪嫌疑人、被告人的基本权利为代价，造成审判前羁押率偏高、超期羁押和变相羁押等现象屡禁不止。在刑事诉讼中，保障和实现公民权利是国家权利存在的唯一目的，由此赋予国家机关在刑事诉讼中适用强制措施的正当性。但是强制措施的适用不能以损害犯罪嫌疑人、被告人的应有权利来实现大多数人权利的保障。② 就程序的正当性而言，学界与实务界达成的基本共识是我国现行审查逮捕制度最根本的缺陷在于人权保护不足，从结果上看大体认为我国现行审查逮捕制度存在的缺陷为“导致超期羁押的现象严重”、“很多没有逮捕必要的犯罪嫌疑人、被告人被批准逮捕或决定逮捕”。③ 经统计，H县人民检察院从2006年到2010年五年度的审查逮捕案件的批准逮捕率达93%，在五年度捕后作出判决的242人中有92人被判处徒刑以下占38%，④ 可以说这38%都是没有逮捕必要的。从H县人民检察院的统计数字来看，逮捕必要性的审查把关不严，导致没逮捕必要的犯罪嫌疑人、被告人被逮捕。

从H县人民检察院的个案来看，呈现出逮捕必要性把关不严的现象，那么从全国来看，情况又是怎样的呢？据统计，在羁押决定阶段，1998年至上2010年上半年，我国批捕率达到90.21%（追捕数除外），每年批准逮捕90余万人，而在2002年至2008年全部起诉案件中被法院宣告无罪、免除刑罚、宣告缓刑、判处拘役、判处管制和单处附加刑平均比率是34.45%。依照这种比率关系，假定法院作出判决的人数全部为检察院作出逮捕决定的人数，那么便有1/3的犯罪嫌疑人存在错捕和不当逮捕。⑤

---

① 陈瑞华：《未决羁押制度的理论反思》，载《法学研究》2012年第5期。

② 王贞会：《刑事强制措施限制适用的宪政基础》，载《中国刑事法杂志》2012年第1期。

③ 彭志刚：《论审查逮捕制度的分流听证式改造》，载《中国刑事法杂志》2012年第1期。

④ 潘博：《审查逮捕实务问题探讨及构想》，载《中国检察官》2012年第2期。

⑤ 李昌林：《审查逮捕程序改革的进路——以提高逮捕案件质量为核心》，载《现代法学》2011年第1期。

另外，从罪犯因身体不符合羁押条件而不能交付执行刑罚也可从侧面反映不当逮捕。经调查统计，北京市某区看守所2006年到2010年交付执行刑罚的罪犯，共有323人不能交付执行，占21.4%，① 不能交付的原因中有一项为已决犯身体有严重疾病，监狱不予收监。以上情形，充分说明检察机关对犯罪嫌疑人、被告人的羁押必要性进行审查确有必要。

二、羁押必要性审查制度在我国刑事诉讼程序中的重要作用

（一）遏制不当逮捕

犯罪嫌疑人、被告人被逮捕时，不符合逮捕条件；或逮捕以后，事关犯罪嫌疑人、被告人羁押必要性的相关情况发生变化，如审查批准逮捕时据以证明有犯罪事实的重要证据，随着侦查工作的深入，被新的证据否定；立案时认定的犯罪数额，经过进一步调查核实大为缩小，影响到对可能判处刑罚的估计；实施新的犯罪、干扰证人作证或者串供的可能性已被排除，等等。羁押的必要性不复存在，此后如果继续对犯罪嫌疑人、被告人羁押，那么就是不当逮捕。如果不及时变更强制措施，将严重侵犯犯罪嫌疑人、被告人的人身权利。由于羁押必要性审查是动态性审查，因此通过羁押必要性审查，就为检察机关及时发现、及时遏制和及时改正司法实践中不当逮捕导致的羁押提供了可能，既体现了国家对公民人身权利的切实保护，又强化了人民检察院对逮捕活动执行的监督。②

（二）减少判前羁押

在重惩治犯罪、轻人权保障，重实体真实、轻程序正义的陈旧理念影响下，司法实践中，侦查机关沿用传统的侦查模式，破案和定案依赖犯罪嫌疑人的供述，将逮捕和羁押当成了一种获取证据的措施，有的还将羁押作为一种惩罚预支或者教育手段；其他有关办案机关也有因片面追求保障诉讼顺利而忽视判前羁押的必要性，等等。这些问题直接导致了实践中判前羁押现象严重。实行羁押必要性的继续审查，强化有关办案机关保障人权，能有效地减少判前羁押。③

（三）填补了我国现行强制措施救济机制的缺陷

1996年刑诉法第73条规定，人民法院、检察机关和公安机关如果发现对

---

① 王洁平：《刑罚交付执行中的问题与对策》，载《中国检察官》2012年第1期。

② 郎胜主编：《中华人民共和国刑事诉讼法修改与适用》，新华出版社2012年版，第197页。

③ 卢乐云：《论“逮捕后对羁押的必要性继续审查”之适用》，载《中国刑事法杂志》2012年第6期。

犯罪嫌疑人、被告人采取强制措施不当的，应当及时撤销或者变更。该处所指的“采取强制措施不当”，就逮捕来说，即为审查逮捕程序中批准逮捕不当，导致对不符合逮捕条件的犯罪嫌疑人、被告人被错误适用逮捕，其审查的内容仅限于批准逮捕时的状况，而不包括批准逮捕后羁押必要性条件的变化情况，修改后的刑诉法明确规定检察机关要对犯罪嫌疑人、被告人被逮捕后的羁押必要性进行审查，有效弥补了这一缺陷。

三、检察机关贯彻修改后刑诉法的羁押必要性审查制度存在的问题

修改后的刑诉法第93条规定了检察机关要对被逮捕后的犯罪嫌疑人、被告人的羁押必要性进行审查，但规定得过于笼统，操作性不强，为贯彻修改后刑诉法的检察对接带来很多问题。

第一，修改后的刑诉法第93条规定检察机关要对犯罪嫌疑人、被告人被逮捕后的羁押必要性进行审查，但对犯罪嫌疑人、被告人被逮捕前的羁押以及案件移送到法院后，法院将之前取保候审的犯罪嫌疑人、被告人逮捕羁押，对这些羁押，检察机关是否要对其作羁押必要性审查，修改后的刑诉法没有规定，这就为检察对接带来审查范围上的困惑。

第二，羁押必要性审查具体要分哪几个诉讼阶段进行审查，修改后的刑诉法没有进行任何规定，因为从侦查机关立案进行侦查并对犯罪嫌疑人采取刑事拘留的强制措施起，到被逮捕，再到被提起公诉，直到被判刑，服刑，犯罪嫌疑人、被告人均被羁押，如果能明确要对哪些阶段的羁押进行审查，将有利于检察机关及时地进行羁押必要性审查。

第三，修改后的刑诉法规定羁押必要性审查由检察机关进行审查，但没有具体规定由检察机关的哪个部门进行审查，是由一个部门单独审查，还是几个部门分阶段审查没有明确，在什么时间进行审查也没有进行规定。由于没有规定具体审查责任部门，事必会给检察对接造成困惑，谁都可说不是我部门的事，是其他部门的事，有可能出现落实不到位的情况。

第四，修改后的刑诉法没有规定由谁来启动羁押必要性审查，是检察机关自己来启动，还是由犯罪嫌疑人、被告人来启动；其他人是否也可启动羁押必要性审查，在什么时间可启动等都没有规定。这就为实践中如何来启动羁押审查带来困难。

第五，羁押必要性审查的内容有哪些，它的标准又是什么，修改后的刑诉法均没有作出规定，这些又是羁押必要性审查必须要具备的东西，没有审查的内容和标准，就将令审查空洞，无标准，无法作出准确的审查判断。

第六，修改后的刑诉法没有规定哪些人对羁押必要性审查的结论可提出异议，也没有规定对审查结论不服，可采取哪些救济措施，通过怎样的途径进行。这些将影响到审查结论的权威性，也将影响到审查结论的被接受。

第七，按修改后的刑诉法第93条规定，检察机关经羁押必要性审查后认为犯罪嫌疑人、被告人不须要继续羁押的，应该建议予以释放或者变更强制措施，这个建议是口头建议，还是书面建议？假如是书面建议，那么是发检察建议，还是发什么法律文书，或者以其他方式？按规定，相关机关应当在10日内回复处理情况，假如有关机关拒不履行检察机关提出的建议怎么办？以上修改后的刑诉法均没有规定，这为实践操作增加了难度，也带来了不确定性。

四、修改后刑诉法第93条检察对接之探究

（一）检察机关羁押必要性审查的范围

虽说修改后的刑诉法第93条规定检察机关对逮捕后的犯罪嫌疑人、被告人羁押必要性进行审查，但笔者认为：第一，公安机关刑事拘留的犯罪嫌疑人、被告人都要经检察机关审查批准逮捕，才能继续羁押，而此时的逮捕必要性与羁押必要性高度重叠，检察机关在审查批准逮捕的同时也作了羁押必要性审查。第二，修改后的刑诉法第93条写的是“仍应当对羁押的必要性进行审查”，这个“仍应当”，笔者认为，立法机关本意是说检察机关除在作出批准逮捕时要对犯罪嫌疑人、被告人羁押必要性进行审查外，在逮捕后还要对犯罪嫌疑人、被告人的羁押必要性进行审查，故检察机关要对犯罪嫌疑人、被告人逮捕前的羁押必要性进行审查，只不过是此阶段的羁押必要性，检察机关是在审查批准逮捕时一并审查的。

另外，刑事案件经检察机关的公诉部门向法院提起公诉后，之前被取保候审的犯罪嫌疑人、被告人，在司法实践中时常被法院逮捕羁押，那么实践中就十分有必要去对法院决定逮捕的犯罪嫌疑人、被告人作羁押必要性审查。由于修改后的刑诉法第93条规定检察机关对犯罪嫌疑人、被告人逮捕后羁押必要性进行审查，这个逮捕，条文并没专指检察机关批准或决定逮捕，应涵盖所有的逮捕，当然包括法院决定的逮捕。同时，检察机关为法律监督机关，由检察机关监督法院的司法行为，应为职权范围的事。因此，检察机关有权对法院决定逮捕的犯罪嫌疑人、被告人的羁押必要性进行审查。

（二）检察机关羁押必要性审查的阶段

在犯罪嫌疑人、被告人的整个被羁押期，羁押必要性是一个变量，在决定羁押后，会随着诉讼进程有所变化，或大或小，或有或无，[1] 故检察机关对

---

① 黄福寿：《羁押必要性之检察审查制度的构建》，载《中国检察官》2012年第3期。

犯罪嫌疑人、被告人的羁押必要性审查应该覆盖整个被羁押期间，不能只限于逮捕后。犯罪嫌疑人、被告人被羁押期间可分为5个阶段，分别是拘留后到逮捕期间，逮捕后至起诉前，起诉期间至审判前，审判期间到交付执行前，交付执行后到整个服刑期间。前4个阶段可称为未决羁押，后一个阶段称为已决羁押。检察机关对犯罪嫌疑人、被告人进行羁押必要性审查要覆盖其整个被羁押期，故羁押必要性审查也分为5个期间，与犯罪嫌疑人、被告人羁押分期完全相同，分别是拘留后到逮捕期间，逮捕后至起诉前，起诉期间至审判前，审判期间到交付执行前，交付执行后到整个服刑期间。

（三）检察机关羁押必要性审查的主体范围

检察机关对犯罪嫌疑人、被告人的整个被羁押期的5个阶段的羁押必要性都要进行审查，那么应该由检察机关哪个部门来进行审查呢？笔者认为，这可以结合当前我国检察机关的现有工作模式来进行，在拘留后到逮捕期间这个阶段的羁押必要性审查可由检察机关的侦查监督部门进行，在逮捕后至起诉前这个阶段应由检察机关的案件质量监督部门进行，在起诉期间至审判前这个阶段可由检察机关的公诉部门进行，在审判期间到交付执行前这个阶段可由检察机关的监所部门进行，交付执行后到整个服刑期间则由检察机关的监狱检察室进行。这种划分方式，既可最大限度地与现有的工作模式相结合，发挥现有工作模式的最大效率，又可利用检察机关各部门通过行使职权来进行内部监督，可有效地降低当前批捕率过高和居高不下的羁押率，防止不必要的羁押。

（四）检察机关羁押必要性审查的启动方式

羁押必要性审查的启动，检察机关既可依职权主动审查，也可以由犯罪嫌疑人、被告人及其辩护律师申请进行被动审查。① 笔者认为，除了可以由犯罪嫌疑人、被告人及其辩护律师申请进行被动审查外，犯罪嫌疑人、被告人的法定代理人、近亲属也可申请被动审查，这个在修改后的刑诉法第95条有规定："犯罪嫌疑人、被告人及其法定代理人、近亲属或者辩护人有权申请变更强制措施。"犯罪嫌疑人、被告人无法定代理人，也无近亲属的，笔者认为犯罪嫌疑人、被告人所在地的村委会、社区工作者、村民、居民等可代行犯罪嫌疑人、被告人的法定代理人、近亲属的职权申请被动审查。承办案件的公安机关也可申请被动审查，如果公安机关认为执行逮捕后的犯罪嫌疑人、被告人没有羁押必要性的，欲变更逮捕后犯罪嫌疑人强制措施的，采申请被

① 王伟、戚进松：《羁押必要性审查制度的具体构建》，载《检察日报》2012年7月6日。

动审查方式，由检察机关作羁押必要性审查。看守所针对犯罪嫌疑人、被告人的患病等身体状况和羁押期表现，同样也可申请被动审查，由检察机关作羁押必要性审查。

（五）检察机关羁押必要性审查的启动时间

羁押必要性审查，如果是检察机关依职权主动审查的，启动的时间则是检察机关决定启动羁押必要性审查的时间，在检察机关审查批准逮捕、审查起诉时，笔者认为案件受理后，检察机关侦监、公诉部门在审查批准逮捕、审查起诉的同时启动羁押必要性审查，两者作同步审查，无须另行启动。如果是受犯罪嫌疑人、被告人等申请被动审查的，其启动时间则是检察机关接受申请后决定启动羁押必要性审查的时间。

（六）检察机关羁押必要性审查的内容

羁押必要性审查的内容是犯罪嫌疑人、被告人是否有羁押的必要性。具体而言，又包括两个方面：首先是对被羁押者在被逮捕时是否符合逮捕的条件进行复查，发现不应当逮捕而被逮捕的予以纠正，从而发挥事后纠错的功能。其次是审查随着诉讼的推进，最初决定逮捕的条件是否已经发生了变化，因而不需要继续羁押。从司法实践来看，羁押必要性变化具体包括以下几个方面：（1）原本因防止毁灭、伪造证据，干扰证人作证或串供而逮捕的，证据已经收集、固定，上述妨害取证或作证行为已不存在。（2）原本可能实施新的犯罪或具有危害国家安全、公共安全、社会程序的现实危险的，现在上述危险已经消除。（3）原本企图自杀或逃跑，被羁押人已经悔罪、认罪，放弃自杀、逃跑，积极争取改造的。（4）原本可能对被害人、举报人、控告人实施打击报复的，上述情形现已不可能实施。（5）当事人双方达成刑事和解的。（6）证据发生重大变化，无法证实犯罪事实为犯罪嫌疑人所为，或犯罪事实不存在的。（7）新的法律、法规不认为犯罪嫌疑人的行为是犯罪，或减轻了对相关行为的刑罚力度的。（8）原本犯罪嫌疑人、被告人身体良好，后患有严重疾病、生活不能自理的。（9）原本不系生活不能自理的人的唯一抚养人，后因各种原因成为生活不能自理的人的唯一抚养人的。（10）捕后有立功、积极退赃等法定或酌定减轻、从轻情节的。①

（七）检察机关羁押必要性审查的救济

笔者认为，羁押必要性审查结论提出异议的主体有：（1）犯罪嫌疑人、被告人；（2）犯罪嫌疑人、被告人的法定代理人、近亲属；（3）犯罪嫌疑

---

① 周玉龙、李儒华、曹亚健：《审前捕后羁押必要性审查研究》，载《中国检察官》2012年第8期。

人、被告人的辩护人；（4）被害人及其辩护人；（5）公安机关侦查部门；（6）看守所；（7）有关的利害关系人、无近亲属的犯罪嫌疑人、被告人所在地的村民或居民。这七类主体均可对检察机关的羁押必要性审查结论提出异议，其救济措施、途径为向作出羁押必要性审查结论的检察机关申请复议，如意见不被接受，则向上一级检察机关提请复核，上一级检察机关对提请复核应该复核，并将复核结果交由原作出羁押必要性审查结论的检察机关执行。发现办案人员徇私舞弊、滥用职权的，可以向检察机关控告申诉部门进行申诉和控告。检察机关控告申诉部门应当对该案进行全案复查，并在规定的时间内作出裁定，对控告的案件根据性质不同进行处理，属违纪的交由纪检监察部门处理，违法的作为案件线索进行处理。对控告申诉部门作出的决定不服的可以向上级检察院进行申诉，要求复核，上级检察院作出的裁定为最终裁定。

（八）检察机关羁押必要性审查结果的执行

检察机关经过羁押必要性审查，如果认为犯罪嫌疑人、被告人须要或适宜羁押的，直接作出批准逮捕或不改变强制措施的决定；如果认为不须要或不适宜羁押的，对该审查结果如何执行呢？修改后刑诉法未作明确具体规定。笔者认为可视羁押必要性审查的五个阶段不同而采取不同的执行方式：第一，在拘留后到逮捕期间作出的，由检察机关的侦查监督部门作不批准逮捕决定，交由公安机关执行，释放犯罪嫌疑人。第二，在逮捕后至起诉前阶段作出的，由检察机关的案件质量监督部门向公安机关发检察建议，建议公安机关变更强制措施，予以释放犯罪嫌疑人。第三，在起诉期间至审判前作出的，由检察机关公诉部门直接变更犯罪嫌疑人的强制措施，对其取保候审予以释放。第四，在审判期间到交付执行前作出，由检察机关监所部门向法院发检察建议，建议法院变更强制措施，予以释放犯罪嫌疑人。第五，在交付执行后到整个服刑期间作出的，由检察机关驻监狱的检察室向监狱发检察建议，建议监狱对其进行保外就医。以上审查结果都应告知申请人、被告人、被害人、案件承办单位等相关人，相关人如对审查结果不服，可采取前文所述的救济措施进行救济。如相关机关接检察机关要求变更强制措施的检察建议后，拒不变更强制措施，则由检察机关再向该机关发纠正违法通知书，责令其改正。

试论技术侦查在职务犯罪侦查中的运用

——以惩治犯罪与保障人权并重为展开

龚家熹　曾昌斌　程　昌*

【内容摘要】 由于刑诉法修改前没有法律的明确授权，检察机关使用技侦手段存在法律依据单薄、所获取的证据不能直接使用、缺乏监督和救济措施、手续烦琐导致贻误战机等诸多问题。修改后的刑诉法将技术侦查措施法定化的价值目标就是要在惩治犯罪和保障人权之间实现平衡。面对技术侦查措施法定化之后的新形势，检察机关应强化反贪信息工作，在侦查活动中注重现代监控方式的运用，培养专家型的科技侦查队伍，切实把先进的科技装备转化为现实的战斗力。

【关键词】 技术侦查　惩治犯罪与保障人权　应对措施

2012年3月14日，第十一届全国人大五次会议通过了关于修改《中华人民共和国刑事诉讼法》的决定。本次刑事诉讼法的修改一方面加强了对人权的保障，明确规定了"尊重和保障人权"这一重要原则；另一方面在打击犯罪方面更加注重务实、有效，其中之一就是完善侦查措施，增加了"技术侦查措施"一节，将一直处于秘密状态的技术侦查措施法定化，使公安机关、检察机关在实践中广泛采用的各种技术侦查措施在刑事诉讼法层面有了法律依据。技术侦查措施法定化，进一步提高了公安机关、检察机关的犯罪侦查效率，强化了侦查活动的规范性，能够更好地发挥其在刑事侦查中的作用。同时，技术侦查措施法定化可以限制技术手段在侦查中滥用，避免公民受到非法行为的侵害，改变刑事侦查依赖口供状况，减少刑讯逼供。但是，技术侦查措施在刑事诉讼中的法定化也引发了社会的担忧，其中蕴涵了犯罪惩治与人权保障的冲突，在采用技术侦查措施时如何有效保护公民的权利不受侵犯，如何在犯罪惩治和人权保障之间实现平衡，是须要进一步解决的问题。

---

* 江西省抚州市人民检察院干部。

一、惩治犯罪——技术侦查措施法定化的首要作用

（一）技术侦查措施是提高职务犯罪侦查效率的有效手段

担负反腐败重要职责的检察机关长期以来一直沿袭传统的办案模式，刑事侦查活动基本上围绕犯罪嫌疑人的口供来进行。由于口供的不确定性，往往案件一波三折。技术侦查是有效惩治犯罪特别是贿赂犯罪的重要手段。在我国，普通的刑事犯罪和危害国家安全罪的侦查，已经运用了技术侦查手段。对于危害性和查处难度很大的贿赂犯罪，采用技术侦查手段既是理所当然之事，也是反腐败斗争的需要。对于惩治犯罪来说，技术侦查作为侦查手段比较其他手段更为有效，更具有针对性，能够避免来自犯罪嫌疑人的反侦查措施和其他外部干扰，提高犯罪侦查的效率。如莱州市人民检察院在查处省院交办的原青岛市市北区公安局局长职务犯罪案件中，就根据“聂磊涉黑案”中的犯罪特点，采用了相应的技术侦查措施，获取了大量的信息和事实材料，迫使其供述了犯罪事实，从而解决了以往“由供到证”的弊端，使技术侦查措施成为提高犯罪侦查效率的有效手段。

（二）技术侦查措施获得的材料是打击犯罪的重要依据

长期以来，技术侦查手段所获得的材料能否作为证据使用在理论界有很大争议。例如，律师法规定，犯罪嫌疑人被侦查机关第一次讯问或者采取强制措施之日起，受委托的律师有权会见犯罪嫌疑人、被告人并了解有关案件情况；律师会见犯罪嫌疑人、被告人，不被技术侦查。公安机关、检察机关在运用技术侦查措施所获得的材料作为证据使用时，由于没有相应的法律依据，在实践中大多是通过讯问犯罪嫌疑人的方式重新加以确认和固定进行转化，才能作为证据使用，否则只能作为犯罪线索使用。此次修改后的刑事诉讼法肯定了技术侦查措施获得材料的证据资格，明确规定依法采取技术侦查措施收集的材料在刑事诉讼中可以作为证据使用，这样降低了侦查成本和公安机关、检察机关的取证难度，提高了侦查效率，提高了检察机关对犯罪指控的成功率，有助于准确、有效打击犯罪。具体而言，技术侦查措施在职务犯罪侦查中所获取的材料有以下优势：

一是可以减少对犯罪嫌疑人口供的依赖。赋予检察机关技术侦查权后，其依法通过技术侦查手段形成的录音带、录像带、照片等证据，便具备了证据力，可直接用来证明案件事实。即使犯罪嫌疑人拒不认罪，只要上述证据确实、充分，依然可以定案。

二是可以有效地应对翻供翻证。一方面，技术侦查措施的存在，可以对犯罪嫌疑人和证人形成威慑力，使其害怕翻供翻证不成反而承担不利的法律后果，从而不敢以身试法；另一方面，一旦发生了翻供翻证，检察机关通过

技术侦查手段形成的证据可以增强原口供和证言的真实性、可靠性，从而否定翻供翻证的合理性。

三是检察机关可以通过电子监听、秘密录像等发现犯罪嫌疑人的同案犯或其他的犯罪事实，从而拓展线索、扩大战果。①

（三）技术侦查措施是应对当前职务犯罪形势的迫切需求

当前，职务犯罪呈现出一些新的特点，如集团化、智能化、国际化等。检察机关单纯用传统的侦查手段已经不能适应追究职务犯罪的需要，有时甚至还会因为侦查方式和设备的落后，错失收集职务犯罪证据的良机。这就要求检察机关强化侦查力度，增加收集证据的手段和方式，以适应同贪污贿赂犯罪斗争的需要。技术侦查具有技术性和秘密性的特点，依靠其独特优势，以隐蔽性对付隐蔽性，以技术性对付集团化、智能化、国际化，就能够取得良好的效果。技术侦查措施还具有直接性，靠公开侦查手段不能发现的线索和证据，能够通过技术侦查手段获得，而且大部分证据都是直接证据。这就极大地提高了职务犯罪侦查机关的侦查能力，保证了职务犯罪侦查权的优化。

（四）技术侦查措施法定化是与国际法接轨的需要

我国于2005年10月加入的《联合国反腐败公约》第51条第12项规定，为有效打击腐败，各缔约国均应当在其本国法律制度基本原则许可的范围内并根据本国法律规定的条件，在其力所能及的情况下采取必要措施，允许其主管机关在其领域内酌情使用控制下交付和在其认为适当时使用诸如电子或者其他监视形式和特工行为等其他特殊侦查手段，并允许法庭采信这些手段产生的证据。《联合国反腐败公约》为我国检察机关在反腐败斗争中运用技术侦查手段提供了国际法上的依据。所以，出于公约必须遵守的原则，我国有必要用法律的形式赋予检察机关职务犯罪的技术侦查权。②

二、人权保障——技术侦查措施法定化的价值目标

（一）技术侦查措施法定化是避免公民受到非法侵害的需要

技术侦查措施虽然在刑事诉讼法中一直没有明确的规定，但实践中已经运用多年，公安机关、检察机关在对刑事案件、职务犯罪案件的侦查中参照其他相关法律规定，采取了相应的技术侦查措施。但由于没有相应的法律依据，对于一些非法的技术手段也就无从界定。而这种侦查手段的秘密性也决

① 谢佑平、严明华：《赋予检察机关技术侦查权的必要性及控制》，载《检察日报》2008年10月13日。

② 蒋金莹：《试论职务犯罪技术侦查措施》，青岛大学2009年法学硕士论文。

定了其适用更难以控制，滥用的可能性更大。技术侦查措施的法定化，使得这种侦查行为取得合法地位，有助于界定合法行为与非法行为的界限，有利于公安机关、检察机关依法采取技术侦查措施，可以限制技术手段在侦查中滥用，防止公民受到非法行为侵害。

（二）技术侦查措施法定化是减少刑讯逼供的有效方法

技术侦查措施的突出特点是与犯罪嫌疑人、被告人的意志无关，因此不涉及犯罪嫌疑人、被告人的人身、意思自由问题，而且获取的证据往往更客观、更稳定。由于技术侦查措施具有这样一些特点，因此在法治国家，人们通常倾向于尽可能地通过技术侦查替代口供，缓解口供依赖问题。在我国目前的刑事诉讼实践中，存在严重依赖口供的现象，由此产生刑讯逼供问题。比如收集犯罪证据与寻找犯罪线索时的违法行为，对犯罪嫌疑人进行刑讯逼供、指供、诱供、变相肉刑或精神折磨，用威胁、欺骗、引诱等方法非法讯问，涂改、变造、弄虚作假、转移销毁证据及有关的案件材料，非法搜查、扣押，非法剥夺、侵犯当事人及其他诉讼参与人的诉讼权利，违法处理赃款赃物等。虽然法律明确规定严禁刑讯逼供，不轻信口供，对非法获取的口供不得采纳，但是，现实中的杜培武案、佘祥林案、赵作海案等冤假错案的出现表明，刑讯逼供仍然存在。技术侦查措施法定化，改变了侦查措施手段落后的弊端，公安机关、检察机关依靠技术手段获取证据，通过技术侦查措施所获得的材料允许作为证据使用，有助于提高公安机关、检察机关控制犯罪的能力，改变“由供到证”的现状，能够迅速、有力地促使有罪的人认罪，减少了刑讯逼供。

（三）技术侦查措施法定化是利益冲突的平衡结果

技术侦查手段因其具有隐蔽性，不为侦查对象所知，必然会与公民个人隐私权发生冲突，这种代表社会公共利益的技术侦查手段与代表个人利益之间的利益冲突，必须要在权衡利弊后作出选择。隐私权与其他权利一样，从来都不是绝对的，为维护国家安全、公共安全，为预防犯罪与维护社会秩序等其他社会价值目标，应当允许国家依照法律在必要的情况下进行技术侦查，对隐私权进行限制。在这种情况下，对公民隐私权的限制是一种必要的成本或代价。

三、刑诉法修改前职务犯罪侦查中运用技术侦查措施的分析

刑诉法修改前，由于没有法律的明确授权，所以职务犯罪侦查中运用技术侦查措施的情况是不公开的，目前也没有具体、公开的统计数据可以被查阅。但在司法实践中，一部分技术侦查措施确实在职务犯罪侦查中被逐渐运用和推广，我们可以从相关论文、调研中看到一些端倪，“在我国检察机关的

职务犯罪侦查实践中，曾经使用和能够使用的特殊侦查措施主要有通信监听、测谎检查、刑事特情和控制下交付。”① “心理测试技术作为一项新兴的刑事侦察技术，已经越来越广泛地应用于检察机关职务犯罪案件的侦查实践中”。② 但总的来说，目前检察机关对于技术侦查措施的使用，仍处于探索阶段和起步阶段，相关的使用条件、审批程序等操作规范都是由各地检察院内部制定的，内容也不统一，呈现出了各自为政、内部规范的特点。具体表现为以下几方面问题：

（一）法律依据单薄

1996年刑事诉讼法没有“技术侦查措施”的规定，国家安全机关和公安机关具有《国家安全法》和《人民警察法》的授权，但检察机关却没有相关的法律授权。我国检察机关使用技术侦查措施的法律依据仅有一个《关于公安机关协助人民检察院对重大经济案件使用技侦手段有关问题的答复》（以下简称《答复》）③，但是该《答复》法律地位偏低，而且该《答复》明确指出检察机关不能直接使用技术侦查措施，而是由公安机关协助使用。

（二）运用技侦措施获取的证据不能直接使用

根据刑事诉讼法的规定和证据学的相关理论，证据必须具有客观性、关联性和合法性的特征。由于法律没有对我国检察机关运用技术侦查措施作出明确的授权，运用技术侦查措施获取的证据没有“合法性”的特征。因此，通过技术侦查措施获取的证据，不能被直接使用，只能作为获取其他证据的“线索”，或者经过“证据转换”使其具有合法性，否则将被作为“非法证据”被法庭排除。所以检察机关通常是在讯问阶段，将通过技术侦查措施所获取的相关材料作为“突破口”，迫使犯罪嫌疑人放弃抵抗、争取坦白从宽的条件，进而通过犯罪嫌疑人的供述，由侦查人员再去收集相关证据材料，从而使通过技术侦查措施所获取的相关材料具有合法性。

---

① 阿儒汉、严庚申：《职务犯罪特殊侦查措施的种类和应用》，载《人民检察》2010第12期。

② 李卫华、吴晓娟：《略论心理测试技术在自侦案件中的应用》，载《学术前沿》2010第7期。

③ 对于检察机关而言，对于技术侦查措施的规定，仅在1989年最高人民检察院、公安部联合下发的《关于公安机关协助人民检察院对重大经济案件使用技侦手段有关问题的答复》出现：“对于极少数重大经济犯罪案件主要是贪污贿赂案件和重大的经济犯罪嫌疑分子必须使用技术侦查手段的，可以在经过严格审批手续后，由公安机关协助使用。”该规定指出，检察机关要使用技术侦查措施，必须具备三个条件，一是极少数重大经济犯罪案件，二是经过严格审批手续，三是由公安机关协助使用。

（三）缺乏监督和救济措施，容易造成对公民隐私权的侵害

由于技术侦查措施具有侵害性的特点，所以技术侦查措施的使用不当，容易造成对公民隐私权的侵害，因此加强监督是必不可少的。由于我国职务犯罪侦查中的技术侦查措施缺乏明确的法律规定，仅仅依靠各级检察院的内部文件进行规范，再加上我国没有确立司法审查的基本原则，所以对于检察机关在运用技术侦查措施过程中是缺乏有效监督的。虽然在实践中，检察机关内部严格规范技术侦查措施的审批程序和使用条件，并在积极制定内部的侵权救济程序，但这种内部的规范文件是不为外界所知的，目前几乎没有监督和制约机制。因此，缺乏对技术侦查措施的监督，容易造成对公民隐私权的侵害，而造成侵害后又没有相关救济措施，将造成更大的侵害后果。

（四）手续烦琐导致贻误战机，借助外力导致效率低下

由于《答复》规定，技术侦查手段"可以在经过严格审批手续后，由公安机关协助使用"。所以检察机关在请求公安机关协助使用技术侦查措施时，首先要经过检察机关内部和公安机关内部的层层审批，启动程序复杂，从报批到最终获批往往要花费几天时间，过程烦琐，容易贻误战机。其次，检察机关和公安机关之间的协作也存在一定问题，提出使用申请的检察机关侦查人员和公安机关的实际操作人员没有直接沟通，公安机关不了解案情，对于使用技侦措施的要求和所要达到的目的自然也不清楚，往往等检察机关收到结果时发现"文不对题"或"缺斤少两"，而这时要将意见再反馈回去，则又是烦琐的手续。正如研究者指出的，基层检察机关要使用比较先进的设备，必须通过上级检察机关的审批，并要与当地公安机关协调后才能在公安机关的配合下使用。比如，目前我们的基层检察机关在抓捕犯罪嫌疑人的过程中使用的卫星定位，至少要逐个通过本院、地区检察院指挥中心和公安机关三个部门审批，几天时间的等待，即使是要取得一些近期的通讯资料也至少需要本院逐级领导的审批。使用同步电话监听，手续就更加烦琐了，往往丧失了最佳侦查时机。①

四、技术侦查措施法定化之后检察机关的应对

修改后的刑诉法将技术侦查法定化，面对这一新形势，检察机关不仅应加大经费投入，切实加强侦查装备建设，配备查办贪污贿赂案件所必需的设备，而且要开发适用于各类职务犯罪案件管理、指挥协调、信息通报、信息

① 闰秀锁、刘洋：《如何解决检察机关在技术侦查和秘密侦查中出现的问题》，载《天津市政法管理干部学院学报》2009 年增刊。

共享的计算机管理体系，逐步实现侦查方式的转变。

（一）强化反贪信息工作，建立案件线索管理和信息情报检索系统

贪污、贿赂等职务犯罪案件具有高度隐蔽性的特点，侦查部门经常处于一种案件线索少、案源信息短缺的状态。面对这种情况，笔者认为可以通过建立案件线索管理和信息情报检索系统来解决，并以此作为破解检察机关反贪案源枯竭、取证渠道不畅这一制约反贪工作深入持续发展“瓶颈”的有力武器。

通过建立案件线索管理系统，在检察系统外部应积极主动地与辖区内纪检监察、公安、工商、税务、建委、房管、电信、人事劳动等部门加强沟通与联系，使相关信息在检察机关及时备案，实现系统外部的线索移交。在检察系统内部可以充分应用检察机关三级专线网，构建线索共享平台，使各类经济案件线索信息由“孤岛”向“共享”转变。彻底改变过去对案件线索的收集、利用方式单一、封闭、滞后，对有价值的案件线索利用率低，无法共享，信息资料被埋没浪费，致使部分有价值的案件线索信息流失的不良状况。这就要求检察机关必须相应地加强侦查信息化建设，运用计算机对案件线索信息进行统一的收集、调配、备案等管理。

通过建立信息情报检索系统，可以节省大量的侦查资源，有效提高反贪侦查工作的效率。笔者认为，可以为反贪局配备专职信息侦查人员 2 名，并配备专用计算机，专门负责查询及录入工作。同时，通过整合建委、房管、人口、出入境、边检、交通、网监、银行、工商、车辆管理等各种信息资源，建成以“职务犯罪信息管理系统”为主干的侦查信息系统，从而实现人口、电话、机动车、互联网用户备案、工商注册登记、银联（信用卡）信息等多种信息的 24 小时全天候的即时查询。

（二）在侦查活动中注重现代监控方式的运用

传统的侦查方式以人力劳动为主要特征，科技含量低，侦查效率差，固定证据的能力欠缺，不适应新形势下的贪污贿赂犯罪的侦查工作。要解决这一问题就必须由传统的侦查审讯方式向现代监控侦查方式转变。现代监控侦查方式，主要是利用审讯监控系统，在讯问犯罪嫌疑人时进行全程同步录音或录像，通过远程指挥监控系统对审讯和收集证据的全过程进行跟踪监控，指挥侦查审讯全过程，并为侦查实时作出决策。同时在现代监控侦查方式下，还可以实现对犯罪嫌疑人的供述、证人证言、赃款赃物、物证书证、文检、司法会计鉴定和其他证据的场景再现，使各种证据材料融为一体，形成证据的最佳组合，增强证据的证明力，为认定案件性质提供依据，为证实和揭露犯罪提供有力的保障。

（三）提高认识，培养专家型的科技侦查队伍

建立一支高素质的反贪队伍，是做好反贪侦查工作的重要保证。要提高反贪侦查工作的科技含量，须要优化侦查人员的专业结构，建立一支专家型的科技侦查队伍。因此，加强反贪队伍专业化建设，增强其掌握和运用科技手段侦破案件的能力，已成当务之急。应当加强理论学习，提高反贪部门侦查人员的科学素养。要注重在队伍建设中加强专业人才的引进和培养工作，重点培养出一批具有较高科学素养、丰富实战经验、能够熟练运用现代科学技术的侦查骨干。

（四）强化应用，切实把先进的科技装备转化为现实战斗力

在侦查中使用先进的科技装备，是时代发展的必然要求和同贪污贿赂犯罪作斗争的客观需要。但是，仅仅为反贪部门配置高科技的装备，并不能真正实现侦查的科技化。由于反贪部门的侦查人员大多是法律专业出身，对于高科技设备缺乏了解，所以往往添置了一些先进的侦查设备，在办案中也不能有效使用，或者只会使用其中最基本的功能，这就使先进的科技装备成了摆设，而不能转化为现实的战斗力。因此，提高反贪侦查科技含量，不仅要解决配备先进设备的问题，还要解决好如何应用的问题。所以反贪部门必须加强对侦查人员的相关培训，提升反贪侦查人员运用科技设备的水平和能力，切实使那些已经添置的高科技设备转化为现实的战斗力，为发现犯罪、证实犯罪、突破案件提供服务，从而更有效地打击犯罪。

坚持程序公正与实体公正并重

坚持程序实体并重　筑牢公平正义基石

熊金文*

【内容摘要】 程序公正是实体公正的基础，有利于尊重和保障人权，对提升司法公信力至关重要。修改后的刑诉法更加重视程序公正价值，全面对证据制度、辩护制度、强制措施、侦查措施、审判程序、特别程序等内容进行了修改和完善。检察机关应当坚持将“有法必依”作为确保程序公正的基本路径，切实转变刑事诉讼理念，依法规制执法办案行为，及时改进执法办案方式，坚持履行监督与接受监督并重，着力解决执法能力和保障问题。

【关键词】 程序公正　修改后刑诉法　有法必依　执法办案

程序，是诉讼法的灵魂。刑事法律正义的实现，既要靠实体公正温暖人，更要靠程序公正取信人。坚持程序与实体并重、努力实现程序正义是刑诉法的价值基石，也是学习、实施修改后刑诉法的根本要求。

一、充分认识刑事诉讼程序公正的价值和意义

清末法学家沈家本曾言“刑律不善，不足以害良民；刑事诉讼律不备，即良民亦罹其害”。对此，我们有深刻的历史教训。近年来，随着人民群众法律意识、维权意识明显增强，对程序公正的要求越来越高，人们不仅要求公平正义能够实现，而且要求以看得见的方式来实现。实践中一些案件因执法程序不规范而引发舆论诟病，一些案件因程序违法失去公信导致当事人信访不信法，都是给执法办案工作不重视程序而敲响的警钟。由此，我们必须充分认识程序公正的价值，牢固树立程序公正意识，着力培养独立的程序思维，把程序公正摆到执法办案更加突出的位置。

——程序公正是实体公正的基础。对于司法公正而言，程序公正与实体公正如“车之双轮、鸟之两翼”，两者互相依存，互相联系，缺一不可。实体

---

* 江西省宜春市人民检察院检察长。

是否正确是一个关乎认识的问题，而公正则是一个价值判断的问题，刑事司法不仅要受认识论的制约，还要受到价值观的指引。尽管实现程序公正不一定有利于真相的发现，但实体公正的实现却离不开程序公正，程序公正可以促使实体公正得到最大限度的实现。司法实践中，“重实体轻程序”倾向引发的非法取证、刑讯逼供、久拖不决等违反程序公正的情况，直接影响案件结果的公正甚至导致冤假错案的发生，这些惨痛的教训无时不在警醒我们：必须充分认识程序公正之于实体公正的价值，以程序公正确保实体公正的实现。

——程序公正有利于尊重和保障人权。程序公正要求把当事人及其他诉讼参与人视为刑事诉讼的主体，使这些人能够充分表达自己的诉求，同时也要求执法人员尊重并认真聆听他们的诉求。特别是刑事被追诉人，不再仅仅是被追诉的客体和打击的对象，作为刑事诉讼活动的主体，其人格尊严得到保护，可以通过公平合理的程序安排参与和影响诉讼的进程，成为自我命运的主宰者，其合法权益可以得到有效的保障和维护。与此同时，程序还有一个重要功用就是划定权利与权力之间的界限，为权力的运行设定相应的条件和程序。在刑事司法的运行过程当中，程序公正在防止权力恣意的同时，也有助于提升人的主体性地位，这对于尊重和保障人权显然也十分重要。

——程序公正对提升司法公信力至关重要。程序公正作为一种“看得见”的正义，对当事人的最大意义，就是保障各方表达主张意愿的平等机会，使各方可以真切体会到受尊重、有尊严，有助于当事人从心理上真诚接受和承认裁判的公正性和合理性，平息不满怨愤，化解矛盾纠纷。对于社会公众，程序公正的最大意义在于公开、公正和透明，彰显司法亲和力，消除民众与司法的距离，从而产生对司法的信任与尊重。在司法实践中，由于当事人得不到公正、平等对待而引发的议论、质疑、炒作时有发生，对于裁判的结果当事人不理解、不接受，社会公众不认同、不支持，在很大程度上影响了司法公信的树立，损害了司法的权威。因此，惟有恪守程序，把每一起刑案办成铁案，令每一位当事人都感受到司法的公平正义，真正做到胜败皆尊法、息诉罢访，才能让社会公众切实感受到公平正义就在身边，使司法赢得权威，让法律被信仰。

二、准确把握修改后刑诉法对程序公正的新界定

修改后的刑诉法围绕着更加重视程序公正价值、更好地实现程序公正这一基本点，全面对证据制度、辩护制度、强制措施、侦查措施、审判程序、特别程序等内容进行了修改和完善，对于保障刑事诉讼过程和结果的公正、实现公平正义意义重大。

——*对公权力运作的程序设置更加合理*。在刑事诉讼中不仅须要监督，更须要制约。公检法机关要在分工负责、互相配合的基础上，更好地发挥互相制约作用，分别把关，互相检验，共同确保法律的严格、准确适用。修改后刑诉法尊重刑事诉讼活动的基本规律，进一步强化了各机关的相互制约作用。例如，增强了检察机关对羁押必要性的审查，规定人民检察院对于以非法方法收集证据的行为应提出纠正意见，人民检察院可以提请人民法院通知有关侦查人员对证据收集的合法性出庭予以说明；人民法院在一定条件下可以要求公安人员出庭作证，人民法院经过审理确认或者不能排除存在以非法方法收集证据情形的，对有关证据应当予以排除；公安机关对于检察机关附条件不起诉未成年人犯罪的决定有权要求复议、提请复核，等等。上述规定都是互相制约的具体体现，对于遏制程序违法、共同确保办案质量，无疑具有重要意义。

——*对诉讼主体程序性权益受损的救济更加有效*。“无救济，无权利”，只有当事人及其代理人的诉讼权利得到充分保护，并且在其权益受损时能够得到及时有效的救济，才能真正实现控辩平衡，体现程序的公正。修改后的刑诉法针对各类诉讼主体程序性权益受损的情况如何实行救济进行了一系列的修改和补充，进一步完善了对程序违法行为救济机制的构建。例如，辩护人、诉讼代理人可以对公、检、法及其工作人员侵害其诉讼权利的行为进行申诉或控告，当事人及其代理人、利害关系人对于侦查机关违法侦查和违法使用强制措施的行为有申诉控告权，证人有受保护权及被处罚后申请复议权，被决定强制医疗的人、被害人及其法定代理人、近亲属对强制医疗有申请复议权，等等。通过救济机制的构建，为诉讼主体维护程序权利，确保程序利益提供了有效的途径和方法，对程序违法行为的制约必然也同步加强，有助于进一步促进程序公正。

——*对违法取证行为的程序性制裁更加严厉*。非法证据排除制度的确立是修改后刑诉法的一大亮点，这一制度通过否定违法取证行为所获取的证据的法律效力，从而否定侦查行为意欲达到的效果，是对违法取证行为最为严厉的一种程序性制裁机制。为确保非法证据排除不流于形式，修改后的刑诉法详细构建了非法证据排除的程序，为非法证据排除的运作提供了良好的程序保障。同时，修改后刑诉法为加强非法证据排除的力度，在再审程序中明确规定违法取得的证据未排除的是当事人申诉应当再审的法定事由。这些规定使过去对非法证据排除比较原则性的规定更加明确和具体，更具有可操作性，为非法证据排除的实际运行起到了应有的推动作用。

三、坚持将"有法必依"作为确保程序公正的基本路径

徒法不足以自行。没有什么比司法机关遵从法律更能促进法律信仰的普遍形成。法律制度的实现，不仅需要公民的法律意识和守法行为，更需要一个忠诚于法律并且具备较高专业素能的法律职业共同体来贯彻实施。因此，有法必依、严格执法，让修改后的刑诉法展现强大生命力，是新形势下人民群众对检察机关维护社会公平正义的更大期许。为此，我们必须：

——*切实转变刑事诉讼理念*。曾经有较长一段时期，检察机关执法办案中"重实体、轻程序"的倾向明显，认为只要实体处理正确，违反程序也无妨。执法办案活动中只追求实体真实，不顾办案时限，不注重保护当事人及其代理人的诉讼权利；诉讼监督时只注重对定罪量刑等实体错误进行监督，对程序违法的监督乏力甚至干脆不予监督等，严重影响了执法办案和诉讼监督的实际效果。良好的法律不能在实践中得以良好地执行，究其原因就在于执法办案人员缺少现代刑事诉讼理念的指导。这次刑诉法的修改为切实转变执法理念提供了一次良好的机遇，我们应该以学习、贯彻和落实修改后刑诉法为契机，彻底转变陈旧、落后的诉讼理念，牢固树立符合现代法治要求的诉讼理念。必须充分地认识到，即使实体裁判于法有据、并无不当，程序不公、不当也难以得到当事人和社会公众的信赖、认同和尊重，难以保障案件的法律与社会效果。

——*依法规制执法办案行为*。修改后的刑诉法在授予司法机关追究犯罪的各项权力的同时，也对这些权力进行了严格的限制，设定了权力的边界。就检察工作而言，在对加强法律监督作出一系列新规定的同时，对检察机关正确履行职责也设定了一系列约束措施。比如，既对强制措施作了适应执法需要的调整，又对强制措施的决定和执行作出了严格的规制；既赋予检察机关决定使用技术侦查措施的权力，又对使用这项措施的范围和程序作了严格的规范；既增加了一系列对诉讼活动进行法律监督的内容，又严格界定了开展这些监督的范围；既明确了检察机关在4个特别程序中的责任，又对适用特别程序作出了严格的限制。我们要深刻领会这一立法精神，注意保持权力运用的谦抑性，加强自律，既依法充分行使权力，又依法严格约束权力，让权力的运行严格限制在法律设定的轨道上，绝不能让权力超越界限，变成侵害公民权利的利刃。

——*及时改进执法办案方式*。修改后刑诉法为检察机关改进执法办案方式提供了新的动力和契机，对检察机关具体工作模式的转变也提出了新的更高要求，为此我们必须不断强化程序意识，在自觉转变工作方式中把修改后刑诉法贯彻好、执行好。查办职务犯罪工作方面，要彻底改变以往"以口供

为中心”、“以审代侦”的办案模式，实现从传统的人力密集向信息密集、技术密集转变，从由供到证向由证到供转变，从相对封闭向公开透明转变，进一步增强侦查工作的能力和水平；审查逮捕工作方面，要从“构罪即捕”、“一押到底”等习惯做法向“确有必要逮捕”、“捕后羁押必要性审查”转变，少用慎用逮捕措施；审查起诉工作方面，要从单纯的指控犯罪向同时承担指控犯罪的举证责任和收集证据合法性的证明责任转变，从履行定罪之诉向同时承担定罪之诉、量刑之诉转变，进一步彰显公诉工作的职能，等等。对于刑诉法修改给每一项检察业务工作带来的影响，我们都要从立法的宗旨和本意出发，深入研究探索与之相匹配的具体工作模式，才能最大限度地实现修改后刑诉法对于程序公正价值意义的追求。

——*坚持履行监督与接受监督并重*。在当前形势下，除了强化人大的监督作用外，将检察职权行使的方式与过程公开化、透明化是接受监督的另一有效方法。因此，进一步深化检务公开，以公开促公正成为确保程序公正的必要途径。在强化接受外部监督的同时，检察机关自身的监督制约依然至关重要。原有的检务督察、案件评查、廉政风险防控等机制应当继续发挥其作用，与此同时，还要特别注重发挥案件管理在案件统一受理、结案审核、办案期限预警、办案程序监控、涉案财物监管和办案评查等方面的积极作用，全面加强案件管理机制建设，依托信息化平台，实现对执法办案的统一、归口、全程、动态管理，以有效促进规范执法，提高办案质量和效率，强化内部监督制约，为程序公正的实现提供可靠的制度机制保障。

——*着力解决执法能力和保障问题*。人的素质是做好一切工作的前提和根本，抓住抓好全员素质的提高是积极应对修改后刑诉法实施的必然要求。尤其要重视检察干警执法能力建设，通过推进队伍专业化和广泛开展“大学习、大练兵、大竞赛”等方式，着力提高干警适用法律政策、处理突发事件、应对网络舆情、舆论引导、群众工作等能力。在适用法律政策方面，要把切实提高侦查取证能力、审查判断证据能力、出庭指控犯罪能力、及时发现和纠正诉讼违法行为能力作为重中之重。同时，针对修改后刑诉法赋予检察机关的新职责、新任务和对检察工作提出的新要求，要科学测算和论证新增工作任务、司法成本和工作量，及时向党委、人大、政府及有关部门反映，争取重视支持，积极推动问题解决，为修改后刑诉法贯彻实施做好人、财、物等各方面的准备。

修改后的刑诉法是我国法治建设进程中的又一重要里程碑，不仅对检察工作提出了新的更高要求，同时也是党和人民对加强和改进检察工作的巨大支持和殷切希望。我们将认真抓好修改后刑诉法的学习和实施，锐意进取、扎实工作，努力开创检察工作的新局面。

检察环节如何实现程序正义

——以修改后刑诉法为视角

王绍红 [*]　肖建生 [**]　杨克武 [***]

【内容摘要】 程序正义的实现有助于尊重和保障人权，更有助于划定权利与权力之间的界限，提高司法的公信力。刑诉法的修改和完善对刑事诉讼正义价值的实现起到重要的推动作用。在修改后刑诉法即将实施的大环境下，检察机关要强化程序意识，坚持程序公正和实体公正并重，全面履行诉讼监督职责，提高办案水平和办案质量。

【关键词】 程序正义　程序意识　诉讼监督

正当的法律程序，有利于限制随意性，防止权力滥用，缓解冲突，化解矛盾、补救权利。2012 年 3 月 14 日通过的关于修改刑事诉讼法的决定（以下简称修改后刑诉法）对刑事诉讼程序进行了修改和完善，这些内容所贯穿的程序理念被很多专家和学者解读为我国法治对程序正义越来越重视。[①]此次刑事诉讼法的修改，对侦查、起诉、审判、执行以及特别程序等进行了完善，加强了对刑事诉讼程序机制的构建，努力追求并促成程序正义的实现，这在某种程度上是在慢慢扭转重实体轻程序的旧观念。程序正义的重要价值在于“正义不仅应当实现，而且应当以人们看得见的方式实现”。在现代社会，程序法是否完备并得到严格的遵守执行，是衡量一个国家法制文明、司法公正、诉讼民主、人权保障程度的重要标志。程序正义的实现，有助于尊重和保障人权，更有助于划定权利与权力之间的界限，提高司法的公信力。本文拟从修改后刑诉法对程序的修改和完善入手，试图对检察机关如何实现程序正义

---

* 江西省萍乡市安源区人民检察院副检察长。

** 江西省萍乡市人民检察院法律政策研究室主任。

*** 江西省上栗县人民检察院反渎职侵权局副局长。

① 卞建林：《解读修改后刑诉法：程序正义越来越被重视》，http：//www.law－lib.com/fzdt/newshtml/yjdt/20120316095409.htm。

作一探讨，以期抛砖引玉。

一、修改后刑诉法对程序的修改和完善

刑事诉讼法就是一部程序法，刑事诉讼的价值、理念和原则都体现在法律对刑事诉讼进程的具体规定当中，追求和实现正义应当贯彻在整个刑事诉讼始终。由于社会的发展和时代的变迁，刑事诉讼规则会有不同程度的变化。相比现行刑事诉讼法，修改后的刑诉法对刑事诉讼正义价值的实现起到重要的推动作用。修改后的刑诉法对刑事诉讼程序的新规定体现在：

（一）证据制度方面，明确了排除非法证据的程序

修改后刑诉法第55条、第56条、第57条、第58条、第171条第1款，规定了提出非法证据排除申请应当提供相关证据和线索；同时明确了检察机关对证据收集合法性负有证明责任，明确检察机关对非法取证行为具有调查权和有权要求公安机关对证据收集的合法性作出说明；明确了侦查人员在非法证据排除程序中的出庭义务；明确了不能证明证据收集的合法性的法律后果。

（二）辩护制度方面，明确了律师以及侦查机关的权利（力）、义务

修改后刑诉法第33条、第36条、第37条、第38条、第42条、第47条、第159条、第160条、第170条、第182条、第196条、第240条等规定明确了辩护人在侦查阶段的辩护人身份；将维护犯罪嫌疑人和被告人的诉讼权利增加到辩护律师的职责中，进一步明确律师的职责只是提出无罪、罪轻或者减轻、免除刑事责任的材料和意见，而非承担举证责任；明确犯罪嫌疑人自被侦查机关第一次讯问或采取强制措施之日起有权委托辩护人；侦查机关有告知犯罪嫌疑人有权委托辩护人的法定义务；明确规定公检法机关应当及时转达在押犯罪嫌疑人、被告人委托辩护人的要求；明确律师凭“三证”即可会见犯罪嫌疑人，律师会见犯罪嫌疑人、被告人时不被监听；删除了“涉及国家秘密的案件”的表述，明确了律师会见犯罪嫌疑人须经许可的案件范围；明确了律师在审查起诉阶段即可查阅、复制、摘抄案卷材料等。

（三）强制措施方面，严格规范了程序性规定

修改后刑诉法第56条、第69条、第70~76条、第79条、第83条、第86条、第91~97条，完善了取保候审、监视居住、传唤、拘传的适用条件、适用范围和执行机关等；进一步明确了逮捕的条件，增加了可操作性；对检察机关审查批捕讯问犯罪嫌疑人作了明确规定；明确拘留逮捕后必须立即送看守所羁押和通知家属，完善了对羁押期限届满变更强制措施的法律规定，加强对在押人员羁押必要性的定期审查，解决超期羁押、“一押到底”的问题。

（四）侦查措施方面，引入了技术侦查的相关规定

修改后刑诉法第142条、第148~152条完善了人身检查和对财产的查封

扣押、冻结措施，详细规定了技术侦查的适用条件、适用程序等。

（五）完善了监督程序、一审程序、二审程序，增加了特别程序的规定

修改后刑诉法第8条明确规定“人民检察院依法对刑事诉讼实行法律监督”。检察机关要加强对指定居所监视居住的监督，加强对死刑复核的监督，加强对暂予监外执行的监督，加强对附条件不起诉考察期的监督，加强对强制医疗程序的监督和对刑事和解程序的监督等。检察权是程序性权力，应当贯彻刑事诉讼程序始终，监督诉讼活动顺畅运行，保障程序正义全面实现。修改后刑诉法要求检察机关要配合律师实现阅卷权，恢复了全案移送，增加了量刑的透明度，调整了简易程序的适用范围，明确了检察机关对简易程序、二审程序、再审程序的出庭要求，明确了检察机关对刑罚执行活动的同步监督权等。

以上只是对修改后刑诉法的修改和完善在宏观上的列举，但其中涉及的理念以及细小规则的变化远不止这些。要实现刑事诉讼程序正义的要求，除了具体把握这些变化外，还须要认真领会变化中折射出的法治理念和法学发展趋势，把握程序正义的基本内容和要求，结合自身工作实践，不断追求程序正义。

二、程序正义在刑事诉讼中的基本要求

实践中，实体和程序的界限往往不是那么分明，就像一场比赛，依赖一定的规则进行，如果规则不正确，或不公正，那很难判断一个运动员的真实实力，更不用说比赛结果的公正性。发现案件真实是一个相同的道理，如果实体判决结果是可接受的，那么实体和程序的冲突就很难体现出来，但是假如结果不被大多数人接受或者出现明显的错误，如佘祥林案、赵作海案，人们的视线就会转移到规则本身上来。这同时也就引发出一个问题，什么样的程序是正当的，什么样的程序最正义？笔者认为，正义是一种价值观，是在理想状态下的，在实践中应该更多地解释为正当性，即一种可接受性，包括社会对判决的接受和当事人对判决的接受。法律的修改过程，包括此次刑事诉讼法的修改都是在力求接近这种正当性，涉及程序的正当性和最后判决结果（实体）的正当性。

（一）程序正义和实体正义是并重的

传统价值论中，程序正义是实体正义实现的工具和保障，但越来越多的人认识到，事实真相的发现和结论的正确性已经不是司法活动的唯一目标，尽管实现程序正义不一定有利于真相的发现，但实体正义的实现却离不开程序正义。司法还必须实现程序的正义，程序正义本身也有其独立的价值，即

程序正义本身直接体现出来的民主、法治、人权和文明的精神。这种独立的价值首先体现在它能够使被裁判者和社会公众对裁判结论的公正性更容易接受，体现看得见的正义，同时会使案件的处理客观公正。因为被裁判者对裁判过程的有效参与，裁判者在外观上的平等对待的态度，裁判者对裁判结论有合理阐明，都使被裁判者对裁判结论的合理性产生最大程度的信任，那么即使裁判的结论是对他本人极为不利的，但他对这种通过正当程序作出的裁判结论的正当性还是信服的。其次，公正的程序可以纠正实体发生的错误。

程序正义强调的是审判过程的正当性，实体正义强调的是判决结果的正当性，二者均是现代刑事诉讼的两大价值取向。如果片面追求实体真实，没有正当程序保证，其真实性极有可能埋下不真实的隐患，甚至直接导致冤错案件的发生，如刑讯逼供取得的言词证据便往往是冤错案件的“罪魁祸首”；反之，片面强调程序公正，则会陷入另外一种误区，最终也必将损害实体公正。因此，在刑事司法实践中，要始终坚持实体公正和程序公正并重，两者不可偏废。

（二）程序正义的基本要求

在刑事诉讼中，程序正义的基本要求是：与诉讼结果有利害关系或者可能因该结果蒙受不利影响的人，都有机会参与到诉讼中，并得到提出有利于自己的主张和证据以及反驳对方提出的主张和证据的机会。[①] 为了实现程序正义，在刑事诉讼中赋予犯罪嫌疑人、被告人提出有利于自己的主张和证据以及反驳对方的主张和证据的机会必须是实质性的，具体而言，刑事诉讼中的程序正义主要包括以下几个方面：

1. 获得听审的机会。包括获得充分告知的权利，在合理的时间内举行公开的审判，获得律师帮助权，传唤证人和质证对方证据的机会，无罪推定，反对自我归罪，上诉权等。

2. 法官公正。程序正义要求裁判者必须公正无偏。这就要求裁判者首先不存在利益与偏见；其次是独立，不受裁判者以外的人或者组织的干扰；最后是禁止在正式审判之前一方当事人在另一方当事人不在场的情况下与法官单独联络。

3. 判决理由。在对一个人进行审判之前必须告知对他提出的指控和诉讼的根据。包括对事实的认定和对法律结论的认定，这样做可以防止专断和错误的判决，有助于保证判决的作出是根据庭审笔录的记载，表明笔录中的什么证据支持了该事实的认定以及它是如何支持的，更有利于司法审查。

① 宋英辉：《刑事诉讼原理》，法律出版社 2003 年版，第 40 页。

4. 形式正义。程序正义要求平等对待每一个人，即要求一致性。由于一致性的要求并没有涉及判决的主题内容，因此经常被称作形式正义的要素。形式正义可以表现在两个方面：对先例的遵循和对规则的遵守。遵守规则意味着根据一个既定的规则或者一套既定的规则判决案件。

三、检察环节如何对接修改后刑诉法实现程序正义

检察机关在刑事诉讼中的地位不言而喻，检察机关之于程序正义的实现有着不可替代的作用，如要按照一定的规则，对被追诉人在庭审前的各项权利进行保障，包括辩护权、不得无必要羁押权等。同时，要监督法官的公正性，维护程序正义在刑事诉讼中所要求的形式正义等。修改后刑诉法对检察工作的要求越来越高，庭审抗辩性越来越强，侦查模式和侦查能力亟待转变，工作任务越来越重，可以说，检察机关面临着重大挑战。要在检察环节把握程序正义的基本要求，追求和实现程序正义，在修改后刑诉法即将实施的大环境下，至少应当做好以下几方面工作：

（一）强化程序意识，坚持程序正义和实体正义并重

如前所述，程序正义和实体正义基于刑事诉讼正义价值的实现同等重要，二者缺一不可，这也是长期司法实践得出的重要结论。强化程序意识，就是要强化尊重程序、按程序办事的理念。只有严格按照预先设定的规则，引导刑事诉讼有序展开，保障诉讼当事人的诉讼权利，才能保障实体正义的正当实现。在执法办案工作中，要格外强调实体法和程序法并重的思想，不仅要内化于心，而且要外践于行，最大限度地避免执行程序法中的疏漏和偏差。

1. 强化程序公开意识。程序公开为诉讼参与人提供了参与、了解的机会，保障了诉讼公正性和公众对司法的信任感。没有公开、透明的程序，难以让人相信刑事诉讼的程序和结果是正当的。因此，强调程序正义的实现首先就要做到程序公开。程序公开要求刑事程序的法律规范和刑事诉讼活动是公开的，既要向当事人公开也应向当事人的亲属及其委托人公开。修改后刑诉法在侦查措施、强制措施、审查逮捕等方面作出了重要修改和完善，基于程序正义的要求，对于案件进行到什么阶段、进展情况等应及时告知当事人及其家属；对于指定居所监视居住、拘留、逮捕等要在24小时以内通知犯罪嫌疑人、被告人家属等。

2. 办案人员要坚持客观公正的立场，即要坚持检察官客观义务。检察官客观义务是指检察官不仅应当履行追究犯罪的控诉职能，而且应当超越这一

职能，代表国家维护法律的尊严与公正，成为国家法律的护卫者。[①] 虽然“检察官客观义务”并未作为正式的名词在我国法律中出现，但其精神已经在刑事诉讼法等法律中有明显的体现。修改后刑诉法完善了强制措施、证人鉴定人出庭作证、侦查期间的辩护等制度，这就要求检察机关：在自侦案件的收集证据方面，要依法定程序客观、全面、文明取证，忠实于事实真相，努力做到主观认识与案件客观事实的统一；在审查批捕与审查起诉工作上，吃透修改后刑诉法的相关规定，不偏不倚地审查证据，公正处理非法证据的排除问题，正确适用法律，作出公正的处理决定；在审判程序中，检察官既应积极主动地支持公诉，又应十分理性地对待辩方证据，在量刑问题上也应注意被告人的从轻、减轻情节，在二审程序和审判监督程序中，检察官应当公正地行使抗诉权，监督法院纠正错判，当辩护律师的合法权益受到侵犯时主动监督，保障辩护律师的合法权益。

3. 强化尊重诉讼参与人充分参与诉讼的意识。实践中，经常会出现限制辩护人阅卷、对被告申请人证人到庭作证不予理睬，妨碍犯罪嫌疑人获得律师帮助、对证人施加压力等忽视诉讼参与人权利的行为，这些都是与程序正义的要求相违背的。检察机关在作出有关严重影响当事人权利的决定前，应当按照法律的要求充分听取当事人的陈述，并确保当事人获得必要的法律帮助。

4. 严格执行修改后刑诉法的规定，防止和克服程序违法。规则的设定是为了更大程度地保障公正性，如果检察机关在执法办案中违反法定程序，只会引起更大的不公正。因此，检察机关要严格遵守和落实修改后刑诉法的各项规定，把握立法原意，全面掌握规定的具体内容，认真执行办案期限、羁押必要性审查、通知家属、委托辩护人、律师会见等各项规定。

（二）全面履行诉讼监督职责

如前所述，修改后刑诉法再次明确了检察机关对刑事诉讼活动的法律监督地位，在具体规定中增添了诉讼监督的内容，丰富了诉讼监督的手段，明确了诉讼监督的效力、责任，完善了监督程序等。履行好这些监督职能对于依法保障人权，维护司法公正，提升执法公信力具有重要意义。

1. 加强刑事侦查监督。检察机关要积极适应修改后刑诉法的变化，在审查批捕与起诉环节，一是要通过细心阅卷、提审犯罪嫌疑人以及询问被害人等分析案件的事实和证据的变化情况，掌握当事人的主观心态，从而及时发

① 陈光中：《关于检察官客观义务的几点看法》，载《检察日报》2009 年 5 月 15 日第 3 版。

现侦查机关的违法行为，并提出纠正意见。二是通过审查侦查机关对强制措施的适用是否得当进行监督，对采取强制措施明显不当的，要予以纠正。三是要进一步加强侦查活动动态监督，有机整合检察机关知情权、调查权、初查权、检察建议权的作用，建立情况通报、信息共享、线索移送、侦结反馈制度，加强对侦查活动的法律监督。四是悉心听取有关人员的控告，从中发现可监督的内容。

2. 加强刑事审判监督。为了适应修改后刑诉法全面强化刑事审判监督的要求，检察机关一是要严格把握不起诉制度的新规定，加强退查补正工作，与公安机关沟通协调；二是要按照量刑建议相关规定的要求，认真总结推行量刑建议工作的成功经验，进一步加强量刑情节审查，完善量刑建议提出的方式和幅度，促进量刑公开透明、均衡公正；三是要进一步探索简易程序法律监督的方式，建立保障被告人权益前提下的简易程序案件办理机制。①

3. 加强刑事执行监督。完善检察机关对减刑、假释和暂予监外执行以及社区矫正的法律监督。通过及时审阅案件材料，对呈报材料的实体和程序合法性进行审查；健全和完善处理机制，通过检察建议、纠正违法通知书、提出书面意见等形式对刑罚执行以及监管活动进行全面的检察监督；充分运用同步监督权，从源头上对社区矫正的适用对象进行审查，加强与司法、公安、社区服务机构的协调配合等。

4. 加强特别程序监督。因特别程序的规定在某种程度上还不成熟，加上实践经验少，很容易产生不公正情形，更须要在检察机关的监督下进行。检察机关要克服自身困难，在实践中不断总结经验，明确具体操作流程，加大对程序适用的合法性审查，创新监督机制等，强化对新增程序的法律监督。

（三）提高检察机关办案水平和办案质量

修改后刑诉法对检察工作的要求越来越高，任务越来越重，侦查难度、侦查模式、侦查能力以及庭审抗辩能力等方面的挑战越来越大，检察机关原来承担的一些工作也会因为刑诉法的修改而加大工作量，如辩护人维权申诉控告的受理、对证据收集合法性的证明、对未成年人犯罪案件附条件不起诉的监督考察、对强制医疗决定和执行的监督等，这些职责需要新的机构或人员来履行。② 面对这些挑战，检察机关要不断提高自身的办案能力和办案质

① 孙应征：《检察机关对接修改后刑事诉讼法的路径选择》，载《人民检察》2012年第12期。

② 熊国钦：《刑事诉讼法修改对检察工作的影响及应对》，载江西检察内网，http://10.36.0.9/jcysoft/Publish/InfoBrowse.aspx? rid=0000078006。

量，促使判决结果具有正当性和可接受性。

1. 提高查办职务犯罪能力。要提高职务犯罪查办能力和办案质量就要提高侦查能力、讯问能力、取证能力和利用高科技手段收集证据的能力。首先，修改后刑诉法增加了“任何人不得证实自己有罪”的规定和保障辩护人各项权利的要求，检察机关要彻底改变抵触辩护的观念，把辩护人提出有利于犯罪嫌疑人的辩护意见和建议作为全面客观收集证据、全面查明案件情况的有效途径。其次，辨证运用好同步录音、录像，改变讯问过程中存在的讯问语言、讯问方式随意等问题，把犯罪嫌疑人当做平等的诉讼主体来对待，加强规范化讯问能力建设。最后，在证人出庭有可能改变原有证言的情况下，转变倚重言词证据的观念，保障证人的合法权益，做好关键证人证明事项以及证明能力的事先预判和评估工作，将证人出庭时改变证言的影响降到最低。

2. 提高排除非法证据的能力。围绕保障证据合法性的要求，检察机关要认真履行修改后刑诉法规定的告知、听取意见等义务，在非法证据的发现、调查、控辩意见交流以及认定排除等方面建立有效机制，提高全面运用证据的能力和水平。

3. 提高审查判断证据的能力。修改后刑诉法对审查逮捕和审查起诉方面的证据要求越来越高，尤其是在新增证据形式的审查判断上，一是要加强对鉴定意见的形式审查和鉴定机构、鉴定人资质的合法性审查；二是要系统学习电子数据的收集和审查方法，提高运用电子数据指控犯罪的能力。

4. 提高出庭抗辩质证能力。在证人出庭、鉴定人出庭的新模式下，检察官和律师的交叉询问将会大幅度上升，检察机关要围绕增强质证过程中的询问逻辑思维能力和技巧，规范法庭讯问、询问方式，遵守有关禁止性规则，避免诱导性和违法询问，开展案件焦点问题的预测性和预防性研究，努力提高出庭水平。

浅析职务犯罪侦查人员出庭作证制度

张慧玲*

【内容摘要】修改后刑诉法明确规定了侦查人员出庭作证制度，而当前职务犯罪侦查人员出庭作证存在着以出具情况说明来替代出庭作证，被告人、辩护人的申请权无法落实，职务犯罪侦查人员无法证明自身取证合法性等主要问题，应构建科学合理的职务犯罪侦查人员出庭作证制度。

【关键词】职务犯罪侦查人员　出庭作证　现状　构建模式

修改后《刑事诉讼法》第57、187条，明确规定了侦查人员出庭作证的义务。但在目前的司法实践中，需侦查人员出庭作证案件逐渐增多，尤其是在职务犯罪案件中，既倚重于言词证据，又面临着言词证据易变、证据取得合法性要求高的情况下，职务犯罪侦查人员出庭作证就尤为重要，各地检察机关对职务犯罪侦查人员出庭作证进行了一些尝试和探索，但这也只是权宜之计，笔者对此进行了一些思索和研究，希望构建一整套科学合理的职务犯罪侦查人员出庭作证制度来积极应对修改后刑事诉讼法的实施，对我国职务犯罪侦查人员出庭作证制度的建设贡献一点绵薄之力。

一、职务犯罪侦查人员出庭作证的现状及主要特点

（一）职务犯罪侦查人员出庭作证现状

1. 立法现状。我国目前并没有专门针对职务犯罪侦查人员出庭作证的立法，只有针对所有的侦查人员而制定的立法，而且比较分散。修改后刑事诉讼法第60条规定：凡是知道案件情况的人，都有作证的义务。生理上、精神上有缺陷或者年幼、不能辨别是非、不能正确表达的人，不能作证人。但第60条关于证人的内涵和外延规定不甚明确，导致对侦查人员是否具备证人资格在理解上存在较大分歧，而修改后刑诉法第30条关于侦查人员回避的规

---

* 江西省吉安县人民检察院干部。

定，又成为侦查人员不出庭作证的法定理由。① 虽然1999年最高人民检察院的《刑事诉讼规则》第343条明确规定："公诉人对于搜查、勘验、检查等侦查活动中形成的笔录存在争议的，需要负责侦查的人员以及搜查、勘验、检察等活动的见证人出庭陈述有关情况的，可以建议合议庭通知其出庭"，最高人民法院《关于执行〈中华人民共和国刑事诉讼法〉若干问题的解释》第138条也有规定，"对指控的每一起案件事实，经审判长准许，公诉人可以提请审判长传唤证人、鉴定人和勘验、检查笔录制作人员出庭作证……被害人及其诉讼代理人和附带民事诉讼的原告人及其诉讼代理人经审判长准许，也可以分别提请传唤尚未出庭作证的证人、鉴定人和勘验、检查笔录制作人出庭作证"。但是这些简单的规定既不能够涵盖侦查人员出庭作证制度的全部内容，也非强制性规定，往往只对本部门有效，所以这些司法解释对侦查机关基本上没有约束力，侦查人员出庭作证无法落到实处。

在司法实践中，全国各地也陆续形成了一些地方性的规定、意见。例如，2005年12月2日，湖北省高级人民法院、人民检察院、公安厅、国家安全厅、司法厅联合出台的《关于刑事证据证明若干问题的规定（试行）》中第18条明确规定了侦查人员出庭作证的内容；2006年福建省厦门市湖里区公、检、法三家联合推出《关于侦查人员出庭作证的若干实施意见》；浙江省洞头县公、检、法三部门联合制定了《刑事案件侦查人员出庭作证规则》；北京市检察院第一分院在侦查人员出庭作证制度的具体构建上，也作出了更为积极的探索与实践，并在试行的过程中起到了很好的作用和效果。

2010年5月30日，最高人民法院、最高人民检察院、公安部、国家安全部和司法部联合发布《关于办理刑事案件排除非法证据若干问题的规定》（以下简称《排除非法证据规定》），才算真正明确了侦查人员出庭作证义务。特别是在2012年3月14日第十一届全国人民代表大会第五次会议上通过了《全国人民代表大会关于修改〈中华人民共和国刑事诉讼法〉的决定》，规定了侦查人员出庭作证的情形以及申请侦查人员出庭作证的主体，这对于规范和指导侦查人员出庭作证提供了有利的法律支撑，特别是对于职务犯罪侦查人员的出庭作证在司法实践中的践行提供了很好的法律依据。

2. 司法现状。据统计：2011年，全国检察系统全年共立案侦查各类职务

① 乔汉荣、邓明仁、朱春莉：《构建侦查人员出庭作证制度相关问题研究》，载《国家检察官学院学报》2004年第2期。

犯罪案件 32567 件 44506 人。① 而在我国刑事庭审中，这么多起职务犯罪案件，职务犯罪侦查人员一般都不出庭接受控、辩双方的交叉询问，即使偶有控、辩双方就书证、物证等证据材料的证据能力产生争议，侦查部门也往往以某某检察院反贪局或反渎局名义出具一份有单位印章而无侦查人员落款的相关证明材料来予以应付代替出庭，法官们也往往顺水推舟，以“上述事实，有被告人供述、证人证言以及某某机关关于被告人的证明材料等证据证实”而作出判决结论。② 因此，在司法实践中，职务犯罪侦查人员出庭作证的情况非常少见，以致职务犯罪侦查人员不出庭作证已经成为“习惯”。到目前为止，笔者所在的基层检察院没有出现过一起职务犯罪侦查人员出庭作证的先例，也只是出具过相关的证明材料，下面这份“归案说明”就是笔者亲自出具的一份证明材料。

归案说明

犯罪嫌疑人刘某某涉嫌受贿一案，我院于 2011 年 8 月 16 日立案侦查，9 月 26 日侦查终结，9 月 28 日移送本院公诉科审查起诉。立案之前，犯罪嫌疑人刘某某主动到案交代了收受王某某、赵某某、胡某某、蔡某某、邹某某、黎某某贿赂的犯罪事实，立案之后交代了收受罗某贿赂的犯罪事实。

特此说明

某某县人民检察院
反贪污贿赂局（印章）
2011 年 11 月 29 日

这样的一份证明材料，就完全取代了职务犯罪侦查人员出庭作证的义务。在这样一种司法现状下，职务犯罪侦查人员出庭作证将是一个曲折而漫长的过程。

（二）职务犯罪侦查人员出庭作证的特点

1. 职务犯罪侦查人员出庭作证的案件都是职务犯罪案件，其政治敏感性强、关注度高。相对于警察出庭作证的案件而言，因其大部分都是一般主体实施的普通刑事案件，而职务犯罪案件都是国家公务人员即具有特殊主体身

---

① 最高人民检察院工作报告，载人民网，http://paper.people.com.cn/rmrb/html/2012-03/20/nw.D110000renmrb_20120320_1-02.htm，2012 年 7 月 20 日访问。

② 崔敏：《关于警察出庭作证的若干问题》，载《中国人民公安大学学报》2005 年第 5 期。

份的人实施的犯罪案件，且大部分涉及的都是国家工作人员的涉贪涉贿案件，社会关注度明显要高于普通刑事案件，职务犯罪侦查人员出庭作证程序一旦启动，就会使检察机关职务犯罪部门的侦查行为合法性与腐败分子的犯罪行为一起推到法庭上进行裁判，在司法实践中不仅检察机关自身身处风口浪尖，而且当地党委、政府部门、社会各界人士都对此十分关注，其政治敏感度和社会敏感性非常之高，一定程度上已经超出案件本身固有的法律意义。

2. 职务犯罪侦查人员出庭作证的主要原因就是言词证据的多变性。在职务犯罪中，尤其是贿赂型犯罪最为依赖言词证据，且言词证据一般是“一对一”的关系，具有不稳定性、易变性、反复性等特点。被告人和行贿人在诉讼过程中对供述和证言采取即供即翻、先供后翻、翻了再供、供了再翻等形式，导致证据真真假假，对明显的犯罪事实拒不承认，导致法庭难以判断真伪，需要职务犯罪侦查人员出庭作证对其取证行为予以证实。

3. 全程同步录音、录像制度是职务犯罪侦查人员出庭作证的重要保障。最高人民检察院于2005年12月15日印发了《人民检察院讯问职务犯罪嫌疑人实行全程同步录音录像的规定（试行)》，自2007年10月1日起，全国检察机关办理职务犯罪案件讯问职务犯罪嫌疑人全部实行全程同步录音、录像。且检察机关推行讯问犯罪嫌疑人录音录像时要求做到“全程”、“全面”、“同步”，从理论上讲既可以证实讯问笔录的真实合法性，又更加证明侦查行为的真实合法性，无疑具有较强的说服力。这对检察机关职务犯罪侦查部门有效应对侦查人员出庭作证是非常重要的保障。

二、职务犯罪侦查人员出庭作证存在的主要问题

让我们来看三个案例。

案例1：

2010年2月6日，四川省资阳雁江法院开庭审理了乐至县原交通局局长宋立光涉嫌受贿一案。公诉机关指控，宋立光在担任交通局局长期间，6次收受多人贿赂总计达75.5万元。

庭审前，宋立光称在讯问过程中遭到了侦查人员亲情逼供、寒冷逼供、传染病逼供等方式的刑讯逼供，称侦查人员威胁他如果不承认受贿的事实，要把其在国外读书的女儿引渡回来，把妻子、兄弟、父亲等家人抓起来；在被转押到四川省凉山州美姑县看守所后，在零摄氏度气温的情况下只给他穿单衣单裤，睡觉不给被子；在美姑看守所内，先后转了4次监室，与麻风病病人、肺病病人等传染病病人关在一起。在巨大的心理和身体压力下，他才违心供述了受贿的事情。其律师也以此作为非法证据排除的依据，向法院提

出申请，并要求侦查人员出庭。

庭审中，公诉人当庭出示了3名侦查人员都作了自己没有对宋立光刑讯逼供的情况说明。公诉人指出检察机关提供的讯问同步录音、录像表明，宋立光是在未受胁迫状态下如实交代的，不存在刑讯逼供情形。但辩护律师认为，该案中有20多份对宋立光做的讯问笔录，侦查机关仅提供了其中5份录像，不足以说明侦查机关未对宋立光刑讯逼供。公诉人随后出示包括侦查讯问人员、看守所干警、当地检察院驻所干警、狱医及同室羁押的犯罪嫌疑人10余组言词证据，证明侦查人员没有对宋立光采取任何刑讯逼供的违法行为。面对如此局面，宋立光及其辩护人只是口头进行了全盘否定。经法庭确认，检方提供的证据为定案根据，遂以受贿罪判处宋立光有期徒刑11年，没收犯罪所得75.5万元，并处罚金11万元。①

案例2：

2011年，浙江省宁波鄞州区人民法院3次公开开庭审理了章国锡涉嫌受贿案。公诉机关指控原宁波东钱湖旅游建设局局长助理章国锡涉嫌受贿7.6万元。

一审庭审中，章国锡只承认收受3张银行卡（购物卡）共计6000元的事实。章国锡的辩护律师认为，公诉机关没有提供审讯录像来证明章国锡口供的合法性，故不能排除非法获取口供的合理怀疑。同时，章国锡的家属向法院提供了侦查机关存在刑讯逼供的线索，法庭据其线索到宁波鄞州区看守所提取了章国锡在2010年7月28日的在押人员体表检查登记表，该表载明章国锡右上臂小面积的皮下淤血，皮肤划伤2厘米。对于辩方律师要求公开播放审讯录像的请求，公诉人提出“录像过多，播放时间太长，且辩护律师已观看”，并以“审讯录像涉及侦查机密问题，当庭播放不利于保密”的理由拒绝答复。对于被告人的伤情，公诉人则解释这是章国锡在审讯时情绪激动，侦查人员为防止章国锡自残上前阻止时不慎弄伤的，辩护律师随即要求侦查人员出庭作证，但一直没有实现，公诉人只是递交了一份侦查机关盖章和侦查人员签名的关于依法办案、没有刑讯逼供、诱供等违法情况的说明。

鄞州区法院审理后认为：程序方面，因控方不能提交东钱湖纪委找章国锡谈话笔录或者其他证据证明《情况说明》，据此认为侦查机关的前期侦查行为存在瑕疵；因控方未按《排除非法证据规定》和《指导意见》提交全程审讯录音、录像予以当庭质证，在被告人、辩护人多次申请侦查人员出庭接受询问后，亦不安排侦查人员出庭，据此依照《排除非法证据规定》第11条的

① 郝宁：《逼供？一切还要靠证据说话》，载正义网。

规定：对被告人审判前供述的合法性，公诉人不提供证据予以证明，或者已提供的证据不够确实、充分的，该供诉不能作为定案的证据，故章国锡审判前的有罪供述不能作为定案的根据，最终判定章国锡的受贿金额为6000元，免予刑事处罚。

一审宣判后，鄞州区检察院很快提起了抗诉。2012年7月18日，宁波市中级法院作出终审判决，法院认为，二审检察机关提请相关行贿人出庭作证，并提供章国锡同步审讯录像以及侦查人员关于讯问过程合法性的证言等证据材料，足以证明章国锡并非在刑讯逼供情况下作出有罪供述，故章国锡审判前的供述应作为证据采用，出庭检察员提出的相关意见成立，予以支持。法院以受贿罪终审判处章国锡有期徒刑2年，章国锡违法所得7.6万元予以没收。①

案例3：

足球系列案件谢亚龙受贿案，今年4月谢亚龙当庭翻供，说侦查人员对他刑讯逼供，公安机关无法拿出同步录音、录像，检察机关四个讯问时段也只能拿出两段同步录音、录像，还有两段拿不出，最后只能凭辽宁丹东市检察院办案人员所作的情况说明来证明。在内部讨论时，最高人民法院认为，以涉案侦查人员本人提交的抽象简单的情况说明，不足以形成否定的效果。

通过以上三个案例，我们可以看出，目前我国职务犯罪侦查人员出庭作证主要存在以下四个问题：

1. 职务犯罪侦查人员以出具情况说明来替代出庭作证。在修改后刑诉法即将于2013年1月1日起施行的背景下，《排除非法证据规定》的落实就显得尤为重要，上述三起案例都是普通受贿案的审理过程，特别之处在于庭审过程中都涉及非法言词证据的排除程序，其中第二个案例成为2010年7月1日《排除非法证据规定》出台后，全国首例使用排除非法证据规定，一审将侦查机关对被告人的指控证据依法予以合理排除，但在二审依然采纳了侦查机关指控的证据。在这三起案件中，尽管被告人、辩护人提出申请，要求侦查人员出庭作证，但是侦查人员都只是提供情况说明，没有安排侦查人员出庭，最后法院还都是依据了侦查人员提供无刑讯逼供和非法取证行为的言词证据和情况说明做最终裁决。这就说明，侦查人员哪怕冒着证据被非法排除的危险，也不愿意出庭作证，排除非法证据时申请侦查人员出庭作证往往都

① 陈东升、王春：《“检方指控证据被排除”案二审继续“证据合法性”之辩 排除非法证据仍存认定标准难题》，载法制网 http：//www.legaldaily.com.cn/index article/content/2012－8/31/content2913462.htm，2012年9月6日访问。

无法实现。

2. 被告人、辩护人申请侦查人员出庭作证的申请权无法落实。案例1中，律师以非法证据排除为事由，向法院提出申请，并要求侦查人员出庭，而公诉人当庭只出示了3名侦查人员的情况说明，侦查人员并没有出庭。案例2中，在被告人、辩护人多次申请侦查人员出庭接受询问后，亦不安排侦查人员出庭。在这两起案例中，被告人、辩护人的申请权均没有得到实现，虽然在《排除非法证据规定》已经出台的情况下，法院、检察院对被告人、辩护人的申请权也只是作程序上的应对，并没有落到实处，更没有发挥《排除非法证据规定》的作用。

3. 职务犯罪侦查人员在收集证据时，没有注意收集证明自身取证合法性的证据材料，也没有做好出庭应对的准备。案例1中，被告人提出的刑讯逼供的相关事实，侦查人员没有有力的证据证明这些事实的虚假，而只是以情况说明来做简单的应对；案例2中，针对在押人员体表检查结果的伤情，公诉人只是做了些无力的解释，难以令人信服；案例3中，检察机关办案人员也是用情况来证明。这三起案例中，虽涉及非法证据排除的程序，但侦查人员都没有出庭，这也从一个侧面反映了侦查人员在收集固定证据时，都没有注意收集证明自身取证合法性的证据材料，更没有针对侦查人员出庭作证做好必要的应对准备。

4. 检察机关出具的情况说明效力存在争议，具有不确定性。案例1的一审法院和案例2的二审法院都肯定了检察机关出具的情况说明具有法定效力，但案例2的一审法院和案例3的最高人民法院就予以了否认，可见检察机关出具的情况说明的效力具有不确定性。

三、职务犯罪侦查人员出庭作证制度的建构

根据前文所述，笔者认为职务犯罪侦查人员出庭作证这一问题还须要在理论上充分地调研和在司法实践中多加探索，并结合检察工作的实际，通过立法和司法实践两个层面共同建立起一套独立适用于职务犯罪侦查人员出庭作证制度，才能更好地为实现程序和实体公正提供制度上的保障。

（一）立法层面的建议

通过人民检察院和人民法院两家配合，针对职务犯罪侦查人员出庭作证的启动规则、作证的范围、程序、方式以及违反作证义务的制裁等方面进一步制定细化规则，从而使职务犯罪侦查人员出庭作证制度能切实发挥其应有的作用。

1. 制定职务犯罪侦查人员出庭作证启动规则。根据2012年最新修改的

《中华人民共和国刑事诉讼法》第56条、第57条、第182条规定，侦查人员出庭作证的启动规则为：一是在开庭前，审判人员召集公诉人、当事人、辩护人、诉讼代理人，对非法证据排除问题了解情况，听取意见后尚不能完全排除的，方可进入法庭审理；二是在法庭审理过程中，审判人员认为可能存在法律规定的以非法方法收集证据的情形，对证据的合法性有疑问；三是法庭调查过程中，人民检察院（公诉部门）通过举证对证据收集的合法性无法证明的。只有依次经过以上三个启动规则，法庭才可以启动侦查人员出庭作证的程序，才能通知侦查人员出庭对其收集证据合法性予以证明。笔者认为，针对职务犯罪案件的特殊性，职务犯罪侦查人员出庭作证除了要符合以上三个启动规则外，还应该从立法上明确规定还须符合以下三个启动规则：

（1）只有经人民法院通知后，职务犯罪侦查人员才须出庭作证。不管是人民检察院提请法院通知职务犯罪侦查人员出庭作证还是法院依职权通知其出庭作证，或者是被告人及其辩护人提出申请要求，或者是职务犯罪侦查人员主动要求出庭说明情况的，最后都必须经人民法院允许并通知后才须出庭作证，否则无出庭作证的义务。

（2）职务犯罪侦查人员没有拒绝出庭的法定事由。对因公务、职务或职业上涉及应当保密的事实，因提供证言对自己或自己的亲属不利的，因战争、动乱、社会治安形势非常严峻等特殊原因，职务犯罪侦查人员享有可以不出庭作证的权利，当然为防止侦查人员借此推脱出庭作证，必须向控方或者法庭说明情况并经准许。

（3）经过调取同步录音、录像仍不能排除合理怀疑的。根据《排除非法证据规定》在启动侦查人员出庭作证这一程序之前，若公诉机关能向法庭提供讯问笔录，原始的讯问过程的录音、录像和其他证据，排除了刑讯逼供嫌疑的，则侦查人员可以不予出庭作证。如果经调取同步录音、录像资料且该录音、录像资料未经任何破坏、编辑、剪切、删除的，还是不能排除的话，职务犯罪侦查人员就必须出庭作证。

2. 明确规定职务犯罪侦查人员出庭作证的范围。职务犯罪侦查人员作证的范围主要涉及三个方面：一是对案件中的定罪事实作证，主要包括刑法关于犯罪的四个构成要件的证明。二是对量刑事实作证，特别是对被告人的罪轻情节的证明。三是就侦查过程中涉及的程序法事实作证，这是司法实践中最为紧迫的，特别是在被告人提出遭到违法取证、刑讯逼供等事由而当庭翻供时，职务犯罪侦查人员对相关程序法事实的证明能强化法官关于事实认定的程度。

笔者认为，职务犯罪侦查人员对辩方提出有异议的程序性侦查行为出庭作证主要包括以下内容：

（1）对常规侦查行为合法性和真实性的异议。由于检查、搜查、扣押等侦查行为获得的笔录不排除侦查人员的主观偏见及错误性的可能，故当辩方对该行为提出异议且有合理依据时，侦查人员应当出庭陈述自己的侦查行为，并对侦查中的专门性问题予以说明，从而利于法庭对其证据力作出全面判断。

（2）关于证人证言发生异议时的证明情形。当辩方声称证人证言是侦查人员通过刑讯逼供或其他非法手段获取的，而控方又不能妥善的证明时，或者律师取得的证人证言同侦查人员获取的证人证言有较大出入难以判断孰是孰非，并引起法官合理怀疑时，侦查人员应当出庭与被告人以及相关证人进行对质，以向法庭证实侦查取证行为的合法性，供法庭裁判。

（3）对证据来源及其保管存在异议。在某些控辩双方对于涉案的书证及物证真实性、来源合法性存在争议的案件中，或侦查人员提取、保管的证据由于客观和主观的原因存在变质、灭失的情形，或当事人对证据是否是原物存在异议（如可能被调换等情况），侦查人员作为证据的提供者应当出庭作证，对其整个提取或保管过程的合法性、适当性予以证明。

职务犯罪侦查人员出庭的范围主要是针对审判人员认为可能存在采取刑讯逼供等非法方法收集的言词证据，违反法律规定收集物证、书证，并严重影响司法公正的情形，职务犯罪侦查人员围绕收集证据合法性作出说明，不应涉及案件的其他情况。对于超出这一范围以外的发问、询问，出庭作证的职务犯罪侦查人员有权拒绝回答。

3. 规定职务犯罪侦查人员出庭作证程序

（1）申请职务犯罪侦查人员出庭作证的主体。根据修改后刑诉法第 57 条的规定，本条规定了侦查人员出庭作证的申请和决定的主体，即一是由检察机关提请法院通知有关侦查人员或者其他人员出庭，二是法院也可以依职权通知有关侦查人员或者其他人员出庭，三是有关侦查人员或者其他人员也可以主动要求出庭。同时，针对侦查人员普遍不出庭的情况，还明确规定，“经人民法院通知，有关人员应当出庭”。

笔者认为，尽管从诉讼格局而言，侦查是控诉的准备环节，其对控诉的成功与否有着实质性的影响，侦查人员也属于控诉一方的力量，但是从诉讼的终极目标来看，探求客观真实历来都是我们追求的重要价值。所以从权利属性的角度来看，申请职务犯罪侦查人员出庭作证的权利理应平等地赋予控辩双方。首先，职务犯罪侦查人员和控方（公诉人）都是检察人员，都代表国家履行检察职能，控方的职责在于代表国家控诉被告人的罪责，由控方负责证明被告人是否犯罪，应当承担何种刑事责任，且在一般意义上职务犯罪侦查人员具有强烈的控方证人色彩和强化控方控诉的功能。因此，控方是申请职务犯罪侦查人员出庭的主要力量。其次，辩方有权对非法侦查行为予以驳斥，以及认为被告人有法定从轻、减轻情节而侦查人员没有全面收集，导致可能产生不利判决的，辩方也应具有申请权，可以申请有关职务犯罪侦查人员出庭作证，而且应当对辩方的申请权给予实质性的保障。即辩方提出申请侦查人员出庭作证的动议时，除有法定理由，其必须出庭就相关事项接受当庭质证。只有在控辩双方对侦查人员以书面证言的方式没有异议的情况下，才免除其出庭的法定义务。同时，为防止辩方申请权的滥用，故其要申请职务犯罪侦查人员出庭作证须在庭审前提出书面申请，必须得到法官的批准。

（2）职务犯罪侦查人员庭审作证的审批主体及审查标准。审批职务犯罪侦查人员庭审作证的主体应是承办案件的法官。这样一方面可以避免出现控辩失衡的状况，另一方面也可强化法院的裁判权力，为确立庭审的实质化奠定制度基础。同时在涉及定罪、量刑重要证据的真实性及取证程序合法性问题时，也应赋予其决定职务犯罪侦查人员出庭作证的权利。有学者认为，法官要对控辩双方提交的侦查人员进行实质上的审查，从该侦查人员的证言是否与案件事实有直接联系、是否是本案审理的重要证据等方面进行“综合考虑”，由此作出是否准予出庭的决定。① 笔者认为这种考虑欠妥，法官对控辩双方的提请应只进行形式上的审批。首先，法官的“综合考虑”容易因其个人文化素养、不同的地域差别等因素形成不同解释，导致同等情况下的审批结论大相径庭，甚至相互矛盾，有损法律的权威性。其次，如果以法官的自由裁量为审查尺度，侦查人员在不愿出庭作证的情况下可能与法院协调，拒绝本应同意的出庭申请，这无疑是为违法取证者提供了规避法律的途径。所以，为保证职务犯罪侦查人员出庭作证制度的顺利推行，对于控辩双方任何一方提出的申请，只要符合提请出庭的形式要求，法庭都应许可，再通过当庭质证去伪存真。

（3）明确规定申请和通知职务犯罪侦查人员出庭作证的时间及违反出庭作证的义务制裁。由于职务犯罪侦查人员具有较强的控方证人的色彩，所以申请提出的时间和开庭前通知的时间都应在法律上作出明确的规定，职务犯罪侦查人员一旦接到法庭通知，就必须出庭作证。如果职务犯罪侦查人员违反了作证义务，可以根据其行为的严重性，进行不同处理。在情节轻微的情况下，可给予警告、开除等行政处分。

---

① 崔海威：《侦查人员出庭作证制度研究》，内蒙古大学硕士学位论文，2008 年 6 月，第 33 页。

(4) 根据案件性质确立职务犯罪侦查人员出庭作证方式。结合我国司法实践的现状并针对职务犯罪侦查工作的特殊性、艰巨性，侦查手段的保密性等特点，对职务侦查人员出庭作证方式的规定不能搞“一刀切”，根据案件性质及轻重作出不同的规定。

①贪污贿赂犯罪一般呈现隐蔽化和高智商化、窝串案交织的情形，犯罪嫌疑人都是具有一定社会地位的人员，社会关系网复杂且在其既倚重于言词证据，又面临着言词证据易变，特别是针对重特大的贪污贿赂案件，对犯罪嫌疑人的定罪量刑将对其产生致命的影响，反贪侦查人员必须出庭证明其取证的合法性时，我们可以借鉴西方发达国家的“隐蔽作证”制度中的积极因素。所谓“隐蔽作证”，或称隐名作证、秘密作证等，主要是指在刑事诉讼过程中，为了保护特定证人的人身财产安全，在不暴露证人身份信息、面貌特征甚至声音的情况下，通过特定的法庭隐蔽设备，运用现代科技手段，如现场闭路电视、电脑多媒体等，使证人接受控、辩、审三方的询问、质证，履行作证义务。“隐蔽作证”制度是证人出庭作证的一种特殊方式，也是实现对证人保护的一项重要措施①。当我们的侦查人员出庭作证并接受质询时，可以对侦查人员采取蒙面、变声、变像等。或者经法庭许可可以通过实时网线作证的方式，即证人通过电视网线或其他装置，不在法庭上直接露面，而在其他地方同时作证并接受同步质询。这样可以使得侦查人员减少在法庭上“抛头露面”的机会，其遭受打击报复的风险会降低，特别是基层院，县域范围相对较小，侦查人员通过这种方式出庭作证就能有效地降低风险系数。

②渎职犯罪的关键证据是要收集国家机关工作人员的职责依据，而国家机关工作人员职责的来源都有相关的规范性文件规定，这部分证据都是书证且此类犯罪大部分是过失犯罪，反渎侦查人员必须出庭证明其取证合法性时，侦查人员可以“直接作证”的方式，面对面接受质询。

（二）司法实践层面的建议

立法层面是长期发展的方向，其实现也需要一个过程，从目前司法实践层面上来讲，检察机关职务犯罪侦查人员自身应有所作为。具体而言，笔者认为，针对职务犯罪侦查人员不出庭作证的司法现状，职务犯罪侦查人员可以做好以下四个阶段的工作，增强对职务犯罪侦查人员出庭作证的应对能力。

1. 在侦查阶段，职务犯罪侦查人员注意收集证明自身取证合法性的证明

① 王刚：《试论我国“隐蔽作证”制度的建构》，载《吉林公安高等专科学校学报》2005 年第 2 期。

材料。根据《非法证据排除规定》的规定，被告人及其辩护人提出，被告人在侦查阶段的供述是非法取得时，应提供涉嫌非法取证的人员、时间、地点、方式、内容等相关线索或证据。从翻证翻供的实际情况来看，被告人最有可能在内容和取证方式上做文章，因此，职务犯罪侦查人员在侦查阶段注意收集固定犯罪嫌疑人相关证据材料的同时，也要注意固定收集证明自身取证合法性的证据材料。

一是注意固定能够证明所移送证据法律手续合法、齐全的证据，确保所有程序合法的证据到位；二是注意固定看守所收押前医院的体检报告以及看守所狱医收押时对犯罪嫌疑人身体检查结果的证据，确保证明犯罪嫌疑人进入看守所时身体正常，同时还要固定每次提审、还押犯罪嫌疑人的同步录音、录像电子证据，确保证明进入看守所之前以及每次提审期间都没有对其刑讯逼供的证据到位；三是注意固定同监号人员了解犯罪嫌疑人身体状况的证据，确保证明没有发现犯罪嫌疑人被刑讯逼供的证据到位；四是注意固定看守所管教民警与犯罪嫌疑人的谈心情况的证明以及律师会见犯罪嫌疑人后没有提出侦查人员非法取证的证据，确保证明犯罪嫌疑人没有向管教民警或律师提出过遭受非法取证的证据到位；五是注意固定驻所检察干警巡视提讯现场的证据，确保证明在日常监管时没有发现犯罪嫌疑人被非法取证的证据到位；六是注意固定审讯时同步录音、录像的记录证据，确保证明审讯活动文明规范的证据到位；七是注意固定犯罪嫌疑人亲笔书写的供词或表达侦查人员没有对其非法取证的证据，确保证明犯罪嫌疑人承认侦查人员没有非法取证的证据到位。

职务犯罪侦查人员注意固定收集了以上七个方面的证据材料，将对职务犯罪侦查人员出庭作证提供强有力的证据保障。

2. *在侦查终结之后移送审查起诉之前阶段，职务犯罪侦查人员要进行诉前证据审查。*职务犯罪侦查人员出庭作证的重要内容就是对自己收集的证据合法进行说明，只有用充分的证据来证明自己收集的证据是合法的，才能有效地追诉犯罪。那么在这种情况下，怎样才能更好地为职务犯罪侦查人员出庭作证提供有力的保障？笔者认为，建立职务犯罪案件诉前证据审查机制是有效的途径之一。职务犯罪案件诉前审查是指职务犯罪侦查部门在将职务犯罪案件移送起诉前，结合案件的具体情况，通过对案件证据的客观性、关联性和合法性的审查，对证据材料进行分析、鉴别，判断证据内容是否客观真实，形式是否合法完备，收集程序是否合法有效的内部审查活动，是一个

“去粗取精、去伪存真、由此及彼、由表及里”逐步深入的认识过程。① 由于诉前证据审查是由职务犯罪侦查部门内部人员进行的审查，在正式移送审查起诉之前，通过对证据来源、证据收集方式、证据表现形式等进行审查，对能够补正的瑕疵证据进行补正，对应该排除的非法证据进行排除，从源头和基础工作上切实把好事实关、证据关。在职务犯罪侦查人员要求出庭作证的情况下，职务犯罪侦查人员也能游刃有余地应对出庭作证，避免了在法庭审理的过程中，因案件出现非法证据而予以排除的尴尬境地，也为职务犯罪侦查人员出庭提供了有利的前置程序保障。

3. 在移送审查起诉阶段，职务犯罪侦查人员要与公诉人进行庭前沟通。职务犯罪侦查人员在侦查终结移送起诉后，保持与公诉人庭前沟通。因为公诉人长期从事审查起诉工作，形成了一定的思维定式，反思的成分多而侦查经验少，对案件的了解多来自已经形成的书面材料，而对案件的具体直接了解和感性认识相对较少，从而影响对案件全面细致的把握。而职务犯罪侦查人员对案件有着全面了解，在提前进行了必要的沟通后，对公诉人应对抗辩激烈、变幻莫测的庭审场面，及时调整审讯策略，有着不可或缺的作用。而职务犯罪侦查人员通过与公诉人进行沟通，也使得侦查人员从不同的角度去审视所办案件，思考如何使案件能经受住来自各个方面和层次的质证，在以后的侦查工作中，就能比较理性地、周密地开展侦查工作，侦查阶段便会有意识想方设法地去补全证据，固定证据，为出庭作证打好坚实的基础。

4. 在出庭作证阶段，充分展现检察官的风采。在法庭上，职务犯罪侦查人员是作为特殊证人，而不是去行使侦查职权，所以职务犯罪侦查人员在庭前做好充分的应对准备，在庭审中规范自己的言行举止，充分展现检察官作为法律监督者的风采是非常必要的，因此在司法实践中遵行一套规范的出庭作证模式，对职务犯罪侦查人员是非常必要的。

（1）在开庭前对作证内容形成书面材料。职务犯罪侦查人员在开庭前的作证准备是关系到他们能否在法庭上圆满完成作证任务的关键。首先，职务犯罪侦查人员应熟悉案情，提前与公诉人进行沟通，详细了解法庭审理出庭作证的步骤和要求，熟悉辩护方攻击的套路，掌握回答技巧，预判律师可能发难的方向和问题，并就拟出庭作证的事实和证据情况进行充分准备，对法庭审判过程中可能被问到的问题以及相关的证据要在出庭作证前形成书面材料，尽量做到脱稿陈述，当庭备用，避免因不恰当的作证方式而使公诉人陷入被动。其次，要清楚法庭传唤证人的顺序，清楚控、辩双方对自己提问的

① 杨迎泽主编：《检察机关刑事证据使用》，中国检察出版社2001年版，第150页。

内容，以便抓住重点。

（2）出庭作证着便装。因职务犯罪侦查人员是检察人员，在法庭上，公诉人也是检察人员，如果职务犯罪侦查人员着检察制服，必然会与公诉人发生冲突。因此，职务犯罪侦查人员应着便装，以表示对公诉人、法庭的尊重。

（3）出庭作证语言客观公正、简洁明了。职务犯罪侦查人员陈述要持客观公正的态度，尤其注意对犯罪嫌疑人或律师不要歧视。在法庭上作证就是为了让法庭知道当时的事实真相，而不是自己对此情况的态度和意见。出庭作证语言要简洁明了，用简明扼要的语言对取证过程和取证内容做客观真实的反映，以便法官和控、辩双方快速领会，确认收集证据方法的合法性。

（4）出庭作证行为举止自信端正。出庭作证的职务犯罪侦查人员要对法官和辩护人给予尊重，不卑不亢，有礼有节，模范履行法定程序和遵守法庭纪律，不能有特权思想。对作证的内容要表现出自信，在一定程度上能提高法庭对证言内容真实性的信任度。当职务犯罪侦查人员进入证人席后，应在得到法庭允许后再行入座，入座后应坐姿端正且目光平视前方，作证时不要面对公诉人或被告人作证，应面对法官作证。作证结束后，职务犯罪侦查人员应在法庭允许或法警指引下离开法庭。

综上所述，职务犯罪侦查人员出庭作证是一个亟待解决的司法现实问题，建立科学合理的职务犯罪侦查人员出庭作证制度，是强化侦查机关收集犯罪证据的法律效力和排除非法证据的必要手段，有助于实现程序公正和实体公正，对完善我国刑事诉讼制度起到积极推动作用。

程序公正与实体公正并重　彰显公平正义

——以非法证据排除规则的确立为视角

汤丽娟*　祝　轩**

【内容摘要】修改后刑诉法确立了一项重要的刑事诉讼证据规则——非法证据排除规则。非法证据排除规则作为一项重要的程序保障措施，具有独立的价值和作用，体现了程序公正的具体要求。与此同时，我国构建的非法证据排除规则，在非法证据的取舍、诉讼阶段和排除机关的设置上考虑了追求案件客观真实的需要，体现了实体公正的要求。该规则的确立成为修改后刑诉法坚持程序公正与实体公正并举的重要体现。

【关键词】非法证据排除规则　程序公正　实体公正　刑诉法

引　言

《刑事诉讼法》作为一部重要的刑事程序基本法，它的修改引起了社会各界的广泛关注。这充分说明在逐步迈向社会主义法治国家的当代中国，人民群众对公平正义的要求不断提高，不仅要求实现实体结果上的公正，还追求程序意义上的公正。此次刑事诉讼法修改，加强了对刑事诉讼程序机制的构建，努力追求并促成程序公正的实现。其中一个重点和亮点就是确立了“非法证据排除规则”，这项刑事诉讼证据规则的确立，对于完善我国刑事诉讼证据制度、规范侦查人员的取证行为、保障犯罪嫌疑人和被告人的合法权利、推进司法文明有着重大意义，成为修改后刑诉法坚持程序公正与实体公正并举的重大体现。

---

* 江西省上饶市人民检察院干部。

** 江西省上饶市信州区人民检察院干部。

一、非法证据排除规则彰显程序公正之光

（一）非法证据排除规则的确立是程序公正的必然要求

非法证据排除规则从立法的角度上看，经历了一个非常曲折和漫长的过程。1996 年刑诉法修改之后，在最高人民法院、最高人民检察院先后出台的一些刑事诉讼解释和规则中都有一个几乎内容完全一致的条文，就是对于采取刑讯逼供、威胁、引诱、欺骗等方法收集的被告人供述、证人证言以及被害人陈述等不得作为定案的根据。这是比较早的对非法证据排除的法律规定，但没有实际配套的非法证据排除的相关措施。这使得这些司法解释最终只能沦为一个口号。在此之后，无论是 2002 年预备的刑事证据立法，还是从十届人大期间就开始着手的刑事诉讼法修改，都曾经涉及非法证据的排除问题，但都纷纷夭折了。直到十七大以后，重新推动了中央司法体制和机制改革，中央 19 号文件列出了几十个刑事司法机制改革的专题，非法证据排除就包含其中，由此才有了司法改革的成果——2010 年《两个证据规定》的出台，其中一个就是《办理刑事案件排除非法证据的若干规定》，标志着我国非法证据排除规则的初步确立。直到修改后刑诉法的通过，在中国才有了真正意义上的非法证据排除规则。

司法公正包括程序公正与实体公正两方面。程序公正，即过程公正，指诉讼程序方面体现的公正。刑事案件的程序公正，其具体要求主要是：（1）严格遵守刑事诉讼法的规定；（2）有效保障当事人和其他诉讼参与人，特别是犯罪嫌疑人、被告人的诉讼权利；（3）严禁刑讯逼供和以其他非法手段取证；（4）司法机关依法独立行使职权；（5）前审判程序的应有透明，审判程序的公开；（6）在审判程序中，控辩双方平等对抗，法庭居中裁判；（7）按法定期限办案、结案。①

非法证据排除，简言之，即用非法手段得来的证据不能作为定案的根据，即便它的内容是真实的。修改后刑诉法确立的非法证据排除规则，实际上就是对程序违法行为的一种程序性制裁机制。因为非法证据排除就是直接否定违法取证行为所获取的证据的法律效力，这是对违法取证行为最为严厉的一种制裁机制。而且修改后的刑事诉讼法为加强非法证据排除的力度，在再审程序中明确规定，违法取得的证据未排除的是当事人申诉应当再审的法定事由，以确保非法证据排除不流于形式。由此可见，非法证据排除规则的确立

① 陈光中：《坚持程序公正与实体公正并重之我见——以刑事司法为视角》，载《国家检察官学院学报》2007 年第 2 期。

体现了程序公正的具体要求。

（二）非法证据排除规则的独立价值和作用

我国《刑事诉讼法》第1条明确规定刑事诉讼法的立法宗旨首先是“为了保证刑法的正确实施”，因此传统上习惯性地把刑事诉讼程序当做用来实现实体法的一种工具。这种“程序工具主义”的论断长期以来深深地影响着我国刑事诉讼的立法和司法。实践已经证明，这种对程序价值的认识是片面的、落后的。重实体轻程序、重结果轻过程的弊端已经逐渐被人们认清。我们应当认识到程序不仅具有促使实体法实现的价值，其本身也具有独立的价值。非法证据排除规则作为一项重要的程序保障措施，也同样具有其独立的价值和作用。

首先，非法证据排除规则的确立有利于保持法律规范的完整性，维护司法尊严。众所周知，法律规范必须具备三个要素（适用条件、行为模式、法律后果）。法律后果的设置尤其是程序性法律后果的设置是维护新法设计的诉讼模式权威性的保障。现行刑事诉讼法第43条及相关司法解释虽然对非法证据排除的适用条件和行为模式都进行了规定，但对用非法方法收集的证据的程序性后果——原则上不得采信却没有规定。而其结果必然是：程序的权威性、经过程序作出的决定的既定力会受到影响，同时又为恣意行为开了方便之门。① 而修改后刑诉法对非法证据规则的适用范围、适用程序、法律后果等都进行了规定，保持了法律规范的完整性，维护了司法尊严。

其次，非法证据排除有利于贯彻落实“尊重和保障人权”。司法实践已经反复地证明了这样一个事实，那就是非法证据的获取在很大程度上会侵犯公民的人身、财产、自由等权利，尤其是犯罪嫌疑人和被告人的合法权利。非法证据排除规则有利于防止公权力的滥用，有效遏制诸如刑讯逼供等侦查人员非法取证行为，维护犯罪嫌疑人、被告人的合法权利，从而有助于贯彻和落实宪法规定的，以及本次刑诉法修改中新添加的“尊重和保障人权”条款，实现刑事诉讼中的程序公正。

最后，非法证据排除有助于化解矛盾纠纷，息诉息访。近年来，刑事案件的处理引起当事人上访的数量不断增多。通过倾听上访者的诉求，笔者发现有的上访人并不是对案件的实体处理有异议，而是对案件处理过程中一些法定程序没有得到严格遵守表达强烈的质疑。实体问题可能会因为每个人的立场不同、对法律的理解不同而产生争议，而且会出现公说公有理、婆说婆有理，偏执一词的情况。程序问题则恰恰相反，刑事诉讼程序是立法者对各

① 樊崇义主编：《证据法学》，法律出版社2004年版，第112页。

诉讼主体事先设定的在诉讼程序中应当严格遵循的各项操作规程。因此，程序本身天然地具有规范性、确定性、公开性、不可逆性等特质。一旦有诉讼主体（尤其是公、检、法公权力机关）不遵守法定程序必然会引起其他诉讼主体的强烈不满。非法证据排除规则通过一系列的程序安排将以非法方法收集的证据排除在外，可以有效地化解上访者心中的不满和怨气。

二、非法证据排除规则保障实体公正的实现

（一）非法证据排除规则有利于实现实体公正

公正的裁判结果是司法机关通过整个诉讼过程所要达到的一种理想状态，体现了对实体公正的追求。而实体公正的实现必须要达到案件事实认定真实和适用法律正确的标准。从一定意义上说，程序公正是实现实体公正的有效途径。其原因有以下几方面：

第一，实体公正要通过程序公正来体现。尽管程序公正不一定有利于案件事实真相的发现，但案件的实体公正却离不开程序的公正，那些违反程序的做法，如超期羁押、刑讯逼供，在很大程度上导致错案的发生，无法实现实体公正。第二，公正的程序是诉讼活动结果公正的保障。程序是与无序状态相对立的，只有遵循一定的秩序循序渐进，充分尊重各诉讼主体的平等参与权，保障裁判者的独立和中立，才能保证诉讼的结果是公正合理的。第三，公正的程序能够有效地防止公权力主体的恣意。从某种意义上来说，刑事诉讼法是国家为了防止参与诉讼的官员们在司法活动过程中滥用权力而制定的一种程序法。要求警察、检察官、法官遵守刑事诉讼法的目的，是防止他们任意地剥夺公民的自由，追究公民的刑事责任。因此，公正的程序保障了司法人员对法律的严格遵守，从而实现实体公正。

非法证据排除的一大重要功能就是有利于实现实体公正。非法取证的手段主要是刑讯逼供，近年来，媒体对公安机关刑讯逼供问题的报道不断涌现，如杜培武案、佘祥林案、赵作海案等，这些因刑讯逼供导致的冤假错案已不再成为新闻，却每每触动我们的心灵。人们通常以为，刑讯逼供会直接导致冤假错案。但不少办案人员都会振振有辞：轻微的刑讯逼供不仅不会造成误判，而且还会因为“拿下口供”而侦破大量疑难案件。实际上，刑讯逼供不一定会导致错案，但冤假错案的背后往往会有刑讯逼供的阴影。① 因此，从证据内容上来看，非法证据不能说都是虚假的，其中有相当一部分是真实的。非法证据排除规则可能放纵罪犯，但其最大的优点是能够保证有罪判决的准

① 陈瑞华：《看得见的正义》，中国法制出版社2000年版，第187页。

确性。从这个意义上说，非法证据排除规则有利于防止或减少冤假错案，真正实现“准确查明案件事实以惩罚犯罪”这一实体公正的要求。

（二）非法证据排除规则的设置体现实体公正的要求

通过了解非法证据排除规则的立法过程和长期的司法实践，我们不难发现，虽然立法反对刑讯逼供，严禁刑讯逼供，实践中刑讯逼供却屡禁不止，始终存在，有时甚至严重地存在。其中一个重要的原因就是从客观存在的效果来看，非法证据更强调的是证据外在的东西，包括主体、程序要件、获取的方法等，并不考虑非法证据对案件事实和证明对象确有证明力。所以，如果我们把这样一些证据排除掉，势必会影响对案件事实的查明，就可能放纵真正的罪犯。既然非法证据的排除在有些时候不利于案件事实真相的查明，那么在立法设置上应该如何把握非法证据排除的范围呢？是否须要把所有的非法证据都排除呢？笔者认为，我们可以先看看国外的规定。

非法证据排除规则源于19世纪的美国。美国的非法证据排除规则主要包括三个方面。一是违反宪法第四修正案，即非法搜查和扣押的证据不得在联邦法庭上适用。可以看出美国的非法证据排除最早是针对物证，不是针对口供的。二是违反宪法第五修正案，即如果被告人的供述是通过依照自我归罪条款之规定构成“强制”的方式获得的，那么法庭必须排除该供述。也就是说违反了不得强迫自证其罪的要求获取的口供要予以排除。三是“毒树之果”。对于“毒树之果”，美国的态度是绝不手软，原则上一律排除，但也有四个例外：一是“善意例外”，二是“公共安全例外”，三是“必然发现例外”，四是“独立来源例外”。① 应该说，美国的非法证据排除的范围是比较广的，同时也有例外。英国则采用法官权衡原则排除非法证据，法国、德国等大陆法系国家对待非法证据也并不是一律排除，主要采取裁量排除。

从域外的情况来看，非法证据并非一律排除。修改后刑诉法在对非法证据排除规则的设置上也体现了这一原则，其根本原因就是为了更好地查明案件事实，实现实体公正。

1. 对不同的非法证据采取不同的排除规则。根据修改后刑诉法第54条第1款的规定②，我国的非法证据排除范围有三类证据。第一类，采用刑讯逼供

① 刘晓丹主编：《证据规则》，中国检察出版社2003年版，第158—224页。

② 修改后刑事诉讼法第54条第1款：“采用刑讯逼供等非法方法收集的犯罪嫌疑人、被告人供述和采用暴力、威胁等非法方法收集的证人证言、被害人陈述，应当予以排除。收集物证、书证不符合法定程序，可能严重影响司法公正的，应当予以补正或者作出合理解释；不能补正或者作出合理解释的，对该证据应当予以排除。”

等非法手段获取的被告人供述；第二类，采用暴力、威胁等非法方法收集的证人证言、被害人陈述；第三类，非法的实物证据。对于前两类适用绝对排除的原则，而对于第三类适用补正排除的原则。

非法实物证据和非法言词证据同样是取证程序违法的结果，但在排除规则上，对非法实物证据的排除标准相对较高：收集的程序不符合法律的规定；可能严重影响司法公正的；对于这两个方面不能作出补正或者合理解释的。为什么立法者会如此规定？主要是基于实物证据本身的特殊性，同时也是为了更好地实现实体公正。从非法实物证据和非法言词证据的区别来看：第一，侵犯的法益不同。实物证据的非法性不是体现在对公民人身权利的侵犯上。而非法言词证据的取得，无论是非法收集的口供，还是非法收集的证人证言、被害人陈述都严重侵犯了公民的人身权利。从所侵犯客体的法益来看，非法实物证据要轻，所以对它的排除标准要高一些。第二，证据的形成方式不同。言词证据是人的思维的产物，具有主观性和可变性，而实物证据存在于人的意识之外，形成于犯罪被发现之前（而且大多是犯罪行为发生之前或之时），具有较强的客观性和定型性。第三，证据的证明力不同。实物证据的客观性、真实性相对比言词证据高，实物证据的证明力与获取手段的关联性较弱，因此实物证据的证明力较言词证据而言更强。我们在证据采信时就不能仅仅盯着非法证据本身，还要考虑这个证据对案件事实的证明力。相反地，言词证据的非法性越强，对人身权利的侵犯越严重，所获得的口供、证人证言、被害人陈述的虚假可能性就越大。

2. 非法证据排除的诉讼阶段和排除机关的设置有利于案件事实的查明。从域外的规定来看，非法证据主要是在庭审阶段由法官来排除。从理论上来讲，严格意义上的非法证据排除就只能在庭审阶段来排除。因为“排除”就是指某个证据已经作为起诉犯罪的依据，并且提交给法院审查判断，有人提出它是非法证据应当予以排除。这样的证据只能在控方向法庭提交的过程中也就是庭审阶段才存在。因此，国外的非法证据排除就是在审判阶段。而在审前阶段，无论是侦查机关也好，检察机关也好，它对证据的收集和审查完全是一个自主行为。

我国确立的非法证据排除规则从审判阶段提前到了侦查和审查起诉阶段,① 笔者认为，这是具有中国特色的非法证据规则，适合中国国情，有利于司法实践。理由有二：第一，有利于及早排除非法证据，发现案件真实。将

① 修改后刑诉法第 54 条第 2 款：“在侦查、审查起诉、审判时发现有应当排除的证据的，应当依法予以排除，不得作为起诉意见、起诉决定和判决的依据。”

非法证据排除的责任赋予侦查机关（部门）和检察机关，有利于及早地将非法证据排除出刑事诉讼程序，给侦查机关（部门）更多的时间搜集合法有效的证据，给检察机关提起公诉提供有力的保障，同时也减轻了审判机关在庭审阶段排除非法证据的压力。第二，有利于规范侦查机关（部门）收集证据的行为，调动侦查机关（部门）、检察机关排除非法证据的责任感和积极性。这在当前我们的政法部门转变诉讼理念，强化程序意识的大背景下有着特殊的意义。非法证据排除规则写入刑诉法，反馈给侦查机关（部门）和检察机关的重要信息就是要使其知道必须合法地收集、审查证据，违法收集的证据要被排除，而且是自己主动排除。这样的法律规定一旦成为了司法机关的自觉行为，必将极大地推动我国的法治进程。

三、非法证据排除规则体现程序公正与实体公正并重

（一）程序公正与实体公正并重是修改后刑诉法的应有之义

程序公正和实体公正是司法公正的重要组成部分，关于二者的关系，主要存在以下三种观点：一是程序优先论。即认为程序公正是司法公正的逻辑起点，但当程序与实体发生冲突时，程序比实体优先。二是并重论。即认为实体与程序并重，将程序公正和实体公正视为“车之两轮，鸟之双翼”。三是实体优先论。即认为实体是目标，程序只是保证目标的手段。受司法文化传统的影响，过去我国长期存在着“重实体、轻程序”的理念和做法，加上很长一段时间以来“程序工具主义”观点的盛行，司法实践中普遍的做法是片面追求实体公正，忽视程序公正。更多地关注一个人是否构罪，如何判刑，至于怎么进行刑事诉讼、怎么认定有罪等程序性问题则比较轻视。

自1996年刑事诉讼法修改以来，全社会特别是法律界对程序公正的理念开始有所认识，时隔16年，人民群众的程序意识已经大幅度提高，本次修改后刑诉法突出程序公正的独立性价值，使得程序公正与实体公正犹如一币之两面，相互依存、相辅相成。修改后刑诉法通过设置合理的程序性制度，如严格执行审限制度，证人出庭作证制度，完善一审、二审和审判监督程序等，使公正的结果通过正当的程序形成。这种结果实际上成为公正的程序运作过程的必然结果，即使实体发生错误，也必须通过公正的程序加以纠正。换言之，即从公正的程序本身而不是外部寻找实现实体公正的道路。由此可见，实体公正与程序公正是刑诉法的血肉与灵魂，共同构成刑事司法制度的终极依归。①

---

① 《始终坚持程序公正与实体公正并重》，《检察日报》2012年7月25日。

（二）非法证据排除规则是程序公正与实体公正并重的突出体现

程序公正与实体公正并重是刑诉法的应有之义，这是我们回答程序公正与实体公正关系的基本观点。但在立法和司法过程中，一个焦点问题时常困扰着我们，那就是当程序价值与实体价值发生冲突的时候，应该作何种取舍。修改后刑诉法确立的“非法证据排除规则”对非法证据范围的取舍、诉讼阶段和排除机关的设置，在一定程度上反映了立法者对程序价值和实体价值的取舍，但在本质上体现了程序正当与发现案件真实并重的刑事诉讼目的。

刑事诉讼中的程序正义只能是一种“不完善的程序正义”，即使完全恰当地遵守每一项程序，也很难保证在个案当中实体公正的全面实现，而发现案件事实并据此作出公正裁判毕竟是司法的终极目标，这又决定了确立非法证据排除原则并不等于对所有以非法手段获取的证据均不加选择与分析地一概予以排除。如前文所述，随着法制的发展，特别是两大法系的融合，绝对的非法证据“采用说”和完全的非法证据“否定说”已很难觅寻，取而代之的是具有折中色彩的“裁量排除说”和“排除例外说”。我国确立的“非法证据排除规则”既在原则上规定了排除非法证据的效力，体现了程序优先的原则；又在有利于追求案件客观真实的情形下对部分非法证据的采信作出相对宽松的规定，体现实体优先的原则。因此，当具体条文的设置涉及程序公正和实体公正的价值冲突时，立法者会做一定的取舍，但从整个非法证据排除规则的确立来看，体现的是程序公正和实体公正并重的刑事诉讼价值理念。

结　语

程序公正与实体公正二者的关系，中外学者见仁见智，莫衷一是。笔者认为，此次修改后刑诉法的修改，从总体上说是将二者并重对待，犹如“车之两轮，鸟之双翼”。从非法证据排除规则的设置上看，既体现了程序优先的原则，又在某些情况下采取了实体优先的原则。非法证据排除规则对我们检察工作提出了更高的要求和挑战，因此我们检察人员应当仔细琢磨立法者的良苦用心，在遵循和适用非法证据排除规则时，将程序公正与实体公正很好地融合和统一在一起，依法履行法律监督职责、维护司法公正。

试论修改后刑诉法之程序公正及检察机关对程序公正的实践运用

郭勉飞*　边　穹**

【内容摘要】程序公正在刑事诉讼中具有重大意义，修改后刑诉法对程序公正有具体体现，检察机关应坚持程序公正和实体公正并重。

【关键词】程序公正　实体公正　修改后刑诉法　并重

司法公正具有严格执法的目的，但是，很长一段时间以来，有不少司法工作人员把处理案件结果上的公正视为司法公正的全部内容，在这一观念的支配下，重实体轻程序成了一个带有普遍性的问题和倾向。随着司法改革的深化，如何确保程序公正已为立法机关及司法机关所关注。1997 年，首次修改后的刑诉法实施；2003 年，修改刑诉法再次列入全国人大常委会立法规划。2012 年 3 月 14 日，全国人大表决通过关于修改刑事诉讼法的决定。刑事诉讼法的不断完善，见证着我国刑事诉讼走向文明、公正的征程。人民群众不仅要求实体结果上的公正，还追求程序意义上的公正。此次刑事诉讼法修改，坚持实体公正与程序公正并举，加强对刑事诉讼程序机制的构建，对侦查、起诉、审判、执行以及特别程序等进行了重要完善，努力追求并促成程序公正的实现。

一、程序公正的含义及其在刑事诉讼中的重大意义

程序公正，又称过程公正，是指在诉讼程序方面体现的公正，包括程序立法公正和程序执行公正。程序公正在刑事诉讼中具有重要的现实意义。

（一）程序的价值

首先在于保证实体价值的实现。如果程序的设计和实施是公正的，则在多数情况下得出的实体结论会是公正的。司法人员在诉讼过程中不能只满足

---

* 江西省峡江县人民检察院检察长。
** 江西省峡江县人民检察院干部。

于追求程序公正，而须进一步认真实现实体公正的目标。其次在于其独立价值，程序公正本身直接体现出来的民主、法治、人权和文明的精神，其不依附于实现实体公正而存在，本身就是社会正义的一种重要内容。公正的刑事诉讼程序，如文明取证、公开审理、保障辩护权等，一方面直接体现司法活动的民主和人权精神，另一方面会使案件的处理客观公正。所以，程序公正既是手段，又是目的。

（二）程序公正是看得见的公正

英国有句古老的法律格言："正义不但要伸张，而且必须眼见着被伸张。"这与我们当前提出的"以公开促公正"大体是一致的，都强调了司法程序公开的重要性。通过公开准确适用程序，让诉讼参与人和社会公众从公开的程序运作过程中看到公正的实现过程，对处理结果连同其据以形成的合理根据表示认可和满意，让正义以看得见的方式及时实现。①

（三）程序公正是实体公正的基础

程序公正是实现实体公正的前提和重要保障，综观我国发生的冤假错案，几乎都与司法机关不严格遵循程序法有关。无论是云南的杜培武案件，还是湖北的佘祥林案件，其错误审理过程中都隐含着一个"牺牲你一人幸福千万人"的错误司法逻辑！程序不公正可能导致实体上的错误，程序的公正有利于及时查明案件事实。正确选择和适用法律，从而有力地保障实体法内容的实现，而实体的公正也必须通过公正的程序才能实现。

能否充分行使好法律规定的各项诉讼权利事关当事人的实体权利能否得到保护，事关法律规定能否在司法实践中得到执行。在现代社会，随着公民法律意识的增强，倡导民主已成为一种趋势，而程序公正正是民主的必然产物。修改后刑诉法倡导诉讼民主，要求诉讼活动中要全面听取犯罪嫌疑人辩解和辩护人、被害人及其诉讼代理的意见，正确认识律师在刑事诉讼中的重要地位和作用，防止和纠正妨碍律师依法执业的行为。可以这么说，程序不公是对当事人基本权利的一种剥夺。没有程序上的公正，实体公正就会成为一句空话，法律规定的当事人诉讼权利也就无从实现。

实体是否正确是一个认识论上的问题，而公正则是一个价值判断的问题。在司法实践中有一种误解，认为只要发现了事实真相，结果就是公正的，即使发现这一结果的程序是违法的。我们应当清醒地认识到，事实真相的发现和结论的正确性已经不是司法活动的唯一目标，司法还必须实现程序的正义，

① 冯新华：《强化程序意识实现程序公正与实体公正并重》，载《人民检察》2012年第15期。

在追求“真”的同时，也在追求“善”。因为，刑事司法不仅要受到认识论的制约，还要受到价值论的指引。唯有如此，我们才能维护人类社会最基本的价值，才能实现程序的正义、程序的公平以及程序的人道。否则，实体正义也将无法实现。正是从这个意义上讲，程序正义构成了实体正义的基础。

（四）程序公正有助于化解矛盾纠纷

近年来，一些刑事案件的处理之所以引起当事人上访，有的并不是因为实体上有什么问题，而是法定程序没有得到严格遵守。程序公正在提升诉讼当事人的主体地位的同时，也通过公开、公正、透明的程序安排，使得诉讼主体能够有效地参与到刑事诉讼过程中来。通过这样一种程序安排，可以有效化解诉讼主体心中的不满、怨气，让其能心平气和地接受司法处理结果，有助于化解矛盾纠纷，解决涉法涉诉上访的难题。

二、修改后刑诉法程序公正之体现

公正的法律程序，对于限制随意性、任意性执法，化解矛盾，缓解冲突，补救权利，防止权力滥用，树立政法队伍形象，都有十分积极的作用。在现代社会，程序法是否完备，是衡量一个国家法制文明、司法公正、诉讼民主、人权保障程度的重要标志。

修改后的刑事诉讼法，彰显了程序公正：

（一）健全侦查程序，完善强制措施

健全侦查程序，规范侦查行为是刑事诉讼法修改的重要任务。本次刑诉法修改，着重完善了讯问犯罪嫌疑人的程序和必要的侦查措施，同时强化对侦查措施的规范和监督，防止滥用。其主要内容为：根据侦查取证工作的实际需要，增加规定了口头传唤犯罪嫌疑人的程序，适当延长了特别重大复杂案件传唤、拘传的时间，增加规定了询问证人的地点，完善人身检查的程序，在查询、冻结的范围中增加规定债券、股票、基金份额等财产，并根据侦查犯罪的实际需要，增加了严格规范技术侦查措施的规定。

本次刑诉法修改重点完善了逮捕、监视居住的条件和程序，以及采取强制措施后通知家属的规定。针对司法实践中对逮捕条件理解不一致的问题，本次刑诉法修改将刑诉法关于逮捕条件中“发生社会危险性，而有逮捕必要”的规定细化为以下情形：可能实施新的犯罪；有危害国家安全、公共安全或者社会秩序的现实危险；可能毁灭、伪造证据，干扰证人作证或者串供；可能对被害人、举报人、控告人实施打击报复；企图自杀或者逃跑。这样使得逮捕有据可循，使得公权力不能越雷池一步，保障了公民的人身自由不受非法侵害。为保证检察院正确行使批准逮捕权，防止错误逮捕，本次刑诉法修改增加规定了检察院审查批准逮捕时讯问犯罪嫌疑人和听取辩护律师意见的程序，以及在逮捕后对羁押必要性继续审查的程序。

（二）规范司法行为，遏制刑讯逼供

规范司法行为，是我国司法改革确定的一项重要任务。刑讯逼供是司法实践中久禁不绝的一种丑恶现象，不仅严重侵犯人权，损害司法公信力，而且是造成冤假错案的重要原因。此次刑诉法修改，在规范司法行为、遏制刑讯逼供方面采取了一系列重要举措。关于讯问犯罪嫌疑人的程序，在坚持“严禁刑讯逼供和以威胁、引诱、欺骗以及其他非法的方法收集证据”规定不动摇之外，又增加规定“不得强迫任何人证实自己有罪”。针对司法实践中刑讯逼供行为多发生于将犯罪嫌疑人送交看守所之前的情况，本次刑诉法修改明确规定，在拘留、逮捕后应当立即将被拘留、逮捕人送看守所羁押；增加规定犯罪嫌疑人被送交看守所羁押后，侦查人员对其进行讯问，应当在看守所内进行；并规定对讯问过程实行录音、录像的制度。此外，本次刑诉法修改还正式确立了非法证据排除规则，规定对采取刑讯逼供等非法方法获取的犯罪嫌疑人、被告人供述，应当予以排除，不得作为起诉意见、起诉决定和判决的依据。

（三）健全审判程序，提高诉讼效率

审判是决定被告人是否有罪和判处刑罚的关键阶段。审判程序的改革完善是此次刑事诉讼法修改的重头戏，涉及内容广，修改条文多，改革力度大。现择其要者，简述如下：

1. 调整简易程序适用范围，完善第一审程序。本次刑诉法修改将简易程序审判的案件范围，修改为基层人民法院管辖的可能判处有期徒刑以下刑罚、被告人承认自己所犯罪行的案件。同时，根据审判工作实际，对第一审普通程序中的案卷移送制度、开庭前的准备程序、与量刑有关的程序、中止审理程序等都作了补充完善。此外，在证据制度部分，为保证证人、鉴定人出庭作证采取了一系列措施，实际上是与庭审程序改革相关的重要内容。同时，还根据审判实践需要，对审判期限作了适当调整。

2. 明确第二审应当开庭审理的案件范围，对发回重审作出限制性规定。一是为保证案件的公正审理，本次刑诉法修改明确了第二审应当开庭审理的案件范围，增加规定：上诉人对第一审认定的案件事实、证据提出异议，可能影响定罪量刑的，被告人可能被判处死刑的上述案件等，第二审人民法院应当开庭审理。二是为避免案件反复发回重审，久拖不决，增加规定：对于因事实不清或者证据不足，第二审人民法院发回原审人民法院重新审判的案件，原审人民法院再次作出判决后，被告人提出上诉或者检察院提出抗诉的，第二审人民法院应当依法作出判决或者裁定。三是为落实上诉不加刑原则，避免发生在上诉案件中第二审人民法院发回重审，下级人民法院在重审中加刑的情况，增加规定：第二审人民法院发回重新审判的案件，除有新的犯罪事实、人民检察院补充起诉的以外，原审人民法院不得加重被告人的刑罚。

3. 对死刑复核程序作出具体规定。为保证死刑复核案件质量，本次刑诉法修改明确规定：最高人民法院复核死刑案件，应当作出核准或者不核准死刑的裁定。对于不核准死刑的，最高人民法院可以发回重新审判或者予以改判。同时增加规定：最高人民法院复核死刑案件，应当讯问被告人，辩护律师提出要求的，应当听取辩护律师的意见。

（四）完善辩护制度，扩大法律援助

为切实解决司法实践中律师辩护长期存在的“会见难、阅卷难、取证难”等老大难问题，本次刑诉法修改在完善辩护制度方面具有很多亮点。首先，明确律师在侦查阶段介入诉讼的辩护人身份，将现行立法关于犯罪嫌疑人在侦查阶段只能聘请律师提供法律帮助的规定修改为“犯罪嫌疑人在侦查期间可以委托律师作为辩护人”。其次，保障了律师会见在押犯罪嫌疑人的权利。本次刑诉法修改规定，除危害国家安全犯罪、恐怖活动犯罪、特别重大贿赂犯罪案件外，在侦查期间律师会见在押的犯罪嫌疑人不须经侦查机关批准。辩护律师持律师执业证书、律师事务所证明和委托书或者法律援助公函要求会见在押的犯罪嫌疑人、被告人的，看守所应当及时安排会见。辩护律师会见犯罪嫌疑人、被告人时不被监听。最后，保障了律师阅卷的权利。本次刑诉法修改规定，在审查起诉和审判阶段，辩护律师均可以查阅、摘抄、复制本案的案卷材料。

为贯彻公民在适用法律上一律平等的宪法原则，加强对诉讼弱势群体的特别保护，本次刑诉法修改还进一步完善了法律援助制度。具体表现在：第一，扩大了法律援助的适用对象。按照现行法律规定，被告人是盲、聋、哑、未成年人和可能被判处死刑而没有委托辩护人的，人民法院可以指定承担法律援助义务的律师为其提供辩护。本次刑诉法修改将此适用对象扩大至可能被判处无期徒刑而没有委托辩护人的情形。第二，提前了法律援助的适用时间。现行法律规定，法律援助只发生在审判阶段，只适用于具有法定情形的被告人。伴随着立法允许犯罪嫌疑人在侦查期间委托律师作为辩护人，本次刑诉法修改同时将法律援助的时间提前至侦查阶段，明确当犯罪嫌疑人具有法律规定适用法律援助的各项情形时，有权得到法律援助。第三，明确公安机关、人民检察院和人民法院一样，均有应当通知法律援助机构指派律师为法律援助对象提供辩护的义务和责任。

（五）强化监督程序，力促司法公正

检察机关履行诉讼监督职责，体现了司法制度的完整性和公正性，对保证司法活动统一正确适用法律，具有最直接、最及时和最具体的意义，是增强司法制度整体公信力的必要条件。①

1. 增添了诉讼监督的内容，扩展了诉讼监督的范围。根据现行法律规定，检察机关对刑事诉讼的法律监督主要体现在四个方面，即刑事立案监督、刑事侦查监督、刑事审判监督、刑事执行监督。此次刑诉法修改，为强化检察机关的诉讼监督职能，扩展了检察机关诉讼监督的范围，增添了诉讼监督的内容。例如，关于检察机关对死刑复核程序的监督问题。“关于修改刑事诉讼法的决定”新增规定：“在复核死刑案件过程中，最高人民检察院可以向最高人民法院提出意见。最高人民法院应当将死刑复核结果通报最高人民检察院。”除此之外，此次刑事诉讼法修改，增设了“对实施暴力行为的精神病人的强制医疗程序”。强制医疗程序，尽管不追究相关行为人的刑事责任，但强制医疗其实质是剥夺了被申请人的人身自由。为了保证强制医疗程序的正确适用，保护被申请人的合法权利，必须发挥检察机关的监督作用。本次刑诉法修改除了在强制医疗程序注意设置法律援助和法律救济程序外，增加规定：“人民检察院对强制医疗机构的执行活动是否合法实行监督。”

2. 丰富了诉讼监督的手段，明确了诉讼监督的效力。长期以来，检察机关行使诉讼监督权时，因缺乏监督手段或者监督效力不明确而影响监督的实效。此次刑事诉讼法修改，注意总结司法实践经验和理论研究成果，适当增加了诉讼监督的手段，明确了诉讼监督的效力。例如，在贯彻非法证据排除规则、强化侦查监督方面，“关于修改刑事诉讼法的决定”规定：“人民检察院接到报案、控告、举报或者发现侦查人员以非法方法收集证据的，应当进行调查核实。对于确有以非法方法收集证据情形的，应当提出纠正意见；对于以非法方法收集证据，构成犯罪的，依法追究刑事责任”。显然，发现违法行为是纠正违法行为的前提，要强化检察机关的侦查监督，首先要保证检察机关的知情权和调查权，因此授权检察机关对侦查机关非法取证行为进行调查核实，是十分必要和有效的。

综上所述，我国的刑事诉讼制度进一步走向民主化、科学化，尊重和保障人权已成为刑事诉讼法的指导思想和重要任务，程序正义的独立价值愈来愈为人们所认识和重视。

---

① 方工：《司法权威漫谈》，载《人民检察》2012年第9期。

三、以程序公正促进实体公正的愿景

刑事诉讼法不仅是保护犯罪嫌疑人、被告人合法权益的宪章，也是保护公民权益的宪章，只有严格遵循程序法的规定，才能更好地落实实体权益，才能依法保障人权。近期，在上海召开的全国检察长会议上，曹建明检察长强调检察机关要强化“五个意识”，并通过执法办案，进一步做到“六个并重”，凸显了在刑事诉讼中程序意识和程序公正的重要意义。

实体公正是案件的最终指向点，意味着当事人的权利得到保障、法律价值得到彰显，而程序公正则保障诉讼参与人充分有效地参与到诉讼中来，进而有效趋向实体公正。如果说实体公正是目的的话，那么程序公正就是手段和前提，程序公正与实体公正具有内在的一致性，总体上说是统一的，其终极目的都是追求纠纷的公正解决。程序公正和实体公正正如“车之两轮，鸟之双翼”，互相依存，互相联系，检察机关在贯彻落实修改后刑诉法司法实践中，应努力做到程序公正与实体公正有机统一，坚持程序公正与实体公正并重，以程序公正推进实体公正。

在实践中，要牢固树立程序意识，切实改变“重实体、轻程序”的倾向，真正把程序公正作为保证办案质量、实现实体公正的前提和基础。这次刑诉法修改通过完善强制措施、证人鉴定人出庭作证、侦查期间的辩护等，不仅有利于保障当事人的权利，而且有利于彰显程序价值，实现司法公正。各级检察机关应当高度重视程序公正对提升执法公信力的重要意义，让正义看得见、不迟到、不失衡、不打折。在每一个执法办案环节都必须符合刑事司法程序规范，通过公正的制度安排，有效化解双方当事人心中的不满、怨气，使得胜败皆遵法，减少涉法涉诉上访，维护社会和谐稳定。

程序公正有助于落实“尊重和保障人权”的原则，有助于划定权利与权力之间的界限，有助于提高检察机关的执法公信力。各级检察机关要严格执行修改后刑诉法的新规定，切实防止和克服程序违法现象，依法保障诉讼参与人的合法权利，应当严格贯彻、落实关于拘留、逮捕和指定居所监视居住后通知家属，犯罪嫌疑人在侦查阶段可以委托辩护人，辩护律师在侦查期间可以会见在押的犯罪嫌疑人，自检察机关审查起诉之日起可以阅卷，制定监视居住不得在羁押场所、专门的办案场所执行等各项规定，忠实于立法宗旨，把握立法原意，切实保障诉讼参与人的程序性权利。同时，积极构建对程序违法行为的救济机制，使正义之光普照全部诉讼环节。

在强化证据意识的基础上，各级检察机关要完善案件的管理机制，充分发挥案件管理机制在执法办案过程中的积极作用，确保诉讼程序的公开、透明，充分发挥案件管理在案件统一受理、结案审核、办案期限预警、办案程序监控、涉案财务监管和办案质量评查等方面的积极作用。加强案件管理机制建设，依托信息平台，实现对执法办案的统一、归口、全程、动态管理，以有效管理促进规范执法，提高办案质量和效率，强化内部监督制约，为程序公正的实现提供可靠的制度机制保障。

程序公正和实体公正是刑诉法的精髓所在，共同构成刑事司法制度的终极依归。各级检察机关要在思想上同等重视，实践中同等对待，以先进理念为引领，不断提高执法规范化水平，确保修改后刑诉法得到不折不扣的落实。

坚持实体公正与程序公正并重

——以检察机关贯彻非法证据排除为视角

朱金辉　廖文佳*

【内容摘要】修改后的刑诉法首次以立法的形式明确了非法证据排除规则，并规定了检察机关具有排除非法证据的权力和义务。检察机关应准确把握排除非法证据的范围和程序，进一步强化相关配套工作，确保非法证据排除规则得到严格、准确、有效的贯彻执行，做到坚持实体公正与程序公正并重。

【关键词】实体公正　程序公正　非法证据排除

公正是人类追求的永恒价值目标，是司法机关的灵魂和生命线，事关社会和谐稳定大局。实现司法公正，必须强化程序意识，始终坚持实体公正与程序公正并重，不能有轻重先后。近年来发生的杜培武案、佘祥林案、赵作海案等，都一定程度上存在侦查机关取证过程中一味追求破案率，忽视实体公正与程序公正并重的价值取向，通过非法程序或手段取得证据，从而导致冤、错案的发生。修改后的刑诉法第54条至第58条用了5条8款的内容，对非法证据排除作了详细规定，确立了非法证据排除规则，划分了非法证据的范围，为非法证据的内涵、外延进行了科学的界定，对于非法证据排除的时间、程序进行了较为具体的规定。为此，本文试从检察机关贯彻非法证据排除规则的角度审视实体公正与程序公正并重。

一、非法证据排除规则坚持了实体公正和程序公正并重

非法证据的取舍，在本质上体现了实体公正与程序公正的价值冲突。主张实体公正优先的，认为只要能“还原”客观事实的证据，无论证据的取得是否合法，都应一律采用。而主张程序公正的，认为从维护被告人合法权益的角度出发，非法证据应一律排除。随着法治的不断推进，这两种学说都在

---

* 江西省广昌县人民检察院干部。

不断融合，出现了“折中说”，即非法证据排除规则要坚持实体公正与程序公正并重。修改后刑诉法通过的非法证据排除规则，体现了我国现行程序与实体并重的价值取向，一方面司法过程中适用非法证据排除规则是为了保证程序公正；另一方面对非法证据的裁量过程也是实体公正实现的过程。①

（一）非法证据排除规则体现了程序公正价值追求

一是非法证据排除在程序上确保了司法公正。探究所有冤错案件成因的背后，不难发现都存在刑讯逼供、非法取证的影子。尤其是言词证据，主观性强，可变性大，以刑讯逼供、暴力取证等非法方法收集，其真实性完全没有保障，“捶楚之下，何求不获”。非法证据的取得使得刑事诉讼的程序公正荡然无存。从程序公正的角度看，非法证据排除是司法机关依法对刑事诉讼中取证行为的合法性进行判断和评价的过程，而判断和评价的标准在于取证行为是否遵循了法定的方法和程序。非法证据排除制度就是在司法过程中，通过程序公正来实现对实体公正的追求，确保了司法公正。②

二是非法证据排除体现了尊重和保障人权。程序公正在本质上体现了限制公权、尊重和保障人权。司法实践中，通过刑讯逼供、暴力、威胁、引诱、欺骗等非法手段取得证据，使被刑讯者的肉体和精神遭到摧残，这种强迫的方式事实上剥夺了犯罪嫌疑人接受公正审判的权利，无疑将犯罪嫌疑人置于非常危险的境地。通过确立和完善非法证据排除制度，对非法取证行为进行否定性评价，能够使非法取证一方承受不利的程序结果和实体结果，消除非法取证的心理动力，从而达到尊重和保障诉讼参与人各项权利的目的。

三是非法证据排除有利于化解矛盾，促进社会和谐稳定。程序公正可以缓解和淡化案件当事人对裁判结果的不满。近年来，对刑事案件处理结果不满而引发的社会矛盾不断上升，许多当事人认为司法机关没有严格按照程序公正的要求收集证据，对司法机关心存不满。非法证据排除将以非法方法或程序收集的证据排除在外，确保了程序公正，给刑事案件当事人以公正的对待，使其自愿接受裁判结果，有效地化解了当事人的不满和怨气。③

（二）非法证据排除是保障实体公正的现实需要

非法证据排除有利于防止冤假错案，保障了实体公正。近年来，从海南黄亚全、黄圣育抢劫杀人案到云南杜培武杀妻案、湖北佘祥林杀妻案再到赵

---

① 杨晓：《对非法证据排除规则的法哲学思考》，载《中国检察官》2011 年第 4 期。

② 宋英辉：《排除非法证据，保障司法公正》，载《检察日报》2010 年 6 月 8 日。

③ 陈敏：《非法证据排除规则的实践理性思考》，载《国家检察官学院学报》2011 年第 3 期。

作海杀人案，这一系列冤假错案浮出水面，主要是因为使用刑讯逼供、暴力取证等强制手段提取言词证据。许多侦查机关往往为追求破案率，为了将某个人定罪，在办案过程中不遵守法律的规定，不惜以非法手段收集证据，以违法证据定罪，这将从根本上动摇国家权力存在的基础。刑事错案是一连串事件的结果，其病根多在于侦查阶段的非法取证。因刑讯逼供、诱供等非法取证收集的证据往往与客观事实不相符，其结果必然导致裁判结果的不公正。非法证据排除首先将不真实的证据排除在外，防止了冤假错案的发生，保障了实体公正。正如美国大法官克拉克所说：摧毁一个政府最快的方法是政府本身不遵守自己制定的法律。这说明遵守和维护法律比将某个人定罪更为重要。如果司法机关不惜以非法证据对被告人定罪，就会破坏法制的严肃性，侵犯整个社会的利益。因此，非法证据排除表面上对打击犯罪造成不便，但维护了社会最终的整体利益，体现了实体公正。

二、当前我国检察机关贯彻非法证据排除存在的问题

修改后的刑诉法将非法证据排除扩展到检察机关的审查环节，这一举措强化了检察机关的法律监督权，在一定程度上实现了实体公正和程序公正并重。但是，检察机关在贯彻非法证据排除这一规则的理念上、运作上仍然存在诸多不足之处，未能真正体现实体公正和程序公正并重。

（一）在理念上没有坚持实体公正与程序公正并重，忽视非法证据的审查

在司法实践中，检察人员审查案件过程中往往存在“重实体、轻程序”、“程序虚无主义”等理念，只重视案件处理的结果，却忽视了案件的处理程序，其结果导致侦查部门违法调查、违法取证等现象时有发生。这样做的结果，往往是不仅达不到实体公正，而且损害了法律的权威，损害了检察机关的形象，甚至导致冤假错案的发生。从近几年暴露出来的一些重大刑事错案和一些办案过程中出现的重大事故来看，大多与办案人员严重违反法定程序，采取非法手段获取证据有关。从一些涉检上访的情况来看，许多当事人因为检察机关在审查案件过程中忽视了贯彻非法证据的排除理念，对检察机关处理过程认为不公造成了不满。①

（二）法律规定检察机关适用非法证据排除不具体，不能体现坚持实体公正与程序公正并重

修改后的刑诉法，在第 54 条至第 58 条规定了非法证据排除规则，并相

① 李红辉：《检察机关排除非法证据的法理分析》，载《中国刑事法杂志》2012 年第 5 期。

应地规定了检察机关接到报案、控告、举报或者发现侦查人员以非法方法收集证据的，应当进行调查核实，以及在侦查和审查起诉等环节中负有排除非法证据的职责。但修改后刑诉法只是从权力赋予的角度明确了检察机关具有的相关职权，而检察机关在排除非法证据的制度运作上仍然存在着概念界定不清、程序设置不详、证明责任不明等许多不足之处，如果没有程序规则的制度化保障，赋予检察机关的这一职权也只能是原则性的宣示，必然会给实际操作带来困难，导致检察机关在排除非法证据这一问题上难以有所作为，从而不能真正体现坚持实体公正与程序公正并重原则。①

（三）未赋予检察机关调查核实非法证据的必要期间

修改后的刑诉法并没有赋予检察机关调查核实非法证据的必要期间，在有限的办案期限内，案件承办人不得不拿出一定时间调查核实非法取证的工作。在司法实践中，因为时间的原因，案件承办人将更多时间放在实体上的审查，而对于非法证据的调查核实往往都是程序性的了解，未进行实质上的调查，在一定程度上制约了非法证据的排除质量，也体现了检察机关在贯彻非法证据排除规则时并没有真正实现实体公正与程序公正并重的价值理念。

（四）没有赋予检察机关对非法取证的追究职权，一定程度上影响了实体公正与程序公正并重的实现

近年来，因侦查机关刑讯逼供、暴力取证等非法取证行为造成的冤假错案频发，既严重损害了程序公正，更使实体公正不能实现。然而，对于一些非法取证行为，法律并没有赋予检察机关法律监督职权，往往是侦查机关内部作出一些简单而没有实际效果的处理，如对非法取证的侦查人员诫勉谈话或警告等，这些都不能实质上杜绝非法取证行为的再次发生，在一定程度上影响了非法证据排除规则对实现实体公正与程序公正并重的价值追求。

三、检察机关完善非法证据排除的路径

（一）转变理念，强化学习，不断提升检察干警自身素质

从检察机关层面上讲，主要是要加强检察机关自身的建设。一是检察人员在审查案件过程中应转变“重实体、轻程序”的理念，坚持实体公正与程序公正并重的价值理念，在审查实体公正的同时，更加注重审查程序公正，进一步强化非法证据排除理念。二是检察干警要树立明确的监督意识。宪法赋予检察机关职权，不仅仅是让其惩罚犯罪，更主要的是让其承担对整个诉讼活动全面监督的职责。这就要求检察机关在具体审查案件时，要站在一个

---

① 谢佑平：《检察机关与非法证据排除》，载《中国检察官》2010年第11期。

客观、中立的角度，监督公安机关的侦查活动、法院的审判活动等。三是检察干警要提升自身业务能力。为更好地实现检察机关的监督职能，检察机关应通过提前介入等方式参与、引导侦查机关对案件的讯问、取证等，从而实现对侦查活动的动态监督，而该机制的良好运作需要检察干警具备过硬的业务素养。

（二）从具体操作层面上，完善检察机关非法证据排除的程序设置

检察机关贯彻非法证据排除规则，应从检察职能出发，着重在程序上完善检察机关排除非法证据的机制，做到符合工作实际，提升案件质量，实现司法公正。

一是启动的主体。修改后的刑诉法第55条明确了非法证据排除的主体除了检察机关以外还有犯罪嫌疑人及其辩护人。对此，启动主体应有依犯罪嫌疑人申请启动和检察机关依职权启动两类。

二是启动的时间。对于检察机关来说，当案件进入其职权范围后，在审查批准逮捕和审查起诉的任何时间内，只要检察人员发现侦查机关所提交的证据存在非法取证的可能，就应该中止正在进行的审查程序，对证据的合法性进行调查。而对于犯罪嫌疑人来说，在批准逮捕阶段，应当在检察机关作出批准逮捕决定之前提出。在审查起诉阶段，则应当在收到起诉书副本之前提出。

三是非法证据排除的审查措施。检察机关在非法证据排除方面享有主动审查的职权，通过调查核实发现非法证据相关线索，收集相关非法取证的证据。第一，依法讯问犯罪嫌疑人，询问证人，收集非法取证的人员、时间、地点和方式等相关证据。第二，检查犯罪嫌疑人的身体是否受伤。主要是查阅犯罪嫌疑人进出看守所的健康检查记录。第三，向侦查人员调查核实取证情况，有必要明确侦查机关积极配合的义务。第四，要求侦查机关及时提供原始讯问过程的录音、录像。通过同步录音、录像，发现是否有非法取证的行为。只有这样，才能使检察机关的职权真正地用到调查核实非法取证的实践中。①

（三）保障检察机关调查核实非法证据的必要时间

检察机关在启动非法证据排除程序后，由于时间的限制，往往未进行实质上的调查，在一定程度上制约了非法证据排除的质量。为保障检察机关调查核实非法证据的必要时间，但又不能占用犯罪嫌疑人的羁押期限，笔者认为，可以从以下两个方面进行：一是如犯罪嫌疑人被依法羁押，检察机关在

① 孙振江、李晓龙：《刑事诉讼法修改对公诉部门的挑战及其应对——以非法证据排除程序的构建与完善为视角》，载《中国检察官》2012年第7期。

启动非法证据排除程序后应指派案件审查人之外的专人在审查期间负责调查核实非法证据是否存在。二是如犯罪嫌疑人未被羁押，在司法实践中检察机关的审查期限较长，在审查案件时可由案件审查人进行调查核实。①

（四）建立非法取证责任追究机制

我国修改后刑诉法并没有规定侦查机关非法取证的法律后果。对此，检察机关作为法律监督机关，应赋予其具有对非法取证的侦查机关进行惩罚的权力。如应赋予检察机关有严格追究非法取证的案件承办人过错法律责任的权力，从而规范侦查行为，从证据层面有效构筑对执法办案全流程的动态监督制约机制，确保执法办案的公平公正。

① 卞建林：《检察机关与非法证据排除》，载《人民检察》2011年第12期。

坚持全面客观收集审查证据与坚决依法排除非法证据并重

论检察机关实施修改后刑诉法中如何体现“六个并重”

——以非法证据排除规则适用为视角

徐胜平*

【内容摘要】 检察机关对非法证据排除规则的准确合理适用，集中体现了“六个并重”的要求。检察机关在非法证据排除规则适用中要取得预期效果，还面临不少的现实困难。检察机关侦监、公诉部门应从转变执法观念、注重证据细节、规范排除程序、细化核查标准、明确排除后果等方面入手，确保非法证据排除规则在审查逮捕、审查起诉环节适用取得实效。自侦部门也应更新办案观念，转变侦查模式，全面客观收集证据，慎用侦查策略，完善侦查机制，建立专门队伍，积极应对非法证据排除规则带来的挑战。

【关键词】 检察机关　修改后刑诉法　“六个并重”　非法证据排除规则

2010年6月，两高三部颁布了《关于办理刑事案件排除非法证据若干问题的规定》，对非法证据排除程序作出了详细规定。修改后刑诉法吸纳了其中的主要内容，标志着非法证据排除规则正式入法。非法证据排除规则体现了我国刑事诉讼法在打击犯罪与保障人权、程序公正与实体公正、司法公正与诉讼效率、监督制约与支持配合上的有机统一，对于推进我国现代法治文明进程具有里程碑式的重大意义。检察机关在非法证据排除规则适用中负有重要职责，审查逮捕、审查起诉都是非法证据排除的重要环节，更为重要的是，检察机关对非法证据排除规则的准确合理适用，集中体现了“六个并重”特别是惩治犯罪与保障人权并重、程序公正与实体公正并重、全面客观收集审查证据与坚决依法排除非法证据并重、司法公正与司法效率并重，所以，非

* 江西省南昌市人民检察院检察长。

法证据排除规则的适用事关检察机关应对修改后刑诉法挑战的成败大局。下面，笔者就检察机关在非法证据排除规则适用中如何体现“六个并重”略陈管见。

一、检察机关适用非法证据排除规则的现实困难

虽然学界和实务界均一致认同非法证据排除规则入法的重大现实意义，但是，笔者认为，非法证据排除规则在修改后刑诉法实施中也不会是一路坦途，相反，检察机关在非法证据排除规则适用中要取得预期效果，还面临不少的现实困难。

1. 公安机关现有的侦查和取证条件受限。目前，不少基层公安机关的办案经费不能得到很好的保障，侦查手段比较落后，缺少先进的侦查设备和仪器，更缺少专业的侦查人员，在案件侦查过程中，收集证据尤其是实物证据困难，从而无法改变依赖被告人口供的传统做法。如果犯罪嫌疑人不供述，将难以形成系统、完整的证据链，给案件的批捕、起诉工作造成很大的困难。因此，如果检察机关严格实施非法证据排除规则，可能导致在现有的侦查条件下使犯罪嫌疑人因为证据不足而无罪释放，给公安机关破案造成很大的压力，使案件实体真实的查明受到影响，从而造成被害人的不满和上访，甚至引发群体事件，对社会稳定造成负面影响。

2. 基层公安人员素质有待提高。目前基层公安人员的素质高低不一，部分公安人员未经过专业的技术培训，学历背景普遍不高。非法证据排除规则是对公安人员违法取证行为的制裁，也是对犯罪嫌疑人权益的救济和保护，目的是要警示公安人员，使其不再采用违法手段收集证据，虽然直接的制裁对象不是公安人员个人，但是却是对公安侦查办案工作的一种否定性评价。要使公安人员服从该规则并内化为一定的自觉性，就要求公安人员认真学习非法证据排除规则，透彻理解该规则保障人权的深远意义，并在实践中积极贯彻。而目前基层大多数公安人员每年接受的培训不多，即使有学习和培训也大都不是对法律知识的学习，更不是旨在提高公安人员的法学素养。因此，基层公安人员的素质有待提高是实施非法证据排除规则的一大不利条件，也是基层公安人员对非法证据排除规则持保守甚至抵制态度的原因之一。①

3. 司法人员重实体、轻程序的观念有待转变。无论是公安人员还是检察人员都在一定程度上重视实体真实的查明而非程序的正当性，在观念上难以

---

① 刘晓彤：《我国非法证据排除规则的确立任重道远——基于基层司法现状的实证分析》，载《研究生法学》2012年第2期。

适应非法证据排除规则的要求。不少公安人员、检察人员主观上不愿意看到非法证据排除规则的出台，一定程度上认为对非法证据进行排除会削弱对犯罪行为的打击力度，关键证据的排除会对案件的办理、定性、审查和庭审产生不良影响。有的侦查人员甚至认为在刑事诉讼中程序问题难以落实，过分追求程序会增加办案成本，因此应当更加注重实体，在主观上排斥非法证据排除规则。司法人员难以在观念上接受非法证据排除规则，在一定程度上阻碍了非法证据排除规则在司法实践中的落实和运用。

4. *检察机关人案矛盾制约了非法证据排除规则的适用。*根据刑事诉讼法的规定，检察机关审查批准逮捕时间是7天，审查起诉时间是1个半月，审限这么短主要是因为我国刑事案件的审限与逮捕羁押期限合二为一，因此，为了避免对犯罪嫌疑人的长期羁押，我国严格控制刑事案件的审理期限。但是，审查批捕和审查起诉期限设置得如此短就使得检察人员的办案压力较大，加上目前多数检察机关都存在不同程度的人案矛盾，所以可能会使检察人员对于非法证据排除规则的适用态度不积极，甚至发现了存在非法取证的可能也置之不理。因为如果检察人员要对非法证据进行调查核实，容易导致超时限，这本身也是重大的程序违法。这就在一定程度上制约了非法证据排除规则的适用，易使检察人员对于非法证据排除规则的适用持抵制和消极态度。

5. *检察机关发现非法证据线索后的调查存在难度。*如刑讯逼供获得的非法证据能够成立的关键是表现在犯罪嫌疑人被屈打成招所留下的伤情，包括致命伤和非致命伤，这就需要医学专家对犯罪嫌疑人的伤情进行及时检查、固定和鉴定。但是在立法上，犯罪嫌疑人和辩护人没有直接委托法医等医学专家进行伤情检查或者鉴定的权限，只能申请补充鉴定或者重新鉴定权。司法实践中，犯罪嫌疑人在看守所或者羁押场所意外受伤，有关机关一般都不会及时地对可能属于刑讯逼供的伤情证据进行固定。这就会给犯罪嫌疑人及其辩护律师欲对非法证据的生成原因进行举证带来一定的困难，同时也对检察机关发现非法证据线索后的调查带来困难。

6. *律师作用发挥受限以及法律援助制度不完善。*目前，律师在我国刑事诉讼中发挥的作用有限，多数律师对其在刑事诉讼中提出非法证据排除申请感到力不从心。法律赋予辩护律师的多种权利都难以在刑事诉讼程序中行使，律师作用受限就使得律师提出非法证据排除申请的积极性降低。此外，由于我国法律援助制度不健全，仍然有大部分犯罪嫌疑人和被告人得不到辩护律师的帮助，在没有律师帮助的情况下，犯罪嫌疑人和被告人很难提出具有高度专业性的非法证据排除申请。即使提供了指定辩护的，指定辩护人获得的报酬低，提出非法证据排除申请的积极性自然也就不高。因此，我国司法实践中难以落实法律规定的律师权利，尚未建立完善的法律援助制度，未能充分发挥律师在非法证据排除中的作用，也是影响检察机关实施非法证据排除规则取得理想效果的重要原因。

二、检察机关侦监、公诉部门适用非法证据排除规则主要对策

两高三部《关于办理刑事案件排除非法证据若干问题的规定》第3条规定："人民检察院在审查批准逮捕、审查起诉中，对于非法言词证据应当依法予以排除，不能作为批准逮捕、提起公诉的根据。"检察机关负有排除非法证据的职责，极具中国特色。① 作出这一规定的主要原因在于，一方面英美法系国家非法证据的听审主要是在审判前进行，负责裁定案件事实的陪审团不参加，从而达到排除效果，而我国不采用陪审团制度，法院在排除非法证据听审的过程中，审判人员可能已经了解了非法证据的内容，并有可能在他们决定案件事实时产生影响。不阻断审判人员与非法证据的接触，可能影响排除的效果。为此，我国检察机关在审查批准逮捕、审查起诉阶段预先排除了非法证据，将减少非法证据在法院审判中出现的机率，效果肯定比在审判中排除更好。另一方面非法证据排除规则的基本原理是非法取得的证据不得用作对当事人不利的证据，检察机关在审查批准逮捕和审查起诉过程中，可能作出对当事人不利的决定，根据非法证据排除规则的原理，非法证据也就自然不得作为作出这些决定的依据。② 检察机关侦监、公诉部门检察人员要充分认识在审查逮捕、审查起诉环节排除非法证据的必要性，在非法证据排除规则适用中充分体现"六个并重"。

1. 转变观念，充分保障公民的合法权益。首先，侦监、公诉部门检察人员应当树立主动审查、依职权排除非法证据的观念。确立这一理念是检察机关的宪法定位所决定的。检察机关是国家的法律监督机关，对侦查机关是否依照刑事程序法律的规定来行使侦查权进行监督是履行法律监督职责的体现。要真正使监督权有效行使，就应当主动发现问题、纠正错误，包括主动对侦查机关的取证手段、取证程序等是否合法进行监督，以此来制约侦查权，使其在法律设定的程序和范围内行使，实现司法办案的公正性。若在审查时轻信口供，只追求书面审查，对犯罪嫌疑人提出的非法取证线索不记录，不汇

---

① 陈光中：《刑事证据制度改革若干理论与实践问题之探讨——以两院三部〈两个证据规定〉之公布为视角》，载《中国法学》2010年第6期。

② 杨宇冠、孙军：《构建中国特色的非法证据排除规则——〈关于办理刑事案件非法证据排除若干问题的规定〉解读》，载《国家检察官学院学报》2010年第4期。

报，也不回应，实际上已经是一种渎职的行为，会为后面的司法程序带来很大的隐患。其次，要树立惩治犯罪与保障人权并重的理念。惩治犯罪与保障人权这两种价值目标共存于刑事诉讼活动之中，体现了程序价值。两者之间并不存在必然的对立，在刑事诉讼活动中，两种价值目标能实现融合和统一。侦监、公诉部门检察人员应当始终坚持惩治犯罪与保障人权两只砝码公平、均衡地放置，谨慎地校正，不能使任何一方过度倾斜而导致刑事诉讼的理性天平失去平衡。

2. *注重细节，细致审查发现非法证据*。在审查逮捕和审查起诉过程中，检察人员应当充分注意细节，以一种如履薄冰的心态和精神，对于每一个证据的来源、实体以及程序都要细致审查，不放过任何一点证据疑点和纰漏，确保被采用的证据是合法有效、客观真实的证据。对于证据状况复杂的案件，还应反复仔细阅卷，查找证据间差异和矛盾，不能遗漏或忽略任何一段供述、任何一句陈述、任何一个数字。不能盲目相信鉴定结论、辨认笔录等证据，要用证据理论、生活常识和经验法则来度量每个证据的合理性。另外，在审查言词证据时，要审查言词证据取得的时间是否反常，言词证据上的细节是否对应，言词证据的内容是否符合生活常理。对于有需要的，要求侦查机关在对犯罪嫌疑人第一次讯问时做到同步录音、录像，防止有刑讯逼供行为的发生。① 对案件证据审查的认真、全面、细致，既是检察人员办案责任心的必然要求，也是全面客观审查证据与坚决依法排除非法证据并重的具体体现。

3. *合理设计，规范排除非法证据程序*。（1）程序的启动与初步审查。侦监、公诉部门可以依职权启动程序排除非法证据，并进行初步审查。另外，犯罪嫌疑人及其辩护人或诉讼代理人在此时亦可以成为非法证据排除程序的启动者。针对犯罪嫌疑人及其辩护人或诉讼代理人的申请，侦查、公诉部门应对证据的收集是否合法进行初步审查。经初步审查可以确定是非法证据的，则可以依法排除。（2）听证程序的设立。如果侦监、公诉部门经初步审查后，一时无法判断是否非法，则可以启动听证程序对存在质疑的证据的合法性进行判断和决定。在听证主体上，听证程序是司法性程序，因此，犯罪嫌疑人一方、侦查机关及检察机关均应参与。审查批准逮捕和审查起诉阶段的检察人员相对于侦查机关和犯罪嫌疑人而言具有中立的地位，侦查机关则类似于控诉方，犯罪嫌疑人类似被告方。犯罪嫌疑人有权对证据的合法性提出质疑，侦查人员应当证明证据的合法性。在具体运作上，听证程序应由检察人员主

---

① 田涛、杜恬君：《检察机关对于非法证据排除规则的理解与运用》，载《南方论丛》2012 年第 1 期。

持，侦查人员和犯罪嫌疑人（包括其辩护人或代理人）共同参加，围绕有异议证据的合法性进行质证。在质证的过程中，侦查人员和犯罪嫌疑人双方可以提供证据，并进行辩论。检察人员最后根据双方意见及提供的证据进行判断，决定是否排除，且无论是否排除均应出具书面意见，阐述理由及依据，将书面意见送达双方。① （3）非法证据的处理。在提起公诉时，笔者认为，检察机关应将排除的非法证据单独存档备案，不宜同其他证据一起移送到审判机关，防止非法证据让承办法官产生先入为主的影响。

4. 结合实际，制定非法证据核查细则。实践中，侦查人员为了突破案件，在讯问犯罪嫌疑人的过程中，往往需要一些讯问的手段和技巧。侦监、公诉部门检察人员在进行证据审查过程中，如何区分侦查策略与法律所禁止的威胁、引诱、欺骗等手段，是适用非法证据排除规则的难点之一。龙宗智教授提出，应当承认威胁、引诱、欺骗等讯问手段在特定的刑事侦查活动中具有实践必要性及法律容许性。同时，对威胁、引诱、欺骗的容许应有必要的限度，否则操作起来会非常混乱。对威胁、引诱、欺骗的讯问手段的运用应当遵循三项基本原则，即法定原则、真实原则和合理性原则。② 还有学者认为，对威胁、引诱、欺骗的讯问手段应当以不违反被追诉人在供述时的意志自由，不影响供述的真实性为限度。③ 笔者认为，确立非法证据排除规则的目的在于保障犯罪嫌疑人的权益和保证证据的真实性，因此非法证据的认定也应当以是否侵害了公民生命权、健康权等实体性权利和是否损害了证据的真实性为标准。具体而言，当犯罪嫌疑人或辩护人提出排除非法证据的申请时，侦监、公诉部门检察人员可以从以下几个方面进行核查：（1）听取犯罪嫌疑人或辩护人提出非法证据排除的理由，并核实其提供的线索或相关证据；（2）综合同一案件中的其他证据，对犯罪嫌疑人或辩护人提出质疑的证据进行真实性考察；（3）要求侦查人员对证据来源、取证过程进行说明，证实证据的合法性，同时可以调取侦查人员审讯时的监控录像以及犯罪嫌疑人入所前的体检表；（4）必要时，可以邀请侦查人员出庭作证，通过法庭的质证，证实侦查人员证言的真实性；（5）要求公安机关重新补充相关证据、发出纠正违法通知书，必要时可以立案进行调查。

---

① 龙碧霞：《检察机关适用非法证据排除新规定之我见》，载《法制与社会》2012年第6期。

② 龙宗智：《威胁、引诱、欺骗的审讯是否违法》，载《法学》2000年第3期。

③ 徐美君：《侦查讯问程序正当性研究》，中国人民公安大学出版社2003年版，第194页。

5. *加强沟通，明确拒不纠正的法律后果。*检察机关在发现有非法证据后，应当找到相关侦查人员进行调查了解，而部分侦查人员会因此而产生抵触情绪，甚至不配合调查。从国外司法实践来看，易引发取证主体及其所在机关的抵触情绪，从而形成检警关系的紧张局面。这在我国表现得更为明显。我国的侦查、起诉人员在办案中都有很强烈的“口供情结”，一旦排除非法证据，尤其是排除非法口供，那么同一案件的退侦、退查现象会大量出现，必然会影响办案质量，在侦、诉配合当中可能会形成较多的工作隔阂。因此，在检察人员发现有非法证据时，应在调查核实时，与侦查人员建立一个沟通的过程。当然，确实有些侦查人员为了逃避责任，或者为了省事，会对检察机关提出的相关线索不以为然，或者对于应当补充侦查的不予配合。对于检察机关调查核实确有非法收集证据情形并提出纠正意见，侦查机关拒不纠正的，可以引入建议更换侦查人员制度。在实施细则中明确规定，检察机关可以限期纠正，侦查人员在期限内若没有纠正，应作出书面合理说明，若侦查人员既不纠正又不作出说明或者作出的书面说明不合理的，检察机关可建议侦查机关更换侦查人员，侦查机关应将更换的情况书面告知检察机关，且不得无故不更换。

三、检察机关自侦部门适用非法证据排除规则主要对策

修改后刑诉法确立了非法证据排除规则，这也使检察机关自侦工作的取证程序和取证方式面临着更高的挑战，侦查人员在适用非法证据排除规则中要坚持“六个并重”，严格依法、文明规范取证，确保获取证据的证明能力。

1. *更新办案观念，确保办案质量。*虽然理论界逐渐认识到了程序具有不依附于实体的独立价值，但是仍然有不少自侦部门的侦查人员忽视程序的价值，认为在刑事诉讼中应当将重点放在实现最大限度的实体公正。非法证据排除规则将程序提高到了可以为了实现程序正义而在一定程度上牺牲实体真实查明的地位，而上述侦查人员的观念则与此背道而驰，因此要接受该规则，首先必须转变观念，重视程序的价值。在现有的办案条件及办案水平下，职务犯罪主要依靠讯问来获取证据，尤其是连续讯问。但随着对人权保障的倾斜，连续讯问的时间可能越来越短，这对以“突破口供”为主要查案方式的自侦部门来说，办案的难度也随之增大。同样，非法证据排除规则的确立，对讯问方法的限制，对程序性要求的增加，都会限制侦查权，增加办案难度。这些都要求自侦部门应当更新观念，将执法观念由注重对犯罪的追究和惩治转变到注重依法保障诉讼主体的合法权益，淡化侦查过程中的职权主义色彩，自觉限制侦查权膨胀，将维护公民的基本权利放在首位，充分保障犯罪嫌疑

人及其辩护人在侦查程序中的合法权利。①

2. *转变侦查模式，强化证据意识。*自侦案件侦查模式转变是检察机关侦查工作改革的发展趋势和发展方向所在。转变侦查模式是自侦工作应对修改后刑诉法所带来挑战的最有效途径。当前，检察机关的侦查模式主要是传统的以收集言词证据为主的“由供到证”的侦查模式，一般是自侦部门在掌握了一定的犯罪线索后，通过讯问犯罪嫌疑人获取口供，继而再以犯罪嫌疑人的口供为线索收集其他证据。这种侦查模式存在诸多弊端，最主要的就是导致“口供主义”流行，容易诱发刑讯逼供等侵犯犯罪嫌疑人合法权益的行为，损害检察机关的执法公信力。在修改后刑诉法实施后，“由供到证”的侦查模式与新形势下自侦工作面临的新要求之间的不适应将愈发凸显。自侦部门要大力推进侦查信息化和装备现代化建设，强化线索的管理和利用，强化证据的收集和固定，努力实现“由供到证”侦查模式向“由证到供”侦查模式的转变，以有效应对非法证据排除规则适用带来的挑战。②

3. *加强案件初查，全面客观取证。*修改后刑诉法规定了非法证据排除规则，体现了惩治犯罪与保障人权并重的立法精神，这一重大修改要求自侦部门更加注重案件初查工作，在立案前尽可能全面客观收集证据，避免立案后可能出现的因为辩护人申请非法证据排除而导致案件证据不足。修改后刑诉法明确规定检察机关可以决定使用技术侦查措施，这是国家基本立法层面对检察机关查办职务犯罪工作的有力支持。对自侦部门来说，技术侦查措施在收集和固定证据、减少对犯罪嫌疑人口供的依赖、拓展办案成果、有效应对犯罪嫌疑人反侦查及翻供等方面作用重大。自侦部门要以此为契机，进一步拓展侦查手段，如电子侦听、电话监听、电子监控、秘密拍照或录像、秘密监视（秘密跟踪和守候监视）等应当成为检察机关职务犯罪侦查的重要法定手段。同时，还要进一步提高自侦部门科技装备的使用，包括对远程监控指挥系统的应用，逐步实现远程案件指挥、案情通报、案件讨论、协查联络、证据传送、信息共享等功能，充分实现科技强检在自侦工作中的价值和功能，积极应对修改后刑诉法的实施。

4. *慎用侦查策略，防止非法取证。*修改后刑诉法删除了“欺骗”、“引诱”，仅保留“刑讯逼供”、“暴力”、“威胁”，笔者认为，这对于现阶段的自

---

① 周晓东：《浅议非法证据排除规则给职务犯罪侦查带来的机遇和挑战》，载《法制与社会》2012 年第 1 期。

② 唐润清：《“两个证据规定”视野下的贿赂犯罪侦查取证工作改革初探》，载《当代检察官》2011 年第 5 期。

侦工作来说是有利的。在司法实践中，讯问技巧本身就包含有部分“欺骗”的成分，比如说侦查人员并没有掌握充分的证据，却称已经掌握了充分的证据，用以压倒犯罪嫌疑人的气势，攻破其心理防线。如果绝对排除“欺骗、引诱”所得证据，将会导致在讯问中束手束脚。但是，如果该“欺骗、引诱”直接决定了供述的内容，这种情况必须加以警惕，例如，侦查人员按照自己的设想通过引诱、欺骗的方法让犯罪嫌疑人供述，或者将他人已作陈述告诉被讯问人，要求被讯问人必须按这样供述，或者说被讯问人交代了就可以办理取保等，这些很容易导致虚假证据，应当被包含在“其他方法”中加以排除。①

5. *积极开拓创新，完善侦查机制。*检察人员要敢于创新，努力推进相关制度建设。首先要进一步完善侦查工作一体化办案机制。侦查工作一体化办案机制是反贪侦查工作的经验总结，是提高侦查效率、排除办案干扰的有效方法。它可以通过加强案件线索的统一管理、侦查活动的统一组织指挥协作，有针对性地灵活运用提办、参办、督办、指定管辖、异地羁押等办案方式，达到集中优势兵力打好歼灭战的目的。② 其次要进一步完善和规范讯问同步录音、录像制度，尤其要做到全程同步录音、录像，条件成熟时还可以在讯问环节引入其他第三方（包括律师），防止刑讯逼供。如果讯问过程的合法性发生争议，全程同步录音、录像就是有力的证据。最后要建立完善的技术侦查工作机制。要运用好技术侦查措施，关键是要建立一套完善的工作机制，严格依法使用，坚决杜绝滥用。具体而言，要严格遵循立案后适用原则，即只有在立案之后才可以采取技术侦查措施，这一点绝不能逾越；严格遵循重罪使用原则，即只有对重大的贪污、贿赂犯罪案件才可适用技术侦查措施；严格遵循必要性原则，即只有对犯罪嫌疑人实施严重犯罪存在理由充分的怀疑，采取其他侦查手段无效时方可适用；严格遵循相关性原则，即适用对象只能是犯罪嫌疑人及相关人员，对采取技术侦查措施获取的材料，只能用于对犯罪的侦查、起诉和审判，不得用于其他用途；严格遵循严格审批原则，即必须经过严格的批准手续，绝不能越权使用；严格遵循交有关机关执行原则，即检察机关决定使用的技术侦查措施，必须交由相关司法解释明确的“有关机关”予以执行。

6. *加强侦查培训，建立专门队伍。*首先，要提高侦查人员收集和固定证

---

① 佟立群，史丽英：《刑事诉讼法修订对我国非法证据排除规则的影响——以检察机关自侦工作实务为视角》，载《辽宁公安司法管理干部学院学报》2012 年第 8 期。

② 蒋石平：《论我国刑事程序的“行政化倾向”》，载《法学评论》2008 年第 4 期。

据的能力。在反贪侦查中，要使贪污贿赂犯罪人受到刑事追究，关键取决于侦查人员收集和固定证据的能力。① 自侦部门有必要对侦查人员进行有针对性的培训，通过培训，提高侦查人员依照法定程序收集和固定证据的水平。其次，要加快侦查专门化人才培养的步伐。检察机关自侦部门要认真落实《全国检察机关职务犯罪侦查人才培养计划》，加强队伍专业化建设，提高反贪干警的侦查实战能力，同时着眼于执法办案的实际需要，大力引进和培养专门人才。最后，要优化侦查队伍的专业结构。检察机关自侦部门要建立一支多学科相结合的技侦队伍，要侧重于对侦查人员侦讯技能及相关专门知识（如会计知识、计算机知识、技术和秘密侦查知识等）的培训，自侦队伍中既要有熟悉多项技能的多面手，还要培养某项技术的高端、专家型人才。

总之，法律的生命在于实施，法律的权威来自执行。检察机关要扎实做好实施修改后刑诉法的各项准备，真正使“五个意识”和“六个并重”深入检察人心，植根实践沃土，从而更好地强化法律监督、维护公平正义、推动科学发展、促进社会和谐，为全面建成小康社会提供强有力的司法保障！

① 王建明：《论反贪侦查技能建设》，载《人民检察》2004 年第 11 期。

论口供补强规则的具体运用

肖巍鹏*

【内容摘要】 为最大限度地避免口供产生的风险，刑事诉讼法规定了口供补强规则，体现了保证口供真实和防止侵犯人权的诉讼价值。用以补强口供的证据应具有可采性、可靠性与独立性。作为一项经验法则，该规则的落脚点不在于法律条文的规定，而在于实践的具体运用，且应从补强范围与补强程度两个方面予以展开。

【关键词】 口供补强　证据规则　证明标准　人权保障

修改后《刑事诉讼法》第53条对原《刑事诉讼法》第46条作了较大修改，在肯定“重证据、不轻信口供，不依口供定罪”的基础上，明确规定了证据确实、充分的三个条件。应当说，这一法条的修改不仅再次原则性地规定了口供补强规则，而且还细化了证据的证明标准，体现了现代证据理念，对办案机关如何全面客观收集、审查运用证据也提出了新的要求。

然而，由于司法办案中过于依赖口供定案的经验惯性，以及理论认知不一致与实践做法不统一，再加上法律规定的概括性，使得怎样补强口供就成为一个须要研究与解决的问题。①本文正是基于这一考虑，在前人研究的基础上，结合笔者自己的办案心得，对口供补强规则进行探讨，以期为办案实践能更好地贯彻修改后刑诉法的立法精神提供有益参考。

一、口供补强规则的价值体现

在刑事诉讼中，口供是一种最古老的证据，“不仅是封建社会中断案定罪必不可少的，而且在今天的刑事诉讼中仍然发挥着非常重要的作用；不仅在

* 江西省新余市人民检察院法律政策研究室副主任。

① 对于口供的定义，学界主要有三种观点。本文的口供含义仅指犯罪嫌疑人、被告人作出的有罪供述，不包括辩解，也不包括检举揭发其他共犯犯罪事实的陈述。

中国的司法界备受关注，而且在世界其他国家的刑事诉讼中也备受重视。”①然而，口供在证据价值上却具有双重属性：一方面是证据的直接性，对查清犯罪事实、提高办案效率有着不可忽视的作用；另一方面存在不稳定性和虚假可能性，如果运用不当，就有可能导致冤假错案。

正是口供在证据价值上的双重性，致使口供的运用变成了一把双刃剑：如果过分强调口供的作用，则有可能产生口供中心主义倾向，并带来冤假错案的风险；而完全否认口供的作用，却又与办案实际不相符合。正如论者所言：“当反对强迫自证其罪、非法证据排除成为现代刑事诉讼基本制度和规则之后，刑事司法仍然面临着一个难题，即在确定口供具有合法性的前提下，如何判断口供的真实性。这里存在‘两难’：一方面口供作为证明案件事实的重要证据，只要内容真实，就具有很强的证明力……但另一方面判断犯人不是撒谎，不啻证据学上的‘哥德巴赫猜想’。因为被追诉人交待口供的动机复杂多样，内容或真或假，抑或真假参半，而外人难以窥测，除‘兼听则明’之外别无良策，因而需要借助‘外力’即佐证进行验证。”②

为最大限度地避免口供产生的风险，许多国家都在赋予口供证据价值的同时，又否认其具有完全独立定案的能力，并要求必须有其他证据补强其证明力。口供补强规则便在这种情形下应运而生，并在司法实践中显现了其独有的诉讼价值。

（一）担保口供真实，确保实体公正的实现

刑事诉讼活动进行的基本目的之一在于查清犯罪事实真相，获取口供的动力也在于此。可是，口供常真假难辨，即便是合法取得的口供，也有可能因犯罪嫌疑人（被告人）的某种心理动机而虚伪陈述。如果仅根据自愿承认犯罪的口供就直接定案，就很有可能出入其罪，导致认定事实错误。同时，“口供具有极强的不稳定性，如果办案人员在办案过程中仅仅依靠口供，而不顾收集其他证据，那么一旦被告人翻供，案件就将处于定罪无根据的被动状态。”③ 因此，口供补强的价值之一就是，在合法获取口供的基础上，进一步解决了口供真实性问题，确保实体公正的实现。

（二）防止侵犯人权，确保程序正义的实现

尽管我国1979年刑诉法、1996年刑诉法均禁止刑讯逼供及诱供等非法取

---

① 沈德咏、宋随军主编：《刑事证据制度与理论》，人民法院出版社2006年版，第636页。

② 党建军、杨立新：《口供补强规则的代价及其调控》，载《国家检察官学院学报》2011年第6期。

③ 徐美君：《口供补强法则的基础与构成》，载《中国法学》2003年第6期。

证行为，但是多年来的司法实践表明，非法取证行为并没有因这一规定得到有效控制。[①] 其原因就在于“国家对社会控制能力的不足导致刑事诉讼证据难以客观化”，[②] 从而导致口供在定案中的滥用，致使侦查人员始终有非法获取口供的内在动力。而只有弱化口供的证明力，使口供不能成为定案的唯一根据，才能迫使办案人员不得不改变侦查策略，从专注突破口供转变为全面客观收集证据。“这就会抑制侦查人员刑讯逼取口供的内心冲动，从而避免或减少屈打成招者被误抓错判的可能……因此，抑制刑讯的冲动，避免枉及无辜，是口供补强规则的另一价值，而在这一点上，其与非法证据排除规则暗合，二者相得益彰。”[③]

二、口供补强证据的条件要求

基于口供补强规则在刑事诉讼中的作用与价值，我国像其他国家一样，在刑事诉讼法中规定了该规则。与其他证据规则一样，该规则也存在着证据的品质要求。易言之，能补强口供的证据应当满足该规则独特的条件要求。

（一）可采性

证据的可采性又称“证据的容许性或许容性、证据资格、证据能力”。[④] 其首先要求补强证据具有合法性，即与被补强的口供一样，在收集主体、收集程序、收集行为上必须符合法律规定。否则，将作为非法证据排除在法庭审理之外，也就失去了对口供的补强功能。

其次，要求补强证据与被补强的口供之间具有关联性，即补强证据必须对口供所要证明的案件事实具有实质性意义和确实帮助，能增强犯罪嫌疑人（被告人）与案件联系的紧密程度。例如，犯罪嫌疑人（被告人）的品格证据通常与其作案行为没有实质联系，因而不能作为口供补强证据使用。又如，案后的悔罪表现、和解协议由于与犯罪行为的紧密程度不强，因此也不能作

---

① 谭劲松：《我国口供补强规则研究》，载《法律适用》2003 年第 5 期。

② 张展：《挑战与回应：口供制度的重生》，载《证据科学》2008 年第 16 卷第 5 期。

③ 党建军、杨立新：《口供补强规则的代价及其调控》，载《国家检察官学院学报》2011 年第 6 期。

④ 郭志媛：《刑事证据可采性研究》，中国人民公安大学出版社 2004 年版，第 19－20 页。

为口供补强证据使用，仅能作量刑证据使用。①

（二）可靠性

“证据事实必须是伴随着案件的发生、发展的过程而遗留下来的、不以人们的主观意志为转移而存在的事实。”② 这是证据客观属性的经典表述。作为补强证据当然也要符合这一属性，做到来源可靠。对于不能查明准确来源的材料，如匿名信、应当出庭但拒不出庭的鉴定人意见、应当出庭但拒不出庭或出庭后拒不作证的证人证言，③ 不能作为补强口供的证据使用。

同时，在收集补强证据时，办案人员不能依主观因素而歪曲客观事实。如在轰动全国的佘祥林故意杀人案中，侦查机关出具的用以补强口供的《提取笔录》记载：“1994 年 4 月 16 日，根据佘的交代，在沉尸处提取蛇皮袋一个，内装四块石头。”但后经证实，该提取笔录与事实不符，缺乏真实性，用这种不具备证据资格的“证据”来补强口供，是导致发生该起冤案的一个重要原因。④

（三）独立性

佐证不可能是自己佐证自己，因而补强证据与口供不能同一来源于犯罪嫌疑人（被告人），两者应属于不同质的证据。比如，作为补强证据的言词证据应当具有独立的信息来源，转述被告人曾经承认犯罪事实的证人证言，不能作为其在审判阶段所作供述的补强证据。又如，不能将犯罪嫌疑人（被告人）对侦查人员作的供述用来补强其在法庭上的供述。否则，势必陷入自我证明的悖论。

在司法实践中，常常有这种情形：当被告人在法庭上对公诉机关指控的犯罪事实当庭供认不讳时，公诉人仍然照本宣科地出示、宣读被告人在侦查阶段作的有罪供述。而且，对于这种普遍存在的情形，大家习以为常，无人提出异议。对此，笔者认为，这种做法实际上就是用侦查机关的讯问笔录来补强被告人的法庭供述，违背了补强证据的独立性要求。因此，对被告人当庭认罪案件，公诉人示证的正确方法应是略过被告人的供述，通过出示其他

---

① 例如，《最高人民法院关于民事诉讼证据的若干规定》第 67 条规定：在诉讼中，当事人为达成调解协议或者和解的目的作出妥协所涉及的对案件事实的认可，不得在其后的诉讼中作为对其不利的证据。在民事诉讼中，和解协议都不能作为判定侵权行为的依据，更何况在刑事诉讼中。

② 陈光中：《刑事诉讼法》，北京大学出版社 2004 年版，第 129 页。

③ 修改后的刑诉法对应当出庭但拒不出庭的鉴定人意见规定为“不得作为定案的依据”，而对应当出庭但拒不出庭或出庭后拒不作证的证人证言却没有规定其证据效力。

④ 管应时：《口供补强规则在审判中的运用》，载《中国审判》2008 年第 8 期。

证据来证实犯罪。即便是被告人部分认罪、部分不认罪，公诉人也应是仅针对其不认罪部分的事实，向法庭出示其在侦查阶段的讯问笔录并进行质证。

须要指出的是，“同一来源”证据不包括犯罪嫌疑人（被告人）在追诉之前书写的日记、笔记等书证，也不包括通过口供获取的其他形式的证据，如通过犯罪嫌疑人（被告人）的供述搜集、获取的赃款赃物、作案工具，还不包括犯罪嫌疑人（被告人）对作案现场的辨认笔录。

三、口供补强规则的实践展开

尽管我国刑事诉讼法规定了口供补强规则，但是规则的落脚点并不在于法律条文的规定，而在于实践的具体运用。具体而言，口供补强规则的实践运用应从补强范围与补强程度两方面予以展开。

（一）补强范围

犯罪嫌疑人（被告人）供述的哪些事实须要证据补强，国外的立法及判例理论主要有三种观点：一是认为不应限定须要证明的部分，只要裁判者能够根据补强证据得出该口供的内容并非虚假即可，日本最高裁判所判例即采此观点；二是认为补强证据必须能够证明罪体，即犯罪事实或者主要部分事实，英美法系判例即采此观点；三是认为补强证据能够证明罪体的一部分即可，至于其他部分由裁判者根据自由心证原则确信。①

我国历部刑诉法都未明确规定补强范围，理论认识与实践做法也不尽一致，其中也不乏借鉴国外理论的观点与做法。对此，笔者认为上述三种国外的观点或做法均不适合于我国，理由为：一是对补强范围不予限定，则导致定案的自由裁量空间过大，这与我国当前司法人员的素质及办案的外部环境不相适应，容易引发公众对司法公信力的质疑；二是照搬国外观点也与我国通行刑法理论不合拍；三是如果仅要求补强罪体的某一部分，则与新《刑事诉讼法》第53条第2款第（一）项规定的“定罪量刑的事实都有证据证明”更不相符合。所以笔者认为应根据我国刑法理论及司法实际，从四个犯罪构成方面进行口供补强。

1. 犯罪主体。对于犯罪主体的补强应视具体情况，不同处理。首先，对于一般自然人犯罪，犯罪主体原则上要补强，只有在确实无法查明其身份时，才可以按其自报的姓名起诉、审判。其次，对于身份犯罪，犯罪主体必须补强。如在职务犯罪中，针对犯罪嫌疑人（被告人）供述的职务便利，应通过其他证据，如任命书、委任状等书证予以补强。最后，对于因身份而具有从

① 常加飞：《我国口供补强规则之构建》，载《犯罪研究》2008年第4期。

重、加重、从轻、减轻、免刑等法定量刑情节的，也须对身份的供述进行补强，比如是否为未成年人。

2. 犯罪主观方面。国外对于犯罪主观要素一般认为不须要补强,① 我国学者通常也持此观点。② 对此，笔者持有不同观点，理由有二：一是由于国外刑法理论中的犯罪构成由违法性、符合性、有责性三个层次组成，其主观要素通常在认定符合性时，就已经通过客观行为的证据得以展现，因而在认定有责性时，就不须要再补强主观要素。但我国刑法理论中的犯罪构成是一个平面四边体，没有层次区分，因而借鉴国外的观点并不适合。二是补强证据在担保口供的真实性时，还有另一层含义，即保证在被告人翻供时，案件不会处于定罪无根据的被动状态。

当然，供述者的主观心理活动在客观上寻找其他证据予以佐证实属牵强，而根据其行为进行推断更为适宜，正所谓“主观见之于客观”。笔者认为，对犯罪主观要素的补强可依以下两种情况进行：第一，对于行为一经实施，主观心理活动便明了的犯罪，不须要特别收集补强主观要素的证据。如贿赂犯罪、渎职犯罪等。第二，对于区分罪与非罪、此罪彼罪的主观要素（如明知、非法占有为目的等），则须要特别收集能够推断其主观因素的行为证据。例如，在集资诈骗犯罪中，应当根据最高法于2010年11月22日出台的《关于审理非法集资刑事案件具体应用法律若干问题的解释》，收集该司法解释第4条规定的八种情形之一的相关证据，用以认定“以非法占有为目的”。

3. 犯罪客体。所谓犯罪客体，是指我国刑法所保护的，为犯罪行为所侵害的社会关系。从理论上讲，这种社会关系应由法官判明与识别，并不在于犯罪嫌疑人（被告人）是否供述、如何供述，因而不存在须要补强的问题。但是这种判明与识别不可能从天而降，也不可能无中生有，须要根据犯罪对象、危害结果等进行判断。因而，对犯罪嫌疑人（被告人）供述的犯罪对象、危害结果等进行补强就成为判明、识别犯罪客体的主要方法。例如，在杀人罪中，就必须有尸体，才能判明犯罪嫌疑人（被告人）剥夺了他人的生命权；在故意伤害罪中，就必须有伤情鉴定结果，才能判明犯罪嫌疑人（被告人）侵害了他人的身体健康权；在侵财案件中，就必须有被害人陈述或报案记录，才能判明犯罪嫌疑人（被告人）侵犯了他人的财产权。

然而，实践远非如此简单。以笔者所在地公安机关2008年办理的李某杀人毁尸一案为例，该案中，犯罪嫌疑人李某供述其在杀死被害人后，将尸体

① 张明勇：《论我国自白补强规则之完善》，载《中国刑事法杂志》2006年第1期。

② 赵宁：《我国被告人有罪供述补强规则探析》，载《犯罪研究》2004年第4期。

肢解，在用绞、煮、碎等办法对肉、骨进行处理后各处抛弃。至案发时，尸源无法找到。公安机关在突破口供后，报请检察机关批捕。检察机关审查案卷后提出，由于尸源无法找到，应根据李某将被害人几块颅骨抛入市内某湖中的供述，打捞这几块颅骨。但是由于打捞费用巨大，公安机关十分不愿意。后几经政法委协调，最终公安机关花费几十万元，将该湖的湖水全部抽干，并从湖底淤泥中清洗出一块约 4 公分左右的颅骨骨骼，经鉴定为人类头盖骨，且 DNA 与被害人相同，从而得以补强犯罪对象。显然，在此案中，公安机关出于办案经费的考虑，不愿意去补强犯罪对象。另外，办案机关有时还会出于其他因素，对犯罪对象是否补强视而不见。例如，在社会广泛关注的浙江吴英集资诈骗案中，一审、二审法院均认定吴英自 2005 年至 2007 年，先后向林卫平集资共 4.7 亿元，至案发，除已归还的部分外，尚诈骗林卫平 3.2 亿元。可是在林卫平的证言中，却不认为吴英骗了他。① 试想，连所谓的被害人都不认为被骗，那么侵害他人财产权的判断基础何在？这说明审理该案的一审、二审法院在考虑社会效果与政治效果时，放弃了对法律效果的追求。

4. 犯罪客观方面。对犯罪客观方面的补强，除上文已论及的对犯罪对象、危害结果补强外，还应包括对危害行为的补强，以解决犯罪人与被告人是否同一性的问题。所谓同一性，是指被告人即为实施犯罪之人。对于同一性是否应补强，各国做法不一，我国学者的观点也不尽相同。有人认为，可以参考美国、日本等国的“罪体说”，对于犯罪人与被告人同一的事实无须补强。② 也有论者提出应区分重罪与轻罪，在重罪案件中应对同一性进行补强，轻罪则不须补强。③ 还有学者认为所有案件的同一性都要补强。④ 司法实践中，办案人员也常认为，如果犯罪嫌疑人（被告人）不是犯罪行为实施者，其对作案细节、作案现场的描述怎能如此符合实际，因此该种供述无须补强。

对此，笔者认为，在我国刑事诉讼中，由于辩护律师没有讯问在场权，辩护率也较低，诱供、指供、逼供屡禁不止，因而不能完全借鉴外国的做法，应对同一性进行补强，而且也不必刻意区分重罪与轻罪。比如，在非当场抓获的盗窃案中，即便失主陈述的时间、地点、物品均与犯罪嫌疑人（被告人）的供述吻合，也只能证实发生了失盗，并不能将犯罪嫌疑人（被告人）与盗窃事实实质地联系起来。只有将犯罪嫌疑人（被告人）的供述、失主陈述与

① 薛进展：《从吴英集资诈骗案看刑法保护的平衡性》，载《法学》2012 年第 3 期。

② 张明勇：《论我国自白补强规则之完善》，载《中国刑事法杂志》2006 年第 1 期。

③ 常加飞：《我国口供补强规则之构建》，载《犯罪研究》2008 年第 4 期。

④ 赵宁：《我国被告人有罪供述补强规则探析》，载《犯罪研究》2004 年第 4 期。

犯罪嫌疑人（被告人）留下现场的痕迹或者犯罪嫌疑人（被告人）对作案现场的辨认笔录结合起来，才能满足同一性的补强要求。

（二）补强程度

补强证据在何种情形下才算是补强了口供，裁判者才可以基于口供和补强证据认定被告人有罪，这就涉及补强证据的补强程度问题。目前在世界范围内，关于补强程度主要存在两种不同的做法：一种是采取口供的内容必须全部或实质地被佐证的标准。如果没有被佐证，法官必须向陪审团作出适当的警告。另一种则是采取佐证必须能证明罪体的存在以及口供可靠性的标准。①

在我国诉讼理论和司法实践中，对补强证据应达到的补强程度，也有“绝对说”与“相对说”两种观点。前者与国外的第一种做法相对应，要求补强证据大体上能独立证明犯罪事实的存在；后者与国外的第二种做法相对应，要求补强证据能与口供互相印证，保证有罪供认的真实性，并和口供共同作为证据体系的一部分起到证明作用，排除合理怀疑。②

笔者赞同后者观点，理由为：一是前者要求补强证据能独立证明犯罪事实，其实质就架空了口供在定案中的作用，这与口供补强规则的本意不相符合。二是前者与我国的司法实际也不吻合。如在受贿案件中，如果排除口供的运用，补强证据几乎不可能达到独立证明犯罪事实存在的标准。三是后者符合立法精神。从修改后的刑诉法第 53 条第 2 款明确规定的证据确实、充分的 3 个条件来看，所谓证据确实、充分是指综合全案证据而言，而非专指某一类证据。

综上，笔者认为，补强证据的补强程度不应太高，在司法实践中采取“相对说”更为合理，并在收集、运用补强证据时，应从以下两个方面把握其内涵：

1. 把握补强证据的一致性。实践中，办案人员在补强证据的收集与运用中，经常产生误区：对口供所供述的所有细节都要求收集证据予以全面补强，如在办案实践中就有“证据丝丝入扣、环环相连”之说。然而，口供补强规则的“相对说”并不要求补强证据的全面性，相反，认为补强证据在量与质上足已保证口供的真实性就足够了，“而不需要达到对每一事实信息都加以补强的程度。”③ 换言之，“口供的真实性，可以从口供与补强证据之间的一致

① 徐美君：《口供补强法则的基础与构成》，载《中国法学》2003 年第 6 期。

② 管应时：《口供补强规则在审判中的运用》，载《中国审判》2008 年第 8 期。

③ 陈瑞华：《论被告人口供规则》，载《法学杂志》2012 年第 6 期。

性中得到补强。”①

具体而言，补强证据的一致性要求：一是补强证据与口供之间在内容上具有相同指向。例如犯罪嫌疑人（被告人）供认在某时间段实施了犯罪行为，而相关证据表明该时间段其有作案的可能性，且现场勘验也发现其留下的痕迹，那么这两个补强证据与口供之间就能形成相同指向——犯罪嫌疑人（被告人）有作案行为。二是补强证据与口供之间相互印证，互不矛盾。比如，在帮助运输毒品案中，就须要通过获取高额或不等值报酬、采取高度隐蔽方式、逃避或抗拒检查等证据来补强口供，并得出其主观明知是毒品而予以运输的结论，以防止此类案件在移送审查起诉或提起公诉后，帮助运输者翻供辩称不知情，致使证据不足的情形发生。三是补强证据不必自成体系，独立证明犯罪。如查获的作案现场痕迹、作案工具等证据，均为间接证据，其自身并不能独立证明犯罪，须要与口供等其他证据综合运用才能起到证明犯罪的作用。四是补强证据不必与口供内容绝对相同，要合乎情理。如在查办受贿案件中，侦查人员有时为了省事，在制作证人证言时，直接将犯罪嫌疑人（被告人）供述的受贿经过，复制或抄录于行贿人的证言中，使送钱细节与收钱细节完全相同，除人称变换外一字不差。其实这样的证言很不合常理，因为个体不同，记忆、感知也会不同，时隔越远，二人的记忆越会相差。

2. 把握补强证据的隐蔽性。所谓隐蔽性证据，是指能反映不为外人所知而只有作案人才知晓的案件细节的证据。主要有两种类型：一是证据的来源具有隐蔽性，二是证据本身在内容上蕴涵了隐蔽性信息。②

虽然在规范性文件中，只有最高法 2010 年 6 月颁布的《关于办理死刑案件审查判断证据若干问题的规定》首次明确使用了隐蔽性证据这一术语，并赋予了较高的证明力，但在司法实践中，运用隐蔽性证据证实犯罪已是司空见惯。如在前文所举的李某杀人毁尸一案中，公安机关根据李某的供述，从湖中打捞上的这块被害人颅骨骨骼，就属于来源具有隐蔽性的证据，因为该颅骨骨骼抛弃地只有作案人才知，外人无法得知。再如，笔者所在地的法院在审理没有缴获赃物的盗窃案时，规定必须有销赃人的证言佐证方能定案。这是因为赃物的去向只有作案人才知，销赃人的证言不仅能够佐证赃物的去向，而且还能够佐证盗窃的物品，体现了证据的隐蔽性，可以保证口供的真实性。

---

① 马滔：《论口供补强规则的几个问题》，载《中国检察官》2008 年第 2 期。

② 万毅：《“隐蔽性证据”规则及其风险防控》，载《检察日报》2012 年 6 月 6 日。

四、结语

十一届全国人大第五次会议通过的修改刑事诉讼法的决定明确规定了非法证据排除规则，成为该法修改的一大亮点，社会各界对此也赞誉有加，并希望其能承载公正审判的重任。然而，现实可能会不如人愿。有学者冷静地对自2010年7月1日以来《关于办理刑事案件排除非法证据若干问题的规定》的实施状况进行调研，发现即使有了完整的程序机制，非法证据排除规则在现实中依然处于流于形式的窘境，起到的仅仅是“宣言书”式的作用。①

正是因为非法证据排除规则有可能难以发挥实际功能，所以有必要强化口供补强规则在办案实践中的运用，毕竟该规则有利于保证口供的真实性与防止侵害人权，能为查明真相、保障程序公正、化解办案风险筑起另一道篱笆。

此外，口供补强规则是证据制度步入自由心证时代后的产物，是对自由心证的一种限制。作为一项经验法则，其来源于实践，并运用于实践，因此对实践经验的不断总结，并提炼成一般规律用以指导办案，是发展、完善这一规则的最好途径。

---

① 陈卫东、程雷、孙皓、陈岩：《“两个证据规定”实施情况调研报告》，载《证据科学》2012年第20卷（第1期）。

非法证据排除规则在公诉环节具体运用之思考

刘 瑛*

【内容摘要】继“两高三部”《关于办理刑事案件排除非法证据若干问题的规定》确立我国非法证据排除规则之后，修改后的刑事诉讼法从更加规范和全面的角度对此规则进行了明确规定，对我国刑事诉讼领域中人权保障和程序公正的实现均具有极为重大而积极的意义。公诉环节是刑事诉讼的核心环节，公诉人员应当深入理解该规则的内涵和精神实质，积极应对非法证据排除审查，提升非法证据的甄别能力和掌握排除非法证据的有效方法。

【关键词】非法证据排除规则　公诉　具体运用

修改后的刑事诉讼法对非法证据排除规则进行了具体的规定，从非法证据的概念、范围、启动程序等方面进行了明确，这无疑是我国建立非法证据排除规则迈出的坚实一步，其对于保障人权和刑事诉讼程序公正所具有的重大意义不言自明。但是，从证据的合法性角度来否定证明效力，一直以来都是辩护的重点突破口，自非法证据排除规则适用以来，这一现象更为明显与频繁①。本文选取刑事诉讼的核心环节——公诉阶段——为例，对该规则运用所应思考的问题提出个人浅见。

一、前提——正确理解非法证据排除规则之内涵

（一）非法证据排除规则的适用范围

1. 此规则适用的取证主体是刑事案件的侦查人员。如果是由其他人提取的内容不真实的证人证言、被害人陈述，或是物证、书证等，不适用非法证

---

* 江西省宜春市袁州区人民检察院法律政策研究室主任。

① 卢缨、梁莉：《〈非法证据排除规定〉存在的问题及其完善》，载《法制与社会》2012年第2期。

据排除规则进行排除，而是适用证据证明力规则由审查案件人员自由裁量是否采信。

2. 此规则适用的证据不仅包含言词证据，也包含实物证据。这也是修改后刑诉法对以往非法证据排除规则的一大补充和进步，虽然采取了较为保守的态度对排除进行了一些限制，但是在理念上而言确实有着明显的变更。

3. 此规则适用的原因是取证方式为非法。非法证据排除规则中的“非法”理解关键点在于：程序违法并侵犯相关人员的基本权利。正确理解“非法”的意义在于将应当予以排除的非法证据与一般程序违法导致的瑕疵证据①进行区分，从而保证应当排除的非法证据在理智的范畴当中。首先，此处“非法”是指取证程序违法。只要是通过程序违法、侵犯人权的方式获取的证据，即便是内容真实，也应当予以排除。若并非是因为程序违法导致证据实体内容中存在的违法或是不真实的情况，则不应适用非法证据排除规则予以否定，而是应当根据证据的证明效力规则予以否定。而一般违法行为所造成的“瑕疵证据”则可以通过补正的方式予以完善，并不须要排除。其次，“非法方法”应当包括刑讯逼供、暴力、威胁取证等严重侵犯当事人基本权利的办案手段。我国法律没有对此“非法方法”进行罗列，事实上也是无以穷尽的。关于酷刑的定义，《联合国反酷刑公约》解释为“……蓄意使某人在肉体或精神上遭受剧烈疼痛或痛苦的任何行为，而这种疼痛或痛苦是由公职人员或以官方身份行使职权的其他人所造成或在其唆使、同意或默许下造成的”。② 我国有学者总结为“以暴力、殴打和严重程度与暴力、殴打相当的身体折磨的其他方式，足以让犯罪嫌疑人、被告人产生不能为常人承受的生理和心理上的压迫”。③ 笔者认为，应当包括所有的严重侵犯人权的非法取证方法，主要的评判标准就是根据普通正常人的思维能够判断是否严重侵犯了当事人的合法权益。

---

① 陈瑞华：《非法证据排除规则的中国模式》，载《中国法学》2010年第6期。所谓“程序瑕疵”，主要指那些在程序方法、步骤、时间、地点、签名等技术环节存在违法情节的调查取证行为。这种技术手续上的非法取证行为，由于没有违反重大的法律准则、没有侵犯重大的利益、没有违反法律明文规定的禁令、没有严重影响到司法公正，因此没有必要采取“强制性排除”，而应给予公诉方予以补救的机会。

② 伯纳德·施瓦茨：《行政法》，徐炳译，北京群众出版社1986年版。

③ 郑侃、翟云峰、马健：《非法证据排除规定对检察机关办理自侦案件的影响与对策》，载《上海公安高等专科学校学报》2011年第1期。

（二）非法证据排除规则的证明标准

我国学术界的主流观点认为，排除非法证据的证明标准是排除合理怀疑。① 在定罪领域理解所谓“排除合理怀疑”，全国人大常委会法制工作委员会解释为“对于事实的认定，已经没有符合常理的、有根据的怀疑，实际上达到确信的程度。”② 借鉴此解释，我们可以理解非法证据排除规则证明标准包含两个方面，一是存有非法取证的合理怀疑，即根据正常人的理性思维所产生的怀疑；二是公诉机关出具的排除前述疑点的证据并不能达到推翻疑点的证明度。当然，这个证明度无法从法律上给予十分明确而具体的规定，必须结合审判人员在完全尊重道德与法治理念的基础上作出自由裁量。

（三）注意掌握非法证据排除的不同情形

根据法律规定，要区分绝对排除、自由裁量排除和补救排除。须要绝对排除的证据有：（1）采取刑讯逼供等非法方法收集的犯罪嫌疑人、被告人供述；（2）采用暴力、威胁等非法方法收集的证人证言、被害人陈述；（3）采取严重违反法定程序并无法补正或是无法作出合理解释的物证与书证，诸如采取非法搜查、非法扣押、非法侵入公民住宅、非法辨认、非法羁押等非法技术侦查手段取得的相关物证、书证，③ 而考虑“严重”，则应以非法方法是否会产生对证据真实性的合理怀疑为据。

对于绝对排除的相关证据的另一个问题是，对于非法手段间接影响下获取的“重复供述”是否应当绝对排除？由于当前缺乏相应的法律规定，理论与实务界争论颇多。笔者认为，在谈论此问题首先可以肯定的一点是在取得“重复供述”证据的“当场”是不存在“非法取证手段”的，如果存在则没有探讨的必要。那么，之前的非法取证方法是否依然对犯罪嫌疑人或是被告人具有“恐吓”之效就并不确定，仅能对此持一定的怀疑。如果有相应证据可以证明“重复供述”是犯罪嫌疑人、被告人已经不存在或者不应存在“恐惧”情绪之下所作，就应当尊重实体公正目的要求而给予认可。故而，对于“重复供述”问题，不应当绝对排除。即“重复供述”排除与否的标准在于，非法取证与重复供述之间的联系程度。④ 如果非法取证与重复供述之间的联系不紧密，或者因果联系被其他因素稀释、切断而不再密切，则排除重复供述

---

① 徐清宇：《“非法证据排除规则试点项目”报告》，载《特别报道》2011 年第 2 期，第 36 页。

② 樊崇义：《排除合理怀疑：刑事证明的新标准》，载《检察日报》2012 年 5 月 16 日第 3 版。

③ 张智辉：《刑事非法证据排除规则研究》，北京大学出版社 2006 年版。

④ 谢小剑：《重复供述的排除规则研究》，载《法学论坛》2012 年第 1 期。

并不能实现非法证据排除的功能，则“重复供述”可作为指控犯罪的证据。

二、应对——积极主动承担非法证据审查之职

（一）庭审前的主动审查

传统意义上的公诉案件审查比较倾向于实体审查，程序审查几乎处于被忽略的地位。从法律监督职能的本身出发，这种状况也是应该改变的。再则根据法律规定，非法证据的举证责任在于控方，故而检察机关在将案件提起公诉之前就必须对非法证据存在与否作出相对准确的评判。所以无论是从职能本身而言，还是从客观需求来说，主动进行非法证据审查是势在必行的。

1. 主动讯（询）问犯罪嫌疑人、被害人及证人。公诉人在受理案件后3日内应当告知犯罪嫌疑人具有委托辩护人权利的同时，应当告知具有非法证据排除请求权利。在讯（询）问犯罪嫌疑人、被害人及证人时，应注意发现犯罪嫌疑人、被害人及证人是否存有翻供（证）可能性，尤其是针对容易翻供（证）的案件，诸如取证存有先天困境的毒品、故意杀人、贪污贿赂等案件，或者是团伙犯罪、具有重大社会影响以及犯罪嫌疑人已有翻供记录的案件，要进行详细的讯问。并明确告知犯罪嫌疑人、被告人、被害人及证人作虚假供（陈）述将承担法律上的不利后果。

2. 探索建立非法证据审查听证程序。① 对于公诉阶段开展调查的方式法律未有明确的规定，根据相关实践经验，通过召开听证会等方式，引入侦查人员、辩护人、人民监督员、人大代表等公开非法证据审查程序，听取各方的意见与辩解，的确是一种能够取得良好效果的方法。那么须要进行思考的问题在于听证的启动、案件范围以及相应的程序设计。（1）听证的启动。有观点认为非法证据排除听证程序依照准司法程序的原则为“不告不理”，故此程序启动应当依当事人申请。② 但笔者认为此种观点并没有考虑到非法证据排除规则适用与其他的准司法程序是有区别的，因为根据《刑事诉讼法》的规定，排除非法证据是司法机关的应有之职，不因是否有人申请而有例外。所以，启动该程序既可以是因当事人申请，也可以是因为检察机关认为有必要的情况，如果只是公诉部门认为须要提起的，应当报经检察长或是检察委员会同意。（2）案件范围。由于效率与现实力量的限制，可以考虑对争议大、

---

① 借鉴中国政法大学诉讼法学研究院与江苏省盐城市中级人民法院合作开展“非法证据排除规则试项目”中所提出的经验做法。

② 陈卫国、李红姝：《审查起诉环节非法证据排除工作机制研究》，载《政治与法律》2011年第4期。

影响大、容易产生社会矛盾隐患的案件实行听证方式审理，而对于其他案件，则可由公诉部门通过要求相关人员出具说明、提供同步录音录像、调查相应证人等方式进行调查。（3）相应的程序设计。应当在举行听证前3日通知相应人员（包括侦查人员、申请人、犯罪嫌疑人、辩护人，并适时邀请人民监督员、人大代表）参加。举行听证时，由公诉部门案件承办人主持，由侦查人员与申请人或者犯罪嫌疑人以及辩护人就各自的意见进行阐述并提供相应证据。承办人根据双方的意见进行审查，并将审查结论及时向检察长或者检察委员会汇报，于裁决意见作出之日起3日内告知相关人员。

3. 审查发现非法证据的处理。如经审查，公诉部门认为确有以非法方法收集证据情形的，应当向检察长或者检察委员会汇报，并向侦查机关提出纠正意见。如因排除非法证据导致案件不能定案的，应当将案件同时退回侦查机关补充侦查或者作出不起诉决定；对于以非法方法收集证据，构成犯罪的，应当及时将案件线索移送侦查部门进行侦查。

（二）掌握排除非法证据的有效方法

根据法律规定，排除非法证据的方法有讯问笔录、原始讯问过程的录音录像、讯问时在场的其他人员或者证人、讯问人员。根据相关法院的试点报告中，①“从实验组的调查情况来看，经过非法证据排除规则试点，无论是法官，还是检察官、警察、律师，对此基本能形成共识，即最有效的方式是提供侦查讯问的录音录像，其次则是侦查人员出庭作证。”在笔者承办的多起涉嫌黑社会性质案件的出庭公诉过程中，均遇到被告人随同“黑老大”一并翻供的情形，其理由也均为遭遇侦查人员的刑讯逼供，最终也是通过播放侦查讯问的同步录音录像，客观真实再现讯问场景，驳斥效果非常明显。因此，在我国当前尚缺乏讯问期间辩护人在场制度的情形下，鼓励侦查机关使用同步录音录像是极为必要的。而对于较容易出现翻供现象的案件，公诉人员应当积极与侦查人员进行沟通，对其出庭作证做好充分的准备。除此之外，充分运用批捕、起诉阶段所作言词证据复核材料也是有效的排除方法。

值得注意的是，公诉人员必须在向法庭提供讯问笔录、原始的讯问过程录音录像或者其他证据，提请法庭通知讯问时其他在场人员或者其他证人出庭作证，仍不能排除刑讯逼供嫌疑的，才能提请法庭通知讯问人员出庭作证。

（三）增强对非法取证与侦查策略的甄别能力

刑事侦查是一项斗智斗勇的工作，对于这一点是没有异议的，所以在侦查过程中使用一定的侦查策略是必须也是完全可以接受的。但是对于威胁、

① 徐清宇：《“非法证据排除规则试点项目”报告》，载《特别报道》2011年第2期。

引诱、欺骗等手段所获取的证据究竟是属于“侦查策略”还是“非法证据”在理论界存有争议。如龙宗智教授提出，应当承认威胁、引诱、欺骗等讯问手段在特定的刑事侦查活动中具有实践必要性及法律容许性。① 而也有学者持“强制排除”的观点，“对于采用非法的引诱、欺骗方法（如违反法律规定许诺）而获取的证据，或者要求犯罪嫌疑人、被害人或证人按照办案人员设想的内容进行陈述而获取的犯罪嫌疑人供述、被害人陈述或证人证言，也应当予以排除。”② 虽然《刑事诉讼法》亦规定“严禁使用暴力、威胁、引诱、欺骗等方式获取证据”，但笔者认为应当明确侦查策略与非法取证之间有着实质意义的区别。侦查策略是为了击败当事人的抵赖脱罪心理，通常伴有感化、使自知或自疑抗拒无用、无法自圆其说、期待坦白从宽等心理出现；而非法取证是为了强迫当事人与办案人员的心理趋同，由于遭遇非法手段的压力而导致心理恐惧、生理痛苦，通常伴有合法权益遭受侵害的事实。所以即便是在侦查过程中使用了“引诱或是欺骗”的方法，如果尚未对相关人员的合法权益造成侵害，可以不作为非法证据予以排除；但是使用威胁的方法导致当事人产生心理恐惧所提取的证据，与暴力方式所造成的生理痛苦有异曲同工之处，应当作为非法证据排除的理论基础是完全一致的。

三、监督——对审判过程中非法证据调查程序进行合理建议

（一）对调查程序启动的监督

根据法律规定，被告人及其辩护人可以在法庭上提出非法证据调查的申请。在面对此申请时，公诉人应当进行审查，为审判机关是否能够确认此申请“产生合理怀疑”、启动非法证据调查程序提出合理合法的建议。首先，公诉人应当评判此申请意见是否属于非法证据排除规则所规制的范围。如果不属于，则应明确提出驳斥意见，建议法庭不予启动调查程序。其次，对于属于该规则规制的范围，则应当分析是否符合“产生合理怀疑”的条件。对于此条件，《非法证据排除规定》明确指出，被告人及其辩护人提出被告人审判前供述是非法取得的，法庭应当要求提供涉嫌非法取证的人员、时间、地点、方式、内容等相关线索或者证据。检察人员应当监督法庭在启动调查程序前是否要求申请人提供相关的线索和依据，如果申请人未能提供，应当建议法

---

① 张嵘：《对非法证据排除规则的几点思考——以检察工作为视角》，载《法制与社会》2012年第4期。

② 宋英辉、王贞会：《我国非法证据排除规则及其适用》，载《法学杂志》2010年第7期。

庭驳回申请人的请求。

（二）对非法证据调查程序的监督

对于符合条件的申请，审判机关启动了调查程序的，公诉机关应当积极承担证明证据是否取证违法的责任。如果未能有效承担举证责任，那么公诉人应当分清楚证据排除是属于强制排除、自由裁量排除还是可以补正的。

1. 对于可以补正的情形，应当建议法庭延期审理并将案件退回补充侦查。

2. 对于自由裁量排除的情形，应当向法庭提出具体是否排除的意见供其参考。

3. 对于侦查人员须要出庭说明情况的情形，应当将其视为证人出庭作证一样的层面予以关注。根据修改后刑事诉讼法第 57 条第 2 款的规定，现有证据材料不能证明证据收集的合法性的，经人民法院通知，有关侦查人员或者其他人员应当出庭说明情况。在这样的情况下，首先是应当注意辩护人是否存在引诱发问等情形，如遇此种情形应当向法庭提出反对意见。其次是对于侦查人员或者其他人员出庭接受询问的情形，公诉人员还应根据案件的性质，对是否应当对侦查人员或者其他人员采取相应的保护性措施提出意见，例如不公开审理、隔离相应人员等。在实践中，大多数犯罪嫌疑人、被告人的家属对侦查人员是带有偏激情绪的，再受到相应非法取证信息的刺激，这种状态事实上比对证人的心理更容易激发仇恨。故此，笔者认为对于侦查人员出庭也应当采取相应的保护措施。如果法庭未能予以注意，公诉人员应当及时提出建议。

结语："随着社会的进步，人们最不能容忍的不再是犯罪，而是无辜的人被不公正地对待。"① 非法证据排除规则的正式确立对于逐步在我国广泛树立程序公正理念有着标杆的作用。但徒法不足以自行，司法机关认真理解并适用相关规定，才能真正实现良法的正常逻辑效果。公平正义比太阳要有光辉。刑事法律的正义之光，要靠实体公正温暖人，更要靠程序公正取信人。但愿佘祥林类案件不再出现。

---

① 赵志梅：《对非法证据排除规定的解读与反思——以遏制刑讯逼供之功能为视角》，载《山西高等学校社会科学学报》2011 年第 1 期。

浅析职务犯罪侦查适用修改后刑诉法关于收集审查判断证据的规定

范 侃[*] 于先东[**]

【内容摘要】针对修改后的刑诉法对有关刑事证据制度与侦查收集证据内容和程序所作出的重大修改，检察机关职务犯罪侦查中，应根据这些重大修改对收集审查判断证据所产生的重大影响，认真分析适用修改后刑诉法收集审查判断证据所存在的主要问题，采取针对性应对措施，确保依法准确查明职务犯罪，保证无罪的人不受刑事追究。

【关键词】修改后刑诉法　职务犯罪侦查　证据收集与审查

修改后刑诉法对 1996 年刑诉法中刑事证据制度的概念、种类、举证责任、证据标准、证人制度、鉴定制度都作出了修改，并对非法证据排除制度，采取技术侦查措施所收集材料的证据效力，采取讯问嫌疑人、勘验、检查、搜查、查封、扣押、冻结等侦查措施收集、固定证据的要求和功能都作出了明确规定。检察机关在开展职务犯罪侦查过程中只有依照上述修改后刑诉法作出的修改和规定来客观全面收集审查判断证据、坚决排除非法证据，才能更有效地依法准确查明犯罪，保障无罪的人不受刑事追究。笔者就职务犯罪侦查中适用修改后刑诉法收集审查判断证据的主要应对措施谈几点看法，与大家共同探讨。

一、准确理解修改后刑诉法对职务犯罪侦查中收集审查判断证据所产生的重大影响

综合修改后刑诉法有关证据的规定，它对检察机关职务犯罪侦查中收集审查判断证据所产生的重大影响主要包括以下几个方面：

（一）扩大了收集证据的范围

检察机关按照修改后刑诉法有关证据概念及种类的规定，在开展职务犯

* 江西省景德镇市人民检察院副检察长。

** 江西省景德镇市人民检察院干部。

罪侦查时，一切可用于证明案件事实的材料，检察机关都要收集。在他们审查判断证据之前，必须全面收集一切与案件事实有关的证据，同时检察机关收集证据的种类也较刑诉法修改之前有所增加，如辨认、侦查实验等笔录及电子数据。较之1996年刑诉法有关证据的规定，修改后的刑诉法极大地扩充了检察机关收集证据的范围。

（二）强化了收集证据的合法性

检察机关依照修改后刑诉法有关收集证据的规定，在职务犯罪侦查过程中，侦查人员必须依照法定程序，收集能够证实犯罪嫌疑人有罪或者无罪，犯罪情节轻重的各种证据。检察机关在讯问犯罪嫌疑人、收集犯罪嫌疑人供述和辩解时，侦查人员不得少于二人，犯罪嫌疑人被送交看守所羁押以后，侦查人员对其进行讯问，应当在看守所内进行。检察机关在询问证人、被害人，收集证人证言、被害人陈述时，侦查人员在现场询问证人、被害人，侦查人员应当出示工作证，到他们所在单位询问时，应当出示人民检察院的证明文件，询问证人、被害人应当个别进行。侦查员制作勘验、检查笔录时，要持有人民检察院的证明文件，写成的勘验、检查笔录，要由参加勘验、检查的人和见证人签名或者盖章。侦查人员进行搜查时，除紧急情况外要出示搜查证，写成的搜查笔录，要由侦查人员和被搜查人或者他的家属、邻居或者其他见证人签名或者盖章。如果被搜查人或者他的家属在逃或者拒绝签名、盖章，应当在笔录上注明，侦查人员查封、扣押物证、书证时，应当会同在场见证人和被查封、扣押财物持有人查实清楚，当场开列清单一式两份，由侦查人员、见证人和持有人签名或者盖章。检察机关采取技术侦查措施，要经过严格的批准手续，送交有关机关执行。总之，检察机关在进行职务犯罪侦查时，都必须严格依照法定程序、要求、方式收集各种证据，这样，较之适用1996年刑诉法有关证据的规定，适用修改后刑诉法就极大地强化了检察机关收集证据的合法性。

（三）明确了实行非法证据排除的内容和程序

检察机关按照修改后刑诉法有关非法证据排除的规定，在职务犯罪侦查过程中，严禁刑讯逼供和以威胁、引诱、欺骗以及其他非法方法收集证据，不得强迫任何人证实自己有罪。人民检察院在侦查过程中，发现有采用刑讯逼供等非法方式收集的犯罪嫌疑人供述和采用暴力、威胁等方法收集的证人证言、被害人陈述的情形，应当及时将其排除；发现收集物证、书证不符合法定程序，可能严重影响司法公正的，应当责令收集该物证、书证的侦查人员予以补正或者作出合理解释；不能补正或者作出合理解释，对该物证、书证应当及时予以排除，不能将应当排除的非法证据作为起诉意见依据。公诉部门在对职务犯罪案件审查起诉的过程中，发现有应当排除的非法言词证据和非法实物证据的也必须及时予以排除，不能将应当排除的非法证据作为起诉决定的证据。人民法院在对职务犯罪案件审判过程中，认为可能存在修改后刑诉法第 54 条规定的以非法方法收集证据情形的，应当对证据收集的合法性进行相应调查；对于经过法庭审理，确认或者不能排除存在修改后刑诉法第 54 条规定的以非法方法收集证据情形的，对有关证据应当及时将其排除，不能将应当排除的非法证据作为判决的依据。较之 1996 年刑诉法有关证据的规定，修改后刑诉法明确规定了实行非法证据排除的内容和程序。

（四）提高了审查判断证据的要求

检察机关适用修改后刑诉法，一要对侦查人员采取一般及技术侦查措施收集的所有证据，行政机关在执法和查办案件过程中收集并在刑事诉讼中使用的物证、书证、视听材料、电子数据等证据材料，一切与案件有关或者了解案情的公民所提供的证据根据其特征进行审查判断；二要做到证据充分，确认据以定罪的事实都有证据证明，对据以定罪量刑的证据都经过了查证属实，综合全案证据，通过认真审查判断确认对所认定事实已排除合理怀疑，才能侦结移诉；三要通过对证据审查判断及时发现排除非法证据。这样，较之 1996 年刑诉法有关证据的规定，修改后的刑诉法极大地提高了审查判断证据的要求。

二、密切关注职务犯罪侦查中适用修改后刑诉法收集审查判断证据所存在的主要问题

根据修改后刑诉法有关证据制度和侦查收集证据的规定对检察机关职务犯罪侦查中收集审查判断证据所产生的重大影响，结合职务犯罪侦查实践活动，职务犯罪侦查中适用修改后刑诉法收集审查判断证据所存在的主要问题是：

（一）转换证据不够到位

适用修改后刑诉法，检察机关立案后的职务犯罪侦查收集证据活动将会随着辩护律师的介入而置于其全程监督之中，侦查与反侦查斗争将会更加激烈，为更有效地查明职务犯罪，检察机关必须将侦查收集证据活动前移，即将大部分侦查收集证据活动放在初查阶段完成。由于初查的保密性，所收集的证据往往法律手续不全和缺乏一定的程序性、合法性，到立案侦查阶段只有进行转换，才能更符合修改后刑诉法所要求的合法性、程序性。但由于立案后办案时间紧和 1996 年刑诉法对该证据转换要求不严，就易于造成侦查人员在适用修改后刑诉法时对初查证据转换不够到位情况的出现。对纪委移送

案件，检察机关接手后对纪委所获的证据也必须进行证据转换，否则，就根本不符合修改后刑诉法的要求，同时也会因侦查人员的疏忽出现转换证据不够到位的情况。对检察机关在立案侦查前接受有关举报人、知情人所提供的有关案情证据，因接受该证据的人员和获取这些证据的程序与修改后刑诉法有关收集证据的要求有很大的不同，对此，检察机关立案侦查后也应该进行证据转换，但也会因侦查人员的疏忽而出现转换证据不够到位的情况，证据转换是否到位，往往会影响到后期所办理的职务犯罪案件侦查的质量。如我们办理的汪某贪污案就因为对初查和纪委移送证据转换不够到位，导致后期因证据欠缺无法有效认定犯罪嫌疑人是否有贪污故意而被改变定性。同样我们办理的朱某受贿案就因为对初查和纪委移送证据转换到位，对案件成功办理起到了很大的作用。

（二）收集证据不够全面、规范

全面规范收集证据是职务犯罪案件侦查中所必须遵循的基本要求，但往往会因一些侦查人员急功近利、不认真细致、思虑不周、排除困难勇气不够等主客观原因而导致收集证据不够全面、规范的情形出现。修改后刑诉法扩大了收集证据的范围，强化了收集证据的规范性。这就要求检察机关在职务犯罪侦查中要收集一切与案件有关的证据，要适应收集新证据种类，严格按照法律规范要求收集证据。但由于侦查人员过去一些不好的习惯做法和对新的严格法律规范要求的不适应则更易于出现收集证据不够全面、规范的情形。如一些侦查人员在侦查中只注重言词证据收集，而不注重实物证据收集，只注重主要证据收集而不注重次要证据收集，只注重定罪证据收集而不注重量刑证据收集，只注重有罪、罪重证据收集而不注重无罪、罪轻证据收集，只注重直接证据收集而不注重间接证据收集，只注重认定证据收集而不注重查证证据收集，这些做法如不得到及时纠正就易于导致收集证据不全面的情况发生，导致一些案件诉不出或被改变定性，一些案件事实无法得到认定等质量问题出现。一些侦查人员不严格按照刑诉法规定程序认真收集证据，如要求二名侦查人员在场却只有一名侦查人员，要求必须有见证人在场和签字却没有见证人的签字，要求出示法律证明文件或手续的却没有证明文件或相关手续，要求实行全面同录的却只作出部分同录，要求在看守所讯问的却不在看守所进行。这些做法如得不到及时纠正就易于因收集证据的不够规范而被否定，从而严重影响所办案件效果。

（三）转变收集证据方式不够及时

由于职务犯罪的特殊性，言词证据在其中起到很重要的作用。检察机关在职务犯罪侦查中非常重视收集言词证据，特别注意收集犯罪嫌疑人的供述，长久以来就会在一些侦查人员中形成过分依赖收集言词证据的习惯做法，他们会想各种办法来获取言词证据，有的甚至会采取一些不合法的做法来获取言词证据，一旦在言词证据上，尤其是犯罪嫌疑人的供述上突破不了，办案就处于非常被动的状况，他们不能很好地利用物证来促进言词证据上的突破，最后造成案件难以办成。有的虽然在收集言词证据上有所突破，但由于没有很好地收集其他物证予以印证，最后犯罪嫌疑人翻供、证人翻证，造成案件办得很不成功。如我们办理的汪某贪污案就因为犯罪嫌疑人一直不承认自己有贪污故意，加上没有很好地收集其他物证来推翻他这种狡辩，最终导致案件无法得到审理判决。适用修改后刑诉法检察机关收集言词证据的难度会有所增加，尤其是要获取犯罪嫌疑人真实的供述会更加艰难。对此，侦查人员只有转变收集证据方式，由过去的由供到证，转为由证到供、以证促供、证供结合的收集证据方式，才能更好地促进案件的办理，但由于一些侦查人员受过分依赖收集言词证据的习惯做法影响太深会导致他们转变证据收集方式不够及时，而影响到案件办理。

（四）查明、审查判断证据不够准确

由于职务犯罪的特殊性，言词证据在其中的占有很大的比例，因言词证据是通过人的表达而体现出来，因各种原因其虚假成分比较大。一些职务犯罪嫌疑人为逃避法律，在实施职务犯罪时会极力隐藏其犯罪证据或故意伪造证据，如将受贿款项写成借款，将贪污所得列为各种虚假开支等，从而造成一些虚假的物证。对此，只有通过准确的查明、审查判断，才能有效排除其中虚假成分。但有些侦查人员因疏忽大意或水平不够，对有些证据查明、审查判断不够准确，导致一些含有虚假成分的证据被作为定案的证据。最后导致将侦查引入歧途或最终被否认的后果，严重影响到办案的质量。如我们有相当一部分案件就因侦查人员查明、审查判断证据不够准确误导了侦查而最终被迫作出不诉处理。修改后的刑诉法提高了审查判断证据的要求，更加强调查明证据的重要性，扩大了审查判断证据的范围，增加了检察机关职务犯罪中查明、审查判断证据的难度。一些侦查人员水平不够高、办案不认真就易于造成查明、审查判断证据不够准确的情况出现，导致办案上的被动。

（五）对排除非法证据不够适应

1996 年刑诉法没有明确规定非法证据排除，仅规定了禁止以非法方法收集证据，一些司法解释规定了非法证据排除，因其效力较低，难以在实践中得到有效执行。检察机关在职务犯罪侦查中会出现一些非法取证情况，但有些非法证据因得不到有效排除而助长了非法取证行为的发生，严重损害了检察机关的执法形象，修改后刑诉法明确规定了非法证据排除的内容和要求，这对侦查人员来讲是必须熟练掌握和执行的。但过去存在的非法取证行为和对有关非法证据排除规定掌握不够或存在的逆反心理易于导致一些侦查人员对排除非法证据不够适应，而严重影响到案件办理。

三、职务犯罪侦查适用修改后刑诉法收集审查判断证据应采取的主要应对措施

通过前面的概括分析，结合职务犯罪侦查中收集审查判断证据的实践活动，职务犯罪侦查中适用修改后刑诉法收集审查判断证据应采取的主要应对措施包括以下几个方面：

（一）及时依法客观全面获取证据

一要依法收取证据，必须确保侦查取证具有合法性。① 要使证据的收集固定符合法律规定，证据收集的主体、程序、方法、形式、来源等均要合法。证据必须由法定人员依法定程序合法收集，具备法定的形式。对于勘验、检查、搜查、提取、扣押的物证、书证，须附相关笔录和清单，反映当时的场景；提取物证、书证要遵循法律的规定；勘验、检查、搜查、扣押一定要有见证人在场，不邀请见证人到场，就是不合法；证据必须具备合法的来源，纪委、监察部门提取的证据、所作的询问记录不能直接成为定案的根据，因为他们对刑事案件没有侦查权；通过秘密侦查手段收集的材料只能作为侦查突破的手段，要作为证据使用，必须按照法定程序的要求使其合法化。必须能够证明自身侦查取证的合法性：一是利用全程同步录音、录像来证明自身取证的合法性。二是利用好侦查人员出庭作证的机会来证明自身取证的合法性。三是利用好外部人员来证明自身取证的合法性。

二要客观全面收取证据，必须确保侦查取证具有客观可靠性。我们在开展职务犯罪侦查时要收集的上述八种证据，无论是客观性强的证据种类还是带有一定主观性的证据种类，都是对案件事实的客观再现，都是可以用于证明案件事实的材料，具有客观性。我们必须依据实事求是的原则客观收集固定这八类证据，不能为了所谓破案而不顾证据的客观性去虚构、捏造某些证据，也不能把某些推断、猜测、假设等不能客观再现案件事实的东西作为证据来收集。同时在收集固定证据时还应该尽可能全面，只要认为材料与案件事实有关，都应当作为证据收集并予以固定。不能为了所谓破案而只收集固定对被侦查对象不利的证据而不收集固定对被侦查对象有利的证据，或只收

① 龚举文：《关于反贪工作十个问题》（下篇），载《反贪工作指导》2012 年第 2 期，第 18—19 页。

集固定主要证据而不收集固定次要证据，甚至是隐匿或毁灭一些证据，我们必须确保侦查取证具有客观可靠性，否则就会无法准确查明职务犯罪。

三要及时收取证据。职务犯罪侦查时，有些证据会随着时间的推移而发生变化或消失而难以收取，特别是惊动被侦查对象后易于造成证据被隐匿、毁灭、篡改等情况发生，如不及时收集固定证据，以后就难获取，造成侦查上的被动。

（二）规范侦查取证行为，坚决排除非法证据

不可否认，我们在开展职务犯罪侦查时，获取言词证据是非常重要的一环，特别是获取犯罪嫌疑人的供述，现实中真正零口供案件是非常少见的，这种情形易于导致过分依赖言词证据的情形存在。甚至导致为了所谓“破案”，虽不采取明显的刑讯逼供、暴力取证的非法方法收集言词证据，而常采取一些变相的软暴力和威胁、引诱等非法方法收集言词证据，这些不依法规范侦查取证行为都会直接导致获取的证据被依法予以排除，严重影响案件的办理，一些侦查人员被追究相应的刑事责任，检察机关的形象受到极大的破坏。因此，我们在开展职务犯罪侦查时，要从以下几个方面规范取证行为，依法排除非法证据：第一，要严格按修改后刑诉法和最高人民检察院严禁刑讯逼供、暴力取证“十个依法、十个严禁”等制度规定，来规范侦查取证行为，从根本上防止违法取证问题的产生。第二，要严格执行全程同步录音录像制度，我们不仅要在讯问犯罪嫌疑人时执行好这项制度，而且在询问证人、受害人时也要执行好这项制度，甚至我们在获取其他实物证据时也可有选择性地进行同录，这样不仅可以更好地监督侦查人员的侦查取证行为，证明我们取证的合法性，防止翻供、翻证，保护侦查人员，而且还可以增强证据的形象再现能力，提高证据的证明力。第三，要建立侦查阶段非法证据排除机制，适当引进监察人员和相关人员对侦查取证行为进行监督，征求侦监部门、公诉部门对我们侦查人员侦查取证行为的意见，及时听取相关当事人的意见，一旦发现有非法取证行为和存在非法证据，立即启动非法证据排除机制，通过相关程序和手段予以坚决排除。第四，要处理好非法证据排除与侦查谋略运用间的关系，侦查谋略运用是侦查人员为了更好地发现、揭露犯罪，查找和发现证明犯罪嫌疑人构成犯罪的证据，是一个与犯罪嫌疑人明的或暗的斗智斗勇的过程，其中不可避免会使用一些诈术，这是我们查办职务犯罪必须经常采用的战术。决不能因有非法证据排除而不敢去用，但同时我们一定要注意运用的时机，在为发现、查找证据时我们可大胆运用，但在收集固定证据时就不能使用诱骗手段。总之，一定要规范我们的侦查取证行为，坚决排除非法证据，确保依法准确查明犯罪。

(三) 准确查明、审查判断证据

一要依法定程序对所收集的证据进行查证属实。查明这些证据来源是否合法，是否符合法定要求的特征，查明这些证据是否客观真实，有没有虚假的情况存在，最终确立据以定案的证据均经法定程序查证属实，同时还要注意分析各个证据与案件事实的关联性和证明力，通过对证据的分析，构建无懈可击的完整的证明体系，以便使公诉部门最终到法庭上能够排除对案件事实的合理怀疑。我们要通过一个由表及里、由浅入深、去伪存真不断查明证据的过程，查明案件事实，做到证据确实充分。

二要依法根据法定八种证据的特征进行审查判断。对实物证据我们主要审查是否是原物、原件，如果是复制件，是否与原件、原物相符，保管使用过程中是否受到破坏。对言词证据，我们主要审查是否是提供言词证据人员的真实感受，他们的认识水平、表述、记忆能力、身体精神状况如何，是否有虚假、夸大或缩小、矛盾成分。对鉴定意见，我们主要审查鉴定人的资格与涉案人员关系、鉴定程序、提供的鉴定材料、专业技术状况、所在单位证明状况、制作过程是否合法等。对各种笔录，我们主要审查其内容是否全面、准确、规范。对视听资料、电子数据我们主要审查是否有篡改、删改，制作过程是否合法。对八种法定证据，我们还要审查它们的来源是否合法，与案件的关联性及与其他证据的相互印证状况，然后依法对所有这些已审查的证据作出这些证据是否能作为我们所办案件定罪量刑的证据的判断。

三要建立适宜的移诉前证据审查判断机制。目前我们开展职务犯罪侦查基本上都是由承办人负责收集、固定、查明、审查判断证据，虽在侦结前有内部案件讨论和领导审批程序，但参与讨论人员和审批领导都不会对证据进行审查判断。没有另行的移诉前审查判断机制，这种自查自制的证据审查机制易于导致审查判断证据中所出现的不准确、不到位或不规范、遗漏等问题不能被及时纠正的情况存在，特别是随着非法证据排除制度的确立，建立移诉前证据审查判断机制更具有重大意义，它有利于及时发现和纠正所存在的非法证据情况，有利于提高办案质量。建立该机制的设想是案件侦结移诉前将整个案件材料交其他没有参与办案的具有丰富法律知识和侦查经验的侦查人员专门开展审查判断证据活动，他们除书面审查外还可作一定的调查，审查完毕后作出审查结论，列出所发现的问题交案件侦查人员及时予以纠正和补强。

(四) 认真做好证据转换工作

伴随初查收集证据种类的增加和处理纪委移送案件证据材料及立案前案件知情人移交的证据材料需要，检察机关在职务犯罪案件立案后必须认真按照修改后刑诉法有关证据的规定对这些立案前收集的证据和已获得的证据做好转换工作，对其中的物证材料做好补办法律手续工作，对其中的言词证据重新做好询问笔录，将所有这些证据都转换为具有法律合法性证据。同时，侦查人员也要对这些证据予以查证属实，予以认真审查判断，审查它的关联性、客观性，与其他证据相互印证性，还可以利用这些证据来作为收集其他证据的基础。总之，侦查人员必须严格按照法律要求做好证据转换工作，进一步充实收集审查判断证据的内容，为办好职务犯罪案件服务。

（五）及时转变收集证据方式

检察机关职务犯罪侦查中原有的收集证据方式是先收集少量的外围证据，然后把精力主要放在获取犯罪嫌疑人的口供上，一旦突破了口供就依口供来收集其他证据予以印证，有些甚至在几乎没有什么外围证据的情况下直接获取犯罪嫌疑人的口供，突破不了就不予立案，突破了再依口供收集其他证据。这种收集证据的方式会严重影响到办案的质量和效率，也易于造成刑讯逼供的事件发生，造成冤假错案，损害犯罪嫌疑人的合法权益，败坏检察机关的形象。随着修改后刑诉法明确非法证据排除制度，检察机关必须及时转变收集证据方式，收集大量的外围证据以后再收集犯罪嫌疑人的供述，并通过大量外围证据来促使犯罪嫌疑人自作供述。检察机关可以通过信息技术等手段认真初查获取扎实的外围证据。注重书证、物证和间接证据的收集，同时不轻易否定言词证据，同时通过谋略和外围证据犯罪突破嫌疑人的口供，积极查找其他言词证据，从而形成坚实而固定的证据锁链。

浅谈电子证据在刑事诉讼中的取证与审查

卢小林[*]　谢　瑾[**]

【内容摘要】电子证据是技术和法律的结合，它兼具传统证据和自身的独特特征。取证应坚持依法、全面、及时、无损的原则。取证程序从法律制度层面上包括准备、收集保全、检验分析和提交四个阶段，从技术层面上包括五步过程模型。审查电子证据的关联性、真实性、合法性应注意把握其自身特点。

【关键词】电子证据　取证　审查

修改后刑诉法第48条将“电子数据”新增为证据种类，至此，电子证据从法律的层面被规制为一个证据种类。本文试图从电子证据的概念、特征、作用、取证和审查等方面对电子证据的若干问题进行探讨，以期能抛砖引玉。

一、电子证据的概念与特征

电子证据是以电子形式存在的、用作证据使用的一切材料及其派生物；或者说，借助电子技术或电子设备而形成的一切证据。①电子证据是技术和法律的结合，它兼具传统证据和自身独特的特征。首先，电子证据具备传统证据的共性，包括证明力和证据能力两个方面。其次，电子证据作为一种与电子信息技术密不可分的新型证据，它具备一些与传统证据不同的物理特征和技术特征。

从物理特性上说：(1) 记录方式特殊。它是将电子信号转化为电磁场的变化，从而记录下来形成电子信息。(2) 存储介质特殊。电子证据的存储离不开硬盘、光盘、闪存盘等专门的存储介质。(3) 感知方式特殊。对电子证据的感知须要有专门播放设备、软件工具、系统环境甚至文件格式等。(4) 传播方

* 江西省樟树市人民检察院检察长。

** 江西省樟树市人民检察院干部。

① 何家弘：《电子证据法研究》，法律出版社2002年版，第4页。

式上特殊。电子证据的本质是电磁信号，其可以无形的方式在电磁场中进行传播。

从技术特性上说：（1）电子证据的删改在相对程度上较为容易。（2）电子证据的分布相对隐蔽、分散。（3）电子证据的形成具有自动、实时的特点。（4）电子证据在形式和内容上非常多样、复合。

二、电子证据的作用

随着信息化、电子化时代的到来，电子证据在司法机关执法办案中发挥着越来越重要的作用。据统计，近三年来我院公诉部门办理的刑事案件共有350余件，在对证据进行取证和审查过程中涉及电子证据的案件有59件，约占办案总数的16.7%，并且在涉及电子证据的案件中，电子证据的取证和审查往往对案件的定性、是否批捕、是否起诉等起到了至关重要的作用。

此外，从本院办理的一起家电下乡受贿案中可进一步看出电子证据的取证和审查在司法机关执法办案中起到的举足轻重的作用。2011年8月，我院自侦部门接到群众举报，反映本市商务局相关人员在审核家电下乡和家电以旧换新工作中涉嫌受贿，经初查，发现本市商务局丁某、汪某等涉嫌受贿罪，本市某电器公司负责人周某涉嫌行贿罪。在案件侦查过程中，侦查人员发现了案件的一个关键情节，即周某故意伪造假身份证、假户口本等虚假证件骗取国家家电下乡补贴，而市商务局丁某、汪某明知是虚假信息仍然违规审核，收集证据证实这一情节成为突破案件的关键。然而，侦查人员在对涉案物品、账单、器材等进行审查时却没有发现一点蛛丝马迹，经过侦查人员进一步的缜密调查和对涉案人员做思想工作，周某供认在案发前她已将存储在电脑硬盘上的虚假信息全部删除，侦查人员立即将涉案电脑封存并及时聘请了符合条件的电子技术专家并由我院技术科的干警协助成功地将周某删除的虚假信息恢复出来，依法固定了证据。这一关键电子证据的收集使得案件的全部证据形成了完整的证据链，从而使案件成功告破，并为国家挽回经济损失200余万元。

由此可见，对电子证据进行依法取证和审查具有极其重要的作用，同时也是司法机关执法办案面临的重大课题。

三、电子证据的取证

（一）取证原则

电子证据取证原则，应当在遵循传统法律原则的基础上，兼具自己相对独立的原则。

第一，依法取证原则。这是指取证活动在实体上和程序上都要符合法律的要求。从取证活动的过程来看，应当保证主体、对象、手段和过程四个要素的合法性，只有如此，才能保证获取的证据合法。

第二，全面取证原则。所谓全面取证原则，是指调查取证过程中应当尽可能地全面调查取证，使获取的证据相互印证，形成完整的证据链条。这就要求，在取证时一定要认真分析电子证据的数据来源，并进行全方位、多角度的取证与司法鉴定，在确保证据与案件事实关联的基础上，将获取的所有电子证据结合案件的其他类型证据，相互印证，排除矛盾证据，最终组成完整的证据链。比如，我院公诉部门于2012年1月办理的易某诈骗案就很好地把握了这一原则。2010年下半年至2011年5月，犯罪嫌疑人易智非法持有他人信用卡20余张，利用自建的三个网站发布服装批发等虚假信息，并在网页和其QQ上留下联系电话和汇款方式，骗取受害人钱财近29万元。我院公诉部门审查这一案件时，全面审查了相关网址、QQ聊天记录、信用卡信息、电话、传真等证据，从而使证据形成了完整的证据链，案件得到了依法处理。

第三，及时取证原则。该原则的提出，主要是因为相当一部分电子证据都是在系统运行过程中自动、实时生成的，系统经过一段时间的运行很可能会造成信息系统的变化，此时这些数据就不能如实反映案件的事实了。电子证据的获取受制于一定的实效性，确定获取对象后，应当尽早地收集证据，保证其没受到任何破坏和损失。比如，我院在2011年8月办理的一起交通肇事案中，办案人员及时到相关摄像头存储设备提取了相关影像并依法固定证据，使案件得到依法处理，据该摄像头存储设备管理人员反映，因为存储设备容量有限，一段时间后存储设备将自动删除之前的信息。

第四，无损取证原则。该原则是指在电子取证的全过程中，要尽可能保证电子证据的客观、真实与完整。① 如必要时的数据备份、完整性校验等都是保持数据完整所必须采用的方法。另外，要远离高磁场、高温等环境，避免其受到静电、灰尘等的影响，以保证电子证据的客观状态。②

（二）取证程序

电子证据的取证要遵循合法原则，要严格依照法定程序进行。严格来说，取证的程序应当是一个法律和技术交叉规制的过程。

首先，电子证据取证的程序是一个法律制度层面上的问题。笔者赞同刘品新先生的四环节说。第一，准备阶段。包括取证人员的培训和选择、设备

① 刘品新主编：《电子取证的法律规制》，中国法制出版社2010年版，第19页。

② 麦永浩等主编：《计算机取证与司法鉴定》，清华大学出版社2009年版，第13页。

和器材的选择、取证计划的制定等。第二，收集保全阶段。主要任务是对物理空间或虚拟空间中电子证据的收集与保全，包括对计算机主机等电子设备的临时取证和网络下载等远程取证。第三，检验分析阶段。电子证据的取证活动不同于"一步式"的传统取证活动，它是"两阶段"，主要的实施活动都集中在实验室里对证据进行分析。① 第四，提交阶段。根据检验分析结果制作电子证据鉴定书、勘验检查笔录等。

2004年轰动全国的"马加爵案"就是严格依照上述程序调取电子证据使案件成功告破的典型案例。案发后，马加爵出逃。当地公安机关迅速成立了"2·23"专案组，通过公安部向全国发出通缉令。然而，侦查人员对马加爵的去向和案件的突破口并无把握。为收集证据，刑侦专家决定使用技术手段，对马加爵在宿舍内使用过的电脑硬盘进行数据分析，侦查人员和技术专家严格按照上述四环节对硬盘数据进行恢复，恢复出来的数据显示，他在出逃前三天搜索的信息基本上都是海南省尤其是三亚市的旅游、交通和房地产的信息。依据这些数据提供的线索，警方调整了侦破方向，于3月15日在三亚市将马加爵缉拿。② 案件成功告破。

其次，从技术层面上，笔者赞同基本过程模型。1999年，美国人法默和韦尼玛在一次电子取证分析培训班上提出了如下的基本取证过程：第一步，保护现场安全并进行隔离；第二步，对现场进行记录；第三步，系统地查找证据；第四步，对证据进行提取和打包；第五步，建立证据保管链。③

四、电子证据的审查

证据的审查判断是指公安司法人员对现有证据材料的证据能力和证明力进行分析、研究和鉴别，并据此作出认定案件事实结论的一种诉讼活动。④ 与传统证据相似，对电子证据的审查也主要围绕证据的关联性、真实性、合法性三方面来进行。

（一）审查判断电子证据的关联性

与传统证据相同，电子证据必须与案件事实有某种联系。关联性是指证据必须与须要证明的案件事实或其他争议事实具有一定的联系。电子证据的

---

① 刘品新：《论计算机搜查的法律规制》，载《法学家》2008年第4期。

② 刘品新主编：《电子取证的法律规制》，中国法制出版社2010年版，第2页。

③ Computer Forensics Analysis Class Handouts：http：//www. fish2. com/forensics/class. html，2011年4月23日。

④ 洪浩主编：《证据法学》（第二版），北京大学出版社2007年版，第263页。

关联性，一般是指电子证据必须与案件事实有实质联系并对案件事实有证明作用。审查电子证据的关联性主要有以下几个方面：一是所提出的电子证据欲证明什么样的待证事实；二是该事实是否是案件中的实质问题；三是所提出的电子证据对解决案件中的争议问题有多大实质意义。一般来说，某一电子证据对案件争议问题具有实质性意义，即能确定或否定某一案件事实存在，则应当认定该证据具有足够的关联性。

值得一提的是发生在云南巧家的赵登用案。2012 年 5 月 10 日，云南巧家发生恶性爆炸，爆炸造成 4 人死亡、16 人受伤的严重后果。案件发生不久且尚未侦破，当地公安机关负责人杨某情绪激昂地对媒体放言，愿以“前程”来担保，赵登用就是爆炸案的罪魁祸首，其依据的是赵登用两年前在 QQ 空间中的一些比较偏激的言论，比如赵登用在两年前曾在 QQ 聊天时发表言论“社会之残酷越来越让我要爆乱了。我不知道在我实在混不了的时候会有多少人死于我的手下”等。时隔 3 个月，2012 年 8 月 7 日，云南省昭通市公安局通报：经过近 3 个月深入侦查，造成 4 人死亡、16 人受伤的“5·10”巧家爆炸案已成功告破，涉案犯罪嫌疑人邓德勇、宋朝玉因涉嫌爆炸罪已被依法逮捕。这一通报还有另一层意义：赵登用实属无辜的受害者而非犯罪嫌疑人。

事实上，按照上述审查电子证据的关联性的要求，我们不难发现赵登用两年前的 QQ 偏激言论完全属于言论自由的范畴，与本案并无关联性，若当地公安机关当时能意识到这一点并严格审查电子证据的关联性也不至于铸成今天的大错。

（二）审查判断电子证据的真实性

电子证据的真实性审查，较传统证据而言有更强的技术性特点。由于电子证据具有客观真实的特性，在没有人为因素和外界环境的影响下应该推定为真实的。对电子证据的真实性的质疑主要有二类：一是电子证据是否被改动、处理过或在其形成之后被损害过；二是生成电子证据的系统程序是否可靠，进而来质疑电子证据是否可靠。针对以上情况笔者认为审查电子证据的真实性主要应从以下两个方面进行：

第一是审查电子证据可能受到改动、处理或损害的阶段如电子证据的产生、传输和存储过程，审查主要内容有电子数据是否在正常的活动中按常规程序自动生成或人工录入的，生成或录入电子数据的系统是否被非法人员控制，系统维护和调试是否处于正常控制下，由人工录入电子数据时，录入者是否在严格的控制下，按照严格的操作规程，采取可靠的操作方法合法录入；传递、接收电子数据时所用的技术手段或方法是否科学、可靠，传递电子数据的“中间机构”如网络运营商等是否公正独立，电子数据在传递过程中有无加密措施，有无被非法截获的情形存在；存储电子数据的介质是否可靠，存储电子数据的实施者是否公正独立，存储电子数据的环境是否具备防静电、防磁场干扰、防高温、防潮和除尘等条件，存储电子数据是否加密，所存储的数据电文是否被改动等。

第二是审查生成电子证据的系统程序是否可靠。对系统程序的审查主要采用推定的方法，如果系统程序是使用者的日常业务活动依赖的程序，一般认为该系统程序是真实可靠的。计算机系统在进行数据处理、传输和存储过程中，由于设备和线路故障、断电、操作失误甚至病毒感染，如正在生成数据文件时突然中断，正在传输文件时突然中断等，都有可能影响数据的真实性。因此，审查电子证据的真实性，要对电子证据从生成至提交法庭的全过程进行周密审查，如果电子证据自形成时起，其内容一直保持实质意义上的完整，则视为具有真实性。

另外，由于电子证据的取证活动对技术和工具的要求极高，对工具的可靠性审查自然也是很重要的一个方面。

（三）审查判断电子证据的合法性

审查判断电子证据的合法性，主要从两方面来考虑：一是电子证据收集主体是否合法；二是电子证据收集程序是否合法。

1. 审查电子证据的取证主体。在刑事诉讼中，侦查人员、检察人员和法官是收集案件证据包括电子证据的法定主体，其中侦查人员又包括公安人员、检察院自侦人员、国家安全机关人员、监狱侦查人员、军队保卫部门工作人员和海关缉私侦查员。对电子技术专家的审查主要审查其是否具有国家认定的专门从事协助收集电子证据的证书，以及鉴定的程序是否合法和结论是否符合法定的形式等。

2. 审查电子证据的取证程序。因为电子证据的取证是“两步式”的，所以审查电子证据的取证程序也包括两个方面：一是电子证据的提取过程，这里的程序合法和传统证据的取证程序合法要求基本是一致的，如审查侦查人员在收集电子证据时，是否取得并出示了搜查证，搜查范围或对象是否超出了搜查证所确定的界限等。二是电子证据的数据分析阶段，这主要在实验室进行，这里主要审查技术人员是否遵循了相关的技术规范。

3. 非法证据排除的情形。修改后刑诉法明确了非法证据排除的原则，就电子证据而言，凡是生成、取得等环节不合法，且足以影响证据真实性的或足以影响某一重大权益的，则可予以排除。主要包括：第一，公民或个人及未经授权机构授权或不具有法律资质的专业机构非法侵入他人计算机系统以秘密方式获得的电子证据；第二，有权司法机关未按法定程序取得法定证件

（如搜查证、扣押通知书等）就公然侵入他人计算机系统以非法方式获取的电子证据；第三，通过非法软件获取的电子证据。

综上所述，电子证据因其法律和技术的双重属性决定了对其取证和审查的特殊性和复杂性，笔者认为，必须从以上几个方面从严把握并不断在理论和实践中积累经验，才能对电子证据进行全面客观的收集和审查。

公诉承担证据合法性证明责任的思考

潜　艇*

【内容摘要】修改后刑诉法规定人民检察院应当对证据收集的合法性加以证明。出庭公诉人承担庭审证据合法性的证明责任。应对程序公诉的挑战，应以强化证据合法性审查为基础，以完善公诉环节非法证据排除规程为保障，以提升程序公诉应诉能力为核心，对非法证据早发现早排除。

【关键词】证明责任　合法性审查　排除规程　应诉能力

修改后刑诉法明年正式实施之后，程序性调查和辩论将成为法庭审理新的焦点。在这种程序公诉中，法庭审理的对象不再是被告人的刑事责任，而是侦查取证程序的合法性问题。公诉人要承担证据合法性的证明责任，某种程度上是程序审查中的“被告人”，职务犯罪案件中公诉人更是如此。美国哈佛大学教授艾伦·德肖维茨在其著作《最好的辩护》中说到，通过攻击侦查行为的合法性，把侦查人员置于被控告地位，让法院宣告其行为违法、无效，削弱控方的证明能力，这就是进攻性辩护。针对辩方反守为攻发起的程序辩护，公诉人要切实增强证据意识，准确理解、执行修改后刑诉法“案件事实清楚，证据确实、充分”的证明标准，坚持全面客观收集审查证据与坚决依法排除非法证据并重。具体而言，就是要以强化证据合法性审查为基础，以完善公诉环节非法证据排除规程为保障，以提升程序公诉应诉能力为核心，对非法证据早发现早排除，避免带病起诉，防止庭上被动。

一、强化证据合法性审查

公诉人承担着追诉犯罪的职责，较之承担审判职责的法官来说，具有更强烈的揭露、惩罚犯罪的使命感和责任感，当发现指控犯罪证据有疑问时，容易采取更宽容的态度。修改后刑诉法明确要求公诉人承担证据合法性证明责任，公诉人首先要彻底摒弃“重打击、轻保护”的观念，在审查起诉中增

---

* 江西省人民检察院公诉一处副处长。

强证据合法性审查意识，严格证据合法性审查。

1. *更加注重程序审查*。从诉讼结构上看，我国的刑事侦查过程是封闭的，不对公诉人公开，公诉人只能看到侦查结果，是一种事后监督，在这种情形下辨别侦查取证行为的合法性，客观上确有一定困难。但公诉人不能忌讳承担这种责任，要在审查起诉中保持较高的法律敏感性，全面审查案件证据材料，既要审查证据的内容，又要审查证据的形式，查明证据收集的主体、程序是否合法，固定、保全证据的方法是否符合法律规定。对物证、书证，要通过审查提取、扣押笔录和勘验检查笔录等证据，查明来源合法，物证、书证如果来源不明，可靠性就存在疑问；对证人证言要查清证人与犯罪嫌疑人之间有无根本的利害关系，排除诬告陷害或包庇的可能性；对被害人陈述，要重点审查被害人作证时是否受到案件当事人的干扰；对犯罪嫌疑人供述，要重点审查是否存在采取刑讯逼供等非法方法收集口供的可能，从明年1月1日起，职务犯罪案件移送审查起诉时必须同时移送全程同步录音、录像，没有移送的，可以不予受理或者要求补充移送；对公安机关侦查的可能判处无期徒刑、死刑的案件和其他重大案件，也应当要求同时移送全程同步录音、录像。

2. *更加注重辩方证据*。检察机关的法律监督属性，决定了公诉人同时也是法律监督者。在履行公诉职能时，要秉持客观公正的立场，不片面追求定罪与胜诉结果，不只专注于有利于追诉的证据，既要重视侦查方和被害方提供的证据，也要更加注重来自辩方的证据。对辩方提供的证据，公诉人不能视而不见或弃若敝屣，要认真对待，公正审查，应当采纳的积极采纳，存在疑问的可以在法庭上进行质证，切实保障犯罪嫌疑人的合法权利。审查起诉要严格执行诉讼权利告知制度，认真听取犯罪嫌疑人所作辩解，高度重视犯罪嫌疑人及其辩护人对非法取证行为的控告。公诉人还要注意加强与控申接访人员、驻所检察官的联系，了解辩方申诉情况和犯罪嫌疑人的在押表现，扩大获取非法取证线索、信息的来源。对犯罪嫌疑人翻供的案件，更要严格审查，注意发现是否存在异常情况以避免发生错案。

3. *更加注重捕诉、侦诉衔接配合*。修改后刑诉法细化逮捕条件，完善逮捕程序，侦监部门把关更严，这为身处其后的公诉工作提供了有利条件。要通过电子诉讼文档移送、侦监公诉联席会议等方式，加强捕诉衔接，了解案件审查逮捕时证据状况和存在的问题，掌握审查逮捕时排除非法证据或者发现非法取证嫌疑的情况，审查侦查机关是否落实侦监补证要求，形成对侦查取证行为的监督合力。修改后刑诉法明确规定在整个诉讼过程中，侦查、起诉、审判各个阶段均负有排除非法证据的责任，公诉要进一步完善介入侦查、引导取证工作机制，通过对侦查机关取证行为的合法性进行有效引导、规范和监督，力争在案件移送审查起诉前解决证据合法性问题，从源头上消除证据隐患，打牢案件证据体系。特别须要强调的是，职务犯罪案件由于其高智商、广人脉、强辩护的特点，历来是提出非法证据排除申请的高发类案件，要对职务犯罪案件和公安机关侦查案件坚持同样标准，监督侦查人员严格落实拘留和逮捕后及时送看守所羁押、在看守所进行讯问、全程同步录音录像等规定，努力把非法证据排除在侦查终结前，这是防止将来庭上被动，更好地履行检察机关指控犯罪和法律监督职能所必须。

二、完善公诉环节非法证据排除规程

在修改后刑诉法确立的非法证据排除规则体系中，公诉人既是庭审证据合法性的证明者，也是非法证据的排除者。在庭审阶段一旦口供等关键证据被排除，对公诉造成的不利影响太严重且几乎无可挽回，因此对非法证据要立足早发现早排除，与其庭上被动排除，不如诉前主动排除。但修改后刑诉法只是原则性规定了公诉环节有排除非法证据的责任，对非法证据排除程序的启动、审查、适用以及审查结果救济等，均未明确，缺乏可操作性，须我们通过不断实践和实证研究，从以下 4 个方面完善公诉环节非法证据排除规程：

1. *权利告知*。可以考虑增设公诉人自审查起诉之日起 3 日内，应当告知犯罪嫌疑人及其辩护人有权提出非法证据排除请求的职责。犯罪嫌疑人及其辩护人认为有排除需要的，应当在被告知后 7 日内提出请求，并提供相关线索和材料。

2. *程序启动*。公诉人审查案件证据合法性后，发现存在非法取证嫌疑的，可以经公诉部门负责人批准，启动非法证据排除程序，依照修改后刑诉法规定书面要求侦查机关对证据收集的合法性作出说明。对此，侦查机关不能简单地回复一份没有违法侦查行为的情况说明，而应以经过补正或作出合理解释，不影响相关证据的真实性为标准。前年出台的“两个证据规定”明确规定，公诉人提交加盖公章的说明材料，未经有关讯问人员签名或者盖章的，不能作为证明取证合法性的证据，因此，侦查机关的说明不能仅盖有公安局、反贪局、刑侦大队等单位公章，还应当有侦查讯问人员签名或者盖章。

3. *调查核实*。修改后刑诉法新增了检察机关对侦查人员非法取证行为的调查核实权。侦查机关对证据收集的合法性作出说明后，仍不能排除非法取证嫌疑的，公诉部门可以报请检察长批准，进行调查核实。一是通过讯问犯罪嫌疑人和听取辩护人的意见，调查核实辩方控告侦查人员非法取证的时间、地点、人员、行为手段、详细情节等；二是通过询问讯问人员和有关在场人员，调取全案讯问笔录（包括侦查机关没有移送在卷的犯罪嫌疑人不供认的笔录），调取讯问录音、录像等，调查核实犯罪嫌疑人供述是在什么情况下交待的，侦查人员是如何问话的，在问话过程中有没有逼供、指供或诱供行为等情况；三是通过查询犯罪嫌疑人出入看守所的身体检查记录及相关材料，询问看守所的管教民警、驻所检察官，讯问犯罪嫌疑人同监人犯等，调查核实犯罪嫌疑人出入监所时间和在押期间的身体健康状况。调查结束，公诉部门应形成调查报告，根据查明情况提出补证完善、纠正违法或者排除非法证据的意见。

4. 审查或听证排除。经过调查核实，确须排除非法证据的，应逐级上报，由检察长审查决定是否排除，必要时可以提请检察委员会讨论决定。检察机关作出排除非法证据决定后，应当在3日之内告知侦查机关和申请排除非法证据的犯罪嫌疑人及其辩护人，必要时还应告知被害人及其诉讼代理人。侦查机关、犯罪嫌疑人及其辩护人、被害人及其诉讼代理人可以申请复议一次，强化监督制约。对一些争议较大、疑难复杂、当事人反应强烈或者有重大社会影响的案件，还可以报请检察长决定，由公诉人主持，召集侦查人员、辩护人、被害人等各方参加听证，采取听证形式排除非法证据，进一步增强排除决定的公开透明度。

三、提升程序公诉应诉能力

非法证据排除规则正式写入修改后刑诉法，无疑为辩方提供了一个重要的辩护理由，案件侦查取证过程将面临辩方的更多诘问。一旦法庭确认有非法证据，就要排除，案件可能面临指控证据不足的风险，庭审变数和指控犯罪难度加大。以往公诉人出庭更强调指控犯罪，追求定罪，以定罪为中心，对法庭上出现的程序问题重视不够，亟须提高程序公诉应诉能力。

1. 加强补证工作。要在强化证据合法性审查的基础上，确保证明犯罪事实的证据和证明取证合法性的证据均收集在案。加强对瑕疵证据的补救与完善，言词证据制作时间、地点、人员不符合要求，实物证据取证主体、相关笔录存在一定瑕疵的，均应通过退回补充侦查要求侦查机关依法重新收集；对因客观条件限制确实无法重新收集的证据，要采取相应补救措施证明证据的客观性、关联性。修改后刑诉法完善证人出庭作证制度，证人出庭将逐步增多，公诉人不能再仅凭证人证言笔录即高枕无忧，要注意做好关键证人证言的复核和固定工作，防止翻证。公诉人还要在庭前全面吃透案情，对整个案件事实、证据反复推敲，做到心中有数；并进一步提高庭前预测能力，精心制作庭审预案。唯此，才能以不变应万变，沉着应诉。

2. 用好庭前会议程序。修改后刑诉法规定了庭前会议制度，设立庭前会议主要是为了在开庭以前解决程序问题，包括回避、出庭证人名单、非法证据排除等，避免法庭审理因定罪、量刑等实体问题与程序问题交织在一起出现混乱，有利于法庭审理顺利有序进行。公诉人要利用好庭前会议，力争在开庭前解决非法证据争议问题。要在庭前会议上加强与辩方沟通，了解辩方对证据合法性的态度，充分阐明检察机关对证据合法性的审查意见，争取法官的认同和采纳。对辩方提出排除非法证据请求的，必要时可以进行调查核实，决定排除的及时通知法院和辩方。会后还要认真查漏补缺，充分利用庭前会议获取的各种信息，完善庭审预案，为出庭应诉进一步做好准备。

3. 强化侦查人员出庭作证。在法庭对证据合法性进行庭审调查时，公诉人要综合运用讯问人员和有关在场人员证言、全程同步录音录像、出入看守所身体检查记录等证据，提高证据合法性举证、质证、辩论技巧，必要时可以直接要求或提请法院通知有关侦查人员出庭就取证行为合法性作证。一方面侦查人员出庭可以相比公诉人更加直观形象地向法庭展示案件侦查突破的过程，增强法官的内心确认；另一方面侦查人员与被告人当庭对质，会对被告人产生更大的心理震慑力。对被告人当庭翻供案件，侦查人员出席法庭，向法庭证实被告人侦查阶段所作有罪供述是不是自己主动交待的，结合案件其他证据，如果能与被告人有罪供述相互印证，形成完整的证据锁链，就足以证实被告人有罪供述的真实性。通知侦查人员出庭作证，我省公诉部门已有多年实践探索，今后要逐步推动侦查人员出庭作证成为一项常态化工作机制，缓解公诉承担非法证据举证责任上面临的压力。同时，也使侦查人员当庭直面取证不合法的苦果，推动某些侦查不良习惯的革除，促使侦查人员树立侦查成功不取决于是否突破口供，而取决于法庭上公诉是否成功的观念，侦查人员和公诉人应在法庭上并肩作战，共同完成公诉使命。最后，要严肃处理谎称遭到侦查人员刑讯逼供的翻供行为，对经公诉人举证证明，法庭确认没有非法取证情形的，被告人曾有的自首或者坦白情节不予认定，并建议法庭对其从重判处。

论非法口供及其排除

徐　琳*

【内容摘要】正视非法口供形成的原因，认识非法口供排除标准和事由存在的缺陷，针对非法口供排除规则存在的漏洞，完善非法口供排除的机制。在实践中要积极应对非法口供的排除对检察工作提出的挑战。

【关键词】非法口供　排除标准和原则　挑战与应对

虽然“严禁刑讯逼供，重证据，重调查研究，不轻信口供”是我国一贯的刑事政策，但在我国司法实践当中，非法获取口供的现象依然存在，非法口供随时可能潜伏在我们身边给予我们致命一击。近年来媒体披露的十多起冤案引起了全国震惊，影响突出的如云南省昆明市“杜培武杀人案”、湖北省京山县“佘祥林杀人案”、河南省商丘县“赵作海杀人案”，这些冤案产生的一个重要原因就是非法获取口供，并让非法口供得到采纳。如果非法口供得不到排除，由此产生的冤狱将永不消失。因此，我们要在全面、正确地认识口供及其价值的基础上，对非法口供予以坚决排除。而排除非法口供，关键是要依照修改后刑诉法确立和完善非法口供排除的规则，并严格按照规则办案。

一、非法口供的定义及其形成

（一）口供及非法口供的定义

口供，现代汉语词典注释为“受审者口头陈述的与案情有关的话”。在我国刑事诉讼理论界，主流观点一直认为口供即“犯罪嫌疑人、被告人供述与辩解”，“口供的内容包括供述、辩解和攀供”①，是犯罪嫌疑人、刑事被告人在诉讼过程中向侦查、检察和审判人员所作的陈述。我国刑事诉讼法规定的证据种类之一就有犯罪嫌疑人、被告人供述和辩解。笔者认为这都是从广义

---

* 江西省人民检察院公诉二处干部。

① 何家弘、刘品新：《证据法学》，法律出版社2004年版，第177页。

上讲的口供，即既包括有罪的供述，也包括无罪、罪轻的供述，笔者对该通说并无异议。但在司法实践中，我们常常听到侦查人员说“突破口供”、“拿下口供”，其口供的意思当然不是犯罪嫌疑人、被告人所作的无罪供述和辩解，而是专指“犯罪嫌疑人、被告人的有罪供述”。所以，口供在司法实践中有其狭义之说，即犯罪嫌疑人、被告人的有罪供述。根据本文论题的语义和将要论述的内容，笔者在本文中取狭义之说，将口供定义为犯罪嫌疑人、被告人的有罪供述。因此，笔者将非法口供定义为“非法获取的犯罪嫌疑人、被告人的有罪供述”。

（二）口供的价值与非法口供的形成

1. 口供的价值。刑事诉讼活动自始至终都离不开证据，刑事侦查的每个环节也是围绕证据收集、审查判断和运用展开。在证据种类中，口供无疑是非常特殊的存在。口供的历史悠久，是人类法制文明进程中最古老的一种证据，在古代诉讼和文学作品中都有体现。由于犯罪嫌疑人、被告人对自己是否实施犯罪行为最清楚，其口供可能是最真实、最具体的证据，证明力直接而强大，因此口供在古今中外历来受到重视。在中国古代，封建统治者非常重视口供的作用，认为“罪以供定，犯供最关紧要”，实行“断罪必取输服供词”、“无供不录案”的制度。在中世纪欧洲各国，口供则被奉为“证据之王”、“证据皇后”。时至今日，我们仍时常称口供为“证据之王”，并在实践中为“拿下口供”而绞尽脑汁。口供作为一种能够在诉讼中直接证明案件事实的证据形式，一直发挥着举足轻重的作用。

2. 非法口供的形成过程及其原因。口供强大而直接的证明价值在很大程度上刺激了侦查、检察和审判人员获取口供的欲望。但关键问题是，作为犯罪嫌疑人、被告人，不要说无罪，即便在有罪的情况下自证己罪，他们也知道这样会陷自己于不利，出于自我保护的天性，在通常情况下，他们要么想方设法逃避或减轻罪责，要么不供。口供并不容易获取，突破与坚守就此形成利益冲突。如果选择千方百计采取一切办法甚至不惜以刑讯逼供、指供、诱供等非法手段和方式来获取，则非法口供由此产生。无冲突就无非法口供，由口供价值所引发的利益冲突是非法口供形成的基础原因，笔者称之为基因。但有冲突也未必会导致该结果，只有当侦查、检察和审判人员选择逾越法律规则时，才可能导致非法口供的形成。他们之所以会选择逾越，笔者认为还有以下几种原因在内：

一是在口供证明价值的诱惑下，侦查、检察和审判人员因急功近利而选择逾越。这是非法口供形成的诱因。二是侦查、检察和审判人员在主观上以供定案的思想根深蒂固，这是非法口供形成的内因。三是我国排除非法口供的规则不完善和严格，对非法口供的获取和使用不能进行有效的监督、制约甚至惩治，非法口供仍然得以存在。这是非法口供形成的外因。在这些因素的合力下，非法口供的存在在所难免，而非法口供必须排除。

二、非法口供排除的标准和事由

（一）国外排除非法口供的标准和事由

排除非法口供，首先就应当要准确界定哪些属于非法口供，界定非法口供的依据和标准是什么。如果不能准确而客观地给予界定，那么仍会有非法的口供像漏网的幽灵在每起案件的旁边游来荡去，时不时乘机而入制造冤案，损害司法公正和尊严。

论及口供是否排除的标准，有一个历史发展的过程。最初，各国对口供是否可采的关注点仅在于“真实性”，只要是真实的口供，就是可采的。此后，随着法治的发展，各国普遍确立了“自白任意性”规则，即考量口供是否完全出自于本人的意愿，着重强调被告人的意志自由。20 世纪中期以来，各国则更为强调“程序违法性”，最著名的如美国 1966 年确立的米兰达规则（Miranda Rules），成为警察讯问犯罪嫌疑人的重要程序规则，违反该规则的自白被认为是不可接受的。① 许多国家口供可采性的标准由“任意性”走向“程序合法性”，也就是说获取的口供只要程序违法即被排除，这样的标准具体、明了、便于操作。笔者理解，“程序合法性”的标准是更高阶的标准，以“自白任意性”规则为基，尊重被告人的意志自由是其应有之义。

面对千变万化、纷繁复杂的司法实践，许多国家不断以立法和判例形式将“任意性”抽象标准具体化、法定化、程序化，使标准日趋明确、具体、有可操作性。如德国刑事诉讼法典第 136a 条规定：“（1）对被告人决定和确认自己意志和依此采取行动的自由不允许用虐待、疲劳战术、伤害身体、服用药物、折磨、欺骗或者催眠的方法予以侵犯。只允许在允许的范围内实施强制。禁止以刑事诉讼法不允许的措施相威胁，或是以法律没有规定的利益相许诺。（2）妨碍被告人记忆或妨碍其反省能力的方法，禁止使用。（3）第（1）和第（2）部分的禁止性规定，不管被告人是否同意采用禁止使用的方法，都必须适用。即使嫌疑人同意使用，也不允许使用以违反这种禁止性规定的方式获取的供述。”② 但这些列举并非全部，其他违反嫌疑人意志的方法

---

① 李学军：《美国刑事诉讼规则》，中国检察出版社 2003 年版，第 160—181 页。

② ［德］托玛斯·魏根特：《德国刑事诉讼法》，岳礼玲、温小洁译，中国政法大学出版社 2004 年版，第 82—83 页。

同样被禁止。如测谎器的使用，联邦上诉法院一直坚持测谎测试的结果不可采纳。

（二）我国排除非法口供的标准和事由

我国证据理论强调客观性、关联性、合法性，凡有违合法性的证据即为非法证据。我国即将实施的新刑诉法与之前的刑诉法规定差别不大，其第50条规定必须依照法定程序收集证据，严禁刑讯逼供和以威胁、引诱、欺骗以及其他非法的方法收集证据，同时增加了“不得强迫任何人证实自己有罪”的规定。对于采用刑讯逼供等非法方法收集的口供在第54条中明确规定应当予以排除。可见，非法性主要有两个方面的表现，一是收集证据的方法手段可能违法；二是收集证据的程序可能违法。“不得强迫任何人证实自己有罪”，赋予犯罪嫌疑人、被告人沉默权，实际上确立了“口供任意性”规则，与国际公约的有关规定相衔接，具有重要的法律引领和引导作用，从原则和理念上进一步强化了对非法口供的严格禁止，对我国从“口供任意性”和“程序违法性”角度来排除非法口供起到了完善标准的作用。我国从“口供任意性”和“程序违法性”角度来排除口供契合了世界大多数国家口供排除的标准，在这个大标准上中外并无明显差异。

（三）我国排除标准和事由所存在的问题和缺陷

我国修改后的刑诉法虽然划定了非法证据的范围，并明确规定予以排除，具体落实到口供方面，笔者认为排除的界定标准和事由仍存在问题和缺陷，在实践中也难以做到位。

1. 对刑讯逼供、引诱、欺骗等非法方法未作明确界定。刑讯逼供是指使用肉刑或者变相肉刑，使当事人在肉体或者精神上遭受剧烈疼痛或者痛苦而不得不供述的行为，如殴打、电击、饿、冻、烤等。“等非法方法”是指违法程度和对当事人的强迫程度达到与刑讯逼供或者暴力、威胁相当，使其不得不违背自己意愿陈述的方法。① 实践中肉刑或者变相肉刑的方式、方法很多，如肉刑还包括捆绑、吊悬、鞭笞、烙烫、非法使用刑具等。变相肉刑可以是长时间罚站、不准睡觉、车轮战等。我国刑诉法和有关司法解释都未作出具体明确的规定。特别是在实践中不少“变相肉刑”行为并未作为刑讯逼供被追究，且以此获取的口供也被采纳使用。

由于与犯罪作斗争的行为性质、实际需要，“引诱、欺骗”经常在侦查实践中作为侦查、讯问策略的组成部分而实施。比如常见的一种欺骗方式是审

① 郎胜主编：《中华人民共和国刑事诉讼法释义（最新修正版）》，法律出版社2012年版，第117页。

讯人员对犯罪嫌疑人说："你还不交代，你作案的情况别人都看见了。"又如"你的同伙已经交代清楚了，你要争取有个好的认罪态度，坦白从宽。"著名法理学家波斯纳说："法律并不绝对地防止以欺骗手段获得口供；在审讯中是允许一定的小诡计的。特别是夸大警察已获得的、对嫌疑人不利的其他证据，让嫌疑人觉得招供不会失去什么的预先战术设计，都是许可的。"在犯罪侦查中不可能完全不使用带有欺骗性质的措施和手段。我国刑诉法规定不得以欺骗或引诱的方法获取口供，但对欺骗、引诱的方式、方法以及到何种程度才构成欺骗、引诱没能作出具体明确的解释和规定。因此，对实践中存在的通过欺骗或者引诱的方法非法获取口供的行为进行追究的情况基本没有。

由上可见，我国排除非法口供有了立法依据及相关标准，但法律条文的规定不够具体，对何为"刑讯逼供或者威胁、引诱、欺骗等非法的方法"，尚无进一步的详细的规定，特别对何为"威胁、引诱、欺骗"更无具体标准，导致实践中无法操作。针对上述情况，笔者建议有关部门以司法解释的形式对"刑讯逼供和以威胁、引诱、欺骗以及其他非法的方法"作出更明确、具体的列举式的规定，比如将侦查实践中存在的常见的"冻、饿、晒烤、罚站、不准睡觉、车轮战"等变相体罚和肉刑规定下来。对侦查人员审讯使用的"引诱、欺骗"等侦查谋略的程度作出合适的规定。

2. 对程序违法口供的排除力度不够。实践中"重实体，轻程序"的思想和做法仍存在，如侦查人员违反规定单人讯问，不在规定地点进行讯问，讯问未成年人时不通知应该到场的人见证，长时间的羁押讯问，等等。我国司法实践中对于通过这些违法程序获取的口供，只要实质真实都基本予以采用，基本没对这样的口供予以排除。修改后刑诉法对于违反法定程序非法获取口供只作了泛泛的原则性的规定，对于违反法定程序的程度及由此带来的对口供的效力和善后处理没作出规定。继续允许或默认非法证据不受限制地使用显然不利于纠正"重实体，轻程序"的法治顽疾。要排除违法程序获取的非法口供，则程序正义和实质正义有时不能兼顾，面对二者带来的价值冲突我们必须作出选择。选择实质正义或许在个案上惩罚了犯罪，貌似得到了公平，但由于采纳了违反程序的非法口供，无异于承认了非法取证行为，这样的示范效果会引起司法权力膨胀，严重的话会导致加重刑讯逼供等暴力取证的程度，将损害更多人的权利。是选择一时的个案的现实利益，还是选择长远的总体的根本利益？根据违法排除说，即凡是通过违反法定程序、手段获得的口供，即使是真实并出于自愿，也一律予以排除。笔者认为该学说值得借鉴，严格依法办案，就是先要理性选择程序正义，宁愿先牺牲实质真实而维护正当程序，才能真正实现"实体与程序并重"，才能确实排除违反法定程序取得的非法口供，这才是法治健康发展的长久之道。

对于违反程序取得的非法口供，笔者认为首先应该依法排除，然后可依照法定程序再补正和完善，最终或可达到良好的取证效果。

3. 重复自白排除规则缺失。在刑事诉讼中，犯罪嫌疑人、被告人可能重复自白，被告人在最初受刑讯逼供作出自白后又经合法审讯程序作出若干相同内容的自白，之前因刑讯逼供作出的自白毫无争议可作为非法口供予以排除，但之后合法获取的多次重复自白是否也一同排除呢?“重复自白”问题是刑事证据法必须解决的重要问题，而我国修改后刑诉法证据排除规则却没有作出规定，这是我国排除非法证据规则的缺陷。学界对重复自白有不同观点，有的认为应予排除，有的认为不应排除，有的认为要区别对待，他们的观点和理由都有一定道理，限于篇幅，笔者不一一阐述具体内容。

从法理上讲，对于经合法审讯而获取的口供当然不能排除，但如果犯罪嫌疑人、被告人受前面刑讯逼供行为产生的延续性作用而作出自白，其重复自白的真实性还是存在疑问的。而且，如果重复自白以经合法程序形成为由而采用，其内容又与刑讯逼供形成的一致，即便排除前面的非法口供，后面重复自白仍可以成功用于定罪。长此以往将可能导致以重复自白规避排除规则的适用，即侦查机关先对犯罪嫌疑人实施刑讯逼供，然后再经合法审讯取得嫌疑人有罪供述，以重复自白定罪，以此规避非法证据排除规则的约束。也有人提出不能“一排到底”，即与刑讯逼供无关的人员在新的场合讯问获取的重复自白因为与之前存在隔断，犯罪嫌疑人没有受到恐惧心理的影响，其自白可采用。

笔者认为，隔断和恐惧影响的标准不好界定也难以把握。更为重要的是重复自白应否排除本质上是一个价值取向问题。完全排除重复自白会影响到定案证据锁链的形成而不利于打击犯罪，不排除重复自白又可能会规避非法证据排除规则，损及刑事诉讼保障人权的价值目标。利弊共生，何去何从确实让人难以抉择！但是，“任何价值选择都应当是主体性的，即根据主体自身的需要进行价值选择，而一项法律或制度设计也必须从本国国情出发，体现为某种具有现实合理性的制度安排。考虑到我国当前刑讯逼供等非法取供现象禁而不绝，困扰实践已久，不仅造成大量冤假错案，且已伤及刑事程序本身的正当性。为遏制刑讯逼供等非法取供现象的泛滥，必须确保非法证据排除规则的良性运作，防止其因缺乏配套制度的支撑而被架空。”① 对于该观点，笔者深以为是。我们可以通过提高刑侦技术等手段提高获取证据的能力，

① 万毅：《论“反复自白”的效力》，载北大法律信息网，2011 年 10 月 25 日。

可以通过提高其他证据形式的使用率来强化证明能力，而不是仅仅依赖口供。非法证据排除规则对解决我国刑事诉讼中存在的非法取证、保障人权、维护司法公正的意义和价值非常重大，好不容易逐步确立起来，如果被架空、被规避，所导致的法制损害巨大。所以，笔者更倾向于采取“排除说”，对重复自白予以排除。不论我们对“重复自白”将采取何种态度，但必须要有态度，无论怎样的态度和取舍，对我国非法证据排除规则都将起到完善的作用。

三、非法口供排除的原则、程序和举证责任分配

（一）非法口供的排除原则

1. 自动排除原则。对非法口供实行自动排除，不以被告方提出异议为前提。许多国家对非法口供实行自动排除。我国修改后刑诉法在第54条第2款规定，在侦查、审查起诉、审判时发现有应当排除的证据的，应当依法予以排除，不得作为起诉意见、起诉决定和判决的依据。可见，侦查机关、检察机关、审判机关都有依法排除非法证据的义务，这有利于尽早发现和排除非法证据，提高办案质量，维护诉讼参与人的合法权利。

2. 公平与效率兼顾原则。在自动排除的前提下，如果犯罪嫌疑人对口供并未提出异议，口供应当作为定罪的证据采信。但在实践中不乏犯罪嫌疑人为了脱罪故意以刑讯逼供非法取证为由申请排除合法口供，如果司法机关动辄就启动排除程序，则势必使许多合法口供也被纳入到非法口供的审查中来，浪费司法资源，降低司法效率。因此，犯罪嫌疑人应当提出相关线索或材料，而且指向的非法取证行为要有可能性，否则不宜启动排除程序。这样既能保证非法口供得到排除，又能兼顾司法公平和效率。

（二）非法口供的排除程序

检察机关在审查起诉阶段对全部证据予以审查时，除主动发现而排除非法口供外，检察机关可根据犯罪嫌疑人的申请，专门对可能为非法的口供进行调查核实，如认为不是非法口供不予以排除的话，法院在审理过程中，如认为可能存在非法口供，也应当对口供收集的合法性进行调查，然后根据调查情况排除与否。我国修改后刑诉法对此都作了明确规定，非法口供的排除基本贯穿于整个诉讼环节，非法口供的排除在法律程序上得到了保障。

（三）非法口供的举证责任分配

论及非法口供排除的程序，就不能不谈到非法口供的举证责任分配问题。对非法口供的举证责任分配关系到非法口供排除的落实。在杜培武一案中，无论是一审法院昆明市中院，还是二审法院云南省高院，在其判决书中都主张应由被告人对其提出的侦查人员刑讯逼供问题承担举证责任。其结果，当

然是法院均以“辩护人未能向法庭提供充分证据证明其辩护观点的成立”为由，对非法口供不排除，导致冤案发生。[①] 在司法实践中被告人在法庭审理中常以刑讯逼供为由翻供，并要求法庭排除其在侦查阶段作出的有罪供述。审判机关往往根据控方举证的侦查机关出具的一纸“情况说明”来否认侦查机关没有刑讯逼供等非法取证行为。对于被告人当庭所称的刑讯逼供也常以被告人单方提出，且无确实可靠证据为由给以反驳。由于法律未深入涉及非法口供的举证责任问题，导致排除规则无从落实，一些存有“非法”疑点的口供成为定案的根据，不仅使被告人感到审判不公、不服判，也使侦查、起诉和审判活动的公正性、合法性受到社会质疑。

修改后刑诉法第57条规定“人民检察院应当对证据收集的合法性加以证明”，明确非法证据排除的证明责任主要由控方承担，这是许多国家通行的做法，是刑事证明责任分配规则的必然要求。特别在我国控方侦查活动辩方无权参与，辩护律师调查取证权受到重重限制，辩方几乎没有有效的手段获取控方取证行为是否违法的证据的司法现状下，规定由控方承担非法证据是否存在的证明责任更有其必要性。既然如此，检察机关就有必要对是否存在非法取证行为进行调查和举证。检察机关对非法取证行为具有调查和惩治的权力，是检察机关作为控方对非法证据排除负有举证责任的需要，也是由我国检察机关是国家法律监督机关的性质所决定的。因此修改后刑诉法第55条作了相关规定，既保障了排除非法口供的顺利实施，又对防止和遏制非法口供具有重要作用。检察机关对非法取证行为的调查和对非法口供的排除及举证因此融为一体，使检察机关在履职时面临着极大挑战。

四、对非法口供排除机制的完善

（一）建立审讯见证机制

修改后刑诉法虽然对非法证据的排除作出了一些规定，但笔者认为，从源头上制约和防止非法取证行为是关键，不能仅仅依靠事后的排除来弥补，更应该建立防止非法取证的法律制度体系。修改后刑诉法在总结近年来司法实践中推行的全程同步录音、录像有关经验的基础上，在第121条规定“侦查人员在讯问犯罪嫌疑人的时候，可以对讯问过程进行录音或者录像；对于可能判处无期徒刑、死刑的案件或者其他重大犯罪案件，应当对讯问过程进行录音或者录像。”对讯问过程进行录音、录像会取到制约刑讯逼供等非法取

---

① 王达人、曾粤人：《正义的诉求：美国辛普森案件和中国杜培武案件的比较》，法律出版社2003年版，第151页。

证的作用，但实践中犯罪嫌疑人、被告人对录音、录像也会提出异议，比如说不是全程进行、录音、录像经过剪辑等。由于录音、录像是侦查机关一手主导，而且在实践中由于警力配置和装备技术还不可能达到，不能保证从犯罪嫌疑人接受传讯开始对审讯过程进行全程记录，以录音、录像证明侦查活动的合法性受到质疑在所难免。另外，在实践中，也会对犯罪嫌疑人进入看守所时的健康进行检查登记，但没有建立定期体检的制度，且非法取证行为并非一定导致外伤，所以此举并不能完全排除非法取证行为的存在。甚至修改后刑诉法第 57 条规定让侦查人员出庭对取证的合法性说明情况，该规定在一定程度上对侦查人员刑讯逼供起到了制约作用，但如果侦查人员确实存在刑讯逼供，出于自身利益的考虑，他们在法庭上也不可能自证其刑讯逼供。因此，笔者认为，这些措施都不足以从根本上防止刑讯逼供等非法取证行为的发生，要防止刑讯逼供等非法取证行为，关键要建立审讯见证机制。

由于审讯时一般不允许第三人在场，口供系在秘密状态下取得，犯罪嫌疑人、被告人一旦翻供的话就主张在侦查阶段受到刑讯逼供、威胁、引诱、欺骗，口供的真实性和可采性容易受到质疑。目前，许多国家如英、美等国家规定了侦查机关在讯问嫌疑人时，律师有在场权，但也有国家如法、德等国持否定态度。国际刑事司法意义上的律师帮助权一般包括律师在场权。笔者认为，让与案件无牵连的第三人见证全部审讯过程，特别是从嫌疑人被传讯到供认犯罪事实这一时段的过程，这与侦查机关自己录制的录音录像相比更具有说服力和证明力。我国刑诉法没有规定被告人讯问时律师有在场权，从实践来看，让律师在场又会增强嫌疑人的心理优势，人为提高审讯难度，不利于打击犯罪。因此，笔者认为根据我国的法制现状和国情，可以在司法实践中设立审讯见证制度，即选择与案件无牵连的人员对侦查机关的审讯活动进行客观见证，该见证人可以作为见证人在讯问笔录上签名盖章。控方可以援引见证人签名的笔录作为指控犯罪和反驳非法取证的证据使用，必要时控方可以申请该见证人作为证人出庭作证以证明审讯活动的合法性。

（二）建立必要的程序性裁判机制

在我国以往的司法实践中，对证据（含口供）是否非法的争议及调查主要发生在对案件实体审理的庭审过程中，而庭审的重心主要是针对犯罪构成展开，法庭对证据非法性的调查和论证并不充分，在庭审后也得不到进一步的论辩，非法证据排除的效力受到制约。从世界各国立法及实践看，基本将非法口供的证明对象列为程序性事实加以对待。如在英美国家，对非法证据的审查，由法庭举行一种专门解决证据可采性的听证程序进行，此种程序在英国称为“预先审核”（voire dire）或者“审中之审”（trials within trial），在美国则称为“排除听证”或者“微型审判”（Mini－Trial）。[①] 因此，为了确保排除规则的实施，有必要建立程序性裁判机制。一旦被告人及其辩护人提出排除非法证据（口供）的申请，审判人员认为具备可能性后就应该就此举行专门的司法审核程序，以便就非法证据（口供）是否存在、应否排除的问题进行裁决。在审核过程中，控辩双方都可以提出证据，就非法证据是否存在以及应否排除进行专门的辩论和调查。修改后刑诉法在第56条规定庭审过程中，审判人员认为可能存在的以非法方法收集证据的情形的，应当对证据收集的合法性进行法庭调查。结合我国实践，笔者理解该“法庭调查”是在对犯罪事实进行审理的庭审范畴内，而不是针对非法证据开展的专门的调查和辩论，也即非本文现在所论及的专门的审核程序。当然，有的法官对非法证据的存在也会组织专门的庭审调查，但由于法律毕竟未做明确规定，该种做法能否普及并形成惯例是个问题，而建立必要的程序性裁判机制则可予以保障。在修改后刑诉法未作明确规定的情况下，建议我国有关部门能以司法解释的形式对该机制予以规定。

五、检察工作面临的挑战与应对思考

修改后刑诉法确立的非法证据排除规则特别是其中对非法口供的排除，对检察工作特别是公诉和自侦工作影响极大，检察工作面临着新的巨大的挑战。笔者认为，修改后刑诉法的贯彻实施是不可阻挡的前进的历史车轮，是我国法制进步的幸事，面对挑战我们首先要坦然面对，借用金庸先生小说作品中的一句话“他强任他强，清风拂山岗；他横任他横，明月照大江”，任凭挑战存在，只要我们练好“内功”，下决心做好自己的工作，挑战何尝不是规范和促进检察工作的一剂良药。

（一）公诉工作面临的挑战与应对思考

问题：非法口供的排除使指控犯罪的证据受到削弱，后续的公诉工作受到影响，检察机关如何有效指控犯罪？

笔者认为，公诉人员首先要切实转变重口供收集、轻其他证据收集的现象，要重视全面收集和审查证据，重视对口供之外的证据进行收集和审查，即使没有口供，但有其他证据，一样可以定罪量刑。如果离开口供也能定案，那么不管犯罪嫌疑人是否提出刑讯逼供，都不会影响案件的认定。如果仅将证明案件事实的证据主要建立在口供之上，那么一旦口供取得的合法性存在疑问，案件事实就难以认定。所以，检察机关在重视对口供合法性审查的基

① 郭志媛：《刑事证据可采性研究》，中国人民公安大学出版社2004年版，第416页。

础上，也要重视其他证据的全面审查。其次，排除非法口供与补强其他合法证据相结合，在排除非法口供后，要及时补强证据，如果能采取相应的补救措施，如将审查批捕阶段、审查起诉阶段的口供作为证据使用，也能起到完善和固定证据的作用。再次，提高质证能力和水平，加强对被告人在法庭上翻供、谎称刑讯逼供的情况的研判和应对。在法庭调查中，对其犯罪事实实体证据进行充分的质证及论证，通过证明其犯罪事实的成立来揭露其翻供的真相。

（二）自侦工作面临的挑战与应对思考

问题一：修改后刑诉法规定不得强迫任何人自证其罪，在此情况下检察机关如何有效突破受贿案件？

受贿案件的性质和在长期办案实践中形成的“由供到证”的模式，决定了犯罪嫌疑人的口供是认定受贿案特别是“一对一”受贿案的关键证据，但修改后刑诉法规定不得强迫任何人自证其罪，如果犯罪嫌疑人到案后坚决不供述，没有口供，则难以成案。在这种情况下，笔者认为，一是要将侦查工作重心前移，加强对初查工作的经营，对于案件线索涉及的人和事从外围入手，全面广泛地收集证据，尽可能多地获取第一手资料，充分利用所掌握的证据为后面的审讯工作打下坚实基础，以证促审。二是可以改变立案模式，由对人立案转变为对事立案，通过对事立案掌握侦查主动权，便于开展侦查和获取证据，等时机成熟再对人立案。三是实现办案模式的转变，加大技术装备投入，充分运用修改后刑诉法赋予的技术侦查权获取相关证据，以证据来说话。

问题二：检察机关如何对待纪检、监察部门移送的被调查对象的交代？

检察机关的自侦案件中，许多是由纪检、监察机关先行查处，再交由检察机关办理的，这是中国反腐倡廉的特色模式，起到了一定的积极作用，但纪检、监察机关的调查手段不受刑诉法的约束，甚至可能与刑诉法的有关规定是不符的，所以在目前的国情下，要让刑事诉讼活动在惩罚犯罪和维护正当程序以保障人权的双重目的下寻找到平衡点，既要打击犯罪，又要制止国家机关的违法行为，防止国家权力对个人权利的任意侵犯。笔者认为根源还在纪检、监察机关的调查取证方式、方法上。对于纪检监察机关及其工作人员遵守法定职权、程序与方法获取的证据，检察机关可以也必须经过司法程序重新调查、转化后，才能成为刑事诉讼中的证据使用。反之对于违反法定职权、程序与方法获取的证据，如果检察机关予以转换的话，则有采信“重复自白”之嫌疑，对这样的证据不宜转换为妥。

结语

我国非法口供排除规则从无到有，逐渐发展，但亦难以一步到位，在实施中肯定会遇见新的问题和难处，还有待完善，而立法总是滞后的。我们应避害趋利，对实践证明可行的要严格遵守实施，对不足和有缺陷的要通过总结司法经验、教训，逐步完善之，化为经验性规则先运用起来，使非法口供排除规则的适用既能符合我国国情，更好地为依法治国的基本方略服务，又能展现我国法制文明与时俱进。

非法证据排除规则适用之困境及出路

彭生安*

【内容摘要】 修改后刑诉法将非法证据排除规则以法律形式明确下来，是尊重和保障人权的现代刑事司法理念的最好诠释，也极大适应了检察实务的需要。但我国的非法证据排除规则仍有不足之处，应通过扩大适用范围、修正非法言词证据概念，加大检察机关法律监督权等措施，进一步予以完善。

【关键词】 非法证据　排除规则　修改后刑诉法

现代刑事诉讼中，证据是司法的基石与前提。整个刑事诉讼过程不仅是调查收集、审查判断、运用证据认定事实的过程，也是在此基础上准确适用法律，惩罚犯罪、保护人民，实现国家刑罚权的过程。因而，证据是贯穿整个刑事诉讼程序的核心，证据规则的完善对刑事司法活动的顺利开展，对刑事诉讼根本、直接目的的实现大有裨益。然而，笔者认为囿于立法技术、司法环境及长期以来非法证据排除规则缺位下形成的实务惯性，我国非法证据排除规则在规则适用范围、非法言词证据界定、排除程序构架等方面尚存在有待完善之处。

一、我国非法证据排除规则概述

2010 年，“两院三部”发布的《关于办理刑事案件排除非法证据若干问题的规定》（以下简称《证据规定》），标志着我国首次正式确立非法证据排除规则。①2012 年 3 月，修改后的刑讼法在刑事程序法的高度，进一步以法律形式明确非法证据排除规则。

---

* 江西省贵溪市人民检察院干部。

① 1998 年 6 月 29 日最高人民法院出台的《关于执行〈中华人民共和国刑事诉讼法〉若干问题的解释》第 61 条，《人民检察院刑事诉讼规则》第 140 条、160 条、265 条也有相关证据排除的规定，但缺乏系统的对排除程序、适用范围等的规定。

（一）修改后刑诉法对非法证据排除规则的规定

修改后刑诉法第 54 条规定："采用刑讯逼供等非法方法收集的犯罪嫌疑人、被告人供述和采用暴力、威胁等非法方法收集的证人证言、被害人陈述，应当予以排除。收集物证、书证不符合法定程序，可能严重影响司法公正的，应当予以补正或者作出合理解释；不能补正或者作出合理解释的，对该证据应当予以排除。在侦查、审查起诉、审判时发现有应当排除的证据的，应当依法予以排除，不得作为起诉意见、起诉决定和判决的依据。"第 55—58 条对非法证据排除规则的适用作出了程序性规定，涵盖了非法证据排除适用范围、适用主体、启动主体、程序设置等方面，修改后刑诉法在吸收《证据规定》的基础上，[①] 基本架构起我国非法证据排除规则的框架。

（二）修改后刑诉法引入非法证据排除规则的重要意义

作为刑事程序法中新的程序设置，非法证据排除规则的引入，强调收集、保全证据的合理化程序，必然会加大司法负荷，降低诉讼效率。然而，效率作为诉讼追求的价值维度之一必然要让步于保障人权的刑事诉讼目的。作为对尊重和保障人权、杜绝非法取证、遏制刑讯逼供等的考量和重视，非法证据排除规则的引入意义重大。

1. 有利于尊重和保障人权。尊重和保障人权作为刑事诉讼的一项重要任务，已于修改后刑诉法的第 2 条明确规定，其作为统领整个刑事诉讼的重要原则性规定，适于刑事程序法中所规定的程序设置。非法证据排除规则作为修改后刑诉法的新增内容，其立法初衷无疑是出于对人权尤其是犯罪嫌疑人、被告人合法权益的尊重和保障。就一个国家内部而言，司法权力之间必须有制约，由于侦查的性质是直接地、主动地介入个人的权利，所以对侦查行为尤其应当予以制约。[②] 侦查权作为国家赋予的一种强制性对公民人身、财产权利予以限制的权力，其具有潜在的对公民权利侵犯的可能性，犯罪嫌疑人、被告人面对强大的国家公权力，其个人力量显然不足以对抗，非法证据排除规则的设置，旨在间接提升被追诉者诉讼地位，避免其沦为诉讼客体，直接遏制国家公权力行使的恣意，保障公民权利不受侵犯。现代刑事诉讼强调"平等武装"，为了调整国家机关和被指控者的不平等状况，有必要赋予被指控方一系列诉讼权利及建立相应机制以保证平等，其中应当包括非法证据排

---

① 正如宋英辉教授所说，"新的刑诉法实际是吸收了'证据规定'的内容"，参见宋英辉：《刑诉法确立非法证据排除规则遏制刑讯逼供》，载 http://news.sina.com.cn/c/2012-03-15/021424116343.shtml。

② 杨冠宇：《非法证据排除规则研究》，中国人民公安大学出版社 2002 年版，第 149 页。

除规则。[①] 因而从这个角度而言，非法证据排除规则的设置对贯彻落实宪法及修改后刑诉法“尊重和保障人权”条款大有裨益。

2. 有助于遏制刑讯逼供。刑讯逼供历来是冤假错案产生的“温床”，正如贝卡利亚所说：“在痉挛和痛苦中讲真话并不那么自由，就像从前不依靠作弊而避免烈火与沸水的结局并不那么容易一样。我们的意志的一切活动永远是与作为意志源泉的感受印象的强度相对称的，而且每个人的感觉都是有限的。因而，痛苦的影响可以增加到这种地步：它占据了人的整个感觉，给受折磨者留下了唯一自由只是选择眼前摆脱惩罚最短的捷径，这时候，犯人的这种回答是自然的，就像在火与水的考验中所出现的情况一样。有感性的无辜者以为认了罪就可以不再受折磨，因而称自己为罪犯。罪犯和无辜者的任何差别，都被意图查明差别的同一方式所消灭了。”[②] 杜培武案、佘祥林案、赵作海案，作为近些年一遍遍拷问我国司法界司法文明与道德的典型冤假错案，令人深思。归根结底，此种冤假错案的造成，一个重要原因就是刑讯逼供所获证据在诉讼中畅通无阻，不仅作为起诉意见，而且作为批捕决定、起诉决定、判决的依据。因此，及时有效阻断非法证据在诉讼中的证据能力的发挥，可极大减少遏制刑讯逼供行为的存在。非法证据排除规则的启动，是对公安司法机关侦查权非法行使及非法取证行为的最终否定，致使非法证据在诉讼中丧失证据能力，因而一定程度上灭杀了刑讯逼供的动因，可最大限度地保护犯罪嫌疑人甚或是无辜的人免于因难以忍受酷刑而蒙受冤屈。

3. 有利于规范侦查人员取证行为。除刑讯逼供外，侦查人员通过暴力、威胁等非法方法获取的言词证据及不符合法定程序收集调取并可能严重影响司法公正的实物证据同样纳入非法证据排除规则规制之下，侦查人员取证行为非法所获取的证据极有可能在诉讼中被排除而丧失证据能力，进而导致案件在诉讼进行中遭受否定性评价。因此，为避免取证行为及所获证据遭遇非法证据排除规则的否定，侦查人员必然会自觉遵守法律，端正其取证行为。

二、修改后刑诉法非法证据排除规则存在的问题

（一）审查批捕阶段非法证据排除规则存在的合理性问题

修改后刑诉法第54条第2款规定：“在侦查、审查起诉、审判时发现有

---

① 王迎龙：《论非法证据排除规则在我国的完善——基于该规则适用范围的分析》，中国政法大学出版社2011年版，第5页。

② ［意］贝卡利亚：《论犯罪与刑罚》，黄风译，中国大百科全书出版社1993年版，第71—72页。

应当排除的证据的，应当依法予以排除，不得作为起诉意见、起诉决定和判决的依据。”此条规定为检察机关承担非法证据排除职权提供直接依据。但相较《证据规定》① 而言，排除了审查批捕阶段非法证据排除规则的适用，此举合理性有待商榷。

逮捕作为最为严厉的羁押性强制措施，直接指向基本人身权利，完全剥夺犯罪嫌疑人、被告人的人身自由，因而无论立法界、实务界还是学界对其关注尤甚。由此，即便限于审查批捕阶段诉讼时限的短暂性，完全排除审查批捕阶段非法证据排除规则适用也不尽合理。此规定可能导致即便于审查批捕阶段发现非法证据也因“法无明文规定”而轻视对非法证据的审查排除，导致非法证据流入下一诉讼程序，极易引发错捕漏捕及诉讼程序拖沓等，对节省有限的司法资源、提高司法效率、保障犯罪嫌疑人基本诉讼权利极为不利。

（二）非法言词证据概念之界定模糊

《证据规定》第 1 条、修改后刑诉法第 54 条第 1 款对非法言词证据及实物证据作出了界定。非法言词证据解释为：“采用刑讯逼供等非法手段取得的犯罪嫌疑人、被告人供述和采用暴力、威胁等非法方法收集的证人证言、被害人陈述。”“非法”一词，含不合法、违法、不符合规范之意。违法有严重违法和一般违法之分，严重违法通常指取证程序不合法而侵犯相对人的基本权利，而一般违法通常是指取证形式不合法的情况。② 现行法对非法言词证据规定过于笼统与刚性，不加区分对违法收集的证据予以排除，难以确保刑事诉讼兼顾惩罚犯罪与保障人权双重价值。另外，对于条文中兜底的“等非法方法”如何界定与明确也是不得不面对的问题，缺乏统一的标准难免使非法证据排除规则在司法实务中不同机关甚至不同公安司法机关工作人员之间出现适用上的差异。

（三）非法证据排除规则适用范围过窄

“证据”一词作为法学术语，应当与“证据材料”等概念明确区分开来，修改后刑诉法第 48 条对“证据”作出解释：“可以用于证明案件事实的材料。”取证权应当包括两个方面：调取收集证据的权力及调取收集证据的权利。依照现行法的授权，具有刑事案件取证权的主体仅限于公安机关、检察

① 《证据规定》第 3 条规定：人民检察院在审查批捕、审查起诉中，对于非法言词证据应当依法予以排除，不能作为批准逮捕、提起公诉的根据。

② 王颂勃：《〈刑事诉讼法〉修改后的非法证据排除规则评析》，载《广西大学学报（哲学社会科学版）》2012 年 6 月第 3 期。

机关、审判机关及辩护律师、自诉人、附带民事诉讼当事人，而刑诉法对犯罪嫌疑人、被告人、被害人及其他诉讼参与人是否具有取证权却语焉不详，对其所收集的证据是否适用非法证据排除规则尚缺乏相关规定予以明确。

（四）公安机关的非法证据排除职权虚置

根据现行刑诉法第106条规定，“侦查”是指“公安机关、人民检察院在办理案件过程中，依照法律进行的专门调查工作和有关的强制性措施。”囿于现行法环境下法定取证权主体的有限性以及辩护律师在侦查阶段取证权的缺位，公安机关适用非法证据排除的规定难免流于形式。因为公安机关作为一般刑事案件诉讼程序的源头发动者，其充当着侦查者、证据收集者又扮演着证据裁判者的角色，基于侦查活动的封闭性与秘密性，外界对其侦查活动知悉甚少，通过其自身对自身收集的证据进行排除的自我监督约束模式的现实可行性有待考究。

而依照《证据规定》及修改后刑诉法，非法证据排除程序启动已然处于诉讼阶段的“下游”，检察机关及审判机关难以及时对非法证据进行审查判断，极大影响检察机关法律监督权的有效发挥并危及法官的证明标准。

（五）“毒树之果”非法证据排除规则的缺失

“毒树之果”（Fruits of the poisonous tree）是指由非法证据衍生出来的证据。其是否适用非法证据排除规则，各国不尽相同。以美国为例，其采取绝对排除原则，但通过判例法列举例外情况。而我国现行法律对非法证据衍生出来的证据的证据能力并无规定，难免导致司法实务中无所适从。

三、非法证据排除规则的完善对策

固然，修改后刑诉法将非法证据排除规则以法律的形式明确下来，并将证明责任承担、不得强迫自证其罪、侦查人员出庭作证等配套机制建构起来，是尊重和保障人权的现代刑事司法理念的最好诠释，也极大地适应了检察实务的需要，但伴随着权利觉醒的国际化浪潮的席卷，我国刑事程序法仍有可改进与完善的空间。① 针对前文所述的若干问题，笔者认为，可从以下方面予以完善：

（一）扩大非法证据排除规则适用范围

基于调查取证权的专属性及为维护秩序、自由等基本权利，笔者不赞同

① 当然，在时机成熟的前提下，应通过制定《中华人民共和国证据法》对证据进行单独立法，整合目前散见于各部委意见、规定的证据规则，同时进一步完善非法证据排除规则，对非法证据概念界定、程序启动时间节点、程序设置、证明标准、证明责任承担等进行统一规定。

赋予犯罪嫌疑人、被告人、被害人及其他诉讼参与人调查取证权。但依据现行法，笔者认为采取的是默认模式，并未禁止以上人员收集证据材料提交给公安司法机关。因此，可于刑诉法中规定："一切非法证据，无论来自何方，皆适用本法所规定的非法证据排除规则。"通过此种模式，一方面，保障调查取证权的专属性，防止调查取证权过于分散而引发的司法混乱；另一方面，将所有证据置于非法证据排除规则之下，确保非法证据及时在诉讼程序中被"过滤"。

（二）修正非法言词证据概念

基于刑事诉讼惩罚犯罪与人权保障双重价值的兼顾，对严重违法与一般违法调取收集的证据宜区别对待，前者采取绝对排除原则，完全阻断严重违法所取证据在刑事诉讼中的证据能力；后者则赋予非法证据排除主体以自由裁量权审查判定证据的证据能力。对"等非法方法"进行尽可能的列举式规定，可以参考《人民检察院刑事诉讼规则》第140条、第160条、第265条之规定，将刑讯逼供、威胁、引诱、欺骗等囊括在内。

（三）明确审查逮捕阶段非法证据排除规则的适用

如前文所述，逮捕作为最为严厉的刑事强制措施，其直指犯罪嫌疑人、被告人基本人身权利，我国通过制定"宽严相济"、"少捕、慎捕"刑事政策，修改刑诉法修正逮捕条件及相关部委出台若干规定及意见①等对逮捕进行规制，对逮捕此种羁押性强制措施的关注可见一斑，其着眼点正是保障犯罪嫌疑人、被告人合法权利，防止逮捕措施适用的恣意。审查逮捕阶段非法证据排除规则的缺失，其价值取向与我国对逮捕措施的慎重及关注显然相悖。

由此，应确立审查批捕阶段非法证据排除规则的适用，囿于审查逮捕阶段诉讼时限的有限性，宜通过适当延长审查逮捕期限，引入非法证据排除规则，及时阻断非法证据证据能力的发挥，保障逮捕决定作出论证的充分性，以此体现"宽严相济"、"少捕、慎捕"刑事政策精神，保障犯罪嫌疑人、被告人合法权益。

（四）加大检察机关法律监督权，赋予犯罪嫌疑人、被告人及其辩护人侦查阶段非法证据排除程序启动权

鉴于公安机关自身非法证据排除职权的虚置，应充分发挥检察机关法律监督权效能，明确检察机关提前介入侦查阶段对公安机关调取收集的证据进

① 如《最高人民检察院、公安部关于依法适用逮捕措施有关问题的规定》、《人民检察院审查逮捕质量标准（试行）》、《关于在检察工作中贯彻宽严相济刑事司法政策的若干意见》、《最高人民检察院、公安部关于审查逮捕阶段讯问犯罪嫌疑人的规定》等。

行审查判断，同时赋予犯罪嫌疑人及其辩护律师侦查阶段非法证据排除程序启动权，规定犯罪嫌疑人及辩护律师在侦查阶段可通过口头或书面方式向人民检察院提出其供述属非法取得并提供相应线索或材料，以此强化审前程序对非法证据的规制，正如有的学者认为："基于贯彻排除法官预断以及迅速集中审判之理念，证据能力应于准备程序中筛选，不容许无证据能力的证据提交于庭或作为证据调查的对象。"① 鉴于我国目前尚未建立审前准备程序，因此为尽早阻断非法证据进入诉讼程序，防止诉讼程序拖沓以致侵犯犯罪嫌疑人诉讼权利，应在公安机关侦查阶段允许检察机关提前介入，对非法证据进行及时调查核实并予以排除。

（五）确定"毒树之果"非法证据排除规则

对此，可借鉴美国"毒树之果"理论及立法经验，立法应进一步明确："经查证属实的刑讯逼供、威胁、引诱、欺骗等非法方法取得的证人证言、被害人陈述、犯罪嫌疑人、被告人供述应予排除，不得作为定罪量刑的依据。"同时，对由此非法证据衍生出来的证据，原则上应予排除其证据能力。比如，通过刑讯逼供已经获取了部分犯罪嫌疑人的供述，这些供述中包含了一些有利于查获其他犯罪的重要线索，因为这些线索可能获取其他证据，这些"其他证据"就不能作为定案之用。② 但同时，结合我国司法实际，基于惩罚犯罪、维护社会秩序的需要，可在此基础上作出若干列举式例外规定，即对于那些虽然以非法言词证据为线索而获得，但是有其他合法证据予以印证的证据，应当认可其证据能力。

---

① 黄朝义：《刑事诉讼法（证据篇）》，元照出版社 2002 年 11 月版，第 201 页、第 211 页。

② 马大壮：《非法证据排除规则的理论分析和立法完善》，载《华北电力大学学报（社会科学版）》2012 年第 1 期。

非法证据排除规定与人权保障机制

任为群[*]　蓝芳琳[**]

【内容摘要】我国长期在司法理念上重实体轻程序，社会舆论上的“媒体审判”给司法人员强大压力，阻碍了非法证据排除的实施，不能充分保障人权。本次刑诉法修改将“尊重和保障人权”及“非法证据排除规定”写入具有重大的意义，是我国证据制度的重大发展，有利于从程序上纠正违法行为，改变以往实体主义理念，在刑诉法上体现宪法的保障人权原则，实现法的统一性。但修改后刑诉法中的非法证据排除规定仍存在不足，应对非法证据的衍生证据的排除予以规定，将非法言词证据的范围扩大到软性逼供等非法方法取得的范围，明确被告方的初步证明责任和标准，规范非法证据的排除程序。

【关键词】非法证据排除　人权保障　修改后刑诉法

非法证据排除规则作为刑事诉讼的重要证据规则之一，是惩罚犯罪和保障人权这两种价值冲突的平衡点，特别是对于保障人权而言具有显著的意义。2012 年 3 月 14 日，我国宪法的重要原则“尊重和保障人权”写入了《刑事诉讼法》，并且规定了非法证据排除规则。该规定是我国刑事证据制度的重大发展，体现了尊重和保障人权的基本原则。本文试从人权保障的角度浅议非法证据排除机制。

一、我国在人权保障及非法证据排除实施中存在的问题

（一）司法理念上重实体轻程序

司法公正应当包括实体公正和程序公正两个方面。诉讼程序的功能主要体现在两个方面：一是为判定刑事被告人是否构成犯罪以及如何处刑或解决社会冲突和纠纷提供一种公正的程序；二是通过这种程序的进行，获得一个

---

* 江西省赣州市人民检察院法律政策研究室副主任。

** 江西省上犹县人民检察院干部。

公正的处理结果。这两个方面对于保护当事人的合法权益都很重要且紧密相连，我们不应也无法离开一个方面而单独追求另一方面。

目前，腐败和地方保护主义已成为我国司法领域无法回避的问题，它们像两个毒瘤深深侵入司法机体。原因是多方面的，但与轻程序的诉讼理念及我国诉讼法规范不严密和诉讼程序表现出的弹性不无关系。如果法律缺乏刚性，有空子可钻，法律便失去了其本来的意义。而失去权威的法律，“那不过是毫无意义的空气震动而已。”① 英国哲学家培根曾经说：“世间的一切苦难中，最大的苦难莫过于枉法了。一次不公正的举动，其恶果虽然是无视法律——好比污染了水流，而不公正的裁判则毁坏了法律——好比污染了水源。”在西方法治传统中，程序向来居于重要地位，美国最高法院前任大法官威廉·道格拉斯在论及权利法案时曾指出：“权利法案的大多数规定都是程序性条款，这一事实绝不是无意义的。正是程序决定了法治与恣意的人治之间的基本区别。”而在我国，通过程序限制恣意的传统一向极为贫乏，司法不公的表现往往不是认定事实和适用实体法不正确，而是由于程序上重视有罪、罪重证据审查判断，而轻视无罪、罪轻证据采信，从而导致办案人员通过一些非法途径获得犯罪嫌疑人有罪的证据，没能充分地尊重和保障人权。

（二）媒体审判给司法人员巨大社会压力

作为社会舆论的导向者与社会不正当行为的监督者，媒体理应肩负起社会责任。在一些案件中，媒体起了良好的监督作用。然而，媒体不恰当地介入司法，会影响司法独立。因为我们很难说传媒对案件的报道对双方当事人都是公平的，传媒必然会因为记者、编辑的个人喜好，对社会大众的好恶迎合，增强案件吸引力和可读性的需要等诸多原因，对案件的报道不那么客观和公允，这势必会对当事人双方所面临的社会舆论环境不那么公平，尤其是在没有充分查清事实的基础上，就带着浓厚的感情色彩批判犯罪嫌疑人，并以专家学者的采访来评述，会放大案件的影响，从而左右社会大众的认识，将矛头指向犯罪嫌疑人。

公正的前提是司法人员在司法活动中保持中立，这就要求司法人员自身摈弃私心杂念，更要求堵塞一切包括媒体干涉或影响司法独立的渠道，创造一个保证司法人员独立办案的外部环境，只根据国家法律审判案情。而媒体舆论有很大的社会影响力，在案件进入司法程序之前媒体舆论已经对案件形成了相应评论，在司法人员头脑中形成了先入为主的认识，对司法人员形成

① 佚名：《试论确立“程序本位”的理念及其对实现司法公正、维护司法公正的现实意义》，载 http：//www.148com.com/html/715/24247.html。

了心理压力。同时媒体舆论的形成容易引起相关部门和领导的关注，进而向司法人员传递压力。① 尤其没有足够证据证明犯罪嫌疑人有罪时，对犯罪嫌疑人作无罪处理会引发社会大众强烈的不满，导致办案人员承受强大压力。因此，媒体舆论有可能异化为“媒体审判”，造成对司法公正和权威的损害。

（三）侦查人员出庭作证难

侦查人员出庭作证是非法证据排除制度研究中各界普遍关心的问题。司法实践中出现了证人出庭率低、出庭作证难的情况，侦查人员出庭作证也有可能会出现像证人出庭率低的情况。对于我国侦查人员不出庭作证，不仅有理论层面的原因，也有实践上的障碍。一是思想观念上，侦查人员代表国家行使侦查权，有权询问证人、讯问犯罪嫌疑人。侦查人员出庭作证，无异于自降身份，从国家权力的行使者，转变为另一国家权力之下的证人，并且还要接受律师的质询，这让侦查人员在心理上难以接受。二是现行庭审方式导致侦查人员不出庭作证。从我国的审判实践看，法官仍然以书面审为主，在多数情况下，法庭认可讯问笔录的效力，证人普遍不出庭作证，侦查人员更少出庭作证。另外，为提高诉讼效率，应付“诉讼爆炸”，法官一般不要求侦查人员出庭作证。检察官也不希望侦查人员出庭作证，以免在律师的质询中暴露出取证的不足，影响诉讼的顺利推进。三是在刑事诉讼中，不同的诉讼参与者有不同的诉讼利益，公安机关追求的诉讼利益是破案与抓获犯罪嫌疑人。只要侦破了案件，抓获了犯罪嫌疑人，案件顺利地移送起诉，公安机关的诉讼利益就已实现。相反，侦查人员出庭作证不仅不能给公安机关带来直接的诉讼利益，反而会增加其工作量，影响其他工作的完成。侦查人员出庭作证容易“暴露秘密侦查手段”，“通过技侦等秘密侦查手段获取的证据将面临被告及其律师的质疑和质问”，给侦查工作带来被动。出庭作证对侦查人员而言是额外负担，不仅侦查人员个人不愿意，单位领导也不愿意。在警力紧张的情况下，侦查人员出庭作证，必将影响单位的正常工作。②

（四）检察机关发现线索、调查取证难

检察机关办案人员审查案件主要是通过侦查机关移送的案卷进行审查，及审查逮捕、审查起诉过程中依法对犯罪嫌疑人进行讯问。对于是否存在以暴力、威胁等非法方式获得的言词证据，检察机关办案人员可以在讯问犯罪

---

① 姜蕾:《浅谈媒体舆论对司法审判的影响》，载中国江西网，http://www.jxcn.cn/2444/2012-6-7/30053@1111638.htm。

② 蒋艳玲:《侦查人员出庭作证存在的困难及对策》，载 http://www.law-lib.com/lw/lw_view.asp?no=21002。

嫌疑人过程中获悉。如果收集的物证、调取的书证不符合法定程序，检察机关办案人员仅凭讯问犯罪嫌疑人、审查案卷，并不一定能够发现此类证据为非法证据。如由不具备办案资格的人员提取的物证、调取的书证，未出示搜查证搜查取得的书证等。检察机关这种监督方式难以全面监督侦查机关动态、多样的侦查行为，对于发现非法证据的线索有较大的局限性。

一方面，检察机关办案人员从讯问犯罪嫌疑人过程中获悉非法取证据的线索，但可能因案件移送到检察机关时相隔已久，无法及时对犯罪嫌疑人的伤情进行检验、鉴定，由此认定侦查人员采取暴力方法收集的证据并不充分，也就难以核实该证据是否属非法证据。另一方面，检察机关在发现可能存在非法证据情形时，一般会找相关侦查人员进行调查了解，部分侦查人员会因此而产生抵触情绪，甚至不配合调查。

二、“人权保障”及“非法证据排除”入刑诉法的意义

（一）转变实体主义司法理念，彰显司法正义

“法是善良和正义的艺术。”法律最重要的价值在于实现正义。① 正义分为程序正义和实体正义。程序正义和实体正义会有价值冲突，如何平衡两者的关系，关键在于证据的合理采信。因为证据是呈现法律事实的灵魂。② 证据的目的是对案件的客观事实进行论证以达到法律对事实的承认，实现案件裁判的公平正义。程序正义是维护实体正义的必要条件，没有程序正义就没有实体正义。从“米兰达警告”到“辛普森案”，程序正义在国际上越来越受到重视。而证据的获得方式是否合法影响了证据能否得到合理采信。为此，各国纷纷确立非法证据排除规则以保障程序正义的实现，我国此次刑诉法的修订也在法律上确立了非法证据排除制度，以有效预防刑讯逼供和冤假错案的发生，规范了取证行为，保障无罪的人不受追究，改变了以往实体主义的司法理念，从重打击轻保护走向打击与保护并重，从重实体公正轻程序公正走向实体公正与程序公正并重，保障了人权，彰显了司法正义。

（二）纠正违法行为，防止和减少冤假错案

近几年先后披露的佘祥林、赵作海等重大冤错案件，其发生的原因很多，但其中重要原因之一就是刑讯逼供。刑讯逼供等非法取证行为不但侵害公民的人权而且容易导致冤假错案的发生，使社会公众对刑事司法程序的公正性产生质疑，损害法律尊严和司法权威。我国修改后刑诉法确立的非法证据排

---

① 张文显主编：《法理学》，高等教育出版社、北京大学出版社（第3版），第337页。

② 吴畏：《非法证据的衍生证据适用探析》，载正义网，2012年07月17日。

除规则规定，采用刑讯逼供等非法方法收集的犯罪嫌疑人、被告人供述和采用暴力、威胁等非法方法收集的证人证言、被害人陈述，应当予以排除。收集物证、书证不符合法定程序，可能严重影响司法公正的，应当予以补正或者作出合理解释；不能补正或者作出合理解释的，对该证据应当予以排除。这意味着，对于非法言词证据适用绝对排除，对于非法实物证据适用相对排除。此次立法的完善把扬汤止沸与釜底抽薪有机地结合起来，可防止或减少冤假错案。①

（三）实现法制的统一性

2004年，我国将“尊重和保障人权”写进了宪法，把人权保障原则上升为宪法原则。宪法作为根本大法，任何法律都不得与宪法的精神相违背，各级立法都必须以宪法为尺度，保持法律体系的统一性。刑诉法是国家法律体系中的基本法，同时作为重要的部门法，必须贯彻落实宪法的规定，加大人权保障的力度。2012年3月14日的刑诉法的修改把“尊重和保障人权”写进了刑诉法典，并在刑诉法本次修改中以尊重和保障人权为原则，规定了非法证据排除规则等证据制度，强化了对侦查活动的监督等，这些都是对宪法尊重和保障人权立法的回应，以实现法制的统一性。

（四）弥补“两个《证据规定》”的不足

2010年，最高人民法院、最高人民检察院、公安部、国家安全部、司法部联合制定的《关于办理刑事案件排除非法证据若干问题的规定》和《关于办理死刑案件审查判断证据若干问题的规定》（以下简称“两个《证据规定》”）正式颁布施行，又一次在学界和实务界引发了关于非法证据排除规则的热议。虽说“两个《证据规定》”的颁布施行，初步建立起了非法证据排除的程序框架，一定程度上解决了适用该规则的操作性问题，具有重要进步意义。然而该规定仍然存在一些不足，如：《非法证据排除规定》大部分内容规定的是对被告人审判前供述的调查②，但证人证言、被害人陈述、物证、书证若为非法取得，法庭也应进行调查。本次刑诉法的修订用“五条八款”比较完整地确立了“非法证据排除规则”，扩大了法庭审查非法证据的范围，将

---

① 建立非法证据排除规则，其目的是排除刑讯逼供、暴力取证所获证据的适用，其意义十分重大，但它毕竟是在刑讯逼供、暴力取证发生之后所采取的“补救于已然”的措施，而不是防范于未然。因此通过完善立法，把扬汤止沸与釜底抽薪有机地结合起来。——全国政协委员、最高人民检察院副检察长朱孝清

② 《关于办理刑事案件排除非法证据若干问题的规定》总共15条，第4条到第12条都是规定被告人审判前供述的调查，只有第13条、第14条谈及了被害人陈述、证人证言、物证、书证。

犯罪嫌疑人、被告人供述和证人证言、被害人陈述、书证、物证都涵盖在审查的范围内，并进行了详细规定。

三、修改后刑诉法非法证据排除规定的立法完善

修改后刑诉法关于非法证据排除的规定是此次修改的重大亮点，是我国证据制度立法完善的一大成果，一个里程碑。但是仍然存在以下问题需要进一步完善。

（一）对非法证据衍生证据的排除予以规定

非法证据的衍生证据即“毒树之果”能不能适用，当前仍然存在不同的观点，我国修改后刑诉法未对此作明确规定，《死刑案件证据规定》第 34 条规定：根据被告人的供述、指认提取到了隐蔽性很强的物证、书证，且与其他证明犯罪事实发生的证据互相印证，并排除串供、逼供、诱供等可能性的，可以认定有罪。此规定未说明该被告人的供述是何具体情况，但对根据被告人供述取得的物证、书证，只要排除非法取得的可能，且与其他证据印证，仍可以采用。

随着时代的发展，越来越多的人意识到，合理采信非法证据的衍生证据在证据法上具有非常重要的意义，也有利于人权保障。如果我们一味强调对这种“毒树之果”的绝对排除，那事实上，我们是以牺牲社会公众的利益来保障极少数犯罪嫌疑人的“权利”。非法证据的衍生证据的质证采信在诉讼程序中是不可或缺的一环，在立法上对非法证据的衍生证据的适用进行制度上的规制非常有必要，建议将非法证据衍生证据适用制定出完备的适用方式作为附则附于《刑事诉讼法》法典之后。对非法证据衍生的言词证据绝对排除，对非法证据衍生的物证相对排除。因为物证一般侵犯的是公民的住宅权、财产权；而言词证据涉及更多的是公民的人身权，从权利的性质来看，人身权更为基本和重大。①

（二）进一步明确非法言词证据的范围

非法言词证据概念的核心就是何为“非法”。修改后刑诉法第 54 条规定，采用刑讯逼供等非法方法收集的犯罪嫌疑人、被告人供述和采用暴力、威胁等非法方法收集的证人证言、被害人陈述，应当予以排除。对于刑讯逼供以外的精神折磨等其他非法方法收集的犯罪嫌疑人、被告人供述，及采用暴力、威胁以外的引诱、欺骗、胁迫等方法收集的证人证据、被害人陈述如何采用？最高人民法院《关于执行〈中华人民共和国刑事诉讼法〉若干问题的解释》

---

① 吴畏：《非法证据的衍生证据适用探析》，载正义网，2012 年 07 月 17 日。

中第61条规定“严禁以非法的方法收集证据。凡经查证确实属于采用刑讯逼供或者威胁、引诱、欺骗等非法的方法取得的证人证言、被害人陈述、被告人供述，不能作为定案的根据。”如果我们把修改后刑诉法当中的第54条中的两个“等”字理解为就是“等”字所列前项的话，那么司法解释比修改后刑诉法的规定范围更广。

为了更好确定“非法”的范围，我们有必要进一步明确刑讯逼供之外的非暴力的软性逼供或者变相逼供，如对嫌疑人采取精神折磨，长时间不允许嫌疑人吃饭、饮水、睡眠、休息，甚至通过强迫其服用精神药物的方式进行讯问，这些方式是“其他非法方法”，所取得的犯罪嫌疑人、被告人供述不得采用。对引诱、胁迫等“其他非法方法”取得的证人证言、被害人陈述亦属非法证据。

（三）明确被告方对非法证据的证明责任和标准

修改后刑诉法第57条明确规定，人民检察院对证据的合法性加以证明。这就意味着在诉讼中，检察院承担着证据合法性的证明责任。那么被告方是否有举证责任呢？修改后刑诉法第56条规定，当事人及其辩护人、诉讼代理人申请人民法院排除以非法方法收集的证据的，应当提供相关线索或者材料。对于该条规定是否意味着被告方也要承担举证责任有争议。

笔者认为在非法证据排除的启动程序中，被告方仅承担初步证明责任，且证明标准相对检方而言更低，即提供涉嫌非法取证人员、时间、地点、方式、内容、造成的伤痕、其他旁证等相关线索和材料，引起法官对可能存在非法取证行为的合理怀疑即可，不必要求提供的证据达到充分的程度。如果被告方不能提供相关线索或者材料，就承担其不利后果，即法庭不进入调查程序。而检方的证明标准相对严格，要完全排除以非法方法收集证据的情形，只要对进入调查的非法方法收集证据存有疑问或者不能排除，该证据就不被采用。

（四）完善非法证据排除的程序

修改后刑诉法对排除非法证据规定了具体的操作流程，从侦查、审查逮捕、审查起诉、法庭审理四个阶段分别规定了排除的流程。因侦查、审查起诉时发现的非法证据直接排除，没有进入审判程序，但在审判时对排除的非法证据，是同案件的判决文书一起来写，还是单独就非法证据的排除作出一个裁决呢？这是一个实际操作中可能存在不同做法的问题。为了保持整个案件裁判的完整性，笔者认为可采用前者，在判决文书中予以说明。

非法证据排除规则之思考

周宗路*

【内容摘要】全面客观收集审查证据与坚决依法排除非法证据是惩治犯罪与保障人权的必然要求。当前的非法证据排除工作因种种原因遇到了瓶颈，收效甚微，修改后刑诉法在总结实践经验的基础上作了重大改进，但依然存在一些程序设计上的缺陷。建议分别制定非法证据庭前排除、预审排除和判决排除程序，并附加规定一些保障制度，力求非法证据规则起到实效。

【关键字】非法证据排除　瓶颈　完善建议

2012年3月14日第十一届全国人民代表大会第五次会议审议通过的《中华人民共和国刑事诉讼法》在“两院三部”联合颁发的《关于办理刑事案件排除非法证据若干问题的规定》的基础上，对非法证据排除规则作出了系统的规定。这对于从根本上抑制侦查机关违法侦查、全面客观收集证据、客观公正地指控犯罪和保障人权具有重要意义。但自《关于办理刑事案件排除非法证据若干问题的规定》于2010年7月1日施行以来，实践效果不尽如人意，非法证据排除规则难以得到真正落实。修改后刑诉法虽然对非法证据排除的范围、阶段和程序等作出了规定，但在程序设计上也存在一些缺陷或者不完善的地方。在下文中，笔者就实践中对非法证据排除工作遇到的瓶颈、修改后刑诉法关于非法证据排除规则设计的缺陷及完善非法证据排除程序提出一点不成熟的思考。

一、现行非法证据排除工作遇到的瓶颈

严禁非法取证，保障人权历来为我国法律所倡导，现行刑事诉讼法及相关解释也作出了明确规定。《关于办理刑事案件排除非法证据若干问题的规定》还首次规定了“非法证据排除规则”。但司法实践证明，效果并不理想，

---

* 江西省上饶市人民检察院干部。

冤假错案屡屡发生。其中有司法理念、司法水平层面上的原因，也有制度和法律规定不完善的原因。下文就法律层面进行分析。

（一）缺少明确的非法证据排除程序

现行刑事诉讼法第 43 条虽然规定“严禁刑讯逼供和以威胁、引诱、欺骗以及其他非法的方法收集证据”等内容，但这一规定只是禁止非法取证，至于非法证据是否需要排除以及如何排除等程序性问题都没有作出规定。最高人民法院《关于执行〈中华人民共和国刑事诉讼法〉若干问题的解释》以及最高人民检察院《人民检察院刑事诉讼规则》虽然规定以非法方法收集的言词证据不能作为指控犯罪或定案的根据，也只是明确了非法证据应予排除，该如何操作依然没有解决。在实践中，这些不明确的规定成了司法工作人员怠于行使非法证据排除工作的理由。使一些本该排除的非法证据进入刑事诉讼程序，严重侵犯了当事人的合法权利，甚者造成冤假错案。

鉴于以上情况，2010 年 6 月，“两院三部”联合颁布了《关于办理刑事案件排除非法证据若干问题的规定》，对非法证据排除的具体操作程序作出了较为具体的规定。2012 年 3 月修改后刑诉法在此基础上进一步对非法证据排除作出了较为系统的规定，明确了非法证据的界定、申请排除主体、排除范围、排除阶段、如何排除等程序问题，为司法机关具体操作起到了重要的指导作用。应该说我国非法证据排除工作已迈出了重要的、实质性的一步。

（二）非法证据调查核实手段单一

审查起诉阶段，犯罪嫌疑人向公诉人提出其在侦查阶段的供述是非法取得的，并提供涉嫌非法取证的人员、时间、地点、方式、内容等相关线索或者证据时，公诉人往往只能向相关侦查人员作个简单的询问，要求其提供一个取证合法性的书面情况说明；从看守所调取犯罪嫌疑人入所时的体检表，从而认定是否存在非法取证行为。然而，一方面，侦查人员肯定不会承认其刑讯逼供；另外，由于非法取证的手段多样，纯粹暴力型手段少，变相刑讯逼供多，基本上无法从体检表上反映是否存在刑讯逼供问题。即使犯罪嫌疑人提供了其受到刑讯逼供的证据，如身上留有伤痕，但因无法取得非法取证的有利证据，不能完全排除取证合法性而不予排除。因此，对非法证据的排除工作收效甚微。

此外，《关于办理刑事案件排除非法证据若干问题的规定》虽然规定了公诉人对犯罪嫌疑人供述取得的合法性有疑问的，应当提供原始的讯问过程录音录像或其他证据。但事实上，侦查机关要么没有制作讯问同步录音录像，要么提供的录音录像不完整，提供的录音录像不可能涉及非法取证的画面。这使调查核实非法证据失去了最客观、最直接的证据。因此，修改后刑诉法

第120条规定：侦查人员在讯问犯罪嫌疑人的时候，可以对讯问过程进行录音录像；对于可能判处无期徒刑、死刑的案件或者其他重大犯罪案件，应当对讯问过程进行录音或者录像。录音或者录像应当全程进行，保持完整性。这必将对非法证据排除提供有利的技术保障，提供最客观、最有效的证据支持。

（三）证人出庭作证没有得到落实

《关于办理刑事案件排除非法证据若干问题的规定》规定：法庭对被告人审判前供述取得的合法性有疑问的，公诉人可以提请法庭通知讯问时其他在场人员或者其他证人出庭作证，仍不能排除刑讯逼供嫌疑的，提请法庭通知讯问人员出庭作证，对该供述取得的合法性予以证明。即在几乎穷尽其他查证手段后，可以通知讯问时在场的证人及讯问人员出庭作证。现行的刑事诉讼法虽然规定了证人有出庭作证的义务，但没有强制证人出庭作证的规定。实践中，讯问时在场的其他人员或者其他证人不愿意出庭，讯问人更不愿意出庭接受控辩双方询问。因此，在公诉人或者当事人及其辩护人、诉讼代理人申请法庭通知以上人员出庭作证时，往往出现法庭不通知或者通知了相关人员也不到庭的局面。经过简单的法庭调查和辩论之后，法庭往往以被告人审判前供述取得的合法性没有疑问而作出判决。

修改后刑诉法从证人出庭作证的义务、范围、保障措施、证人权利、安全措施等方面构成了一个完整的作证机制，尤其是在第188条首次规定了强制证人出庭作证制度。修改后刑诉法的实施必将大大改善证人出庭作证率极低的局面。因此，调查核实取证的合法性，申请讯问人及其他在场人员出庭说明情况必将成为现实，非法证据排除工作才有可能得到真正贯彻落实。

（四）处理结论没有在法律文书中体现

刑事诉讼法及《关于办理刑事案件排除非法证据若干问题的规定》都明确规定，经审查，依法确认为非法证据的，应当予以排除，不能作为起诉和定案的根据。但无论是在审查起诉阶段还是在审判阶段，相关机关对非法证据该以何种形式作出是否排除的裁定没有明确规定。实践中，检察机关没有专门的文书告知当事人相关证据是否排除、排除理由等调查核实结论；法院也不对相关证据是否合法、是否排除等审判结论进行说理并在判决书中作出判决。相关证据是否非法证据？是否予以排除？当事人不得而知。司法机关的非法证据排除工作缺少公信力和透明度，引起了不必要的涉法上访。

二、修改后的刑事诉讼法关于非法证据排除规则设计的缺陷

在上文中，笔者已分析了修改后刑诉法关于“非法证据排除规则”较现

行刑事诉讼法及《关于办理刑事案件排除非法证据若干问题的规定》作出了明显的改进，为今后非法证据排除工作落到实处和取得实效提供了坚实的基础和保障。但修改后刑诉法“非法证据排除规则”的程序设计也存在一些缺陷。

（一）检察机关庭前排除非法证据内部程序缺失

根据修改后刑诉法规定，当事人及其辩护人、诉讼代理人有权在侦查、审查起诉及审判阶段申请排除非法证据。其中，在侦查阶段和审查起诉阶段对非法证据的排除属于审前排除。侦查机关作为被申请排除证据的取证主体，对自行取得的证据予以排除的可能性不大。检察机关作为法律监督机关，对侦查活动及侦查机关取证合法性负有监督职责，因此，审查起诉阶段对非法证据的排除是审前排除的关键阶段。不仅可以有效预防非法证据进入庭审程序，提高庭审效率，而且还可以纠正侦查机关的违法行为，及时有效补正证据，提高办案质量。所以，检察机关对非法证据排除的内部确认程序就显得至关重要。然而，修改后刑诉法对此没有详尽规定。如当事人申请排除非法证据或自行发现非法证据时，侦查部门、控申部门与公诉部门应如何分工与衔接配合？排除非法证据是否需要听证？何时需要听证？检察机关对当事人的申请应采用什么形式作出裁定？修改后刑诉法对这些程序性问题都没有作出明确规定，有待每个检察机关自行制定一个详细的执行规则。

（二）没有非法证据排除“预先审核程序”

修改后刑诉法第 182 条增加规定，在开庭以前，审判人员可以召集公诉人、当事人和辩护人、诉讼代理人，对非法证据排除等与审判相关的问题，了解情况，听取意见。即为了提高庭审效力，保证庭审质量，修改后刑诉法增设了“庭前准备程序”。对于该规定，我们还不能称之为“预先审核程序”。一是对非法证据是否排除无需作出裁定，只是听取意见，了解情况；二是规定了由审判人员召集，即由承办案件的合议庭组成人员召集并听取意见。相反，根据修改后刑诉法第 56 条、第 57 条的规定，在法庭审理过程中，由法庭主动发现或应当事人及其辩护人、诉讼代理人的申请，对证据的合法性进行法庭调查并对实体性问题作出裁判。即没有实现程序性裁判和实体性裁判相分离。

传统意义的审判是指法院为解决被告人刑事责任问题而进行的司法裁判活动。随着中国法律制度的发展，刑事审判已经逐渐突破原来固有的“实体性裁判”的范围，而衍生出“程序性裁判”的机制。所谓“程序性裁判”，是指那些为解决控辩双方存在的程序性争议而举行的司法裁判活动。[①] 即法院对取证合法性作出的裁判属于程序性裁判，对被告人定罪量刑的裁判属于实体性裁判。从修改后刑诉法的规定来看，我国刑事司法体制是一种实体性裁判与程序性裁判重合，事实裁判者与程序裁判者重合的“一元式结构”。[②] 修改后刑诉法第 172 条规定了检察机关提起公诉的案件采取移送卷宗的做法，庭审法官在庭前接触到了非法证据，自然会或多或少影响到法官对其他证据是否采信及对被告人定罪量刑的自由心证，间接影响司法公正性。此外，同一合议庭先后进行非法证据审理与案件事实审理，侦查取证合法性审理与案件事实审理，使得两种不同性质的诉讼相互混淆，出现了先审侦查人员、后审被告人的尴尬局面，这既不利于有效排除非法证据，又严重影响对被告人犯罪事实的指控、举证质证与辩论。[③] 因此，笔者认为，“庭前准备程序”改为“预先审核程序”是必要的。在预先审核程序中，由不同于实体审的法官对取证合法性进行调查并作出裁定。

（三）非法证据的证明标准不明

修改后刑诉法第 53 条明确了“证据确实、充分”的具体含义，确立了刑事案件实体事实的“排除合理怀疑”的证明标准。但对如何确定“非法证据”这一程序性事实的证明标准没有作出明确规定。刑事诉讼关乎人的生命和人身自由，确立“排除合理怀疑”的证据证明标准是合理的。但笔者认为，非法证据排除应降低对其证明标准的要求，无需强制要求达到“确实充分”之标准。[④] 理由是：侦查行为本身具有其不公开性，取证行为的合法性除侦查人员及当事人知情外，外界社会往往无法了解实情。调查核实相关证据难度大，阻力大。若对该程序性事实的证明标准要求达到排除一切合理怀疑，则必然会使非法证据排除规则形同虚设，与立法本意背道而驰，无法有效震慑和抑制非法取证行为，保障当事人的合法权益。因此，对于非法证据的排除，我们应借鉴美国的做法，采“优势证据”的证明标准。即非法取证的证据明显优于合法取证的证据，足以使公诉人、法庭确信侦查人员非法取证行为真实存在或者更具有真实存在的可能性。据此，即可对相关证据予以排除。当

---

① 陈瑞华：《程序性裁判中的证据规则》，载 http://www.law-lib.com/lw/lw_view.asp?no=20997。

② 陈卫东、刘中琦：《我国非法证据排除程序分析与建构》，载《法学研究》2008 年第 6 期。

③ 徐汉明、赵慧：《从实施情况看非法证据排除规则的完善》，载《检察日报》2011 年 6 月 7 日第 3 版。

④ 杨恪：《非法证据证明问题研究》，载《西安财经学院学报》第 25 卷第 1 期。

然，相关侦查人员因非法取证涉嫌犯罪时，对该实体事实应采“排除合理怀疑”的证据证明标准。

三、非法证据排除程序的完善建议

根据立法者制定非法证据排除规则的本意及初衷，针对现行工作中存在的问题及修改后刑诉法关于非法证据排除程序设计存在的缺陷的分析，笔者建议非法证据排除应按下列程序进行：

（一）证据开示

证据开示程序就是控辩双方在开庭前互相交换证据和相关材料的程序。该程序有利于控辩双方相互了解证据，并在此基础上决定是否启动排除非法证据程序。应该说，修改后刑诉法已经初步建立了证据开示制度。一方面，根据修改后刑诉法第 38 条规定，辩护人自审查起诉之日起可以查阅、摘抄、复制本案的案卷材料，其他辩护人经人民法院、人民检察院许可，也可以查阅、摘抄、复制本案的案卷材料。改变了现行刑事诉讼法关于辩护律师在审查起诉阶段，只能查阅、摘抄、复制本案的诉讼文书、技术性鉴定材料，在审判阶段只能查阅、摘抄、复制本案所指控的犯罪事实的材料的状况。另外，根据现行刑事诉讼法解释的规定，律师担任被害人的诉讼代理人的，享有的诉讼权利与辩护人基本相同。即控方在开庭前有义务向当事人开示犯罪嫌疑人有罪、无罪、罪轻、罪重等证据。另一方面，修改后刑诉法增设了第 40 条，规定辩护人收集的有关犯罪嫌疑人不在犯罪现场、未达到刑事责任年龄、属于依法不负刑事责任的精神病人的证据，应当及时告知公安机关、人民检察院。即辩方收集的一些有利于犯罪嫌疑人的关键证据在开庭前也有义务向公安机关、检察机关开示。在控辩双方相互开示证据后，辩方及被害方有权决定是否申请控方启动非法证据排除程序，控方在了解证据情况后可以决定是否启动非法证据排除程序。同理，如果当事人在审判阶段开示证据，人民法院也可以据此决定是否启动非法证据排除程序。

（二）启动程序

根据修改后刑诉法的规定，启动非法证据排除程序分两种情况：一是依申请启动。即当事人及其辩护人、诉讼代理人可以在审查起诉阶段向人民检察院报案，控告、举报侦查人员非法取证，也可以在法庭审理阶段向人民法院申请对非法证据予以排除。这是主要的非法证据排除程序启动方式；二是依职权启动。即侦查机关（部门）、检察机关和审判机关在办案过程中发现有应当排除的证据的，应当予以调查核实并排除。为了充分保障当事人行使该权利，检察机关、人民法院有义务告知当事人。笔者认为，检察机关应自公诉案件移送审查起诉之日起 3 日内，人民法院应自受理案件之日起 3 日内，不仅要告知当事人有聘请辩护人和诉讼代理人的权利，还应该告知当事人有申请非法证据排除的权利。相关当事人应自被告知之日起 7 日之内提出申请，并提供涉嫌的人员、时间、地点、方式等线索和材料。相关机关受理后，根据当事人提供的线索及证据，结合全案证据情况，决定是否启动程序，并告知当事人。

（三）庭前排除

无论是依当事人申请还是依职权启动非法证据排除程序，检察机关均应积极履行调查核实的义务。公诉人应调取侦查机关全部讯问笔录、原始的同步录音录像和入所体检表，询问侦查机关讯问人员、其他在场人员、看守所工作人员及其他证人，对犯罪嫌疑人或者被告人进行伤情鉴定，结合案情及全案证据情况依法予以审查。另外，要加强与侦监部门、控申部门的衔接配合，多听其工作情况及意见。对于当事人收集的有利于其一方的重要证据，应严格按照证据“三性原则”进行审查。

如依据现有证据材料对相关证据是否属于侦查机关非法取得难以把握或者应当事人及其辩护人、诉讼代理人申请可启动听证程序，召开听证会。即组织侦查人员、当事人及其辩护人、诉讼代理人及相关证人等进行听证，公诉人充分听取各方意见，根据听证情况作出是否排除有关证据的处理。

笔者建议，在审查起诉阶段，对取证合法性应以“决定”的形式作出书面处理，并书面告知当事人。鉴于我国实体性裁判与程序性裁判重合的刑事司法体制，为了避免审判法官接触非法证据，影响实体性裁判，建议对依法予以排除的证据不得作为起诉依据移送审判机关。

（四）预审排除

人民法院受理后主动发现非法证据或者当事人及其辩护人、诉讼代理人在移送起诉后才向人民法院提出申请的，笔者建议人民法院增设“预先审核程序”，将有关取证合法性等程序性问题在实体审判之前作出裁定。此外，预先审核程序的合议庭组成人员应不同于实体审判的合议庭组成人员。笔者赞同有些学者提出的建议由立案庭法官负责对非法证据的排除进行调查并作出裁定的做法。

在预先审核程序中，公诉人除了可以向人民法院提交调查核实的证据外，必要时还可以提请人民法院通知讯问人员之外的讯问时其他在场人员或者其他证人出庭作证。若仍不能查明，可以提请人民法院通知讯问人员出庭作证，对相关证据取得的合法性予以说明并接受控辩双方的询问。

同理，建议在预先审核程序中对取证合法性以“裁定”的形式作出书面处理，并告知当事人。不得将被依法排除的证据作为定案的依据移送实体审判组织，负责实体审判的合议庭仅对被告人的定罪量刑作出判决。

（五）判决排除

在侦查阶段、审查起诉阶段及预先审核阶段，当事人提出排除有关证据申请而未被相关机关作出排除处理或者当事人未提出申请，案件进入实体审判阶段提出申请的，依据修改后刑诉法的规定，人民法院应当进行法庭调查。虽然经过前面几个阶段的调查核实与裁定，大部分非法证据已依法得到了排除，但在我国现有的司法体制下，仍然有小部分非法证据会进入审判程序。在审判阶段排除非法证据并对实体问题作出判决虽然有悖于程序性裁判与实体性裁判相分离原则，但这也是当前的无奈之举。我们只能大大方方地赋予庭审法官排除非法证据的权力，一方面相信法官的判断力，另一方面谨慎地通过提高对判决说理性等方面的要求，对法官的心证予以限制。另外，刑事判决书中应增加非法证据排除的内容。在论证上，相关证据已被排除的情况下，承办法官应对作出的判决加强说理性，消除当事人的误解。

结语

虽然非法证据排除对侦查机关非法取证行为具有震慑效力，能在一定程度上抑制非法取证行为，保障人权，但从根本上说，预防非法证据产生及进入刑事诉讼程序才是关键。侦查机关（部门）应积极改变执法理念，实现“由供到证”到“由证到供”办案模式的转变。不要过于依赖言词证据，加强收集和巩固物证、书证的意识，充分利用现代化科学技术及设备，提供技术侦查能力。在保障人权的基础上实现有效指控犯罪，维护社会和谐稳定，这才是立法的真正意义所在。

非法证据排除规则对自侦工作的影响及应对

刘煜雯[*]

【内容摘要】 修改后刑诉法明确规定了非法证据排除规则，对遏制非法取证、提高刑事案件的质量，具有十分重要的意义。检察机关要高度重视，采取切实可行的措施积极应对该制度对自侦工作带来的新的影响与挑战，努力做到打击力度不减，办案质量提升。

【关键词】 非法证据排除规则　自侦　影响　应对

我国宪法已经明确对公民的人身自由、人格尊严、住宅等予以法律保护，然而，部分地区的刑事诉讼活动中长期存在着“重实体、轻程序”、“重打击、轻保护”的不良传统，有些司法人员的违法取证行为，直接侵犯了公民享有的基本权利。修改后刑诉法将于2013年1月1日起施行，其中非法证据排除规则的确立有其重要的价值，有利于切实保障诉讼参与人的权利，有利于严肃执法，促进执法行为的规范化，但同时又为自侦工作带来了新的机遇和挑战。本文站在基层检察院司法实践的角度对此进行分析，并提出应对的措施。

一、修改后刑诉法非法证据排除规则的新规定

非法证据排除规则，是对非法取得的供述和非法搜查扣押取得的证据予以排除的统称，也就是说，司法机关不得采纳非法证据，将其作为定案的依据，法律另有规定的除外。①修改后刑诉法对非法证据排除规则的规定主要包含以下几个方面的内容：

（一）公、检、法三机关都有排除非法证据的义务，非法证据排除贯穿于整个刑事诉讼活动中

修改后刑诉法第50条规定，审判人员、检察人员、侦查人员必须依照法定程序，收集能够证实犯罪嫌疑人、被告人有罪或者无罪、犯罪情节轻重的

---

* 江西省安福县人民检察院干部。

① 何家弘：《新编证据法学》，法律出版社2000年版。

各种证据。严禁刑讯逼供和以威胁、引诱、欺骗以及其他非法方法收集证据，不得强迫任何人证实自己有罪。第 54 条规定，在侦查、审查起诉、审判过程中，发现有应当排除的非法言词证据和非法实物证据的情形，都应当及时将其排除，不能将应当排除的非法证据作为起诉意见、起诉决定和判决的依据。由此可知，公安机关、人民检察院和人民法院都有排除非法证据的义务，非法证据排除贯穿于整个刑事诉讼活动中。

（二）绝对排除非法言词证据

按照修改后刑诉法第 54 条的规定，采用刑讯逼供等非法方法收集的犯罪嫌疑人、被告人供述和采用暴力、威胁等非法方法收集的证人证言、被害人陈述，应当予以排除。非法言词证据包括采取刑讯逼供等方法收集的犯罪嫌疑人、被告人供述以及采取暴力、威胁等方法收集的证人证言和被害人陈述，本条仅列举了通过刑讯逼供等方法收集的犯罪嫌疑人、被告人供述应当排除，在表述上没有列举通过威胁、引诱、欺骗等方法所取得的犯罪嫌疑人、被告人供述。这里的“等”是指与刑讯逼供、暴力、威胁相当的手段，诸如以较长时间冻、饿、晒、烤等手段逼取口供。法律对非法言词证据采取了绝对的强制排除方式，一旦确认是“非法言词证据”，应当坚决排除，没有商量的余地。

（三）裁量排除、有条件排除非法实物证据

修改后刑诉法第 54 条规定，收集物证、书证不符合法定程序，可能严重影响司法公正的，应当予以补正或者作出合理解释；不能补正或者作出合理解释的，对该证据予以排除。因此，法律对非法实物证据采取了裁量排除和有条件排除的方式，适用排除规则的主体应先判断非法收集物证、书证的行为是否严重影响了司法公正，对于严重影响司法公正的实物证据，再要求证据提交者对此证据进行补正或者作出合理解释。法律之所以对非法言词证据和非法实物证据的排除方式做区分，主要原因在于非法取得的言词证据虚假性较强，而非法取得的实物证据往往并不因为收集程序违法而失去对客观事实的证明作用。①

（四）加强对取证活动的法律监督

修改后刑诉法第 55 条和第 171 条第 1 款就是关于检察机关发现侦查机关违法取证行为如何进行法律监督的规定。根据该规定，检察机关接到报案、控告、举报或者发现侦查人员以非法方法收集证据的，可以采取以下监督处理方式：一是调查核实。检察机关通过询问有关证人、被害人等，收集和查

① 樊崇义主编：《2012 刑事诉讼法解读与适用》，法律出版社 2012 年版。

阅有关检查报告、录音录像等材料，以确认侦查人员是否存在以非法方法收集证据的情况。二是要求侦查机关作出说明。检察机关通过调查后，如果认为存在以非法方法收集证据情形，可以要求侦查机关对证据收集的合法性作出说明。三是向侦查机关提出纠正意见。如果检察机关确定侦查机关确有以非法方法收集证据情形，应当向其提出纠正违法行为意见。四是依法追究有关人员的法律责任。对于构成犯罪的，如构成刑讯逼供罪的，检察机关应当依法展开刑事立案、侦查和起诉活动，追究行为人的刑事责任。

二、非法证据排除规则对自侦工作的影响

非法证据排除规则的适用将会对犯罪嫌疑人、被告人及其律师的辩护活动，检察官、法官的司法活动带来深刻的影响，进而构成对现行侦查机制的严峻挑战。就检察机关自侦工作而言，主要影响有以下几个方面：

（一）不供率、翻供率、排除非法证据的申请将会大量增加

随着犯罪嫌疑人、被告人及其律师对非法证据排除规则的不断熟悉，他们会从中阅读出有利于自己的权利规则，并以此指导自己的辩护行为。犯罪嫌疑人、被告人会知晓自己若不供述，侦查人员不能采取强迫手段；即使已被迫供述，这种供述也因违反了非法排除证据规则而不能成为诉讼证据。对辩护律师而言，如果犯罪嫌疑人、被告人认为被强迫供述，无论这一供述是否真实，辩护律师都有权提出证据排除的申请，且排除非法口供的申请在审查逮捕、审查起诉和审判阶段都可能以各种形式提出，因此不供率、翻供率、排除非法证据的申请都可能明显增加。

（二）自侦案件的不捕率、不诉率将会上升

根据修改后刑诉法的规定，检察机关在侦查和审查起诉时发现有应当排除证据的，应当依法予以排除，不能作为逮捕和起诉的依据。司法实践中，检察机关作出排除决定有两个途径：其一是办案人员在阅卷或会见犯罪嫌疑人时发现线索，经过调查核实后主动予以排除；其二是犯罪嫌疑人及其律师提出排除申请或者控告，经调查属实后依法予以排除。在非法证据排除规则实施之后，检察机关将在审判阶段对证据收集合法性的法庭调查中承担举证责任，这就加重了诉讼风险，促使检察机关在审查逮捕、审查起诉阶段主动排除非法证据成为可能，由此形成证据不足的不捕与存疑不诉。对于犯罪嫌疑人及其辩护律师提出的申请，检察机关也必须给予重视，进行审查，作必要的调查核实。作为后果，一定时间内自侦案件的不捕率和不诉率将会上升。

（三）对职务犯罪案件的有罪判决率将会下降

案件进入审判阶段后，被告人实际上“脱离”了追诉机关的羁押控制，更有可能在中立的法官面前提出排除非法供述的申请。而非法证据排除程序启动便利，由控方而不是由辩方承担举证责任，对被告人及其辩护人较为有利。而律师及其他辩护人在审判阶段介入的比例明显高于侦查阶段、批捕阶段、审查起诉阶段，辩护机制也相对完善。随着非法证据排除申请的不断提出，将会产生一定比例的排除决定，而一旦对定案不可或缺的口供被排除，相应的案件处理要么是公诉机关撤回起诉，要么是法院作出无罪判决。无论是撤回起诉还是无罪判决，都会导致有罪判决率的下降。

（四）对侦查人员的取证工作提出了更严、更高的要求

非法证据排除规则明确规定了非法证据排除的原则、非法证据的调查程序和排除程序，这不仅是在制度上的一种规范，更是对侦查人员在办案思想和理念上的一次冲击。长期以来，自侦部门的侦查人员在收集证据时，往往只注重证据能否证明犯罪嫌疑人的行为是否达到犯罪的构成要件，忽视了证据收集的程序是否合法，能不能被法庭采纳为定案依据。非法证据排除规则的确定，势必要求侦查人员在收集证据时树立一种证据能否被采纳的证据观念，注重证据的可采性。另外，在侦查取证过程中侦查人员为避免陷入被“非法”的境地，在侦查讯问中不敢使用讯问策略进行政策法律教育，害怕惹上“威胁、利诱”的嫌疑，因此对侦破案件构成了一定的障碍，束缚了办案人员的手脚。① 同时任意频繁地要求侦查人员出庭、提供亲笔签名的合法取证的证明材料，对于依法取证的侦查人员来说，要求自己说明自己的取证合法，也会产生“被不信任”的委屈。因此，非法证据排除规则的确定，将对侦查人员的取证工作提出更严、更高的要求。

三、应对非法证据排除规则影响的建议

修改后刑诉法关于非法证据排除规则的确立，在促进检察机关自侦工作职能强化的同时，也对自侦工作提出了新的更高的要求。检察机关自侦部门要以此为契机，积极采取应对措施，努力把自侦工作提高到一个新的水平。为此，提出以下几点应对建议：

（一）转变观念，加强学习，树立正确司法理念

首先，必须纠正以往错误思想，牢固树立惩罚犯罪与保障人权并重的司法理念。在办案过程中既不轻易给犯罪嫌疑人定罪，又不让犯罪分子逍遥法

① 陈瑞华：《程序性制裁理论》，中国法制出版社2005年版。

外，从思想观念上彻底根除刑讯逼供的法治土壤。正确面对刑诉法修改，牢固树立证据意识、人权保护意识，摒弃以获取犯罪嫌疑人口供为目标的侦查观念。加强学习，组织广大自侦部门侦查人员加强自学，深入领会修改后刑诉法中非法证据排除规则的本质内容，可通过邀请专家讲座、召开专题研讨会等方式开展业务培训，引导侦查人员准确把握立法精神，熟练掌握具体的法条规定。

（二）完善同步录音录像制度，规范讯问活动

修改后刑诉法第121条规定，侦查人员在讯问犯罪嫌疑人的时候，可以对讯问过程进行录音或者录像；对于可能判处无期徒刑、死刑的案件或者其他重大犯罪案件，应当对讯问过程进行录音或录像。录音或录像应当全程进行，保持完整性。全程同步录音录像制度的确立对于讯问是否合法，将提供直接有力的证据。它有利于规范检察机关自侦案件的讯问行为，预防发生刑讯逼供等非法取证的现象，在法庭对证据的合法性调查中可以起到直接证明的作用。严格落实修改后刑诉法关于同步录音录像的规定，可以有效遏制犯罪嫌疑人翻供，也是用来证明自侦工作人员严格依法办案的有效方式。因此，无论是从办案的角度还是保护检察干警的角度，同步录音录像制度都必须贯彻落实好。

（三）充分运用技术侦查权，取得合法证据

修改后刑诉法第148条规定，人民检察院在立案后，对于重大的贪污、贿赂案件以及利用职权实施的严重侵犯公民人身权利的重大犯罪案件，根据侦查犯罪的需要，经过严格的批准手续，可以采取技术侦查措施，按照规定交有关机关执行。在自侦案件的侦查实践中，由于经费投入的不足，检察机关侦查取证技术水平比较落后，“两条腿、一张嘴、一支笔”的办案模式仍然还是主流。然而随着科学技术的发展和信息化的普及，职务犯罪日益呈现技术化、智能化，犯罪手段也更加隐蔽，通常痕迹、物证少，加之犯罪嫌疑人关系网密，反侦查能力较强，办案的干扰多，阻力大，侦查中发现难、取证难、固定证据难的问题十分突出。因此，检察机关在办理自侦案件的过程中应使用必要的技术侦查措施，如电话监听、电子监控、秘密拍照或录像、邮检等，充分发挥侦查信息化的实战功能，积极运用现代侦查装备和技术查办案件，① 从而可减少对犯罪嫌疑人口供的依赖，及时掌握犯罪嫌疑人的行踪和心态，强化侦查控制，从根本上实现“由供到证”向“由证到供”的侦查模

① 陈连福：《以反贪惩腐的实际成果迎接党的十八大召开》，载《人民检察》2012年第1期。

式转变，促进办案规范化。

（四）加强初查工作，提高初查质量

修改后刑诉法第117条规定，传唤、拘传持续的时间不得超过12小时；案情特别重大、复杂，需要采取拘留、逮捕措施的，传唤、拘传的持续时间不得超过24小时。这一规定为自侦部门突破案件争取了宝贵时间，使拘留前办案时间的紧张得到有效缓解。但是，对于案情不是特别重大、复杂，或者没有采取拘留、逮捕措施必要的，必须在12小时内解除拘传。实际上，自侦部门要解决突破案件难的问题，不能将希望全都寄托于延长的12小时上，要有效突破案件，必须提高初审的成功率，要提高初审成功率，除了提高讯问技巧，关键是要做好初查工作，要从提高初查质量上寻找出路。将办案工作重心前移，把初查工作做扎实。对于案件线索涉及的有关情况或者事实，要从外围查清，对于案件涉及的人和事特别是关键性细节做到心中有数。要建立以无罪推定为前提的成案意识，侧重把突破的工作重心放在初查阶段以及口供认罪之前的准备工作上，以实现所收集的证据的合法性、客观性和关联性三者的有机统一。

（五）加强与律师协作，加强对律师执业行为的监督

侦查人员要学会与律师打交道，一方面，要尊重律师的诉讼权，为其行使诉讼权提供方便；另一方面，要加强与律师的沟通与联系，征求律师对案件的意见，建立庭前证据开示制度，开示各自掌握的证据，从而避免律师在庭审时搞证据“突袭”。同时又要加强对律师执业行为的监督，加强与各级司法行政部门及律师协会的联系，建议并督促他们加强对律师的管理，规范律师执业行为，防止和及时惩戒律师的违法行为，尽量减少律师不法行为的发生。对律师在诉讼活动中伪造毁灭证据、妨害证人作证、串通他人作伪证等违法犯罪行为，要认真严肃查处，确保诉讼活动顺利进行。

刑诉法修改后批捕环节证据审查面临的问题及应对措施

杨露萍* 杨志敏**

【内容摘要】修改后的刑诉法从证据的概念、种类及非法证据排除规则等方面对刑事证据制度作了重大调整，给检察机关批捕环节证据审查带来新的挑战。批捕环节的证据审查将面临如何转变执法观念、如何正确运用非法证据排除规则、如何克服证据审查的时间障碍、如何审查电子数据及行政执法证据等诸多问题。检察机关必须正视这些问题，认真加以研究并采取积极应对措施，以利于修改后刑诉法的正确实施。

【关键词】批捕环节　证据审查　应对措施

修改后的刑诉法在刑事证据制度上作了大幅调整，证据章节新增法条8条，修改法条4条，从证据的概念、种类及非法证据排除规则等方面作了重要补充和完善，无疑给检察机关批捕环节证据审查带来新的挑战。适应和执行好刑事证据制度的新规定，不断提高审查逮捕工作水平，是贯彻落实全国检察长座谈会精神，始终坚持全面客观收集审查证据与坚决依法排除非法证据并重，准确实施修改后刑诉法的必然要求。本文拟结合工作实际，就刑诉法修改后批捕环节证据审查面临的问题及应对措施，谈一些个人看法。

一、修改后刑诉法有关批捕环节证据审查的相关规定

（一）修改了证据的概念

第48条把证据的概念定义为：可以证明案件事实的材料。与该条末款“证据必须经过查证属实，才能作为定案的根据”的规定相呼应，体现了证据审查必须坚持客观性的原则。

（二）调整了证据的种类

第48条将物证、书证分列，把证据的种类调整为八类，同时增加了辨认

* 江西省抚州市人民检察院干部。

** 江西省崇仁县人民检察院干部。

笔录、侦查实验笔录、电子数据等证据种类。其中，电子数据在当前网络信息高速发展的时代背景下，对提供案件线索、证明案件事实，发挥着越来越重要的作用。

（三）提出了新的证据分类

第53条和第193条均有对定罪、量刑的事实和证据进行审查的规定，从而明确了有罪证据的内部划分，增加了定罪证据和量刑证据这一分类。① 同时也表明了证据审查必须坚持全面性原则，不得偏重定罪证据审查，而忽略量刑证据审查。

（四）明确了非法证据排除规则

第54条规定了非法收集的口供、证人证言、被害人陈述应予排除；非法收集的书证、物证不能补正或作出合理解释的，应予排除；同时规定了在侦查、审查起诉、审判阶段发现应当排除的证据的，应依法予以排除。而批捕环节处于侦查阶段，在证据审查过程中，有依法排除非法证据之义务。

（五）明确了行政执法证据可作为刑事诉讼证据使用

第52条第2款规定了行政机关在行政执法和查办案件过程中收集的物证、书证、视听资料、电子数据等证据材料，可不经转换，直接作为刑事证据使用。这一规定一定程度上避免了重复劳动，提高了刑事诉讼效率，有利于促进行政执法和刑事司法衔接。

（六）明确了“有逮捕必要”的条件

第79条明确规定了可能实施新的犯罪等五种情形属于“有逮捕必要”，可能判处10年以上有期徒刑等三种情形的“应当予以逮捕”，违反取保候审、监视居住规定的“可以予以逮捕”。但是，实践中具体案件是复杂的，法律规定的有关社会危险性的“可能”、“现实危险”、“企图”等情形，仍需办案人员根据事实和证据全面进行审查，综合判断犯罪嫌疑人是否有逮捕必要。

（七）明确了批捕环节可采取多种措施审查证据

第86条规定，批捕环节可以讯问犯罪嫌疑人，询问证人等诉讼参与人，听取辩护律师意见。这一规定有利于检察机关加强证据审查，全面获取犯罪嫌疑人罪重、罪轻、无罪的证据，及时发现和纠正侦查程序的非法取证行为，增强了审查逮捕工作的诉讼性。②

---

① 冯承远：《新刑事诉讼法证据制度解读与适用》，中国检察出版社2012年版，第6页。

② 万春：《刑事诉讼法修改对侦查监督工作的影响和应对措施》，载最高人民检察院侦监厅：《侦查监督指南》，中国检察出版社2012年版，第12页。

二、批捕环节证据审查所面临的问题

（一）如何克服“重打击、轻保护”等观念的影响

长期以来，受“重打击、轻保护”等传统执法观念影响，在批捕环节证据审查中容易出现多种倾向，突出表现为：一是重有罪证据审查，轻逮捕必要审查，存在“构罪即捕”倾向；二是重证据客观性审查，轻证据合法性审查，存在“重实体，轻程序”倾向；三是重定罪证据审查，轻量刑证据审查，存在“片面审查”倾向。这些倾向与修改后刑诉法逮捕必要性审查、非法证据排除规则、全面审查定罪证据和量刑证据的规定极不适应，必须予以摒弃。

（二）如何正确运用非法证据排除规则

修改后刑诉法第54条从立法上明确了非法证据排除规则，根据该规定，对于非法言词证据原则上适用绝对排除，对于违反法定程序收集的书证、物证适用相对排除。但是规则并没有明确：（1）非法收集的鉴定意见，勘验、检查、辨认、侦查实验笔录以及视听资料、电子数据等证据如何排除；（2）书证、物证之外的证据可否在补正或作出合理解释后采用；（3）采用威胁、引诱、欺骗方法收集的口供，以及引诱、欺骗方法收集的证人证言、被害人陈述如何排除。对上述问题的准确把握，直接影响到批捕环节对非法证据排除规则的正确运用。

（三）如何克服时间上的障碍

刑诉法修改前，检察人员对提请逮捕案件不另行侦查，阅卷是批捕最基本的工作方式。但司法实践中，仅凭案卷审查，难免以偏概全，不利于全面掌握案件事实和证据，特别是不利于准确筛选证据，不利于及时发现侦查活动中的违法情形，更不利于及时排除非法证据。本次刑诉法修改，明确了批捕环节可以通过讯问犯罪嫌疑人、询问证人等诉讼参与人、听取辩护律师意见等方式对证据进行查证。这些工作需要耗费大量时间。而批捕环节的期限较短，在这么短的期限内，检察人员能否腾出时间和精力展开全面而深入的调查，查清被怀疑的证据材料是否为非法证据，是个问题。

（四）如何审查电子数据

近年来，随着现代科学技术的发展，越来越多的刑事案件涉及以电子数据记录的信息为载体的证据资料。如短信诈骗、网络诈骗、网络赌博、破坏计算机信息系统等犯罪，电子数据往往成为这些案件的关键证据。为顺应司法实践的需要，修改后的刑诉法明确将电子数据列入证据种类，意味着在今后的刑事诉讼活动中，检察机关将更多地面对电子数据这一新的证据种类。但电子数据与其他证据相比，具有易篡改、伪造、破坏或毁灭的特点，该类

证据的审查面临经验不足、专业知识缺乏等问题。批捕环节作为检察机关证据审查的第一道关口，责任重大，如何审查电子数据，是当前亟待解决的新问题。

（五）行政执法机关收集的“物证、书证、视听资料、电子数据”之外的证据种类能否作为刑事诉讼证据使用

修改后刑诉法第 52 条第 2 款规定：“行政机关在行政执法和查办案件过程中收集的物证、书证、视听资料、电子数据等证据材料，在刑事诉讼中可以作为证据使用”。这一规定强化了行政执法与刑事司法衔接机制。但由于司法界对作为刑事证据使用的行政执法证据是否限定为“物证、书证、视听资料、电子数据”四种证据存在不同的认识，同样成为批捕环节证据审查所面临的问题。

三、批捕环节证据审查的应对措施

（一）更新执法理念，始终坚持全面客观收集审查证据与坚决依法排除非法证据并重

修改后刑诉法充分吸收长期司法实践所积累的丰富经验，在已有规定的基础上完善证据种类，明确举证责任，细化证明标准，规定非法证据排除，进一步健全了我国刑事证据规则体系。这些重要修改和补充表明，刑事诉讼中的证据，不仅要强调它与案件事实之间的客观性和关联性，而且要特别强调证据的合法性；证据不仅要查证属实，而且必须经法定程序查证属实，才能作为定案的根据。因此，在批捕环节证据审查过程中，要认真贯彻落实曹建明检察长提出的“坚持全面客观收集审查证据与坚决依法排除非法证据并重”要求，转变执法理念，强化三种意识：一是强化证据的合法性审查意识，负起对证据收集的合法性进行证明的责任，彻底摒弃“重证据客观性审查，轻证据合法性审查”的观念；二是强化证据的全面审查意识，不仅重视审查有罪、罪重的证据，而且注意审查无罪、罪轻及有无逮捕必要的证据，切实改变“重犯罪证据审查，轻逮捕必要审查”、“重定罪证据审查，轻无罪或罪轻证据审查”的倾向；三是强化非法证据排除意识，对法律规定的采用非法方法收集的证据坚决予以排除，确保批捕案件质量。

（二）注意区分瑕疵证据与非法证据、办案技巧与非法手段的界限，准确运用非法证据排除规则

修改后刑诉法第 54 条从立法上确认了非法证据排除规则，但由于此条规定较为原则和笼统，仍然存在概念界定不清、范围规定不明等不足，容易出现执行上的偏差。笔者根据批捕环节证据审查的需要，认为应处理好以下三

个问题：

一要明确非法证据排除规则适用的范围。虽然修改后刑诉法第54条只列举了言词证据和物证、书证的排除规则，对鉴定意见，勘验、检查、辨认、侦查实验笔录，视听资料、电子数据没有提及，但根据第48条“证据必须查证属实，才能作为定案依据”的刑事证据采信原则，这些证据同样适用非法证据排除规则，批捕环节不能忽视对此类证据的审查。

二要从严把握非法证据的定义。司法实践中，办案人员往往把瑕疵证据与非法证据混同，造成不应排除的证据被排除。诸如讯问时没有告知犯罪嫌疑人权利义务、询问证人的地点不符合规定等，对于这些取证程序存在瑕疵的言词证据被相当一部分人认定为非法而被排除。而事实上，瑕疵证据是指在法定证据要件上存在轻微违法情节（俗称“瑕疵”或“缺陷”）的证据。① 从证据采信的角度来分类，瑕疵证据介于合法证据与非法证据之间，属于证据能力待定的证据，其是否具有证据能力，取决于其瑕疵能否得到补正或合理解释。根据“两院三部”《关于办理死刑案件审查判断证据若干问题的规定》，言词证据和实物证据都可能存在取证瑕疵的问题，所以批捕环节应当允许侦查机关对瑕疵的言词证据和实物证据补正或作出合理解释，不能一概作为非法证据排除。

三要准确界定办案技巧与非法手段的区分。修改后刑诉法没有明确对采用威胁、引诱、欺骗方法收集的口供，以及引诱、欺骗方法收集的证人证言、被害人陈述应否排除。之所以出现这一情况，并非立法上的疏漏，而是为了防止运用非法证据排除规则时，将侦查策略与“威胁、引诱、欺骗”的非法取证方法混同，导致排除规则被滥用。因此，批捕环节运用非法证据排除规则时，必须厘清办案技巧与非法手段的界限，准确界定合法手段与非法手段的区分，把握好“施压”与“威胁”、“引导”与“引诱”、“策略”与“欺骗”的区别，正确运用非法证据排除规则。

（三）提高人员素质，创新工作方法，克服批捕环节证据审查的时间障碍

刑诉法修改后，对批捕环节证据审查提出了更高的要求，既要审查案卷，又要通过讯问、询问等侦查措施核实证据，既要全面审查证据，又要排除非法证据，时间短任务重的矛盾更加突出，如不提升工作效率，难以确保办案质量。因此，急需采取相应措施，克服批捕环节证据审查的时间障碍。笔者认为，可以从两个方面着手：一是充实办案力量，提高人员素质，增强检察

① 王艳萍：《刑事瑕疵证据补正规则研究》，华东政法大学2011年硕士论文，第21页。

人员证据审查的能力。适当增加批捕部门的人员数量，选调能力强、经验丰富的人员加入。同时注重人员素质的培养，尤其是培养证据审查判断能力，以适应当前工作需要，不断提升批捕环节工作效率，缓解批捕环节期限短的压力。二是创新工作方法，通过与侦查机关建立“案前审查”、“案前会商”、“提前介入、引导侦查”等机制，将批捕环节的证据审查工作前置。如，崇仁县检察院与县公安局建立的“案前审查机制”，明确规定县公安局对疑难复杂案件、适用法律有争议的案件、涉访涉诉、媒体关注、群体事件五类案件，应当在提请逮捕前，将证据材料交批捕部门进行受案前审查，从而实现了批捕环节证据审查的前置，较好地缓解了证据审查的时间不足问题。

（四）把握五个方面，全面审查电子数据

电子数据是指与案件事实有关的电子邮件、网上聊天记录、网络博客、电子签名、手机短信、访问记录等电子形式的证据。电子数据具有很强的技术性，且具有容易被篡改、伪造、破坏或毁灭特点。因此，批捕环节必须加强对电子数据的审查和甄别。参照“两高三部”《关于办理死刑案件审查判断证据若干问题的规定》，笔者认为，对电子数据的审查应把握以下五个方面：（1）电子数据内容是否真实，有无剪裁、拼凑、篡改、添加等伪造、变造情形；（2）存储磁盘、存储光盘等可移动存储介质是否与打印件一并提交；（3）是否载明该电子数据形成的时间、地点、对象、制作人、制作过程及设备情况等；（4）制作、储存、传递、获得、收集等程序和环节是否合法，取证人、制作人、持有人、见证人等是否签名或者盖章；（5）该电子数据与案件事实有无关联性。此外，对电子数据有疑问的，还可以聘请专业人员进行鉴定，并结合案件其他证据，审查其真实性、合法性及关联性。鉴于电子证据具有实物证据的特性，对非法收集的电子数据，不宜一律排除，能够补正或作出合理解释的，应当作为定案的依据。

（五）科学界定作为刑事诉讼证据使用的行政执法证据范围

在批捕环节，侦查机关提交证据材料时，往往会把行政执法机关收集的“物证、书证、视听资料、电子数据”之外的证据，如证人证言、现场勘查笔录、鉴定结论等也一并作为刑事诉讼证据移交批捕部门审查，而这些证据修改后刑诉法第52条第2款并未列举，能否作为刑事诉讼证据使用事关批捕环节对该类证据审查时的取舍。对此，有两种理解，一种是狭义的理解，认为行政执法证据可以作为刑事诉讼证据的种类，仅包括条文中明确列举出来的物证、书证、视听资料、电子数据这四种证据。另一种是宽泛的理解，认为不仅包括物证、书证、视听资料、电子数据，还包括行政执法机关依法收集的证人证言、鉴定意见、勘验检查笔录等其他证据类别。在笔者看来，对第

52 条第 2 款既不能作狭义理解，也不能作宽泛理解。理由是：（1）该条该款在列举四种证据之后加“等”字，应当理解为“列举未完”。倘若立法者要在此处表示“列举后煞尾”，完全没必要画蛇添足，多加一个“等”字，造成执法困惑。（2）根据 2011 年最高人民法院、最高人民检察院、公安部联合出台的《关于办理侵犯知识产权刑事案件适用法律若干问题的意见》（下称《意见》）的规定：“行政执法部门依法收集、调取、制作的物证、书证、视听资料、检验报告、鉴定结论、勘验笔录、现场笔录，经公安机关、人民检察院审查，人民法院庭审质证确认，可以作为刑事证据使用。”据此，除物证、书证、视听资料、电子数据之外，行政执法机关依法收集的鉴定意见、勘验检查笔录可以作为刑事证据使用。（3）《意见》还规定：“行政执法部门制作的证人证言、当事人陈述等调查笔录，公安机关认为有必要作为刑事证据使用的，应当依法重新收集、制作。”这一规定充分说明并非任何行政执法证据都可作为刑事诉讼证据使用，行政执法机关收集的言词证据不能作为刑事证据使用。综上所述，修改后刑诉法的立法本意是，除言词证据外，行政执法机关收集的其他证据种类均可以作为刑事证据使用。在批捕环节应严禁使用行政执法机关收集的言词证据作为批捕的依据。

修改后的刑诉法之非法证据排除规则与人权保护

王立豪*

【内容摘要】在刑事诉讼过程中，证据规则设立的目的并不是最大限度地实现惩罚犯罪，而是尽可能地实现人权保障。因为如果一味从惩罚犯罪目的出发，那么证据规则的设立无疑是自缚手脚。但是，刑事诉讼不仅须要实现惩罚犯罪的目的，而且同时应当兼顾保障无罪的人免受刑事追究。刑事诉讼法修改后，在非法证据排除等方面完善了刑事诉讼证据规则，对于实现个案公正、人权保护有着积极而深远的意义。

【关键词】刑事诉讼证据规则　刑事诉讼法修改　非法证据排除　人权保障

2012 年 3 月，十一届全国人大五次会议对刑事诉讼法修正案草案进行三审。3 月 14 日，第十一届全国人民代表大会第五次会议通过《全国人民代表大会关于修改〈中华人民共和国刑事诉讼法〉的决定》，自 2013 年 1 月 1 日起施行。这次刑事诉讼法修改亮点之一也是民众最为关心的是非法证据排除规则的完善，它从制度上进一步遏制刑讯逼供和其他非法收集证据的行为，有利于维护司法公正和保障刑事诉讼参与人的合法权利，也是《宪法》第 33 条以及修改后《刑事诉讼法》第 2 条"国家尊重和保障人权"的充分体现。笔者试从下面几个方面浅述修改后的刑事诉讼法中非法证据排除规则对于实现人权保障的重要意义。

一、刑事诉讼非法证据排除规则的内涵、意义与作用

非法证据排除规则是刑事诉讼证据规则的主要内容，因此，要阐明完善非法证据排除规则的意义，首先必须对刑事诉讼证据规则乃至证据及其本质特征有完整而准确的理解。所谓证据是指依法收集和认定的，能够证明案件

* 江西省南昌铁路运输检察院干部。

事实真相的材料。《刑事诉讼法》（以下均指修改后的刑诉法）第48条规定：可以用于证明案件的材料，都是证据。证据的本质特征有三个，一是客观性，证据的客观性是指证据是客观存在的事实，而不是人们臆想的产物；二是相关性，证据的相关性是指作为证据的事实必须是同刑事案件相关联，对证明案情有实际意义的事实；三是法律性，证据的法律性是指证据必须是用合法的方式收集的与案件相关联的客观事实。众所周知，刑事诉讼中的立案、侦查、批捕、起诉、审判等一系列诉讼环节都是围绕证据展开的，因此证据对于刑事诉讼来说，其重要意义是不言而喻的。

刑事诉讼证据规则，是指在收集、采用、核实证据和运用证据认定案情时必须遵守的准则。刑事证据规则重点之一在于非法证据排除规则。而非法证据在理论界分为广义和狭义两种理解。广义说认为，非法证据是指证据内容、证据形式、收集或提供证据的人员及程序、方法不符合法律规定的证据材料。包括四种情形：证据内容不合法，证据表现形式不合法，收集证据或提供证据的人员不合法，收集或提供证据的程序、方法、手段不合法。只要具有这四种情形之一就是非法证据。狭义说则认为：非法取得的证据是指通过非法手段获得的证据。在我国，对于狭义的非法证据一般界定为：所谓非法证据，是指在刑事诉讼中，公安司法人员违反法律规定的权限、程序或以其他不正当方法获得的证据。当前，国内刑事诉讼司法实务界与理论界的探讨与争论主要着眼于狭义上的非法证据。因为非法证据的排除关系到实体真实与程序正当、惩罚犯罪与保障人权的价值取向，以及国家权力和公民权利之间利益冲突的权衡和刑事诉讼目的的实现。由此建立刑事非法证据排除规则即成为刑事诉讼证据规则的基本内容。既然非法证据已然界定，那么非法证据排除规则就是指在刑事诉讼中，应当依法将司法机关（含公安、安全、检察机关自侦部门等具有侦查权力的国家机关）违反法定程序、以非法手段获得的证据排除的规则。

刑事诉讼的证据规则的确立至少有两重意义：一是实体法意义，二是程序法意义。实体法意义是指司法机关在对案件判定过程中，在证据量及其证明力不变的情况下，证据规则的设置当然意味着在一定情况下决定案件的实体处理。略展开来说，就是司法机关在办理任何一个案件过程中，依据证据规则去审查现有有限的证据，以此来衡量判定犯罪嫌疑人、被告人犯罪事实是否成立、有无追究其刑事责任的必要。至于刑事诉讼证据规则的程序法意义则是指刑事诉讼证明主体依据证据规则，收集案件相关证据，甄别采信证据，完成证明任务，履行其证明责任。

不可否认，在刑事诉讼法修改之前，现行刑事诉讼证据规则有不尽如人意之处，特别在非法证据排除方面尤为不力，因此，一些诸如佘祥林、赵作海、杜培武等冤案错案曝光于世，在人民群众中造成了对司法机关较严重的不信任感。由此我们可以从一些影响大的冤案错案的教训中得出非法证据规则承载着洗冤辩诬的巨大作用。当然，我们也应该看到，在新中国成立后数十年的司法实践中，司法机关办理了成千上万的各类刑事案件，为了有力地惩治犯罪，维护社会治安秩序，保障无辜的人免受刑事追究，广大公检法工作人员付出了艰辛的努力，在没有系统化、规范化的证据法典以及缺乏严格的非法证据排除规则的情况下克服各种困难，对许许多多的案件的罪与非罪问题作了相对准确地鉴别，也相对准确地判定了涉案行为人的刑事法律责任，基本保障了我国刑事法律的正确实施，保证了国家机器的长期正常运转，维护了社会秩序的基本稳定。

然而，从近代刑事诉讼制度发展的历史趋势来看，刑事诉讼制度文明化、民主化、科学化的发展趋势日益增强，刑事诉讼的人权保障价值正受到越来越广泛的关注，各国对非法证据危害性的认识日趋深刻，并在立法和理论上肯定和确立了非法证据排除规则。我国在刑事诉讼法修改之前从法律上尚未对非法证据及其排除规则作出明确的规定，"两高院"制定的有关司法解释和规则尽管对此也作出了一定的规定，但不够全面，并不能适应现今司法实践的需要。因此，修改后的刑事诉讼法确立我国刑事非法证据及其排除规则意义在于：司法公正的核心就在于司法人员在收集和审查评断证据时，必须遵守统一而且具体明确的规则，不应有任何自由裁量权。也就是说据以定案的每一个证据的取得必须有充足的法律依据，对于刑讯逼供、诱供、指供等违法取得的证据应当予以排除。

二、刑事诉讼法修改之前刑事诉讼证据规则（主要是非法证据排除规则）存在的问题

在刑事诉讼法修改之前的长期的司法实践中，由于两方面的因素导致目前我国现行刑事诉讼证据规则存在一定的缺陷。其一，我国刑事法律渊源上的先天不足。我们知道，具有数千年封建历史的中国在刑事司法上历来采取"纠问式"的刑事审判制度，其裁判方式表现为集行政司法权为一体的诉审合一制。该审判制度下的刑事诉讼证据规则则重点体现在对口供的依赖上，口供也被称之为"证据之王"。有口供即可定案，反之则不能对嫌犯定罪处罚。因此各级官吏基于不同的动机，他们在办案过程中对人犯进行刑讯逼供自然屡见不鲜，而且更可怕的是刑讯逼供成为合法甚至往往是刑事案件定案过程中所必经的程序与手段。回顾中国数千年的封建司法史，其刑事诉讼证据规

则基本是空白的。历史上因为酷刑导致冤案不枚胜举，其惨烈的危害后果令人触目惊心。清末留洋法学家沈家本等以日本等国为楷模，给近代中国引进了职权主义色彩比较浓厚的大陆法系，与之前相比较，总算是开了我国文明司法的先河，随之也影响了当代我国刑事诉讼体制也基本上是走以职权主义为主、以当事人主义为辅的道路。但由于我国浓厚的法制传承因素，加之职权主义在刑事诉讼中有着重所谓公共利益或者被害人利益，轻作为弱势群体的犯罪嫌疑人、被告人利益的倾向，所以势必影响到刑事诉讼证据规则的发展完善和正确运作。其二，由于我国刑事诉讼立法以及司法解释方面的缺陷和不完备，导致职权主义在刑事诉讼中的弊端得以凸显。如现行刑事诉讼法第 93 条规定：犯罪嫌疑人面对侦查人员的讯问，应当如实回答。而根据全国人大常委会签署的《联合国人权公约》、《公民权利和政治权利国际公约》等规定，我国有义务在刑事审判中排除非法取得的被告人口供，禁止迫使嫌疑人及被告人自证其罪等。因此嫌疑人如实供述的法定义务与国际通行的沉默权制度背道而驰。也正因为如此，我国刑事诉讼中一些非法搜查、阻扰律师提前介入、刑讯逼供、超期羁押、违法取证等现象屡禁不止。这些现象突出反映了刑事诉讼法修改之前的证据规则的缺失，由此引发法学界与实务界对刑事诉讼修改过程中如何建立适合我国的证据规则的思考。

（一）刑事诉讼法修改前的刑事诉讼证据规则不完善的体现

虽然修改前的刑事诉讼法以及“两高院”的司法解释等对刑事证据收集规则作出了一些规定，如：1996 年修订的《中华人民共和国刑事诉讼法》第 43 条规定：“审判人员、检察人员、侦查人员必须按照法定程序，收集能够证明犯罪嫌疑人、被告人有罪或者无罪、犯罪情节轻重的证据。严禁刑讯逼供和以威胁、引诱、欺骗，以及其他非法的方法收集证据。”《最高人民法院关于执行〈中华人民共和国刑事诉讼法〉若干问题的解释》（以下简称《解释》）第 61 条规定：“严禁以非法的方法收集证据。凡经查证确实属于采用刑讯逼供或者威胁、引诱、欺骗等非法的方法取得的证人证言、被害人陈述、被告人供述，不能作为定案的根据。”最高人民检察院《人民检察院刑事诉讼规则》（以下简称《规则》）第 265 条规定：“严禁以非法的方法收集证据。以刑讯逼供或者威胁、引诱、欺骗等非法的方法收集的犯罪嫌疑人供述、被害人陈述、证人证言，不能作为指控犯罪的根据。”公安部颁布的《公安机关办理刑事案件程序规定》（以下简称《规定》）第 51 条规定：“公安机关必须按照法定程序，收集能够证实犯罪嫌疑人有罪或者无罪、犯罪情节轻重的各种证据。严禁刑讯逼供和以威胁、引诱、欺骗或者以其他非法的方法收集证据。必须保证一切与案件有关或者了解案情的公民，有客观充分地提供证据的条件，除特殊情况外，并且可以吸收他们协助调查。”以上基本为修改前刑事诉讼法和相关司法解释等关于刑事证据收集规则的全部内容。

从上述规定不难看出，现行我国所谓刑事诉讼证据规则内容相对空乏，具体集中到一点无非就是“严禁刑讯逼供和以威胁、引诱、欺骗，以及其他非法的方法收集证据，以非法的方法收集的犯罪嫌疑人供述、被害人陈述、证人证言，不能作为指控犯罪的根据。”至于如何正确收集证据、如何确定非法证据的种类、非法取证的后果、非法证据的排除等等应当明确的刑事诉讼证据规则均无迹可查。再者实施性规则的规定不完整。如强制性证据收集行为缺少法律约束；搜查、扣押、检查等行为限制性适用条件极少，如搜查、检查的时间、地点、范围等在法律中基本上没有明确规定；技术侦查措施在刑事诉讼法修改之前依据《国家安全法》和《人民警察法》规定侦查机关已然普遍使用，具体如通讯监听、测谎、密搜、秘捕等手段。而且这种运用基本上是侦查机关自行决定，秘密进行。而修改后的刑事诉讼法对技术侦查措施的采用和规范等问题作出了相应的明确规定。此外，程序法定的原则没有贯彻在我国刑事诉讼证据规则上。从国外刑事诉讼证据规则立法经验看，大陆法系成文法一般通过法典形式、英美法系不成文法则一般通过具有法律效率的判例形式予以确立刑事诉讼证据规则，而我国在修改后的刑事诉讼法实施之前，证据规则基本体现在“两高院”司法解释和公安部门的规章上面。刑事诉讼证据规则的这些缺陷足以制约我国刑事诉讼文明化进程，所幸此次刑事诉讼法修改过程中，立法机关已然注意到这个问题的紧迫性，是以在修改后的刑事诉讼法中确立了非法证据排除制度，这是立法的一个重大进步，其积极意义是不言而喻的，当然还有待于该法实施后各级司法机关严格遵照执行。

（二）修改前的刑事诉讼法对非法证据排除规则的轻视或者忽略的基本现状客观上影响了刑事诉讼的公正与效率

长期以来，由于刑事诉讼非法证据排除规则的匮乏，使我国 1997 年刑法规定的“罪刑相适应”、“疑罪从无”等原则不能得到很好地贯彻落实，从某种程度上也可以说人权法治观念在刑事立法和司法领域没有得到很好的体现。相反，在司法实践中那种轻程序重实体、轻人权保护重所谓维护公共利益的严刑峻法思维由来已久。因此，非法证据排除规则基本没有在广大司法机关乃至立法机关得到应有的重视。尤其是我国特有的司法体制，历来奉行所谓“坦白从宽、抗拒从严”、“命案必破”等司法政策，加之政法委协调公、检、法办案机制，客观上纵容了在刑事诉讼证据规则不完备背景下刑讯逼供等违法取证现象，造成了佘祥林、杜培武、赵作海等著名的冤假错案的产生。试想一下作为派出所保安的佘祥林和作为戒毒所高级警官的杜培武等人，他们非常清楚自己无端承认杀妻子或者情人的严重后果是什么，但据以审判并定他们有罪的案卷中出现的认罪口供必定意味着当时承办案件的“人民警察”不可不谓“费尽心机”。事后据报道，曾经练习过武术的佘祥林和受过严格训练的戒毒所政治部主任杜培武二人体格意志都可以说是出类拔萃的，要逼迫他们自诬杀人，刑讯逼供的力度自然可想而知。平反出狱后的佘祥林对媒体说当时他在接受讯问时被整得十来天欲死不能，而杜培武的痛苦经历应当不在佘祥林之下，手摇式电话带电“招呼”的痛苦滋味大概只要是凡人几乎没有能够抵御的。赵作海是一个地道的农民，没有见过多大的世面，当鞭炮在他头上噼噼啪啪炸响的时候，我想被炸懵了的赵作海除了按照讯问人员的诱供指供去签字画押外，还能作何有效的抵抗？除去野蛮残酷的刑讯逼供因素，由于能够对抗刑讯逼供的刑事诉讼非法证据排除规则的缺失，同时又受偏颇的刑事司法政策左右，检察机关的批捕起诉以及法院审判过程未能防止许多错案冤案的发生也就在情理之中，刑事诉讼的公平与效率当然随之受到相当程度的损害。

综上所述，刑事诉讼证据规则应当体现在具有规范意义的刑事诉讼法典之中，必须具有强制性、可操作性。修改后的刑事诉讼法通过确立非法证据排除规则基本解决了这一长期困扰我国刑事诉讼的老大难问题。但是，在修改后刑诉法即将实施之际，如何使各级司法机关中从事刑事诉讼人员及时树立非法证据排除理念则成为当务之急。因为刑事诉讼证据规则中的排除非法证据的规定是促使刑事办案人员严格依法依法取证，防止甚至杜绝刑讯逼供的有效利器，也是准确惩治犯罪，维护社会公平正义和保障人权的刑事诉讼的重要保证。

三、构建现代司法理念，将以“排除非法证据”为核心的新刑事诉讼证据规则切实贯彻到未来的刑事司法工作中去

由于近年来刑讯逼供现象在司法实践中仍然屡禁不止，1998 年中国就查办了与国家机关工作人员刑讯逼供有关的犯罪案件 1469 件，[①] 2000 年最高权力机关的执法检查报告也指出，刑讯逼供已经成了司法实践中一个“不可忽视”的问题。[②] 因此，树立现代司法理念，构建以“排除非法证据”为核心的新刑事诉讼证据规则，确立口供自愿原则、保障证人出庭作证以及特殊证人免于强迫出庭制度等一系列保护犯罪嫌疑人、被告人的措施，既符合中国

① 左卫民、刘涛：《证据制度国际性准则与中国刑事证据制度改革》，载《公安大学学报》2002 年第 2 期。

② 《全国人大常委会执法检查报告》，载《检察日报》2000 年 12 月 28 日。

刑事司法的实际情况与未来发展的迫切需要，同时也是贯彻党的十七大提出的“公正司法”的必要举措。

非法证据排除规则的确立是依照《刑事诉讼法修正案》第18条规定增加“采用刑讯逼供等方法收集的犯罪嫌疑人、被告人供述和采取暴力、威胁等方法收集的证人证言、被害人陈述，应当予以排除。收集物证、书证不符合法定程序，可能严重影响司法公正的，应当予以补正或者作出合理解释；不能补正或者做出合理解释的，对该证据应当予以排除”，这一条作为修改后刑诉法第54条出现。《刑事诉讼法》第54条还规定对非法收集的言词证据，可以在侦查、起诉、审判三个环节中任何诉讼阶段予以排除。至于非法获得的书证、物证严重影响司法公正的应当予以补正或者作出合理解释，否则应当予以排除。至于非法证据的衍生证据的可采性问题，该法条未作明确规定，笔者倾向认为可将危及国家或重大公共安全等国家重大利益作为例外，其余则一概予以排除。这是美国学者提出的“毒树之果”理论，笔者以为可借鉴之。所以，在修改后的刑事诉讼法中确立证据规则尤其是非法证据排除规则，对于遏制刑讯逼供现象、实现人权保障有着不可估量的作用。除了非法证据排除，修改后的刑诉法对证据收集方面增加了一些重要的规定，如第50条规定“不得强迫任何人证实自己有罪”，第121条规定“侦查人员在讯问犯罪嫌疑人的时候，可以对讯问过程进行录音或者录像；对于可能判处无期徒刑、死刑的案件或者其他重大犯罪案件，应当进行录音或者录像。录音或者录像应该全程进行，保持完整性”。这些规定使得我国刑事诉讼证据规则得以确立并逐渐完善，这是我国刑事诉讼制度的一大进步，是民主法治的胜利。

但是，我们应当正视在刑事诉讼证据规则方面与世界一些国家还有一定的差距，面对即将实施的修改后刑诉法，对刑事诉讼证据规则的执行尤其是非法证据排除规则的执行过程中，不能以我国刑侦技术手段落后、侦查人员不足且素质偏低等因素为由而心存抵触甚至对抗情绪，更不能以各种理由放纵宽容司法实践中任何侵犯公民人权现象。否则，背离了现代司法程序优先、中立、高效和人权保障原则，也是对宪法与刑事诉讼法基本原则的背叛。笔者之所以在修改后刑诉法实施之前提出这种预警言论，是因为我国司法界长期以来一直奉行程序工具主义，具体表现为重实体轻程序，重打击轻保护，认为实体法是主法，程序法是辅助法，程序法仅仅是实现实体法的工具和手段，实体公正一直是司法界追求的最大目标。① 故此，应当尽早让每一位参与刑事诉讼的侦查、检察以及审判人员明白，刑事诉讼非法证据排除规则对于

---

① 卓泽渊：《法律事实≠客观事实》，载《检察日报》2000年6月29日。

规范司法人员在办案过程中的证据收集和采信行为有着现实和长远的积极意义。辛普森的辩护律师艾伦德肖微茨，这位将“杀人犯”辩得无罪的哈佛大学教授公开说：“如果辛普森案发生在中国，法庭会作出截然相反的判决。”[①]如果这种状况长期是中国刑事诉讼的真实写照，作为任何一个从事司法理论或者司法实务的工作者来说，没有道理不为之悲哀。

① 朱苏力：《现代化与法制》，载 http：//www. gojudge. net，2003 年 11 月 10 日。

坚持司法公正与司法效率并重

坚持“公正与效率”并重　切实做好检察工作

何　刚*

【内容摘要】司法公正与司法效率作为一种价值选择，是我国司法改革的总结和今后司法追求的目标。正确理解和把握司法公正与司法效率的内涵、要求，是做好检察工作的前提。坚持用司法公正与司法效率并重的理念指导检察工作，准确把握二者的平衡点和结合点，加强规范管理和队伍建设，强化自身监督，以适应检察工作发展的需要。

【关键词】司法公正　司法效率　内涵要求　检察工作

作为一种价值的追求与选择，“司法公正与司法效率并重”不是2012年刑诉法修改的一种偶然选择，而是对我国司法改革与建设成就的高度概括和总结。2012年7月17日，曹建明检察长在全国检察长座谈会上指出，要切实把思想认识统一到刑诉法立法宗旨上来，通过检察机关执法办案和履行法律监督职能，做到“六个并重”，确保刑诉法全面正确实施。“六个并重”之一就是“始终坚持司法公正与司法效率并重”。“司法公正与司法效率并重”理念的提出，顺应了司法工作的发展规律以及人民群众的要求，对于做好检察工作，具有重要的指导意义。当前，修改后刑诉法实施在即，如何寻求司法公正和司法效率之间的结合点和平衡点，找出它们赖以实现的最佳途径，是检察机关贯彻执行修改后刑诉法、做好工作的关键。

一、深刻理解司法公正与司法效率并重的丰富内涵

公正与效率是社会发展进程中的一个古老而又基本的问题，自从有了社会，人们在社会生产和生活中就一直存在着公正与效率的选择问题，“其中自然也包含着深刻的法律多元价值的分歧和冲突”①。因此，“要维护一个社会

* 江西省抚州市人民检察院检察长。

① 葛卫民：《论司法公正与司法效率》，载《政法学刊》2005年第2期。

的存在和发展，就既不可能没有公平和正义，也不可能没有效率”。[①] 可以说，坚守公正、提高效率，一直是人们所要追求的目标。

（一）司法公正与司法效率并重，是社会主义法治的重要目标

司法公正与司法效率都是社会主义法治所要追求的重要目标。法治深层次的意义在于公正与效率并重的精神和价值通过法的适用、实施，在执法实践中得到实现、彰显和弘扬。在社会主义法治中，“公正是核心和根本，效率是基础和保证。”[②] 司法作为解决诉讼争议的活动，实际上是通过准确适用法律，解决纠纷争端，在当事人之间合理地分配权利和利益的过程。具体来讲，它要求通过有效的执法活动来解决矛盾纠纷，减少和防止矛盾冲突给社会造成的各种损失和浪费。司法如果不公正或者效率不高，人民群众对司法就会失去信心，就不会把社会矛盾的化解渠道归结到国家可以控制和掌握的司法机关来，社会矛盾就会寻找其他发泄、排解的渠道，社会就会陷入一种不安定的状态中。因此，只有牢固树立司法公正与司法效率并重的理念，让公正与效率并重的精髓渗透到法治实施的全过程，成为人们看得见、实实在在感受得到的结果，社会主义法治才能真正成为吸引并惠及广大人民群众的伟大实践。

（二）司法公正与司法效率并重，体现了公正与效率的辩证关系

司法公正与司法效率之间既对立又统一，只讲效率不讲公正，司法会丢掉根本；只讲公正，不讲效率，公正就会大打折扣甚至无从实现。法谚“迟来的正义为非正义”，就是这个道理。首先，司法公正与司法效率之间存在一致性。诉讼活动所追求的价值既包括司法公正，也包括司法效率，缺一不可，没有效率的公正和没有公正的效率都不符合司法活动的本质内涵。如果司法公正的实现是以牺牲大量的时间、高昂的诉讼成本和司法资源为代价的，那么这样的诉讼活动就不是真正意义上的公正。同样，倘若案件的最终结果背离了公正，那么就算其效率再高，也是没有任何意义的。[③] 其次，司法公正与司法效率之间具有对立性。司法公正与司法效率之间的对立性主要表现在：一方面，司法人员对绝对公正的追求，会导致司法资源耗费的大增，从而不符合诉讼效率的原则；另一方面，对司法效率的不适当追求，往往会使司法公正无法在诉讼活动中得以体现。由此看来，司法公正和司法效率是具有一

① 葛卫民：《论司法公正与司法效率》，载《政法学刊》2005年第2期。

② 《始终坚持司法公正与司法效率并重——四论深入贯彻全国检察长座谈会精神、全面正确实施修改后刑诉法》，载《检察日报》2012年7月27日。

③ 赵楠：《司法效率实现研究》，河北经贸大学2011年硕士学位论文。

定冲突性的，而且这是由司法活动的内在性质决定的，是不可忽略和避免的。

检察机关在执法活动中，要把握好司法公正与司法效率二者之间的辩证关系。如果仅强调公正，不讲效率，就会浪费大量的人力物力，其结果可能只是形式上达到了公正，并不能达到真正的公正。反之，只讲效率，不求公正，则违反了现代法治的重要精神，侵犯了当事人的合法正当权益。也就是说，当我们说“司法公正”时，就是指充满效率的司法公正；当我们说“司法效率”时，就是指内含公正的司法效率。① 只有将二者有机统一起来，才能真正达到良好的执法效果。

（三）司法公正与司法效率并重，贯穿于刑诉法修改全过程

努力实现司法公正与司法效率的平衡和结合，是2012年刑诉法修改所要追求的目标之一。修改后刑诉法出于司法实践的需要，对相关办案期限作了适当调整，以更好地实现诉讼公正价值。例如，延长特别重大、复杂案件的传唤、拘传时间，延长检察机关对直接受理案件中被拘留人的审查逮捕期限等。同时，刑诉法的诸多修改也体现了对诉讼效率价值的追求。例如，规定可以口头传唤犯罪嫌疑人、现场询问证人，增设第一审程序的庭前会议制度，扩大简易程序的适用范围等。这些修改表明，司法公正与司法效率统一于有效的司法活动之中，任何企图打破二者并重的行为和现象，都将有损于司法活动中公正与效率两个价值目标的实现。我们应牢固树立司法公正与司法效率并重的理念，积极探索案件繁简分流机制，充分运用法律规定的简易程序，提高诉讼效率，节约司法资源，以腾出更多的人力和精力来办理重大疑难复杂案件。对于法律适度延长了办案期限的，也要讲究办案效率，不能每一个案件都要把延长的期限用满，能够早作处理的要尽快作出决定，以更好地实现公正与效率的有机统一。

二、准确把握司法公正与司法效率并重的基本要求

公正与效率是司法永恒的价值追求，是司法权威和公信力的源泉所在。对于检察机关和检察人员而言，理解公正与效率价值的时代内涵，协调好两者之间的关系，须要准确把握以下四个方面的基本要求。

（一）把握好司法公正与效率并重的结合点

追求公正与效率的两全其美是社会主义司法制度的重要价值目标。② 在确

---

① 王洪兰：《司法公正与司法效率的关系及其实现》，载《攀登》2002年第6期。

② 《始终坚持司法公正与司法效率并重——四论深入贯彻全国检察长座谈会精神、全面正确实施修改后刑诉法》，载《检察日报》2012年7月27日。

保公正的前提下，效率越高，司法公正的效果就越好；反之，效率越高，就越不公正，危害后果就越大。在对公正和效率二者的评价和选择上，我们应该妥善处理，准确把握好二者之间的平衡点、结合点，坚持以公正为核心和根本，以效率为基础和保证，并将其贯穿于检察工作中。在执法办案过程中，要正确处理局部和全局的关系，坚持检察工作必须为改革发展稳定大局服务的方向；要正确处理执行法律和执行政策的关系，政策是法律的基础，法律是政策的条文化，执法办案时将两者有效地结合起来；要正确处理执行法律与改革创新的关系，在法律范围内，大胆探索发挥最佳法律效果的途径和办法；要正确处理执行法律和坚持党的领导、人大监督的关系，达到司法公正与司法效果的完美结合。

（二）严格适用法律，避免公正与效率之间人为的矛盾冲突

当前，司法实践中流行着“公正优先论”和“效率优先论”两种观点。“公正优先论”者认为，在公正与效率产生矛盾的情况下，只有在正义得到实现的提下，才能提高诉讼效率；对诉讼效率的诉求，不应妨碍公正价值的实现。“效率优先论”者认为，就社会对司法公正实现程度的制约而言，必须考虑能力问题，无视成本和效率，追求绝对的司法公正，只能导致诉讼成本日益增加、诉讼效益日益减少，因此效率应当优先考虑。① 无论是“公正优先论”，还是“效率优先论”，它们都把公正与效率截然对立来看待，这与刑事诉讼法的规定并不相符。司法过程中根本不存在绝对的公正与效率。如果仅强调公正，不讲效率，就会浪费大量的人力物力，其结果可能只是形式上达到了公正，并不能达到真正的公正。反之，只讲效率，不求公正，则违反了现代法治的重要精神，侵犯了当事人的合法正当权益。检察机关在执法过程中，应严格依照法律的规定，准确把握法律的深刻内涵、精神实质和价值取向，不能简单地搞“一刀切”，在不同类型的案件中，在不同的情况下，执法办案对于公正和效率的侧重也应有所不同，以避免公正与效率之间人为的矛盾冲突。

（三）根据案件性质、特点、危害程度，合理投入司法资源

司法机关为了让司法程序满足司法公正的要求，需要消耗必需的司法资源；而为了提高司法效率，又必然会要求司法资源耗费量减少到最低程度。如何合理投入司法资源，是实现司法公正与司法效率并重需要解决的一个重要问题。一方面，我们希望司法程序能够迅速并且及时进行，以避免不合理和不必要的拖延；另一方面，我们又不能追求司法资源的过于缩减。“虽然充

① 隋鑫鑫：《浅析司法公正与司法效率》，载《公民与法》2011年第2期。

足的司法资源不是就必然能够保证我们能查明案件的事实真相，实现司法公正，但没有保障的司法资源一定不能保证司法程序公正有效地实现。”① 因此，根据案件性质、特点、危害程度，合理投入司法资源显得非常的重要。如果我们把一些事实清楚、案情简单、性质轻微的案件通过简化程序得到及时有效的处理，同时把节省下来的司法资源投入到特别严重、复杂、疑难的案件中去，实现繁简分流，必将降低司法成本，提高司法效率，法律所追求的公正、正义价值也能得到最大程度的实现。

（四）根据执法办案工作实际，解决好个案中公正与效率冲突问题

司法公正与司法效率并重，是司法工作的总体要求，也是司法活动所要达到的理想境界。但就具体的个案而言，公正与效率是一对矛盾体，司法过程中有时为了追求公正而牺牲效率，有时为了追求效率而又抑制公正，两者在不同的时期、在具体的个案中根据社会现实利益的变化而此消彼长。但无论是以牺牲司法公正换取所谓的司法效率，还是以降低司法效率追求所谓的司法公正，都是片面的和有害的，前者损害了法治的核心和根本，后者损害了法治的基础和保证。对此，应根据执法办案工作实际和利益权衡原则来处理：即一般情况下坚持司法公正与司法效率并重，努力做到公正与效率的有机统一。案件涉及重大国家利益和特别重大社会公共利益，应以司法公正优先；在一些特定情况和特殊的案件中，允许效率处于优先的地位，以节约司法资源的消耗，在保证公正的基础上实现司法效率的最大化。如修改后刑诉法规定的当事人和解的公诉案件诉讼程序，就体现了效率优先原则。

三、坚持用司法公正与司法效率并重的理念指导检察工作

实现司法公正与司法效率并重，是现代法治社会发展与进步的必然要求，是检察机关践行刑事诉讼制度相关规定的重要体现。公正高效的司法必然有力地促进社会的发展与进步，而不公正高效的司法则会阻碍社会的发展进步。② “司法公正与司法效率并重” 为检察工作明确了一个理性与现实相结合的价值目标。

（一）转变执法理念，以理念促司法公正与效率并重

曹建明检察长指出，贯彻修改后刑诉法，检察机关面临的挑战很多，执法理念的挑战是最大的挑战。如果没有牢固树立“公正与效率并重”的执法

① 郑逆：《论我国基层法院初审片面追求司法效率的缺陷及应对——以司法公正为视角的分析》，华中科技大学2011年硕士学位论文。

② 黄成学：《浅谈如何实现司法公正与司法效率》，载《党的生活》2003年第11期。

理念，检察官客观义务就得不到坚守，修改后刑诉法的贯彻落实就会出偏差。要践行好司法公正与司法效率并重，应当从以下三个方面转变执法理念：

一要坚持实体公正与程序公正的统一。修改后刑诉法对证据制度、辩护制度、强制措施制度等作了重要补充，对侦查、起诉、审判、执行等作了重要完善，对检察机关在刑事立案、侦查、审判、刑罚执行等各个环节的法律监督职能进一步细化和明确，新增了诉讼违法行为审查纠正、非法取证行为调查核实、羁押必要性审查、对指定居所监视居住决定和执行的监督、死刑复核法律监督、刑罚变更执行同步监督、刑事特别程序等规定。这些新的规定对我们检察机关和检察干警的执法理念、办案方式、工作机制提出了新的要求和挑战，赋予司法公正与高效新的内涵。检察机关唯有坚持实体公正与程序公正的统一，牢固树立人权意识、程序意识、证据意识、时效意识、监督意识，始终坚持司法公正与司法效率并重等“六个并重”的要求，真正将修改后刑诉法的各项制度和措施落实到刑事司法实践中去，回应人民群众的殷切期待，守护司法公正与司法效率并重的底线。

二要兼顾公正与效率的辨证统一。在司法实践中，办案数量与质量的关系，在本质上仍然属于司法效率与司法公正关系范畴。在工作中，要正确处理办案数量和办案质量之间的关系，把办案质量视为执法工作的生命线，在强调办案质量的基础上讲求办案数量，努力做到数量和质量齐驱并进。要在不违背法律规定和保障人权的前提上，不断建立、完善和创新工作机制，如转变职务犯罪侦查模式、创新简易程序案件出庭方式等，简化工作程序和内容，在保证质量效果的前提下繁简分流，提高执法办案工作的效率。

三要注重法律效果与社会效果的统一。通过结合检察机关自身承担的诉讼职能和业务工作，深刻理解和正确适用修改后刑事诉讼法的新规定，准确理解和把握司法公正与效率的有关规定、价值标准和实践中需要注意的问题，在执法中注重发挥法律效果和社会效果的双重作用，做到既要严格执法、公正司法，又要区别对待、坚守宽严相济的刑事司法政策，该严则严，该宽则宽，作出符合社会各方面对司法公正与效率价值判断需求的执法选择。

（二）加强规范管理，以管理促司法公正与效率并重

规范管理是司法公正与效率的基石。检察机关和检察人员要树立规则意识，充分认识手中权力的重量，慎重对待每一项执法行为；树立细节意识，让人民群众从每一个细节中都能感受到司法的公正与高效。当前，检察机关正加强案件管理建设，对案件流程、案件质量和案件统计信息等进行集中管理，这是司法公正与司法效率并重的重要体现。通过加强对案件运行态势分析，运用指标数据科学决策、科学管理，增强检察人员的质量意识和效率意

识，真正把规范管理的要求落实到每一件具体案件和每一个办案人员，把办案期限落实到立案、移送、审理、送达等各个环节，确保执法办案程序依法、公正、高效。

（三）加强队伍建设，以队伍素质促司法公正与效率并重

加强检察队伍建设是提高司法效率，实现司法公正的必然要求。法律是要由人来执行的，执法者的素质在很大程度上决定着执法行为、影响着执法效果。检察人员的大局意识、服务意识和平等意识是践行司法公正与效率并重的基础保证，是做好检察工作的前提。在广大人民心目中，检察人员作风如何、执法公正与否、效率高低，是衡量我们是否真心真意为人民服务的一个重要标准。总体上来说，检察机关的执法质量是好的，工作效率是高的，但是，在执法过程中仍然存在一些公正与效率不佳的现象，离检察工作的需要和人民群众的要求还有较大的差距。为此，需要以有效提高队伍素质能力为重点，把切实提高侦查取证能力、审查判断证据能力、出庭指控犯罪能力、及时发现和纠正诉讼违法行为能力，作为重中之重。在办理直接受理的刑事案件时，要求检察人员严于律己，严格执法，发挥好带头和示范作用，树立有法必依、执法必严的良好榜样，以适应司法公正与司法效率并重的需要。

（四）强化自身监督，以接受监督促司法公正与效率并重

强化检察机关自身监督，是实现司法公正高效的重要保障。一是强化检察机关的内部监督。应牢固树立正人先正己的观念，增强“监督者更应接受监督”的意识，把内部监督贯穿于执法办案的全过程，树立检察机关维护公平正义的良好形象。二是自觉接受外部监督。要进一步完善检务公开的内容和形式，通过检察网站、新闻媒体等多种载体，向社会公开执法权限、执法程序和执法纪律，拓宽人民群众了解检察工作的渠道；要自觉接受党委、人大的监督，认真执行党委、人大的决议和决定，主动报告检察工作重要情况、重大事项；要自觉接受新闻媒体和人民群众的监督，广泛听取批评、意见和建议，以加强和改进检察工作。只有这样，检察工作才能与时俱进，法律监督的职能作用才能得到充分发挥，检察机关在维护司法公正、保障司法高效中才能有更大的作为。

四、结语

坚持司法公正与司法效率并重，是检察工作命运之所系，前途之所系，是检察工作的永恒主题。实现司法公正与司法效率并重，是检察人员在执法办案工作中必须或力争达到和实现的目的，这是法律的本质和内涵对我们提出的历史课题和时代要求。检察人员只有不断更新执法理念，正确把握司法

公正与司法效率之间的关系，才能在司法实践中正确处理好两者关系，在确保司法公正的基础上，提高司法效率，为改革、发展和稳定提供有力的司法保障。

公诉案件简易程序公正与效率价值分析

——以江西省南昌市东湖区人民检察院的探索实践为视角

郭云水* 罗春强**

【内容摘要】随着修改后刑诉法对公诉案件简易程序制度的修正，为确保公正与效率的有机统一，修改后刑诉法实施后检察机关必然面临着人案矛盾进一步加剧、简易程序适用范围有待明确和如何确定被告人认罪等新的挑战。南昌市东湖区人民检察院对修正后的公诉案件简易程序制度作了一些新的探索，在取得了一定成效的同时也发现了一些问题。笔者认为应从提高诉讼效率和保障程序公正两个方面进行完善。

【关键词】公诉案件　简易程序　公正　效率

修改后刑诉法对公诉案件简易程序制度的修正，着力解决了1996年刑诉法在简易程序诉讼实践中检察机关法律监督空当的突出问题，更加统筹公正与效率的关系，但在司法实务中也会出现人案矛盾进一步加剧、简易程序适用范围有待明确和如何确定被告人认罪等新问题。构建和完善科学的公诉案件简易程序制度，更合理地配置司法资源，在保证司法公正的同时进一步提高诉讼效率，成为检察机关应对刑诉法修改带来挑战的重要抓手。

一、公诉案件简易程序修正对检察机关的挑战

（一）刑事诉讼法对公诉案件简易程序的修正的重大意义

本次刑诉法修正，简易程序制度的条文由原来的5条增至7条，除5处系在1996年刑诉法法基础上所作修改外，直接新增内容两条、三款（项）。[①]这

---

* 江西省南昌市东湖区人民检察院检察长。

** 江西省南昌市东湖区人民检察院干部。

① 新增208条（二）、（三）项，被告人的指控事实与适用简易程序的认同；209条，不适用简易程序的四种情形；210条一款，简易程序的审判组织；211条，对被告人认同的开庭再确认程序。

些修改内容，充分体现了公正、效率等价值追求的和谐统一。具体表现是：

1. 重构了适用条件。本次刑诉法修正，采用肯定条件与否定条件相结合的体例，一方面明确了适用简易程序的条件，一是仅限于基层人民法院管辖案件，二是案件事实清楚、证据充分，三是被告人承认自己所犯罪行，对指控的犯罪事实没有异议，四是被告人对适用简易程序没有异议；另一方面，明确规定“被告人是盲、聋、哑人、是尚未完全丧失辨认或者控制自己行为能力的精神病人，或者案件有重大社会影响”等诸多不宜适用简易程序审理的情形。

2. 扩大了适用范围。本次刑诉法修正，吸收了普通程序简化审理、被害人认罪案件审理程序的有益尝试，大大扩展简易程序适用范围，将其扩大到“基层人民法院管辖的‘认罪’案件，即可能判处有期徒刑以下刑罚、被告人承认自己所犯罪行的案件”，① 使占案件总量绝大多数的简单刑事案件得到快速及时审理，必将大大提高庭审效率，缓解“案多人少”的矛盾，从而使司法机关可以将更多精力、更多资源投入到重大、疑难、复杂案件的办理上。

3. 突出了尊重和保障人权。诉讼环节的简化，意味着对抗环节的减省，被告人的权利承担一定的风险，所以适当考虑被告人对简易程序的态度，是正当程序原则的应有之义。② 本次刑诉法修正，明确规定被告人是盲、聋、哑等人的案件不适用简易程序，还要求其他被告人必须具备认同对犯罪的指控并且同意适用简易程序，具有浓厚的人文情怀和人性化色彩。在审判组织上，明确规定对可能判处有期徒刑超过3年的，“应当”组成合议庭进行审判，对可能判处3年有期徒刑以下刑罚的，仅仅是“可以”由审判员一人独任审判，彰显了对公正、人权的关切。

4. 强化了检察监督职能。检察官制度创设的主要目的之一，就是要根绝纠问制诉讼下法官的擅断专制，使法官成为不偏不倚的单纯审判官，保障司法权的客观性③。检察官制度创立后，控辩审三方形成了理想的正三角形审判模式：控辩双方地位平等，在平等的基础上理性对抗；法官保持中立，不偏不倚，居中裁断。本次刑诉法修正，要求适用简易程序审理的公诉案件，人民检察院应当派员出庭，从制度上回归理性，丰富了检察监督权，也阻却了

---

① 王兆国：《关于〈中华人民共和国刑事诉讼法〉修正案（草案）的说明》，载新华网，http://www.lawtime.cn/news/lfjj/20120309/241201.html。

② 樊崇义等：《正当法律程序研究——以刑事诉讼程序为视角》，中国人民公安大学出版社2005年第1版，第3—4页。

③ 林钰雄：《刑事诉讼法·总论篇》（上册），元照出版有限公司2006年版，第115—117页。

实践中的监督不作为。

（二）公诉案件简易程序修正对检察机关的挑战

当前，我国正处于社会转型期和矛盾凸显期，刑事案件居高不下，严重暴力犯罪增多，犯罪的种类和手段出现了新的变化，这些都对我国社会管理提出了严峻挑战。以南昌市东湖区人民检察院（以下简称东湖区检察院）为例，2010 年、2011 年和 2012 年 1—8 月受理审查起诉案件数、移送法院起诉案件数和适用简易程序案件数均呈大幅上升之势。

东湖区检察院 2010 年至 2012 年 8 月相关办案数

项目／年份	受理审查起诉案件	同比上升（人）	移送法院起诉案件	同比上升（人）	适用简易程序案件	占全部移送起诉案件比例（人）	同比上升（人）
2010 年	402 件 587 人		355 件 516 人		162 件 211 人	40%	
2011 年	498 件 722 人	23.9%	429 件 599 人	20.8%	196 件 236 人	40%	21%
2012 年 1 月至 8 月	671 件 918 人	131%	362 件 481 人	46%	185 件 218 人	45%	77.9%

与办案数大幅上升相比，东湖区检察院办案人员却多年基本维持不变（7 人左右①），年人均办案数在 70 件至 130 件，年人均办理简易程序案件数在 20 件至 50 件，司法资源相对缺乏，与案件数量的逐年上升形成巨大的矛盾。如何在合理分配现有司法资源，实现刑事诉讼法要求的简易程序公诉案件全部出庭目标的同时，保证被告人能够在刑事诉讼中得到公正处理，实现公正与效率的有机统一，成为东湖区检察院对修正后的公诉案件简易程序制度进行探索实践的初衷和追求的目标。

二、对修正后的公诉案件简易程序制度的探索实践

（一）工作探索

可以预见修改后刑诉法实施后，适用简易程序案件将会有较大幅度提高，简易程序出庭公诉的重要性将日益凸显，为做好与修改后刑诉法的对接，东湖区检察院提前谋划，进行了一些积极的探索。

1. 强化协调，实现五个集中。在进行充分调研的基础上，主动与辖区法

① 东湖区检察院公诉部门现共有 8 人，2 名主诉检察官，5 名办案人员，1 名内勤。

院、公安进行协商，联合制定《关于简易程序公诉案件快速办理的实施办法（试行）》的规范性文件，文件明确了公诉案件简易程序工作具体做法，建立案件集中移送审查起诉、集中告知诉讼权利、集中提起公诉、集中出庭公诉和集中送达裁判文书的绿色通道。对可以适用简易程序的案件，公安机关侦查终结后一般每周集中一天移送审查起诉，东湖区检察院受理后集中告知犯罪嫌疑人诉讼权利，审查终结后集中开具《派员出席法庭通知书》，并在开庭前以列表形式再次书面集中通知法院，以便法院排庭和公诉人集中出庭。法院一般每周集中一天指定专人集中开庭审理，且一般当庭宣判并集中送达裁判文书。

2. 因地制宜，创新办案机制。考虑到东湖区检察院案多人少的实际，对简易程序案件实行"繁简不分离、转盘审查、专组起诉"机制。指派经验丰富的主诉检察官和创新能力较强的公诉骨干带领一个办案组作为简易程序案件出庭组，承担部分简易程序案件办理和全部简易程序集中出庭工作。明确简易程序案件出庭组所办理的简易程序案件全部由该组指派专人出庭，而其他办案组审查的简易程序案件也一并由简易程序案件出庭组派员出庭，形成多元化的审查机制。

3. 提高效率，简化庭审程序。一是将被告人身份事项核实、法庭组成人员名单及回避权的告知、适用简易程序的法律后果的告知等程序性审查的内容在庭审前由法院书记员以书面送达和口头释明的形式集中进行，简易程序法庭审理围绕案件的核心问题直接展开。① 二是对于证据较为简单的案件，公诉人除宣读起诉书中指控事实和起诉理由外，还全文宣读起诉书中所列的全案证据，法庭讯问一般不再进行，在法庭调查阶段如被告人对证据没有异议，则法庭调查结束，法庭辩论一般不发表公诉意见，只发表量刑意见；对于证据较为复杂的案件，公诉人只宣读起诉书中指控事实和起诉理由，除部分量刑情节外一般不进行讯问，法庭调查时将证据分组后进行综合、归纳的举证，并宣读证据名称、证明目的，法庭辩论时简要发表犯罪事实公诉意见，着重发表量刑事实公诉意见。

4. 畅通渠道，完善告知机制。在受案最初的告知环节，将传统的《委托辩护人告知书》、《犯罪嫌疑人权利义务告知书》合并为《简易程序公诉案件犯罪嫌疑人权利义务告知书》，并增加适用简易程序审理的提示与说明内容，

① 修改后刑事诉讼法第211条规定：适用简易程序审理案件，审判人员应当询问被告人对指控的犯罪事实的意见，告知被告人适用简易程序审理的法律规定，确认被告人是否同意适用简易程序审理。

完善书面告知程序；在提审环节，对拟适用简易程序的案件，以口头形式增加告知公诉人出庭公诉的意义、诉讼程序，并询问被告人对侦查机关移送审查起诉的事实和罪名是否有异议，明确被告人是否同意适用简易程序办理；在庭审环节，经与法院协商，由独任审判员再次确认被告人是否同意适用简易程序审理，确保被告人的合法权益不受影响。

5. 突出重点，强化法律监督。一是庭审重在量刑规范监督。庭前重视收集退赃、退赔等量刑证据，确保案件能当庭判决；庭中重视量刑建议的说理和辩论，确保量刑公开公正。二是更新审判监督表。制定新的《简易程序案件审判监督情况登记表》，删减了重复的罪名、法律条款等内容，增加了量刑建议采纳情况分析等内容，通过对量刑建议采纳情况进行分析比对，进一步强化法律监督职能。

（二）取得的成效

通过一段时间的工作探索，取得了以下三个方面的成效：

1. 资源配置更趋合理。实施修正后的公诉案件简易程序规定后，案件得到了合理分流。从东湖区检察院受理案件的具体情况来看，简易程序的案件约占40%，该部分案件全部出庭后公诉部门出庭任务将会非常繁重。实施修正后的公诉案件简易程序规定以来，东湖区检察院对约占受案总数40%的简易程序案件和约占受案总数30%的普通程序简化审案件，① 实施多元化审查机制和专人出庭制度后，其他办案人员将办案重点放在剩余30%的重大疑难案件上，使在现有办案人员没有增加的情况下，司法资源得到合理配置，充分发挥了现有司法资源的效能，缓解了司法资源不足的缺陷。

2. 诉讼效率显著提高。实施修正后的公诉案件简易程序规定后，大大缩短了案件办理和开庭审理的时间，诉讼效率得到显著提高。实施新规定前，简易程序案件由于分散受理、告知、审查和开庭，一般半个工作日只能对一两个案件分别进行告知或开庭审理，诉讼效率低下。而实施新规定后，一名办案人员每周可以集中办理十余件简易程序公诉案件，其中，只用半天时间就可以对受理的全部案件进行一并告知，用两天时间对全部案件进行审查，再用两个半天时间出席法庭审理十余件简易程序案件，整个告知、审查、开庭时间大大缩短。诉讼效率显著提高的同时，有效降低了诉讼成本。

3. 办案效果得到保障。由于简易程序简化、省略部分诉讼程序，被告人亦自愿放弃了部分诉讼权利，是否会导致案件质量出现问题。但事实证明，案件质量并未因此受到影响。从东湖区检察院今年已经办结的290件简易程

① 目前的普通程序简化审案件明年将基本上转化为适用简易程序办理。

序和普通程序简化审案件来看，检、法两家在案件事实、证据的认定以及法律的适用上都是基本一致的，法院也都依法做出了有罪判决。被告人由于认罪态度好，得到了相应的从轻判处，对判决的结果也都比较满意，上诉率大幅降低，也没有被害人提出申诉。可以说，实施修正后的公诉案件简易程序规定取得了很好的法律和社会效果。

（三）发现的问题

在工作探索中，虽然取得了一定成效，但也发现了一些问题。

问题一：适用简易程序的案件数量仍然没有达到预期目标。其原因主要有：一是被告人不认罪，或是对部分事实、定性、量刑情节不予认可，这与规定的被告人必须承认指控事实和证据的要求相悖，不符合适用简易程序的条件，致使无法适用简易程序。二是被告人的认罪态度评价在量刑上没有具体体现，难以起到促进犯罪嫌疑人认罪的积极作用。因检察机关量刑建议制度的不完善，告知书中只有尽量给予从轻处罚，起诉书中也只有建议从轻处罚的含糊字眼。对犯罪嫌疑人（被告人）而言，这并不能给他们更多的信心和鼓舞。而法院的判决书中，始终也没有对认罪态度进行评价的具体体观，只有认罪态度较好，可以酌情从轻或认罪态度恶劣，可以酌情从重的抽象词句。被告人无论认罪态度如何，都从判决书中得不到体现。这对犯罪嫌疑人（被告人）承认控罪起不到积极的作用，又间接影响简易程序的扩大适用。

问题二：大部分被告人无法获得辩护律师的帮助。在我国，相当一部分刑事案件并没有辩护律师提供帮助，即使在上海这样的发达城市，适用普通程序简化审的被告人聘请律师率也不过22.71%，① 而东湖区检察院2012年1至8月已开庭审理的185件简易程序案件没有一名被告人聘请了律师，已开庭审理的104件普通程序简化审案件聘请律师不到15%。没有律师的参与，大多数被告人由于文化程度低，对起诉指控的事实和罪名很难有正确的理解，对简易程序的意义也难以全面了解，难以全面了解案情，向其征求是否同意适用简易程序时，很难对适用简易程序所具有的法律意义有全面理解。

问题三：被告人“自愿认罪”真实性无法把握。适用简易程序的前提之一是被告人对指控的事实和罪名无异议。在司法实务中，被告人表面上认罪，实际上可能存在诸多复杂情况：有的是出于自己意志的真诚悔罪、认罪；有的是害怕本来是轻罪却因为态度不好受到重罚而违心认罪；有的甚至是被施以肉体或者精神折磨，在意志受迫之下形成的认罪。部分被告人面对简化审选择时，处于“两难”的矛盾境地，一方面，从现实考虑，希望通过简化审，

① 徐美君：《刑事诉讼普通程序简化审实证研究》，载《现代法学》2007年第2期。

以获得从宽处理的机会；另一方面，对有争议的事实，内心深处并不愿意认罪或者全部认罪，勉强同意适用简易程序。如果不对被告人的“认罪”进行认真甄别，就可能使一些违心或者勉强认罪甚至冒名顶罪的案件进入到简化审的程序中去，形成新的冤假错案。

三、修正后的公诉案件简易程序制度如何完善

任何一项新的变革都必将经历从发展、完善到成熟的过程。公诉案件简易程序制度目前正处于探索阶段，在实践中存在不足之处，需要不断改进，笔者认为应从以下两个方面进行完善：

（一）从提高诉讼效率方面

1. 明确简易程序适用范围。一是正确理解“被告人（犯罪嫌疑人）承认指控的犯罪事实和证据”。实践中，大多数被告人承认主要的犯罪事实和证据，而对某些具体情节予以否认，或者对某些涉及量刑的情节予以否认，或者承认事实，但对定性有异议。对于此类案件，也应当将其列入简易程序适用的范围。二是应将几类特殊案件排除在外。对于需要翻译的外国人、少数民族犯罪案件、附带民事诉讼案件、单位犯罪中直接责任人犯罪等应当通过司法解释明确不适用简易程序。①

2. 提高被告人（犯罪嫌疑人）同意适用简易程序率。一是充分发挥律师的作用，促使被告人（犯罪嫌疑人）采用简易程序。律师是法律专业人士，他们知道如何从法律的角度为犯罪嫌疑人谋求更大的利益。同时，他们所赋有的维护犯罪嫌疑人合法权益的职责也使犯罪嫌疑人往往对他们有极大的信任感，对他们的意见也易于接受和采纳。这使律师在缓解检察官与被告人（犯罪嫌疑人）冲突方面具有得天独厚的条件。我们应当加强与律师的沟通、协调，充分发挥他们促使犯罪人认罪的作用。二是加强对被告人（犯罪嫌疑人）的宣传，使他们对简易程序有正确认识。通过加强宣传，让被告人（犯罪嫌疑人）对简易程序的性质、作用、运行规则有充分的认识，才能让他们在自愿情况下作出正确选择。宣传的方式可以通过看守所民警和驻所检察官，以印制详细的告知单等方式加大对在押被告人（犯罪嫌疑人）有关简易程序相关法律规定的日常宣传，或者可以到看守所用简易程序公开庭审，用具体、

① 修改后的刑事诉讼法第209条规定：有下列情形之一的，不适用简易程序：（一）被告人是盲、聋、哑人，或者是尚未完全丧失辨认或者控制自己行为能力的精神病人的；（二）有重大社会影响的；（三）共同犯罪案件中部分被告人不认罪或者对适用简易程序有异议的；（四）其他不宜适用简易程序审理的。

真实的审判过程加强被告人（犯罪嫌疑人）的主观认识。三是增加和明确被告人承认控罪从轻处罚的幅度。通过出台司法解释，将被告人认罪从轻处罚的幅度由10%提高到20%，以将坦白从轻处罚的法定要求落到实处。同时要求法院在判决书中明确表明被告人因承认控罪而得到的从宽刑期，使被告人能够确定其可以因认罪而换取较轻的处罚，扩大坦白认罪的法律效果，有效提高简易程序适用率。

3. 更新管理方式，积极探索公诉管理模式。简易程序案件不仅是法庭开庭的程序简化，实际上有很多管理的工作。一是做好与案管中心衔接工作。由于案管中心负责公诉案件的受理、退补、告知、开具法律文书等工作，需要上级检察院出台规范文件明确案管中心运行细则。二是公诉部门内部应加强案件管理。应当明确辅助人员（含速录员）、案件承办人、主诉检察官、公诉部门负责人、检察长对简易程序案件的职责。如对于出庭和审查分开的情况，公诉部门负责人就须要明确哪些案件出庭和审查要独立，哪些案件要分开，分开怎么衔接，各自之间有哪些工作重点。

4. 加强与公安、法院的沟通协调。一是规范公安机关取证。对于实践中经常出现问题的到案经过等关键的量刑证据，更应加强沟通，引导公安机关及时固定重要证据，提高证据质量，避免因事后取证拖延诉讼进程，影响法庭审判效果。二是协调案件集中审理。关于集中开庭审理的方式需要进一步明确，如是就某个法官受理案件集中开庭还是就某种类型的案件集中开庭等等。三是协调规范庭审。如规范法庭举证、质证的模式，法庭辩论的详略之处等。四是协调界定简易程序转普通程序的条件。应当与法院沟通界定简易程序变更为普通程序的条件，避免法官决定转换程序的随意性。

（二）从保障程序公正方面

1. 规范告知程序。告知的内容须全面。一是程序简化的利益和后果。承办人应尽可能告知被告人其所触犯罪名的法律构成，该罪的基本量刑幅度，可能被判处的刑种、刑期以及执行方法（能否缓刑等），以防被告人被误导而认罪。二是简易程序中被告人权利可能受限的程度。详细告知犯罪嫌疑人（被告人）庭审程序的简化，意味着其诉讼权利受到一定的限制（如不再进行详细的质证），被告人须作有罪答辩，让其对此应有清醒的认知。

2. 降低法律援助门槛，强化辩护律师作用。鉴于被告人既然同意适用简易程序，节约了国家司法资源，则国家也应予以一定的回报。建议通过立法或者司法解释明确，适用简易程序审理的案件，除被告人拒绝以外，对于被告人因家庭困难而没有聘请律师的，司法机关有义务为其指定提供法律援助的律师为其辩护。

3. 完善庭前证据开示制度。庭前证据展示可以让被告人作出合理、正确选择，促动其选择适用简易程序。但考虑到我国目前的司法现状，可分类进行庭前证据开示。一是对有辩护人参与的简易程序案件，应当进行庭前证据开示。证据开示应包括以下内容：（1）控方起诉时应向法院提供全部证据材料，辩护人可以不受限制全部复制。（2）证据开示应该是双向的，辩护人开示时所掌握的辩护证据，庭审时不能进行证据突袭。（3）被告人作为案件的当事人，对行为的有无以及具体细节是最清楚的。所以，应通过辩护律师将证据开示的材料向被告人开示，听取被告人对相关证据的意见，以确定对基本犯罪事实无异议。二是对没有辩护人参与的简易程序案件，应当进行起诉书和证据目录改革。在单人犯罪、案情简单的简易程序案件中，应当在起诉书的证据部分列明全案所有证据，并对证据进行归纳排列，简要说明每组证据证明的内容；在共同犯罪、案情复杂的简易程序案件中，应当在证据目录中列明全案所有证据，并对证据的内容进行概括性的描述和说明。在被告人查看起诉书和证据目录后由其决定是否适用简易程序。

四、结语

完善公诉案件简易程序制度是刑事诉讼的一项重要改革措施，同其他司法改革一样，公诉案件简易程序改革的目标是双重的：即通过改革实现和保障司法公正；通过改革提高司法效率。相信通过不断的探索实践，在实现简易程序公诉案件全部出庭的同时，诉讼参与人的权利得到有效保护，达到公正和效率的有机统一。

公正与效率：案件管理的价值追求

——以江西省人民检察院案件管理工作实践为视角

江西省人民检察院案件管理办公室

【内容摘要】 案件管理工作的整体职能是“监督、管理、服务、参谋”，承担统一受案、全程管理、动态监督、质量评查、综合考评的职责。司法公正与司法效率是案件管理的价值追求，二者能够在案件管理工作中实现有机统一。案件管理工作的探索创新是案件管理价值追求的实践渊源。案件管理工作的具体模式为司法公正与司法效率的实现提供了路径。推进以强化案件流程管理为基础和强化案件质量管理为重点的案件管理工作，为促进司法公正和提高司法效率正发挥着其独特的积极作用。

【关键词】 案件管理　价值追求　司法公正　司法效率

党的十八大报告提出，确保到2020年实现全面建成小康社会宏伟目标，努力实现经济持续健康发展、人民民主不断扩大、文化软实力增强、人民生活水平全面提高、资源节约型和环境友好型社会建设取得重大进展等五项新要求。不断提高司法公信力、切实尊重和保障人权，是努力实现人民民主不断扩大的显著标志。检察机关推进案件集中管理改革，建立统一受案、全程管理、动态监督、质量评查、综合考评的执法办案管理新机制，是加强内部监督，促进严格公正执法，完善司法公开制度，增强司法公信建设，不断提高司法公信力和切实尊重、保障人权的重要举措。

根据最高人民检察院的统一部署和要求，江西省人民检察院于2012年6月11日设置案件管理办公室，8月10日开始对外统一受理案件，履行案件管理职责，标志着江西省人民检察院案件管理工作正式拉开帷幕。江西省人民检察院党组高度重视案件管理工作，在曾页九检察长和薛江武副检察长先后视察案件管理办公室工作之后，曾页九检察长又率领院领导班子全体成员集体视察案件管理工作，对开展案件管理工作作出强调和明确指示。9月27日召开全省检察机关案件管理工作推进会。由此，江西省检察机关案件管理工作迈入了实质性的深入推进阶段。案件管理工作是新生事物，是一项检察机关自我完善、自我监督的创新性工作，是检察管理的重要组成部分，是检察业务管理的核心和枢纽，其价值绝不仅仅局限于检察机关内部管理方式的简单变革，随着司法改革的逐步深入和社会对检察工作要求的日益提高，案件管理必将在检察工作中彰显出其积极而又重大的作用，最大限度地实现对司法公正和效率的价值追求，落实党的十八大报告提出的不断提高司法公信力、切实尊重和保障人权的重要目标。

一、司法公正和司法效率是案件管理的价值追求

司法公正和司法效率是现代司法制度所追求的两大价值目标，检察机关的所有探索和创新都必须围绕这两个目标进行。通过对案件进行集中管理，可以使检察业务管理由静态变为动态，由松散变为集中，由事后监督变为事前、事中和事后相结合的监督，促进司法公正，提高办案效率。江西省人民检察院正是通过构建运行顺畅、高效的案件流程管理机制、涉案款物的监管机制、法律文书监管机制、案件评查机制、案件运行分析研判机制、检察业务考评指导机制等，确定案件管理工作的运行模式，以实现案件管理工作追求司法公正与司法效率的价值目标。

（一）案件管理视野中的司法公正与司法效率

1. 案件管理工作的根本目的在于保障司法公正。司法公正是指司法机关在司法活动中不偏不倚，客观公正，诉讼结果符合公平与正义。司法公正包括法律与事实两个方面。在法律方面，司法公正是指坚持实体公正与程序公正的统一。在事实方面，司法公正主要是指观念上的公正，要求司法活动不拘泥于书面上“死的法律”规定的内容。在适用书面法裁判的同时，还应综合考虑和平衡公众的伦理价值观念、法律价值观念以及心理承受力、文化基础等，依据事实上的“活的法律”来对案件进行裁量。

前述司法公正的内涵正是开展案件管理工作的根本目的，因为，案件管理能够实现在保障实体公正的同时，最大限度地追求检察工作的程序公正。刑事诉讼的公正不仅体现在诉讼结论公正方面，还体现在诉讼程序公正方面。长期以来，“重实体、轻程序”的执法观念根深蒂固，在这样的环境下，进一步强调程序公正尤为迫切。通过建构合理、完善的案件管理机制和制度，实现统一对案件进行受理与分流，统一对法律文书进行监管，统一对涉案款物进行监管，统一对案件质量进行评查，统一接待与联系辩护人、诉讼代理人，在诉讼的各个环节再加上一道自我监督的“保险杠”，避免超期羁押，滥开法律文书，随意处置涉案款物，侵犯辩护人、诉讼代理人诉讼权利等执法不规

范现象，而且，在强化程序性监督的同时，又将案件质量评查贯穿在办案过程的始终，通过对办案过程进行实体性监督，最大限度地确保办案质量问题在初发阶段就能够得到及时纠正和处理，从而有效防止司法不公结果的出现。

2. 案件管理工作的基本出发点在于提高司法效率。司法效率就是通过司法过程的经济合理性寻找最佳的方式，通过充分、合理运用司法资源，降低司法成本，以最少的人、财、物和时间投入最大限度地满足人们对正义、自由和秩序的需求，最终实现司法目的。司法效率应当包括三个方面的内容：一是诉讼的效率，二是司法活动产生的社会效果，三是司法的社会成本。

案件管理机构的设立从本质上体现了以上三个方面的综合要求，案件管理不是仅仅为设计程序而设计程序，根本目的还是满足社会对公正与效率的需求，通过案件管理，能够准确把握诉讼程序结点，有效对办案流程进行监督，最大程度提高司法效率。根据江西省人民检察院办案期限预警提示的有关规定，对办案期限在7日以下的，在期限届满一日前进行提示，办案期限在7日以上20日以下的，在期限届满2日前进行提示，办案期限在20日以上2个月以下的，在期限届满3日前进行提示，办案期限在2个月以上的，在期限届满七日前进行提示，向办案部门发送《案件预警提示通知书》，及时提示案件承办人，将程序监督的“关口”前移，依法合理缩短办案期限，避免超期办案情况的发生，最大限度地提高诉讼效率。而对于办案超期等程序违法的，区别情况，审慎合理地进行处理，对情节轻微的，可以发出口头警告和提示，对情节严重的，则应当发出《案件流程监督通知书》，并且向分管检察长和检察长报告。此外，案件管理的“服务”职能也要求案管部门适当分担办案部门的一部分事务性工作，例如保管与开具有关法律文书，接待与安排律师阅卷及接收律师递交的有关申请，送达案卷及相关法律文书等，这就可以使办案部门和办案人员集中精力办理案件，加快案件办理的进度，客观上提高了办案效率。

须要注意的是，案件管理虽然要服务于办案工作，要注意办案效率，但绝不能因此而片面追求效率而放松管理，该管的不管，该约束的不约束，就会造成案件管理流于形式、缺乏力度，案件管理部门就难免会成为“案件收发室”、“业务大内勤”、“办案二传手”，难以发挥案件管理应有的作用，所以，要坚持向管理要效率，向监督要公正，二者相互统一，不能偏废，案件集中管理的主要任务应当是统筹管理执法办案活动、规范执法行为，不能脱离实际，对事务性工作大包大揽，影响管理、监督工作的有效开展。

（二）司法公正和司法效率在案件管理过程中的辩证关系

1. 二者在相互补充中互为依存。司法的最终和最高目标是实现公正，而效率则是实现公正的必要途径。一方面，诉讼的过程和结果是公正的，就必然会减少对司法资源所造成的浪费；另一方面，适度的效率可以保证案件事实得以及时处理、诉讼程序得以及时完结，“迟到的正义”绝非真正的正义。“正义意味着一种制度，意味着一种关系的调整和行为的安排，它能满足人类对享有某些东西和做某些事情的各种要求的手段，能在最少阻碍与浪费的条件下尽可能地给予满足”，“公正在法律中的第二意义是指效率”。① 但是不能以牺牲司法公正为代价去获取司法效率价值。因为，“正义是优先于效率的，一致性仅仅在一个完全正义同时也有效率的体系那里达到”。② 司法效率的价值只有在保证司法公正的前提下才能实现，没有司法效率的公正是虚幻的公正，而没有司法公正的效率也肯定是恣意的效率。

在案件管理过程中，通过案件质量评查，从实体、程序、效率、效果等方面对案件进行全面评查，及时发现执法办案中存在的问题，并限时整改落实，通过对办案流程进行全程监督，实现对办案全过程的跟踪、预警与监控，使案件在检察机关走到哪个程序，流程监控就延伸到哪里，把监督制约落实到案件运行的每个环节，变事后管理为同步监督，切实有效地提高办案效率，确保公正办案结果的客观公正。通过进行实体监督与程序监督，案件管理就能够在确保效率的同时实现公正价值。

2. 二者在有所冲突中回归同一。“如果我们检查一下我们的司法程序的话，我们无疑将看到，这些程序太多，以致一个公民要经过许多麻烦才能重新获得他已失去的财产或是获得损害的赔偿。但是如果我们从这些司法程序同公民的自由和安全的关系去考虑的话，我们便将感到这些司法程序是太少了，并且将看到我们司法上的麻烦、费用，甚至危险性，都是每一个公民为着他的自由所付出的代价。”③ 毋庸讳言，一方面，为了保证公正的实现，就要提高程序的烦琐性和精确性，诉讼时间因而被延长，从而降低了司法效率。另一方面，对司法效率的过分追求，却又往往会使司法公正无法得以充分保障。

当然，二者虽然在实现方式上有所冲突，但并不能改变二者在本质上所具有的同一性。由于具体业务分工的差别，公正与效率的价值追求在案件管理的不同阶段会有所侧重。在案件受理分流阶段，因为案件集中受理程序，本身就是一种突破原有收案模式的改革创新，是在原有案件受理程序上又添

① ［美］波斯纳：《法律之经济分析》，商务印书馆1987年版，第18页。

② ［美］约翰·罗尔斯：《正义论》，中国社会科学出版社1988年版，第301—311页。

③ ［法］孟德斯鸠：《论法的精神》（上），商务印书馆1959年版，第89页。

加了一道关口，所以，就要求做到对每件案件准确登记、输录、分流，确保受理、登记、分流环环相扣、无缝衔接，确保案件能够快速流转到办案部门，避免因案件登记、输录而消耗太多办案时间，所以，在此阶段，效率价值就显得十分紧迫。而在质量评查时，则是对办案质量进行整体评查，一般是对已经办理完结的案件进行评查，目的在于通过对案件的合法性、公正性、准确性、规范性进行审查评议，提高办案质量和效率，促进执法办案规范化，加强内部监督制约，促进公正廉洁执法，所以，在此阶段，公正的价值追求就处于首位了。

虽然案件管理不同阶段对于公正与效率的价值追求有所侧重，但是整个案件管理的结果却能够实现公正与效率的有机统一，因为，对案件进行集中受理、分流，全程进行流程监督，不仅仅需要提高效率，同时也确保着程序公正的实现，而对案件进行质量评查，不仅仅有益于公正价值的实现，而且通过对评查结果的有效运用，能够及时纠正错误，避免讼累，并对办案中存在的倾向性、普遍性问题提供预防对策，客观上又整体提高着司法效率。

二、案件管理追求司法公正和司法效率的实践渊源

检察机关应当在保障司法公正的前提下，积极探索有利于提高办案效率的机制和措施，通过设立多种合理、有效的制度，以期实现公正与效率的有机统一。要向管理要质量、要效率、要公开、要公正；要改革案件分散管理模式，规范案件的来源渠道、立案环节和办理程序，建立执法办案管理新机制。

（一）实行案件集中管理，是推动检察管理科学化的客观需要

建立职责更加明确、分工更加合理、运行更加顺畅、体现执法办案规律的案件集中管理新机制，实现对执法办案的统一、归口、全程、动态管理，有助于提高检察管理的科学化。首先，案件集中管理打破了各业务部门的封闭管理和条块分割，变原来的分散管理为相对集中管理，形成多渠道、多层次、多角度的管理体系，实现对办案情况的全面了解和监督。第二，案件集中管理可以使内部监督更加及时，有利于及时发现和解决、纠正执法过程中的问题，通过程序合法确保办案结果的客观公正。第三，案件集中管理可以通过对整体业务情况进行汇总分析，发现并及时研判办案过程中所存在的普遍性、倾向性、苗头性、深层次问题，为科学决策和业务指导工作提供依据，从而提高决策的针对性、可行性、有效性和科学性，大大提高了工作总体效率。

（二）实行案件集中管理，是对实践经验的科学总结，是形势发展的必然需要

为适应新形势的发展需要，兄弟省市检察机关及我省一些检察院结合本地实际，勇于创新、大胆尝试，相继成立了专门的案件管理部门，对案件实行统一、集中管理，积累了许多成功的经验和做法，并取得了明显的案件管理工作成效。实践证明，实行案件集中管理，反映了对检察工作规律性认识的不断深化，顺应了形势发展的需求，符合检察工作实际需要，对于强化内部监督制约、规范执法行为、提高办案质量和效率，发挥了重要的积极作用。

（三）实行案件集中管理，是保障执法公正的现实需要

对案件进行集中管理，把预防关口提前，能够实现对整个办案全过程的监督。通过对办案各个节点实施监督控制，实现对程序、期限、法律文书、涉案款物的全程管理和动态监督，使案件管理由事后监督变为事前、事中、事后监督相结合，这种管理模式，有助于把内部监督落实到每一个办案环节，消除对执法办案监督的空白点，增强内部监督的效果，同时也有助于提高执法规范化水平，增强执法办案的透明度，切实解决程序违法、随意执法等突出问题，从而实现提高办案质量、确保司法公正的目的。

三、案件管理追求司法公正和司法效率的实践路径

如何实现案件管理的价值追求？案件管理的价值追求以什么为载体？“管理、监督、服务、参谋”这四项职能从宏观上构建了实现案件管理价值追求的基本路径，其中管理是核心，监督是目的，服务是途径，参谋是要求，统筹兼顾，协调发展。在“四项职能”这一基本路径的范畴内，案件管理的具体工作模式为我们提供了更为明确的答案。

（一）统一负责受理、分流和移送案件，控制案件进出口

案件管理部门坚持统一进出口管理的案件管理工作模式，保证案件符合受理条件后才能进入检察诉讼环节，确保案件不会因受理存在瑕疵而影响案件的正常办理。在案件受理时，如果经审查发现存在案卷文书材料缺失、强制措施表述有误、卷宗装订不符合要求等情况时，案件就会因为不符合受案标准而被挡在“进口”外；在案件办结移送时，对有明显瑕疵的法律文书，以及装订不规范的案卷，及时建议相关办案部门予以纠正，把失误堵在“出口”内。截至目前，江西省人民检察院案件管理办公室共受理、分流侦查监督类案件 47 件，其中报请批捕案件 8 件，报请批准延长侦查羁押期限案件 39 件；公诉类案件 38 件，其中死刑二审案件 34 件，请示类案件 2 件，抗诉案件 2 件；民事行政提请抗诉类案件 29 件。因不符合办案期限规定而不予受理案

件 1 件，办理本院自侦立案案件登记 3 件，民事抗诉立案案件登记 5 件，刑事申诉立案案件 1 件，对外移送案件 46 件。

（二）统一对案件的办案流程进行监督，实行动态管理

为加强对办案程序和业务流程的监督，防止超期羁押和久拖不决等现象发生，在实现案件统一受理、分流和网络登记的基础上，对进入检察机关诉讼流程的案件进行全程同步监督，将每个诉讼环节均纳入监督视野，重点控制诉讼程序是否合法、法律文书制作是否规范、有无超期办案现象等，确保执法办案程序合法。江西省人民检察院案件管理办公室工作人员每天对经分流并登记的案件，按规定进行例行检查，并按照法律规定的办案期限，及时向相关办案部门了解案件办理进度，在办案期限将要到期前，及时向办案部门发出预警提示，目前，已经多次向办案部门进行口头提示，并正式发出预警提示通知书 2 份。在送达案件时，仔细审查案件是否在法律期限内审结、法律文书是否齐全、填写是否规范等情况，防止“带病”案件流出。目前，江西省人民检察院案件管理办公室已制定出完备的侦监、反贪、公诉、民行案件流程监督表，严格履行工作职责，切实对办案期限、办案程序和办案质量等进行管理、监督、预警，不断强化内部监督，促进执法水平和办案质量的提高。

（三）统一负责案件质量评查，实现案件质量监控常态化

根据《江西省人民检察院案件管理暂行办法》和《江西省人民检察院案件质量评查暂行规定》等有关规定，明确今后由省院案件管理办公室统一负责案件质量评查，根据案件质量评查员意见制作案件评查报告，将评查结果分级评定为“优秀”、“合格”、“不合格”。对评定为“不合格”等级的案件中所存在的执法不规范和瑕疵，提出相应的整改建议；对评定为“优秀”等级案件中好的执法办案做法和经验，提出予以推广和表扬的建议，报院领导决定。可以说，这些规定的出台，为顺利实现案件质量管理规范化、常态化和有序化奠定了坚实的基础。案件管理办公室负责建立案件质量评查人员信息库，牵头组织案件质量评查，并从评查员信息库中随机抽选各业务条线评查员，分别组成侦监、公诉、反贪、反渎、民行、控申、监所等业务评查小组，以交叉评查为原则，采取全面评查、重点评查、专项评查、随机抽查等方式，重点对撤案案件、不诉案件、无罪案件、影响较大案件等几类案件的质量作出评价。每次案件质量评查结束后，案件管理办公室组织参与评查的评查员进行集体讨论，形成评查小组意见，对于评查发现的问题，切实提出有效解决这些问题的具体意见和建议，及时通知被评查单位限时进行整改，待整改情况反馈至案件管理办公室后，再由案件管理办公室认真总结分析被

评查案件所存在的普遍性问题，研究这些问题发生、发展的规律，有针对性地提出堵塞管理漏洞、强化薄弱环节的具体建议，有效预防类似案件质量问题的再度发生。目前，已着手制定开展案件质量评查工作的具体方案，并在全省检察机关范围内挑选案件质量评查员，建立案件质量评查员信息库。

（四）统一对涉案款物进行监管，确保安全管理、规范处置

对于检察机关依法扣押的涉案款物，必须按要求报送相关手续到案件管理办公室登记备案；对公安机关移送的涉案款物，经案件管理办公室审查登记后，进行出入库管理。在涉案款物入库和出库过程中，案件管理办公室和办案单位（部门）、纪检监察部门、计财部门相互配合，相互制约，履行监管手续，强化基础台账管理，对涉案款物实施有效的监督。针对办结审结的案件，及时督促办案部门按照规定的时限和要求对涉案赃款物进行处理。确保被扣押的涉案款物时时处于监管之下，有效地杜绝涉案款物的流失和不当处置。

（五）统一负责律师接待、公众案件查询等工作，搭建外部监督平台，提供优质高效服务

案件管理办公室对内是自我监督部门，对外则是接受监督的“窗口”，通过设立律师阅卷室、微机查询系统，推行律师电子阅卷制度和电子查询制度，切实保障了诉讼参与人对检察工作的知情权、参与权、表达权和监督权，方便了律师阅卷、会见犯罪嫌疑人和公众案件查询工作。由案件管理办公室负责律师接待和公众案件查询，是在案件承办人和律师、案件相关利害人之间设置了一堵“防火墙”，进一步规范律师接待行为，有效解决执法办案过程中案件承办人与律师接触过密问题，确保案件能够得到公正的处理。截至目前，江西省人民检察院案件管理办公室共接待律师阅卷35人/次。

（六）统一负责法律文书的监管，实现对办案环节和诉讼程序的全程监督

案件管理部门对涉及人身、财产强制措施的法律文书进行集中保管、统一开具，并且要求相关办案部门将所对外开具的其他类别的主要文书在送达后向案件管理部门进行备案。通过对法律文书进行监管，实现对办案环节和诉讼程序的全程监督，对各类案件的各个办案期限“结点”进行跟踪管理。例如，对批捕和不批捕决定的执行情况，审查提起公诉情况，以及退回补充情况等进行全面掌握，一旦发现未在法定期限内回复、提起公诉或者重报等问题，就以案件管理网络系统预警与人工预警提示相结合的方式，督促相关部门和承办人在法定期限内办结案件，防止超期羁押和超期办案，杜绝随意性的开具法律文书和违法违规使用法律文书。截至目前，江西省人民检察院案件管理办公室已统一编号开具法律文书47份，接收各类法律文书56份，

对外送达各类法律文书104份。

（七）坚持协调合作，形成案件管理工作合力

开展案件管理工作，对外应当加强交流，积极争取外单位的支持和配合。为了实现案件管理工作与相关单位办案工作的有机衔接，江西省人民检察院案件管理办公室就工作中遇到的问题及时与公安、国安、法院等单位进行沟通联系，以取得最广泛的理解、支持和配合。对内必须加强协调，保障案件正常流转。通过座谈、走访、征求意见等形式与办案部门就如何具体落实案件管理办法和规定的具体要求，进行充分的沟通与协调，尽可能达成工作共识，消除思想认识、操作程序等方面的障碍；在工作中遇到的具体问题，及时、主动与办案部门进行协商，解决案件受理、移送中出现的问题，不扯皮，不推诿，绝不耽误工作，延误案件的处理。

四、案件管理如何实现司法公正与司法效率的有机统一

司法公正与效率是司法同时追求的两个价值目标，尽管存在着矛盾和冲突，但在本质上是一致的，都是为保证法律正确实施、实现司法工作的价值服务的。案件管理工作必须在保障司法公正的前提下，切实履行案件管理职责，积极促进司法效率的提高，取得维护司法公正与提高司法效率的有机统一。

（一）以强化案件流程管理为基础，促进司法公正、提升司法效率

案件流程管理是案件管理部门的重要职责，是做好其他案件管理工作的基础，在彰显司法正义和提升司法效率方面发挥着十分重要的作用。“案件流程管理就是运用规范化管理理念和先进的信息化管理手段，确立办案操作规程与质量标准，通过案件管理机构对案件集中归口管理和全程跟踪监控，实现规范执法活动和提高案件质量的一种管理活动。”①

1. 司法公正的价值追求在案件流程管理中得以彰显。一是通过统一受案和分流，保证了案件受理环节的正当化。长期以来，由于检察机关处于刑事诉讼的中间环节，刑事诉讼法也没有明确规定检察阶段案件受理的具体程序，使得检察机关的受案主体不统一，一般是以检察机关各内设机构直接分散接受，这就使得受案主体与案件处理本身存在某种利益牵连，缺乏必要中立性，影响了案件的公正处理，也不符合程序公正的基本要求。传统做法中受案主体的多元化倾向，使得检察机关内部各部门在受案过程中常怀有部门化的利

① 天津市滨海新区大港人民检察院课题组：《检察机关案件流程管理的理论与实践探索》，载《天津法学》2012年第1期。

益考量和诉讼偏见，影响了法律监督职权的行使。由案件管理部门统一进行受案，形成了具有程序监督性质的立案程序，树立了检察机关整体的中立地位，保证了程序公正所要求的决策主体的中立性。二是通过对办案程序和办案期限进行跟踪、预警和监控，践行程序正义的价值追求进而实现实体公正。通过建立成熟严密的程序，监督案件办理流程，设计一系列提醒和监督手段，使案件在检察机关走到哪个程序，流程监控就延伸到哪里，把监督制约落实到案件运行的各个环节，及时发现和督促纠正违法办案情形，确保了诉讼时效司法克制和程序违法，同时也对办案部门的侦查手段进行了必要的程序化审查，并配置了一系列程序性制裁手段，保障了检察环节的程序正义理念的刚性要求。这就在程序层面有效保障了案件质量，防止可能出现的错案，防止司法资源的重复浪费和对司法公正的冲击。三是通过充分利用案管大厅提供一站式、人性化的对外服务，为诉讼参与人提供检察环节应当公开的案件诉讼进程的查询，为辩护人提供案卷材料进行查阅、摘抄和复制，有效保障当事人对执法活动的参与权、知情权、表达权和监督权。

2. 司法效率提升在案件流程管理中得以体现。案件管理制度通过程序化的运行模式促成了实质上具有平等效应的资源分配关系，改变了传统办案时平均用力造成的资源不对称的状况。通过分案阶段的繁简分流和专业化分工相结合，提升了案件处理的效率。切实减少了传统模式下案件流转烦琐、司法内耗加大、工作扯皮增多等问题，案件流转简单可行，与实体审查工作的衔接和配合得到加强，减少工作摩擦和诉讼耗费，实现了诉讼的经济性。通过对各个办案环节、各承办人的办案情况进行同步跟踪监督，对临近办案期限按照规定的时间要求进行预警提示并发送《案件预警提示通知书》，提醒办案部门和承办人及时结案。实践证明，这种事前的、全程性的管理方式，提高了承办人的办案效率，有效遏制了超期办案行为，切实有助于缩短办案周期。此外，案件管理部门通过对涉及人身权利、财产权利采取强制措施的法律文书以及反映案件处理结果的法律文书进行重点监管，有效保障办案工作依法、高效运行。

（二）以强化案件质量管理为重点，保障司法公正、提高司法效率

案件质量是检察工作的生命线，更是检察机关维护司法公正的直接体现，所以，案件质量管理工作应当是检察机关案件管理工作的重要内容和抓手。进行案件质量管理的根本目的当然地服从于案件管理的终极目标，即实现司法公正与司法效率的有机统一。

1. 通过案件质量管理的常态化、刚性化，确保案件得到公正处理。案件管理部门通过对案件进行办理过程中的同步督察、办理终结后的随机抽查，

能够使检察机关的内部监督更具有针对性、可操作性和规范性，实现在整个办案过程中动态防控检察权被滥用，因为一旦形成错误的决定，即使对相关责任人进行追究，错误决定本身所产生的消极影响也往往难以挽回。况且，屡屡对发生法律效力的错误决定进行纠正，不仅有损于检察机关的权威性，也会降低检察机关的公信力。所以，针对原来案件质量监督所存在的事后性、被动性、弥补性的缺陷，由案件管理办公室统一负责案件质量管理则实现了变被动为主动，将事后监督变成为事前、事中、事后的全程动态防控，确保案件无论是在实体方面还是在诉讼程序方面，都能够得到依法公正的处理。在办案过程中，公正的目标实现了，本身就代表着效率的价值也得到了一定程度的实现。

2. 案件质量管理在追求公正的同时，可以切实有效地提高司法效率。根据案件质量管理的具体业务要求，案件管理部门针对已经发生的办案质量问题，不仅仅应提出有效解决这些问题的具体意见和建议，而且还要将工作延伸到杜绝类似案件质量问题的再度发生方面，通过研究质量问题发生、发展的规律，及时通报，采取措施，堵塞管理漏洞，强化薄弱环节，充分发挥案件质量评查结果对规范执法行为、加强队伍建设、提高执法能力和水平的促进作用，通过所掌握的质量管理主动权，有效地预防各种案件质量问题的发生，切实避免由于办案质量而导致可能出现的拖延诉讼、重复诉讼问题，进而促进司法效率的提高。

浅议司法公正与司法效率

徐新宇*

【内容摘要】 司法公正与司法效率对立统一，司法公正是前提，司法效率是要求。在司法公正的前提下统筹兼顾，实现二者的帕累托改进，可采取强化人权保障、强化时效意识、重视薄弱环节、防止合法拖延等具体措施。

【关键词】 司法公正　司法效率　帕累托改进

司法公正与司法效率都是司法工作追求的目标。司法公正是前提和根本，司法效率是基础和保证，两者既对立又统一。当前的经济水平决定了司法资源是有限的，经济社会的快速发展，利益格局的不断变迁，又使司法工作压力大增。如何改善司法公正与司法效率，达成公正与效率并重的目标，是检察人员应该考虑的重大问题。

一、司法公正与司法效率的对立统一

在一些情况下，司法公正与司法效率存在矛盾。一方面，为了增进公正，有时必须牺牲效率；另一方面，为了提高效率，有时又需要忍受更大程度的不公正。例如，如果多办案，由于办案人精力有限，则有可能因审查不严而出现司法不公的问题；如果严格审查，由于办案人时间有限，办理的案件数量便会下降。司法工作者甚至整个社会，常常不得不面临一个很困难的抉择："是要更大程度的司法公正，还是要更高的司法效率？"司法公正与司法效率的矛盾可从两个方面来说明：其一，效率的提高并不一定意味着公平的增进。伴随着司法效率的提高，虽然司法途径可以解决更多问题，但错案也可能增多。其二，司法公平的增进也不一定有利于司法效率的提高。伴随着司法公平的增进，司法机关受到人力、财力、物力等方面限制，一些案件便会拖延，一些问题便无法通过司法途径来解决。

---

* 江西省南昌市人民检察院干部。

在根本上，司法公正与司法效率是统一的。公正司法而不徇私偏袒、遵守期限而不随意拖延，都是法律法规明确规定的、司法工作人员应予遵守的准则。严格依法开展工作，充分发挥主观能动性，努力克服眼前困难，全面严格遵守法律法规，牢牢把握法律业务工作的内在要求，提高司法工作整体水平，将能够达成司法公正与司法效率的统一。

二、司法公正与司法效率的重要性辨析

公正是司法的永恒追求，是树立司法权威和建设司法公信的根本。在公正与效率这对关系中，公正是前提，是需要优先考虑的，效率要服从公正的需要。2012 年 7 月 17 日在上海召开的全国检察长座谈会上，最高人民检察院曹建明检察长指出："这次刑诉法修改统筹兼顾公正与效率，对检察机关在确保公正的前提下提高司法效率提出了更高要求。我们要在保证办案质量、保障司法公正的前提下，积极探索有利于提高办案效率的机制和措施，特别是要严格遵守法定时限要求，更好地实现公正与效率的有机统一。"由此可见，"确保公正"是提高司法效率的前提。

效率是司法工作的内在要求。只讲公正，不讲效率，公正也会大打折扣，法谚"迟来的正义为非正义"，就是这个道理。司法效率是实现司法公正的重要保证，要在"保证办案质量、保障司法公正"的前提下尽力提高司法效率。司法机关属于上层建筑的范畴，本身不创造价值。建设司法机关有机会成本，其所用资源也可以用于经济发展。如果司法工作效率低下，不能及时、便捷地促进公平公正、为经济基础服务，则其存在的价值便会大为降低。

三、司法公正、司法效率的帕累托改进与司法公正的罗尔斯标准

"如果至少有一个人认为 A 优于 B，而没有人认为 A 劣于 B，则认为从社会的观点看，亦有 A 优于 B。"这种情况称为"帕累托最优"状态。[①] 以帕累托最优状态为标准的改进称为帕累托改进。帕累托改进对于提高司法公正性和充分利用司法资源、提高司法工作整体效能具有参考意义。司法公正的帕累托改进，即至少使一个案件得到更加公正的处理，不使一个案件得到更加不公正的处理。同理，司法效率的帕累托改进，即至少使一个案件的办理更有效率，不使一个案件效率更低。要完成这个改进，我们司法工作人员应从高处着眼，从细微入手。从高处着眼，即整个司法工作都不能有更加不公正、更加低效之处；从细微入手，即在办理个案、从事具体工作的时候，要争取

① 高鸿业：《西方经济学》，中国人民大学出版社 2007 年版，第 367 页。

更加公正、更加高效。我们国家有个俗话："莫以善小而不为"，日常工作的每一个细微改进，都是走向帕累托最优状态的重要过程。

公正是前提、效率是要求。保证办案质量、保障司法公正是改进司法工作的前提，没有公正的效率就没有价值。经济领域的"罗尔斯标准"① 对于进一步改善司法公正具有一定的参考意义。罗尔斯认为，政府的目标应当是使社会上状况最差的那些人的福利达到最大。这意味着，当社会上状况最差的人的收入提高时，即可认为收入分配的状况得到了改善。司法公正的罗尔斯标准，即通过司法工作使弱势群体合法权益容易受到侵犯的状况得到了改善，便认为司法公正的水平得到了提高。与帕累托改进不同，罗尔斯标准重点考虑弱势群体的利益，而帕累托改进只要"至少有一个人认为 A 优于 B"即可，此人是否属于"状况最差的人"则不论。笔者认为，这两个方面应互相结合，综合考虑。根据罗尔斯标准进行司法公正的帕累托改进，即在不使一个案件得到更加不公正的处理的前提下，更加注重通过公正司法维护弱势群体的合法权益。

四、增进司法公平与司法效率的具体措施

（一）强化人权保障，增进司法公正

尊重和保障人权是宪法确立的一项重要原则。这次刑诉法修改将尊重和保障人权写入总则，充分体现了立法机关对人权的重视，使宪法原则得到贯彻和发扬，成为民主法治的一个标杆。强化人权保障是增进司法公正的重要途径。打击犯罪只体现实体公正，人权保障强调了实体公正和程序公正的统一。作为检察人员，自当正确把握尊重和保障人权的重要意义，牢固树立与修改后刑事诉讼法价值取向相适应的执法观念，积极保障诉讼参与人合法权益。

（二）强化时效意识，增进司法效率

周永康同志强调，要强化时效意识，确保刑事司法活动公正高效。强化时效意识，首先，我们自身必须严格遵守诉讼期限的规定，坚决防止超过法定诉讼期限。其次，作为法律监督机关，检察机关和检察人员也要充分履行法律监督职责，防止和纠正其他司法机关出现超期羁押、久拖不决等违法违规现象，促进司法效率的提高。

（三）重视薄弱环节，实现司法公正的帕累托改进

要做到"即至少使一个案件得到更加公正的处理"，就有必要发现和重视

---

① ［美］J. 罗尔斯：《正义论》，哈佛大学出版社 1977 年出版。

薄弱环节，以求形成突破。何为司法公正的薄弱环节？即容易发生司法不公的领域，容易使一些人的合法权益受到侵害或得不到有效维护的领域。合法权益最容易受到侵害或得不到有效维护的，自是社会上的弱势群体。加强对弱势群体合法权益的保护，是弥补薄弱环节、实现司法公正的帕累托改进的重要途径，也是最容易实现的途径，也是符合罗尔斯标准的途径。例如，通过依法公正开展预防和打击相关领域的职务犯罪、民事行政法律监督等方式方法，促进农民工讨薪问题、大学生就业问题的解决；通过积极开展监所检察监督工作，防止和纠正监管场所体罚虐待、超时超体力劳动、纵容“牢头狱霸”等问题，维护在押人员的合法权益。这些工作不仅体现了司法公正和社会公正，也为社会和谐稳定贡献了力量。

（四）防止合法拖延，实现司法效率的帕累托改进

要做到“至少使一个案件的办理更有效率”如何入手？防止合法拖延是简单有效的措施。即在法定期限内也要防止拖延，能快则快，条件允许就不要拖到法定最后期限，不随意适用延长期限的规定。当我们的一个案件不拖延了、一项工作更快捷了，则改进实现了一步。长期坚持下去，司法效率便会得到整体上的提高。

综上所述，正确处理司法公正与司法效率的关系，采取有效措施，在提高司法公正的前提下改善司法效率，实现二者有机统一，对司法工作整体水平的提高具有重要的促进作用。

新逮捕讯问制度公正与效率并重的体现和适用

高　珂*

【内容摘要】 修改后刑诉法第86条完善了审查逮捕环节讯问犯罪嫌疑人的程序性规定，对应当讯问犯罪嫌疑人的情况作出了具体规定，在追求司法公正和提高司法效率上均有所体现。审查逮捕过程中办案人员应当正确把握逮捕条件，认真细致地进行案卷审查，适应多渠道案件审查的模式，依照案件具体情况作出是否讯问的决定，同时，合理安排讯问和会见，完善意见书送达模式，探索远程告知和远程讯问，坚持司法公正与司法效率并重。

【关键词】 修改后刑诉法　审查逮捕　讯问

2012年3月14日，第十一届全国人民代表大会第五次会议修改通过了《中华人民共和国刑事诉讼法》，此次刑诉法修改幅度很大，出台了许多体现先进法治理念的规定，对人民检察院审查逮捕环节讯问、询问制度的完善便是其中之一。

修改后刑诉法第86条规定："人民检察院审查批准逮捕，可以讯问犯罪嫌疑人；有下列情形之一的，应当讯问犯罪嫌疑人：（一）对是否符合逮捕条件有疑问的；（二）犯罪嫌疑人要求向检察人员当面陈述的；（三）侦查活动可能有重大违法行为的。人民检察院审查批准逮捕，可以询问证人等诉讼参与人，听取辩护律师的意见；辩护律师提出要求的，应当听取辩护律师的意见。"这一规定既蕴涵了对司法公正的追求，又兼顾了对司法效率的保障。本文现结合实践，简要地谈谈以上规定在司法公正与司法效率两个方面的体现与适用。

* 江西省南昌市西湖区人民检察院干部。

一、对司法公正的体现与适用

（一）新规定体现司法公正价值追求

1. 特殊情况必须讯问。修改后刑诉法第 86 条规定了三种情况必须讯问，检察人员在阅卷、熟悉案情和证据的基础上，有针对性地讯问犯罪嫌疑人，全面了解案情，核实案件的事实、证据、疑点和细节，有利于准确查明犯罪事实，防止错捕和错不捕；有利于保障犯罪嫌疑人合法权益，保证审查逮捕案件质量；有利于发现犯罪嫌疑人在侦查阶段可能被遗漏的从轻、减轻情节或新的犯罪事实；有利于调查侦查人员的履职行为是否符合法律法规。可见，这项规定使得我国审查批准逮捕的程序进一步走向诉讼化、正当化，从而保障实体的公正化。

此外，修改后刑诉法将未成年人犯罪案件的诉讼程序单列出来，作为特殊程序。修改后刑诉法第 269 条第 1 款明确规定：“对未成年犯罪嫌疑人、被告人应当严格限制适用逮捕措施。人民检察院审查批准逮捕和人民法院决定逮捕，应当讯问未成年犯罪嫌疑人、被告人，听取辩护律师的意见。”未成年人身心未臻成熟，是法律重点保护的特殊人群，无论是修改后刑诉法增加特殊程序，还是司法机关设立特殊机构，都旨在更好地保护未成年人的合法权益，更好地教育、感化、挽救他们，因此，为体现贯彻保护未成年人的司法理念，审查逮捕环节必须讯问未成年犯罪嫌疑人。

2. 对案件审查提出新要求。修改后刑诉法第 86 条规定：“审查批捕阶段可以询问证人等诉讼参与人，听取辩护律师的意见，辩护律师提出要求的，应当听取辩护律师的意见。”在审查逮捕环节听取律师的意见，强化律师的作用，有助于律师与侦查权主体形成一种制约关系，从而使检察机关的审查逮捕更加透明、客观与公正。此规定提高了审查批捕的准确性，畅通了侦查监督线索的发现渠道，凸显检察机关侦查监督职能和强化检察机关的自我监督，有利于实现刑事诉讼中的人权保护和司法公正。同时，检察人员主动、直接了解案情，有助于发现问题，了解犯罪嫌疑人的要求，发现侦查活动中的违法情况，对讯问决定的作出起到重要参考作用。

（二）如何适用新规定

1. 正确把握逮捕条件。修改后刑诉法第 86 条第 1 款规定“对是否符合逮捕条件有疑问的”应当讯问犯罪嫌疑人，其前提条件是办案人员对逮捕条件应当有正确的认识，对此，修改后刑诉法第 79 条已对应当予以逮捕的条件做了明确规定。目前，各地检察院对逮捕的把握仍多停留在“构罪即捕”层面，审查批准逮捕率过高，比较普遍地忽视必要性条件，导致逮捕功能异化，使之成为惩罚和追究责任的方式，说明办案人员普遍存在重犯罪惩治，轻人权保障的错误思想，宽严相济刑事政策还未落实到位。正确适用修改后刑诉法第 86 条，前提条件是让办案人员正确把握审查标准，防止逮捕权的滥用，使公民的合法权利得到切实保障。

2. 认真细致地审查案卷。修改后刑诉法第 86 条规定的三种应当讯问犯罪嫌疑人的情况，一般都是通过受理案件后，承办人在审查案卷过程中发现的。为了确定案件是否具备上述情况，应当要求案件承办人在审查案卷时重点审查案件发、立、破情况，犯罪嫌疑人的年龄是否查清，精神状态是否正常，身份是否有特殊之处，犯罪嫌疑人前后供述是否一致，犯罪嫌疑人的供述是否有不合情理的地方，受害人陈述、证人证言的取得是否合法，物证书证是否充分提取，各项证据之间是否存在矛盾等。值得注意的是，检察人员不仅要对案件进行实体审查，还要进行程序审查，注意发现侦查过程中是否存在重实体，轻程序的倾向，程序性材料的搜集是否全面、准确，通过综合审查，对案件是否需要讯问犯罪嫌疑人作出判断。

3. 适应多渠道审查案件模式。修改后刑诉法扩大了辩护人等诉讼参与人的权限，增加检察人员工作量的同时，也拓展了检察人员了解案情的渠道，对检察人员公正执法起到促进作用。检察人员应当改变观念，从以往被动、间接审查侦查机关移送的案卷材料的工作模式，转变为审查案卷为主，主动、直接了解案情为辅的工作模式。在审查书面案卷的同时，通过律师等诉讼参与人的来访，更加细致、全面地了解案情，保证办案更加客观、公正。

4. 讯问应讲究方式方法。讯问是了解案件情况的重要程序，应当注意方式方法。首先，讯问的准备应当充分，通过仔细阅卷，掌握主要案情和证据情况，力求找出矛盾点、薄弱点、定案疑点等可能影响案件质量的关键点，在讯问时重点发问；其次，讯问时需留意特殊情况，有些情况在案卷材料中没有反映，只有当面讯问才能发现，比如讯问时发现犯罪嫌疑人年龄明显偏小可能尚未成年，或沟通有障碍可能影响刑事责任能力的认定等情况，需要在讯问和审查中特别注意；再次，针对犯罪嫌疑人的心理状态和案件整体情况，以不同的方法进行讯问。比如对未成年人要尽量语气轻缓态度和善，对狡猾的犯罪嫌疑人要态度强硬充分驳斥，对不了解法律法规者要充分做好说理释法工作，同时做好犯罪嫌疑人翻供等特殊情况的应对预案，必要时可事先听取案件侦查人员的意见。最后，讯问时不应当事无巨细，把审查逮捕阶段的提审变成侦查机关讯问的重复，否则会浪费大量的时间和精力。①

① 申颖颖：《浅谈审查逮捕环节讯问犯罪嫌疑人工作机制的必要性及存在的问题》，载《时代报告·学术版》2011 年第 9 期。

二、对司法效率的保障与提高

（一）讯问不是必经程序

依照修改后刑诉法第 86 条规定："人民检察院审查批准逮捕，可以讯问犯罪嫌疑人。"这就意味着有相当一部分审查逮捕案件可以不讯问犯罪嫌疑人，而直接根据卷宗审查情况作出捕与不捕的决定。[①] 除对提请批准逮捕的证据有疑问而需要讯问犯罪嫌疑人的情况外，确实有必要为准确认定犯罪主体资格、查明犯罪嫌疑人身体状况合理使用讯问权，[②] 但实践中，有些检察院出于保障案件质量的考虑，"每案必讯"，在一定程度上增加了工作量，浪费了司法资源。

以笔者所在的南昌市西湖区院为例，目前我院侦查监督部门严格奉行"每案必讯"原则，基本上所有案件都在法定期限内对犯罪嫌疑人进行了讯问。我院地处中心城区，案件数量较大，涉案人员较多，2010 年共受理案件 654 件，报捕人数 895 人，2011 年共受理案件 664 件，报捕人数 833 人，2012 年 1 到 6 月共受理案件 325 件，报捕人数 415 人，侦查监督科现有干警 6 人，平均 2.4 个工作日要办结一起案件，每一起案件都要审查案卷、分析证据，到距离办公地点十多公里外的看守所送达《犯罪嫌疑人权利义务告知书》并讯问犯罪嫌疑人，制作审查逮捕案件意见书等等，在保障完成审查逮捕工作的同时，还要履行立案监督和侦查活动监督职责，人案矛盾非常突出。在这种情况下，"每案必讯"确实给侦查监督工作带来不小的压力。

修改后刑诉法对审查批准逮捕阶段讯问犯罪嫌疑人的条件和情况作了具体规定，对部分尚未完善讯问制度的检察院提出了更高的要求，但对已经严格履行"每案必讯"讯问制度的检察院则相对降低了工作强度，办案人员可以将精力用在其他方面，更好地实现司法公正与司法效率的平衡。

（二）及时征询犯罪嫌疑人意见

修改后刑诉法实施后，对一部分经案卷审查后认为可不讯问的犯罪嫌疑人，法律也规定了相应程序以保障他们具有向检察人员陈述、申辩的权利。按照最高人民检察院、公安部 2010 年 8 月 31 日出台的《关于审查逮捕阶段讯问犯罪嫌疑人的规定》，对被拘留的犯罪嫌疑人不予讯问的，应当送达《听

---

① 郭学奎：《对修改后刑诉法第 86 条的理解和适用》，载正义网，http://js.jcrb.com/llyj/201206/t20120605_876664.shtml。

② 许英、陈庆文：《浅谈审查逮捕阶段讯问犯罪嫌疑人及笔录的制作》，载《陕西检察》2003 年第 6 期。

取犯罪嫌疑人意见书》，听取犯罪嫌疑人的意见，从而了解其是否有向检察人员当面陈述的需要，是否存在侦查活动违法等情况，由犯罪嫌疑人填写后及时收回审查并附卷。

送达《意见书》的规定看似合理，但在实践中往往难以操作。有些检察院认为既然要送达《意见书》，不如一并讯问犯罪嫌疑人，从而回到“每案必讯”的老路，降低了司法效率；而有些检察院不具备及时送达《意见书》的条件，不能及时反馈犯罪嫌疑人的意见和要求，更无法进行讯问，从而走进了不及时告知，不主动讯问的死胡同，违背了司法公正的要求。如何建立一套行之有效的制度，使告知及时，讯问高效，是摆在侦查监督部门面前的一项重要任务。

三、坚持公正与效率并重的几点建议

（一）扩大应当讯问的案件范围

如上所述，修改后刑诉法规定四种情形应当讯问犯罪嫌疑人，但笔者认为，检察机关应当讯问犯罪嫌疑人的情况并不止于上述四类，案件存在如下特殊情况，也应当进行讯问：

1. 聋哑人、盲人应当讯问。刑法对又聋又哑的人和盲人规定了从轻、减轻或者免除处罚的特殊量刑情节，这一规定表明，一方面聋哑人犯罪同样要依法惩处，另一方面体现了刑法的人道主义精神。聋哑人和盲人犯罪有其特殊原因，他们的生活、教育、就业发展落后于正常人，缺乏与社会的沟通和正常的法制教育，身体的缺陷在一定程度上影响他们对是非的判断，因此刑法要对其予以特殊保护。在审查逮捕环节，检察人员有必要进一步贯彻这种司法理念，通过当面讯问，了解案件情况，对这类特殊人群进行帮助教育，保障他们的合法权利。

2. 重大疑难案件应当讯问犯罪嫌疑人。重大疑难案件，有的可能造成重大的社会影响，有的可能重要事实不清，有的可能严重剥夺犯罪嫌疑人的自由甚至生命，具有较高的办案风险，一旦处理不当，可能造成不可挽回的严重后果。对于这种案件，办案人员一定要谨慎对待，主动讯问犯罪嫌疑人，将导致社会冲突，危及社会稳定和社会秩序的可能性降到最低。笔者认为，可以从刑罚强度、社会关注度、涉案人员数量、涉案金额以及造成人身伤害程度等角度考量，对重大疑难案件制定具体的认定标准，比如出现犯罪嫌疑人“可能判处十年以上有期徒刑”、案件被媒体广泛关注、涉案人员范围广、造成相关人员重伤或死亡、案件提交检察委员会讨论决定等情况时应当认定案件为重大疑难案件，以解决实践中讯问标准不统一的问题。

（二）合理安排讯问和会见

为充分贯彻修改后刑诉法第 86 条的规定，办案人员应当提高法律素养，认真细致审查案卷，既要维护实体公正，也要重视程序公正。对符合讯问条件的犯罪嫌疑人要依法安排讯问，对案情简单，事实清楚，证据确实充分的案件，可不安排讯问，但应及时告知犯罪嫌疑人权利义务并听取意见，以实现司法公正与司法效率并重。

办案人员应更加积极主动地调查案件，适时安排与诉讼参与人尤其是律师的会见。有条件的检察院可开辟专用会见室、阅卷室，制定相应的会见制度，防止因诉讼参与人过多来访、无序来访造成工作秩序混乱，影响案件的正常办理。北京市海淀区人民检察院就律师介入问题已率先进行工作机制改革创新，取得了良好的法律效果和社会效果，① 在修改后刑诉法即将正式实施的今天，这项工作机制尤其值得我们学习和借鉴。同时，办案人员在听取陈述或辩解时注意不能将案件审查的进展、观点、具体细节予以透露，应保持客观中立，严守办案纪律。

（三）完善意见书送达模式

为保证《听取犯罪嫌疑人意见书》送达及时，可在作出不予讯问决定的当天由专人统一将《意见书》送达犯罪嫌疑人，有条件的检察院可将该项工作交由案件管理中心负责，保证犯罪嫌疑人的诉求能及时反馈。同时，送达人在送达过程中应当对犯罪嫌疑人的情况主动进行了解和判断，一旦发现可疑情况应及时向办案人员提出，为办案人员作出讯问决定提供重要参考。

（四）探索远程告知和远程讯问

科技的发展能为检察工作提供有效助力。案件数量多、任务重的检察院，可与看守所相互配合，大力推进远程视频告知和讯问工作的开展。检察机关可以在看守所派驻检察员及书记员，配备打印机、摄像机，办案人员利用视讯系统远程讯问犯罪嫌疑人，讯问结束后由驻所检察员将笔录打印出来交犯罪嫌疑人签字捺指印，如此一来既可以节约办案人员送达或讯问的往返时间，让办案人员将更多的时间精力投入案件审查，又可以保障讯问的及时高效，一旦出现疑问可及时与犯罪嫌疑人沟通。远程讯问需要财力物力的配合，也

① 早在 2008 年新《律师法》颁布实施之后，海淀区检察院就发布了《关于律师介入审查批捕程序办法（试行）》，规定每周二和周四下午是办案检察官接待犯罪嫌疑人律师的专门时间，并开通了咨询电话，实际操作后发现，律师的介入未对办案人员的日常工作造成不良影响，有律师介入的案件逮捕率明显低于其他案件。参见林世钰：《检察日报》2009 年 2 月 4 日第 8 版。

需要多部门联动，不可能一蹴而就，但它指出了检察工作未来的发展方向，对提高办案质量，提高办案效率，坚持司法公正与司法效率并重起到了较好的促进作用。

总之，修改后刑诉法第 86 条完善了审查逮捕环节讯问犯罪嫌疑人、询问诉讼参与人的程序性规定，其中既蕴涵了对司法公正的追求，又兼顾了对司法效率的保障，我们应当在办案中不断总结经验，创新工作机制，切实把司法公正与司法效率并重的理念落实到实践工作中去。

修改后的刑事诉讼法侦查人员出庭作证制度初探

汪毕法*

【内容摘要】 侦查人员出庭作证，接受控辩双方的质询，是当今世界上大多数国家立法要求警察承担的一项义务，具有充分的理论基础和积极的社会价值，更是现代庭审方式的要求。由于各种原因，目前我国法庭审判中作为侦查办案人员的警察不出庭作证成为常例，已引起法理研究者和法律实务者高度关注。新修改的刑事诉讼法在立法层面上创立、健全和完善了警察出庭作证制度，具有重要的现实意义，当前急需相关司法解释对警察出庭作证的程序规则予以明确和细化。

【关键词】 侦查人员　出庭　作证　范围　程序规则

建立侦查人员出庭作证制度是现代刑事诉讼发展的大势所趋，是现代庭审制度的基本要求。但一直以来，由于我国现行刑事诉讼法对侦查人员出庭作证问题规定的不够明确，同时又缺乏保障侦查人员出庭作证的程序规则，从而造成我国侦查人员出庭作证存在制度上和实务上的缺陷与障碍。近年来审判改革与实践中警察是否需要出庭作证、以何种身份出庭等一系列问题日益凸显，并直接关系到我国刑事诉讼如何实现公正、公开、效率、人文关怀等核心价值问题。修改后的刑事诉讼法明确规定了侦查人员出庭作证制度，是适应现代刑事诉讼特别是庭审制度的需要，是保证司法公正的基本措施，必将对健全和完善我国刑事诉讼证人出庭作证规范，实现程序正当与公正，保障当事人的合法权益具有特别重要的意义。笔者拟对此进行探析，以作引玉之砖。

一、我国侦查人员出庭作证的现状分析

长期以来，由于我国对侦查人员出庭作证问题未予以足够的重视，导致

---

* 江西省彭泽县人民检察院干部。

刑事诉讼法典中都没有规定侦查人员出庭作证制度。实践中，警察一般不出庭接受控辩双方的交叉询问，即使偶有控辩双方就书证、物证等证据材料的证据能力产生争议，公诉人、被告人申请或法官通知其提供证言，侦查部门也往往是以盖有单位公章而无办案人员签名的一纸情况说明书或证明书予以应付来回避出庭，法官们也往往顺水推舟，以“上述事实，有被告人供述、证人证言以及某某机关关于被告人的证明材料等证据证实”而作出判决结论。因此，在司法实践中，警察出庭作证的情况非常少见，以致警察不作证已经成为“习惯”。据有关数据统计显示，司法实践中，我国刑事案件中证人的出庭率不足10%，而作为侦查办案人员的警察出庭作证更是少之又少。出现这种情况的原因很多，笔者认为主要有以下几个方面：

一是立法上的缺陷。我国现行刑事诉讼法第48条明确规定了证人资格的要件，但是没有对其内涵和外延进行明确界定。特别是现行刑事诉讼法第28条关于警察不能同时兼任证人的规定直接导致刑事司法实践中警察出庭作证少之又少。虽然能从我国有关司法解释中找到警察出庭作证的些许依据，尤其是最高人民法院《关于执行〈中华人民共和国刑事诉讼法〉若干问题的解释》第138条和最高人民检察院《人民检察院刑事诉讼规则》第343条是我国关于警察出庭作证的最直接依据，但是这些司法解释并非强制性规定，往往只对本部门有效，而公安部门缺乏相应的配套解释，三者之间在程序性规范上出现了立法上的不对应，所以上述两条规定对侦查机关基本上没有约束力，导致我国的侦查人员出庭作证率极低。

二是司法体制的制约。“分工负责、互相配合、互相制约”的原则一直是公安机关、人民检察院、人民法院进行刑事诉讼坚持的原则。它从法律上确立了中国“流水作业式”的刑事诉讼构造。在这一构造之中，侦查、起诉和审判成为三个完全独立而互不隶属的诉讼阶段，通过前后接力的诉讼活动分别在侦查、起诉、审判三个环节上进行流水作业式的操作，以此共同致力于实现刑事诉讼法的目的和任务。其弊端十分明显，一方面，公、检、法三机关分别在三个阶段各自独立地实施诉讼行为，使法院难以对检警机构的追诉活动实施真正有效的司法控制，司法裁判活动与侦查、起诉相互平衡而无法在刑事诉讼中居于中心地位，从而导致警察是否出庭的主动权完全掌握在公安机关手里。另一方面，公、检、法三机关的目标的一致性以及它们之间前后递进和接力互补的关系，使得检警机构的案卷材料对法院的裁判结论具有决定性的影响，法院的审判只不过是对侦查结论的正确认定而已，造成警察的诉讼活动随着侦查终结而终结，警察是否出庭作证已无关紧要了。

三是思想观念的障碍。我国传统的惧讼心理、耻讼心理以及侦查人员的特权思想使得侦查人员不愿出庭作证，现实观念中侦查人员没有认识到出庭作证的意义，怕麻烦、怕影响工作的思想以及侦查人员不愿意在法庭上接受诉讼各方的询问是导致其不愿意出庭作证的观念原因。同时从侦查机关以及侦查人员的角度来看，侦查人员实践准备不足，还无法应付出庭的需要；资金和警力不足导致了侦查人员出庭作证的硬件保障欠缺。另外，警察出庭作证无疑会加大警察自身的职业风险，这都可能使警察不愿意出庭作证。

二、两大法系关于侦查人员作证问题的处理

警察作为控方证人出庭作证，在英美法系国家一直是“天经地义”的事情。在英美法系的证据法上，证人是指一切用自己的言词、语言、思想意识等形式对案件事实作出证明的人，不管其在诉讼中的地位如何，都可称之为证人。这表明英美法系国家的证人包括了所有在诉讼过程中向司法机关提供口头证词的人。① 因此，在英美法系国家的司法实践中，警察经常作为控方的证人出庭作证，辩方也可以依据案件的实际情况和具体需要传唤某个警察出庭作证。《美国联邦诉讼规则及证据规则》第 601 条就规定：“除该规则另有规定外，每个人都有资格作证。”而该规则的“另有规定”（第 605 条、606 条）只排除了“法官和陪审员”的证人资格；《加利福尼亚证据法典》第 700 条也规定：“除由法律明文规定外，每个人都有资格作证，没有人在任何事上被免除作证资格”。在英国，警察出庭作证是服务于法庭审判的一个主要体现。究其原因，一方面，“英美法以诉讼当事人均得为合法的证人，故检察官及司法警察，当然有证人能力”。② 这是因为英美法系国家规定了传闻证据规则和交叉询问规则，警察作为侦查活动的主体，具有其他证人不能替代的“知情人”身份，从而有义务出庭就与侦查有关的案件事实作证；另一方面，还在于英美法系国家严格的非法证据排除规则。作为“法庭的证人”，控辩双方传唤警察出庭作证有助于查清警察实施某一侦查行为的合法性问题。③ 如根据英国《1984 年警察与刑事证据法》第 76 条的规定，法庭应当排除被告人声称基于非法手段获得的供述，除非控诉方能够向法庭证明供述并非“非法”获得的。由于检察官并不直接取证，所以要求警察以证人身份出庭证明取证的合法性非常普遍。

在大陆法系国家，警察能否出庭作证仍是一个颇具争议性的话题。按照

① 卞建林主编：《证据法学》，中国政法大学出版社 2000 年版，第 114 页。

② 刁荣华主编：《比较刑事证据法各论》，台湾汉林出版社 1984 年版，第 132 页。

③ 何家弘主编：《证人制度研究》，人民法院出版社 2004 年 6 月版，第 72 页。

大陆法系的传统，证人必须是诉讼主体以外的第三人。而所谓第三人，是指当事人及代理该诉讼的法定代理人以外的人。因此，警察实施侦查所经历的事实，在该阶段并非第三人，所以不能成为证人。而在传统的大陆法系国家，一般认为主办案件的法官、检察官及协助侦查犯罪的警察不得同时为证人，如《意大利刑事诉讼法》第197条规定，在同一诉讼中担任法官或公诉人职务的人以及他们的助理人员不得兼任证人，所以就不存在警察出庭作证的问题。但是，也有一些大陆法系国家允许某些情况下警察出庭作证，如法国允许警察在轻罪审判程序中作为控方的证人出庭作证；在德国，法院如果不能传唤一位目击证人到庭，那么就可以传唤曾询问过该证人的警察出庭作证，以警察的证言来代替目击证人的陈述；在日本，司法警察可以就勘验结果在公审日期作为证人而受到询问等等。所以，在大陆法系，大多数国家的法律是通过证人身份优先原则解决了警察出庭作证与侦查职能的冲突问题。①

三、我国侦查人员出庭作证的立法完善及程序规则构建

（一）以立法促进理念的形成，以规则应对实践的挑战

“无证人资格则无作证”是一条普遍认同的证人作证规则的逻辑定式，这是侦查人员出庭作证的基础。修改后的刑事诉讼法第五十七条第二款规定：“现有证据材料不能证明证据收集的合法性的，人民检察院可以提请人民法院通知有关侦查人员或者其他人员出庭说明情况；人民法院可以通知有关侦查人员或者其他人员出庭说明情况。有关侦查人员或者其他人员也可以要求出庭说明情况。经人民法院通知，有关人员应当出庭。”第187条第2款中规定“人民警察就其执行职务时目击的犯罪情况作为证人出庭作证，适用前款规定”，明确了警察必须出庭的三个条件：控辩双方对警察执行职务时目击的犯罪情况有异议，该犯罪情况对定罪量刑有重大影响，法院认为警察有必要出庭。这是我国从法律上为警察在诉讼中的证人地位和警察出庭作证的义务设定了依据，明确了侦查人员的证人资格。事实上，侦查人员因履行法定职责进行案件侦查，从而了解案件事实，理应出庭就侦查行为的合法正当性作出证明，并就案件事实作出说明。从两大法系国家警察出庭作证的情况和我国警察出庭作证的现实障碍的分析，我们可以看出，在英美法系国家，警察出庭作证之所以在理念上能够“理所当然”，是个“不成问题的问题”，并在实践中能够自信、从容、毫无障碍，主要有两个方面的原因：一方面，在英美法系国家，警察是法律上的一方诉讼当事人，因而具有当然的证人资格，从

① 何家弘主编：《证人制度研究》，人民法院出版社2004年6月版，第73页。

法律上为警察在诉讼中的证人地位和警察出庭作证的义务设定了依据；另一方面，为警察出庭作证制定了详细的程序规则，既细化了法律对警察出庭作证义务的规定，又为警察提供了应对出庭作证的程序保障。英美法系国家警察出庭作证不成问题的这两方面原因，正是我国警察出庭作证最大的现实障碍。我国要想在警察出庭作证问题上有所突破，就必须在这两个方面有所改观。为此，我国必须首先修改我国有关证人资格的规定，扩大证人的范围，明确规定，警察可以以证人的身份出庭作证。在对证人的内涵进行更为科学的定义时，可以采用概括和肯定列举相结合的方式明确证人的外延，以否定列举的方式排除不具有证人资格的人，如本案被告人以及其他因公务特权、职业特权而享有免证权的人。在刑事诉讼法的层面上对警察出庭作证的义务、地位、作证的案件范围和不出庭的责任作出原则性的规定，然后再由司法机关和公安机关联合制定警察出庭作证的程序规则，从而达到在程序上对警察出庭作证行为进行规范化并提供保障的目的。这样既解决了长期以来警察不出庭作证对司法权威造成的负面影响，又能从容应对因出庭作证给侦查工作和公安工作带来的挑战，还提高了警察的侦查、法律素质和司法理念。

（二）明确侦查人员出庭作证的主要范围

新修改的刑事诉讼法第57条和第187条第2款规定了侦查人员出庭作证的两种情形，一种就是因为非法证据排除的需要，向法庭说明获取口供和证言的合法性。另一种是作为目击证人，提供执行职务时的目击情况和抓获情况。笔者认为，法律就侦查人员出庭作证还应包括以下内容：

1. 控、辩双方对现场勘验、检查、搜查、扣押、辨认笔录有异议的情况。一些常规侦查行为如现场勘验、检查、搜查、扣押等形成的笔录，虽然是当场制作的，“记载的内容具有较强的客观性，但它像其他实物证据一样也会不可避免地受到记载人的影响，制作人在操作过程中极有可能漏计、误计情况，个别情况下还掺杂有反映人主观意识的内容”。[①] 既然这种侦查行为获得的笔录有可能出现错误，那么就需要有关的侦查人员接受质证，出庭陈述自己并未非法搜查、扣押，所作笔录客观真实，从而使法官对该笔录的证据力作出全面判断。

2. 诱惑侦查情况。通常情况下，诱惑侦查是在嫌疑人未察觉的情况下进行，从侦查人员实施诱惑侦查行为开始到被诱惑者“上钩”进而实施犯罪行

① 王超、周并：《论完善我国刑事质证制度的必由之路》，载《华东政法学院学报》2003年第5期。

为这一整个过程，侦查人员既是执行公务的司法工作人员，又是犯罪行为的目击者。侦查人员作为特殊的“目击证人”，应该就其亲身经历的情况出庭作证。同时，诱惑侦查的适用对象以及诱惑侦查的合理限度的证明，在客观上也需要实施诱惑侦查的侦查人员出庭作证。因此，无论是从保障被告人的权利出发，还是从查明诱惑侦查的真相出发，诱惑侦查人员都应当亲自出庭作证，而不能以笔录来代替。

3. 侦查人员出庭作证的例外情况。侦查人员出庭作证毕竟不同于一般的证人，出于价值权衡和侦查人员的人身安全，笔者认为在下列情况下侦查人员享有出庭豁免权：一是对毒品犯罪、走私犯罪、黑社会犯罪等案件，涉及秘密取证手段内容的，侦查人员可书面请求只接受检察官和法官的庭外质询，以免暴露侦查机密。确实需要作证的，应采取秘密方式，如接受询问中采用蒙面、变声、变像、视频传输或其他隔离方式，尽量不要泄露侦查人员的姓名和住址。二是如果作证涉及国家安全、外交关系和国际交往的时候，作为公务人员，侦查人员当然可以免除作证，因为在任何国家上述利益都享有至高的地位。① 三是当作证涉及职业上不允许披露的特情人员、向侦查机关告发者的名字，作为侦查人员，侦查人员当然也可以免除作证，以保护提供侦查情报的信息源不致受到损害。②

（三）制定侦查人员出庭作证的程序规则

侦查人员出庭作证的程序规则，是侦查人员出庭以言词方式陈述所了解的案情，并接受控辩双方质证及法庭询问所应当遵循的方式、方法和步骤。就我国警察出庭作证的程序规则而言，可以从出庭作证的启动规则、出庭作证行为规范规则、证明责任负担和程序性制裁规则等几个方面进行构建。

1. 赋予控辩审三方启动警察出庭作证程序的权利。修改后的刑事诉讼法在规定侦查人员出庭作证的启动方式上设置了两种形式，一种是侦查人员在履行非法证据排除程序中的出庭义务时，检察院可以提请法院、法院也可以依职权通知侦查人员出庭说明情况，侦查人员也可以主动要求出庭说明情况。经人民法院通知，有关人员应当出庭。另外一种是关于人民警察就其执行职务时目击的犯罪情况作为证人出庭作证，法院认为警察有必要出庭作证通知出庭的。笔者以为，修改后的刑事诉讼法将侦查人员出庭作证的程序启动决定权局限于法院是不合理的，应赋予控辩审三方启动警察出庭作证的权利。

---

① 何家弘主编：《证人制度研究》，人民法院出版社 2004 年 6 月版，第 89 页。

② 李群英：《警察出庭作证的合理限定》，载《中国人民公安大学学报》2006 年 3 月版。

控辩双方是申请侦查人员出庭作证程序的启动者，有义务将拟申请出庭作证的侦查人员名单及出庭作证的主要问题，在规定日期内交由法庭，法院除特殊情况外应一律同意侦查人员出庭，无须进行必要性审查。

2. 警察出庭作证前的准备规则应与普通证人出庭作证的要求有所不同。具体来说，警察出庭作证前应了解出庭作证的程序和步骤，并就拟出庭作证的事实和侦查过程中获知的情况进行充分的准备。因为在我国，由于诉讼构造的原因，侦查和起诉是分阶段进行的，所以在检察机关提起公诉后，侦查机关并不是检察机关的起诉辅助机关，警察出庭作证前也不可能向检察机关汇报情况或进行沟通。在这种情况下，如果出庭作证的警察准备不够充分，有可能因某些不恰当的作证方式或证据在形式上的缺陷而使公诉陷入被动。因此，制定证据准备规则，要特别审查需要在法庭上展示的证据是否具备法律要求形式要件，物证的提取、保管是否符合法定的技术规范和科学规律。

3. 作证行为规范相关规则。首先，要明确规定出庭作证的警察应该给予法官和各方诉讼参与人以最大限度的尊重，模范履行法定程序和遵守法庭纪律，不能有特权思想。在质证过程中，出庭作证的警察针对质证问题必须作出回应或回答，不得故意保持沉默；作证时，应只回答被质证的问题，对与案件无关的问题，警察应向法庭提出拒绝回答的请求。其次，出庭作证的警察要着装规范，除就执行便衣任务作证的需着便装外，一般应着警服出庭以示庄重；作证过程中表情、举止要自然、得体，保持礼让克制的态度，禁止出现傲慢、不屑、蛮横等态度的表情、举止，以免影响证言的可靠性和可信性；警察作证时要自信，语言要清晰、精确、简洁、明了，以便法官、控辩双方快速领会作证内容，形成确定的心证。①

4. 证明责任负担和程序性制裁规则。对于警察应该出庭而拒不出庭所涉及的证据的效力，法庭应根据不同的证据种类对其可采性作出裁定。对于言词证据而言，如果警察应就言词证据的实体合法性出庭作证而没有出庭的，法庭应推定该证据为非法证据并加以排除；如果应就言词证据的程序合法性出庭作证而没有出庭的，法庭应在要求其补正、完善的基础上进行处罚。对于实物证据而言，如果法庭要求警察就其合法性出庭作证而没有出庭的，法庭推定其“明显违反法律规定，可能影响公正审判”，并裁定“不能作为定案的根据”。② 对于没有出庭的警察，法庭应依刑事诉讼法的规定进行处罚或追究其法律责任；公安机关在接到法庭的追究责任裁定后，也应该对其进行内

---

① 钱飞：《警察出庭作证制度之构想》，苏州大学2008届硕士专业学位论文。

② 何家弘主编：《证人制度研究》，人民法院出版社2004年6月版，第73页。

部纪律处分。而对于接到出庭通知按时出庭作证的警察，只要按照程序规则的规定履行了作证义务，即使案件由于警察所提供的证言或物证不被采纳而导致败诉，都不应承担任何与案件败诉有关的责任。

检察机关应对简易程序出庭的思考

——以效率和公正为价值取向

吕兵香*

【内容摘要】公正和效率一直都是诉讼程序追求的内在价值，在有限的司法资源背景下，二者常常呈现冲突的状态。修改后刑事诉讼法规定所有适用简易程序的案件都应派员出庭，这对检察机关来说既是更好发挥检察职能的机遇，也是在有限司法资源下的挑战。对此，要加强内部保障，建立科学合理的审查机制，并加强外部联络，建立健全相关机制。

【关键词】简易程序　出庭　效率　公正

修改后刑诉法第 210 条第 2 款明确规定：适用简易程序审理公诉案件，人民检察院应当派员出席法庭。随后，最高人民检察院公诉厅下发《关于进一步加强适用简易程序审理的公诉案件出庭工作的通知》，要求修改后刑诉法正式实施前，各级检察机关要积极协调法院，尽可能扩大简易程序公诉案件的出庭范围。简易审全部出庭的新形势，必然带给公诉工作理念和内容的重大变革。①作者结合所在单位办案实际，在诉讼效率与公正双重价值指引下，试对简易程序出庭公诉工作的相关问题进行些许探讨，以期对司法实践有所裨益。

一、修改后刑诉法简易程序的修改范围

修改后刑诉法简易程序的修改主要围绕着“审控分离”、“繁简得当”、“尊重与保障人权”三大方面，从而使诉讼资源得以科学分配，人权保障得以提高。

1. 修改后刑诉法第 184 条规定：“人民法院审判公诉案件，人民检察院应当派员出席法庭支持公诉。”这一规定的修改，使得原来实践中大量适用简易程序审理的公诉案件中存在的检察院未派员出庭，导致主持庭审的法官身兼

---

* 江西省新余市渝水区人民检察院干部。

① 张敬博：《简易程序修改：公诉工作的应对路径选择》，载《检察日报》2012 年 5 月 23 日。

控诉和审判二任的现象得以排除，保证“控审分离”的诉讼原理的正确实施，切实达到案件审判的法律效果与社会效果相协调。

2. 修改后刑诉法第 208 条规定：“基层人民法院管辖的案件，符合下列条件的，可以适用简易程序审判：（一）案件事实清楚、证据充分的；（二）被告人承认自己所犯罪行，对指控的犯罪事实没有异议的；（三）被告人对适用简易程序没有异议的。人民检察院在提起公诉的时候，可以建议人民法院适用简易程序。”这一规定的修改将简易程序的适用范围予以扩大，不再局限于可能判处 3 年以下有期徒刑、拘役、管制、单处罚金的公诉案件，而是从实体的角度出发，让真正适合简易审理的案件适用简易程序，做到当简则简、该繁则繁，从而达到更高程度的繁简得当，在保证案件质量的同时，提高诉讼效率。

3. 修改后刑诉法第 211 条、第 212 条以及第 223 条的规定主要是从被告人享有的权利方面做了详细规定，与修改后刑诉法第二条的修改内容“尊重与保障人权”相呼应，切实保障被告人的诉讼权利正确实现，避免因为程序的简易化而影响被告人的诉讼权利的现象发生。

二、简易程序案件全部出庭带来的机遇和挑战

修改后刑诉法规定简易程序案件全部出庭对检察机关提出了更高、更大的挑战，但同时也是检察机关加强审判监督，提高自身地位和权威性的大好机遇。检察机关一定要顺应形势变化，抓紧抓好法律赋予的职权，提高法律监督的实效。但我们同时还应清醒地认识到，公诉人出庭带给检察机关深刻的理念变迁和工作内容的重新定义，更是对公诉人职业素质和精力的巨大挑战。① 正视困难和压力，创新思路，寻找对策，才能在新形势下从容应对，更好地履行宪法和法律赋予的神圣职责。

（一）加强审判监督和人权保障

一方面，公诉人通过出庭观察和记录庭审情况，了解和掌握庭审中出现的各种意外情况，及时发现各种违法情形，弥补了以前对简易审庭审活动的监督缺位，加强了对法院审判活动监督，是对刑事审判监督的细化与拓展。另一方面，也避免了公诉人因不出庭必须依赖于事后对判决进行书面审查而带来的滞后和拖延，实现了对法官量刑自由裁量权的制约和监督。同时，修改后刑诉法充分体现人权保障原则，这其中也包括保障犯罪嫌疑人和被告人的权利。公诉人通过亲历庭审，能更好保障被告人诉讼主体权利和地位。

---

① 张敬博：《简易程序修改：公诉工作的应对路径选择》，载《检察日报》2012 年 5 月 23 日。

（二）对司法效率提出了更高的要求

公正与效率是一对对立和矛盾的统一体。简易程序出庭必然加大了公诉人工作量和工作难度。据统计，全国公诉系统办理的简易程序案件占案件总数的45%左右。① 作者所在单位近5年来办理的适用简易程序审理的案件数，2007年至2011年分别为129案、139案、78案、99案、98案，每年简易程序的案件占案件总数的比例分别为：30.0%、26.5%、19.7%、22.2%和22.2%，而之前简易程序案件基本不出庭。近几年，作者所在单位公诉在一线办案的干警的数量基本都在6人左右。检察机关的法律监督是全面的，各部门各负其责，同等重要。检察机关人、财、物资源分配，不可能过多倾斜公诉部门。全部出庭势必增加办案压力，使得案多人少的矛盾进一步加剧。

（三）对公诉人自身的素质和能力提出了更高的要求

简易程序要求“被告人承认自己所犯罪行，对指控的犯罪事实没有异议”，庭审阶段控辩双方的激烈对抗在案件事实方面会有所减弱，而争议的焦点将集中体现在法律适用和量刑上，这就势必要求公诉人提高自身的庭审驾驭以及抗诉能力。另外，简易程序案件被告人仍享有最后陈述权、辩护权、申请回避权，庭审过程就关系到当事人的合法权益和司法公正，这对于公诉人的庭审的法律监督能力也提出了更高的要求。②

三、效率和公正兼顾，积极应对挑战

深刻理解公诉人简易程序案件出庭的意义，正视新形势带来的工作变化，迎难而上，加强保障，建立健全一套科学合理行之有效的工作机制，必然能够保障案件质量和效率，提高法律监督的力度和实效。③

（一）加强内部保障，建立科学合理的审查起诉机制

1. 加强对公诉部门的人财物力的保障。一是公诉部门人员的重新配置。将热爱公诉事业，愿意留在公诉队伍的人，将年轻有精力、有激情、愿为公诉工作奉献的人，将法律素养高功底好、口才好、潜力大的新入院法学毕业生，将政治过硬、司法实践经验丰富的的老检察官充实到公诉队伍中去。④ 二

① 孙谦、童建明主编：《检察机关贯彻新刑事诉讼法学习纲要》，法律出版社2012年版，第39页。

② 徐日丹：《应对简易程序新挑战，多地已探索》，载《检察日报》2012年5月2日。

③ 孙谦、童建明主编：《检察机关贯彻新刑事诉讼法学习纲要》，法律出版社2012年版，第45页。

④ 孙谦、童建明主编：《检察机关贯彻新刑事诉讼法学习纲要》，法律出版社2012年版，第46页。

是配备事务性工作人员，作为公诉人员的办案辅助人员，使公诉人能集中精力审查事实和证据、准备出庭预案，与法院、公安部门协调沟通意见。三是开展形式多样的业务培训和交流，通过学者、资深公诉人授课、向兄弟院学习借鉴，各部门业务交流探讨。四是扩展工作思路，创新工作机制，适应刑诉法修改后的办案需要。五是争取地方党委、政法委、纪委、编制办、财政等机关和部门的支持，获得政治、业务、人事编制、财政上的充分保障。上述措施，保证公诉队伍老中青梯形年龄结构（目前公诉队伍普遍过于年轻的现状需要适当调整——法律的生命在于经验，千锤百炼后的老公诉人是团队的支柱和财富，将年轻人的激情、功底与中老年人的沉稳、经验结合，是更理想的团队结构），有效提高个人业务能力和工作积极性，提高团体的凝聚力，让优化配置后的公诉人发挥 1＋1＞2 的功效，使公诉人安心公诉，热爱公诉，增强法律监督的自觉性和主动性。

2. 建立科学合理的审查起诉机制。

（1）简化法律文书的制作。事实上，简易程序案件一般无实体法上的争议，重在程序正义的实现。对于体现检察机关公诉工作两份主要文书之一——审查报告，部分内容可以省略或者是简化。对于有辩护人、共同犯罪，被告人可能翻供或法定情节存在争议的案件，对其中无争议的方面简化到力求省略，有争议的方面力求简化，控制篇幅。但同时要求根据个案特点，重点突出，说明关键问题。对于无任何争议的一般简易程序案件，制定表格式审查报告，承办人只须在事前打印出来表格的空白处填满，即完成审查报告。

（2）合理分配办案资源。现在离修改后《刑事诉讼法》正式实施不到半年的时间，各地对简易程序办理流程都在进行探索，主要是两种模式，一种是实行案件繁简分流，专组办理、专人出庭；另一种是不实行繁简分流，但起诉和出庭相对集中，每个办案组指定固定人员出庭。① 由于试行较短，哪种方式更合理更适应办案的需求还要等待时间的检验。各检察院可以根据自身办案的需要制定简易程序案件工作流程办法，合理地分配资源，达到既能高效办案，又能保证司法公正的目的。

（3）确保被告人享有程序选择权、知悉权、获得辩护权。刑诉法的修改其实蕴涵了重要的司法理念，那就是尊重被告人的诉讼主体地位。② 这就要求

---

① 徐日丹：《应对简易程序新挑战，多地已探索》，载《检察日报》2012 年 5 月 2 日。

② 樊崇义、艾静：《简易程序新规定的理解与适用》，载《国家检察官学院学报》2012 年第 3 期。

承办人在受理案件后，对拟适用简易程序办理的案件，除了告知犯罪嫌疑人、被告人诉讼权利义务外，还要同时送达《拟适用简易程序告知书》，告知适用简易程序的法律规定，让其了解认罪和适用该程序审理可能产生的法律后果，确保其认罪的自愿性和理性，不因法律知识缺乏而盲目或冲动地认罪。

（4）加强对案件质量的监督管理。不能为片面追求诉讼效率而影响案件质量。应加强对简易程序案件办理进度的督促检查，定期对案件质量进行复查，主持召开个案疑难、争议问题的讨论和类案研讨，加强业务学习、竞赛，与法院、公安的沟通协调等。办案组长要对本组承办人所办案件督促检查。承办人要及时向办案组长、科室负责人汇报拟适用简易程序办理案件的情况，遇到问题及时提出。同时，要建立对简易程序听庭机制，组织资深检察官、检委会委员定期跟庭评议。每季度、半年对简易审案件进行总结评选。

（二）加强外部联络，建立健全相关机制

完善简易程序公诉案件出庭，还须从外部着手，与公安机关和审判机关建立相关的机制。

1. 强化与公安机关、审判机关的外部协调。召开公、检、法三家联席会议，就简易程序案件的办理，达成一致意见，会签工作会议纪要，就案件办理流程、庭审方式简化、公、检、法三家配合等内容明确规定。规定公安机关集中移送，根据案件数量的多少选择一周一次或 2 次集中移送；检察机关集中受理，集中移送起诉；法院集中立案，专人办理，集中开庭，书面告知出庭时间、地点等。加强简易程序案件的三方沟通，特别是庭前与法官沟通，对是否适用简易程序审理、案件中争议焦点和程序上问题提前解决。如不能达成一致意见，应严格适用普通程序审理。

同时，要加强庭审前的法律监督，包括要求公安机关提供法庭审判需要证据、对证据合法性的监督审查、要求侦查人员出庭作证等；对法院是否保证被告人程序选择权和辩护权的监督，对刑诉法新规定的法官是否依法在庭前组织证据开示，召集辩护人、公诉人听取意见的“预审”程序的开展进行监督，对法官对出庭人员和旁听人员资格审查的进行监督等。

2. 优化庭审程序的设计。

（1）简化庭审调查程序。结合实际，在与法院召开联席会议充分磋商的基础上，针对如何保质高效的开好简易庭，制定《公诉部门简易程序出庭规范》。就庭审中起诉书如何宣读、讯问举证质证，法庭辩论，量刑建议等作出明确规定。作者认为，宣读起诉书，要根据个案特点选择宣读的内容。一般案件只念起诉文号，概括主要事实，起诉理由和结论。其中，犯罪事实被告人对其无异议，且庭审前已经阅看不必按原文宣读。如仅对犯罪的细节、情节有异议，对主要事实供认的，则需要全文宣读控方认定的事实，并与随后的针对性讯问呼应。对证据部分，一般案件省略；对稍有争议的，只读证据名称；对有较大争议的，宣读证据名称和证明内容，并在之后的举证质证阶段开展说明。起诉理由和结论一般也不必照原文读，宣读罪状和构成何罪即可，有所争议的另当别论。讯问阶段一般省略，如被告人、辩护人有争议的部分，开展针对性的讯问即可。争议较大的，应建议转为普通程序审理。举证要全，质证则简。仅就证明名称和证明事项进行归纳说明，但法官认为有必要或者被告人、辩护人要求宣读、出示的除外。

（2）明确辩论阶段的重心是量刑和法制宣传。除对被告人的辩解和辩护人的辩护意见发表简要答辩，对庭审焦点争议问题针对性发表意见外，在庭审辩论阶段，公诉人的工作重心应定位在量刑辩论和法制宣传。关于量刑，简易程序定罪无争议情况下，量刑则成为控辩对抗辩论的焦点所在。公诉人庭前提交法院的量刑建议书未必与法官的意见一致，未经过公诉人的充分阐述量刑理由难以为法官、被告人及辩护人接受，公诉人参与量刑能够有效监督法官擅断刑罚，并且法院庭审方式的改革量刑成为独立的程序，这些均构成简易程序公诉量刑建议成为出庭重心的理由。要在起诉前审查案件事实，注意法定酌定情节和被告人认罪的态度，提出适当幅度的量刑建议；庭审时要根据庭审变化适当调整。结合法律规定和事实，充分阐述量刑的理由，要对辩方不恰当的量刑意见进行有力的反驳。特别注意对免除刑事处罚、缓刑、单处罚金、过低的自由刑的监督；注意对同一案件不同被告人刑罚的轻重差别，对相同相似案件的被告人刑罚不一，对选择适用从轻、减轻或者免除处罚不当等等的监督。

简易程序案件的大量适用，是检察机关开展法制宣传教育，促进公民懂法、守法，家庭和社会和谐的重要契机。庭审程序的简化，使公诉人有精力针对个案和类案的情况，开展法制教育。而之前很多案件的庭审法制宣传成为过场或者干脆省略，陷入就案办案的狭隘境地。法制宣传，重点对以下几种案件：一是未成年人犯罪案件，针对未成年人可塑性强、感化教育空间大的特性，法制教育促其浪子回头，尽早成长并为社会接纳。二是邻里朋友纠纷导致的犯罪，激情犯罪，法制宣传促进人与人之间的谅解和宽容。三是涉及人身伤害、有被害人的案件，法制教育有利于促进被告人真诚道歉、平息被害人怨气，取得其谅解。四是社会影响大、人民群众反映强烈的案件，通过严厉谴责犯罪行为，树立法律权威，促进公民守法护法。

试论修改后刑诉法视野下司法公正的实现路径

王全平*

【内容摘要】修改后刑诉法为保障司法公正作出了诸多制度的改进，然而在刑事司法实践中，影响司法公正的因素不仅限于立法层面，更多的是法律实施层面的影响。要对当前制约司法公正的五个因素进行分析，并结合检察机关工作实际，从执法理念、司法公信力等五个方面着手，保障司法公正的实现。

【关键词】修改后刑诉法　司法公正　司法公信力

一、修改后刑诉法彰显司法公正

公正是个历久弥新的话题，作为人类社会永恒的价值追求，人们为此作出了不懈的努力，刑诉法修改从某种意义上说也是为了实现司法公正的价值追求。此次修改后刑诉法的一条主线就是要彰显司法公正，并通过诉讼程序、证据制度、辩护制度、强制措施等制度的完善来实现司法公正的价值追求。

（一）诉讼程序的完善保障司法公正

法律的生命在于实施。司法公正的实现就在于法律实施过程中坚持实体公正和程序公正的结合，法谚“正义不但要实现，而且要以看得见的方式实现”说的就是这个道理。实体公正，即结果公正，是指案件实体的结局处理所体现的公正，既包括通过惩治犯罪实现社会正义，也包括对犯罪惩罚本身的公正性。程序公正，是指司法程序具有正当性和合理性，当事人在司法过程中受到公平的对待。实体公正和程序公正两者共同构成司法公正，两者如“车之两轮，鸟之两翼”，相辅相成、缺一不可。实体公正是程序公正的根本目的，程序公正是实现实体公正的重要保证。然而由于历史和现实的因素，我国刑事司法实践中长期存在着“重实体、轻程序”的理念和做法，重视对

* 江西省抚州市人民检察院干部。

犯罪的打击，不重视程序公正，将程序当作细枝末叶而加以忽略。程序的缺失，导致冤假错案时有发生，如近年来披露的“佘祥林案”、“赵作海案”以及各类看守所离奇死亡案，等等。为此，修改后刑诉法突出了诉讼程序的完善，其中对审判程序的修改就达八处，如调整中级法院的管辖范围和简易程序的适用范围，尤其是简易程序新增规定“适用简易程序审理公诉案件，人民检察院应当派员出席法庭。”有利于检察机关对审判程序的监督，保障司法公正的实现。此外，执行程序的完善，特别程序的新增对保障公民的合法权益，维护司法公正都有积极的作用。

（二）证据制度的完善保障司法公正

证据制度是保证正确定罪量刑的重要制度，证据制度的完善，有利于准确惩治犯罪，保障无罪的人不受刑事追究，有利于推进司法公正，使宪法的尊重和保障人权的精神落到实处。此次修改后刑诉法对证据制度的完善主要有七个方面：一是完善非法证据排除制度；二是明确证人出庭范围和强制出庭制度；三是加强对证人的保护，规定了几种严重犯罪证人的保护措施；四是对刑事案件证明标准作出具体化规定；五是对证据种类作出调整，增加了电子数据；六是明确了举证责任由控方承担；七是明确行政机关办理案件中收集的证据可以在刑事诉讼中使用。① 这些证据制度的完善，尤其是非法证据排除制度和不得强迫自证其罪制度的出台，从制度上对刑讯逼供和其他非法收集证据的行为进行了遏制，对维护司法公正具有深远的意义。

（三）辩护制度的完善保障司法公正

辩护权是宪法赋予犯罪嫌疑人、被告人的一项基本权利，保障辩护权是刑事诉讼的一项基本原则。然而由于传统观念的影响，在相当长一段时间中我们都在强调打击刑事犯罪，而忽视犯罪嫌疑人、被告人的人权保障。为此，修改后刑诉法对辩护制度进行了完善，强化了律师权利的保障力度，如基本原则部分明确提出“应当保障犯罪嫌疑人、被告人和其他诉讼参与人依法享有的辩护权和其他诉讼权利”。将辩护的时间提前至侦查阶段、吸收并完善了《律师法》当中规定的律师会见权、阅卷权，完善了追加律师伪证罪的责任条款并设置了追究律师伪证责任的特殊保护程序等。辩护权作为体现程序公正的重要内容之一，贯穿于刑事诉讼全过程，对犯罪嫌疑人、被告人的人权保障起着难以估量的重大作用，有利于实现程序公正，体现了司法公正的价值追求。

---

① 朗胜主编：《刑事诉讼法修改与适用》，新华出版社 2012 年版，第 5 页。

（四）强制措施的完善保障司法公正

刑事强制措施是国家为保障侦查、起诉、审判活动的顺利进行而授权刑事司法机关对犯罪嫌疑人、被告人采取的限制其一定程度人身自由的方法。强制措施对于及时、准确查明犯罪事实，防止行为人再次犯罪和危害社会，保障刑事诉讼活动的顺利进行具有重要意义。同时，又因强制措施作为一项限制公民人身权利的措施，涉及公民基本权利的保护，因此有必要慎重规范。修改后刑诉法对强制措施的完善较好地解决了强制措施在适用中存在的问题，又加强了对公民权利的保护，强化了司法公正。如进一步明确了逮捕条件，对于具有社会危险性的情形予以明确列举，防止实际操作过程中弹性过大；完善了采取强制措施通知家属规定；增加了检察机关对羁押必要性的审查，强化了检察机关的法律监督等方面。这些强制措施的完善对保障司法公正的实现都具有难以估量的作用。

二、当前影响司法公正的因素

司法公正是司法最本质的要求。在一个法治国家中，通过司法途径来解决社会问题、经济问题乃至政治问题，应当成为整个社会的首选。修改后刑诉法为保障司法公正的实现对很多制度进行了完善，然而司法公正的实现并不是一蹴而就的过程，立法的完善只是第一步，除此之外还有很多因素影响制约着司法公正的实现。

（一）司法公信力的缺失逐渐加剧

在现代法治国家，司法被认为是救治社会冲突最终、最彻底的方式，“司法最终解决”的原则，要求司法必须具有公信力。公信力的概念源于英文词Accountability，是指在社会公共生活中，公共权力面对时间差序、公众交往以及利益交换所表现出的一种公平、正义、效率、人道、民主、责任的信任力。司法公信力是指司法机关依法行使司法权的客观表现，是裁判过程和裁判结果得到民众充分信赖、尊重与认同的高度反映，是社会公众对司法机关的主观评价、心理反映及价值判断。司法公信力是公众对司法公正的客观评价，而司法公正则是提高司法公信力的强有力手段，是产生司法公信力的基础。反过来，公信力的作用，更易引导当事人认同司法的公正性。然而，由于我国传统行政体制和传统观念的影响，我国的司法公信力并不高，并且随着社会利益群体冲突增多，司法权威在一些群众心中正呈逐渐下降的趋势，不信任法律，不相信司法是实现公正的保障，正如最高人民法院常务副院长沈德咏指出“部分群众对司法不信任感正在逐渐泛化成普通的社会心理”,[①] 这种社会心理加上中国老百姓古已有之的清官情结，导致群众普通的“信访不信法”、“信上不信下”的现象。司法公信力的缺失，使社会公众对司法公正产生质疑。

（二）司法难以秉持中立的立场

我国的政治体制实行的是“一元制”的人民代表大会制度，一切行政权、司法权都由此派生并对其负责。人民代表大会制度的优越性本文毋需赘述，为保证司法权准确实施，我国宪法、人民法院组织法、人民检察院组织法都明确规定法院、检察院依法独立行使审判权和检察权，任何团体和个人都无权干涉。然而由于各级审判机关和检察机关的设置类同于各级党政机关，人财物受制于各级党政机关，加上地方保护主义的盛行，司法权在运行过程中自然难免受到各方的干扰，长而久之司法渐失其中立的立场。司法缺乏不偏不倚的中立立场直接影响了司法公正的实现。

（三）司法效率的低效

效率是指以最少的资源消耗取得同样多的效果，或用同样的资源消耗取得较大的效果。刑事司法中的效率是指刑事诉讼以最快的速度、最小的耗费、最大限度地实现刑事司法的公正。[②] 在现代社会，司法效率的高低已成为衡量一个国家法制现代化程度高低的重要标准之一，具有较高效率的司法本身既能保证司法资源的投入与产出之间呈一种较好的比例，同时也能更好地实现社会的公平与正义。公正与效率共同构成社会主义司法制度追求的重要价值目标。然而，司法实践中案件的无故拖延、久拖不决并非个别现象，甚至个别犯罪嫌疑人、被告人被非法超期羁押数十年之久，如广西玉林谢洪武被超期羁押达28年。正如王利明教授指出的“任何一套法律程序，之所以是公正的，在很大程度上是符合效率原则的，至少和这一原则是不冲突的。”[③] 西方法谚语“迟来的正义非正义”说的就是这个道理。司法效率的低效严重影响了公众对司法人员的信任和加深了对司法公正的怀疑。

（四）司法工作人员自身的问题

从严格意义来看，我国法律职业共同体还远未形成，各级司法机关的工作人员同党政机关工作人员都统称为公务员，其选任、晋升、待遇等各方面

① 沈德咏:《部分群众对司法不信任渐成普遍社会心理》，载 http://www.chinanews.com/gn/news/2009/08－19/1825076.shtml，2012年8月15日。

② 王敏远:《公正不能简化　迟来并非正义》，载《检察日报》2012年8月7日。

③ 王利明:《司法改革研究》，法律出版社2000年版，第76页。

与普通公务员无异，难以形成职业共同体的荣誉感、归属感。加之历史原因，司法机关重建后，司法机关在用人、进人时片面追求政治立场而忽视司法工作人员的专业背景，导致司法工作人员法律专业素养参差不齐。司法工作人员个人素质必然在工作中有所体现，比如刑事侦查中轻信口供，对证据的收集不充分、证据的关联性存在缺陷等，法官在判决中说理性不强，存在漏洞等，个别司法工作人员言行不端、举止失范，甚至司法工作人员贪赃枉法现象时有发生，如“黄松有贪污受贿案”、“李宝金受贿案”等。司法工作人员连基本操守都无法坚守时，司法公正的实现自然无从谈起。

（五）司法乱作为和不作为

司法乱作为主要表现在一些司法机关或司法工作人员为谋取个人利益、部门利益或地方利益，违反实体和程序规定，滥用职权进行乱罚款、乱扣押、乱查封、乱冻结等，违反规定插手民事、行政纠纷，为一些恣意妄为的行政权力背书，甚至办人情案、关系案、金钱案，甚至徇私枉法等。司法不作为主要表现为司法机关或司法工作人员不履行法定职责，有案不立，对案件久拖不决，效率低下。我们常说的“立案难”、“申诉难”和“执行难”就是司法不作为的集中表现。如媒体报道的一些当事人赢了官司后，面对难以执行的判决书竟然在街头公开叫卖生效判决书，这对司法的公正性不能不说是极大的讽刺。司法乱作为和不作为的直接影响就是司法公正受损。

三、检察机关保障司法公正的路径选择

检察机关作为宪法和刑事诉讼法明确规定的法律监督机关，同时又作为刑事诉讼程序参与者，其对保障司法公正的实现具有无可替代的地位和作用。因此我们检察机关一定要以此次修改后刑诉法的实施为契机，通过以下路径保障司法公正的实现：

（一）牢固树立“五个意识”、“六个并重”的执法理念

修改后刑诉法将“尊重和保障人权”写入总则部分，规定“不得强迫自证其罪”，使刑事诉讼各个环节都体现了人权保障的要求；对证据制度、辩护制度、强制措施制度等作了重要补充；对检察机关在刑事立案、侦查、审判、刑罚执行等各个环节的法律监督职能进一步细化和明确；新增了诉讼违法行为审查纠正、非法取证行为调查核实、继续羁押必要性审查、对指定居所监视居住决定和执行的监督，特别是新增未成年人刑事案件、当事人和解的公诉案件、违法所得没收、强制医疗四项特别程序。这些新的规定对我们检察机关和检察干警的执法理念、办案方式、工作机制提出了新的要求和挑战，我们检察干警只有与时俱进，及时转变和更新执法理念，严格按照“五个意

识”和“六个并重”的要求，真正将修改后刑诉法的各项制度和措施落实到刑事司法实践中去，回应人民群众的殷切期待，守护公平和正义的底线。

（二）提升司法公信力

“司法公信力之缺乏，仿佛是近年来才惊觉的现实，人们对司法的疑虑，是长期以来司法没有建立起应有的公信力或者公信力流失的结果。对司法的怀疑，日常性地腐蚀着我国法治的基础。”① 面对日渐流失的司法公信力，我们检察机关必须保持充分的警觉，防止司法公信力掉入“塔西佗陷阱”。② 提升司法公信力的途径有很多，本文不一一展开论述，当前重点是要以涉检舆情的处置为突破口提升司法公信力。涉检舆情有正面和负面之分，但以负面为主。这主要是因为人们对外部世界中负面性信息具有天然的选择性和高关注度。这些涉及检察工作负面否定性的评价极易通过媒体传播加以放大，演变为已经或可能对检察工作及形象产生恶劣影响及现实冲击的涉检舆情危机，极大地损害了检察机关司法公信力，引发人们对司法公正的质疑。如2011年“湖南常德当事人集体服农药案”。面对涉检舆情危机，我们检察机关一定要妥善应对，才能将负面的评价和影响降到最小。具体来讲，可以从三方面加以应对：一要加强自身执法办案规范化建设，做好执法办案风险评估预警工作，从源头上预防减少涉检舆情危机产生的可能性；二是要增强对涉检舆情的认识和了解，涉检舆情的发生一般都要经历从萌发、加速、高涨到沉寂的传播过程，因此在处置舆情危机时要针对不同的传播阶段采取相应的措施才能有效地化解；三是要构建积极、稳妥的涉检舆情应对机制，通过适当形式的培训或模拟演练，提高领导者的指挥能力和职能部门的应变能力，善于发现、捕捉苗头性、风险性的舆情热点及时回应和澄清，防止媒体炒作。

（三）强化法律监督工作力度，维护司法公正

检察机关作为国家专门法律监督机关，主要承担两项职能：一是追诉刑事犯罪职能，指行使侦查、提起公诉、支持公诉等权力；二是诉讼监督职能，指对国家专门机关在刑事诉讼中所实施行为的合法性进行监督，包括对侦查、审判、执行等刑事诉讼全过程的监督。这次刑诉法的修改将尊重和保障人权写入刑诉法，并将其作为一项基本原则贯穿刑事诉讼法始终，体现了我国刑事诉讼制度在保障人权方面向前迈进了一大步，此外增加的羁押必要性审查、非法证据的排除、证据合法性的审查、简易程序及公开审理的再审案件派员

① 张建伟：《端正执法观念　提升司法形象》，载《检察日报》2012年8月9日。

② “塔西佗陷阱”得名于古罗马时代的历史学家塔西佗，是指当政府部门失去公信力时，无论是说真话还是假话，做好事还是坏事，都会被认为是说假话、做坏事。

出席法庭等都有利于检察机关履行法律监督职能，维护司法的公正、高效和权威。当然强化检察机关诉讼监督的职能不是为了监督而监督，不是为了检察机关扩权，其根本目的在于维护法律的公平和正义。从近年来群众到最高人民检察院信访的情况分析看，反映法院问题的约占整个涉法涉诉量的 80%；反映公安机关问题的约占 15%。① 对此我们必须有清醒的认识，我们必须勇于面对这些旧问题和新矛盾，坚持以人为本的理念，克服畏难情绪，畅通信访渠道，切实保障公民的申诉、举报、控告等诉讼权利；必须高度重视涉检信访工作，积极协调各部门化解社会矛盾，回应人民群众的合理诉求。

（四）提升司法效率

公正与效率是社会主义司法制度追求的重要价值目标。公正是核心和根本，效率是基础和保证，两者既对立又统一。在刑事诉讼过程中司法公正与司法效率两者之间的关系亦是无法回避的问题，司法公正是建立在司法效率基础上的公正，司法效率的提高又是为保障司法公正的早日实现。修改后刑诉法为保障司法公正的实现，完善了相关的制度和程序。同时，为保障司法效率的提高，对相关制度也进行了改进，如简易程序的适用范围的扩大。当然，在刑事诉讼中要实现公正与效率的统筹兼顾也并非易事，公正和效率虽具有正相关关系，但两者的实现需要相应的条件。这就要求我们必须按照曹建明检察长提出的“始终坚持司法公正与司法效率并重”的要求，在保证办案质量、保障司法公正的前提下，积极探索有利于提高办案效率的机制和措施，努力实现公正与效率的有机统一。

（五）加强检察队伍建设

任何制度的实施都离不开人的作用。司法公正的实现，最终还是取决于司法队伍整体素质的提高。司法人员作为“国之公器”操持者，必须具备精深的业务素质和良好的职业操守，才能成为一个合格的执法者。为此，一方面要严格把握好检察干警准入标准，确保准入的人员具有较高的专业素养，及时淘汰或调离不合格的人员。另一方面要加强检察干警的职业操守建设，使检察干警牢固树立“忠诚、为民、公正、廉洁”政法干警核心价值观，进一步提升检察队伍形象，为最终实现司法公正提供可靠保障。

① 王晓新：《新刑事诉讼法对控告检察工作的影响及应对措施》，孙谦、童建明主编：《检察机关贯彻刑事诉讼法学习纲要》，中国检察出版社 2012 年版，第 187 页。

坚持强化法律监督与强化自身监督并重

浅析新形势下检察机关如何加强自身监督

黄严宏*

【内容摘要】修改后刑诉法丰富了检察机关法律监督措施，赋予了检察机关更多的职责和任务，同时对检察机关自身监督也提出了更高的要求和期待。强化法律监督与强化自身监督是发展过程的两个方面，不可偏废。新形势下，检察机关要从思想建设、制度建设、队伍建设等方面，多管齐下，多措并举，切实加强自身监督。

【关键词】刑事诉讼法修改　法律监督　自身监督　途径

党的十八大报告指出，要建立健全权力运行制约和监督体系，确保国家机关按照法定权限和程序行使权力。检察机关作为国家法律监督机关，既要勇于监督别人，也要勇于接受别人监督，严格做好自身监督。检察机关和检察干警首先要做到正人先正己，自身正、自身硬、自身净。此次刑诉法修改，全面强化了检察机关对刑事诉讼的法律监督，对逮捕、侦查、审判、执行、特别程序等各个环节都加强了法律监督，增添了诉讼监督的内容，扩展了诉讼监督的范围，健全了诉讼监督的程序，使检察机关“监督者”的地位更加凸显。与此同时，加强检察机关自身建设迫在眉睫。刑事诉讼法修改后，检察机关如何适应新形势新需要，有效促进检察工作健康平稳发展，是我们面临的一个重要课题。

一、检察机关加强自身监督的重要性和紧迫性

检察机关作为法律监督机关，负有保障法律统一正确实施的职责，而社会上存在“检察院专门监督别人，谁来监督检察院”的质疑。因此，为了消除公众质疑，促进检察机关规范执法，加强检察机关自身监督意义重大。

（一）加强自身监督是保证检察事业科学发展的必然要求

检察权来源于人民，检察权并不具有天然的免疫力。不重视对自身的监

* 江西省上饶市人民检察院检察长。

督，必将损害检察事业的发展，甚至动摇检察制度的根基，法律监督也就不会有公信力。只有不断强化内部监督工作，加强和完善对检察权运行的监督机制，才能有效回应社会上对法律监督权的质疑，以自身严格、规范的执法实践，证明我国检察制度的合理性和优越性。因此，检察机关要把自身监督工作放到完善中国特色社会主义检察制度、保证检察事业科学发展的大局中来认识和把握，进一步明确自身监督的重要作用，提升执法公信力和社会形象。

（二）加强自身监督是确保检察权依法正确行使的重要举措

刑诉法的修改给检察机关带来了机遇和挑战，既强化了检察机关法律监督职能，也对自身监督提出了更高的要求。因此，在刑诉法修改的背景下，加强检察机关自身监督显得极为迫切。加强自身监督是履行好法律监督职责的基础和前提，是源头治腐，确保严格、公正、文明、廉洁执法的重要举措。检察机关只有切实加强自身监督，才能正确行使人民赋予的检察权，正确履行宪法和法律赋予的法律监督职能。

（三）加强自身监督是检察机关推进惩治和预防腐败体系建设的重要内容

中央关于惩治和预防腐败体系工作规划中确定了教育、制度、监督、惩治等六项工作部署，其中监督是关键，如果监督不力，其他各项部署就有可能落空，惩防体系建设也难以奏效。检察机关不断适应修改后刑诉法的要求，完善自身监督体制机制，改进监督方法和措施，加大监督制约力度，有利于促进检察机关自身反腐倡廉建设，提升检察机关惩防体系建设的综合效应。

（四）加强自身监督是建设高素质检察队伍的现实需要

刑诉法修改后，赋予了检察机关更多职责和任务，身处执法办案一线的检察干警，更易遭受各种诱惑和腐蚀的考验，如果缺乏严密的监督机制，很容易被他人拉拢腐蚀，进而发生违纪违法行为。因此，加强自身监督，确保规范执法落到实处，本质上是对检察干警的关心和保护，是对检察干警切身利益的真正维护，也是确保检察队伍的纯洁、促进检察队伍建设的重要前提。只有认真做好检察机关自身监督工作，始终做到秉公执法、清正廉洁，才能建设一支高素质的检察队伍。

二、始终把强化自身监督与强化法律监督放在同等位置

正确认识法律监督和自身监督的关系，是检察机关必须严肃对待、认真解决的思想问题。修改后的刑诉法，强化了检察机关法律监督职能，但这并不意味着可以弱化检察机关自身监督。相反，应继续加强自身监督，把强化自身监督与强化法律监督放在同等位置，使两者齐头并进，相互促进。

（一）强化自身监督与强化法律监督都是推动检察工作科学发展的重要内容

一方面，检察机关要践行科学发展观，通过实现自身的科学发展，不断提高服务经济社会发展大局的能力和水平，不断强化法律监督，为经济社会发展创造良好的法治环境和提供高效的法律服务。另一方面，要清醒地认识不断变化的新形势，尤其是刑诉法修改给检察机关带来的新要求和新挑战，把自身监督放在更加突出的位置，进一步强化内部监督工作，不断提高执法公信力。

（二）强化自身监督是强化法律监督的基础和保证

强化法律监督是检察工作的目标，强化自身监督是强化法律监督的重要保障。要强化法律监督，取得良好工作成绩，更好地服务于经济社会发展大局，必须首先强化自身监督。因为只有切实加强检察机关全方位的自身监督，做到自身正、自身硬、自身净，才有底气监督别人，才能树立检察机关执法权威，也才能赢得人们群众的认可。相反，如果不重视检察机关自身监督工作，忽视甚至放纵检察干警违法违纪行为，检察机关和检察队伍将不断产生新问题和新麻烦，就会在社会上不断扩大负面影响，不断削弱检察机关执法公信力，最终必将削减法律监督职能，弱化法律监督效果。

（三）强化自身监督与强化法律监督辩证统一，不可偏废

强化法律监督与强化自身监督相辅相成，具有哲学上的辩证统一关系，互相依存，缺一不可。必须始终保持清醒的头脑，防止两种错误倾向，既要防止不敢监督、不愿监督、把法律监督当作“软任务”，又要防止乱监督、滥用检察权、超越法律底线。作为法律的守护者，检察机关必须把握好权力边界，强化自我约束，防止权力滥用。片面强调一方面，忽视另外一方面，都将损害检察事业的科学发展。因此必须摆正两者的辩证统一关系，统筹兼顾抓好法律监督与自身监督，真正做到两手抓，两手都要硬。

三、检察机关加强自身监督的途径和方法

国家工作人员职务活动的廉洁和恪尽职守，只靠个人品格保证是非常脆弱的，可靠和有效的办法是对国家权力的运作、对国家工作人员的职务活动有一套完备、有效的监督制度。① 修改后刑诉法进一步完善了刑事司法制度、强化了检察机关法律监督、赋予了检察机关新的职责任务，为检察工作提供了有利条件；同时修改后刑诉法对于检察机关保障人权、规范执法以及监督

① 孙谦：《检察：理念、制度与改革》，法律出版社2004年版，第400页。

效果等方面提出了更高的要求，使得检察工作面临新的更大的挑战。检察机关要确保法律监督职能充分有效地开展，就必须健全、完善内部监督制约机制，建立多层次、多环节的监督体系。

（一）加强思想教育，牢固树立监督者更要接受监督的意识

一是引导干警树立自觉接受监督的意识。打铁还得自身硬。现在有些干警对自身监督还存在一些错误认识，如认为国家监督体系完备，自我监督是自找麻烦、家丑不可外扬、自身问题尽可能内部解决、检察院管的事少自我监督必要性不大等。因此要教育检察干警尤其是领导干部，牢固树立自觉接受监督的意识，明确强化自身监督是对检察人员真正的爱护和保护，引导大家主动接受监督，乐于接受监督，习惯接受监督，学会和适应在有效的监督下开展工作、履行职责。二是思想教育多讲违法成本和代价。思想教育要抓要害，重实效，注重强调违法犯罪的成本和代价。要经常向干警强调组织培养的良苦用心、工作岗位的来之不易、妻儿子女的殷切期望。要用真实案例触动干警的心灵，和干警一起算算政治账、经济账和亲情账，切实增强干警自省、自重、自律的信念。

（二）强化领导班子内部监督

加强检察机关领导班子内部监督，是完善检察机关领导班子权力结构、规范权力运行、防止权力滥用的客观需要。一是班子成员之间要敢于监督。当前领导班子内部监督方面还存在一些问题，如下级对上级不敢监督，生怕上级“穿小鞋”；上级对下级也不敢认真监督，怕影响班子团结，怕得罪人；领导班子成员之间怕伤了情面，不好相处，即使交心谈心，也只是轻描淡写等等。在这方面，上饶市检察机关是有过深刻教训的。原横峰县院党组成员、公诉科长徐树荣作为一名领导干部，最终因受贿、徇私枉法走上违法犯罪的道路，原因纵然很多，但班子内部监督乏力、权力制约失衡是关键。有一句话虽然通俗，但用于班子成员间的监督有一定借鉴意义，即“永远要尊敬你的领导，但原则问题除外。”因此，班子成员之间要敢于监督、善于监督，注意监督方法，讲究监督策略，既维护班子团结，又确保监督实效。二是完善监督制约机制。要建立健全行使检察权的监督制约机制，充分发挥民主集中制的优势，切实开好民主生活会，真正实现用制度管人、用制度约束人。三是注重对“八小时”以外的监督。加大对班子成员的日常管理和监督，要留心班子成员的爱好习惯和交朋结友，及时发现苗头性的问题，使党内监督、法律监督及群众监督相互配合，相互补充，形成合力，变事后监督为事前、事中监督，切实做到与时俱进，关口前移。

（三）狠抓制度建设，实现自身监督长效化

要确保检察职权的正确运行和检察人员廉洁执法，必须在自身监督制度

建设上狠下功夫。一是制度建设要因地制宜、量身打造。近几年上饶市检察院在制度建设上做了一些有益的尝试和探索，先后制定了《关于加强运用信息化手段推进执法规范化建设的意见》、《进一步加强业务档案管理工作的通知》、《关于加强和改进案件管理工作的若干意见》、《公务接待暂行规定》等内部规范性文件，用制度抓管理，取得了较好的成效。二是制度建设要依托科技、与时俱进。要注重发挥网络等科技的作用，提高监督效率。例如我院为强化网上督查，充分利用检察内网，加强对各项检察业务工作的动态管理和督查，在内网建立“上饶检察工作督查”专栏，对各业务部门的重点环节、重点岗位等强化流程管理。每个月月底，督查办将各业务部门当月的工作情况在内网公开，供全体干警查阅和监督。通过这种网上“晾晒”成绩，形成一种你追我赶的良好氛围，推动全市检察工作高效开展。

（四）切实加强检察机关执法办案活动的监督

检察机关的执法办案活动直接反映到“立检为公，执法为民”的形象，具体体现到“强化法律监督，维护公平正义”的效果。加强检察机关执法办案监督，对于防止检察权的滥用，防范司法腐败，保障规范、文明执法具有重要的作用。修改后刑诉法修改条文多，细化了不少刑事诉讼程序，给检察工作提出了新要求，因此加强检察机关执法活动的监督显得尤为重要。一是注重监督实效。要延伸监督触角，积极创建有效的自身监督机制，使监督网络覆盖执法办案的每个环节。要进行跟踪监督，检察干警的案件办到哪里，监督制约的机制就落实到哪里。二是突出监督重点。监督要有针对性，能切实解决突出问题。从部门而言，应以反贪、反渎、公诉、侦监、监所、控申、民行等部门作为重点。从业务工作而言，应重点抓住查案、公诉、批捕、涉案款物等方面。重点监督不立案、不批准（决定）逮捕、不起诉和变更强制措施的案件。三是监督要全面。要对案件的办理程序、期限、诉讼参与人权利和义务的告知情况、办案监督卡、扣押款物、办案质量及责任等方面进行全面监督，以保障办案部门及办案人员规范执法，严格依法依纪办案。四是加大执法过错责任追究力度。严格落实执法过错责任追究条例，对检察人员违法违规或者严重不负责任导致案件处理错误的，严肃追究责任；坚持从严治检，以“零容忍”的态度严肃查处检察人员违纪违法案件。五是发挥案件管理的职能和作用。最高人民检察院、省院对案件管理工作非常重视，上饶市检察机关在上级院的统一部署下，这项工作正有序开展，目前市院及三个基层院的案件管理机构已获批设立。如何充分发挥案件管理职能，促进自身监督是摆在我们面前的一个课题。笔者认为，要建立科学的办案流程管理机制，制定明确的业务流程，使案件在检察各环节顺畅流转。只有当案件达到该环节的证据标准时，方可进入下一环节。案件办结后，监管人员须在案件监督管理平台的办理阶段和督查阶段填写有关内容，包括办案程序规范情况、超期预警等。① 建立案件质量考评制度和责任追究制度，赋予案管机构相应职权，如赋予其对案件进行检查、评价的权力和监督处分权，对于有瑕疵的案件，应通报相关业务部门和办案人，要求限期整改；可享有监督处分权，如要求纠正权、建议处分权、年度案件质量评议报告权等。

（五）提高认识，自觉接受外部监督

阳光是最好的防腐剂。与内部监督制约相比，外部监督制约机制具有独立性、外在性、公众性、全方位性以及超脱性等特征。② 强化外部监督是加强检察机关自身监督的重要途径。一是自觉接受党委、人大和上级机关的监督。党的领导、人大监督是强化自身监督的重要方面，也是做好检察工作、确保检察权正确行使的重要保证。二是自觉接受人民监督员的监督。充分发挥人民监督员来源于群众的优势，邀请人民监督员参与重要检察工作会议，参与重大案件讨论，以提高检察工作透明度。三是自觉接受社会监督。不断深化检务公开，把自身的执法活动置于当事人、人民群众和社会各界的广泛监督之下。可通过报刊、电台、电视台等新闻媒介宣传检务公开，采用设置宣传栏、制作牌匾、印发小册子等方法不断丰富检务公开的形式，还可探索实行不起诉听证制度，以落实当事人的知情权和参与权，保证办案质量，维护司法公正。四是自觉接受发案单位的监督。向自侦案件的发案单位发放办案纪律监督卡，并经常对发案单位进行回访，请发案单位对办案人员的纪律作风进行评议，接受发案单位的监督。

四、小结

强化法律监督是检察工作立身之本，强化自身监督是检察事业发展之基。检察机关要清醒认识面临的新形势和新挑战，切实增强责任感和紧迫感，把强化自身监督放到与强化法律监督同等重要的位置，不断提高法律监督能力和水平，切实保障国家法律统一正确施行，捍卫司法公正，维护法制权威。

---

① 薛小红：《案件管理的职能定位》，载《人民检察》2012 年第 18 期。

② 单民、薛伟宏：《检察权监督制约机制研究》，载《人民检察》2012 年第 17 期。

试论构建社区矫正检察监督的新模式

吴 波*

【内容摘要】 社区矫正工作已经在全国范围内试行，但是检察机关对社区矫正工作的法律监督却不尽如人意。在刑事基本法修改和《社区矫正实施办法》出台的背景下，检察机关应当注重在纷繁复杂的司法实践中提炼和构建一套具可操作性的检察监督模式。建议通过优化监督方式，完善监督程序，强化监督效力，为中国特色的社区矫正制度的健康发展提供司法保障。

【关键词】 社区矫正　检察监督　模式构建

在宽严相济刑事政策和刑罚执行的社会化、非监禁化趋势的推动下，社区矫正逐渐步入我国的司法领域。作为一种与监禁矫正相对的行刑方式，它是指将符合社区矫正条件的罪犯置于社区内，由专门的国家机关在相关社会团体和民间组织以及社会志愿者的协助下，在判决、裁定或决定确定的期限内，矫正其犯罪心理和行为恶习，并促进其顺利回归社会的刑罚执行活动。自从2003年社区矫正在我国试点以来，检察机关立足法律监督职能，积极参与社区矫正执行活动。但随着社区矫正在全国试行，社区矫正的理论和实践不断丰富和完善，社区矫正检察监督面临着新形势和新任务。因此，如何发挥和改进监督职能，使社区矫正工作达到预期的矫正效果，是目前司法体制和检察工作机制改革中值得探讨的一个重要课题。

一、社区矫正检察监督的缘起、发展与现状

（一）缘起与发展

我国的社区矫正检察监督工作伴随着社区矫正工作的产生而产生，发展而发展。

2003年7月10日最高人民法院、最高人民检察院、公安部、司法部联合

---

* 江西省余干县人民检察院检察长。

下发了《关于开展社区矫正试点工作的通知》（以下简称《通知》），标志着我国社区矫正试点工作正式开始。2003 年 9 月 2 日，“全国社区矫正试点工作会议”在北京召开，确定了在北京、上海、天津、江苏、浙江、山东 6 省（市）的部分地区开展社区矫正试点工作。依据《通知》的规定，上述试点地区的检察机关开始了社区矫正法律监督的探索。例如，2003 年上海市人民检察院发布了《上海市检察机关参与社区矫正工作试行办法》，明确规定了上海市检察机关参与社区矫正工作的主要职责、职能部门及 14 项具体的监督情形。

2005 年年初，“两高两部”将社区矫正试点范围扩大到涵盖东、中、西部的 18 个省（区、市）。到 2007 年，社区矫正试点工作已在全国 24 个省（区、市）的 102 个地（市）展开。2009 年 9 月，随着最高人民法院、最高人民检察院、公安部、司法部联合下发《关于在全国试行社区矫正工作的意见》，社区矫正工作在全国铺开。这一时期，全国各地各级检察机关不断创新法律监督工作方法，推动社区矫正法律监督向前发展。例如，山东青岛市北区检察院在下辖街道成立“社区矫正检察官办公室”，江苏省苏州市沧浪区检察院设立“社区矫正检察监督站”等，这些派出机构依法开展对判决、裁定、决定监外执行的检察监督，依法开展对监外执行交付执行活动的检察监督，依法开展对刑法变更执行和解除矫正、终止执行环节的检查监督。

（二）各地对社区矫正检察监督的模式总结

近十年，社区矫正检察监督从内容到形式都发生了显著的变化，检察监督的内容不断扩大，形式不断更新，但仍然呈现出了一些比较普遍的做法和经验。

1. 建立工作联络机制。检察机关内部的公诉部门与监所检察部门及时互通情况，使监所检察部门及时获得更多的相关信息，形成“齐抓共管”的局面。同时，检察机关同法院、公安、司法行政机关建立了信息共享平台，定期召开联席会议制度，共同讨论社区矫正过程中的难题和问题，提出对策或制定整改措施。

2. 坚持“登记制度”和“调查制度”。每季度对社区矫正对象的底数进行核对、查实，准确登记建档，确保底子清、情况明。积极配合社区矫正部门对拟判处、裁定缓刑、假释等监外执行的罪犯开展庭前调查工作，建立庭前调查档案。

3. 开展专项检查。检察机关会同法院、公安及社区矫正部门每季度开展一次核查监外执行罪犯脱管、漏管专项活动，对辖区的派出所、司法所监外执行罪犯执行及矫正情况进行全面核查、核实。对检查中发现的问题及时提出纠正意见，使帮教人员落实到位，责任落实到人。

（三）存在的问题

检察机关开展社区矫正法律监督工作有利于完善和发展社区矫正制度，强化自身法律监督职能，推动司法改革的进程。但从总体情况来看，检察监督在实践运行中还存在相当大的问题，主要表现在以下几个方面：

1. 检察监督内容不完整，难以发挥监督效果。检察机关向违法单位发出的纠正违法通知书和检察建议书大多指出执法机关的监管不力，造成脱管、漏管，而对矫正机构的矫正措施是否落实，是否合法、得当，却看不出监督成效。而实际上，一些司法所把矫正措施简化再简化，矫正工作没落实，矫正档案记录不完整。可以说，检察机关仍停留于传统的监外执行检察工作，并未对社区矫正中矫正措施的法律监督给予足够重视。

2. 检察手段强制力不足，监督力度较弱。发《纠正违法通知书》或《检察意见（建议）书》仅属于督促纠正权，其本身无强制力保障，“两书”是否被采纳，被监督单位能否纠正违法行为，往往取决于该单位的重视程度、配合行为，如果被监督单位不提出异议、敷衍了事或拒不改正，检察机关实际上也没有更严厉的追究方法。

3. 文书送达机制缺乏统一规范，阻碍了检察机关发现违法的渠道。目前，检察机关发现脱管、漏管的主要渠道是审查、核对有关法律文书。法院、看守所报送罪犯判处管制、宣告缓刑、假释和决定暂予监外执行的法律文书不及时、不主动甚至漏报，而司法行政机关执行时又与检察机关联系不密切甚至很少联系，使得检察机关对社区矫正信息掌握不及时、不齐全，缺乏发现渠道。

4. 人权保障监督不力，检察监督呈乏力状态。被监督罪犯的合法权利不受侵犯，时常成为检察机关参与社区矫正工作的盲点。① 罪犯虽然被判处刑罚，丧失了一定的人身自由权和一定的政治权利，但是其他权益并没有丧失，检察人员在日常监督中往往忽视服刑人员的基本权能和司法权能。

二、修改后的刑事诉讼法对社区矫正检察监督提出了新的更高的要求

（一）社区矫正入刑法、刑诉法的意义

《刑法修正案（八）》规定了对判处管制、宣告缓刑、决定假释的犯罪分子依法实行社区矫正。修改后的《刑事诉讼法》第 258 条规定了“对被判处

---

① 周厚才、胡渝：《社区矫正检察监督存在的问题及对策》，载《重庆工商大学学报（西部论坛）》2008 年第 4 期。

管制、宣告缓刑、假释或者暂予监外执行的罪犯，依法实行社区矫正，由社区矫正机构负责执行。”2012 年 1 月 10 日最高人民法院、最高人民检察院、公安部、司法部联合印发了《社区矫正实施办法》，在第 2 条第 2 款规定了“人民检察院对社区矫正各执法环节依法实行法律监督”。并在第 37 条中明确了规定了监督的形式，即“人民检察院发现社区矫正执法活动违反法律和本办法规定的，可以区别情况提出口头纠正意见、制作纠正违法通知书或者检察建议书。交付执行机关和执行机关应当及时纠正、整改，并将有关情况告知人民检察院。”第 38 条还规定了“在实施社区矫正过程中，司法机关有玩忽职守、徇私舞弊、滥用职权等违法违纪行为的，依法给予相应处分，构成犯罪的，依法追究刑事责任。”

我国的刑事基本法充分肯定了我国社区矫正工作改革实践的成果，从法律意义上确立了社区矫正的刑罚性质，实现了社区矫正规定从无到有，实现了社区矫正对象五类人员向四类人员的转变，实现了暂予监外执行罪犯收监执行条件的具体化，是社区矫正法律制度建立的重大标志。《社区矫正实施办法》详尽规定了公、检、法、司各部门在基层社区矫正工作中的具体职责，具有人性化和实践性，为社区矫正基本法律的出台奠定了基础。

（二）新法律、文件对社区矫正检察监督提出的新要求

1. 检察机关应发挥能动性，根据法律和文件的规定，出台配套措施，以改进法律监督。《刑法修正案（八）》和修改后的《刑事诉讼法》对社区矫正制度的规定相当笼统，不具有可操作性。《社区矫正实施办法》虽然具有很强的操作性，但大都体现在司法行政机关如何进行社区矫正的管理上，对检察机关的法律监督只是作出了原则性的规定，并没有规定具体的措施。因此，社区矫正检察监督仍然缺乏明确、系统的法律保障。这就要求，检察机关不能坐等法律制度的完善，而要在法律制度完善之前，就发挥能动性，出台具体的配套措施。

2. 社区矫正检察监督应该注重全面性，坚持惩罚犯罪和保障人权并重。曹建明检察长在今年的全国检察长座谈会上指出，检察机关要坚持惩治犯罪与保障人权并重，确保刑诉法全面正确实施。《社区矫正实施办法》突出强调了对矫正人员的教育，体现了对社区矫正人员的人性关怀。因此，检察机关在进行社区矫正法律监督的过程中，应该做到监督管理和教育管理相结合，通过监督达到既能防止社区服刑人员脱管、漏管和重新犯罪，惩治犯罪，又能接受社区服刑人员提出的控告和申诉，防止和纠正侵犯社区服刑人员合法权益的行为。

(三) 社区矫正对检察机关监所检察部门的现实影响

检察机关参与社区矫正工作的具体部门是监所检察部门。长期以来，监所检察部门主要承担对监狱、看守所的刑罚执行活动的监督，对社区矫正的检察监督并未投入多少人力、物力。但随着社区矫正工作的推进与完善，未来的刑罚制度发展将进入以非监禁刑为主的阶段，这也意味着监所检察部门的工作重心也要作出重大的调整，坚持监内执行监督和社区矫正执行监督并重。此外，监所检察人员是社区矫正检察监督工作的具体实施者，优化人员配置，提高监所检察人员的素质也是当务之急。

三、构建社区矫正检察监督的新模式

面对当前社区矫正检察监督的现状和新形势，社区矫正检察监督必须进行改革，在借鉴已往经验的基础上，建立一套行之有效的新模式，以适应社区矫正检察监督工作的需要。新的模式主要包括监督方式、监督程序和监督效力。

(一) 优化监督方式

1. 尝试与执行机关联合出台文件。检察机关可尝试与执行机关联合出台文件，加强监督工作与执行工作的衔接，从而从源头上规范执法行为。联合出台文件，既可以保证检察监督不受阻碍地进入社区矫正工作，又可以保证在一套规范中同时建立健全执行程序和监督介入程序，统一和简化社区矫正工作规范。如在联合出台文件中，明确执行机关在执行过程中对检察机关的工作通报制度以及延报、不报责任追究制度等，促使其主动接受监督，也确保检察机关对执法信息的知悉权。

2. 建立直接监督工作机制。实际工作中，检察机关对脱管、漏管的监督仍停留在事后监督，是在脱管、漏管已成事实的状态下被发现进而要求有关部门进行纠正，无法从源头上减少脱管、漏管的发生，因此应更加注重把好交接关。建议检察机关派员出席法庭，现场监督法院、公安、司法各单位开展监外执行罪犯集中交接工作，监外执行人员一经法院判决、裁定生效，当场由公安、司法等单位登记监外执行人员名单，确保“人到现场、档案齐全”，并马上纳入社区矫正，实现罪犯在法院、公安、司法、社区一站式集中交接，有效杜绝入矫环节漏管。同时检察机关还可以监督法院是否履行告知义务，即告知罪犯在监外执行期间应遵守的规定和违反规定所受的处罚，避免罪犯因对监外规定的不知情而发生脱管现象。

设立派驻式检察室进行日常的监督管理。可以在社区（乡镇）设立检察室，主要承担对社区服刑人员的监督管理。一方面，通过检察官约见、谈话制度，可以了解社区服刑人员的诉求和心理变化，以便督促司法行政机关制定矫正方案；另一方面，可以掌握第一手的信息资料，避免对司法行政机关过度的依赖，影响监督效果。

开办社区法制讲堂，定期对司法行政人员、社区矫正志愿者以及社区服刑人员进行法制讲座。这不仅符合《社区矫正实施办法》第 15 条的规定，也能大大提高对社区矫正人员宣传教育的效果，起到预防和监督的作用。

（二）完善监督程序

检察机关对社区矫正进行法律监督，必须建立严格的法律监督程序，并把严格的法律监督程序作为社区矫正法律监督的必要手段，才能把社区矫正法律监督工作落到实处。

1. 建立完善信息管理平台。按照全程监督、动态管理、分类管理的要求，建立和完善矫正对象"检察台账"制度。

2. 建立健全检查发现机制。坚持定期检查与随时检查、全面检查与重点检查相结合，重点核查辖区内社区矫正罪犯的人数，审查相关的法律文书、档案资料、统计报表，了解重点罪犯刑罚执行情况，及时发现和解决执行、帮教环节中存在的问题。

3. 建立完善纠防联动机制。一方面，要加强与法院、公安机关、司法行政机关的联系，建立社区矫正工作的联席会议和信息通报制度，适时开展联合检查活动。另一方面，加强日常检察和监督纠正相结合，在检察环节中针对发现的突出问题，正确运用监督手段纠正违法。

（三）强化监督效力

"一个法律制度，如果没有可强制实施的惩罚手段，就会被证明无力限制非合作的、反社会的和犯罪等因素，从而不能实现其在社会中维持秩序与正义的基本职能。① 因此，监督权也必须以强制力为后盾，建议将检察机关对刑罚执行进行监督的规定中一些弹性条款改为刚性规范，为检察机关的法律监督手段注入强制力。因此，应明确规定纠正违法的强制性，规定纠正违法的程序，对违法行为责任人处以必要的惩处措施。②

1. 突出纠正违法的强制力。对于被监督部门不理会检察机关发出的《纠正违法通知书》的情况，可以参照检察机关办理审查逮捕案件作出不捕决定

---

① ［美］博登海默：《法理学——法哲学及其方法》，邓正来译，华夏出版社 1987 年第 1 版，第 334 页。

② 伦朝平：《刑事诉讼监督论》，法律出版社 2007 年版，第 148—149 页。

的程序进行制定，具体如下：[1] 被纠正违法的刑事执行机关必须在规定时间内纠正违法行为，并将纠正情况在纠正后的3日内向检察机关书面回复。对于纠正违法通知书提出的纠正意见有异议的，应当在收到纠正违法通知书的3日内提出不同意见，检察机关重新审查是否撤回纠正违法通知书，检察机关坚持纠正意见，刑事执行机关可以向提出纠正意见的上一级检察机关提出复议，上一级检察机关应当在5日内作出决定，通知下级检察机关和刑罚执行机关。

2. 依法追究相关责任人的行政、刑事责任。为提高检察机关监督的刚性约束力，必须在赋予检察机关纠正违法行为的同时，规定被监督机关及责任人无正当理由不执行纠正违法通知书的相应制裁性后果。对于因监管、矫正失职造成违法行为的，应根据违法情节轻重，建议纪检监察机关予以处理；对于已构成犯罪的行为，应依法行使检察机关职务犯罪侦查权，对其进行查处。

① 李忠诚：《刑事执行监督功能探讨》，载《人民检察》2003年第2期。

扩展与谦抑：修改后刑诉法视野下的诉讼监督平衡性刍议

单 凯[*] 孔 君[**]

【内容摘要】 诉讼监督的平衡性是权力制衡原则在诉讼监督领域的体现，指的是在拓展诉讼监督范围、手段、完善诉讼监督程序的同时，检察机关应保持诉讼监督权力行使的谦抑性。在修改后刑诉法即将实施的背景下，应当依据权力平衡性原则，通过完善监督法律、创新监督方式、突出监督重点、协调监督关系来保障刑事诉讼活动的顺利进行。

【关键词】 诉讼监督 职能扩展 权力谦抑 平衡性

诉讼监督是指检察机关依照法定程序对诉讼活动中的违法行为进行监督、纠正，以保障法律统一、正确实施的一系列诉讼活动。① 在修改后刑诉法扩展诉讼监督权能的同时，检察机关应当在讼监督权力运行过程中保持克制和谦让的态度，以保证刑事诉讼监督工作的顺利开展。

一、职能扩展——修改后刑诉法强化诉讼监督内容之评析

诉讼监督是检察机关的一项重要职责，但对诉讼监督缺乏力度的指责一直不绝于耳，而实践中检察机关不敢监督、不善监督、不愿监督的现象在一定程度上确实存在。讨论诉讼监督的文章浩如烟海，绝大部分文章都指出缺乏可操作的法律规范是导致诉讼监督效果不佳的重要原因之一。近几年，各省级人大常委会纷纷出台了关于加强诉讼监督的决议，最高人民检察院也于2009年12月制定了《关于进一步加强对诉讼活动法律监督工作的意见》，诉讼监督工作有了很大改观。在这一背景下，第十一届全国人大五次会议通过的刑诉法修正案赋予了检察机关更多的监督职责，增加了新手段和措施，拓

---

* 江西省永修县人民检察院检察长。

** 江西省永修县人民检察院干部。

① 孙谦、童建明：《论诉讼监督与程序公正》，载《人民检察》2010年第22期。

展了检察机关履行职责的空间，这为检察机关开展诉讼监督工作提供了坚实的法律基础，创造了良好的机遇。

（一）修改后刑诉法加强了检察机关对侦查活动的法律监督

刑事诉讼过程中，侦查机关不仅有权决定对公民财产的强制性措施，还有权决定拘留、取保候审、监视居住等限制公民人身自由的强制措施。而现行刑诉法关于检察机关对侦查活动的监督主要是在审查逮捕环节，这种监督显然是滞后的、无力的。修改后的刑诉法从以下四个方面加强了检察机关对侦查活动的法律监督：一是加强了对羁押执行的法律监督。为了贯彻刑事强制措施适用中的比例原则，控制和减少审前羁押，修改后刑诉法第93条在细化和完善检察机关审查批准逮捕的职权外，赋予检察机关在逮捕后对羁押必要性的审查权。二是明确了对指定监视居住的决定和执行的法律监督。修改后刑诉法将监视居住与取保候审区分开来，规定了不同的适用条件，并规定了检察机关对监视居住的决定和执行进行监督的权力，有效防止这一措施在实践中被滥用。三是加强了对非法取证行为的法律监督。修改后刑诉法第五十五条明确规定了检察机关对侦查人员的非法取证行为有调查核实权和通知纠正权，并有权对取证过程中的犯罪行为立案侦查，追究相关人员的刑事责任。四是明确了对采取财产性强制措施的法律监督。修改后的刑诉法规定，当事人和辩护人、诉讼代理人、利害关系人对于司法机关及其工作人员的五种违法查封、扣押、冻结财物的行为有权申诉和控告，并规定了检察机关对控告和申诉有审查核实和通知纠正的权力。

（二）修改后刑诉法加强了检察机关对审判活动的法律监督

简易程序审理的案件检察机关普遍不派员出庭，一般由书记员宣读起诉书，这既违背了“控审分离”的原则，也不利于检察机关对简易程序审判活动的法律监督。此外，自量刑规范化工作开展以来，量刑程序更加透明，量刑结果更加公正，累诉和缠诉现象明显减少，进一步提高了刑事司法公信力。尽管如此，现行刑诉法仅规定了法庭辩论阶段控辩双方可以就定罪、量刑发表意见，重定罪、轻量刑的问题仍然存在。针对上述问题，修改后的刑诉法第209条、210条对简易程序的适用范围、条件以及审判组织都作了修改和完善，并明确规定了检察机关应当派员参加适用简易程序的公诉案件。这将有利于检察机关开展对简易程序审判活动的法律监督。另外，修改后的刑诉法第193条明确规定了在法庭审理过程中，对定罪、量刑有关的事实、证据都应当进行调查、辩论。量刑程序独立以后，对量刑事实和证据的调查、辩论将会成为庭审的重点内容之一，公诉人出庭参加对量刑程序的调查和辩论，有利于检察机关对量刑程序的合法性和相关审判活动进行监督。

（三）修改后刑诉法加强了检察机关对刑罚执行活动的法律监督

现行刑诉法关于刑罚执行活动的规定过于原则，缺乏可操作性，因此对刑法执行活动法律监督存在着不少问题。一是暂予监外执行的决定机关不明确，暂予监外执行决定送达不及时或不送达，造成难以监督或难以纠正。二是法院对减刑、假释案件实行批量裁定，检察机关难以在短时间完成审查。①三是对死刑复核缺乏监督，在司法实践中形成了法院内部的报批核准程序。针对这些问题，修改后的刑诉法对加强刑罚执行的法律监督进行了修改和完善。一是完善对暂予监外执行、假释和减刑的监督。修改后的刑诉法规定，执行机关提出暂予监外执行、假释、减刑的书面意见或建议书的，应当将副本同时抄送检察机关。批准机关或者人民法院收到检察机关认为暂予监外执行、假释、减刑意见不当的书面意见后，应当对决定或裁定重新核查或审理。针对减刑、假释工作中出现的问题，修改后刑诉法规定了检察机关提出纠正后，法院应当重新审理。二是完善了对死刑复核的法律监督。为保证死刑复核案件质量，切实体现少杀、慎杀的死刑政策，修改后的刑诉法第240条第2款明确规定检察机关对死刑复核的监督权，一方面在死刑复核程序中最高人民检察院可以向最高人民法院提出意见；另一方面最高人民法院应当将死刑复核结果通报最高人民检察院。②

二、权力谦抑——现代法治理念下的诉讼监督权力运行原则

在修改后刑诉法拓展检察机关诉讼监督权能的情况下，我们更应该警惕实践中存在的诉讼监督职权范围不清与权力行使过度问题，防止对诉讼监督理解的泛化和诉讼监督权力行使的异化。因为任何权力都具有被滥用和自我扩展的属性。为防止“国家公权力失去救济的本性，变成侵犯和牺牲公民权益的手段”，③ 权力行使必须体现谦抑性原则。

（一）谦抑性原则的含义

谦抑性是一个外来输入概念，主要体现在刑法上，日本刑法学家平野龙一认为刑法的谦抑性包括刑法的补充性、不完整性和宽容性三个层面的含义。所谓补充性是指刑法所具有的保护法益的最后手段的特性；不完整性体现了刑法不介入市民生活的各个角落；即使现实生活已发生犯罪，但从维护社会秩序的角度来看，缺乏处罚的必要，因而不进行处罚的特性就是刑罚的宽容

① 黄太云：《刑事诉讼法修改释义》，载《人民检察》2012年第8期。

② 黄太云：《刑事诉讼法修改释义》，载《人民检察》2012年第8期。

③ 孙谦：《中国的检察改革》，载《法学研究》2003年第6期。

性。刑法的谦抑原则的思想基础可追溯到18世纪后期开始的启蒙运动，后来演变成为现代法治理念中非常重要的内容，主要是指国家公权力机关，特别是司法机关在行使权力时保持克制。[①] 国家公权力既要非常谨慎地避免对生活和自由的过度干预，也不能越俎代庖地行使其他机关的职权。一方面，刑事司法权谦抑，必须敬畏公民这一权利主体；另一方面，刑事司法权谦抑，就不会随意放弃职责任务，也不会越权包揽立法、行政权限范围内及其他法律没有授权的工作，使刑法谦抑能获得精当实行。[②] 因此，权力谦抑原则包括两个层面：一是国家针对公民权利的谦抑，另一个是国家公权力机关行使职权时相对于其他国家公权力机关的职权谦抑。[③]

（二）诉讼监督通过对其他司法权力的规制来保障对公民权利的谦抑

修改后刑诉法除在实体和程序上扩展了检察机关诉讼监督的权能外，也注重强化了检察机关履行诉讼监督职能方面的责任，尤其在保障诉讼参与人、犯罪嫌疑人和被告人权利方面新增了不少规定，彰显了法律对公权力运行的规制和约束，体现了谦抑性原则。例如，修改后刑诉法第115条规定了检察机关对司法机关及其工作人员滥用强制措施等行为的法律监督，第47条规定了检察机关对司法机关及其工作人员阻碍律师依法执业的法律监督，第289条规定了检察机关对强制医疗的决定和执行的法律监督，等等。除增加了检察机关保障公民合法权利的内容外，修改后刑诉法还规定了相应的保障性措施，确保刑事诉讼监督实效。一是赋予了检察机关对违法行为的调查权。如修改后刑诉法第55条规定："人民检察院接到报案、控告、举报或者发现侦查人员以非法方法收集证据的，应当进行调查核实。对于确有以非法方法收集证据情形的，应当提出纠正意见。对于以非法方法收集证据，构成犯罪的，依法追究刑事责任。"二是规定了相关机关的告知义务。如修改后刑诉法第256条规定："决定或者批准暂予监外执行的机关应当将暂予监外执行决定抄送人民检察院。"第262条第2款规定："被判处管制、拘役、有期徒刑或者无期徒刑的罪犯，在执行期间确有悔改或者立功表现，应当依法予以减刑、假释的时候，由执行机关提出建议书，提请人民法院审核裁定，并将建议书副本抄送人民检察院。人民检察院可以向人民法院提出书面意见。"三是明确

① 程晓路：《检察机关诉讼监督的谦抑性》，载《国家检察官学院学报》2012年第2期。

② 方工：《刑事司法权需要谦抑》，载《检察日报》2011年6月23日。

③ 程晓路：《检察机关诉讼监督的谦抑性》，载《国家检察官学院学报》2012年第2期。

了诉讼监督的效力。修改后刑诉法第 93 条规定检察机关提出释放或者变更强制措施的建议后，有关机关应当在 10 日以内将处理情况通知人民检察院。修改后刑诉法加强了诉讼监督权对其他司法权力的制约，使其避免对公民自由的过度介入和干预，保持行使过程中谦让和克制。

（三）诉讼监督的含义体现了对其他司法职权的谦抑

诉讼监督本身是有边界的，其内涵和外延都是有界定的，尽管修改后的刑诉法拓展了检察机关诉讼监督的权能，但诉讼监督的范围、手段和效力仍然是有限的。诉讼监督是监督纠正诉讼活动中违法行为的一项活动，具有一定的强制力，因此，诉讼监督权只有在必要条件下才能启动和进行。

第一，诉讼监督是对违法行为的监督。违法行为是诉讼监督产生的前提，不能将监督与正常行使权力下的制约与配合混为一谈。例如，检察机关对于公安机关侦查终结移送审查起诉的案件经审查后作出不起诉决定，体现了公诉权对侦查权的制约，又如法院不能超出检察机关指控犯罪的事实进行判决，还有目前大力推行的量刑建议权，这些都体现的是公诉权对审判权的制约，这种制约基于权力分工、制衡原理产生，并非出现了权力违法而产生。又如对于公安机关的侦查活动，现在有“检察引导侦查”的做法，并且效果良好。但是，需要注意的是，在这种情况下，侦查权仍然是属于公安机关的，检察院只是在帮助公安机关更好地展开侦查取证工作。检察引导侦查的活动，并非因为出现了违法的情况而进行的，并非检察机关的诉讼监督权的行使，而体现的是《宪法》第 135 条规定的检察机关与公安机关的相互配合。

第二，诉讼监督是平等主体之间的监督。一般意义上“监督”属于自上而下的权力约束，强调监督主体的超脱性，包含有指挥和领导的含义，更多表现为运行方式的单向性。而实际上检察机关与公安机关、审判机关地位上是平等的，所以随着“监督”一词在我国现行法律中的广泛应用，“监督”有平行权力之间的制约意义。正如有的学者指出，法律意义上的“监督”是指“特定机关和个人依法对特定对象有法律意义的行为进行制约的活动”。①我国《宪法》第 135 条规定：“人民法院、人民检察院和公安机关办理刑事案件，应当分工负责，互相配合，互相制约，以保证准确有效地执行法律。”修改后刑诉法依然在总则第七条保留了该项规定，由此可以看出，检察机关的监督权力属于横向权力，在刑事诉讼过程中，公、检、法互相配合、相互制约。

第三，诉讼监督是程序性的监督。从人们认识事物的逻辑来看，诉讼监

① 宋世杰：《论监督及其立法》，湖南出版社 1997 年版，148 页。

督的推进应当包括发现违法、确认违法、纠正违法和惩罚违法若干阶段。① 尽管修改后刑诉法丰富了检察机关诉讼监督手段，比如第55条赋予了检察机关违法行为调查权，而从现实的诉讼监督权力配置来看，检察机关对诉讼活动中的违法行为，仍只具有纠正违法和惩罚违法的启动权及建议权，而对于违法的确认权完全由被监督机关享有。比如侦查监督中，检察机关对于公安机关的侦查活动出现的违法行为仅有提出纠正意见的权力，并无直接处分违法人员的实体权力。在审判监督中，检察机关对法院确有错误的判决、裁定提出抗诉，仅能启动法院的再审程序，并不代替审判机关行使职权，或者强迫法院按照自己的意志进行审判。同时，诉讼监督作为司法制度自我纠错的重要机制，具有保障司法机关抵制外部干扰的重要作用，② 是维护司法独立的重要权能。

诉讼监督含义明确了其权力运行的合理边界，使得检察机关在行使诉讼监督权的过程中保持了克制和谦让，避免了不同机关之间的冲突与内耗。与此同时，诉讼监督的谦抑性也可能成为检察机关履行诉讼监督职责的羁绊，在修改后刑诉法强化检察机关诉讼监督职能的背景下，不能将避免与其他司法机关的对抗和摩擦作为不愿监督、不敢监督的借口。

三、路径选择——诉讼监督平衡性的合理定位

诉讼监督是法律地位平等主体之间在有关诉讼活动中维护法益，追求公正、平衡利益，实现诉讼价值目标取向的手段机制。③ 因此，诉讼监督不能扩张也不能谦抑，而应在拓展诉讼监督范围、手段，完善诉讼监督程序的同时，正确认识诉讼监督作用，保持诉讼监督的平衡性定位。平衡性原则也就是指权力制衡、权力制约，是指在法律制度的框架下，对各种权利的行使进行明确的界定，并对越权行为设定明确有效地纠错机制，让权力时刻处于监督和相互制约的状态。诉讼监督是权力制约理论在诉讼程序中的重要体现，是维护司法公正、保障人权的重要措施。④权力制衡需要权力各组成部分和行使权力的各方在运行过程中在相互对峙、制约的基础上形成相对稳定、共存的状态。它应当包括以下四个方面含义。一是权力主体的多元。只有权力存在于两方或多方之间才能有平衡。二是权力之间的力量均衡。势力相当、力量均

① 谢财能：《程序视角下诉讼监督的权力结构和配置》，载《北京政法职业学院学报》2010年第4期。

②④ 孙谦、童建明：《论诉讼监督与程序公正》，载《人民检察》2010年第22期。

③ 周平：《试论诉讼监督与检察权契合的边界》，载《中国检察官》2011年第2期。

衡是能形成相互博弈的基础。三是对抗与妥协并存。冲突与妥协共存是保证权力结构稳定的必要条件。四是理性平衡。权力制衡要考虑成本与收益，不能为制衡之目的而不考虑社会资源。① 在修改后刑诉法即将实施的背景下，应当根据平衡性原则找准诉讼监督的合理定位，确保诉讼监督权依法、正确行使。

（一）在完善监督法规上要注重宽严有度

尽管修改后的刑诉法为诉讼监督的开展奠定了良好法律基础，但我们应清醒地认识到诉讼监督制度的完善是一项浩大的系统性工程，在司法实践中仍然会面临诸多问题。修改后刑诉法拓展了检察机关诉讼监督的职能，但很多规定仍然是原则性的，对新增加的诉讼监督内容仍缺乏保障性措施。比如修改后刑诉法第 73 条仅规定了“人民检察院对指定居所监视居住的决定和执行是否合法实行监督”，对检察机关如何进行监督未作详细规定。因此，推进诉讼监督工作的开展还需要有相关的法律解释和司法解释予以丰富和完善，检察机关应结合修改后的刑诉法和司法实践尽快完善《人民检察院刑事诉讼规则》，出台新的关于加强诉讼监督工作的意见。在完善诉讼监督相关法律规范上应保持头脑清醒，既要制定具有可操作性的刚性规则，又不能盲目地追求诉讼监督权扩展，而应当依据权力平衡性原则，在保障诉讼监督权行使效果的同时，坚持诉讼监督对司法权力运行的保障性和补充性的定位。

（二）在运用监督方式上要注重刚柔并济

虽然修改后刑诉法扩展了检察机关诉讼监督手段，增强了监督刚性，但为保证在权力平衡状态下的诉讼监督效果，检察机关要注意避免采取与被监督机关违法严重程度不相称的诉讼监督方式。这就要求检察机关在行使诉讼监督权时要注意方式方法，不能动辄以违法调查或纠正违法这样机械、强硬的方式进行监督，即便在个案上有了监督效果，也会导致不良的对抗情绪，进而影响长远的监督效果。因此，在履行诉讼监督职责过程中，应注重监督方式的层次性，只有刚柔并济才有利于诉讼监督工作的长远发展。在对侦查活动监督中，应根据违法行为的严重程度，依次采取口头检察建议、书面检察建议、调查违法行为、纠正违法通知书的方式。在对审判活动监督中，注重运用再审检察建议的监督方式，只要能督促法院启动内部纠错程序就尽量不采取抗诉的方式。在刑罚执行监督方面，要注重惩罚犯罪与保障人权的统

---

① 姚同生在《权力制衡：一种多元民主的视角》一文中阐述了权力社会制衡的 3 方面条件，楼缙东在《论司法权的监督制约》一文中阐述了司法权平衡含义包括 6 个方面，笔者综合借鉴这两篇文章观点总结出保持权力制衡的 4 个方面的含义。

一，做到配合与制约相协调，全面加强对刑罚执行活动的同步监督。对诉讼活动中的违法犯罪行为，坚持违法行为调查权与职务犯罪侦查权的对接，纠正司法不公，惩罚司法腐败。此外，检察机关可结合实际情况，创建和完善相应的诉讼监督方式的解释机制，如检察建议说理机制，纠正违法会商机制等，以化解被监督机关对诉讼监督的抵触情绪，达到对抗与妥协并存的平衡状态，确保诉讼监督效果。

（三）在把握监督环节上要注重突出重点

在检察职能的发挥中，要充分认识到行使检察权进行诉讼监督的资源是有限的，涵盖于刑事诉讼全过程的监督事项是无限的。所以形成了检察权的形式与诉讼监督事项无法契合、无法无缝对接的差异性。① 权力和责任是辩证统一的关系，修改后的刑诉法增加检察机关诉讼监督的权力也就是增加了职责，在基层检察院人员不足的情况下，检察机关诉讼监督权的行使不可纠结于应然状态的全程监督，而要根据诉讼活动过程中的现实需要进行实然状态下的重点监督，以达到理性平衡。所以检察机关诉讼监督工作应该“突出重点，注重实效，提高效率，保证质量。”② 修改后刑诉法的新增内容是司法实践活动经验总结，理应成为检察机关诉讼监督工作的重点，所以当前检察机关诉讼监督的重点应该包括以下三个方面：一是保障诉讼活动参与人、犯罪嫌疑人和被告人的合法权益，加强对司法机关及其工作人员阻碍律师依法执业行为的监督，加大对刑罚执行活动的监督力度，实现对减刑、假释、暂予监外执行的同步监督，强化对死刑复核程序的监督。二是保障诉讼程序合法，加强对司法机关及其工作人员收集证据和使用强制措施合法性的监督。三是保障审判活动合法，加强对简易程序审理案件和庭审中量刑程序的法律监督。

（四）在处理监督关系上要注重协调配合

在积极履行职责，认真开展诉讼监督工作的前提下，依法、正确、恰当处理好与其他执法、司法机关之间的关系，是检察机关切实履行好诉讼监督职责的重要保障。在进行诉讼监督过程中不注重沟通，态度生硬，只顾对抗，不讲妥协，必然使得检察机关与被监督机关关系紧张，进而在诉讼过程中互相扯皮、内耗，导致司法权力内部运行过程中的失衡。而在诉讼过程中，只是为了维持机关之间的良好关系而怠于履行监督职责，也将导致诉讼监督权力的虚化。所以检察机关在刑事诉讼过程中，应当本着保证诉讼监督实际效

---

① 周平：《试论诉讼监督与检察权契合的边界》，载《中国检察官》2011年第2期。

② 《最高人民检察院关于进一步加强对诉讼活动法律监督工作的意见》对诉讼监督工作的基本要求。

果的初衷，既要注重与被监督机关进行必要的沟通，消除其抵触心理，推动与各执法、司法机关建立健全协调配合、联席会议、信息共享等机制，又要增强监督意识，合理运用修改后刑诉法赋予的监督权力，以保证刑事诉讼活动的顺利进行。在对侦查活动进行监督过程中，如果因办案人员的无心疏漏导致的瑕疵，应当采取口头提醒的方式督其予以纠正，而不是动辄就行使调查权或向侦查机关发《纠正违法通知书》。如果侦查活动确实存在较为严重的违法情形，采取提醒方式没有效果，则应该坚决启动对违法行为的调查权并提出纠正意见。在刑事审判活动中，不能因为最终判决与公诉请求不一致，就立即以监督者的身份提出抗诉，如果因为对法律理解上的分歧，检察院还应该主动与法院沟通协调，争取达成一致，保持诉讼监督权的适度收敛和节制。如果刑事判决确实违法，有损司法公正，则应该按照审判监督程序依法提出抗诉。

形成共识　积极创新
努力实现法律监督与自身监督的有机统一

李仲学*

【内容摘要】 修改后的刑诉法细化了检察机关法律监督职能，增加了监督方式，强化了监督手段，也对检察机关履行职能提出了更高的要求。要坚持法律监督与自身监督并重，通过转变思想认识、完善法律监督机制、创新自我监督方式、提高监督质效，切实确保修改后的刑诉法在检察工作中得到全面贯彻落实。

【关键词】 法律监督　自身监督　修改后刑诉法

修改后的刑诉法进一步总结和巩固司法改革成果，针对诉讼中法律监督存在的问题和司法改革的要求，运用大量的条款规定了法律监督的内容，使1996年以来的刑事诉讼法律监督从抽象步入具体，把诉讼中的权力配置、组合提高到一个更高的层次，使之更加民主、更加科学，[①]全面强化了检察机关法律监督职能。但是当修改后的刑诉法赋予检察机关更具体的法律监督职能的时候，也对检察机关履行职能提出了更高的要求。检察机关必须牢固树立监督者更要自觉接受监督的意识，坚持用比监督别人更严的要求来监督自己，只有这样才能确保修改后的刑诉法在检察工作中得到全面、有效、不折不扣的贯彻落实。在7月份召开的全国检察长座谈会上，曹建明检察长在讲话中就明确要求检察机关务必牢固树立“五个意识”，努力做到“六个并重”，其中就包括始终坚持强化法律监督与强化自身监督并重。我们要结合刑诉法的修改和具体检察工作，认真抓好贯彻落实。笔者结合临川区检察院具体工作实践，就如何实现法律监督与自身监督并重和有机统一，谈几点粗浅的认识与体会。

---

* 江西省抚州市临川区人民检察院检察长。

① 樊崇义：《刑事诉讼法律监督规定从抽象走向具体》，载《检察日报》2012年4月13日。

一、把握前提：切实形成执法共识

提高认识是改进行为的前提，转变理理念是促进发展的先导。要做到法律监督与自身监督并重，首先必须解决思想认识的问题，这里既包括对两者关系的认识、司法机关整体的认识，也包括检察机关在实行法律监督过程中对一些重要关系的认识。

（一）正确认识法律监督与自身监督的关系

强化法律监督是检察机关的立身之本，强化自身监督是检察工作的发展之基。强化法律监督的前提之一是检察机关自身监督体制的完善，其目的是更好地履行法律监督职能。法律监督是宪法赋予检察机关的职权，认真履行法律监督职能是检察工作的根本。尤其是刑诉法修改后，对检察机关的法律监督职能的规定更具体、更明确、更易于操作。刑诉法修改扩展了法律监督的职能，客观上要求检察机关自身监督必须进一步加以完善。自身监督工作的好坏，直接影响到法律监督的质量。所以在对外切实履行法律监督职能的同时，必须强调自身监督的健全与完善。二者应统筹兼顾，不可偏废。

（二）切实转变司法机关对法律监督表面化的认识

强化法律监督必须在司法机关的思想认识上形成共识。由于修改前的刑诉法对检察监督权的规定相对抽象，不够具体明确，实践中不易于操作。以侦查监督为例，检察机关对侦查活动的监督往往体现在表面，甚至形成了立案监督在侦查监督活动中占据绝对主导地位的局面，对侦查监督工作的目标管理考评也往往以立案监督数量与质量的变化决定工作的业绩。长期以来，使侦查部门形成了对检察机关侦查监督权表面化的认识。侦查监督权一度出现了偶然性与随意性多于常规性的特点。在实践中，侦查机关对于检察机关系统、全面和制度化的法律监督工作，往往不理解、不配合，甚至有所抵触。这种现象导致检察机关对侦查机关违法违规行为，多采用召开协调会、补充相关手续、发出检察建议等软性措施加以解决。这些软性监督形式虽然在实质上也取得了一定的作用，但没有从法律层面凸显检察机关的监督属性。有鉴于此，刑诉法修改后，临川区检察院迅速会同侦查机关，共同召开了以“加强法律监督，确保案件质量，维护社会稳定”为主题的科级以上干部研讨会。会上，双方在检察机关行使侦查监督权方面，形成了高度统一的认识，共同制定了《关于共同加强侦查监督工作的实施细则》。实施细则就检察机关侦查监督工作的13个方面作出了详细的规定。会后，双方开通专线，建立了局域网，把采取刑事拘留、取保候审、监视居住等强制措施以及检察机关批准逮捕、移送起诉等案件的相关信息发布网上，实现了信息共享，并根据工作需要形成季度报告，相互交换。对于双方开展的活动、采取的监督措施、存在的问题以及改进措施形成月报表，相互发送，共同提高。监督机制的完善与监督力度的加大，既推进了自身侦监工作，也提高了侦查机关的思想认识。

（三）强化法律监督须正确处理三个关系

如果说敢于监督需要决心与勇气，那么善于监督则是方法与技巧的问题。通过检察工作实践，我们认识到，在法律监督的过程中，要正确处理三个关系：

一要处理好方法与效果的关系。法律监督的最终目的是实现公平正义，法律效果上力求实现“勿使之再犯”。在履行监督职责时，应本着公、检、法三机关“分工负责，相互配合，相互制约”的原则，采取平和的方法，追求妥善的结果，但是平和不是软弱，妥善不是妥协。

二要处理好执法办案与发展稳定的关系。省院曾页九检察长对检察工作提出了“执法想到稳定，办案考虑发展，监督促进和谐”的基本原则，这就要求我们实施法律监督既要采取有力和有效的措施，使法律监督到位，又要实现平稳平安，不影响发展大局。在法律监督过程中，在坚持以刚性监督为主的同时，必须辅以柔性监督，“两手”均要到位。

三要处理好监督与被监督的关系。法律监督活动的目的，就是要通过加强公、检、法三机关的协作配合，达到加强相互理解，共同提高的目的，这就要求我们务必妥善处理监督与被监督之间的关系。例如，2012 年 5 月，临川区检察院对梁书文、梁波文兄弟涉嫌故意杀人一案审查批捕。侦监部门在作出决定前，了解到侦查机关办案人员本来认为弟弟梁波文的行为不构成犯罪，但是迫于被害人亲属集体闹访的压力，将矛盾移交至检察机关。得知此情况后，我院立即进行稳定风险评估，并主动向区委报告，通过党委政府做好被害人家属的稳控工作。同时，迅速召开检委会，顶住上访压力，依法对弟弟梁波文作出不捕决定，并邀请公安机关召开座谈会，就案件事实证据、报捕质量和矛盾转移的做法展开讨论。通过上述工作，公安机关主动派员对上访人员开展说服教育工作，党委政府也迅速行动，及时平息了一件由于侦查监督活动引起的集体上访事件。

二、巩固核心：完善法律监督机制

修改后刑诉法从完善侦查监督、刑事审判监督等九个方面扩展了检察机关的法律监督权,[①] 监督职能的强化既为检察机关提供了新的机遇，也带来了新的考验。临川区检察院结合刑诉法的修改，积极创新法律监督机制，对修改后刑事诉讼法的贯彻实施提前做好准备，积极应对新形势带来的新变化和新要求。

一是建立了逮捕必要性证明机制。要求公安机关提请报捕案件时，除提交证明犯罪嫌疑人涉嫌犯罪的证据外，还要求其说明并移交犯罪嫌疑人有逮捕必要的证据。

二是建立非法证据排除机制。实行三级审查制，对可能属于非法证据的，先由承办人提出排除的意见和理由，再由科室成员开会讨论，最后由科室负责人审批，作出排除与否的决定。对须排除的非法证据属于言词证据的，要求侦查机关更换办案人依照法定程序重新取证，对鉴定程序不合法的，要求侦查机关依照法定程序重新鉴定。

三是建立捕前听取律师意见机制。通过听取律师意见，充分了解犯罪嫌疑人无罪、罪轻等证据情况，防止公安机关收集证据不全，影响案件质量，从而提高审查逮捕工作质量。

四是建立另案处理人员台账机制。通过审查案件，对公安机关在案件中注明在逃、另案处理及取保候审、监视居住未报捕的犯罪嫌疑人进行登记，并不定期地到公安机关查阅相关案件，对应该予以逮捕的，督促公安机关及时报捕。

五是建立检法三级立体式沟通机制。对于检法两家对事实认定、法律适用及量刑争议较大的案件，第一级沟通，由案件承办人与法院承办人之间进行。第二级沟通，由部门负责人会同承办人与法院分管领导进行协商。第三级沟通，由检察长与法院院长进行沟通。通过充分阐述观点和依据，使法院充分了解检察机关立场，争取法院接受检察机关的意见，认可起诉书对犯罪行为的认定。另外，在案件决定抗诉后，抗诉书送达前，对法院实行预先告知制度，使其有所准备，减少抵触情绪。

六是坚持检察长列席审判委员会制度。为进一步加强与法院的沟通协作，增加法律监督途径的多样性与丰富性，临川区检察院与法院建立了检察长列席审判委员会制度。检察长列席审委会时，不仅重视个案的定罪量刑，将列席视作强化指控的一种途径，而且充分参与审委会对公诉案件的讨论。检察长列席审委会制度，既有效地了解了特定案件的办理过程与进展情况，及时

① 陈卫东：《新刑诉法从九方面规范强化法律监督》，载《检察日报》2012 年 4 月 1 日。

发现检察官在办案过程中出现的问题，也有效地排除了外界的干扰，增强了法律监督的实际效果。

三、抓住关键：创新自我监督方式

在加强内部监督制约机制上下功夫，是解决检察机关“谁来监督监督者”的明智选择之一，也是检察机关自身对权力制约问题上高度自觉和责任感的体现。在刑诉法修改的背景下，临川区检察院努力完善自身监督方式，有力地推动了法律监督工作的开展。

一是建立“三书会审”与“三门会查”相结合的方式。案件办结后，分管领导把起诉意见书、起诉书和判决书收集起来进行比对，以期从中发现在对侦查和审判活动监督过程中的失误与不足，及时总结经验与教训，并予以纠正和通报。对人民群众有反映、有控告的案件，由检察长主持，召集控申、侦监、公诉三部门负责人及其办案干警，对所反映的问题进行核查。

二是建立常规审查与重点审查相结合的方式。对于公安机关报捕与移送起诉的案件，围绕犯罪构成要件，依照修改后刑事诉讼法的规定，进行程序与实体的常规审查。对从中发现的错误和问题，采取退回补充侦查、自行调取证据、发送纠正违法通知书等方式，责令公安机关作出书面说明。对在1996年刑诉法中规定不够明确，修改后刑诉法有明确规定的检察监督权，进行重点审查与核对。例如，对非法证据排除、逮捕必要性等方面进行审查，同时认真探究刑事和解的可能途径。常规审查与重点审查相结合既保证了案件的质量，又全面履行了法律监督职能。

三是建立检风检纪部门与外部监察部门的监督相结合的方式。在充分发挥内部检风检纪监督部门的监督作用的同时，借助党委纪检、监察等部门的力量，通过开展廉政风险点查找，“反特权思想，反霸道作风”作风建设年，政法干警核心价值观教育实践等教育活动，结合信访、控申、纪检等部门反馈的信息，建立严厉的责任追查制度，通过撤职、降职、通报、诫勉等处理措施，严肃查处因工作不负责，导致审查不严，监督不力，造成不良影响与后果的案件承办人。

四是建立“三门四查”相结合的方式。刑诉法修改贯穿了尊重和保障人权的精神，临川区检察院结合修改后刑诉法的相关规定，建立了“三门四查”制度，努力加强对在押人员人身安全的保护，强化对自侦案件查办活动的监督。“三门”，即管好院大门，防止在办理自侦案件期间外来人员擅自进入；守好办案工作区安全门，非办案人员不能进入办案工作区；看好讯问室门，法警贴身护送案件当事人进出。“四查”，即进门查异物，检查犯罪嫌疑人及涉案人员随身携带的物品；近身查异常，讯问过程中高度关注异常举动并及时向办案人员反映，采取相应的防范处置措施；出门查异样，讯问后密切关注看管对象的表情神态，严防发生意外情况；执勤任务完成后，填写执勤情况总结表，及时发现并排除工作中存在的问题。

五是建立自侦案件证据比对的办案方式。在职务犯罪案件查处过程中，有时会存在自侦部门将案件移送起诉后对公诉部门的案件意见反馈重视不够，以致延误补充取证的最佳时机，而公诉部门又往往只注重庭审证据的数量与质量，忽视了侦查取证工作的实际困难，从而增加了案件起诉的难度，导致职务犯罪案件起诉率不高，实刑判决率低的情况。为加强对自侦案件质量的监督，提高有罪判决率，临川区检察院根据案件的进展情况，分阶段采用了“证据比对”的形式，确保侦查方向的正确和证据的最有效化。通过抓住证据比对中“比”的环节，在初查工作结束后，针对可立案的案件，由检察长组织侦、捕、诉三部门的业务骨干分析论证，准确地界定罪与非罪以及涉嫌何种罪名，认定该罪所需证据的最低要求和最高要求，从而使即将开展的侦查工作在该罪名的犯罪构成上有针对性地开展。通过落实证据比对中“对”的各项要求，根据案件进展情况，在一定阶段，组织上述人员对已经取得的证据的有效性、合法性进行分析论证，同时对下一步侦查工作提出明确要求。有效地避免侦、诉部门因通过退回补充侦查的来回而失掉证据取得的最佳时机，提高了案件的质量。

六是建立听取律师意见的办案方式。修改后的刑诉法和律师法均对律师会见权、阅卷权、调查取证权等作出了一定程度的扩充。这不仅有利于完善辩护制度，促进司法公正，而且有利于检察工作在应对新挑战中实现新的发展。临川区检察院通过建立完善律师意见审查办理、律师提供涉案证据材料的处理、律师违纪的处理等制度，强化自身监督，提高案件质量。听取律师意见采取口头和书面等形式，听取律师笔录由在场参加听取人员共同签字认可。对律师意见无论是否采纳或采纳多少，均以书面公函的形式将结论性意见回复律师所在事务所。对律师提供的涉案证据材料，依照刑事诉讼法规定转交侦查机关进行补充侦查。对于律师提供证据证明侦查机关办案程序违法而形成的非法证据应予排除的意见，依法进行审查，必要时自行侦查。对律师违反法律规定和职业道德的行为，经检务督查部门调查核实后，依法向司法行政机关和律师协会发出检察建议书。

四、夯实基础：提高监督质效

法律监督的执行者和自身监督的对象均是全体检察干警，干警执法水平与业务素质的高低，直接影响法律监督的质量和自身监督的效果。临川区检察院采取寓教于乐，寓理于行的方法，不断创新学习形式，建立长效机制，努力提高干警的法律监督能力与水平。

一是丰富学习形式，强化领会运用。学习是贯彻实施与创新机制的前提，只有真正领会法律修改的精神和制度设计的原因，才能学以致用，熟练掌握和运用。临川区检察院坚持把提高执法能力作为学习的终极目标，通过建立干警讲评论坛、搭建网络学习平台、开展岗位交叉体验活动等，丰富学习形式，提高干警综合素质与学习水平。

二是建立综合检查考评机制。把支部学习进度和科室工作任务完成情况结合起来开展检查，按照“每月一小查、季度一大查、年终综合考评”的原则，重点检查学习计划落实、办案任务完成等情况。同时把学习情况作为评议党员、综合考评科室领导、选拔任用干部的重要依据。

三是建立执法办案反思学习制度。在办案部门推行“一案一议”机制，针对办案安全、检风检纪、程序遵守等方面存在隐患或问题的案件，及时召开专题反思警示教育会，查找问题隐患、提出整改措施、杜绝安全事故。先后举行了“狼来了”、“反侦查是怎么形成的”等反思座谈会，教育干警在成绩中找不足，在失败中吸取教训。

四是建立办案责任倒查与学习联动机制。对干警在办案过程中出现的失误，由检务督查部门按照《检察人员执法过错责任追究条例》，严格实行责任倒查。督促办案干警从法律法规是否熟悉、办案程序是否合法、法律文书是否规范等方面认真查找不足，并制定整改措施和矫正计划。

试论社区矫正法律监督机制的完善

陈根明*

【内容摘要】检察机关作为法律监督职能机构，在社区矫正工作中充分行使其监督权，对完善和发展社区矫正制度，维护矫正对象合法权益，具有重要的现实意义。社区矫正工作在我国起步较晚，缺乏配套的法律法规，严重影响了检察机关法律监督的效果。新形势下检察机关强化对社区矫正的法律监督，不断改进监督方式，实现社区矫正法律监督制度化、规范化，增强法律监督实效，显得十分紧迫。

【关键词】社区矫正　检察机关　法律监督

随着现代法治的发展，国际刑罚趋于轻缓化，刑事法律也由“报应刑”向“恢复刑”转变，认为司法活动的根本目的在于恢复被破坏的社会关系，对犯罪的惩治不再是简单的恶恶相报，更多的是对犯罪者的教育和挽救。因此，以社区为主体，采取多种方式开展对犯罪者的矫治工作日趋受到重视。社区矫正在世界范围内被广泛运用，已成为许多国家刑事政策中重要的组成部分。从国内看，由于社区矫正在我国尚处于起步阶段，不管是在立法层面还是在具体实施的过程中都面临着许多问题。新形势下检察机关加强对社区矫正实施法律监督，不断改进监督方式，实现社区矫正法律监督制度化、规范化，增强检察机关法律监督实效，显得十分紧迫。本文主要针对社区矫正的法律监督问题作一粗浅的分析。

一、我国社区矫正工作的现状及法律监督的必要性

（一）我国社区矫正工作的现状

经中央批准，社区矫正试点工作从 2003 年开始，2005 年扩大试点，2009 年在全国全面试行。通过 9 年的试点试行，社区矫正工作的覆盖面稳步扩大，社区矫正人员数量不断增长。截至 2011 年 12 月月底，全国 31 个省（区、

* 江西省南昌市安义县人民检察院干部。

市）和新疆生产建设兵团已有97%的地（市、州）、94%的县（市、区）和89%的乡镇（街道）开展社区矫正工作；各地累计接收社区矫正人员88万余人，累计解除矫正48.2万人，现有社区矫正人员40万余人，社区矫正人员的重新犯罪率一直控制在0.2%左右。在试点试行工作中，人民法院、人民检察院、公安机关和司法行政等有关部门认真履行职责，相互支持配合。各地普遍建立完善了党委政府统一领导，司法行政部门牵头组织，相关部门协调配合，社会力量广泛参与的社区矫正领导体制和工作机制，全面落实对社区矫正人员的监督管理、教育矫正、帮困扶助三项工作任务，积累了宝贵的实践经验，确保了试点试行工作的扎实推进。试点试行成功经验表明，中央关于开展社区矫正工作的决策是正确的，社区矫正工作适应了现阶段我国经济社会发展和民主法制建设的形势和需要，契合了构建社会主义和谐社会的时代要求。①

在认真总结试点试行工作经验的基础上，2012年1月10日，最高人民法院、最高人民检察院、公安部、司法部联合制定了《社区矫正实施办法》。《实施办法》将各地在实践中形成的行之有效的工作体制机制、矫正方法和模式等固定下来，使之成为社区矫正工作的操作规范和基本依据，为社区矫正工作提供了制度保障。《实施办法》的制定出台实现了与第一阶段的立法工作同步进行，②初步建立了我国社区矫正执行制度，为研究制定《社区矫正法》，全面确立社区矫正制度奠定了坚实的基础。2011年2月25日，十一届全国人大常委会第十九次会议审议通过《中华人民共和国刑法修正案（八）》，明确规定了对判处管制、缓刑以及假释的罪犯依法实行社区矫正，标志着我国社区矫正法律制度的确立。2012年3月14日，十一届全国人大五次会议通过《关于修改〈中华人民共和国刑事诉讼法〉的决定》，进一步从法律上明确管制、宣告缓刑、假释以及暂予监外执行由社区矫正机构负责执行。刑法修正案（八）、刑事诉讼法修改决定对社区矫正范围、执行机关作了原则性规定，基本完成了第一阶段立法任务，③为社区矫正制度提供了坚实的法律基础，为司法行政机关履行指导管理社区矫正工作职能，积极推进依法实行社区矫正工作提供了法律依据，标志着社区矫正工作进入到一个新的发展阶段。④

刑法修正案（八）明确对被判处管制、宣告缓刑和裁定假释的罪犯依法实行社区矫正，刑事诉讼法修改决定将暂予监外执行罪犯纳入社区矫正适用

---

①②③《社区矫正实施办法》解读（一），载司法部政府网：http：//www.moj.gov.cn/sqjzbgs/content/2012－05/17/content_ 3580987.htm？node＝24071。

④ 赵雯：《社区矫正走得好，法律监督不可少》，载《检察日报》2012年3月7日。

范围。为体现司法体制机制改革的要求，保持社区矫正试行工作的连续性，《实施办法》对于剥夺政治权利在社会服刑罪犯的刑罚执行方式作出了特别规定，明确由司法行政机关配合公安机关，监督其遵守刑法第54条的规定，并及时掌握有关信息。同时，这类罪犯可以自愿参加司法行政机关组织的心理辅导、职业培训和就业指导活动。因此，现行社区矫正的适用对象为：被判处管制、宣告缓刑、裁定假释、暂予监外执行以及被剥夺政治权利在社会服刑的五种罪犯。

（二）加强社区矫正法律监督的必要性

社区矫正是在现有的司法体系基础上，由公安、法院、司法行政等各部门重新配置执行权力而构建起来的一种新的执行制度。虽然在本质上社区矫正是一项行政工作，但是由于它涉及犯罪，涉及刑罚，涉及人身自由等重要问题，这项工作如果不严格依法开展，可能会导致权力滥用，侵犯被执行人的合法权利。社区矫正工作人员实际上拥有一定的自由裁量权。如果缺乏相应的监督，作为非监禁型行刑方式的社区矫正制度同样会被“异化”为罪犯“合法”逃避法律制裁的途径。孟德斯鸠在《论法的精神》中说过“权力没有受到限制，必将导致腐败”。社区矫正如果没有得到正确的执行，其结果也必将与设立该制度的初衷相违背。因此，作为刑罚执行方式的社区矫正同样必须纳入法律监督的视野。

加强对社区矫正工作的法律监督，有利于保证社区矫正工作的顺利开展。通过对审判环节的法律监督，能够保证只有符合监外执行条件的罪犯进入社区矫正范围；通过对社区矫正过程的法律监督，能够保证执行机关依法进行管理活动。检察机关对社区矫正工作的法律监督，能够保证社区矫正工作人员各司其责，各尽其职，实现社区矫正工作的有序顺利开展。人民检察院对社区矫正工作开展法律监督，还有利于维护社区矫正人员的合法权益，预防和减少重新犯罪。

对社区矫正工作由哪个部门进行监督？在中国当前政治法律框架下，非检察机关莫属。我国《宪法》第129条、《刑事诉讼法》第8条和265条、《监狱法》第6条、《人民检察院组织法》第5条都明确了检察机关作为法律监督机关对刑罚执行活动的监督权，社区矫正作为刑罚执行活动的组成部分，必然纳入法律监督的范围。《社区矫正实施办法》第2条第3款规定：“人民检察院对社区矫正各执法环节依法实行法律监督。”因此，由检察机关对社区矫正开展法律监督是检察机关监督权的应有之义，是检察机关不可回避的职责所在。正如最高人民检察院副检察长孙谦在2009年全国社区矫正工作会议上所言：“开展对社区矫正的法律监督，是刑罚执行监督的重要内容，也是检察机关的一项重要任务，对于促进严格执法和公正司法，保障刑罚的依法正确执行具有重要作用。”①

近年来，检察机关虽然加强了对社区矫正执行情况的监督，促进了社区矫正执行工作的进一步规范和完善。但是，不能不承认，目前社区矫正工作还存在一些问题，影响和制约了社区矫正工作的进一步开展。

二、社区矫正法律监督存在的问题

（一）职能定位不准，监督容易失去独立性

实践中，一些基层检察院对社区矫正法律监督非常重视，这固然可嘉，但一些地方存在越俎代庖、职权行使不规范的现象，做了本应是社区矫正机构负责的工作。如有的直接对社区服刑人员进行考核，受理批准社区服刑人员外出请销假、直接开展对社区服刑人员帮教活动等，而不是把工作重点放在监督执行机关执法活动是否存在违法上。检察机关对于社区矫正工作往往重配合轻制约，检察机关的职能被异化为对社区矫正对象的教育矫正、帮困扶助，导致检察机关不仅没有突出自身的监督地位，反而失去法律监督者的独立性。这种情况发生在社区矫正试点之初，还有一定的合理性，但是在社区矫正深入开展之后，检察机关如果仍然不能转换自己的角色定位，就会丧失法律监督者应有的独立性，使得自己变成社区矫正工作的一方当事人。

（二）监督职权有限，降低了监督的实际效果

根据法律规定，检察机关监督的方式只有提出纠正违法通知书和检察建议两种方法，但这两种方法还无法应对现实中存在的各种情况。执行主体的多样性、执行活动的复杂性决定了执行监督的方式必须多种多样，手段必须灵活多变。同时，检察机关在提出纠正意见后，如果被监督机关既不提出异议，也不执行，检察机关往往束手无策，结果不了了之，这种情况严重影响了社区矫正法律监督的力度和效果。检察机关社区矫正监督职权的有限性影响了法律监督的法律效果和社会效果，同时也影响了检察机关的形象和权威。②

---

① 衡阳：《准确定位积极履职　做好社区矫正法律监督——关于〈社区矫正实施办法〉有关内容的解读》，载《检察日报》2012年2月24日。

② 曾于辉：《对社区矫正开展法律监督的现状、问题及建议》，载宜宾县人民检察院网，http：//jcy. ybx. gov. cn/content/？165. html。

（三）监督手段单一，不能适应社区矫正的发展状况

1. 定期检察不到位。[①] 我国现行的社区矫正的监督方式主要是定期检察和不定期检察，以及会同有关部门的联合检查，实践中基层检察机关采用比较广泛的监督方式是半年一次的定期检察活动，面对众多的乡镇、社区矫正机构以及分布广泛的社区服刑人员而展开，由于社区矫正机构、矫正对象分布面广、量大，检察监督基本上流于表面、流于形式，很难发现问题，监督效果有限。

2. 部门衔接不紧密。现实中，公安、法院、检察院、司法行政部门相互之间信息不通畅。法院判决后，该罪犯就解除了取保候审，在派出所接到法院的法律文书后，有的罪犯早已流出外地，派出所根本就找不到人，造成脱管。有的执行机关对罪犯的变动情况，未通知人民法院或人民检察院，对执行期满的未按规定通知本人，并在一定范围内宣布解除，可能造成罪犯成了终身"编外公民"。

3. 监管措施不到位。对社区矫正对象有的建立了考察档案，但未成立考察组织和帮教组织，有的成立了考察组织和帮教组织，但只停留在书面上，缺少具体的措施，未做到月见面、季考核。特别是在城市化进程中，人员流动性较大、户籍管理滞后，导致非监禁服刑人员"人户分离"现象比较多，对监外执行罪犯的表现、去向更无从掌握，更容易出现漏管、脱管等现象。监督手段的单一化，影响了法律监督的法律效果和社会效果。

（四）监督保障不足，不能完全适应社区矫正形势的发展

1. 法律监督机构不健全。由于监所检察长期以来形成的体制，只有有监所地方的检察院才成立监所检察部门。虽然，随着监外执行检察和社区矫正法律监督工作的开展，这种现状正逐步改变，但是仍有检察院未设立监所检察机构，有的指定其他部门人员兼职这一工作，导致非监禁刑的社区矫正法律监督存在事实上的"盲区"。[②]

2. 队伍数量和专业素养不能完全适应。刑法和刑事诉讼法的修改、《实施办法》的出台，进一步推进了社区矫正在全国的全面开展，社区矫正法律监督也应当积极跟进。但具体执行法律监督任务的基层检察院却面临着社区矫正法律监督队伍数量不足、部分人员检察素质不能完全适应的问题。有的地方检察院监所监察人员只有1人或2人，而社区矫正法律监督工作须对法院、公安、司法行政机关以及所有乡镇社区矫正机构和派出所进行检察，量

①② 林礼兴：《社区矫正法律监督：探索中的成效与问题》，载《检察日报》2012年2月7日。

大，面广、任务重，现有检察人员数量和法律专业水平不能完全适应这一形势和任务的要求。①

3. 监督装备保障不足。社区矫正定期不定期检察须到各乡镇、社区的社区矫正机构进行检察，有的社区矫正机构远离检察院，没有交通工具，检察工作很难进行。目前虽然检察机关经费保障及装备有了普遍改善，但离社区矫正法律监督客观形势的要求还有很大的差距。②

三、加强社区矫正的法律监督的几点建议

围绕当前社区矫正工作存在的主要问题，社区矫正法律监督工作要有效开展，必须建立科学合理的监督机制，本文认为应当从以下几方面着手：

（一）准确定位社区矫正法律监督职能

《实施办法》明确规定人民检察院对社区矫正各执法环节依法实行法律监督。检察机关对社区矫正开展法律监督的根本目的是确保社区矫正工作依法开展，目标定位主要通过实施各种法律监督手段，督促各社区矫正实施机关依法、正确地开展社区矫正各项工作。社区矫正法律监督的对象包括哪些？《实施办法》明确了社区矫正工作队伍建设模式，在第二条规定中，县级司法行政机关社区矫正机构对社区矫正人员进行监督管理和教育帮助。人民法院对符合社区矫正适用条件的被告人、罪犯依法作出判决、裁定或者决定。公安机关对违反治安管理规定和重新犯罪的社区矫正人员及时依法处理。在第三条规定中，社会工作者和志愿者在社区矫正机构的组织指导下参与社区矫正工作。有关部门、村（居）民委员会、社区矫正人员所在单位、就读学校、家庭成员或者监护人、保证人等协助社区矫正机构进行社区矫正。本文认为社区矫正的监督对象除了该工作的直接实施单位——司法局——以外，法院、公安局、监狱管理机关、受委托参与社区矫正工作的社会组织和协助社区矫正机构进行社区矫正的人员都应当受检察院的监督。

（二）合理配置社区矫正检察资源

在司法实践中检察机关对这项工作进行了初步探索，如重庆市万州区人民检察院在太白街道社区设立矫正检察官办公室，江苏省泰兴市人民检察院

① 林礼兴：《社区矫正法律监督：探索中的成效与问题》，载《检察日报》2012 年 2 月 7 日。

② 曾于辉：《对社区矫正开展法律监督的现状、问题及建议》，载宜宾县人民检察院网，http：//jcy. ybx. gov. cn/content/？165. html。

成立社区矫正工作领导小组等都取得了良好效果，并被全国诸多地方学习效仿。① 本文认为，社区矫正监督机构应当包括两个层面：一是健全检察机关内部监督机构。在各级检察机关成立社区矫正法律监督工作领导小组，办公室设在各级院监所检察部门，由监所处（科）长任办公室主任。各级院党组和检察长要把社区矫正法律监督纳入重要议事日程，定期听取工作汇报，抓好工作部署和督促检查。二是在社区矫正点设立派驻检察机构。派驻检察监督机构需要解决的主要问题是一个基层检察院所辖社区矫正点较多，由于人员限制，在每个点派驻监督机构显然是不现实的，即使每个点派驻一人也是不可能的。所以基层检察院可以在社区矫正工作较多的点派驻专门的社区矫正检察官，其他点的监督仍由检察院内设机构专门负责为妥。同时，要合理配备人员，从人员、经费、物资保障等方面给予倾斜，确保社区矫正法律监督工作有人抓、有人管、做得好。要加强对相关检察人员的培训，学习社区矫正法律监督的业务知识，不断提高法律监督水平，切实解决工作中遇到的问题。②

（三）强化对社区矫正工作的全程动态监督机制

首先，在社区矫正适用前强化对社区矫正源头监督。人民检察院在提出对被告人适用社区矫正的量刑建议前，可以委托司法行政机关对被告人的危险性、平时表现等情况进行调查评估，提前掌握相关情况，确定其是否具备社区矫正的条件。受委托的司法行政机关应当根据委托机关的要求，对被告人或者罪犯的居所情况、家庭和社会关系、一贯表现、犯罪行为的后果和影响、居住地村（居）民委员会和被害人意见、拟禁止的事项等进行调查了解，形成评估意见，及时提交委托机关。如符合条件，可以提出对被告人实行社区矫正的建议，人民法院可以参照此建议进行决定。

其次，细化落实对社区矫正各个执行环节的事中监督工作。具体来讲，法律监督的内容是由社区矫正工作中可能存在的漏洞所决定的，主要表现在四个环节：决定环节、执行环节、变更环节和终止环节。法律监督的内容具体表现在五方面：第一，对交付执行环节的监督。对监外罪犯的交付执行及交付执行的法律手续是否合法、完备等进行监督；第二，对执行变更环节的监督。对执行机关是否对在接受监督管理矫正期间违反法律、法规和有关监

---

① 刘刚：《社区矫正法律监督制度的建立与完善》，载正义网，http：//www.jcrb.com/jcpd/jcll/201105/t20110517_ 543611.html。

② 郭彦：《社区矫正法律监督：在探索中谋发展》，载《检察日报》2012年3月4日第3版。

管规定的监外罪犯依法给予处罚，是否对暂予监外执行条件消失的监外罪犯依法收监执行，以及是否对符合减刑条件的罪犯予以减刑等进行监督；第三，对执行终止环节的监督。对执行机关是否对执行期满应当释放、解除管制、恢复政治权利，或者执行期间死亡的监外罪犯依法按期履行相关手续等进行监督；第四，对监管措施的监督，对执行机关是否及时建立帮教组织、建立管理矫正档案、落实日常监督管理措施以及对出现监外罪犯脱管漏管问题是否及时采取相应措施等进行监督；① 第五，对执行人员在社区矫正工作中渎职犯罪和贪污贿赂犯罪行为进行监督和查处。

（四）强化社区矫正法律监督权力

要从法律制度上赋予检察机关必要的监督权力。本文认为，检察院开展社区矫正法律监督工作的主要权力应当包括：一是受理控告申诉权。即被矫正对象对矫正措施不服或者认为执行部门或执行人员侵犯其合法权益的，有向检察机关提出控告、申诉的权利。在具体监督过程中，检察机关必须掌握管辖范围内社区矫正对象的信息，要建立信息库，全面掌握、了解罪犯的情况，以便在日常检查中核对数据。定期或者不定期走访执行机关、社区矫正组织，约见被矫正对象，对被矫正对象及其亲属的申诉、控告和举报要依法受理，认真进行调查并答复，依法维护被矫正对象的合法权益和人权。二是纠正违法权。对社区矫正工作中出现的问题和漏洞，检察机关可以区别不同情况，综合运用提出口头纠正意见、纠正违法通知书、检察建议和情况通报等形式，督促有关部门及时纠正或者改进工作。有关部门对检察机关提出的纠正意见、检察建议和纠正违法通知书无异议的，应当在规定期限内纠正、整改并将有关情况告知人民检察院。三是调查取证权。检察机关有权对社区矫正机关工作人员玩忽职守、徇私舞弊、滥用职权、贪污贿赂等违法违纪行为进行调查。在新的历史时期，要保障社区矫正工作的法律监督能够有效展开，检察机关除了要敢于顶住压力，排除干扰，大胆监督以及提高监督的主动性和有效性以外，还要在针对违法提出纠正意见、制发纠正违法通知书或者发出检察建议书之后，能够重视深入查究违法背后的职务犯罪。只有这样，才能树立起检察监督的权威性和科学性，也才能使社区矫正的法律监督工作做得更好。②

---

① 曾于辉：《对社区矫正开展法律监督的现状、问题及建议》，载宜宾县人民检察院网，http：//jcy. ybx. gov. cn/content/？165. html。

② 赵雯：《社区矫正走得好　法律监督不可少》，载《检察日报》2012年3月7日第5版。

（五）加强与有关部门的沟通协调工作机制

社区矫正工作是一项系统工程，检察机关在社区矫正法律监督工作中要正确处理好监督与配合的关系。在认真履行检察监督职责的同时，加强与人民法院、司法行政机关和公安机关的联系沟通和协作配合，建立健全政法各部门联席会议、情况通报、信息共享、突发事件处置等工作机制，互相补台，形成工作合力，共同推动社区矫正试行工作的顺利开展。检察机关要做到在监督中配合，在配合中监督，通过理性、平和、文明、规范的法律监督，使被监督机关感到监督就是对他们工作的配合、支持和帮助。检察机关应当积极参加或者主动召集联席会议，共同研究解决监外执行、社区矫正试行工作中遇到的困难和问题，共同制定和完善有关规章制度。要积极协调争取各级党委政府的支持，建立公检法司各部门的监外执行信息共享机制和平台，实现检察机关对社区矫正的动态监督，提高监督效率。

全面强化法律监督与自身监督确保检察权依法公正行使

胡晨琳*

【内容摘要】刑事诉讼法的修改既强化了检察机关对刑事诉讼活动的法律监督，同时也给检察机关的自身监督带来了新的挑战。检察机关应以贯彻落实修改后刑诉法为契机，全面强化法律监督与自身监督，确保检察权依法公正行使。

【关键词】修改后刑诉法　法律监督　自身监督

检察机关作为法律监督机关，承担着侦查、提起公诉等刑事诉讼职能和对刑事诉讼活动实施法律监督的双重职能，是唯一从立案到刑罚执行全程参与刑事诉讼活动的机关。此次刑事诉讼法的修改工作既有利于刑事诉讼法律监督制度的修改和完善，更有利于检察机关依法履行法律监督职能，维护司法的公正、高效和权威，同时，检察机关做好法律监督工作的责任更大、任务更重、规范化要求更高。检察机关应当切实按照修改后刑诉法的要求，全面加强和改进法律监督工作，并以比强化法律监督更高的要求、更严的标准强化自身监督，确保刑事诉讼中检察权的正确行使。

一、修改后刑诉法全面强化了检察机关对刑事诉讼活动的法律监督

修改后刑诉法对检察机关诉讼监督工作新增了12个方面的规定和任务，其中侦查监督4项，审判监督3项，监所监督2项，既有侦查监督又有审判监督的2项，既有审判监督又有非刑罚执行监督的1项。①这些诉讼监督的新规定，为检察机关的诉讼监督提供了广阔的发展空间，对于完善诉讼监督制度具有重要意义。

---

* 江西省萍乡市安源区人民检察院干部。

① 朱孝清：《修改后刑事诉讼法法律监督新规定》，载 http://www.legaldaily.com.cn，2012年8月22日。

（一）拓宽了监督范围

现行刑诉法仅对立案监督、侦查活动监督、审判监督、刑罚执行和监所监督等有原则规定。修改后刑诉法一是增加了对侵犯犯罪嫌疑人、被告人、辩护人、诉讼代理人合法权利诉讼行为的监督。二是设立了逮捕后羁押必要性审查程序。三是增加对指定居所监视居住适用法律监督，明确规定检察院对指定居所监视居住的决定和执行是否合法实行监督。四是增加了对强制医疗的决定和执行的监督。五是增加了对社区矫正和暂予监外执行的法律监督。

（二）细化了监督措施

一是细化了侦查监督措施。修改后刑诉法规定：在审查批准逮捕时，发现侦查活动可能有重大违法行为的，应当讯问犯罪嫌疑人；人民检察院审查案件，认为公安机关可能存在以非法方法收集证据情形的，可以要求其对证据收集的合法性作出说明。二是细化了审判监督措施。修改后刑诉法规定了检察机关通过出席再审法庭、二审法庭和一审简易程序法庭的形式来强化法律监督职能。同时，将量刑纳入法庭审理。三是细化了刑罚执行监督措施。修改后刑诉法规定，在执行机关提出建议，报请法院审核裁定时，要将建议书副本抄送人民检察院，人民检察院可以向人民法院提出书面意见。这样，监督就从事后走向同步，发现问题随时可以提出，增强了监督效果。

（三）增强了监督刚性

一是明确监督者行使权力的方式方法。如在对暂予监外执行的监督中，检察院可以向决定或者批准机关提出书面意见；在对减刑、假释的监督中，可以向法院提出书面意见。二是明确监督者的监督责任。如检察院接到报案、控告、举报或者发现侦查人员以非法方法收集证据的，应当进行调查核实。对于确有以非法方法收集证据情形的，应当提出纠正意见；构成犯罪的，依法追究刑事责任。三是明确监督行为对被监督者的效力。如检察院在对羁押必要性审查时，对不需要继续羁押的，应当建议予以释放或变更强制措施，有关机关应当在十日内将处理情况通知检察院。①

（四）健全了监督程序

根据刑事诉讼的规律和特点，修改后刑诉法在以下程序中明确了诉讼活动法律监督的合法性，使法律监督的程序更显科学性和系统性。一是最高人民检察院依法对死刑复核程序进行监督。修改后刑诉法第 240 条规定，在复核死刑案件过程中，最高人民检察院可以向最高人民法院提出意见。最高人

① 张国臣：《修改后刑诉法法律监督规定呈现四个特色》，载《检察日报》2012 年 5 月 27 日。

民法院应当将死刑复核结果通报最高人民检察院。二是在被告人逃匿、死亡案件违法所得的没收程序中，不仅规定了检察机关的启动权，而且规定了对于人民法院作出的裁定，检察机关可以提出抗诉。

二、修改后刑诉法给检察机关内部监督带来新挑战

（一）修改后刑诉法在注重加强犯罪控制的同时，对赋予检察机关的必要手段作了严格限定

例如，适当延长了对犯罪嫌疑人的拘传时间，规定对案情特别重大、复杂，需要采取拘留、逮捕措施的，拘传时间由不得超过 12 小时延长至 24 小时；明确规定，人民检察院在立案后，对于重大贪污、贿赂犯罪案件，利用职权实施的严重侵犯公民人身权利的重大犯罪案件，根据侦查犯罪的需要，以及对于追捕被通缉或者批准、决定逮捕的在逃犯罪嫌疑人，经过批准，可以采取追捕所必需的技术侦查手段；明确对特别重大贿赂犯罪案件，在住处执行监视居住可能有碍侦查的，经上一级人民检察院批准，可以指定居所监视居住；对于特别重大贿赂犯罪案件，在侦查阶段辩护律师会见在押的犯罪嫌疑人，需要经过检察机关许可。

检察机关一方面要充分认识这些修改对于有效打击和惩治犯罪的重要作用，要在执法办案实践中有效地运用这些手段，防止应作为而不作为；另一方面，任何公权力都是一把“双刃剑”，都有边界和底线，这些新增加的措施和手段都涉及对公民人身自由、财产权利、通信秘密、个人隐私等基本人权的限制和影响，因此，必须严格依法行使，才能符合立法的价值取向和要旨。

（二）在完善诉讼参与人权益的同时，进一步严格和细化了检察机关履行刑事诉讼职能和诉讼监督职能的要求

一是人身权利保护方面，在证据制度中，规定了不得强迫任何人证实自己有罪，建立了比较严格的非法证据排除制度，检察机关对于收集证据的合法性承担证明责任。在强制措施中，完善了逮捕条件和人民检察院审查批准逮捕程序，犯罪嫌疑人、被告人被逮捕后，人民检察院仍然应当对羁押的必要性进行审查，对于没有继续羁押必要性的，可以提出解除或者变更强制措施的建议。人民检察院对于指定居所监视居住进行监督。二是财产权利保护方面，规定人民检察院对于侦查中查封、扣押、冻结的涉案财物及其孳息，应当妥善保管，并制作清单，随案移送，并应当根据判决对被查封、扣押、冻结的财务及孳息进行处理。规定了当事人和辩护人、诉讼代理人、利害关系人认为司法机关及其工作人员不依法退还取保候审保证金，违法采取查封、扣押、冻结，不依法解除查封、扣押、冻结等侵害其合法权益时的申诉、控

告及处理程序。①

这些新变化，既是此次修改在完善刑事诉讼中人权保障方面的新进展、新亮点，也给检察机关内部监督工作增加了新的任务，赋予了新的责任。检察机关虽然承担侦查、控诉职能，但并不是一味地追求对犯罪嫌疑人、被告人不利的结果，而是必须承担客观性义务，对于有利于犯罪嫌疑人、被告人的事实、证据也要同等重视，全面收集、审查判断，以求案件依法得到公正的处理，要尊重和保障犯罪嫌疑人、被告人的合法权益，保障辩护人、诉讼代理人依法履行职责。因此，必须把加强内部监督制约体现在对职务犯罪侦查、批捕、起诉、变更强制措施以及履行诉讼监督职责等各个环节的监督上，切实将刑事诉讼法保障人权的要求落到实处，防止检察权滥用，保障诉讼参与人合法权益。

三、法律监督和自身监督工作亟待解决的问题和困难

（一）法律监督工作中存在的问题

1. 法律监督意识有待进一步加强。有的检察人员对检察机关职责认识不全面，对法律监督工作的重要意义的理解不深刻，认为办案是硬任务，监督是软要求，在执法办案与法律监督关系上偏重于办案，担心法律监督会影响与其他政法机关的关系，对自己将来的办案工作造成不便，产生不敢监督、不想监督的情绪，影响了法律监督工作的开展。

2. 法律监督能力有待进一步提高。目前部分检察院检察队伍在知识结构和能力素质方面存在参差不齐的现象，反映在发现问题能力不足，对一些执法办案中较为隐蔽的错误瑕疵缺乏纠正意识；分析调研不够深入，不善从执法理念、司法公正的高度上看待所发现的问题；监督手段不尽适度，在选择监督方式时，往往把握不准，造成实践中监督方式和监督问题不匹配，影响了监督的效果。

3. 法律监督质量有待进一步强化。法律监督工作中对监督数量和监督质量的关系把握不够全面，一定程度上忽视了监督的质量。有的监督思考不够周全，质量不高，没有达到预期目的；有的则在督促整改方面不够有力，导致监督流于形式，作用不够明显。对检察机关法律监督工作的宣传力度也不够，法律监督职能尚未获得社会公众的广泛认知和肯定。

（二）自身监督工作中存在的问题

1. 部分干警对内部监督的重要性认识不足。基层检察院办案人员少、案

---

① 孙谦、童建明主编：《检察机关贯彻修改后刑事诉讼法学习纲要》，中国检察出版社 2012 年版，第 168 页。

件量大、时间紧，部分办案人员忙于应付案件，认为只要定性准确、不办错案就行了，没有时间、精力去规范办案，更别说进行执法办案内部监督了。

2. 内部监督针对性、实效性欠佳。表现为有的检察院内部监督的对象仅为抓队伍纪律作风监督，有的则侧重抓执法活动监督；有的检察院只是纪检监察部门在“单干”抓内部监督，其他部门认为事不关己，没有形成“全院一盘棋”对内部监督的齐抓共管；有的检察院则是有问题就抓一抓，没有问题的地方就少抓，甚至不抓。①

3. 内部监督内容存在片面性。对自侦部门办案活动的监督多，对其他业务部门和有关重点办案环节监督较少。② 对于侦监、公诉、监所、控申等其他业务部门办案活动的监督以及对诸如初查后不予以立案、强制措施采用及变更、案件当事人及诉讼代理人权利告知、案件退查等重点办案环节的监督重视不够，也未建立有效的监督机制。

4. 在监督制约的手段方面，重事后监督的多，事前、事中监督较少。目前，大部分检察院对执法办案活动的监督，着重于对受理举报和控告检察人员违法违纪线索的查处，对办案程序、办案手段是否规范、合法关注较少，尤其是对重点办案环节、办案部门，更是缺乏相应的事前、事中监督。

四、强化法律监督，努力维护公平正义

检察机关应切实按照修改后刑诉法的要求，严格依法履行法律监督职能，进一步加大工作力度，狠抓薄弱环节，突出监督重点，完善监督机制，强化监督措施，提高监督能力，增强监督实效，促进司法公正。

（一）加强诉讼监督的规范化建设

检察机关要认真总结诉讼监督工作中存在的问题，完善检察机关关于刑事立案监督、侦查活动监督、审判监督、执行监督等各项监督工作制度以及各业务部门执法办案内部监督制约机制，加快制定和修改完善与监督工作有关的司法解释以及各类规范性文件，明确监督范围、方式、程序和责任主体。重点围绕容易发生执法不规范问题的关键岗位和关键环节，严格流程管理和过程控制，加强诉讼监督的规范化和制度化，健全权责明确、程序严密、监督有效的执法工作机制。

---

① 李卫阳：《对加强检察机关内部监督的思考》，载《法制与经济》2011 年 10 月版，第 168 页。

② 李遂昌、杨得伟：《当前检察机关内部执法监督存在的问题及对策》，载《法律与监督》2008 年第 7 期。

（二）拓宽诉讼监督案件的来源和渠道

注重从人民群众中收集监督线索。高度重视群众的举报、申诉和人大代表、政协委员、新闻媒体反映司法不公的意见和材料。注重在关键办案环节中发现线索。在办案过程中，注重对案件立案、撤案、采取和变更强制措施、取证、开庭审理、裁判等诉讼活动重点环节进行有效监督。注重在办理特殊案件时发现线索。注意从共同犯罪、团伙犯罪案件中查找遗漏的犯罪嫌疑人或者犯罪事实。对涉及社会保障、劳动就业、征地拆迁等民生案件，重视诉讼当事人的诉求，对可能存在的违法行为认真审查鉴别，切实维护人民群众的切身利益。

（三）综合运用多种监督手段

根据诉讼活动的实际需要，采取多种方法开展诉讼监督工作。将抗诉与再审检察建议相结合，诉讼监督与查办职务犯罪相结合，办案与预防工作相结合，多方面、多层次、多渠道地做好诉讼监督工作。将事中、事后监督与事前预防相结合，通过提前介入重大案件侦查等方式，将监督关口前移。将个案监督与综合监督相结合，在纠正具体违法行为的同时，对侦查、审判、执行机关在执法中存在的普遍性问题提出综合性的监督意见。

（四）突出监督重点，注重监督实效

要突出监督重点，始终把监督的重点放在社会各界反映强烈的司法不公案件上，放在容易产生司法人员执法不严、违法犯罪的薄弱环节上，放在严重侵犯诉讼当事人权利的突出问题上，着力解决人民群众最关心、最直接、最现实的问题。其中侦查监督（包括对检察机关自侦案件的监督）要重点开展对刑讯逼供、暴力取证、滥用刑事手段插手经济纠纷等问题的监督；审判监督要重点开展对有罪判无罪、无罪判有罪、判刑畸轻畸重以及审判中徇私枉法等行为的监督。特别是要注意发现执法不严、司法不公背后的司法人员职务犯罪线索，及时移交自侦部门立案查处。要注重监督实效，把监督所取得的实际效果作为衡量诉讼监督成效的主要依据，纠正违法和错漏要重点看实际得到纠正的数量；抗诉要重点看被法院采纳的数量；发现司法人员职务犯罪线索要重点看移送线索后成案的数量特别是大要案的数量。①

五、强化内部监督，切实提高执法公信力

为适应修改后刑诉法提出的新要求，检察机关要积极探索并不断完善适应检察工作特点的内部监督制约机制，坚决落实把强化自身监督放到与强化

① 肖玮：《诉讼监督要突出重点注重实效》，载《检察日报》2010年7月3日。

法律监督同等重要位置的要求，保证执法办案活动进行到哪里，内部监督工作就延伸到哪里。

（一）加强对领导干部的监督

党组是检察机关的领导核心，党组班子成员的一言一行，对干警及全院工作都有重大影响。因此，严把监督关，一是要强化领导班子的表率作用。建立“一把手负总责，分管领导各负其责”的领导机制，明确党组成员的责任，按照“一岗双责”和“谁分管、谁负责”的原则，把管事与管人、抓业务工作与抓队伍建设有机地结合起来，做到队伍廉政建设与检察业务工作同时部署、同时检查、同时考核、同步落实。① 二是要加强班子廉政建设。院党组要按照党风廉政建设的要求，深入开展反腐倡廉教育，不断增强班子廉洁自律意识。制定惩治和预防腐败措施，逐级签订《党风廉政建设责任书》，从制度和措施上保障领导干部廉洁自律。三是严格执行民主集中制。健全完善党组会、院务会、检委会和检察长办公会议事规则，实行集体领导、集体决策，避免一言堂。坚持和完善领导干部述职述廉、个人重大事项报告制度和民主生活会制度，开展批评与自我批评。

（二）加强监督制度建设和执行

要把制度建设作为强化内部监督工作的基础，下大力气抓紧抓好抓出实效。以建立健全惩治和预防腐败体系各项制度为重点，以制约和监督检察权运行为核心，努力健全发现问题、纠正错误和追究责任的机制，提高内部监督工作的制度化、规范化、科学化水平，建立有权必有责、有权受监督、失职要追究的执法办案内部监督机制。② 要以刑事诉讼法修改涉及检察权行使的内容为重点，在完善检察权配置和运行机制的同时，要同步构建、补充完善监督制度。例如，对延长拘传时间的监督，对技术侦查措施适用的监督，对职务犯罪嫌疑人指定居所监视居住的监督，对保障律师会见权、阅卷权，听取律师意见的监督，对公诉案件当事人和解、检察机关从宽处理的监督等，防止出现监督空当和死角。全面、全部、全程实施讯问职务犯罪嫌疑人全程同步录音、录像，加强对讯问活动的监督，保障犯罪嫌疑人权利，提高执法水平和办案质量。认真落实最高人民检察院《关于办理直接立案侦查案件安全防范工作及责任追究暂行规定》和《人民检察院司法警察看管工作细则》，

---

① 孙小明：《加强检察机关内部监督的思考》，载芜湖弋江区政府门户网站，2010年12月21日。

② 孙谦、童建明主编：《检察机关贯彻修改后刑事诉讼法学习纲要》，中国检察出版社2012年4月版，第172页。

严格规范讯问、询问工作，规范办案区设置和管理，发挥司法警察的职能作用，狠抓办案安全。加大执法过错责任追究力度。严格落实执法过错责任追究条例，对检察人员违法违规或者严重不负责任导致案件处理错误的，严肃追究责任。坚持从严治检，以“零容忍”的态度严肃查处检察人员违纪违法案件。

（三）加强对执法办案的监督

为保持队伍的纯洁性，使检察机关干警依法行使检察权，自觉维护国家和人民的根本利益，内部监督部门应切实抓好检察办案和过程的监督，加大监督检查力度。① 一是加强对业务部门办案的监督。尤其对不立案、撤案、不批捕、不起诉、无罪判决、变更强制措施“六类”案件的监督。必须将相关法律文书资料报送监督部门备案。二是对自侦部门办理的大案要案、窝案串案、有震动有影响的案件，组织监督人员进行同步监督。三是对检察机关直接受理立案侦查案件的发案单位和当事人进行回访。四是对干警在执法办案活动中执行法规、纪律以及上级检察机关决议、决定、规章制度的情况进行专项检查。同时，做到“三个结合”，一是开展个案监督与服务检察工作相结合。定期到发案单位了解办案人员是否存在违法违纪问题。二是执纪监督与执法监督相结合。在个案检查中，不要局限于一般性的执纪监督，而是与执法大检查有机结合起来，重点检查办案人员是否存在该捕不捕、该诉不诉、刑讯逼供、超期羁押等问题。三是事后监督与事前监督相结合，注重将监督的关口前移，主动接受他们对办案人员执法执纪的监督，做到防微杜渐，警钟长鸣。

（四）构建内部监督与外部监督相互衔接的机制

要把强化内部监督与自觉接受外部监督紧密结合起来，形成内外监督相互衔接的整体效能。要自觉接受人大监督，及时汇报工作，在接受监督的同时积极寻求人大支持。要自觉接受、积极配合党委政法委的执法检查、案件督办、对案件及其有关法律政策问题的协调、案件评查，对重大执法活动和事项及时报告备案。要加大群众监督力度，将检察干警执行制度情况和行使权力的过程切实置于人民群众的监督之下。② 要落实检务公开制度，力争做到每一项工作的部署和开展都让群众知晓、理解和拥护，对于群众提出的意见和建议要认真听取，只有坚持有错必纠的行事作风，才能真正取信于民。

---

① 孙小明：《加强检察机关内部监督的思考》，载芜湖弋江区政府门户网站，2010年12月21日。

② 刘皓：《如何加强基层检察院内部监督》，载 http://www.jcy.gansu.gov.cn/news，2010年11月8日。

加强检察机关执法办案自身监督的思考

李绪龙*

【内容摘要】 修改后的刑诉法对检察机关的执法理念、法律适用、程序意识、证据意识等方面均提出了更高的要求。这要求检察机关在自身监督中应更加注重执法理念、执法尺度、程序意识、考评机制等问题，通过完善具体标准、严格依法办案、强化监督手段等措施，切实提高执法办案自身监督水平。

【关键词】 修改后刑诉法　执法办案　自身监督

曹建明检察长在全国检察长座谈会上指出，检察机关首先要做到自身硬，要牢固树立监督者更要自觉地接受监督的意识，坚持用比监督别人更严的要求来监督自己，着力转变和更新执法理念，努力做到始终坚持强化法律监督与强化自身监督并重。执法办案是检察机关履行法律监督职责的基本手段，直接关乎检察机关维护法制统一正确实施，彰显社会公平、正义职能的发挥。因此，检察机关应把加强执法办案的自身监督放在更加突出的位置，以修改后刑诉法实施为契机，努力查找自身监督中存在的问题，从自身着手维护检察事业的发展之基。

一、执法办案自身监督的现状分析

修改后刑诉法进一步规范了刑事诉讼活动，对检察机关执法办案提出了新的要求。对照修改后刑诉法，检察机关执法办案中在执法理念、法律适用、程序意识、证据意识等方面存在的问题仍较为突出。主要表现为：

（一）执法理念存在偏差

修改后刑诉法更加注重公民权利的保护和人权的保障，将宪法尊重和保障人权的原则吸纳进来，要求把尊重和保障人权作为执法办案的一项重要任务。但实践中，少数检察机关执法理念存在偏差，“为何执法、如何执法”等

---

* 江西省鹰潭市人民检察院干部。

理念问题尚未厘清，存在更多地考虑自身利益，忽视犯罪嫌疑人权利保障等情形。执法理念的偏差，决定了自身监督工作较为薄弱的现状，也容易导致部分检察干警特别是一些侦查人员从心理上、人格上轻视犯罪嫌疑人，执法方式简单、粗暴，随意性较大等；为防止犯罪嫌疑人翻供，确保案件顺利进行，有意违反或规避相关法律规定，阻碍犯罪嫌疑人、辩护人依法行使诉讼权利等。

（二）法律适用把关不严

以逮捕为例，为正确适用逮捕措施，修改后刑诉法进一步明确了逮捕条件，并完善了逮捕程序。为纠正错捕、减少不必要的羁押，修改后刑诉法还增设了羁押必要性审查制度。但实践中，有些侦监部门为配合打击职务犯罪的形势需要，方便诉讼程序顺利进行，对自侦部门提请逮捕的案件构罪即捕。对逮捕条件适用过宽，造成了检察机关侦监部门对自侦部门的制约和监督存在不足，容易造成实践中逮捕率过高、一押到底等不良现象。

（三）程序意识较为淡薄

作为一部程序法，修改后刑诉法对程序公正提出了更高的要求。刑事诉讼法修改的许多内容都涉及检察机关的职责和工作程序。但实践中，部分检察机关程序意识淡薄，表现为以撤回起诉代替无罪判决、以相对不诉代替存疑不诉、绝对不诉、疑罪从轻等，诉讼程序走过场等违反程序法规定的行为时有发生。① 以某县检察机关为例，2009 年至 2011 年，本应作无罪判决或应采取变更起诉、追加起诉、另行起诉等方式处理的案件，不符合撤回起诉条件而作撤回起诉的案件高达 11 件。程序意识的整体缺乏，不利于对办案程序的自身监督，也不利于修改后刑诉法的正确实施。

（四）证据意识不强

修改后刑诉法在规定严禁刑讯逼供的基础上，增加不得强迫自证其罪的规定。对非法方法收集的言词证据和实物证据的排除作出了详细规定。非法证据排除的规定，对检察机关自侦部门取证工作提出了较高要求。但实践中，有些侦监、公诉人员对职务犯罪案件证据排除存在畏难情绪，自身监督作用发挥不够明显，导致了实践中自侦部门还存在较为倚重言词证据，轻视物证、书证、电子数据等客观证据，录音、录像不全程、全面、全部，甚至出现笔录复制、粘贴等不良现象。

---

① 周跃武、戴江波：《刑事错案成因及预防》，载《人民检察》2011 年第 8 期。

二、加强执法办案自身监督应重视的几个问题

检察机关应高度重视修改后刑诉法对自身监督提出的新任务、新要求，深入理解和正确把握全面强化诉讼监督职能的具体内容，努力提升执法办案自身监督水平。

（一）更加注重正确的执法理念

修改后刑诉法对检察机关最大的挑战是执法理念的转变。执法理念问题应成为自身监督的基础性、根本性问题。偏离正确的执法理念，自身监督工作很难真正有效开展。目前，困扰检察机关执法理念的重要问题之一是执法办案的价值标准问题。学界和实务界普遍认为价值标准主要有政治标准、法律标准、社会标准三项，并认为三者相辅相成，是不可分割的有机整体，整合为统一的检察机关执法价值标准体系。① 但笔者认为，政治标准强调办案工作对党的方针政策的贯彻落实情况，法律标准强调办案工作遵守国家法律情况，社会标准强调办案工作满足社会各界对检察机关公正执法的期待和要求情况。三项标准自身内涵和追求的价值目标不尽相同，标准之间内容有不尽重合之处，在对执法办案进行价值评判时，采用多重价值评判模式，使得检察干警在执法办案中难免会出现有所偏颇、厚此薄彼，出现因个体差异而导致追求的价值标准不尽相同，从而造成执法办案整体水平不高，自身监督力度不够的局面。

（二）更加注重统一的执法尺度

执法办案过程是各种案件因素错综交织在一起，执法者利用自身专业技能加以处断的过程。这是一个动态、不断变化的过程，也是一个较为注重经验法则，应遵循“同案同处理”准则的过程。然而目前检察机关对执法尺度的统一缺乏应有的研究和梳理，如案件实体认定、法律适用条件把握不一等现象普遍存在，导致执法办案的优劣较大程度地依赖于办案者自身水平。修改后刑诉法进一步强化了检察机关内部的监督和制约，这要求检察机关要高度重视统一执法尺度的重要意义，努力为自身监督提供一套具体、明确的操作标准。

（三）更加注重严格的程序意识

作为实体公正的重要保障，程序公正的独立价值正越来越受到广大群众的关注，群众不仅关注办案的结果，而且关注办案的过程；不仅要求司法公

---

① 孙谦：《中国特色社会主义检察制度》，中国检察出版社 2009 年版，第 324—325 页。

正得以实现，而且要求以看得见的方法实现。① 修改后刑诉法对程序要求更加严格，这要求检察机关应更加重视对执法办案程序的法律监督，加大对执法程序是否合法、执法手续是否完备、执法文书是否齐全等的监督。通过加大监督力度，有效遏制执法不规范、随意性较大、权力滥用等现象，以看得见正义的方式执法办案，有效缓解社会冲突和化解社会矛盾，切实提升检察机关社会公信力。

（四）更加注重完善的考评机制

考评机制作为检察机关开展自身监督工作的主要载体，对监督实际成效影响重大。然而，纵观各地检察机关的考评机制，地区差异较大。有的地方采用量化方式，根据影响案件质量的因素确立分值；有的采用分类评估方式，根据案件的事实、程序、行为要件和整体效果确定案件质量。采用量化考评的方式，各地具体考评指标和标准也有不同。在考评范围上，有对全部案件进行考评，也有采取抽查、定期检查的方式进行考评。② 笔者认为，考评机制的不健全，直接影响了检察机关自身监督工作的健康、深入发展，不利于全面贯彻落实修改后的刑诉法。

三、加强执法办案自身监督的建议

（一）完善标准，切实提供基础保障

法律的权威在于实施。一部法律无论多么完美，如果没有先进的执法理念，只能是纸上谈兵，难以真正落到实处。修改后刑诉法对执法理念的较大改变，要求检察机关必须厘清执法办案的价值追求。只有树立正确的执法价值标准，注重发挥其引领作用，才能正确地开展自身监督工作。笔者认为，政治、法律、社会三项价值标准，都因其具有自身内在合理性和科学性而成为执法办案的重要指标。正确认识并处理好三者关系，对形成科学的价值标准意义重大。笔者认为，在政治、法律、社会三种价值模式评判下，必须进一步明确各价值指标的主次，分清重点、有的放矢才是可行、科学的划分方法。笔者不赞同三项价值标准相互统一的观点（如上述），该观点虽然在理论上具有可行性，但不便于实际操作，司法实践中难以把握。笔者认为，在中国特色社会主义法律体系已经初步形成，“依法治国”的法治理念已深入人心

---

① 朱孝清：《侦查监督、公诉工作如何实施修改后刑诉法》，载《人民检察》2012年第13期。

② 陈旭等：《检察机关案件管理机制研究》，载张智辉、向泽选主编：《检察理论课题成果荟萃》（第一辑），中国法制出版社2011年版，第338页。

的基础上，承担“法治守护人”角色的检察机关，为维护社会主义法制的统一、权威和尊严，理应将法律标准作为其执法办案的首要标准。正如英国哲学家罗素所说：“一个现代社会，对于法律和秩序的需要是根本的。只有法律与秩序才是通向稳定、自由、和谐以及真正的长治久安的根本。”作为专门的法律监督机关，检察机关应积极推动法治建设，严守法律，努力树立司法权威。但与此同时，作为司法实务者，检察干警不应是空洞的法治理想主义者，而要注重法律适用的地域性、特色性，要结合司法实践，灵活运用法律，不能简单、机械地适用法律。这要求检察干警应充分认识政治标准、社会标准的积极意义，尤其是社会影响较大、人民群众关注度较高等热点、难点案件，应重视政治标准、社会标准的正确把握。笔者认为，我国现行刑事立法设置了一定的自由裁量权，已为政治、社会标准预留了相应的运用空间。因此，检察机关执法办案的价值标准应遵循法律标准为主，政治标准、社会标准为辅的原则，即在确保法律标准第一位的前提下，兼顾办案的政治标准、社会标准。但检察机关不能超越法律的界限，突破法律规则，去满足政治标准、社会标准的需要。检察机关要以此作为统领自身监督工作的思想基础，使之成为自身监督工作的基础性标准。

（二）严格依法，大力提升监督水平

1. 加强对法律统一适用的监督。修改后刑诉法强化了检察机关的法律监督职能，扩充了诉讼监督的内容与范围，增加了诉讼监督的手段与程序，使诉讼监督效力进一步刚性化。检察机关要认真理解修改后刑诉法的立法本质和精神实质，更加重视法律统一适用在自身监督工作中的重要意义。针对实践中为服务地域发展、化解社会矛盾、顺从民意等各种缘由，检察机关时有发生执法偏差、突破法律规则、放宽甚至放弃法律尺度、变通法律或“法外和解”等行为，① 笔者认为，检察机关应高度重视对同案或类案的研究分析，加快推进案例指导制度，确保各检察机关、各内设机构之间适用法律的统一。检察机关应通过统一的法律标准，加强对执法办案中案件事实认定、适用法律等实体的监督，确保案件“同案同处理”，积极规范自由裁量权。

2. 加强对办案程序的监督。程序正义作为修改后刑诉法的必然要求，检察机关应树立正确的程序意识，严格加以落实。针对实践中执法不规范、随意性较大、权力滥用等现象，检察机关要注重以案件管理中心为依托，积极引入符合检察业务运行规律的系统软件，加强对案件流程的完整性、办案程序的合法性、法律文书的规范性、办案期限的合法性等进行动态监控，尤其

① 方工：《深思明辨　维护法治》，载《人民检察》2012 年第 7 期。

是加强对各种滥用程序行为的重点跟踪和监督，确保修改后刑诉法的正确实施。

3. 加强对非法证据的监督。修改后刑诉法进一步完善了证据制度，增加了职务犯罪特别是贿赂犯罪案件证据收集的难度。检察机关要重视强化侦查监督，充分运用捕诉衔接机制，共同做好非法证据的监督工作。要重视对证明取证合法性证据的审查，对发现没有随案移送全程同步录音、录像资料的，可以不予以受理或要求补充移送；对侦查人员可能以非法方法收集证据的，可要求对合法性作出说明，必要时可调查核实。①

（三）多措并举，务必确保监督实效

1. 健全科学的考评机制。检察机关要充分认识考评机制作为自身监督主要载体的重要意义，通过健全、完善考评机制，确保自身监督工作健康、有序地发展。总的来说，现行考评机制大多过度倡导数量的增长，将案件数量和增长率作为评价检察工作优劣的重要标准，不符合修改后刑诉法进一步强化实体公正和程序公正的要求。笔者认为，科学的考评机制应遵从质量与数量相结合的原则，对于一些发展比较成熟的检察业务（如贪污贿赂类案件侦查、批捕、起诉业务等），应更加注重案件质量；对于业务处于需要进一步发展阶段的（如渎职侵权类案件侦查等），则应在数量上要求更高一些。② 因此，各地区制定考评机制时应因地制宜，切合自身实际，正确把握数量与质量的关系。就个案而言，笔者认为，科学的考评机制应包含以下几个方面：（1）实体指标。考虑到执法的地区性、差异性，应改变目前各地考评指标过于精细的现象，确定一个执法办案的底线，通过严把法律底线界限，实现法律的“相对合理主义”。具体来说，仅应包含职务犯罪案件捕后撤案、捕后绝对、存疑不诉、捕后无罪判决等。（2）程序指标。针对修改后刑诉法对程序的要求更为严格及当前司法实务者程序意识较差的现状，笔者认为，应高度重视该指标设计。具体来说，主要应包含相关法律报批手续、法定期限、权利义务告知、防止“程序倒流”、履行各种法定程序等。（3）形式指标。检察机关要充分认识修改后刑诉法对检察机关执法方式的新挑战，抓住机遇，转变办案模式和执法方式。通过注重办案人员工作作风、廉洁自律、工作方式等形式指标的设计，大力倡导文明化、人性化执法。（4）效果标准。笔者

① 朱孝清：《侦查监督、公诉工作如何实施修改后刑诉法》，载《人民检察》2012年第13期。

② 张智辉等：《如何构建科学合理的检察业务考评机制》，载《人民检察》2009年第5期。

认为，该指标主要应适用于社会影响较大、人民群众关注度较高等热点、难点案件。通过对此类案件实际效果进行评价，从而真正体现检察机关忠诚、为民的核心价值观念。

2. 充分发挥检察委员会的职能作用。修改后刑诉法全面强化了检察机关的法律监督职能。检察委员会作为检察机关的最高业务决策主体，应正确把握自身定位，充分发挥在自身监督中的重要作用。检委会作为一个法定的办案环节存在于刑事案件的办理过程中，其职责和权限无法替代。检察机关应高度重视发挥检委会的职能作用，合理界定检委会议案范围，在目前存疑不诉、相对不诉已纳入议案范围的基础上，可把绝对不诉、退回公安机关处理、撤回起诉等案件进一步纳入。[①] 针对自身监督中发现的重大业务问题、共性问题等，应注重发挥检委会的宏观指导作用，加强对检察机关内部、下级检察机关、检察干警的监督制约。

3. 建立健全自身监督机制。修改后刑诉法增加了检察机关自身监督的任务。这要求检察机关应更加完善自身监督方式，创新工作机制，强化工作措施。更加注重实行被动监督与主动监督相结合的方式，既要根据当事人及律师等的申诉、控告，又要依据职权主动进行监督，注重把两者很好地结合起来，使之有效衔接、相互补充。注重建立与当事人、辩护人、诉讼代理人等的常态化联系机制，设置快速处理通道，及时启动监督调查程序。通过建立健全自身监督机制，认真贯彻落实修改后的刑诉法，切实提升执法办案自身监督水平。

---

① 项谷、张清：《检察委员会议案功能的审视与重构》，载《人民检察》2012 年第 6 期。

论侦查监督的立法强化与履职路径

杨云开*

【内容摘要】修改后刑诉法在全面加强检察权的同时，更加突出了侦查监督的广延性、实效性与规范性。检察机关应通过正确适用法律、创新工作机制、延伸检察触角等措施，保证法律所赋予和强化的侦查监督职能得到切实贯彻履行。

【关键词】修改后刑诉法　侦查监督　强化

2012年3月14日，第十一届全国人民代表大会第五次会议通过了修订的刑事诉讼法（以下简称修改后刑诉法）。本次修订主要内容包括证据制度、强制措施、辩护制度、侦查措施、审判程序、执行程序及特别程序七个方面。① 检察权强化是本次修订的重要特点，其中尤以侦查监督的变化最为全面、有力。如何积极应对刑诉法修改为检察机关带来的发展机遇，全面学习掌握立法内容，调整工作思路和完善工作措施是检察机关目前需要面对和解决的问题。

一、侦查监督的立法完善

修改后刑诉法充实、完善了检察机关在刑事诉讼过程中对案件侦查、证据收集、诉讼权利保障、强制措施等监督的职能与措施，使侦查监督权从概括步入具体，把诉讼中对公权力的约束与行使提高到一个更高的层次，使之更加民主，更加科学。

（一）拓宽侦查监督范围，增添监督内容

现行刑诉法中，检察机关侦查监督主要包括立案监督、审查批捕、审查起诉。此次刑诉法修改，加强了检察机关对刑事诉讼各个环节的监督，相关制度得到进一步完善。

---

* 江西省鹰潭市月湖区人民检察院干部。

① 郎胜：《关于刑事诉讼法修正案草案的说明》，载《人民日报》2011年8月25日。

一是在强制措施方面，增加规定了由检察院对指定居所监视居住的决定和执行实行监督（第 73 条）；诉讼参与人在侦查过程中认为司法机关及其工作人员对采取强制措施和扣押、冻结款物活动违法的，检察机关有权予以审查和纠正（第 115 条）；第五编特别程序里，检察机关对违法所得没收程序予以审查并向法院提出申请，对实行暴力行为但依法不负刑事责任的精神病人强制医疗予以监督。①

二是在证据规则方面，修改后刑诉法吸收了“两院三部”2010 年颁布的“两个证据规定”的成功经验，建立起较为完善的非法证据排除规则。第一，明确检察机关对侦查机关非法收集证据行为，有权调查核实、予以纠正直至追究刑事责任（第 55 条）。第二，审查起诉阶段，检察机关认为以非法方法收集证据情形的，可以要求其对证据收集的合法性作出说明（第 171 条）。第三，审判过程中，检察机关负有对证据收集合法性的证明责任。对收集合法性存在异议的，检察院可以提请人民法院通知有关侦查人员或者其他人员出庭说明情况（第 57 条）。由此可以看出，检察机关对非法证据予以排除不仅适用于审查批准逮捕和审查起诉阶段，而且还适用于审判阶段，这一极具中国特色制度的设计，是由我国检察机关的法律监督性质和客观公正义务所决定的。②

三是在保障诉讼参与人诉讼权利方面，第一，首次在人大立法层面规定了律师诉讼权利由检察机关予以保障（第 47 条）。第二，诉讼参与人的人身权利、财产权利受到损害时可以向检察机关申诉。如查证属实，检察机关通知有关机关纠正（第 115 条）。第三，在第五编特别程序中就未成年人犯罪案件办理、精神病人强制医疗都予以了特别规定，如办理未成年人刑事案件时“由熟悉未成年人身心特点的审判人员、检察人员、侦查人员承办”（第 266 条）。

（二）丰富侦查监督措施，增强监督实效

长期以来，检察机关侦查监督缺乏强制力与惩戒措施，侦查监督权常常被戏称为“软权力”，侦查监督也被称为柔性监督。此次刑事诉讼法修改适当增加了侦查监督的手段，提升了侦查监督的效力。

---

① 鉴于修改后刑诉法第五编规定的没收违法所得和强制医疗措施处在侦查阶段，检察机关均有审查、批准的权利，并且直接影响到犯罪嫌疑人的财产安全、精神病人的人身权利和自由问题，笔者仍然将其归到强制措施类型里面。

② 陈光中：《刑事证据制度改革若干理论与实践问题之探讨——以两院三部〈两个证据规定〉之公布为视角》，载《中国法学》2010 年第 6 期。

一是突出侦查监督的强制性。第一，对侦查人员以非法方法收集证据行为进行调查核实、提出纠正意见直至追究刑事责任（第55条）；第二，对部分程序的启动享有审查与申请权，如第五编特别程序规定的没收违法所得和强制医疗措施，均由检察机关予以审查并向法院提出申请。

二是侦查监督途径向多元化发展。第一，申诉、控告主体多元化，即对侦查违法行为的控告、申诉主体增加了辩护人、诉讼代理人、利害关系人（第47、115条）；第二，监督对象多元化，增加了检察机关对违法取证行为以及开展强制措施的五种情形（第115条）；第三，证据种类多元化，增加了电子数据、辨认笔录、侦查实验笔录三种证据种类，规定了讯问过程中录音录像，从而为侦查监督提供了重要的证据资料（121条）。

三是强化侦查监督效果。建立了逮捕之后羁押必要性审查制度。实践中，侦查监督部门在犯罪嫌疑人逮捕之后往往撒手不管、一押到底，难以变更为其他强制措施，羁押率长期居高不下。对此，修改后刑诉法第93条规定了捕后羁押必要性审查制度，对降低审前羁押率，防止超期羁押和不必要的羁押，维护社会和谐稳定，具有积极作用。

（三）规范侦查监督程序，突出司法属性

检察机关作为国家法律监督机关，不仅承担着审查逮捕、起诉职能，还依法对刑事诉讼实行法律监督，维护诉讼参与人的合法权益，实现司法的公平正义。修改后刑诉法在完善司法程序构造等方面有较大改进，减少了侦查监督的行政审批色彩，增强了司法属性。①

一是具体审查逮捕条件，将现行刑诉法中“发生社会危险性，而有逮捕必要”的逮捕条件具体为五种情形，并增加了“应当逮捕”的三种情况，增强了在实践中的操作性与“同案同判”的统一性。

二是强化检察机关的诉讼监督职责，维护诉讼过程的公平公正，如非法证据排除、律师诉讼权益保障以及犯罪嫌疑人有权要求介入审查批捕程序，并当听取律师意见（第86条）等制度的确立，从而能有力改变检察机关以往将自身定位于追诉机关或者控告方的倾向。

三是在审查起诉阶段，检察机关在讯问、听取意见之后，新增加了辩护人、被害人及其诉讼代理人提出书面意见的，应当附卷（第170条）。

通过以上相应制度的调整，使侦查监督程序适度的司法化，在一定程度

---

① 黄海龙：《刑诉法修改给侦查监督工作带来的机遇与挑战》，载《人民检察》2012年第6期。

上实现了检察职责的相对中立性、公开性、对审性，以及审、批统一性的要求。①

二、修改后刑诉法侦查监督的立法特点

修改后刑诉法比1996年刑诉法的225条增加了60多条，修改了90多条，占现行法条的44%，修改幅度较大，新增内容较多。研究立法特点，有利于对法条的法理理解，有利于对修改、完善内容的全面掌握，以便正确地执行和运用。

（一）突出人权保障

以往检察机关在刑事诉讼中主要担当控诉犯罪和侦查职务犯罪的任务，往往站在检控立场考虑问题，对人权的保障相对不足。本次刑诉法修改在全面加强检察权的同时，更加突出检察机关对人权的保障。

一是在总则第2条中增加了“尊重和保障人权”的宪法内容，并将其作为统领立法、构建刑事诉讼程序的基本纲领。

二是在非法排除证据方面，增加“不得强迫任何人证实自己有罪”（第50条）；采用刑讯逼供、威胁等非法方法收集到的证据，应当予以排除（第54条）；对违反法律规定收集的物证、书证不符合法定程序，可能严重影响司法公正的，应当予以补正或者作出合理解释，不能补正或者作出合理解释的，对该证据应当排除（第54条）。

三是在保障犯罪嫌疑人权利方面，拘留、逮捕后，应当立即将其送看守所羁押（第83、91条）；侦查人员在讯问犯罪嫌疑人的时候，可以录音或者录像，对于可能判处无期徒刑、死刑的案件或者其他重大案件，应当对讯问过程进行录音或者录像（第121条）；检察院审查案件，辩护人、被害人及其诉讼代理人提出书面意见的，应当附卷（第170条）。

正如全国人大常委会吴邦国委员长所说：“这次修改贯彻尊重和保障人权的宪法精神，对我国现行刑事诉讼法律制度作了重要补充和完善。”②

（二）突出侦查监督办案质量

修改后刑诉法在扩张侦查监督权的同时，也设置了更加严格的实体条件和程序规范，将侦查监督效果、办案质量放在了更重要的位置。

一是证据制度的完善也必然要求侦查监督工作的相应革新。新的证据规

---

① 龙宗智：《理性对待法律修改　慎重使用新增权力——检察机关如何应对刑诉法修改的思考》，载《国家检察官学院学报》2012年第3期。

② 《十一届全国人大五次会议在京闭幕》，载《人民日报》2012年3月15日。

则在确保案件证据除同时具备充分、确实的实体条件与取证过程合法的程序条件外，还对案件事实证明标准提出了更高的要求，即对所认定的案件事实排除一切合理怀疑，这不仅限制了侦查监督部门在事实认定中的自由裁量权，也需要检察人员具有高超的侦查技巧和证据甄别能力。

二是将逮捕条件细化与证据标准的具体化。一方面可以增强了侦查监督在实践中的可操作性与评判性，但另一方面则要求办案更加精细深入，证据更加翔实，否则将难以保证案件的质量。

三是适当延长了检察机关直接立案侦查案件的审查逮捕期限。在目前十日内作出逮捕决定的基础上延长到十四日，特殊情况下可以延长一日至三日（第165条）。在总体缩短羁押期间的趋势下，之所以如此规定是因为批捕权上提一级后，迫于时间压力检察机关通常会采取逮捕措施，不利于侦查案件的正确开展。这一修改，有利于检察机关准确适用逮捕措施，更好地办理职务犯罪案件，保护犯罪嫌疑人的合法权益。

（三）突出侦查监督工作科学发展

科学发展是指“刑事诉讼法规定的内容和用语应当反映刑事诉讼活动的客观规律和科学知识要求”，① 修改后刑诉法不仅更符合刑事诉讼发展的需要，同时也能指导侦查监督工作和法学理论研究取得更大的进步。

一是着力推进侦查监督工作的现代化。在立法上注意吸收国外立法经验和司法改革成果，如对继续羁押必要性进行审查的制度借鉴了德国刑诉法。

二是强调检察人员在刑事诉讼中保持客观公正。即不只专注于追诉，要全面客观地收集案件证据，“唯本着事实与法律而不片面追求定罪与胜诉的结果”②，特别是要正确对待来自辩方的证据。如嫌疑人可以介入批捕程序、重视律师诉讼权利保障均来源于此。

三是注重推进和促进社会管理创新。“修改刑事诉讼法是加强和创新社会管理，维护社会和谐稳定的需要，”③ 侦查监督工作无疑对创新社会管理具有直接作用力。如非法证据排除规则有利于保障人权、遏制刑讯逼供等违法行为、树立良好社会风尚，对未成年人、精神病人的特别程序有利于加强对特殊人群的管理。

---

① 陈光中：《论刑事诉讼法修改的指导思想》，载《法制资讯》2011年第8期。

② 卞建林、李晶：《检察机关排除非法证据的规范——基于预防和排除的双重视角》，载《政治与法律》2011年第6期。

③ 王兆国：《关于刑诉法修改草案的说明》，载《人民日报》2012年3月9日。

三、贯彻落实修改后刑诉法的路径分析

修改后刑诉法为检察工作科学发展提供了良好的机遇，同时面临着新的问题和挑战，需要进一步加强理论研究和制度创新，以保证法律所赋予和强化的侦查监督职能能够得到切实贯彻履行。

（一）正确适用法律，确保侦查监督规范化

法律的生命在于实施，修改后刑诉法只有在检察机关的严格贯彻施行下，才能发挥出其应有的效力。

一是严格掌握审查逮捕条件。尽管修改后刑诉法对逮捕条件细化为五个条件，但均为或然性规定，承办检察官可以深入审查、核实，也可以马虎应对，一概采信“有可能”的主观倾向，以批准逮捕了事，从而导致新法形同虚设。比如“可能实施新的犯罪”的规定，就需要有相关证据证明确有再次实施犯罪的现实可能性，在不能证明的情况下检察机关必须遵循“谦抑性”原则，不予以逮捕。

二是严格按规定讯问犯罪嫌疑人。检察机关任务繁重，特别是基层检察院人少案多矛盾突出，审查逮捕阶段难以保证每案均高质量地讯问犯罪嫌疑人。修改后刑诉法不仅规定了三种必须讯问犯罪嫌疑人的情形，而且由于检察机关在证据的审查与排除、非法侦查行为监督、采取强制措施监督等方面职权的强化，讯问犯罪嫌疑人就变得更加重要，且讯问内容也应相对延伸。

三是加强对案件的管理及分析研判。如在逮捕后对羁押必要性进行审查的程序中，检察机关既可以依职权主动审查，也可以依据申请进行被动审查。但目前要求检察机关对批准逮捕的案件全部审查还不太现实，因此需要有预判、分级等相应措施，对有可能需要进一步审查的案件予以区别，并且能够通过侦查机关和案件当事人了解羁押必要性信息变化，从而将该项工作高效开展起来。

（二）创新工作机制，提高侦查监督效率

为了保障修改后刑诉法的施行效果，检察机关需要根据相关规定，整合检察资源，大力加强机制创新，提高侦查监督效力。

一是完善内部工作制度。首先是理顺内外部工作关系，建立和规范工作流程，明确在控申、侦监、公诉、监所各个环节的职权和要求，将侦查监督的工作细化和量化；其次侦查监督部门要与控申、公诉、监所等部门建立既相互配合又互相制约的机制，发挥检察机关的整体优势，形成监督一盘棋；最后要完善领导决定机制，比如重要证据的审查与排除是由科室负责人决定还是需要通过检委会讨论，则需要在实践中进一步明确。

二是应当明确检察机关对拒不接受监督的单位和个人的惩罚性措施，确保侦查监督的实效。如修改后刑诉法第115条规定诉讼参与人对于司法机关及其工作人员的违法侦查行为向检察机关申诉的，检察机关经过审查后通知该机关予以纠正，而该机关拒不纠正的，应当赋予检察机关行政审查请求权，直至对相关渎职犯罪立案侦查。

三是注重对刑事诉讼参与人的诉讼权利保障。此次刑诉法修改明确了人权保障原则，为使其落到实处，增添了诉讼参与人诉讼权利保障的内容，其诉讼权利的充分行使与否，是关系到检察机关正确行使法律监督职责的重要表现，也是侦查监督工作体现保障人权的重要内容。

（三）延伸检察触角，拓宽侦查监督渠道

检察机关要主动延伸检察触角，营造良好的控告、申诉氛围，进一步畅通广大群众诉求通道，从而掌握更多的侦查监督线索。

一是与公安、信访、司法等部门建立情报共享、重点案件通报等制度，以利于检察机关及时了解发案、立案、侦查的情况，发现和掌握部分案件办理情况及争议的焦点，为检察工作的开展打下坚实的基础。

二是建立部分监督案件、批捕起诉、控告申诉案件的听证制度，改变信息不对称、闭塞的状况，提高组织机构和人民群众的参与积极性，有利于消除相关人员的疑虑和对检察机关的抵触情绪。

三是推进行政执法与公安、检察机关的刑事司法“网上衔接”、“信息共享”等机制的建设，及时发现并督促行政执法机关移送涉嫌犯罪案件，促进侦查监督工作健康开展。

适应刑诉法新要求
强化法律监督和自身监督

郭 欣*

【内容摘要】 修改后刑诉法在强化检察机关法律监督职能的同时，也进一步规范了检察机关的刑事侦查和诉讼职能。面对刑诉法提出的新要求，检察机关应在强化法律监督职能的同时积极完善自身监督体系，确保自身正、自身硬、自身净。

【关键词】 检察机关　法律监督　自身监督

一、修改后刑诉法进一步强化了检察机关的法律监督职能

刑诉法作为规范刑事诉讼过程的部门法，加强检察机关法律监督、保证刑事诉讼顺利进行是其重要内容，刑诉法的修改，进一步强化了检察机关的法律监督职能。

强化检察机关的法律监督职能有其现实的必要性。首先我国的政治体制是人民代表大会下的“一府两院”制，与西方国家通过“三权分立”相互制衡实现权力合法运行不同，我国的政治体制要求设立专门的法律监督机关，通过强化专门监督来保障法律的正确实施。其次修改前的刑诉法对检察机关的法律监督职能虽有较为详细的规定，检察机关也拥有立案监督、批准逮捕、起诉、抗诉等多项法律监督权，但这一系列的细化监督权并未实质改善检察机关的监督窘境，检察机关不能监督、不敢监督、不愿监督的情况仍时有发生，这从我国检察机关最近12年（1998—2009）的主要工作情况就能看出端倪，检察机关侦查、批捕和公诉职能的履行在工作量上占有绝对多的比重（提起公诉10637074件，约占45%，批准逮捕9727647件，约占42%，查办职务犯罪500020件，约占2%，法律监督2484669件，约占11%）。如果采用简单的件数相加的办法来计算，三者的工作总量为20864741件，而诉讼监督

---

* 江西省吉安市人民检察院干部。

的工作量仅为2484669件，二者的比例为8：1①。修改后的刑诉法作为对现实需求的回应，也进一步强化了检察机关的法律监督职能。

修改后刑诉法在原有规定的基础上增补了多个关于检察机关法律监督的条文，涵盖刑事诉讼各个阶段。在侦查阶段，修改后刑诉法首先赋予了检察机关对侦查机关的投诉处理权，规定司法机关对当事人和辩护人、诉讼代理人、利害关系人的投诉应当及时处理，相关人员不服处理的，可以向人民检察院申诉。其次完善了批捕审查程序，规定检察机关批准逮捕时有下列情形之一的，应当讯问犯罪嫌疑人：（一）对是否符合逮捕条件有疑问的；（二）犯罪嫌疑人要求向检察人员当面陈述的；（三）侦查活动可能有重大违法行为的。最后建立了羁押定期审查机制，规定犯罪嫌疑人、被告人被逮捕后，人民检察院仍应当对羁押的必要性进行审查，对不需要继续羁押的，可以建议予以释放或者变更强制措施。在审判阶段，修改后刑诉法一方面强化了检察机关对简易程序的监督，规定适用简易程序审理的公诉案件，人民检察院应当派员出席法庭；另一方面建立了死刑复核监督机制，规定在复核死刑案件过程中，最高人民检察院可以向最高人民法院提出意见。最高人民法院应当将死刑复核结果通报最高人民检察院。在执行阶段，修改后刑诉法将检察机关对监外执行、减刑、假释的监督由事后监督改为事中监督，规定监狱、看守所提出暂予监外执行、减刑、假释的书面意见的，应当将书面意见的副本抄送人民检察院。人民检察院可以向决定或者批准机关提出书面意见。另外，在此次增加的特别程序中，修改后刑诉法赋予了检察机关对未成年案件依法作出附条件不起诉的权力，对刑事和解协议的自愿性、合法性进行审查并主持和解的权力以及对强制医疗是否合法进行监督的权力。

二、修改后刑诉法进一步规范了检察机关的侦查和诉讼职能

修改后刑诉法第18条第2款规定“贪污贿赂犯罪，国家工作人员的渎职犯罪，国家机关工作人员利用职权实施的非法拘禁、刑讯逼供、报复陷害、非法搜查的侵犯公民人身权利的犯罪以及侵犯公民民主权利的犯罪，由人民检察院立案侦查。对于国家机关工作人员利用职权实施的其他重大犯罪案件，需要由人民检察院直接受理的时候，经省级以上人民检察院决定，可以由人民检察院立案侦查”；第167条规定“凡需要提起公诉的案件，一律由人民检察院审查决定”。上述条文表明检察机关在履行法律监督职能的同时还承担着

① 张翠松：《检察机关法律监督职能的“表达”与“实践”——以宪法定位与实践的背离为视角》，载《犯罪研究》2011年第6期。

刑事侦查和诉讼职能。

针对检察机关的侦查职能，修改后刑诉法首先要求要充分保障当事人的诉讼权利，规定犯罪嫌疑人、被告人可能被判处无期徒刑、死刑，没有委托辩护人的，人民法院、人民检察院和公安机关应当通知法律援助机构指派律师为其提供辩护；其次进一步规范了侦查措施，规定对特别重大贿赂犯罪，在住处执行监视居住可能有碍侦查的，经上一级人民检察院或者公安机关批准，也可以在指定的居所执行。但是，不得在羁押场所、专门的办案场所执行。人民检察院在立案后，对于重大的贪污、贿赂案件以及利用职权实施的严重侵犯公民人身权利的重大犯罪案件，根据侦查犯罪的需要，经过严格的批准手续，可以采取技术侦查措施，按照规定交由有关机关执行。

针对检察机关的诉讼职能，修改后刑诉法首先进一步规范了检察机关的举证职能，规定公诉案件中被告人有罪的举证责任由人民检察院承担；在审查起诉时发现有应当排除的证据的，应当依法予以排除，不得作为起诉决定的依据；在对证据收集的合法性进行法庭调查的过程中，人民检察院应当对证据收集的合法性加以证明。其次进一步完善了审查起诉程序，规定人民检察院审查案件，应当讯问犯罪嫌疑人，听取辩护人、被害人及其诉讼代理人的意见，并记录在案。辩护人、被害人及其诉讼代理人提出书面意见的，应当附卷。

对检察机关刑事侦查和诉讼权力的规范限制，立法者同样有其现实考量。检察机关一方面拥有高位阶的法律监督权，监督侦查、审判机关的司法权，另一方面又拥有刑事侦查、诉讼等司法权，如何保证这些司法权合法运行、不侵犯当事人的合法权益成为立法者在修订刑诉法过程中不得不考虑的因素，此次刑诉法的修改就充分体现了立法者规范检察权、保证检察权依法运行的意图。

三、规范检察机关的侦查、诉讼职能有利于强化其法律监督职能

提升检察机关刑事侦查和诉讼活动的规范程度有利于准确打击刑事犯罪，保障无罪之人不受追究，避免出现冤假错案。检察机关司法职能规范程度的提高对检察机关履行法律监督职责也大有裨益，有助于实现修改后刑诉法强化法律监督的要求，深化检察机关的法律监督职能。检察机关司法职能规范化对法律监督职能的积极意义包括三个方面：

第一，提高监督效率。自身规范程度的提高能够提升检察机关对违法行为的敏感性，针对被监督对象的违法行为及时作出反应，及时提出纠正意见，及时督促整改，另外检察机关规范程度的提高，也能打消被监督者要求“网

开一面”的想法，促使其及时接受监督，纠正违法行为。

第二，提升监督效果。首先检察机关自身规范程度的提高，能够在一定程度上避免被监督者因“不服气”而产生抵触情绪从而消极应对的情形，使被监督者心服口服，心平气和地接受监督，认真纠正自身违法行为，确保监督有效果。其次，检察机关规范程度的提高，检察人员规范意识的增强，为进一步提高检察机关的法律监督能力提供了智力支持，使检察机关在敢于监督的基础上做到善于监督，更全面地指出被监督者的不规范之处，杜绝挂一漏万的现象。

第三，提振监督信心。自身规范排除了监督“大事化小、小事化了”走过场的可能性，树立起监督的权威性，赋予监督者底气和勇气，提高监督的积极性。

四、检察机关应加强自身监督制度建设

检察行为规范化是检察机关自身监督与法律监督之间的桥梁，要提高检察行为的规范化，推动法律监督工作的有效开展除了在立法上强化法律规定外，还需要检察机关加强自身监督。自身监督是检察机关实现公正廉洁的有效途径，强化自身监督，对规范检察行为，提升执法公信力，夯实检察机关法律监督的基础都具有重要意义。特别是在面对立法者要求检察机关进一步规范运用检察权以及学者“谁来监督监督者”的疑问时，检察机关加强自身监督，有助于打消各界顾虑，保证法律监督工作的顺利开展。现阶段在立法层面不断强化法律监督的情况下，检察机关应更注重自身监督制度的建设，以自身监督促法律监督。

事实上，曹建明检察长在2008年年底全国检察长会议上就强调：“要牢固树立监督者更要接受监督的权力观，既讲强化法律监督，更讲加强自身监督。”最高人民检察院近年来也颁布了一系列加强检察机关自身监督的规定：如《关于完善人民检察院侦查工作内部制约机制的若干规定》、《关于人民检察院办理直接受理立案侦查案件实行内部制约的若干规定》、《最高人民检察院检务督察工作暂行规定》。

检察机关的自身监督包括内部监督和外部监督，加强检察机关自身监督一方面要完善内部监督，另一方面还要接受外部监督。

（一）进一步完善内部监督

所谓内部监督是指依据已设立的义务规范、责任规定及权力限制结构，

对主体权力的规模、力度、后果进行控制。① 近年来，各地检察机关纷纷在完善内部监督上下功夫，形成了不同的监督模式。有业者将各地检察机关的做法大致分为两种：一种是以强化内部监督机制为中心的模式，较为典型的代表有，上海市检察机关的案件督查督导机制、北京市一分院的案件质量督查机制；另一种是以强化内部制约机制为中心的模式，较为典型的代表就是安徽省检察院，其“检察改革理论与实践”课题组主张通过合理设置内设职能相互制约流程、明确制约重点以及改变部分内设部门职能等方式，强化内部制约网络。② 虽然各地在加强内部监督上各有创新，但传统监督方式仍然是强化内部监督的基础。检察机关应加强理论研究和实务探索，深入挖掘传统监督的潜力，确保监督到位。

传统监督方式包括检察机关职能部门之间的分工制约、纪检监察的监督制约、上下级检察机关之间的监督制约。

1. 检察机关职能部门之间的分工制约。检察机关职能部门之间的分工制约包括侦监部门通过立案监督，审查批捕对自侦部门的监督，公诉部门通过审查起诉案件对侦监、自侦部门的监督，控申部门通过受理当事人控告申诉对承办部门的监督，计财部门通过清算扣押款物对扣押、冻结款物的监督。加强职能部门之间的监督一要强化责任意识，对因监督不到位而造成严重后果的，严格追究相关部门和人员的责任。二要提高监督能力，保证检察人员具有过硬的业务技能。我院历来注重提高检察人员业务水平，近年来多次举行全市侦监、公诉竞赛，以赛代练、以赛促练，通过竞赛发现不足，取长补短。

2. 纪检监察的监督制约。纪检监察主要是对检察人员的违法违纪行为进行监督，检察机关在执法办案过程中出现的不公正、不文明、不规范、不廉洁情形往往都是由检察人员的违法违纪行为所引起的。因此，加强纪检监察对检察人员的监督有利于从源头上防止检察权滥用，减少违法行为。

我院根据本地检察工作实际，出台了一系列监督方案，强化对检察干警执法行为的监督。如吉安市检察机关检察干警执法档案制度，吉安市检察机关案件质量评查制度。

吉安市检察干警执法档案制度将从事执法工作的检察干警均纳入其中，

① 刘铁流、王敬安：《检察机关内部监督制约机制的模式及其规制》，《第四届国家高级检察官论坛论文集》2008 年版，第 121 页。

② 陈聪：《检察机关内部监督制约制度的构想与实践——福州市检察机关“检务督察”制度改革之思考》，载《国家检察官学院学报》2005 年第 3 期。

“一人一档、一案一评”，详细记录检察干警执法办案基本情况和个案质量评查情况，定期考核。同时成立组织协调组、案件质量评查组以及绩效考核组，分别负责执法档案建立和管理，案件质量评查、抽查和责任倒查以及年终绩效考核评估等工作，确保干警执法档案制度落实到位，规范执法行为，促进执法公正。

吉安市检察机关案件质量评查制度包括案件评查办法和案件质量标准两方面内容。案件评查办法将案件质量评查常态化，制度化，明确了评查主体、评查手段、评查范围以及对评查结果的申诉。案件质量标准则统一了评查标准，避免评查宽严不一，详细规定了公诉、侦查监督、贪污贿赂、渎职侵权、刑事申诉、刑事赔偿等案件的质量标准。

3. 上下级检察机关之间的监督制约。检察机关上下级之间是领导与被领导的关系，这种关系决定了上级检察机关能够更积极主动地监督下级检察机关的执法办案。近年来，根据全省的统一部署，我院侦监部门采取了自侦案件批捕权上提一级的监督措施，通过由上级院审查批捕下级院的自侦案件，加强对自侦案件的监督力度。此外，根据省院的考评要求，我院结合本地实际，不断优化考评体系，突出对案件质量的考评，通过目标管理考评督促下级院将办案质量放在首位。

（二）进一步强化外部监督

面对“不受监督的权力必然导致腐败”的命题，检察机关同样不能“独善其身”，因此外部监督，包括人大、政协、媒体以及人民群众的监督，对保证检察权合法运行同样具有举足轻重的作用。检察机关对此有着清醒的认识，在积极接受外部监督的同时，还创造性地建立了人民监督员制度，增加了外部监督的模式。

人民监督员制度是检察机关在办案过程中倾听人民群众意见，接受人民群众监督的有效形式，对促进检察机关公正廉洁执法，提升执法公信力具有积极意义。一方面人民监督员制度为人民群众监督检察机关提供了制度保障，将检察机关接受人民群众监督具体化。人民监督员对案件侦查、法律适用、证据获取等信息的了解和独立评议有利于进一步规范检察机关的执法办案活动，提升案件办理的法律效果、政治效果和社会效果；另一方面通过人民监督员对检察机关公正、文明、规范、廉洁执法的了解和宣传，能够更好地提升检察机关执法办案的公信力，减少社会对检察机关的偏见和疑问。

最高人民检察院2010年10月下发了《最高人民检察院关于实行人民监督员制度的规定》。我院根据最高人民检察院及省院的要求制定了《吉安市人民检察院开展人民监督员制度工作实施方案》，面向全市机关、团体、企业事业单位和基层组织，选任 15 名人民监督员，颁发聘任证书，主动接受人民监督员的监督。针对人民监督员来自不同的行业，对检察机关执法办案相关流程不熟悉的情况，我院及时召开了人民监督员工作会议，向人民监督员全面介绍检察机关的性质、地位、案件管辖范围、各业务部门职能和《最高人民检察院关于实行人民监督员制度的规定》的具体内容，帮助人民监督员明确自身工作职责以及监督程序，为人民监督员开展工作打好基础，提升人民监督员的监督水平。

浅析修改后刑诉法对基层公诉工作的影响及对策

陈宝玉[*]　李芳芳[**]

【内容摘要】 刑诉法修改涉及公诉工作的内容非常广泛，尊重和保障人权入法，辩护权的强势扩张，证据制度的全新完善，简易程序派员出庭，庭审对抗的日益凸显，基层公诉工作面临新的挑战。为应对新的机遇和挑战，基层公诉部门应当转变执法理念，牢固树立人权意识、程序意识、证据意识、时效意识和监督意识，坚持惩罚犯罪与保障人权并重、程序公正与实体公正并重，强化公诉人以庭审为中心的抗辩能力，并合理配置司法资源、加强改革创新步伐提高办案效率。

【关键词】 修改后刑诉法　证据制度　公诉工作　庭审抗辩能力

2012 年 3 月 14 日，十一届全国人大五次会议审议通过了《中华人民共和国刑事诉讼法修正案》，并于 2013 年 1 月 1 日正式实施。此次刑诉法修改幅度很大，修改内容涉及 110 多处，修改比例超过总条文的 50%，条文由 225 条增至 290 条。立法上的每一次进步，都是对执法者的一次全新挑战。此次刑诉法大幅度的修改对于行使国家追诉权的公诉部门来讲，又是一次极为严厉的挑战。在新形势下如何采取有效措施积极应对新的挑战，正确履行法律监督职责，维护司法公正，是我们每一名公诉人应当关注和研究的问题。笔者结合刑诉法的修改和本人基层公诉工作实践，粗浅谈谈基层检察机关公诉部门应如何应对刑诉法的修改，以期达到抛砖引玉的效果。

一、修改后刑诉法涉及公诉工作的主要内容

（一）尊重和保障人权，无罪推定原则的充分体现

本次刑事诉讼法的修改，在继续强调依法打击犯罪的同时，突出了对犯

* 江西省吉安市吉州区人民检察院副检察长。

** 江西省吉安市吉州区人民检察院干部。

罪嫌疑人和被告人基本人权的保护，这也是根本大法——宪法《尊重和保障人权》在部门法中的体现。此次刑诉法修改虽然没有明确规定无罪推定原则，但以下四条已经体现了无罪推定原则的实质和内核：一是修改后刑诉法第49条明确规定了举证责任："公诉案件中被告人有罪的举证责任由人民检察院承担，自诉案件中被告人有罪的举证责任由自诉人承担。"二是第50条规定了"严禁刑讯逼供和以其他非法方法收集证据"，同时明确规定了"不得强迫任何人自证其罪"，确立了不得自证其罪的权利。三是第53条规定了证据确实充分的三个具体标准，即起诉案件要综合全案证据，对所认定的事实必须达到排除合理怀疑的程度。四是继续保留了"未经人民法院依法判决，对任何人都不得确定有罪"的规定，上述四个方面的规定全面集中体现了无罪推定原则的实质和内涵，是我国刑事诉讼司法制度的里程碑式的进步。这就要求我们公诉人的公诉理念必须与时俱进，在审查案件时，既要保证准确及时查明犯罪事实，正确适用法律惩罚犯罪，又要保障无罪的人不受刑事追究。在公诉工作的整个环节中，要全面地尊重和保障人权，准确理解拿捏无罪推定原则的精髓，使"保障人权"的司法理念贯彻到公诉工作的各个环节中。

（二）明确了全新的证据制度

修改后刑诉法对证据的分类作出了全新的规定，一是把"鉴定结论"改为"鉴定意见"，鉴定意见只是鉴定人个人的认识和判断，表达的也只是鉴定人的个人意见，改变了过去公诉人对鉴定书结论的"迷信"，在审查起诉过程中，鉴定意见也将成为案件审查的内容。二是把辨认笔录归入勘验、检查、侦查实验笔录，增加了侦查实验笔录。以往实践中，在制作案件审查报告时公诉人往往会困扰于辨认笔录的证据种类归属问题。有的将其归入证人证言，但是显而易见，它在形式上与证人证言存在较大差异性，也有的将其归入其他证据材料，但是它又与侧重程序性证明作用的"工作说明"、"到案经过"等材料具有较大的差异性。三是增加了电子证据。电子证据地位的确立，为公诉人使用电子证据提供了法律依据。以往实践中，电子证据没有被列入现有证据种类之中，但是在办理涉及网络犯罪和计算机犯罪的案件时，我们往往会用到电子证据。四是新增了证人、鉴定人、专家证人出庭作证制度。主要有以下几个方面：首先新规定了证人出庭作证条件：对于定罪量刑具有重大影响的，控辩双方有异议或者人民法院认为证人有必要出庭的；其次新规定了人民警察就其执行职务时目击的犯罪情况可以作为证人出庭作证；再次是新规定了鉴定人、专家证人出庭作证的规定，"公诉人、当事人或者辩护人、诉讼代理人对鉴定意见有异议，人民法院认为鉴定人有必要出庭的，鉴定人应当出庭作证。经人民法院通知，鉴定人拒不出庭作证的，鉴定意见不得作为定案的根据”；再次是规定“公诉人、当事人和辩护人、诉讼代理人可以申请法庭通知有专门知识的人出庭，就鉴定人作出的鉴定意见提出意见”。最后新规定了证人拒绝出庭作证的法律后果，即情节严重的，予以十日的拘留。

（三）律师办案制度全面吸收新律师法精神，加强对辩护权的保障

此次刑诉法在律师办案制度方面吸收了 2008 年实施的新律师法的精神，加强了对辩护权的保障，赋予了律师更充分的会见权、调查取证权和阅卷权。其主要表现在以下三个方面：一是明确了律师在侦查阶段的权利范围和辩护职责。二是加强了对律师会见权、阅卷权的保障。阅卷的范围从以往的部分材料扩大到案卷材料。修改后刑诉法规定，无论审查起诉阶段还是审判阶段，辩护律师都可以查阅、摘抄、复制本案的案卷材料。其他辩护人经人民检察院、人民法院许可，也可以查阅上述案卷材料。三是规定了辩护人诉讼权利的救济措施。为防止有利犯罪嫌疑人、被告人的证据材料不被移送，修改后刑诉法第 39 条还规定“辩护人认为在侦查、审查起诉期间公安机关、人民检察院收集的证明犯罪嫌疑人、被告人无罪或者罪轻的证据材料未提交的，可以申请人民检察院、人民法院调取”。这就可以使辩护人全面掌握不利和有利犯罪嫌疑人、被告人的证据材料。

（四）明确了非法证据排除和量刑辩论程序

在庭审方式上，修改后刑诉法明确规定了非法证据排除和量刑辩论程序，从而使现行的庭审制度发生了实质性变化。修订前的刑诉法所规定的庭审程序对控辩双方来讲基本上是以法庭辩论为核心的庭审，而修正后的刑诉法使非法证据排除首先成为控辩双方的焦点，从而使质证成为了庭审的核心，而证人出庭、鉴定证人出庭后所当庭提供的证据成为定罪量刑的重要基础。公诉人在法庭上和辩护人的交叉询问将会大幅度上升，法庭调查和法庭发问成为庭审工作的重点，加之侦查人员、鉴定人、专家证人出庭作证可能引起的证据变化和对案件定性以及量刑产生的影响都将使公诉人出庭面临极大的挑战。同时增加的量刑辩论程序有助于规范法官的量刑活动，然而量刑建议的准确提出，在某种程度上依赖于公诉人丰富的实践经验和娴熟的法律功底，它需要公诉人能对判决规律有较为准确有效的掌握，使公诉人当庭根据定罪证据和量刑证据的变化，及时准确把握法定量刑情节和酌定量刑情节，以及对于适用缓刑标准的准确认定和正确把握提出了崭新要求。

（五）重大修改简易程序，明确了公诉人参与简易程序的法律规定

此次刑诉法关于简易程序作了重大的修改，体现在第 208 条、第 209 条、第 210 条上。主要表现在：一是扩大了简易程序的案件适用范围，即基层法

院管辖的案件均属于适用对象。二是修改了简易程序的适用条件，规定了被告人同意的程序性条件。三是所有简易程序案件，检察院应当派员出席法庭，取消了简易程序案件可以不派员出庭的规定。修改后刑诉法关于简易程序的规定弥补了检察机关对于适用简易程序案件庭审活动监督缺失，同时弥补了过去简易程序法院独审、控辩双方失衡的弊端，当然也给基层检察院公诉部门带来了显而易见的挑战。

二、刑诉法修改后对公诉工作的影响

（一）证据制度的修改对公诉人的素质、能力提出更高要求

修改后刑诉法对证据的分类作出全新的规定，也就对公诉机关审查证据提出了更高的要求，要求公诉人在审查鉴定意见时，首先应对鉴定机构和鉴定人的资质进行审查，同时也要对鉴定过程和鉴定依据的真实性、准确性进行审查，对于存在疑问的应当及时进行重新鉴定。虽然，修订前的刑事诉讼法规定了检察机关有权进行重新鉴定，但是实践中此类情形相对较少。修改后刑诉法赋予了辨认笔录的证据属性后，就解开了此种证据使用的困惑，当然也对侦查机关辨认笔录的制作水平、规范制作和公诉机关的审查要求也都有了相应提高。电子证据地位确立，今后我们面临的主要问题可能在于，如果公诉人设有一定的网络和计算机专业知识，恐怕会很难对公安机关的前期取证和后期补证进行有效的引导，在对已经取得的电子证据进行审查和使用时也会感到心有余而力不足。

在运用非法证据排除规则方面，修改后刑诉法第 55 条规定“人民检察院接到报案、控告、举报或者发现侦查人员以非法方法收集证据的，应当进行调查核实。对于确有以非法方法收集证据的，应当进行调查核实。对于确有以非法方法收集证据情形的，应当提出纠正意见；构成犯罪的，依法追究刑事责任。”在实践中，如何正确运用调查核实权，如何妥善处理与公安机关之间的关系，都对公诉人的能力提出了更高的要求。

在证人、鉴定人、专家证人出庭作证制度方面，虽然修改后刑诉法在第 187 条、第 188 条规定了证人、鉴定人和专家证人出庭作证的条件以及不出庭作证的法律后果，但是对于公诉人而言，在当前的现实情况下证人出庭作证加大了指控犯罪的难度，尤其当证人在法庭上直接面对被告人及其辩护人的询问和质证的压力时，如何实现良好的庭审效果对公诉人提出了更高的要求。另一方面，鉴定人及专家证人都属于具有一定专业知识的特殊群体，因此，在询问鉴定人和专家证人时，公诉人也需要一定的专业知识的学习和训练，在工作中逐步实现公诉队伍的知识化和专业化。

（二）律师办案制度的修改增加了办案难度

这次刑诉法在律师办案制度方面的修改一方面意味着控辩双方的关系将走向真正意义上的平等，它扩大了辩护方的权利，从而限制了控诉方的权利。在修改后刑诉法实施前公诉机关尚可以刑诉法为上位法、律师法为下位法为由拒绝律师在审查起诉阶段查阅、摘抄、复制本案的案卷材料，但修改后刑诉法实施后这个“挡箭牌”将不复存在，也使侦查、公诉机关所掌握的证据材料，从现有刑诉法所规定的“半公开”状态变为“全面公开”状态。而随着辩护方权利的扩大，控诉方和辩护方的力量对抗也就从表面上的平等向实际上的平等迈出坚实的一步，进而使控辩双方的对抗性进一步增强。另一方面也增加了固定证据的难度，修改后刑诉法赋予律师充分的会见权、调查取证权和阅卷权，其在审查起诉阶段可以查阅侦查机关移送的证据材料，因此可以知悉案件的全部证据及全案的证据薄弱环节。少数素质不高的律师如果对犯罪嫌疑人、证人稍加暗示或者点拨，犯罪嫌疑人、证人就很可能翻供变证，造成言词证据稳定性减弱，特别是职务犯罪中的行贿受贿，很大程度取决于言词证据定案，如果翻供变证，会给公诉工作带来很大的影响。

（三）简易程序全部出庭增加公诉人的工作量

修改后刑诉法关于简易程序的修改在某种程度上可视为将现行的简易程序和被告人认罪案件普通程序简化审理程序的合并，并明确规定了简易程序案件公诉人都应当出席法庭。修改后刑诉法关于简易程序的规定也给基层检察院公诉部门带来了显而易见的挑战，就基层院而言，目前简易程序和简化审程序案件占到绝大多数，每件案件要求出庭必然极大地增加公诉人的工作量，使公诉人出庭的次数成倍增长，也由此极大地增加公诉人的诉累，而基层公诉部门的人力、物力和案件量如何匹配，怎样提高诉讼效率都面临着很大的问题，其中案多人少的现状是最为突出的问题。

三、基层公诉部门应对刑诉法修改的对策

（一）转变执法理念

检察机关应当积极适应，更新执法观念，认真执行法律规定，迎接挑战。首先，要更加注重程序正义，长期以来一些执法人员重实体、轻程序的思想观念在办案中还是存在。程序正义要求公诉人严格按照法律的程序行使，人们诉讼于法律不但要求结果公正，更希望程序正义。其次，要更加注重人权保障。人权保障的理念要求我们要注重犯罪嫌疑人的权利保障，公诉机关在审查起诉时，不仅要仔细审查那些导致犯罪嫌疑人有罪或者罪重的证据，更要仔细审查那些将导致犯罪嫌疑人无罪或者罪轻的证据，全面、客观、公正

地审查全部证据。最后，要更加注重尊重律师工作。一个国家法治建设水平在一定程度上是通过律师参与诉讼的程度和实际效果来体现的。检察机关应当为律师行使职责提供方便，相信律师的职业道德和执业水平，加强与律师的沟通和交流，赢得律师对检察工作的理解与配合。公诉人确保律师权利的实现，就是对律师工作的尊重，就是对刑诉法的遵守，就是对国家法治建设的推动。

（二）强化修改后刑诉法及其相关配套规定学习培训

目前离修改后刑诉法实施还有一段时间，基层检察机关干警一定要抓住这段学习掌握新法的宝贵时间，必须做到融会贯通。首先是全面学习修改后刑诉法及其修正案，深入探究修改法条的立法原意和学理解释，正确把握新刑事诉讼的基本原理，在不断提高基层院公诉人理论水平的基础上，更加注重提高公诉人的实战技能，让广大公诉人在公诉实践中逐步转变公诉理念。其次是不断加大对公诉人的实战培训力度，通过举办培训班，观摩优秀公诉人辩论赛，旁听示范法庭庭审等形式，重点提高庭审交叉询问的技能，增强基层公诉人妥善应对庭审调查中证人证言、证据发生变化的应对能力，以全面提高掌控庭审局面的能力。

（三）加强与侦查机关配合，强化证据意识

刑诉法的修改对侦查、公诉机关收集、整理和审查证据提出了更高的要求；同时也使审判前侦查结论的不确定性增加，须通过继续侦查随时提供指控犯罪应有的证据。这就要求侦查和起诉方进一步协调关系，形成合力，尤其是侦查必须围绕起诉指控的需要进行，侦查机关必须准确全面地提供指控所需要的证据。因此，要以刑诉法的修改为契机，加强与侦查机关的联系，及时互通情况信息；对重大复杂案件，公诉机关要提前介入，引导侦查取证，指导侦查机关依法全面收集犯罪嫌疑人有罪、无罪、罪重、罪轻的各种证据；强化证据的完善、固定工作，防止翻供翻证，及时发现并堵死证据中的空隙、漏洞，提示侦查机关补强完善证据；强化案件动态监控，注意收集串供、转赃等再生证据，发现并掌握律师介入后出现的翻供翻证及其他不正常情况，提高办案人员审查、分析、判断和运用证据的能力；加强侦诉协作，形成合力，提高出庭公诉、指控犯罪的能力。同时，公诉机关要切实改进目前的证据结构，逐步降低言词证据的在刑事诉讼中的地位，提高实物证据的比重和地位，通过降低言词证据的比重，使犯罪嫌疑人翻供、串供的负面影响自然降低。而要做到这一点需要侦查机关更高的侦查水平以及侦诉机关之间更强的协调能力。

（四）强化公诉人以庭审为中心的抗辩能力

修改后刑诉法强化了出庭公诉的地位和作用。新的庭审模式的确立，使出庭强度增加、出庭难度加大，围绕庭审出现的矛盾冲突增多，法庭调查和法庭辩论都具有了更加强烈的对抗性。因此，基层院的公诉人要切实正确履行公诉职能，必须牢固树立以庭审为中心的思想，不断增强自己的抗辩能力。这就要求公诉人对案件的全部事实和情节以及与案件有关的法律、法规了如指掌外，还要认真做好庭审中讯问被告人、询问证人的工作。由于辩护人对公诉人认定的案件事实与证据通过阅卷，复制和摘抄有关材料和到法院全面阅卷后已经十分清楚，而辩护人是否会向法庭提供新的证据、通知新的证人到庭、会提出哪些问题等，公诉人却难于掌握，再加上多类证人的出庭作证，就会使意外情况明显增多。公诉人只有不断提高政治、法律业务素质，增强质证过程中的讯问、询问时的逻辑思维能力和论辩的口才，善于把握案件的焦点做好预测性和预防性工作，才能对庭审中的意外情况做到稳定沉着，机智应变，才能应付自如，从容化解。尤其是在询问方式上，既要避免询问的禁止性规则，如诱导性询问、不当询问或违法询问，又要着力提高询问能力，提高掌控整个庭审局面的水平。

（五）加强改革创新步伐，提高办案效率

在简易程序案件成为基层检察院公诉部门出庭的主要方式后，要积极创新案件办理模式，在简易程序案件移送到公诉部门后，在案件受理、审查、起诉、出庭等各个环节，形成专人专项统一办理的工作模式，对于拟起诉的同类案件同批公诉，并在协商基础上，要求法院对同类案件同批开庭审判，以降低诉讼成本，提高诉讼效率，节约司法资源。要从内部积极探索并形成有效的案件审查出庭制度。一是建立符合简易程序审理的案件快速办理机制。使案件审查报告、讯问笔录均体现简易程序案件的特点。二是加强对量刑情节的审查和认定。由于简易程序案件要求犯罪嫌疑人对于犯罪事实自愿认罪，其关注重点在于决定其量刑的各种法定、酌定情节。同时，就基层院而言，简易程序和简化审程序案件占到绝大多数，如果每案都要出庭则将难以应对。对此，建议采取最高人民检察院现行规定，区分情况采取出庭支持公诉和出庭旁听庭审两种形式，或者适用简易程序审理案件允许检察机关派一人出庭。

（六）合理配置公诉办案力量，力争“精简后方，确保一线”

对于刑事案件提起公诉，支持公诉，实行法律监督，是检察机关的一项重要职能。刑诉法修改对检察机关既是重要机遇，更是严峻挑战，公诉业务工作量大幅度增加，难度也进一步加大，因此对公诉工作和人员素质都提出更高的要求。合理科学配置公诉人员日渐迫切，特别是基层检察院公诉部门人均办理案件很多都在50件以上，案多人少的矛盾尤为突出。针对此，笔者认为检察机关内部，要本着精简后方，保障一线的原则，选拔业务能力较强的人员充实公诉力量，提高公诉队伍团队作战能力，在稳定公诉队伍前提下，不断优化队伍结构，提高工作效率，加强公诉队伍梯队建设，形成老、中、青公诉人工作合力。对于年人均办案超过50件的单位，建议能做到公诉人员占本院实有人数不低于15%的比例，可以通过招聘辅助人员或速录员的方式，由辅助人员或速录员协助检察官办理案件，负责摘录、出庭记录等事务性工作，以缓解工作压力。同时积极与有关部门协商，加强科技装备建设，保证公诉部门的办案车辆、多媒体示证、案卷传输等需求，提供工作所需的必要保障，提高工作效率与质量。

坚持严格公正廉洁执法与理性平和文明规范执法并重

认真学习贯彻修改后刑事诉讼法 努力提高检察机关执法办案水平

张勇玲*

【内容摘要】检察机关贯彻落实修改后刑诉法，要进一步深化认识，着力解决执法理念、执法能力、执法保障等问题，坚持严格公正廉洁执法与理性平和文明规范执法并重，努力提高执法办案水平。

【关键词】执法理念　修改后刑诉法　贯彻

《全国人民代表大会关于修改〈中华人民共和国刑事诉讼法〉的决定》通过以来，江西省检察机关按照最高人民检察院的部署要求，紧密联系实际，坚持做到“三个着力”，从思想上、机制上、工作上、保障上抓紧做好衔接准备，并以学习贯彻修改后的刑事诉讼法为契机，进一步转变和更新执法理念，强化队伍建设，切实保障修改后的刑事诉讼法统一、正确实施，推动检察工作科学发展。

一、着力抓好三个环节，在深化认识上下功夫

一是抓好谋划部署。省院党组对学习贯彻修改后刑诉法高度重视，认真开展研究，及早进行部署。2012 年 3 月，省院召开检察委员会集体学习会，专题学习修改后的刑事诉讼法，曾页九检察长要求全省检察机关把学习贯彻修改后刑诉法作为一项长期的、至关重要的检察中心工作抓实抓好。7 月，召开全省检察长座谈会，重点研究学习贯彻修改后刑诉法，曾页九检察长亲自动员部署，省院领导分别部署，12 位市分院检察长汇报学习贯彻情况和打算。省院制定下发全省检察机关《刑事诉讼法修正案》学习培训方案，明确组织领导和责任分工，落实时间安排和实施步骤，强化了组织推动力。

二是抓好学习培训。注重全员覆盖，省院组织全省检察人员收看最高人民检察院举办的修改后刑诉法电视专题讲座，邀请中国人民大学教授陈卫东、

* 江西省人民检察院党组成员、政治部主任。

最高人民检察院法律政策研究室主任陈国庆作专门辅导报告，全省7000名检察人员通过视频系统同步参加学习，省院教育培训处对市县两级院的收看学习情况进行巡查，并将情况通报，确保了全员参与、全员见效。注重分类施教，以领导干部、执法一线检察业务骨干和新进检察人员为重点，采取分类培训、专题讲座、案例讲解、分业务条线研讨等多种形式，开展修改后刑诉法学习培训210余场次，提高了针对性和实效性。注重载体创新，与华东政法大学、江西财经大学签订检校合作协议，建立教育实践基地；组织检察人员赴北京、江苏等地学习考察反渎职侵权和案件集中管理试点工作。

三是抓好指导交流。把修改后刑诉法的业务学习工作纳入政法干警核心价值观教育实践活动的考核范围，省、市两级院领导班子共建立103个基层联系点，积极深入基层院进行宣讲辅导和督促检查。对接上级检察院内设机构联系基层检察院制度，各业务部门及时加强对口指导、跟踪问效，推动学习深入进行。营造学习氛围，省院开设“江西检察公诉人论坛”，定期更新上传学习内容，定期策划组织专题讨论；各级院组织诉辩对抗、知识竞赛、主题论坛等活动，以内网栏目为平台大力宣传、推广学习贯彻的经验做法和调研情况，促进了相互交流。

二、着力解决三个问题，在衔接准备上见行动

一是着力解决执法理念问题。面对一些检察人员执法办案中存在的重权力轻权利、重实体轻程序、重打击轻保护、重配合轻监督等错误观念，我们首先注重与时俱进推动思想解放，突出职业化、本土化、多样化特色，扎实推进政法干警核心价值观教育，广泛开展“六观”、“六个有机统一”、“四个必须”等正确发展理念和执法理念大学习大讨论，出台《江西省人民检察院关于参与加强和创新社会管理工作的实施意见》等政策性文件，推出了一系列破解检察工作科学发展难题的创新思路及工作举措，增进了全省检察人员对修改后刑诉法的理念认同、价值认同和情感认同，真正做到严格公正廉洁执法与理性平和文明规范执法并重，为全面正确实施修改后刑诉法奠定了扎实的思想基础。

二是着力解决执法能力问题。全省各级检察院注重探索实践，紧紧抓住修改后刑诉法正式施行前的这段时间，就转变职务犯罪侦查模式、简易程序案件出庭、未成年人犯罪案件办理等目前可以先行探索的工作，积极试点，加强岗位练兵和模拟演练，积累经验，提高能力，为全面执行打下基础。省院领导确定13个课题开展领题调研，各主要业务部门围绕“惩治犯罪与保障人权”、“程序公正与实体公正”、“全面客观收集审查证据与坚决依法排除非法证据”、“司法公正与司法效率”、“强化法律监督与强化自身监督”、“严格公正廉洁执法与理性平和文明规范执法”六个专题，组织引导下级院对口部门分层次、分专题地开展调研，科学研判新法实施中可能遇到的困难和问题，及早制定各项应对措施，确保新旧刑诉法的顺利衔接。注重协调沟通，积极组织学习交流座谈会，加强与法院、公安、国安、司法、律协等部门的沟通协调，及时沟通情况，交换学习体会，把衔接准备工作做在前面，争取工作主动，形成工作合力。

三是着力解决执法保障问题。修改后刑诉法在诸多方面赋予了检察机关新职责、新任务，既拓宽了检察机关履行职责的空间，也加大了检察机关的工作量，给人力资源等执法保障带来了新的问题。尽管近年来，我们通过公务员统一招考和单独招录方式每年引进优秀法律人才300多名，队伍专业化程度一直位居全国检察机关前列，但案多人少的矛盾依然突出。为此，我们上半年通过公务员统一招考引进法律人才87名，2012年下半年还将通过单独招考方式为市县两级院招录各类人才200名左右，补充执法办案力量，并创新招录办法，积极引进法医、计算机、金融会计等亟需的专业技术人才。同时，立足于现有人员和保障状况，通过优化人员配置，有效整合资源，深入挖掘内部潜力，努力适应新任务新要求。

三、着力追求三个效果，在树立形象上求突破

一是以转变管理方式为重点，进一步提升检察业务科学化水平。修改后刑诉法内容涵盖多项检察业务。贯彻实施修改后刑诉法，要求业务管理必须进一步由分散向集中转变。2012年上半年，我们成立了案件管理办公室，新建了案管大厅，实行人员集中办公，制定了《江西省人民检察院案件管理暂行办法》等9个制度。鹰潭、景德镇、萍乡、新余、南昌、上饶6个市检察院和11个基层院设立了经编办批准的案件管理机构，建立了统一受案、全程管理、动态监督、案后评查、综合考评的执法办案管理新机制，实现执法管理全程化、公开化、规范化，有力地提高了执法水平和办案质量。

二是以干部作风整顿为抓手，进一步规范和改进执法办案工作。规范执法关系到案件的质量，关系到检察机关的形象，能不能做到规范执法是对执法能力的考验。2012年，我们以深入开展政法干警核心价值观教育实践活动和集中整治干部作风突出问题活动为抓手，先后对2011年12月份部分职务犯罪不起诉案件进行了督导调研，集中开展了警车违法违规、办案安全、涉案款物专项检查和涉检信访积案、下级院请示事项排查清理工作，深入查找、着力纠正了讯问职务犯罪嫌疑人同步录音、录像制度落实不到位、涉案款物扣押处置不规范、执法档案制度和“一案三卡”制度未全面落实等执法办案中的突出问题，及时完善风险防控管理、督查问责等管理制度，切实做到严格执法、规范执法。

三是以扩大品牌效应为途径，进一步提升检察工作创新发展活力。“法的生命在于实施”。修改后刑诉法的有效实施关键在基层，关键在人。围绕如何实现基层院建设可持续发展，我们在全国首创基层检察院建设“培优工程”（即培育“优秀基层检察院、优秀检察官、优秀检察工作品牌”工程），作为今后3年基层院建设的主要载体平台。全省三级院围绕各地申报的85个优秀基层检察院、311个优秀检察官、144个优秀检察工作品牌培优对象，集中开展培优共建工作，切实把贯彻执行修改后刑诉法的过程转化为创新工作机制、实现优势突破、推动科学发展的生动局面。突出典型引领，评选表彰全省十佳基层院和20名执法为民标兵，省委书记苏荣等省四套班子领导亲自为获奖代表颁奖。充分运用检察内网“榜样在身边”栏目，积极开展办案能手、优秀公诉人等评选活动，发现、培养和宣传一批秉公办案、廉洁执法的先进典型。树立用人导向，把学习应用修改后刑诉法作为选人用人的重要标准，省院机关空缺的15个处级领导岗位全部进行竞争上岗，修改后刑诉法作为重要内容予以考核，督促广大检察人员在组织和社会认同中自觉贯彻执行修改后刑诉法。

转变执法方式　努力实现司法公正

——以职务犯罪案件侦查为视角

罗庆华*

【内容摘要】 修改后刑诉法要求检察机关进一步转变和完善执法方式，坚持严格公正廉洁执法和理性平和文明规范执法并重。但目前职务犯罪侦查中还存在执法理念偏差、侦查手段落后、侦查方式粗暴、公开机制不透明等问题。检察机关应通过转变执法理念、提升侦查水平、整合内外部资源、加强执法透明度等措施，切实转变自身执法方式。

【关键词】 修改后刑诉法　职务犯罪侦查　执法方式

刑事诉讼法的修改对检察工作关系重大，对检察机关履行职责和履职方式提出了新的要求。从总体上看，修改后刑诉法实施后检察工作任务更重，履职手段更加丰富，执法过程进一步透明。检察机关应理性面对机遇和挑战，通过转变和完善自身执法方式，确保修改后的刑事诉讼法全面有效实施，努力实现司法公正。

一、正确认识执法方式

曹建明检察长在全国检察长座谈会上指出，检察机关要统一思想，统一部署，统一行动，着力转变和更新执法理念，始终坚持严格公正廉洁执法与理性平和文明规范执法并重。如何执法、以什么方式执法，既关乎修改后刑诉法是否得到全面正确实施，也直接影响公平正义的实现和社会的和谐稳定。

1. 正确认识两者的含义。严格公正廉洁执法与理性平和文明规范执法，两者都涉及执法观，但追求的价值和侧重点有所不同。严格公正廉洁执法体现了检察机关执法所应追求的价值目标和本质要求，要求忠于法律严格执法、不枉不纵公正执法、清清白白廉洁执法，是社会主义法治理念和政法干警核心价值观的内在要求。理性平和文明规范执法，强调执法的行为方法和基本

* 江西省鹰潭市人民检察院检察长。

准则，要求执法者具有理性的思维、平和的心态、文明的形象、规范的程序，是践行社会主义法治理念的外在要求。

2. 辩证处理两者的关系。严格公正廉洁执法与理性平和文明规范执法，一个注重执法的本质要求，一个注重执法的外在表现形式，可以说，两者是内在与外在、目的与方法的关系。离开严格公正廉洁谈执法，执法就失去了根本；离开理性平和文明规范谈执法，执法就失去了生命。严格公正廉洁执法，必须通过理性平和文明规范执法来保证和实现；理性平和文明规范执法必须紧紧围绕严格公正廉洁执法的执法主题，两者相互依存，相辅相成。检察机关既要严格公正廉洁执法，忠实履行法律监督职能，切实维护司法公正，维护法制的统一、尊严、权威；又要坚持理性平和文明规范执法，以看得见的方法实现司法公正。

3. 契合了修改后的刑事诉讼法。随着社会经济的不断发展、民主法制建设的深入推进和人民群众司法期待的日益增长，修改后的刑诉法作了较大幅度的修改和完善，并更加注重坚持有效惩治犯罪与有力保障人权的有机统一。这就要求检察机关既要增加诉讼手段，完善诉讼程序，提高惩治犯罪的能力，确保严格公正廉洁执法，有效维护法制的统一正确实施；又要推进诉讼文明、诉讼民主，提高保障人权的水平，确保理性平和文明规范执法。应该说，修改后的刑诉法不仅对严格公正廉洁执法提出了更高要求，而且对理性平和文明规范执法也提出了更高要求。

二、目前执法方式中存在的主要问题

以职务犯罪案件侦查工作为例：

1. 执法理念问题。受执法环境、目标考评等因素影响，实践中还存在重打击、轻保护，执法功利性较强等问题。尤其是上级督办、领导批示、社会关注度较高、矛盾风险较大等案件中，执法中更多地强调政治效果和社会效果，存在超越法律界限的行为。有些案件办理中，更多地考虑自身办案的需要，忽视了法律的其他规定。如为顺利查处受贿人，对行贿人法外施恩，以罚代刑；强制措施适用更多考虑侦查部门办案，较少考虑是否保障嫌疑人权利。这些执法不严格、不公正的行为，严重违背了修改后刑诉法进一步强化司法公正的要求，影响了职务犯罪侦查工作的健康、可持续发展。

2. 侦查手段问题。应该说，检察机关的侦查手段还较为落后，侦查信息化、现代化水平还不能完全适应新形势的要求。主要表现为与纪检、公安、城建、金融、工商、税务等部门的信息共享机制还不太健全，与电信、住房、银行等部门合作机制还不够完善，信息渠道不太畅通。传统的人力密集性办案侦查方式仍未发生根本性改变，运用现代科技手段发现犯罪、侦查指挥、收集证据的能力不足。如未严格落实修改后刑诉法和最高人民检察院要求，部分案件录音录像不全程、全面、全部，执法方式不规范、较为随意等现象仍然存在。

3. 侦查方式问题。职务犯罪侦查作为检察机关重要职能之一，因侦查模式有别于普通刑事案件，对证据能力提出了更高要求。司法实践中，往往在犯罪事实尚未完全明朗的情形下，通过与犯罪嫌疑人正面接触，依靠突破口供后，再去核实和固定证据。其遵循的一般是“由人查事”、由供到侦的取证模式。职务犯罪案件，特别是贿赂犯罪案件，目前检察干警对口供的依赖性仍然很大。部分检察干警还存在倚重言词证据，轻视物证、书证、电子数据等客观证据的现象。由于对口供的过度依赖，使得实践中检察机关存在立案前审讯时间过长或变相体罚、虐待、精神折磨等现象。对犯罪嫌疑人进行人格侮辱、人身攻击等执法不理性、不平和等情况更是普遍存在，违背了修改后刑诉法关于加强人权保障的诉讼任务。

4. 信息公开及权利救济问题。目前，检察机关未能适应修改后刑诉法强化法律监督职能的新要求。主要表现为执法办案信息公开机制缺乏，办案工作相对封闭，尤其是侦查工作相对封闭。为防止犯罪嫌疑人翻供，顺利成案，往往对犯罪嫌疑人的合法权利不够重视，在心理上抵触律师等辩护人的介入。在审查逮捕、审查起诉环节中，也往往采取“办公室作业”的审查方式，较少主动听取辩护人意见等。大多数检察机关对案件信息公开的主体、内容、方式、过程等缺乏相应的规定，对行为程序瑕疵问题未给予足够的重视，当事人及辩护人权利救济渠道不畅通，救济手段和方式也较为缺乏。这使得检察机关执法文明化、人性化及执法的廉洁性受到人民群众的质疑，检察机关执法公信力受到较大的挑战。

三、完善执法方式的对策建议

1. 树立正确的执法理念。理念是行动的指南，是指导实践的思想基础。修改后刑诉法对检察机关的挑战首先是执法理念的挑战。修改后刑诉法将尊重和保障人权写入刑事诉讼法的任务中，并在保障辩护权行使、严禁刑讯逼供、强制措施适用条件严格设定等具体条款设置中加以体现。这要求检察机关执法办案应更加重视尊重和保护人权，进一步强化人权意识，做到慎用检察权力，善待公民权利，要尊重诉讼当事人的主体地位，积极保障公民权利，在执法中应更加注重公正执法与人性化执法的统一。在制度层面上，要求检察机关淡化片面注重打击犯罪，强调追诉、胜诉的色彩，更加注重客观公正的司法义务，既要重视有罪证据，也要重视无罪、罪轻证据的收集和举证。在操作层面上，要求检察机关不仅要强调执法办案的合法性，更要强调执法办案的合理性。如修改后的刑诉法延长了传唤、拘传时间和职务犯罪嫌疑人决定逮捕时间，基本满足了查办职务犯罪的时限要求，但检察机关要强化时效意识、人权意识，不能不加以区分，一概适用最长时限，要注重提高办案效率，尽量减少犯罪嫌疑人羁押时间。在职业道德层面上，要求执法人员在憎恨犯罪行为的同时也要对犯罪嫌疑人保持应有的怜悯、同情之心，执法要讲理性。

2. 提升侦查能力和水平。检察机关应积极面对修改后刑诉法强化侦查能力的要求，更加注重平和执法、规范化执法的重要性，正确使用新手段、新措施，有效落实修改后刑诉法。一是正确使用技术侦查措施。为完善侦查措施，加强打击犯罪力度，修改后刑诉法赋予检察机关使用技术侦查措施的权力。检察机关在修订《人民检察院刑事诉讼规则》、《检察机关执法工作基本规范》等配套性机制中，应进一步对技术侦查的对象、范围和方式等予以明确。要充分贯彻必要性原则，使用技术侦查措施时要慎之又慎，不得泄露获取的除作为诉讼证据以外的情报信息。二是高度重视科技强检战略的重要性。坚持以侦查信息化和装备现代化为主导，积极推动“两化”建设取得新的发展，加快建成全面、系统、规范、安全的侦查信息平台，着力增强运用现代科技装备发现犯罪、侦破案件、取证固证等能力，切实提升侦查能力。三是改变侦查模式。修改后刑诉法增加了不得强迫自证其罪、律师可介入侦查讯问等规定，这为自侦部门获取口供增加了较大难度。这要求检察机关改变目前较为依赖口供的侦查模式，注重外围调查证据的获取，更加注重收集物证、书证、视听资料、电子证据等客观证据，实现由证到供的转变。四是提高证据能力。非法证据排除规则的确立，要求检察机关严格把握侦查技巧与刑讯逼供、不强迫自证其罪与如实回答、审讯与供述合理引导与威胁引诱欺骗等的界限，保证录音、录像的全程性与完整性，努力提升证据能力。

3. 注重整合内外部资源。一是注重外部联系沟通机制。修改后刑诉法要求检察机关更加注重加强与公安、法院、行政执法单位等外部的联系与协作。如技术侦查手段使用、侦查阶段律师会见等均需要检察机关与公安机关加强沟通、协调，简易程序案件出庭、死刑复核案件法律监督具体程序、羁押必要性审查等均要求检察机关加强与法院的协作与配合。检察机关要注重加强与金融、工商、税务等行政执法单位的联系，加强侦查信息网络建设，丰富信息资源，提升侦查信息化能力。二是注重检察一体化机制建设。修改后刑诉法要求检察机关更加注重整合内部资源，加强检察一体化建设。如羁押必要性审查主体，可能涉及侦查监督、公诉等部门；监视居住决定和执行的监督可能会涉及上下级检察机关等。这要求检察机关各内设机构及上下级检察机关之间要加强信息的沟通交流机制、线索移送机制、协作配合机制等，通过整合资源，加强上下一体、部门联动，形成整体合力。三是注重相互制约的关系。修改后刑诉法就羁押执行，监视居住决定和执行，阻碍辩护人行使诉讼权利，非法取证行为，查封、扣押、冻结等侦查措施，简易程序审判活动，量刑活动，死刑复核、减刑、假释、暂予监外执行、强制医疗决定和执行等方面加强了监督。这要求检察机关更加注重法律监督职能的发挥，加强对公安、法院、内设机构的制约和监督。检察机关应进一步加强对理性执法的认识，正确处理好内、外部的双重关系。

4. 加强执法的透明化水平。修改后刑诉法更加重视尊重当事人的诉讼权利，赋予了更多机会主张观点、提出证据、说明理由、掌握进度等，如强制措施告知程序、律师介入、听取辩护人意见等，这符合案件公正的实现方式，也是现代刑事诉讼程序正义的内在要求。这要求检察机关应以人民群众看得见的方式运行检察权，满足了人民群众对司法公正的心理需求，切实提升人民群众对案件公正处理的认可度。检察机关在执法办案过程中要更加注重公正执法与文明、规范执法等的统一。如可建立案件进展情况查询平台、书面听取意见、法律文书说理等措施，密切与当事人的联系。同时，修改后刑诉法加强了当事人、辩护人等对阻碍行使诉讼权利、非法收集证据等行为的申诉渠道，这要求检察机关要加强与当事人、代理人等的常态化联系机制建设，将保障当事人权利真正落到实处，确保执法的公正、文明化运行。

浅谈修改后刑诉法视野下检察机关严格公正廉洁执法

——以江西省丰城市人民检察院实践做法为参考

袁剑波*

【内容摘要】修改后刑诉法通过人权保障立法、监督领域拓展、司法制度创新、非法证据排除规则确立等角度对检察机关公正廉洁执法提出了新要求，从执法水平、执法理念和执法意识等方面对检察机关严格公正廉洁执法提出了现实需求。为落实上述新要求和现实需求，应立足人权保护、切实强化检察队伍建设，不断夯实公正廉洁执法基础；以程序公正为保障，切实强化自身监督，健全严格公正廉洁执法机制；以制度创新为抓手，有效构建长效机制，拓展严格公正廉洁执法途径。

【关键词】修改后刑诉法　检察机关　严格公正廉洁执法

严格公正廉洁执法，维护社会公平正义，是检察机关的一个永恒主题。修改后刑诉法对检察机关严格公正廉洁执法提出了更新更高的要求。笔者通过分析当前影响和制约检察机关严格公正廉洁执法的现实因素，同时结合丰城市检察院历年来在强化自身监督和内部监督方面的创新实践，就检察机关，特别是基层检察院在修改后刑诉法施行后如何进一步推进严格公正廉洁执法提出自己的浅见，以求教于同人。

一、修改后刑诉法对严格公正廉洁执法提出的新要求

（一）补足性规定对严格执法提出了新要求

修改后刑诉法第 73 条更加严格限制了拘留、逮捕、监视居住不通知家属的情形，并将以“有碍侦查”作为在指定居所内执行监视居住的条件严格限制在“涉嫌危害国家安全犯罪、恐怖活动犯罪、特别重大贿赂犯罪”范围之内，并且规定了严格的审批程序，须“经上一级人民检察院或者公安机关批

* 江西省宜春市人民检察院副检察长兼丰城市人民检察院检察长。

准”。这样不仅可以尽可能地避免滥用“指定居所监视居住”强制措施问题的发生，有效保护当事人的合法权益，而且从法律上为检察机关依法严格办案提出了新要求。修改后刑诉法规定律师可在侦查环节提前介入、律师会见程序进一步明确、律师涉伪证罪要交由异地侦查机关办理等一系列规定，不仅赋予了律师更多的参与空间，突出了律师辩护权利的保障，同时对检察机关现有的传统执法办案模式带来了较大冲击，也为检察机关如何严格依法办案提出了一个全新的课题。

（二）人权保障入法对公正执法提出了新理念

修改后刑诉法将“尊重和保障人权”明确写入了总则，并在证据制度、强制措施、辩护制度、侦查措施、审判程序、执行规定、特别程序等诸多方面均有体现。这种变化，不仅有利于促进办案人员树立正确的执法理念，更好地适应经济社会发展的新形势、满足人民群众对司法公正的新要求，也能够促进办案机关在具体刑事诉讼活动中，严格依法办案，遵守法定程序，最大限度地保障刑事诉讼当事人的合法权益。如中华全国律师协会刑事辩护委员会秘书长韩嘉毅认为，辩护权的保障是刑事诉讼领域保障人权的核心，修改后刑诉法在侦查权的制度设计上，给辩护权作了相当大的让步，这相当于“推开了新的门”。

（三）监督领域拓展对严格执法提出了新措施

设置简易程序的本意是优化司法资源配置，但现行刑诉法规定，简易程序案件人民检察院可以不派员出庭。这就极易导致主审法官身兼控诉、审判两任，既不符合“控审分离”的诉讼原理，也影响审判的法律和社会效果的缺憾。在最高人民检察院2008年的一份调研报告中显示，简易程序检察机关派员出庭率不到3%，而适用简易程序的案件在整个刑事案件中占到40%左右。① 修改后刑诉法扩大了简易程序公诉案件范围，对被告人的程序选择权予以明确并将以前人民检察院“可以不派员出庭”的简易程序公诉案件，修改为“应当派员出席法庭”，从而通过实现全面出庭弥补监督缺位。

（四）司法制度创新对公正执法提出了新要求

修改后刑诉法以专章规定了刑事和解程序，明确了适用的案件范围、条件、程序和法律效力，从而使司法实践中存在的适用案件范围、条件、标准不一，对当事人自愿性关注不够等问题得以有效解决，使本在司法实践中威力得以充分发挥的刑事和解制度，纳入法律规范范畴，对于规范司法实践，

① 《最高人民检察院工作报告——2012年3月11日在第十一届全国人民体表大会第四次会议上》，载《人民日报》2011年3月20日第2版。

保证案件处理效果，提高司法效率和构建和谐司法环境都具有积极意义。也为检察机关进一步建立健全对刑事和解的监督体系和质量监控机制，特别是建立刑事和解联动机制，加强与公安、法院在刑事和解方面的沟通、协调和配合，畅通处理渠道，构建刑事和解领域公正执法平台等提出了新要求。

（五）证据排除规则对检察执法提出了新挑战

目前，我国职务犯罪案件，特别是大要案呈持续上升态势。2011 年全国检察机关共立案侦查各类职务犯罪案件 32909 件 44085 人，同比分别增加 1.4% 和 6.1%，其中立案侦查贪污贿赂大案 18224 件，同比增加 0.2%；查办涉嫌犯罪的县处级以上国家工作人员 2723 人（含厅局级 188 人、省部级 6 人），同比增加 2%。① 修改后刑诉法建立了非法证据排除制度，特别增加了 5 个条款，专门规定哪些证据是非法证据以及如何排除非法证据，规定了非法证据排除的内容、程序，也规定了非法证据排除的后果，增加“不得强迫任何人证实自己有罪”的规定，并规定人民法院、人民检察院、公安机关都有排除非法证据的义务。这对检察机关而言，既要直面日趋繁重的职务犯罪查办任务，又要进一步提升执法水平、改进执法模式，特别是在严格公正廉洁执法方面提出了新挑战。

二、当前制约和影响严格公正廉洁执法的现实因素

（一）执法水平与形势发展之间存在冲突

修改后刑诉法对检察机关严格公正廉洁执法既提出了新要求，也带来了新挑战，也对检察干警执法能力与水平的提升提出了新要求。或是要求转变和更新执法理念，在做好修改后刑诉法对接工作的同时，对侦查能力、讯问能力、审查证据能力、出庭公诉能力等方面适应新要求；或是因电子证据的确立、技术侦查手段的应用、同步录音录像制度的实施等，给干警运用科技信息化能力带来新考验；或是因特别程序的规定，对一些先行先试做法，如涉罪未成年人保护、刑事和解制度等，也给干警提出了创新要求。而现阶段检察干警综合素质虽然得到较大幅度提升，特别是本科以上学历呈逐年上升趋势，有的院甚至达 90% 以上，但对经济欠发达的中西部地区而言，再教育学历占相当大比率。

① 《最高人民检察院工作报告——2012 年 3 月 11 日在第十一届全国人民体表大会第四次会议上》，载《人民日报》2011 年 3 月 20 日第 2 版。

（二）执法理念与人权保护之间存在冲突

尊重和保护人的基本权利，是人类社会生存和发展的基本需要。① 检察机关是人权的保护者，当前在检察执法中侵犯被追诉人人权的问题还依然存在。一是不尊重犯罪嫌疑人及被告人的人格尊严。在询问、讯问、检查中使用不文明用语，随意训人，不尊重当事人的隐私等现象时有发生。修改后刑诉法刑事诉讼任务中增加“尊重和保障人权”，这主要就是针对现实中侵犯被追诉人人格尊严的执法方式而规定的。二是不尊重公民的健康、生命权。修改后刑诉法规定了全程同步录音、录像制度，对现实中不规范、暴力执法行为形成了制约。现实中对犯罪嫌疑人刑讯逼供，或变相刑讯逼供，导致犯罪嫌疑人伤残，甚至死亡的事件仍存在。因此，必须有针对性地加强办案安全防范工作，防止发生涉案人员自杀自伤、被刑讯逼供致死等非正常死亡事故。三是侵犯公民的人身自由权。现实还存在如对不符合强制传唤条件的，随意强制传唤，超范围继续讯问及延长时间继续讯问，随意动用手铐、警械等情形，这就要给予被剥夺自由的人人道或尊重人格尊严的待遇，被控告的人应与被判罪的隔离开，并给予未判罪者身份的分别待遇。②

（三）程序意识与严格执法之间存在冲突

在执法办案中，广大干警一定要充分认识到依法定程序办案的重要性，牢固树立程序优先意识。然而，当前在一些干警中依然存在重实体、轻程序的执法办案思想，认为只要证实违法犯罪行为，对犯罪嫌疑人作出了处理就行，至于违反法定办案程序，则无足轻重或不以为然。因而在实际办案过程中，刑讯逼供，滥用强制措施，超范围、超期限羁押继续讯问等不规范执法现象就会必然产生。一些基层检察院的干警甚至存在单人办案，不经犯罪嫌疑人或证人、被害人核对，就要求他们在笔录材料上签名、捺手印。还有的干警在办案过程中为了省事，甚至将笔录反复复印成材料而了事，从而出现了每次笔录都一样的伪逻辑现象，极易造成犯罪嫌疑人当庭翻供。

（四）证据意识与公正执法之间存在冲突

证据是用来定案的依据，是诉讼规律的内在要求，对任何案件的处理都必须依据证据法则进行。收集证据不仅要全面、及时，更要合法。修改后刑诉法第 48 条规定可以用于证明案件事实的材料都是证据。司法实务中往往存在：一是收集和使用的证据不合法。如对嫌疑人采取刑讯逼供、威胁、诱骗

① 陈光中：《刑事诉讼法》，北京大学出版社、高等教育出版社 2002 年版，第 93 页。

② 张智辉：《国际刑法通论》，中青年法学文库 1993 年版，第 69 页。

等非法方法收集证据，对证人采用威胁、诱骗等非法手段收集证据。二是收集证据不全面。特别是在办理职务犯罪案件中，忽视了对证人证言的收集，收集证据只收集证明有罪情节的证据而忽视了对从轻情节和无罪证据的收集等，同时“重口供而轻实物证据”长期以来是侦查执法部门的通病。三是收集证据不及时。证据具有极强的时效性和易变性，如果不及时取证，一些证据就再也无法收集，不少职务犯罪案件之所以变成疑案、难案、拖案、积案或成为上访案件，其一个重要因素就是取证不及时，致使该收集的证据因时过境迁而无法收集，无法对案件作出正确的定性处理。

（五）服务意识与执法宗旨之间存在冲突

修改后刑诉法进一步扩大了检察机关的法律监督职能，必须牢固树立和坚持公正廉洁执法的正确执法理念，坚持全心全意为人民服务的宗旨，切实履好职。但在日常执法活动中，一些干警的宗旨观念淡漠、监督意识不强、执法效能不高的状况依然存在。主要体现在：一是缺乏主动介入意识，对涉法涉诉涉访案件监督意识不强，往往事后监督。二是对一些群众的举报、诉求不及时受理，造成涉检信访情况。三是对职务犯罪案件不及时受案，怕得罪人，不敢碰硬，即使受了案也不及时调查，结果小事拖大，易事拖难，激化矛盾，积案增加。

三、修改后刑诉法视野下落实严格公正廉洁执法的应对措施

深入推进检察机关严格公正廉洁执法工作，必须紧扣中央政法委开展的政法干警核心价值观主题教育活动，认真领会中央政法委书记周永康同志和最高人民检察院检察长曹建明同志的重要讲话精神，以“六个并重”为引领，着力解决执法思想不端正、执法能力不适应、执法行为不规范、执法制度不完善等问题，增强责任感、使命感，着眼全局、突出重点，全面深入推进执法规范化建设，努力取得更多实实在在的实效，不断提升执法公信力和群众满意度。①

（一）以人权保护为视角，不断加强队伍建设，夯实严格公正廉洁执法基础

要落实修改后刑诉法尊重和保障人权规定，进一步明确执法宗旨，确保严格公正廉洁执法，队伍建设是关键。

一是思想上树立人权保障意识。通过深入开展各种形式的思想教育活动，

① 《以执法规范化提升执法公信力和群众满意度——周永康考察北京天津政法机关执法规范化建设侧记》，载《检察日报》2012年8月23日。

使干警在理念上树立人权保障意识，在执法办案中理顺人权保障需求，并结合各自的执法工作实际，认真分析人权保障在执法办案中的有效对接，明确人权保障与严格公正廉洁执法之间的关系，使干警的人权保障意识与严格公正廉洁执法意识贯穿于每一次执法活动和每一个执法环节。

二是理念上树立服务群众宗旨。修改后刑诉法对检察机关树立执法为民理念提出了新的要求，也是强化人权意识，实现执法办案法律效果、政治效果和社会效果有机统一的进一步明确。要通过开展形式多样的活动，使干警进一步树立执法为民、服务群众的执法观，自觉践行严格公正廉洁执法理念，以促进执法公信力的进一步提升。以丰城市检察院为例，从 2007 年开始，该院就立足公正廉洁执法，先后开展了一系列专项活动，取得了较好成效，纪检监察工作先后两次被省院评为先进单位，5 年来没有一名干警受到违纪处分。

三是环境上培育公正廉洁氛围。严格公正廉洁执法，既是纪律、制度的约束要求，也是一种文化理念与氛围的塑造，需要的是潜移默化的培养。最有效的抓手就是检察文化建设，通过文化育检潜移默化的感染力，使干警树立自尊、自爱、自省、自警、自励的信念，提升公正廉洁执法的境界。仍以丰城市院为例，该院先后在办公网络系统上开通了“网上纪检”专栏、开通了“网络问政”平台，接受群众对干警执法行为的监督和举报，实现廉政文化与干警的网络互动；组织干警到井冈山接受革命传统教育，开展专题演讲比赛、廉政文化征文，多载体开辟廉政文化宣传专栏以及采取全院干警大会必讲廉政教育等形式，多渠道用活廉政文化的警醒功效，确保干警公正廉洁执法。

（二）以程序公正为保障，切实强化自身监督，健全严格公正廉洁执法机制

为应对修改后刑诉法强化程序公正要求，检察机关必须以执法规范化建设为切入点，以切实强化自身监督为核心，推进严格、公正、文明、廉洁执法。

一是规范执法办案程序。应结合修改后刑诉法规定，对检察环节的各项执法工作流程进一步规范和调整，特别是进一步完善和规范检察机关各业务部门执法办案相互制约机制，积极探索运用信息化手段加强案件的流程管理和动态监控，建立健全执法档案制度，严格落实执法办案过错责任追究制度等。丰城市检察院从 2007 年开始，就积极探索案件管理和执法办案监督新模式，先后将纪检监察室、检务督察室、检委会办公室、案件质量督察员办公室和人民监督员办公室“五室合一”，成立检务规范督察中心，并将其职责细

化为“案件流转监控、司法文书管理、案件质量督察和执法行为监督”四个岗位，并与办公网络对接，全面实现案件流转的网上动态监控，从机制上健全了严格公正廉洁执法基础。

二是强化执法办案监督。要紧紧抓住执法办案的重点岗位和热点环节，紧紧抓住社会关注度高、群众反映强烈的突出问题，紧紧抓住易发生问题的自侦办案环节，不断健全监督机制，坚决防止和及时纠正执法不廉、司法不公等问题。要进一步完善对执法办案的监督，重点加强对初查、立案、不捕、不诉等重要环节以及涉及刑期档次关键数额的认定、立功自首证明、扣押冻结款物等重要执法活动的监督等。丰城市检察院从2009年开始试行执法办案风险防控做法，在侦监、公诉、反贪、反渎等执法办案部门探索建立了廉政风险防控机制，对以上部门的每个岗位、每项职责，尤其是执法办案的每个环节都明确了各自的“岗位职责风险点”，并制定出自我防控的措施，并充分运用信息化手段，将执法办案的廉政风险防控体系纳入个人的《执法档案》当中，通过办案软件在院局域网进行网上监督。廉政风险防控体系中的每个岗位风险点，随着个人执法办案中的每个环节在网上进行流转，一旦某个环节出现问题，通过网上的监控点立即发出警告、提示，并阻止进入下一个办案环节，从而较好地起到了监督作用，形成了对执法环节的网上规范、网上考评、网上监督，有力确保了执法环节的监督到位。

三是健全外部监督体系。坚持党的领导，主动接受人大法律监督和政协民主监督，继续推进人民监督员工作，正确对待新闻媒体监督，进一步深化检务公开，为人民群众行使知情权、监督权提供便利。丰城市检察院自2007年开始就以“人民监督员、特约检察员”为纽带的外部监督机制纳入“检务规范督察中心”进行规范管理，并先后推行了列席检委会讨论案件、季度例会听取执法效果反馈、回访考察评议案件等举措，着力强化了外部监督力度。2010年，该院又依托三项重点工作的推进和以派驻乡镇检察室为着力点构建的法律监督触角延伸工作机制，创新构建了“检察联络员、检察信息员”等外部监督组织网络，将人民群众监督和社会监督通过组织网络进行正确引导和畅通。

（三）以制度创新为抓手，有效构建长效机制，拓展严格公正廉洁执法途径

要以修改后刑诉法规定的刑事和解、未成年人犯罪、非法证据排除规则等一系列创新性司法制度为切入点，不断推进制度创新工作，有效构建严格公正廉洁执法长效机制。

一是以执法办案为依托，创新廉政保障机制。修改后刑诉法对检察机关

执法办案能力提出新的更高要求，因此而产生的影响公正廉洁执法环节，应通过制定对接机制、创新工作载体等形式，实现严格公正廉洁执法的开拓创新。如丰城市院为防止刑事和解工作中的不公不廉、以钱买刑等现象的发生，推行了不捕不诉案件决定前须征求犯罪嫌疑人户籍所在地乡镇检察工作站和派驻乡镇检察室意见以实行风险评估的做法；为强化未成年人保护工作，创新构建了未成年人跟踪矫正帮教"阳光之家"，开通了"检察阳光热线"，成立了"检察阳光基金"，设立了"检叔检姨"帮教平台，成立了未成年人犯罪检察科，并对涉罪未成年人不捕不诉推行了邀请人民监督员列席检委会听取社会效果反馈做法。

二是以绩效考核为依托，创新廉政自律机制。要真正将公正廉洁执法融入干警执法办案的全过程，进一步强化其公正廉洁执法意识，制度设计也是关键。特别是将其纳入执法办案考核环节，通过绩效考核的形式，使干警做到月月知、事事想、人人比，从而实现公正廉洁执法从他律走向自律。丰城市检察院在2012年年初，组织专门力量科研攻关，参照省院目标管理考评要求和市院绩效考评规定，结合该院实际，创新构建了动态绩效月考评机制。该机制将院每个部门的工作都细化成块，而每块工作均根据目标管理考评要求进行归类，并结合上年考评情况进行量化、根据其他县院工作推进情况逐季进行调整，使每个部门、每个人对各自的工作职责、任务和具体数据要求都有一个明确标准。并组织本院信息人才研发了配套的网上运行软件，实现考评数据网上输入、分值网上自动生成、审核网上把关、结果网上公开的一体化运行模式。其中，严格公正廉洁执法情况分别纳入业务工作和综合工作的党风廉政建设等子项目，共占20分分值和3项一票否决项。从半年来的运行效果来看，该机制不仅有效规范了业务建设和执法行为，而且增强了干警敬业意识、争先意识和廉洁意识。

三是以办案质量为依托，创新执法评查机制。修改后刑诉法从非法证据排除、律师介入侦查、讯问同步录音录像等环节，对职务犯罪侦查工作提出了新要求，需要侦查人员提高在律师"眼皮底下"、在同步录音录像"镜头下"侦查突破案件的能力。而案件质量，不仅关系执法能力与水平，也是实现严格公正廉洁执法的有效载体。实践中应有效把握二者之间的有效结合，充分依托相关平台，通过加强案件质量评查工作，不断创新执法评查机制，来推进干警质量意识的提升。如丰城市检察院实行检察委员会讨论案件会前质量评查制度和在本院内网建立典型案例指导平台等举措，为强化案件质量、规范执法办案自由裁量权行使提供了一个有效平台。如会前质量评查制度，由院检察委员会从全院抽调政治素质和业务素质较强、工作经验丰富的人员组成案件质量评查小组，对各业务科室须提交检委会讨论的案件，在提交前就案件办理的过程、已办结案件的事实认定、适用法律、法律文书质量、案卷装订等方面进行质量审查，从而发现问题，奖优罚劣，促进案件质量的提高。

公诉部门贯彻修改后刑诉法执法理念问题辨析

熊红文*

【内容摘要】 严格公正执法与理性平和执法并重的理念体现在公诉人贯彻执行修改后刑诉法的各个环节。庭前会议的核心是沟通，公诉人不能把庭前会议当作庭审内容的提前。公诉人对非法证据的排除要做到坚决彻底，对于非法证据排除请求被否定的案件不宜建议法庭从重判处。公诉人应当允许辩护律师在核实证据时，将阅卷或取证中发现的不同或相反证据告诉其当事人。对于公诉人主持和解更为有利的案件，公诉人应当亲自主持和解。

【关键词】 修改后刑诉法　公诉　执法理念　六个并重

修改后刑诉法对检察机关公诉部门而言既是机遇又是挑战，而且挑战大于机遇。目前，修改后刑诉法即将实施，各地检察机关公诉部门都在积极应对。笔者认为，除了做好建立工作机制、调配办案人员等“有形应对”外，更重要的是做好树立正确执法理念的“无形应对”。树立正确的执法理念，关键是准确把握“六个并重”，即惩治犯罪与保障人权并重、程序公正与实体公正并重、全面客观收集审查证据与坚决依法排除非法证据并重、司法公正与司法效率并重、强化法律监督与强化自身监督并重、严格公正廉洁执法与理性平和文明规范执法并重。下面，笔者结合自身对修改后刑诉法的理解和公诉实践体会，就检察机关公诉部门贯彻执行修改后刑诉法中如何准确把握“严格公正执法与理性平和执法”并重这一理念略陈管见。

严格公正执法与理性平和执法贯穿于公诉办案的整个过程，公诉人员在每个办案环节中都应体现二者并重的理念。在贯彻执行修改后刑诉法中，特别需要在以下几个公诉工作环节中做到严格公正执法与理性平和执法的兼顾平衡。

* 江西省南昌市人民检察院检委会专职委员、法律政策研究室主任。

一、如何在庭前会议程序中体现严格公正执法与理性平和执法并重的理念

修改后刑诉法第182条第2款规定："在开庭以前，审判人员可以召集公诉人、当事人和辩护人、诉讼代理人，对回避、出庭证人名单、非法证据排除等与审判相关的问题，了解情况，听取意见。"对于这一规定，有论者认为，庭前会议程序，既为庭审做准备，又是庭审内容的部分提前。① 笔者认为这一观点值得商榷。

修改后刑诉法增加庭前会议程序的主要目的是消除可能造成审判中断和拖延的因素，以达到控辩审三方都对庭审的案件争点做到胸中有数，从而提高庭审质量和诉讼效率。② 庭前会议程序的核心是准备，即通过必要的准备工作为庭审顺利进行创造条件，而非庭审内容的部分提前。③ 庭前会议的价值追求在于对公诉权进行制约，④ 公诉人员在庭前会议中应秉着平等、互信、友好的态度，与其他各方人员积极沟通，尽量达成共识，求同存异，而不能把自己当成出庭支持公诉的角色，以代表国家指控犯罪和进行审判监督的姿态，显得过于强势。具体而言，公诉人员需要把握以下几个方面的问题：

（一）不能要求辩护人必须出示辩方掌握的证据

虽然庭前会议的一个重要内容是对控辩双方均无异议的证据加以确认，但修改后刑诉法毕竟没有规定证据开示制度，辩护人也就没有法定义务在庭前向公诉人出示所有证据。也就是说，虽然公诉人可能比较反感甚至审判人员也不主张辩护人庭审中进行"证据突袭"，但实际情况是，出于诉讼策略的考虑，辩方可能采取"程序突袭"、"证据突袭"等方式置控方于不利地位。⑤ 所以，修改后刑诉法实施后，公诉人仍然要平和地应对辩方"证据突袭"，而不能以辩护人没有在庭前会议中出示为由拒不质证。

（二）不宜对辩方的不同意见展开反驳

有论者认为，公诉人在庭前会议之前要"预测辩方对相关问题可能提出

---

① 朱孝清：《侦查监督、公诉工作如何实施修改后刑诉法》，载《人民检察》2012年第13期。

② 黄太云：《刑事诉讼法修改释义》，载《人民检察》2012年第8期。

③ 卞建林：《庭前会议主要处理程序事项》，载《公诉人》2012年7月下半月刊。

④ 张伯晋：《构建中国特色"庭前会议"程序——就修改后刑诉法第182条第2款专访陈卫东教授》，载《检察日报》2012年4月1日第3版。

⑤ 魏远文：《庭前会议的隐忧》，载《公诉人》2012年7月下半月刊。

的意见，准备好应对之策”,[①] 言下之意，就是公诉人对辩方提出的不同意见要做好反驳的准备。笔者认为这样做没有必要，因为庭前会议的目的在于“达到控、辩、审三方都对即将开庭审理的案件争点做到胸中有数”,[②] 即明晰案件争点，明确庭审重点，而不是要提前解决案件争点，因而会上存在意见分歧是正常的。所以，公诉人在庭前会议中应平心静气地听取辩方意见，并不需要像准备庭审一样去预测辩方意见并做好所谓的应对预案，更不宜在会议中对辩方不同意见展开反驳。

（三）不宜强求说服法官采纳控方意见

有论者认为，公诉人在庭前会议中“很重要的是要对相关问题充分阐明检方意见，争取得到法官采纳并对相关问题作出正确决策”。[③]笔者认为，这种说法暗含了一个假设前提，那就是检方意见都是正确的。但这只是检方的自我感觉良好，任何一方站在自己的角度考虑问题，都会认为己方的意见是对的。所以，公诉人在庭前会议中自当积极表明检方意见，也要充分听取辩方意见，并尊重和服从法官对不同意见的最终选择，而不宜以法律监督者的姿态，过于强求说服法官采纳检方意见。

（四）庭前会议对非法证据排除的沟通不代表对非法证据排除的提前裁决

有论者认为，公诉人就庭前会议中辩护人提出非法证据排除问题应坚持如此立场，即“对于经过庭前会议已经决定不予排除的证据，没有新的事实和证据的，不得在庭审中再次提出排除请求；对于辩护律师应当在庭前会议中提出排除非法证据而不提出，却在法庭上提出请求的，应建议法庭原则上不启动非法证据排除程序”。[④]笔者认为这一观点值得商榷，主要理由是：

首先，法律并没有规定辩护人必须在庭前会议中提出非法证据排除。根据修改后刑诉法第56条的规定，辩方有权在庭审中申请非法证据排除，这就表明辩方有权选择提出非法证据排除的时机，可以不经庭前会议程序，直接在庭审中提出。上述观点认为辩方未经庭前会议而直接在法庭上提非法证据排除的就应建议法庭不启动非法证据排除程序，这是检方的一种强势逻辑，于法无据。

其次，辩方没有在庭前会议中提非法证据排除并非都是出于故意。辩方没有在庭前会议中提非法证据排除，也有可能是在庭前会议时并没有掌握相关材料或线索，这种情况下没有在庭前会议中提也就合情合理。而作为公诉

---

①③④ 朱孝清：《侦查监督、公诉工作如何实施修改后刑诉法》，载《人民检察》2012年第13期。

② 黄太云：《刑事诉讼法修改释义》，载《人民检察》2012年第8期。

人也很难判断辩方是何时掌握这些材料和线索的，所以，如果简单推定辩方是故意不在庭前会议提而建议法庭不启动非法证据排除程序，也显得公诉人过于强势。

再次，应当相信辩方也没有理由会去故意拖延诉讼。公诉人应当知道，辩方也是希望提高庭审质量和诉讼效率的，所以，对于确实存在刑讯逼供等非法取证的，辩方一般也会在庭前会议中提出来，让检方做好解释准备，如果检方在庭前无法收集到充分的证据证明不存在非法取证，辩方的辩护意见自然将获法庭采纳。相反，如果辩方本来有证明刑讯逼供的相关材料或线索，却故意不在庭前会议中提而选择在法庭上“突袭”，只能导致公诉人措手不及而建议法庭延期审理。这种诉讼的拖延是控方和辩方都不愿意看到的，对双方而言是一个“双输”的结果。所以，公诉人应给予辩护人应有的信任，相信没有哪个辩护人会故意“搅局”。

最后，庭前会议并非对相关问题作出裁决的实质性处理程序。修改后刑诉法规定的庭前会议程序还仅限于了解情况，听取意见，其功能不包括作出相关决定，该程序还不是具有实质性的处理程序。① 也就是说，即使辩方在庭前会议中提出非法证据排除，公诉人也只能表明检方的意见，主持会议的法官一般不会当即决定是否排除。所以，上述观点认为的庭前会议已经“决定不予排除”的证据，辩方没有新的事实和证据就不得在庭审中再次提出排除请求，其前提事实是不成立的。

综上所述，无论辩护人在庭前会议中还是在法庭上提出非法证据排除，公诉人都应坦然面对。公诉人在审查起诉阶段本来就负有审查非法证据的职责，所以自然早就应当做好辩方提出非法证据排除的准备，如果公诉人自认为尽到了审查职责，确认不存在非法证据，对此成竹在胸，也就无所谓辩方在何时提出非法证据排除。相反，如果公诉人在这一问题上咄咄逼人，不仅显得公诉人心虚，同时也违背了理性平和的执法理念。

二、如何在非法证据排除程序中体现严格公正执法与理性平和执法并重的理念

非法证据排除程序是修改后刑诉法的最大亮点之一，也是公诉工作中的一大重点和难点环节，对公诉人执法理念也提出了考验。笔者认为，公诉人在非法证据排除程序中要体现严格公正执法与理性平和执法并重的理念，需

① 徐日丹：《庭前会议制度：在起诉、审判之间植入中间程序》，载《检察日报》2012 年 5 月 14 日第 8 版。

要把握以下几方面问题：

（一）对非法证据应进行严格排除

有论者认为："对于非法证据被排除后，侦查机关或检察机关另行安排人员对原被告人进行讯问，向其讲明原来的供述已被认定为非法证据予以排除，并要求其实事求是供述，在这种情况下，如果被告人作了'重复自白'，即作了与原供述内容完全一致的新的供述，则新的供述仍作为证据使用。"① 笔者认为这种观点值得商榷，主要理由是：

首先，如果这种非法证据是公诉人员主动审查发现的，那么，既然已经查明被告人原有罪供述是刑讯逼供等非法方法取得的，如何保证另行安排的侦查人员肯定不会再有非法取证行为？况且被告人在遭受过刑讯逼供等非法审讯后，已经对审讯心有余悸，即使另行安排的侦查人员不再实施刑讯逼供，被告人也可能出于先前产生的恐惧而选择作有罪供述。

其次，如果这种非法证据排除是被告人提出控告申诉导致的结果，说明被告人已经推翻原有罪供述，另行安排侦查人员依法审讯又怎么可能获得被告人的"重复自白"？

最后，非法证据排除规则的理念就在于通过非法证据的排除达到程序制裁的效果，换言之，如果由此导致案件存疑不起诉或判决无罪，也是司法机关应当承受的代价。在非法证据排除之后，寄希望于重新获得被告人的"重复自白"，体现了司法机关不甘心承受非法证据排除不利后果的心理，这与非法证据排除规则的设置初衷是不相符的。

所以，公诉人对于非法证据排除应进行严格排除，即刑讯逼供等非法方法取得的口供排除以后，原则上就只能将案件作零口供处理，努力弥补完善其他证据，力争以其他证据形成证据体系以证明案件事实。当然，"重复自白"并非要"一排到底"，以下三种情形下取得的"重复自白"可以作为证据使用：一是先由医生或心理师进行心理辅导和治疗，确保被告人祛除了先前刑讯逼供给其造成的心理恐惧；② 二是公诉人员向被告人说明有罪供述被依法排除并要求其如实供述时，有辩护人在场；三是被告人当庭作出"重复自白"。这三种情形下的"重复自白"之所以可以作为证据使用，主要是因为确保刑讯逼供对被告人供述已经没有影响，被告人重复的有罪供述是自由意志下作出的，应认定为合法有效。

---

① 朱孝清：《侦查监督、公诉工作如何实施修改后刑诉法》，载《人民检察》2012年第13期。

② 秦莹、马卫军、刘哲：《诉讼是一场障碍赛》，载《公诉人》2012年7月下半月刊。

（二）对于非法证据排除请求被否定的案件一般不宜建议法庭从重判处

有论者认为："对于为了推翻和排除有罪供述而谎称'遭到刑讯逼供'，但有充分证据证明办案人员没有刑讯逼供的，曾有的自首或坦白情节依法不予认定，并建议法庭对其从重判处。"其理由是：要依法处理采取捏造事实、编造谎言等非法方法扰乱刑事诉讼秩序、妨害司法的行为，以维护办案机关及其办案人员的形象和声誉。如果谎称遭到刑讯逼供、申请排除所谓非法证据的行为只会得到好处而不存在任何风险，这种行为就会愈演愈烈。[①] 笔者认为，这种观点也有失偏颇，主要理由是：

首先，所谓"谎称遭到刑讯逼供"的说法并不严谨。有论者认为，公诉人只要提供了讯问笔录、播放了讯问过程录音录像，结果是否存在刑讯逼供也就一目了然。[②] 笔者认为，其实不然。即使公诉人出示讯问录音录像、嫌疑人身体检查记录、在场人证言等证据及申请侦查人员出庭作证，也只是表明从法律事实上看不存在刑讯逼供，并不等于客观事实上不存在刑讯逼供。因为公诉人出示的这些证据，都不可能完全覆盖刑讯逼供的各个死角。除非嫌疑人自到案那一刻起，每一分每一秒都在录像监控保护之下，否则侦查人员要找机会刑讯逼供总有空子可钻，而我国目前国情决定了还不可能在保护嫌疑人人权上投入如此巨大的资金设备。所以，公诉人只能从法律上证明不存在刑讯逼供，而不应断言嫌疑人绝对就是"谎称遭到刑讯逼供"。

其次，不从重判处并不会导致"谎称遭到刑讯逼供"现象愈演愈烈。对于只是提出遭到刑讯逼供而不能提供相关材料或线索的，法院自然不会启动非法证据排除程序。对于这种情况，即使认定系"谎称遭到刑讯逼供"，但既未造成司法资源的浪费又未造成诉讼拖延，又有何从重判处的必要？既然修改后刑诉法明确规定提出非法证据排除申请的必须提供相关线索或材料，就应当相信嫌疑人在没有相关线索或材料的情况下也不会随便"谎称遭到刑讯逼供"。因为选择"谎称遭到刑讯逼供"就意味着放弃了认罪悔罪，而认罪悔罪是酌定从轻情节，至少是可能获得酌定从轻处罚的，特别是对于自首的被告人，根据司法解释规定，一审开庭时翻供的将不能认定自首，这种案件的被告人更不会轻易选择"谎称遭到刑讯逼供"。所以，所谓"谎称遭到刑讯逼供"的嫌疑人、被告人不仅在法律上不会得到什么好处，而且将丧失被认定

---

① 朱孝清：《侦查监督、公诉工作如何实施修改后刑诉法》，载《人民检察》2012年第13期。

② 季美君：《庭审中，检察官如何适用非法证据排除规则》，载《检察日报》2012年4月20日第3版。

自首或获得酌定从轻处罚的机会，上述观点提到的不从重判处这种做法就会愈演愈烈的担心并不会变成现实。

再次，从重判处违背了非法证据排除规则的立法精神。非法证据排除规则设立的初衷就在于充分保障当事人提出非法证据排除的申请，促进侦查机关依法取证，对所谓“谎称遭到刑讯逼供”的嫌疑人予以从重判处，显然与这种立法初衷相悖。因为嫌疑人、被告人本来处于弱势地位，他们要提出证明存在刑讯逼供的证据很难，而检方要收集证明不存在刑讯逼供的证据却要容易得多。所以，嫌疑人、被告人原本就对提出遭到刑讯逼供疑虑重重，担心公诉人很容易就能收集到充分证据“证明”没有刑讯逼供，反而丧失认罪悔罪以获得酌定从轻处罚的机会，这种情况下，如果对经公诉人证明不存在刑讯逼供的被告人从重判处，只会使被告人更加顾虑重重，不敢冒提出刑讯逼供控告的风险，宁愿选择低头沉默。

最后，不从重判处有利于促进侦查机关规范侦查行为和检察机关全面细致审查证据。“身正不怕影子斜”，只要侦查人员心中坦荡，自然也不会惧怕当事人诬告，诬告始终是不可能得逞的，自然也就谈不上损害侦查人员形象和声誉的问题。同时，当事人提出遭到刑讯逼供或提出非法证据排除的申请，必将促使公诉人员在审查起诉阶段更加细致全面地审查证据合法性，使之不留下一丝隐患，不给当事人任何申请非法证据排除的托辞和借口，从而不断提升审查起诉案件质量。

综上所述，非法证据排除规则在我国刚刚建立，尚处于破冰阶段，检察机关应当以理性平和的心态正确对待当事人提出非法证据排除的申请。当然，也要防止一些犯罪嫌疑人、被告人为了逃避法律的追究，把非法证据排除规则作为与司法机关对抗的重要手段，有的捏造事实，任意申请启动非法证据排除程序，有的甚至编造侦查机关及其工作人员刑讯逼供等非法取证的事实和情节，恶意损害侦查机关及侦查人员执法形象和声誉。对这种恶意歪曲事实，借申请非法证据排除为名故意扰乱司法机关正常活动，造成不良社会影响的，应依法作出严肃处理。如江苏省响水县公安局原副局长陈进兵滥用职权案中，被告人陈进兵身为公安干警，却捏造事实称遭受检察机关刑讯逼供，造成恶劣影响，最后被严肃处理。

三、如何在辩护律师核实证据程序中体现严格公正执法与理性平和执法并重的理念

修改后刑诉法第 37 条规定，辩护律师自案件移送审查起诉之日起，可以向犯罪嫌疑人、被告人核实有关证据。这一规定意味着辩护律师可以在审查起诉阶段将案内有关证据内容，特别是与嫌疑人、被告人供述不一致甚至有较大出入的内容告知嫌疑人、被告人，① 实际上等于认可了犯罪嫌疑人的阅卷权。②

但有论者认为，这一规定绝不意味着可以将与嫌疑人、被告人供述不一致甚至有较大出入的内容告知嫌疑人、被告人，更不等于认可了犯罪嫌疑人的阅卷权。其主要理由是：其一，如果辩护律师将阅卷或取证中发现的与嫌疑人、被告人供述不同或相反的证据告诉嫌疑人、被告人，就等于对嫌疑人、被告人施加了外部影响，其性质等同于侦查人员诱供，违反了“自由陈述”原则。其二，如果嫌疑人确实因时过境迁而对犯罪情节记不清或说不准，辩护律师可以启发他回忆，但不能把不同或相反的证据告诉他。其三，嫌疑人都有趋利避害，避重就轻的心理，如果把不同或相反的证据告诉嫌疑人，实际上是诱导嫌疑人重新作出对其有利的陈述，不正常的翻供势必纷纷发生。③

笔者认为，上述观点值得商榷。除了恶意帮助串供的情形以外，公诉人应当允许辩护律师将阅卷或取证中发现的不同或相反证据告诉其当事人，这既是修改后刑诉法第37条规定的题中应有之义，也是公诉人严格公正执法与理性平和执法并重理念的体现。主要理由是：

首先，辩护律师采取这种方式核实证据与侦查人员诱供之间有本质上的区别。二者的区别主要体现在：一方面，侦查人员诱供目的在于取得嫌疑人的认罪供述，是一种非法“收集证据”手段，而辩护律师核实证据目的在于通过核查证据间的矛盾以澄清事实，是一种“核实证据”手段，二者目的、性质均不同。另一方面，侦查人员诱供最致命的危害在于可能导致嫌疑人在侦查人员欺骗引诱下作出虚假的认罪供述，酿成冤假错案，而辩护律师核实证据却不可能导致这种后果，反而会有利于防止发生冤假错案。所以，公诉人员应当允许辩护律师将阅卷或取证中发现的不同或相反证据告诉其当事人。

其次，限制辩护律师采取这种方式核实证据也没有实际意义。一方面，修改后刑诉法明确规定律师会见不被监听，律师将阅卷或取证中发现的不同或相反证据告诉嫌疑人，检方很难发现。另一方面，如何区分律师启发嫌疑人回忆与故意将不同或相反证据告诉嫌疑人之间的界限？律师将不同或相反

---

① 顾永忠：《律师“会见难”、“阅卷难”基本解决》，载《检察日报》2012年3月26日第3版。

② 晏向华：《刑诉法修改对检察工作既是机遇又是挑战——访北京大学法学院教授陈瑞华》，载《检察日报》2012年5月30日第3版。

③ 朱孝清：《侦查监督、公诉工作如何实施修改后刑诉法》，载《人民检察》2012年第13期。

证据告诉嫌疑人，有可能确实就是为了启发嫌疑人的回忆，使其回忆更加清晰准确，避免承担不应承担的刑事责任。所以，上述观点认为可以允许律师启发嫌疑人回忆，但不能允许律师把不同或相反证据告诉嫌疑人，这本身是缺乏可操作性的。

再次，辩护律师采取这种方式核实证据不会导致翻供现象纷纷发生。应当说，虽然大部分嫌疑人都有趋利避害，避重就轻的心理，但在检方证据已经很扎实充分的情况下，并不会轻易选择翻供。如果律师在阅卷或取证中发现的不同或相反证据足以动摇甚至瓦解检方证据体系，嫌疑人当然会乘势选择翻供，但如果根本无法动摇检方证据体系，嫌疑人当然不会贸然翻供。所以，关键还在于律师发现的不同或相反证据达到什么程度。只要公诉人在审查起诉中严格细致审查证据，筑牢证据体系，排除证据矛盾，即使辩护律师将不同或相反的证据告诉嫌疑人也无济于事，不正常的翻供纷纷发生的现象也就不可能发生。

其四，辩护律师采取这种方式核实证据并不违背立法精神。修改后刑诉法赋予辩护律师核实证据权，目的就在于保障和促进辩护律师更好地行使辩护权。实践中，绝大多数嫌疑人处于被羁押状态，与律师会见是实现其诉讼权利的最有效途径。保障律师对于案情有较全面的了解，进而保障犯罪嫌疑人辩护权的行使，这也是国际司法准则的基本要求。[①] 核实证据的目的就在于使嫌疑人、被告人了解、掌握办案机关认定其涉嫌犯罪的相关证据，同时使辩护律师与嫌疑人就此进行充分的交流，以做好辩护的准备。[②] 此外，修改后刑诉法也并没有对律师核实证据的方式作出限制，这也应当理解为，律师可以采取将阅卷或取证中发现的不同或相反证据告诉嫌疑人，并由嫌疑人对这些证据矛盾进行解释的方式核实证据。所以说，允许辩护律师将阅卷或取证中发现的不同或相反证据告诉其当事人，不仅是符合立法精神的，也是于法有据的。

最后，允许辩护律师采取这种方式核实证据并不等于纵容律师的违法行为。如果辩护律师在核实证据中有帮助嫌疑人隐匿、销毁、伪造证据或者串供等行为，会受到法律制裁。公诉人应当相信绝大部分律师不会为了某一个案件而冒葬送律师职业前程的风险。所以，不能因为现实中极少数律师存在这种违法行为，而限制所有辩护律师的核实证据权，不仅不利于维护嫌疑人

① 黄太云：《刑事诉讼法修改释义》，载《人民检察》2012 年第 8 期。

② 顾永忠：《律师“会见难”、“阅卷难”基本解决》，载《检察日报》2012 年 3 月 26 日第 3 版。

的合法权益，也不利于律师业的发展。

综上所述，修改后刑诉法增加辩护律师核实证据的规定虽然对公诉人提出了挑战，但面对这种挑战，公诉人应当积极应对，审查起诉中要严格细致审查证据，通过对证据间矛盾进行抽丝剥茧的分析梳理，及时弥补完善证据缺陷，构筑坚实的证据体系。只要公诉人严把案件证据关，自然对辩护律师以何种方式核实证据无所畏惧。相反，辩护律师在核实证据中发现的问题，反而有利于提醒公诉人及时弥补完善证据缺陷，合理排除证据间矛盾，从而提高公诉案件质量。当然，同时必须注意的是，可能也有极少数辩护律师滥用核实证据权，或借核实证据之名，帮助犯罪嫌疑人、被告人串供，以达到阻碍或抵制检察机关审查案件的目的，对此，检察机关要严格依法查清事实真相，并将律师这种妨碍司法的违法行为向律师执业管理部门作出反映，建议作出严肃处理。

四、如何在刑事和解程序中体现严格公正执法与理性平和执法的理念

修改后刑诉法增加了刑事和解程序，对于公诉人应当在这一程序中履行什么样的职责，有论者认为，公诉人可以建议、促进双方当事人自行和解，或通过检调对接机制由有关调解组织主持和解，可以主持制作和解协议书，但不宜直接主持和解。其主要理由是：其一，公诉人主持和解于法无据；其二，检察调解效力不明；其三，检察机关作为法律监督机关需要监督其他部门诉讼内的调解，自身须节制和慎用权力，不宜直接主持调解。①

上述观点确实不无道理，最高人民检察院也于 2011 年颁布了《关于开展检调对接试点工作的意见》，但笔者认为，公诉人对所有案件一律不主持和解并不利于刑事和解工作取得实效，对于确有必要实行检调对接的当然可以移交人民调解组织调解，但对于公诉人主持和解更有利于促成和解和案件处理的，公诉人应主持和解。主要理由是：

首先，修改后刑诉法虽然没有明文规定检察机关主持和解，但并不代表公诉人就不能主持和解。这里关键是看公诉人如何主持和解，如果把它视为一种公权力，则应遵循“公权力法无授权则不得为”的原则，但如果不把它视为一种公权力，则自然无须遵循这一原则。在笔者看来，公诉人主持和解仅仅是居间调解，通过自己的工作阅历、司法经验等尽量去促成双方达成和解，这其间公诉人原有的检察官诉讼主体身份暂时中止，而只以社会中间人

---

① 朱孝清：《侦查监督、公诉工作如何实施修改后刑诉法》，载《人民检察》2012 年第 13 期。

的身份参与其中。更重要的是，是否和解的决定权最终还在当事人自己手上。所以，主持和解仅仅是公诉人行使法定自由裁量权的一种办案方式，本身并不具有公权力的强制性，也不直接决定和左右当事人的利益，也就谈不上是什么公权力。既然不是公权力，也自然不需要法律授权，也与检察机关法律监督权不存在任何矛盾和冲突。此外，修改后刑诉法规定的刑事和解与民诉法规定的民事调解不同，后者具有等同于判决书的效力，而前者仅仅是司法机关处理案件的一种参考依据，所以并不存在效力不明的问题。

其次，公诉人主持和解较检调对接也具有一定优势，不必将所有刑事和解案件一律移交人民调解组织。一方面，公诉人具有专业的法律素养和司法经验，而人民调解员一般都不具备非常专业的法律素养，难以对案件证据和法律适用、量刑前景等作出合理准确的解说，必然影响主持和解的效果。另一方面，对案件情况的全面掌握是保证主持和解取得效果的前提。对此，公诉人作为案件承办人，可以直接提审嫌疑人，听取双方当事人及其辩护人、诉讼代理人的意见，还可与侦查人员进行沟通，了解更多卷外的案件情况。而人民调解员只能查阅检方移送的案卷了解案件情况，无法接触到被羁押的嫌疑人，也很难和侦查人员建立直接的沟通，掌握案件信息的渠道非常有限，主持和解的效果也必然受到影响。此外，人民调解员虽然更具有调解基层群众纠纷的经验，但公诉人同样来自于基层，来自于百姓之中，同样具有丰富的生活阅历和朴素的法律感情，在调处纠纷、化解矛盾方面也有较高的能力和水平。所以，检调对接的本质在于其职能对接，而不是机构对接，关键在于有效运用诉讼与调解两种职能，尤其是通过调解这种非诉讼方式有效化解发生在检察环节的涉案矛盾，而不是强调一定要把涉案矛盾移交给人民调解组织去处理。①

再次，公诉人主持和解有利于实现对刑事和解的事中监控。刑事和解中加害人行为的性质仍然是刑事犯罪，作为履行法律监督职能的检察机关公诉部门必须对刑事和解进行事中监控，以防加害方在和解过程中实施威胁、利诱以及弄虚作假等非法交易，违背自愿和公平、公正原则。② 而按照上述观点，公诉人只能在双方当事人达成和解意向后，主持制作和解协议书，同时审查和解的自愿性、合法性，这只能是一种事后监控。这个时候，双方当事人已经就和解内容达成共识，如果公诉人发现存在过分赔偿或赔偿不足、内

① 钱昌夫、彭新华：《论检察官充当刑事和解调解人角色的理性思考》，载《河北法学》2012 年第 6 期。

② 杨元蓉：《试论公诉阶段刑事和解机制的运行》，载《法制与社会》2012 年第 3 期。

容违法等情况再提出纠正，当事人可能难以接受。所以，公诉人在主持和解过程中，可以通过释法说理，促成双方依法、合理地达成和解，确保和解内容合法有效。

其四，公诉人主持和解不必然诱发司法腐败，也最终能够得到群众理解。有论者认为，公诉人主持和解相当于既当运动员又当裁判员，可能诱发司法腐败。[①] 其实不然，刑事和解在本质上是一种建立在平等对话和自愿协商之上的内心沟通过程，重要的是化解矛盾、修复关系。刑事和解与诱发司法腐败没有必然联系，不能说检察官主持和解就会诱发司法腐败。[②] 同时，公诉人主持和解也可以召集双方当事人、人民调解员、有关单位、律师、亲友团等参与，以听证会方式进行，增强透明度，接受各方监督，防止司法腐败。[③] 此外，很多民间纠纷确实很难调处，公诉人主持和解也可能引来一些非议，甚至遭受一些误解、猜疑和指责。但是，不能因为存在这些可能的麻烦就将主持和解的重担全部甩给人民调解组织，这也是一种不负责的表现。公诉人只要坦荡无私，秉着公平公正的原则主持和解，相信最终还是能得到双方当事人和人民群众理解的，对于这其中可能存在的艰难和波折，公诉人要勇挑重担，敢于担当。

最后，公诉人主持和解既有国际先例，也有国内经验，符合我国现实国情。从世界各国刑事和解模式看，检察官主持和解也是主要模式之一，如德国、比利时等国就是采取这种模式。从国内检察实践看，检察机关直接主持和解的做法也是当前我国推行刑事和解过程中的主流，比较有代表性的是北京朝阳区检察院。该院于2002年率先制定出台的《轻伤害案件处理程序实施规则（试行）》第6条明确规定："犯罪嫌疑人和被害人已经聘请律师的，由双方律师进行协商；有一方没有律师的，应当由检察人员主持调解。"2003年，北京市政法委在此基础上出台了《关于北京市政法机关办理轻伤害案件工作研讨会纪要》，把刑事和解扩大适用到北京市各区县的公、检、法、司等系统。由于现实中双方同时聘请律师的情形相当少见，因此，公诉人主持和解是常见的。可见，公诉人主持和解模式已经积累了丰富的实践经验，经受了实践的检验。况且，从我国现实国情出发，如果将刑事和解案件一律移送

① 李莉航：《修改后刑诉法背景下检察机关适用刑事和解再研究》，载《法制与经济》2012年第5期。

② 宋英辉：《修复关系促进和谐　准确把握和解制度主旨》，载《检察日报》2012年4月5日第3版。

③ 冉诗玉、彭德贵：《检察环节刑事和解再思考》，载《长江师范学院学报》2012年第3期。

人民调解组织调解，不仅意味着要对人民调解组织充实专业人员和组织大量培训，需要耗费大量人力、财力，而且增加中间环节运作，造成诉讼拖延，影响诉讼效率。①

综上所述，调解也是执法办案，调解执法是检察机关履行法律监督职能的一种新型实践方式。公诉人员要消除“依法就不能调解，调解就不能依法”的片面认识，秉着严格公正执法与理性平和执法并重之理念，充当好在刑事和解中的调解人角色，并坚持法理情兼顾原则，做好释法说理工作，促成双方化干戈为玉帛，从根本上化解社会矛盾，实现法律效果与社会效果的统一，走出一条有中国特色的和谐司法之路，为构建社会主义和谐社会作出应有的贡献。

① 钱昌夫、彭新华：《论检察官充当刑事和解调解人角色的理性思考》，载《河北法学》2012年第6期。

论严格公正廉洁与理性平和文明规范执法理念的内涵定位及实现路径

马维新*

【内容摘要】在严格公正廉洁执法的基础上，坚持理性、平和、文明、规范执法，是顺应社会进步、全面履行检察职能的需要，也是加强执法规范化、提高检察机关公信力的有效途径，更是引领检察工作科学发展的理论武器。检察机关坚持理性执法，保持平和的执法心态，推行文明的执法方式，建立规范的执法模式，其意义不仅在于确保案件质量，更在于以执法内涵的提升回应当前党的要求与民众期盼。检察干警必须将其内化于心、外践于行，在更高的起点和更高的层次上实现检察工作新跨越。

【关键词】检察机关　理性平和文明规范　执法理念　内涵　路径

检察机关的法律监督职能要通过执法办案得以体现和落实。如何执法、以什么方式执法，不仅关系到检察机关的公信力，也影响着公平正义的实现和社会的和谐稳定。在严格公正廉洁执法的基础上，又明确提出理性、平和、文明、规范执法理念，是新形势下党中央对政法机关的明确要求，也是长期以来检察执法实践的经验总结、执法方法艺术的全面升华和检察执法理念的创新发展。检察干警应全面理解其科学内涵，准确把握其精神实质，作为指导执法办案的行动指南。当前，如何提高理性、平和、文明、规范执法能力，落实其要求，确保修改后刑诉法得到全面正确实施，是检察机关亟须面对和解决的重大课题。

一、执法的根本与生命：严格公正廉洁与理性平和文明规范执法的内涵与定位

观念是行为的先导。正确的执法理念既是一种内在的精神动力，也是引

* 江西省南康市人民检察院检察长。

导、评价和调节执法行为方式的价值标准和规范指南，对执法活动起着统领、支配的作用。只有树立正确的发展理念和执法理念，才能坚持检察工作的正确方向，准确把握检察工作规律，顺利完成宪法和法律赋予检察机关的职责使命。① 严格公正廉洁执法与理性平和文明规范执法都涉及执法理念，是检察机关自我精神塑造的基本要素，与检察机关的根本职能相一致，并与检察机关所处时代的要求相统一。对指导检察工作的功能来说，这些执法观念的基本要素相互联系，有着内在的统一性，它们之间不存在孰轻孰重的区别，都同等重要，在司法实践中并行不悖，不可偏废。② 但侧重点不同。严格公正廉洁是执法的根本，体现执法的核心价值和本质要求，忠于法律严格执法、不枉不纵公正执法、清清白白廉洁执法，都是社会主义法治理念和政法干警核心价值观的内在要求。而理性平和文明规范是执法的生命，强调的是执法的行为方法和基本准则。严格公正廉洁执法，必须通过理性平和文明规范执法来保证和实现；如果执法非理性、不文明、不规范甚至是粗暴，就不是真正意义上的严格公正廉洁执法。

（一）严格公正廉洁是执法的根本，也是司法的核心价值和本质要求

检察机关是国家的法律监督机关，严格遵守并执行法律是对法律监督机关自身的基本品质要求。法律明文规定实施各种行为的程序，检察机关的司法活动都必须遵守。检察机关要恰如其分地适用相应的法律条文处理各种案件和履行法律监督职能。只有严格执行刑事实体法、刑事程序法，以及办理案件中需要适用的其他法律，检察机关才能树立起法律监督者的权威，才能有资格纠正其他机关、组织及个人的违法行为。

公正执法是法治的普遍和内在要求。司法必须公正，公正执法取决于法律自身的公正性，以及将公正的法律落实在执法活动中两个基本条件。法律自身的公正性要求立法机关制定的法律必须具有正义的品性，避免制定损害公民人身和财产权利的专横和不公平的程序，适当限制公权力，保障个人自由权利。这也是执法司法公正的前提。没有公正的法律，司法机关再严格执法也难以实现公正。此外，有了公正的法律，但徒法不足以自行，还需要强调正当程序，约束公权力不被滥用，保障法律公平适用，确保实体正义与程

---

① 曹建明：《牢固树立正确的发展理念和执法理念，坚定不移走中国特色社会主义检察事业发展道路》，载《检察日报》2012 年 3 月 1 日第 1 版。

② 张建伟：《端正执法观念，提升司法形象》，载《检察日报》2012 年 8 月 9 日第 3 版。

序正义。正当程序决定了法治与恣意的人治之间的基本区别。① 司法权必须受到正当程序的限制为世界广泛认同。正当程序所包含的人道、平等、公开、参与等要求，不仅是公民基本权利的保障，而且具有吸收当事者不满、限制决定者恣意、促使裁决公正的特有功能。过程违背情理法，结果也会引起质疑，甚至会失去正当性，如刑讯逼供获取的真实口供。检察机关通过履行法律监督职能维护着社会公正，其自身的执法办案活动更应当体现公正，做到以事实为依据、以法律为准绳，不断提高法律监督能力水平，在构建和谐社会中实现、匡扶公平正义。

廉洁是执法的底线要求，与执法中的腐败行为相对立。事实表明，同其他国家权力运行的领域一样，如果缺乏有效的保证廉洁的机制，司法领域也容易滋生腐败。检察机关履行查办职务犯罪的职责，是国家反腐败的重要力量，自身的廉洁必须经得起严格的检视。如果惩治腐败的权力自身腐败，就无法指望它发挥清除腐败的功能、担当起清除腐败维护廉洁的职责，反而可能出现包庇、帮助逃避惩罚的现象。检察机关不但要强化自身监督，还要查处司法腐败，澄清司法环境，以自身廉洁和惩治腐败的实际行动维护司法的形象和实现司法的公正。

（二）理性平和文明规范是执法的生命，也是司法的行为方式和基本准则

司法是为和平解决人与人之间的纠纷而提供的机制。理性、平和、文明、规范的执法理念要求检察干警用理性的思维、平和的心态、文明的态度和规范的行为适用法律，执法办案。理性和规范解决的是客观世界的方法论问题，平和与文明解决的是主观世界的态度问题。理性、平和是对检察干警执法思维和心理的要求，文明、规范是对检察干警执法作风和方式方法的要求。落实理性、平和、文明、规范执法理念，必须做到：

一是过程理性。理性执法，即理智执法，体现并发挥着维护民主、法治和自由的价值与功能，意味着检察机关要较好地控制自身行为，使执法办案活动符合正义的标准和要求。理性是法律的精神实质，也是检察人员的内在秉性。检察机关理性执法，就是要在司法过程中避免受到反理性司法习惯的侵蚀和干扰，自觉接受司法理性的指引，努力履行好职责，防止司法中的昏

① 转引自季卫东：《法律程序的意义》，载季卫东《法治秩序的建构》，中国政法大学出版社1999年版，第3页。

庸、昏聩和昏乱。[①] 曹建明检察长指出："理性"不仅要求有非常高的法律意识，而且要有强烈的大局意识、政治意识、责任意识，有很强的群众工作能力，能够理性地把握和处理检察工作中的一系列重大关系。[②] 包括正确处理业务工作、队伍建设与检务保障、当前与长远发展、监督与配合、打击与保护、惩治与预防、实体与程序、刑事与民事等关系，以理性思维执法办案，真正地融法、理、情于一体。在具体的执法办案中，检察干警必须审慎、周全地判断和实施检察行为，依赖科学的理论与方法、精神与态度，对待事物，判断是非，理性梳理信息，准确把握分寸，全面权衡利弊，客观作出判断，适当运用法律，公平得出结论。

二是态度平和。建立在理性基础上的平和，以平等、客观、审慎、谦和为要义，不仅是一种执法的态度，也是一种执法的境界。检察机关办理案件，应当一视同仁，执法态度应当诚恳、谦和，保持耐心和善意。曹建明检察长认为，"平和"就是要求以平等谦和而不是居高临下的冷漠态度对待人民群众，要以公心、诚心和耐心解决人民群众的诉求，疏导和化解社会矛盾，最大限度地增加和谐因素、减少不和谐因素。检察官的职业角色决定了必须平等对待每一位当事人，具备喜怒不形于色的自控能力以及胸有成竹的自信从容。司法要谦抑，在司法活动应当保持足够的谨慎、自制和谦逊，使司法权威不仅依赖于国家强制力，更依赖于内在的道德力量。[③] 检察干警理应保持冷静、克制的心态，保持内心的、职业的淡定，不断修复业已遭到破坏的社会关系，化解矛盾、促进和谐。当然，平和并不意味着容忍、放纵犯罪，也不等于畏惧和软弱。否则，如仅为追求平和而放松对犯罪行为的追究，那么法律将失去信仰，司法机关将失去尊严和威信，平和的方式也将变得苍白无力。

三是方式文明。文明执法是司法公正的保障，也是社会文明进步的重要

---

① 司法活动中的反理性司法常常体现为：先入为主，不能做到兼听则明；在权势面前缺乏司法应有的风骨，只唯上不唯实，不能坚守法律原则与立场，忽视他人自由权利而使司法成为自由权利的对立面；迷信盲从所谓"科学证据"而失去明辨力；不尊重逻辑规则和经验法则而昏聩司法；对任何来源的监督和制约都表现出强烈的敌意，缺乏反省能力；明知司法不公而仍然拒不纠正，等等。理性执法的对立面是反理性执法，反理性则意味着逆理性而动。参见张建伟：《端正执法观念，提升司法形象》，载《检察日报》2012年8月9日第3版。

② 曹建明：《坚持不懈地抓好基层检察院建设》，载《检察日报》2009年5月4日第1版。

③ 王东：《树立正确执法观念，全面提升侦查监督内涵》，载《检察日报》2011年9月22日第3版。

体现。检察机关公正文明执法，才能使法律得到贯彻，使法治的阳光普及社会大众，提高法律监督工作成效。对于司法来说，文明体现为司法人员的言谈举止和行为方式具有相当的修养和良好的自我约束，在司法活动中尊重人及其存在的价值与尊严。曹建明检察长认为，“文明”就是要改进办案方式方法，坚决纠正简单执法甚至粗暴执法的问题，用群众信服的方式执法办案，使人民群众不仅感受到法律的尊严和权威，而且感受到检察队伍的精良素质。司法实践中，文明执法必须根除特权思想、蛮横态度、粗暴行为、体罚虐待等与司法文明要求相悖的思想和行为，树立与现代法治精神相一致的人性化等理念，做到理念文明、方法文明、手段文明、仪表文明、语言文明、气度文明、举止得当，做一个不怒而威的执法者，以文明形象取信于民。

四是行为规范。规范执法是指检察机关的执法办案活动都有章可循，符合特定的标准、秩序和规范要求。实现公平公正是社会主义法的价值取向和要求，而规范是严格、公正执法的前提。规范主要是指执法办案既要确保适用法律准确，证据确凿充分，也要确保符合法定程序。程序是规范的保证，规范是公正的保证。曹建明检察长指出，“规范”就是要在完善执法管理上下功夫，细化办案规程，完善业务流程，规范办案环节，力求使每个执法环节都有章可循。实践证明，只有程序规范才能保障执法的权威性和公信力。作为法律监督者，只有自己首先规范执法，严格依法办事，更多地重视流程、环节中体现出的程序价值，监督行为才能得到被监督者的信服和遵从。因此，要紧紧抓住执法活动中容易发生问题的重点岗位和关键环节，将执法每个环节的要求细化、量化，完善相关的程序规定和标准规范，最大限度地减少和杜绝随意执法，自觉防止和纠正法外程序、省略程序、违反程序等问题，不越权司法、不懈怠司法、不规避法律的约束，实现实体公正与程序公正的有机统一。

理性、平和、文明、规范是有机联系、不可分割的统一整体，它体现在执法过程、执法方式、执法程序之中，并直接作用于执法人员，形成相应的执法行为和实践。文明、规范是执法办案的应有之义。但仅有文明、规范还不够，理性、平和是执法更高层次的要求和境界。同时，执法办案必须严格公正廉洁。离开严格公正廉洁谈执法，执法就失去了根本；离开理性平和文明规范谈执法，执法就失去了生命。检察机关要以修改后的刑事诉讼法实施为契机，将这些执法理念化为具体的司法行动，既要严格公正廉洁执法，忠实履行法律赋予的各项职责，切实维护司法公正，维护社会主义法制统一、尊严、权威，又要坚持理性平和文明规范执法，让人民群众真正感受到司法的人文关怀，切实体会到法治的温暖，不断提升检察机关的良好形象。

二、理性平和文明规范执法理念对检察工作的价值意义

理念决定行为。检察执法理念，就是指检察人员在执法实践中逐渐积累形成并指导其行为的思想、观点和心理状态的总和。执法理念反映了执法人员的品质、修养，蕴含着执法人员的觉悟，因而也是衡量和检验执法成效的重要指标之一。理性、平和、文明、规范的执法理念，从根本上适应了人民群众在民主意识、法律意识、人权意识乃至权力文明意识方面的深层次需求，是检察机关创新执法理念、改进执法方式、完善执法制度的有效手段。

（一）理性、平和、文明、规范执法是适应复杂执法环境的客观需要

当前，我国正处于发展的重要战略机遇期、改革的攻坚期、社会矛盾的凸显期，以及体制转轨、机制转换、社会转型的关键期，世情、国情、社情发生了日新月异的变化，社会呈现出一系列新的阶段性特征，社会稳定领域呈现出人民内部矛盾凸显、刑事犯罪高发、对敌斗争复杂的基本态势，各种社会矛盾的关联性、复杂性、敏感性明显增强，给检察机关驾驭复杂局势带来新考验、参与社会管理带来新课题；人民群众法律意识、民主权利意识明显增强，舆论等社会监督力度空前加大，对检察机关执法活动的要求越来越高，对公平正义有了更多期待。做好新形势下的检察工作必然要求坚持理性、平和、文明、规范的执法理念，全面正确履职。从这个意义上讲，理性、平和、文明、规范执法理念的提出，不仅是观念的更新，也体现了检察工作发展思路的不断丰富和完善，积极引领和推动检察工作实现创新发展。

（二）理性、平和、文明、规范的执法理念，契合了现代刑事诉讼的要求，反映了检察机关对司法工作更深层次的认识和执法观念的根本转变

理性、平和是执法行为的定位与姿态，文明、规范是执法行为的方式与方法。现代刑事诉讼不仅反对“以牙还牙”式的同态复仇，更反对国家对犯罪人“以暴制暴”式的武断压制。在国家与个人的关系定位上，其所倡导和追求的是以理性、平和、民主、文明的方式，公平公正地处理犯罪。也因此，检察机关通过对案件的查证和处理过程所要实现的，就不仅仅是对犯罪分子的成功指控和对被害人及其家属的心理安抚，还应包括以法定的程序、专业的行为，向社会公众展示和营造一种理性而非武断、平和而非剧烈、文明而非粗暴、规范而非恣意的诉求表达和矛盾解决之道。这正是现代刑事诉讼价值取向的核心体现。

（三）理性、平和、文明、规范执法新理念，是执法办案实践经验的系统总结和理论升华，是社会主义法治理念的具体化、司法化①

理性、平和、文明、规范执法新理念与检察机关一贯强调的严格、公正、廉洁执法一脉相承，成为新时期检察干警的职业操守。在这一理念中，规范执法是一种刚性、显性的要求，是执法实质意义上的能力，是执法行为按照标准进行操作的外在表现，有明确的标准特性和操作程序可以遵循。而理性、平和、文明执法，则没有具体的行为标准，理性体现的主要是思维性，平和体现的主要是态度性和方式性，文明体现的是行为性和形象性。这三者实质上都是执法者内在素质的体现，是一种柔性、隐性的要求，是在依法执法办案基础上对检察干警提出的更高层次的要求。从哲学角度来讲，理性是数与质的对立统一，平和是知与行的对立统一，文明是外现与内在的对立统一，规范是程序与实体的对立统一。理性、平和、文明、规范的执法理念，既是我们在司法实践中面对不同矛盾所应持有的立场，更是把握和引导矛盾运动变化发展的方向。②

（四）理性、平和、文明、规范的执法理念，是实施修改后刑诉法、维护公平正义的内在要求

公平正义是检察机关法律监督的价值追求，也是检察工作的生命线和永恒主题。打击犯罪与保障人权是刑事诉讼法的立法宗旨。被称为小宪法的刑诉法的每一次修改，不仅对严格公正执法提出了更高要求，而且对文明规范执法也提出了更高要求。要结合修改后刑诉法的实施，认真分析执法办案中存在的一些不规范问题特别是反复发生、成为“顽症”的根源，有针对性地对执法办案各环节的程序进行更为严格的规范，坚决纠正一切违反刑诉法的行为。尤其是要正确理解和适用强制措施、侦查措施，坚持“必要性和最低限度”等原则，依法行使职权，切实做到以法为据，以规范促进公正。这次刑诉法修改，首次把“尊重和保障人权”写入总则，修改和完善了证据制度、强制措施、辩护制度、侦查措施、审判程序、执行规定、特别程序等诸多制度，明确了辩护律师在侦查阶段介入诉讼，建立了讯问录音、录像制度，规定传唤、拘传中应当保证犯罪嫌疑人饮食和必要的休息时间，对阻碍依法行

---

① 以忠诚为民公正廉洁为主要内容的政法干警核心价值观，是社会主义核心价值体系在政法领域的具体化，是对社会主义法治理念的继承发展。周永康：《深入开展政法干警核心价值观教育实践活动，为政法事业发展进步提供更加有力思想保证》，载《求是》杂志 2012 年第 13 期。

② 唐元高、征汉年：《执法新理念的哲学思考》，载《检察日报》2009 年 9 月 18 日第 3 版。

使诉讼权利等行为有权提出申诉或控告等，对检察工作提出了新要求。检察机关必须深刻把握刑诉法修改的精神实质，熟悉刑诉法作出的新规定，在坚持严格公正廉洁执法的同时，更加注重理性平和文明规范执法。而理性平和文明规范执法理念体现的价值追求和对司法的要求以及所能发挥的约束司法行为的作用，有利于使刑诉法再修改取得的法律文本上的进步转化为具体的司法行为，使修法成果得到不折不扣的落实。

（五）理性、平和、文明、规范的执法理念，是重点解决违法违规办案问题的现实要求

近年来，检察机关通过开展“维护人民群众合法权益、解决反映强烈突出问题”等专项检查活动，集中解决了一批群众反映强烈的突出问题，对少数违纪违法的检察人员作出了严肃处理，取得了预期成效。但当前检察干警在执法观念上还存在诸如重打击轻保护、重执法轻服务的价值观，重实体轻程序、重形式轻效果的司法观，重惩治轻预防、重惩贪轻监督的不平衡检察职能观，重数量轻质量、重结果轻过程、长官意志和官本位的执法观，重口供轻证据的落后证据观等问题；少数干警在执法办案实践中也还存在宗旨意识不强、执法素质不高、责任意识不强、证据意识淡薄、法律文书不规范、执法态度蛮横、程序不合法、执法不作为、乱作为、贪赃枉法等问题。这些现象不仅破坏了检察机关的形象和执法公信力，而且损害了法律的尊严和权威。检察机关要结合实际，重点解决与理性、平和、文明、规范执法理念要求不相符合的突出问题。更新执法理念有利于提升检察干警的法律监督能力与水平，对于强化法律监督、维护公平正义、推动科学发展、促进社会和谐具有重大而深远的意义。

三、落实理性、平和、文明、规范执法理念的路径

坚持理性、平和、文明、规范执法理念是指导当前执法工作的核心理念，既是一个理论和思想认识问题，也是一个重大的实践问题。因此，必须多措并举，引导检察干警铸造忠诚品格、强化公正理念、树立清廉意识、提升文明素养，切实把理性、平和、文明、规范执法理念内化于心、外践于行，成为检察干警的职业信念和自觉追求。

（一）强化宗旨意识，打牢思想基础

实践证明，一些不文明、不规范、简单粗暴、机械执法的问题，不仅因为办案方式落后，更因为法治理念淡薄。检察机关只有打牢思想基础，真正内化于心，才能使理性、平和、文明、规范执法这一理念成为检察干警的“惯性思维”，变为一种“潜在意识”。一要深入学习和落实最高人民检察院

执法工作基本规范。按照“缺什么、补什么”的原则，有针对性地加强教育培训，使执法办案人员熟知熟练执法规范，自觉将规范的各项要求落实到执法办案各环节。二要与社会主义法治理念、核心价值观等主题教育活动紧密结合，教育引导干警牢固树立大局意识、政治意识、责任意识、服务意识，把坚持严格公正与理性平和文明规范执法，忠于法律与忠于人民、对法律负责与对人民负责有机地结合起来。三要强化宗旨意识，通过经常性的思想教育，让执法规范成为一种自觉，不断解决“为谁掌权、为谁执法、为谁服务”的思想认识问题。四要加强检察干警忠诚教育。在办案过程中，善于从政治上、大局上驾驭办案工作，理性地把握和处理好办案与服务、执行政策与执行法律、惩治与预防等一系列重大关系，综合运用检察职能，打击预防犯罪，维护社会和谐稳定发展。

（二）强化教育学习，不断提升执法办案能力

当前社会，思想多元、利益冲撞，一个小案件，就可能引发社会的重大关注和影响。检察工作难度大、责任重、风险多、要求高，没有一支高素质的检察队伍，检察工作就难以实现科学健康发展。因此，必须加强对检察干警的理念教育、业务技能培训，不断注入新知识、新思想和新观念，确保干警执法办案跟上时代步伐。一要加强法律知识学习和培训，着力提升干警法律监督能力。要深入学习刑法、刑事诉讼法，准确把握犯罪构成，做到定罪准确，程序正当，严惩犯罪。要加强对不断发展变化的犯罪形势的研判，与时俱进创新载体，强化措施，让社会公众看到检察机关执法办案的本领，增强对检察干警执法的信任度。二要针对干警执法薄弱环节和存在问题，开展贴近执法实际的专题培训、法律辅导，组织干警参加典型案例点评和庭审旁听；坚持集中培训与岗位练兵相结合，把工作岗位当作练兵场，不断提高实践能力和执法技能，掌握检察工作规律，并努力向专业化、职业化方向发展，拓宽政治、经济、历史、科技等知识面，提高综合素质，提升应对复杂局面和处理疑难问题的能力。三要加强检察干警文明用语、形象礼仪的培训和教育。只有具备文明素质的人才可能文明执法，野蛮、素质低下的人不可能文明执法。要积极组织干警学习《检察机关执法规范》等文明礼仪规范，不断提升干警文明素质。四要围绕懂犯罪心理、懂群众语言、懂沟通技巧，会侦查取证、会审查证据、会克难攻坚、会化解矛盾、会调处纠纷、会主动服务的要求，不断加强干警执法艺术能力培训，教育干警在执法过程中以平和的态度和方式，讲明事理、讲清法理、讲通情理，提高执法水平。五是加强人格修养，养成良好行为习惯。生活中，对待家人、朋友、同志要有理智、平和、宽容的修养和胸襟；执法活动中，要处变不惊，理性对待犯罪嫌疑人、

被告人拒供、翻供等情况，避免情绪化和行为失控现象的发生，做“政治人、职业人、法律人、社会人、健康人”等身份兼具的新时期合格的检察干警，使检察机关办理的每一起案件都经得起法律的检验和社会公众的评价。

（三）转变理念，以理性的执法思维体现亲和力

理念决定认识、端正态度、指导实践。理性的执法思维要求干警能客观、中立、冷静、正确地应对执法中的各种情况和复杂问题，做到：一是尊重规则，运用专业思维进行观察、思考和判断，做到实事求是，具体问题具体分析，而不能仅凭经验办事，更不能盲从、感情用事。二是注重缜密思维，客观、周全、慎重地作为或不作为，谨慎对待情感因素，尤其要防止以个人的好恶倾向和情绪化体验带来非理性化司法的冲动。三是加强释法说理工作。司法作为一种以说理方式解决问题的特殊社会活动，特别需要理性来保证，在执法办案中，检察干警不仅要熟练运用法律，还要以案释法析理，以理服人，而不是以权压人、盛气凌人、用贴标签的方式区分人，要注重对证据真实性、合法性、关联性的阐述，让当事人明白为什么适用此条、此款法律，使当事人心服口服。四是理性、平和、文明、规范执法，并不排斥对犯罪嫌疑人、被告人必要的义正词严甚至穷追猛问，也不是简单、片面地要求指控行为要“温、良、恭、谦、让”，而是强调在保证实现指控犯罪的基本前提下，通过规制执法行为本身，促进检察机关更好地履行职能，实现指控犯罪与保障人权等价值之间的平衡。

（四）强化策略意识，以平和的心态对待执法办案

检察执法活动是一个蕴含多种利益和价值观念冲突的动态过程。① 检察执法活动要达致执法的目的善与手段善等的均衡与和谐，实现法与情、理的互动、均衡与和谐，法律效果与社会效果的均衡与和谐，协商正义与规则正义的均衡与和谐。② 犯罪原因的多元化和刑罚威慑的有限性，决定了单纯的重刑主义并不能够解决社会治安和国家稳定的根本问题，刑罚虽必不可少，但并非解决问题的根本途径。简单地以运动式执法、以斗争的方式处理犯罪，只能带来短期的抑制效应，不可能真正实现社会矛盾的化解和社会关系的修复。对待犯罪必须审时度势，区别对待。要经常换位思考、将心比心，消除对立对抗，避免因执法态度问题引发各种矛盾。但平等谦和不是软弱执法，故检察干警平和执法的同时，又要维护法律尊严。一要把握政策尺度和办案策略，

---

① 张清：《公诉工作应树立四种理念》，载《检察日报》2012年5月4日第3版。

② 陈毅清：《周敦颐理学思想对当今理性平和文明规范执法新理念的启示》，载《湖南日报》2010年10月8日。

发挥刑事政策的威慑力和感召力，对犯罪情节轻微、确有悔改表现的，依法从宽处理；对有立功表现的，要兑现政策；对经查确属错告诬告的，及时向有关单位反馈，澄清事实，还当事人以清白；当事人及其家属对案件处理结果有疑问的，应当认真听取意见，耐心做好解释工作，切实做到惩治犯罪者，保护无辜者，教育失误者。二要时刻教导检察干警不忘检察官职责。适时开展检察官宣誓仪式，重温检察官职责，引导干警始终忠于国家，忠于人民，忠于宪法和法律，忠实履行法律监督职责。三要不断加强检察官的职业道德修养。强化检察队伍的职业准则、职业认同感，只有这样检察人员才能在办案过程中依法办案，又不失检察人员办案风采。

（五）强化服务意识，以文明的执法行为赢得支持

客观上说，管理者与被管理者之间是一对矛盾体，但辩证法也告诉我们，管理也是服务，矛盾可以发生转化。如果处理得好，矛盾可以化解；如果处理不当，矛盾就有可能激化。执法工作的理想和谐状态就是能将执法与群众关系的矛盾和消极因素转化成积极因素，这就要求干警在执法工作中，在不降低执法力度的前提下，牢固树立服务意识，大力提高服务和执法质量，做到语言不粗俗、行为不粗暴、态度不蛮横，动之以情，晓之以理，把文明执法的理念落实到提高发现和侦查职务犯罪能力上来，在初查上下功夫，在提高审讯水平上下功夫，在加强追逃追赃上下功夫。要从细节入手，用群众信服的方式执法办案，在打击犯罪匡扶正义的同时，公平地对待犯罪嫌疑人、被告人，充分尊重其人格尊严，保障其辩护权，充分体现刑事司法活动的人文关怀，体现人情味，展现法治美，切实解决“法了事不了、案平情不平”的问题，让执法办案的过程成为犯罪人真心悔过、当事人心悦诚服的过程，成为人民群众充分感受检察官人性化文明执法的良好素质的过程。

（六）完善执法规范，不断提升执法公信力

观念决定看待问题的视野和高度，决定解决问题的路径和效果。观念又是形而上的，其作用必须转化为具体的、可操作的制度并通过有效执行得以发挥。一要加强研究制定、完善相关的工作机制。细化业务工作规程、流程，健全相关程序规定和标准规范，确保干警有法可依、有章可循。重点要加强查办职务犯罪行为的内外部监督制约机制，完善职务犯罪案件向上一级检察院提请审查批捕工作，加强上级院对下级院执法办案活动的监督，不断完善讯问犯罪嫌疑人全程同步录音、录像制度；进一步规范严密各个办案环节的程序和行为，确保办案安全与办案质量。二要结合修改后刑诉法修改的内容，系统梳理执法办案工作流程，整合检察执法办案中的法律规定、司法解释、业务规范，建立健全涵盖所有检察业务和各工作环节的统一、完备、系统的

执法办案、责任、考评、监督等规范体系，并充分发挥执法档案、廉政档案、检务督察、案件回访和绩效考核的作用，切实从源头上遏制执法的随意性。完善案件审核把关和个案监督机制，严格落实执法过错责任追究制，确保干警严格按照法定权限和程序行使权力、履行职责，让人民群众对我们的执法行为信赖、信任、信服。三要加强执法规范化建设，用规范的制度加强对执法活动的有效规范和约束。当前要着重构建和完善以下制度：一是客观审查制度。[①] 要通过《人民检察院组织法》、《检察官法》、《刑事诉讼法实施规则》等相关法律的修订完善，进一步明确规定检察官的客观义务，强化检察官执业保障。明确全面搜集有罪无罪、罪轻罪重的证据是检察官的责任，保障检察官忠于事实、忠于法律。二是中立审查制度。进一步完善律师参与、会见并提出意见制度，完善讯问和听取嫌疑人辩解制度，建立被害人权利告知和听取意见制度，完善不诉听证制度，确保检察机关能够在汇聚各方意见基础上“居中”裁断。三是规范审查制度。要对检察执法环节细化、分解，确保每一步都执法有据，执法有度。四是公开、便民制度。要不断完善检务公开的内容，丰富手段和形式，深化范围和层次，提高检察工作的透明度，努力使公平正义以群众看得见的方式得以实现。完善公民对违法行为投诉及调查反馈、流动人口涉嫌犯罪的平等保护、被害人权利救济等制度，使检察工作亲民、便民。五是预测评估制度。要建立完善风险评估、舆论应对、事后评估等工作研判制度，加强检察工作规律研究，提升实现执法三效果统一的能力。

（七）探索机制创新，不断提升执法效果

修改后刑诉法确立了非法证据排除规则、不得强迫自证其罪原则，修改了强制措施、辩护制度、证据制度、侦查措施、审判程序、执行规定、特别程序等诸多方面，完善了检察机关的监督范围、监督措施和监督程序等诉讼监督职能，为检察机关有效履行监督职能提供了较好的法律保障。修改后刑诉法内容的调整、制度的改变、程序的增加，必然使检察机关的工作模式发生变化。比如，公诉部门要严格把握非法证据的排除，及时调整对取证程序合法性的出庭应诉工作，及时排除不合法证据，避免无罪的人受追究；侦查

① 客观是司法安身立命之本，要旨是“全面”基础上的裁断。不论大陆法系还是英美法系，都日趋认同检察官的客观义务，联合国《检察官作用准则》亦对此予以明确肯定。“中立”是实现客观的保障，要旨是“居中”裁断。客观中立是对检察官最基本的要求，它要求检察官全面履行法律监督职能，做到全面搜集证据、了解事实，同争议的事实和利益没有关联性，不得对侦查机关、犯罪嫌疑人、被害人等诉讼参与者存有歧视或偏袒，只能忠于事实、忠于法律。

监督部门要转变以前不提审、不听取辩护人意见的工作模式，做到有罪证据和无罪辩解同样重要，保障犯罪嫌疑人每个环节的充分辩解权；完善社区矫正等非监禁刑执行监督同步监督机制等，检察机关要加强监督与制约，充分发挥检察机关的监督职能，切实维护司法公正。

（八）加强执法监督，着力提升执法管理水平

权力失去监督，必然导致腐败，必然损害群众利益。因此，强化监督制约机制对于提升理性、平和、文明、规范执法至关重要。一是加强执法信息化建设，充分借助信息化手段，提高所办案件从受理立案到调查取证、采取强制措施、侦查终结、审查起诉、刑罚执行监督等网上操作的水平，强化对执法办案活动的全程、实时、动态监控，提升执法办案自动化、现代化工作水平，减少手工办案中存在的不规范、不严谨等问题，不断提高执法办案质量。二是加强内部监督。进一步加强纪检、监察等部门的监督，通过执法质量考评、个案检查、网上督察等方式，加强执法行为监督，对检查中暴露的问题及时纠正，确保执法问题发现在早、预警在先、处置在小。积极探索完善案件管理机制，实行案件统一归口管理和流程监管；深入推行检务督察制度，完善对各项检察工作实行全程动态监督机制，尤其对执行实体法中的事实、证据、定性、处理情况，对执行程序法中的受案、初查、立案、侦查、起诉等执法办案环节，进行经常性和长效化的督察监督，保障各项检察业务的高效高质开展。三是加强外部监督。要完善人民监督员制度，严格落实执法告知制度，保障群众的知情权和监督权。要让各方参与并表达意愿，以公众看得见、听得懂、弄得明的方式执法，最大限度地融入社情与民意，弥合情理和法理。同时，广泛征求人大代表、政协委员对检察工作的意见或建议，认真整改他们反映的问题，促进依法办案、依法办事。促进检察干警与社会公众之间的了解与交流，既有助于社会公众更加充分地认识和理解检察工作，更有助于检察工作倾听人民要求、体现人民意志、获得人民内心的尊崇与认可，为执法办案创造良好环境。

四、结语

社会在发展，时代在进步，检察机关的执法办案工作也要与社会同步，与时代接轨。严格公正廉洁与理性平和文明规范的执法理念是新形势下的根本要求和必然趋势，检察干警要以理性的执法意识、平和的执法心态、良好的执法举措、公平的执法结果，实施执法行为。执法办案必然触及人的利益，在“情”与“法”，“理”与“利”的冲撞中不可避免地产生各种矛盾和冲突，检察干警要不断提高执法能力，使人民群众通过检察机关的执法办案，

既感受到法律的尊严与权威，又感受到人民检察官的关爱和温暖，达到执法形式和执法目的的统一。

理性、平和、文明、规范执法理念揭示了“知与行”的辩证关系，递进的逻辑关系：即用理性的判断、推理—平和的心态—文明的言行—然后在法律的框架内完成一系列规范动作。没有理性，心态不可能平和，心态坏了，言语就不可能文明，动作就有可能失范。文明、规范是执法的应有之义，但仅有文明、规范执法还不够，理性、平和则是对执法的更高层次的要求。“法”是根植于自然的最高理性。理性透着执法者深邃冷静的神韵和容纳百川的情怀。与理性执法相对的是感性执法、感情用事，我们要防止冲动，摒弃情绪化。以平等、客观、审慎、谦和为要义的平和是执法的珍宝，平和中蕴含着博大的力量，心态平和才能厚德载物，才能衡平如水，才能客观理性。文明执法要求做一个不怒而威的执法者。而规范执法则要求检察机关贯彻执行好法律、法规，完善各项制度，始终使执法不偏离正确轨道，不断提高执法水平。理性、平和、文明、规范执法理念，倡导的是执法过程中以人为本，少靠强力，依赖提高自身的认识、素质、能力、水平，使执法工作最大限度地合乎法理和情理，树立执法权威。这种“软性”执法相较于“硬性”执法，短时看或许费时费力，长期看则标本兼治，效果长久。伴随着这一执法理念逐渐被检察干警理解、认同，潜移默化之间，检察工作也将从外迫的、简单的、粗放的、线性增量的发展方式逐步走上内生的、人本的、精细的、内涵增量的科学发展之路，达到一个更高的境界。

论检察机关执法活动的价值取向
——以修改后刑诉法为视角

陈　翔*

【内容摘要】对于执法者而言，现行刑事诉讼法的修改不仅仅是一次法律条文的变更，也是一次执法活动价值取向的更新过程。执法者只有不断转变旧的落后的执法观念，确立新的正确的执法观念，才能真正把法律的一般性规定公正地适用于某个人或某个案件。

【关键词】修改后刑诉法　执法　价值取向

"立法难，执法更难"。当历时十年、历经全国人大三次审议的修改后刑诉法修改决定放在面前时，作为执法者，我的第一感觉是严格。修改决定共111条，增加条文65条，增加和修改的条文占总数的近一半。修改的辩护制度、证据制度、强制措施制度、侦查措施和审判程序等，无不与检察机关息息相关，给检察工作带来很大挑战。更深层次的感觉，则是平和。刑诉法的修改体现一个全新的转变，无论是将尊重和保障人权写入总则，还是非法证据排除制度、辩护制度、刑事和解、未成年人特别程序等配套措施的细化，一种平和的司法理念在立法中得到彰显。纵观刑事诉讼法的修改背景、过程、原则和结果。可以看到：程序很严格，理念很平和；执行很严格，宗旨很平和；惩治犯罪很严格，保护人权很平和。检察机关一方面是执法者，同时也是监督者。双重的身份注定了我们在学习贯彻修改后刑诉法时，不仅要全面了解掌握修改的内容，更要牢固树立与修改后刑诉法蕴含的法治思想相适应的价值取向。本文拟从执法活动的严格与平和两个角度，就修改后刑诉法制度下检察机关执法活动的价值取向谈谈自己的看法。

一、严格依法是检察机关执法的基本价值标准

严，乃精密、认真、庄重、厉害之意；格，乃标准、法式、制度、推究

* 江西省福州铁路运输检察院检察委员会专职委员。

之意；严格，乃遵守或执行规定、规则十分认真、不偏不倚、一丝不苟之意。① 从数理方面讲：严格是100%；不是99%；也不是101%。对于法律执行者而言，哪怕是百分之一的错误，对案件当事人来说就是百分之百的司法不公。② 学法律时，常常为善法还是恶法，众说纷纭。事实上，即便是一部善法，若执法者没有严格遵守，再好的制度也不过是僵硬的条款，不会变成公正的司法现实。

1. 立法的严格是“善法”被实施的前提。这次修改后刑诉法修改的过程相对以前刑事法律的修改，更加民主化和透明化，第一次向社会公布草案，听取了社会各界的意见，也使得这部法律的很多修改之处成为社会讨论的焦点，在法学界和司法界也有很多不同的认识。在法理上，刑诉法需要制约的对象就是公检法机关，需要限制的是司法权力。因为在刑事诉讼活动中，由于公权力的绝对强大，警察、检察官、法官无疑都具有侵权的条件和可能，而相对弱势的嫌疑人、被告人、辩护人、诉讼代理人等则存在被侵权的可能。刑诉法的每次修改，公权力是否得到进一步限制而缩小，公民权利是否得到进一步保障而扩大，是法治进步的标志。通说上刑事诉讼法是一部人权保障法，因为它标志着一个国家政治民主、司法文明的程度及人权保障的状况，在国家法治中占有特殊的地位。例如美国联邦宪法前十条修正案，被称为“权利法案”，其内容均为刑事诉讼法的基本原则。修改后刑诉法特别将“尊重和保障人权”写入总则，③ 这绝不仅仅是一个宣示性表述，它作为贯穿于刑事诉讼法始终的一条基本原则，有十分具体的内容。比如完善证据制度，防止刑讯逼供；扩大法律援助的范围、完善辩护制度；解决律师在执业中反映强烈的会见难、阅卷难、调查取证难等突出问题；规定讯问时录音录像制度，强化对侦查活动的监督；完善死刑复核程序等规定都体现了尊重和保障人权的基本原则。

2. 执法的严格是“善法”实现的条件。法律一旦通过实施，那么必须严格依法执行、严格遵守法律条文。尤其是执法者必须把思想统一到立法宗旨、立法原意上，不能带着抵触情绪去落实。同时，这也会给执法工作带来难度和挑战。法律是一种规则，规则是司法运作的前提，执法若不在规则范围内

---

① 《辞海》（缩印本），上海辞书出版社1979年版。

② 沈德咏：《人民法院百分之一的错误对案件当事人是百分之百的司法不公》，载人民网，2011年3月9日。

③ 全国人民代表大会关于修改《中华人民共和国刑事诉讼法》的决定（2012年3月14日第十一届全国人民代表大会第五次会议通过）。

活动，则谈不上执法，更谈不上公正的执法。执法者的职业操守就在于最忠实地遵守规则，最忠实地适用法律，严格依法这一种信条在指导检察机关执法的过程当中是至关重要的。虽然很多人认为严格依法是一个陈旧的法律要求，已经不能彰显现代司法文明的价值。但从某种程度上说，当一个文明趋向于更高，或许还是更有价值的目标时，社会性越轨的可能性就越大。① 前几年媒体披露的“佘祥林案”、“躲猫猫事件”等，都对司法权威和司法公信力造成了巨大影响。在对这些事件的原因进行分析、探讨中，执法观念不正确、诉讼监督不尽责、办案程序不合法、执法作风不严谨等都是原因，但归纳起来，一个最具根本性的原因就是“严格依法”观念的缺失。

3. 观念的严格是“善法”被执行的保障。严格依法是指要严格依照法律规定办案，是执法活动的基本价值标准。对于检察机关而言，要做到严格依法，需要重新树立三种观念：一是树立程序正义的观念。程序正义被喻为“看得见的正义”，这次刑诉法修改在科学设定正当程序方面作了许多重要补充和修改，明确规定了：证人鉴定人出庭作证，审查逮捕时讯问犯罪嫌疑人和听取律师意见，拘留、逮捕后立即送看守所羁押，辩护人涉嫌隐匿、毁灭、伪造证据案由承办案件的侦查机关以外的侦查机关管辖，量刑纳入法庭审理程序，二审发回重审案件的上诉不加刑制度等制度。这些修改和补充，使得刑事诉讼程序更加科学合理，更具有正当性。不仅有利于保障当事人权利，也有利于彰显程序价值，实现司法公正。作为执法者一定要充分重视程序公正对提升执法公信力的重要意义，让正义看得见、不迟到、不失衡、不打折。二是树立证据合法的观念。证据是刑事诉讼的基础和灵魂，没有证据，就没有刑事诉讼。修改后刑诉法在修改中对刑事证据制度作了重大完善：修改证据概念，调整证据种类，完善证明标准，设置非法证据排除程序，强化证人出庭的义务，明确行政机关在行政执法和查办案件过程中收集的证据材料的效力，要求在法庭审理过程中对与定罪、量刑的事实、证据都应当进行调查、辩论等。这些修改表明，刑事诉讼中的证据，不仅要强调它与案件事实之间的客观性和关联性，而且要特别强调证据收集和运用的合法性。因此，在执法活动中要牢固树立证据合法的观念，排除非法证据意识，强化审查证据意识，提高无罪证据意识，保持证据标准意识。作为执法者必须明白，诉讼过程就是打证据，而不是打检察官的优势地位。一切没有证据的真实都不是法律事实，司法必须用证据说话。三是树立权限统一的观念。这次修改后刑诉法的修改有一个很大特点，就是坚持授权与限权的统一，在授予司法机关追

① ［美］R. 本尼迪克特：《文化模式》，张燕等译，浙江人民出版社1987年版。

究犯罪的各项权力的同时，也对这些权力进行了严格的限制，设定了权力的边界。从检察工作看，在对加强法律监督作出一系列新规定的同时，对检察机关正确履行职责也设定了一系列约束措施。比如，既对强制措施作了适应执法需要的调整，又对强制措施的决定和执行作出，严格的规制；既赋予了检察机关决定使用技术侦查措施的权力，也对使用这项措施的范围和程序作了严格的规范；既增加了一系列对诉讼活动进行法律监督的内容，又严格界定了开展这些监督的范围；既明确了检察机关在特别程序中的责任，又对适用特别程序作出了严格的限制。检察机关要深刻领会这一立法精神，牢固树立权限观念，充分认识到每一项权力都有它的边界，既依法充分行使权力，又依法严格约束权力，让权力的运行严格限制在法律设定的轨道上，保障刑事司法权限的客观性和正确性。①

二、平和司法是检察机关执法的现代价值追求

平，乃不倾斜、无起伏、不激动、均等、公平之意；和，乃和缓、和谐、协调之意；平和，乃不偏激、平正谐和、调和之意。② 平和司法，是一种司法心态，更是一种司法境界。③ 这正是实现现代法治、实现社会公平正义所需要的。平和如果没有在司法观中占据主导地位，修改后刑诉法中的“尊重和保障人权”、“无罪推定”、“非法证据排除”、“未成年保护”等就无从谈起，不文明执法势必顺理成章，且很容易产生忽视“无罪”、“罪轻”的证据和辩解的情况。

1. *平和应成为执法人员的基本素质。*相较于普通民众对待犯罪咬牙切齿的愤恨、无比激动的情绪，执法者最大的不同在于不能为情绪所左右。作为处理具体犯罪案件的检察官，应当理性地执行法律，从法律条文和法律精神出发，去采取行动和作出判断。否则，实现法律的公平正义是十分困难的。从修改后刑诉法的修改上可以看到，即便罪大恶极的罪犯，仍然享有法定的权利。④ 例如法律赋予的不得强迫自证有罪的权利，辩解的权利，人身和合法财产受保障的权利，得到正当程序的调查、检控和公正审判的权利等。检察官的职业角色决定了我们必须平等对待每一个当事人，哪怕他被百姓认为十

---

① 童建明：《牢固树立与修改后刑诉法价值取向相适应的执法观念》，载《检察日报》2012 年 5 月 29 日。

② 《辞海》（缩印本），上海辞书出版社 1989 年版。

③ 孙谦：《平和：司法理念与境界》，中国检察出版社 2010 年。

④ 检察日报社评：《平和执法：不可或缺的职业操守》，载《检察日报》2009 年 2 月 23 日。

恶不赦，但是他在法律上依然享有自己不可剥夺的权利。平和是一个人、也是一种职业甚至一个民族走向成熟的标志。唯有平和，才能厚德载物，才能衡平如水，才能客观理性。①

2. 平和的内在含义是公平、理性、文明，这应成为检察官的价值目标。平和，并不意味执法机关和执法人员忠诚、责任的降低，而意味着对法律、对党、对人民的忠诚和责任感的升华。因为平和并非消极、倦怠地执法，而是使执法者明白、规范、文明地执法，把强制措施、刑罚处罚作为维护社会及其成员安全和权利的“不得已”选择，符合社会利益的最大化。这次刑事诉讼法修改中增加了很多人性化规定，如对符合逮捕条件，系生活不能自理的人的唯一扶养人的犯罪嫌疑人、被告人可以监视居住；对被告人的配偶、父母、子女不得强制出庭作证；扩大了法律援助的范围，对证人、鉴定人、被害人在诉讼中作证的保护措施及对证人作证的经费补助；对犯罪的未成年人实行教育、感化、挽救的方针，严格限制适用逮捕措施，拘留、逮捕和执行刑罚与成年人分管分押，对被判处五年有期徒刑以下刑罚的未成年人的犯罪记录予以封存等。这些新规定，凸显了平和的法治理念，也是我国刑事诉讼制度更加文明和进步的标志。新的刑事诉讼制度下，有必要使理性平和成为现代执法活动的价值追求，它是土壤和水分，可以使刑事诉讼的公平之树常青，也可以使正当程序、无罪推定、罪行法定、罪刑相适应等人权保障之叶常绿。

三、深化监督是检察机关执法价值的实现途径

监，乃会意字，是一个人弯着腰，睁大眼睛，从器皿的水中照看自己的面影之意；督，乃察看、监管、责罚、督促之意；监督，乃对现场或某一特定环节、过程进行监视、督促和管理，使其结果能达到预定的目标之意。② 人民检察院依法对刑事诉讼实行法律监督是刑事诉讼法的原则之一。在保证检察环节执法活动依法公正的同时，对刑事诉讼的过程全面进行法律监督是检察机关的重要职责。这次刑诉法的修改，对刑事诉讼活动中法律监督措施的加强是其中一大亮点，包括证据、辩护、侦查、强制措施、审判、执行及创设四个特别程序等，都体现了强化法律监督的理念。修改后刑诉法为完善检察机关的诉讼监督职能，在刑事立案监督、刑事侦查监督、刑事审判监督、刑事执行监督方面对检察职能都进行了强化和延伸。扩展了检察机关诉讼监

① 孙谦：《平和：司法理念与境界》，中国检察出版社 2010 年版。

② 《辞海》（缩印本），上海辞书出版社 1979 年版。

督的范围，增添了诉讼监督的内容，健全了执行监督的制度，强化了诉讼监督的责任，加强检察机关对刑事诉讼的监督是刑诉法修改的重要内容，并贯穿始终。

深化监督就是要全面履行修改后刑诉法赋予检察机关的法律监督职责，严把案件事实关、证据关、程序关、法律适用关，及时纠正一切违反刑事诉讼法的行为，确保法律正确实施，防止司法权滥用，防止司法腐败，切实保障犯罪嫌疑人、被告人和其他诉讼参与人的合法权利。一是深化监督职能。修改后刑诉法在现行监督的范围中新增了诉讼监督的内容，注意将刑事执行活动全面纳入法律监督的范围。因此在检察工作中，针对修改后刑诉法新增加的内容，加强对侵犯犯罪嫌疑人、被告人、辩护人、诉讼代理人合法权利诉讼行为的监督，对侦查机关违法查封、扣押、冻结等侦查措施的监督，逮捕后羁押必要性审查的监督，对指定居所监视居住适用的监督，强制医疗的决定和执行的监督，社区矫正和暂予监外执行的监督等。通过依法行使职权，扩展检察机关法律监督的范围，深化检察监督职能。二是完善监督措施。这次刑事诉讼法修改对检察机关的监督措施进行了细化，那么在实践中必须熟练掌握这些条款，利用多种方法完善监督的措施。例如对侦查活动，认为公安机关可能存在以非法方法收集证据情形的，可以要求其对证据收集的合法性作出说明；对审判活动，要派员出席一审简易程序法庭支持公诉；对刑罚执行活动，审查监狱、看守所提出暂予监外执行的书面意见等。制定细化的检察机关监督措施，把抽象监督变成具体监督。三是强化监督效力。这次刑诉法的修改使检察机关法律监督的效果更加有力。如规定最高人民检察院依法对死刑复核程序进行监督；检察机关逮捕必要性审查后，提出释放或者变更强制措施的建议后，有关机关应当在十日以内将处理情况通知人民检察院；检察机关对减刑、假释进行事中监督，执行机关提起减刑、假释的，应当将建议书副本抄送人民检察院，人民检察院可以向人民法院提出书面意见等。这些修改使得检察机关监督程序更科学、监督效果更有力。检察官在执法中应当全面把握这些职能，做到敢于监督，善于监督。认真贯彻与公安机关、人民法院分工负责、互相配合、互相制约的原则。通过深化监督，保证刑事诉讼活动依法进行，保证刑事案件得到公正处理，减少司法不公和司法腐败，提升民众对法律和司法尊严的信赖和认同，创造有利于司法的环境并实现公正司法，进一步确立司法权威。

论加强诉讼监督与促进公正廉洁执法

汪建兴*

【内容摘要】检察机关通过诉讼监督活动有力促进了公正廉洁执法，修改后的刑事诉讼法对诉讼监督的范围、内容、手段、程序等进行了完善，但由于体制机制等方面存在的问题，诉讼监督工作还存在很多薄弱环节，通过诉讼监督促进公正廉洁执法的效果也非常有限。要针对诉讼监督工作存在的问题，结合修改后的刑诉法，探索加强诉讼监督，促进公正廉洁执法的路径。

【关键词】检察机关　诉讼监督　公正廉洁执法

检察机关的法律监督职能主要是通过诉讼监督的方式来实现的，多年来，诉讼监督的范围不断扩大，通过诉讼监督活动促进公正廉洁执法①取得了明显成效，在保障人权与维护社会稳定方面发挥了越来越大的作用。修改后的刑诉法出台了一些有利于强化诉讼监督的条文，但是由于种种因素的制约，检察机关开展诉讼监督工作还存在诸多疑难问题和薄弱环节。如何冷静、审慎地对待诉讼监督工作，找准制约检察机关诉讼监督职能作用发挥的症结所在并有针对性地提出解决对策，推动诉讼监督工作良性运转和健康发展，是当前和今后一个时期必须思考和把握的重要问题。

一、诉讼监督的价值目标与公正廉洁执法的契合性

根据宪法和刑事诉讼法的规定，人民检察院作为国家法律监督机关，在刑事诉讼中不仅负责对刑事案件的检察、批准逮捕、检察机关直接受理案件的侦查和提起公诉，而且对刑事诉讼的全过程，对刑事诉讼专门机关及诉讼参与人的诉讼活动进行监督。而公正廉洁执法包括两个方面：一个是公正执

* 江西省抚州市人民检察院干部。

① 狭义的执法一般指行政执法机关依法律规定和程序具体实施法律，广义的执法还应包括司法机关对法律的适用，即司法活动。本文“公正廉洁执法”中执法应理解为广义的执法，即把狭义的执法和司法合二为一的概念。

法，一个是廉洁执法。公正执法的基本内涵就是在执法的过程和结果中，要坚持和体现公平正义原则，公正的含义包括公平、平等、正当、正义等。公正执法是执法者价值观的灵魂。执法公正包括实体上的公正和程序上的公正。实体公正是执法追求的根本目标，程序公正是实现实体公正的措施和保障。廉洁与公正密不可分，凡出现执法不廉洁的地方，必然影响执法的公正性、公信力、权威性。公生廉，廉生威。公正和廉洁是辩证统一的，廉洁是基础、是保证，公正是目标、是要求，执法不廉洁，公正必然打折扣，公正打了折扣，廉洁一定出了问题。公正廉洁执法的基本内涵就是维护社会公平正义，不徇情枉法，维护国家宪法和法律的尊严，维护公民的合法权益。

诉讼监督的价值目标就在于它促进了诉讼程序的正义、对实体真实的追求、对司法公正的维护和对人权的有力保障。程序正义是诉讼监督的形式价值目标，法治的基本精神就是要强调程序的重要性。检察机关依法进行诉讼监督，正是为了诉讼程序正义的追求，而程序正义则是执法公正的基本保障。实体正义是诉讼监督的基础价值目标，诉讼活动中所追求的实体正义包括案件事实真相的发现和对实体法的正确适用两个方面的内容，人们对执法公正廉洁与否的内心确信主要基于其对实体真实的认识。司法公正是诉讼监督的根本价值目标，是保障人民权利，实现社会正义的最后一道防线，是依法治国，建设社会主义法治国家的必然要求，也是诉讼监督的核心价值目标。这一目标的实现即是对公平、平等、廉洁执法的终极诠释。人权保护是诉讼监督的宪政价值目标。人权保护的程度是一个国家宪政水平的标尺。刑事诉讼活动的目的在于惩治犯罪和保障人权。检察机关的诉讼监督保障人权的功能主要体现在刑事诉讼活动过程中的立案阶段、侦查阶段、审查起诉阶段、审判阶段和刑罚执行阶段。这些诉讼监督的宗旨在于保障刑罚执行的合法性，防止和纠正侵犯人权的行为，使公正廉洁执法体现在刑事诉讼各个环节。综上，公正廉洁执法全面地反映了诉讼监督的价值目标，两者之间无疑存在内在完美契合。

二、修改后的刑事诉讼法对诉讼监督职能的完善，体现了对公正廉洁执法的追求

修改后的刑诉法总体上强化了检察机关对刑事诉讼活动监督的职能，拓宽了检察机关对刑事诉讼活动法律监督的方式和途径，有利于国家机器公正、平等地行使其对罪犯的求刑权和行刑权，减少暗箱操作和私相授受，切实地尊重和保护人权，进一步促进公正廉洁执法。

（一）增添了诉讼监督的内容，扩展了诉讼监督的范围

一是检察机关对死刑复核程序的监督问题。修改后的刑诉法新增规定："在复核死刑案件过程中，最高人民检察院可以向最高人民法院提出意见，最高人民法院应当将死刑复核结果通报最高人民检察院。"最大程度地保障被告人不被错杀枉杀。二是增设了对实施暴力行为的精神病人的强制医疗程序。强制医疗程序实质是剥夺了被申请人的人身自由，修改后的刑诉法在强制医疗程序设置法律援助和法律救济程序外，还规定人民检察院对强制医疗机构的执行活动是否合法实行监督，这是在保障人民群众的自由权不被法外剥夺的一大进步。三是立法除保留了检察机关审查批准逮捕的职权外，赋予检察机关在逮捕后对羁押必要性的审查权。减少不必要的羁押，是尊重和保护人权的具体体现。四是此次立法修改将刑事执行活动全面纳入法律监督的范围，以加强对暂予监外执行和减刑假释的监督为重点，增添了检察机关执行监督的内容，进一步增强刑罚执行的公平性和威慑力。使罪犯对犯罪行为需付出的代价有更清楚的预见，不敢觊觎于通过腐蚀执法人员求得频繁地减刑或监外执行。

（二）丰富了诉讼监督的手段，提高了诉讼监督的效力

一是强化侦查监督。修改后的刑诉法新增规定授权检察机关对非法收集证据的行为进行调查核实，发现违法行为是纠正违法行为的前提，要强化检察机关的侦查监督，首当其冲的是要保证检察机关的知情权和调查权，因此，立法规定检察机关对侦查机关非法取证行为进行调查核实的权力，是非常必要且有效的。二是强化刑事执行活动的监督。为了保障检察机关的知情权，修改后的刑诉法新增规定："监狱、看守所提出暂予监外执行的书面意见的，应当将书面意见抄送人民检察院，人民检察院可以向决定或者批准机关提出书面意见。"三是针对实践中监督乏力问题所作的一些补充性规定。如为了减少不必要的审前羁押，修改后的刑诉法中新增规定："犯罪嫌疑人、被告人被逮捕后，人民检察院仍应当对羁押的必要性进行审查，对于不需要羁押的，应当建议予以释放或者变更强制措施。"同时规定："检察机关提出释放或者变更强制措施的建议后，有关机关应当在十日内将处理情况通知人民检察院。"

（三）强化诉讼监督的责任，健全诉讼监督的程序

修改后的刑诉法强化了检察机关履行诉讼监督职能方面的责任，规定"辩护人、诉讼代理人认为公安机关、人民检察院、人民法院及其工作人员阻碍其依法履行职责的，有权向同级或者上一级人民检察院申诉，人民检察院应当对申诉及时进行审查，情况属实的，通知有关机关进行纠正"。这就要求

检察机关在履行诉讼监督职能时更加积极主动，以有效地维护公平公正。此外，修改后的刑事诉讼法还健全了检察机关诉讼监督方面的程序，特别是检察机关审查批准逮捕的程序，如修改后的刑诉法新增规定："人民检察院审查批准逮捕，可以询问证人等诉讼参与人，听取辩护律师的意见，辩护律师提出要求的，应当听取辩护律师的意见。"

三、现阶段通过诉讼监督促进公正廉洁存在的问题

（一）诉讼监督意识不强，促进公正廉洁执法力度不够

检察机关诉讼监督职能发挥还不够充分，存在不敢监督、不愿监督、不善监督、监督不到位等现象。从检察机关自身来讲，一些检察干警在思想上将诉讼监督权和公、检、法三机关互相制约相混同，认识不到检察机关诉讼监督的单向性、专门性和强制性。从被监督者来讲，也有认识不到位的因素，少数公安干警排斥检察机关介入非自侦案件的侦查活动，认为其提前介入是对侦查活动的不必要干预，从而在客观上抵制检察机关的诉讼监督权。而一些审判人员受"审判至上"思想的影响，认为诉讼监督是对审判权的侵扰，损害了审判的权威，因而存在抵触情绪。同时，部分检察人员对于诉讼过程中发现的问题怠于按照法律规定进行监督。一方面，考虑到与被监督机关的关系而不敢监督。部分办案人员在开展诉讼监督的过程中，担心严格进行监督会影响检察机关与公安机关、法院的关系，因此发现其他司法机关诉讼活动违法，往往会以口头纠正或检察建议代替书面纠正违法意见。另一方面，由于工作任务繁重与检力资源短缺之间的矛盾导致不愿监督。在开展诉讼监督工作过程中，倘若遇有被监督者抵触的情况，必然要占据更多的时间和精力，因而，部分办案人员本着"多一事不如少一事"的思想忽视诉讼监督工作，影响了监督效果。这些因素导致的结果就是检察机关不能及时发现不公正、不廉洁执法的问题，或者发现了问题不敢或不能有效地予以监督。

（二）诉讼监督立法不完善，促进公正廉洁执法效果不佳

从客观上来说，立法不完善是影响检察机关诉讼监督职能作用发挥的一个重要因素。检察机关可以依法进行立案、侦查、审判和刑罚执行监督，但立法未明确赋予检察机关诉讼监督手段的法律拘束力，使诉讼监督行为流于形式，如检察机关通知立案后公安机关拒不立案该怎么办，检察机关批准逮捕后公安机关变更或解除了强制措施，检察机关该如何监督等，刑事诉讼法中均没有明确规定。这些立法上的缺陷客观上也导致诉讼监督的程度不深入、操作不规范，监督效力难以得到保证。因为当检察机关在监督得不到必要的回应或监督效果不理想时，会产生挫败感，习惯性的受挫也容易挫伤开展诉

讼监督的积极性。

（三）诉讼监督范围缺失，促进公正廉洁执法触角不宽

在立案监督方面，不仅要加强对应当立案而不立案的监督，同时应积极探索完善对不应当立案而立案的监督机制，重点依法监督纠正用刑事手段插手经济纠纷以及出于地方保护、部门保护而违法立案等行为。侦查监督方面，公安机关不依据刑事诉讼法规定的撤案条件而随意撤案的问题时有发生，撤案监督尚属空白，检察机关对此无监督依据可依，侦查机关“久侦未结”、结伙作案中“另案处理”或治安处罚的案件、“对侦查机关侦查终结后未移送审查的案件”① 也应纳入检察机关的监督视野。审判监督方面，即使在刑事案件庭审中发现审判违法行为，1996 年刑诉法也规定在庭审后提出，而事后监督往往于事无补。在财产刑的执行过程中，检察机关对法院的罚金刑、没收财产刑的执行活动也缺乏有效的监督措施，个别法院动辄就将罚金、没收财产所得的钱款直接截留，或者采取其他变通手段，使其最终变成本单位的办公经费。② 由此可见，在检察机关诉讼监督的触角不能伸到的地方，要促进这些范围内的公正廉洁执法，当然会有心有余而力不足之感。

（四）诉讼监督机制不健全，促进公正廉洁执法的合力不强

一方面，内部机制不健全，未形成监督合力。要通过诉讼监督促进公正廉洁执法，检察机关内部要形成合力。目前的问题是，诉讼监督的职能分属检察机关各内设业务机构，没有一个有力的、统一的诉讼监督领导机制，监督工作政出多头，监督的视角各异，无法形成诉讼监督合力，难以形成长效、系统的诉讼监督机制。而单个业务部门开展诉讼监督工作难免有势单力薄之感，不容易得到被监督单位的重视。

另一方面，外部机制不健全，监督手段亟须完善。这主要表现在以下三个方面：第一，检察机关缺乏知悉权。检察机关与纪检监察机关、执法司法机关的纪检监察部门、信访部门还未形成有效的信息共享机制，无法及时获知监督线索。第二，诉讼监督渠道不通畅。实践中，公民个人或有关单位、部门主动提供的线索很少，查办诉讼监督案件的相关线索主要依靠办案人员在履行批捕或公诉职能的过程中自行发现。第三，关系未理顺。刑事诉讼法规定，公、检、法三家是分工负责、相互配合、相互制约的关系，但具体实践中，重办案、轻监督，重配合、轻制约。

---

① 邹开红：《诉讼监督工作研究》，载《国家检察官学院学报》2009 年第 6 期。

② 陈瑞华：《诉讼监督制度改革的若干思路》，载《国家检察官学院学报》2009 年第 6 期。

（五）诉讼监督手段无力，促进公正廉洁执法的效果不明显

一是诉讼监督手段缺乏法律约束力。虽然立法规定监督对象应对检察机关的监督意见作出及时反馈，但对拒绝及时反馈的行为却没有规定进一步的制裁措施。二是监督手段滞后。当前检察机关的诉讼监督是一种被动式的监督，无法了解侦查、审判的整个过程，对于证据材料、出庭以及判决（裁定）之外的没有反映出来的问题，更谈不上监督。三是监督手段单一。目前，检察机关进行诉讼法律监督的手段主要是提出纠正违法意见，具体方式首先是发出“检察建议”、“纠正违法通知”等，这些监督方式往往不具有追究刑事责任的后果，多为提醒或建议性质，缺乏制裁性，诉讼监督职能被大幅度弱化。诉讼监督手段的无力化，决定了其促进公正廉洁执法的效果非常有限。

四、完善诉讼监督机制，促进公正廉洁执法的路径

（一）增强诉讼监督促进公正廉洁执法意识

检察机关要充分认清在诉讼活动中所肩负的监督职责，进一步增强监督意识、责任意识、公平公正意识，摒弃畏难思想和厌战情绪，始终坚持“强化法律监督，维护公平正义”的检察工作主题不动摇，在配合公安、法院、监狱完成办案任务的同时，突出加强对刑事立案、侦查、审判和执行的监督，切实担当起诉讼监督的重任，保证执法不枉不纵、司法不偏不倚，确保社会公平正义在执法司法环节的实现。此外，要善于把监督案件与监督人结合起来。在开展诉讼监督的过程中，不仅仅针对案件本身是否合法合理进行监督，还应注意保护人权问题。在一些严重的执法不严、司法不公现象的背后，往往存在着以权谋私、权钱交易、贪赃枉法等职务犯罪行为，这就需要检察机关对不严格执法背后发现的徇私舞弊、滥用职权等违法犯罪问题进行监督，并予以严厉惩处，只有这样才能既有利于打击犯罪，又有利于纠正司法不公，保障人权。

（二）运用各种监督手段最大限度促进公正廉洁执法

一是将事中、事后监督与事先监督相结合。通过提前介入重大案件侦查等方式，将监督关口前移，强化对诉讼过程的监督，做到随时参与、实时监督、及时纠正。二是将个案监督与综合监督相结合，在纠正具体案件诉讼活动违法的同时，对侦查机关、审判机关执法不当的共性问题进行总结分析，帮助相关单位建立健全内部防控制度，以此促进严格、公正、文明执法。三是将刚性监督与柔性监督相结合。一方面坚持把查办司法不公背后的职务犯罪作为增强诉讼监督实效的重要措施来抓，坚决做到有腐必反、有案必查、有罪必纠。另一方面深入相关单位开展职务犯罪预防工作，加强教育、制度、

监督并重的“三位一体”的惩防体系建设，切实做到警钟长鸣、防微杜渐。四是将日常监督与专项监督相结合，在加强日常监督的同时，注意梳理诉讼活动中的突出问题，适时开展专项监督，增强监督实效。

（三）完善内外部协调机制形成公正廉洁执法合力

一方面，要完善内部配合协调机制。这主要有以下几个途径：第一，建立健全线索移送、衔接配合、沟通联系等制度，建立检察机关内部一体化格局，实现诉讼监督的信息共享和资源整合，确保形成协调高效的监督合力。第二，调整工作布局，把工作重心下放到基层检察院，充分发挥其办案主体作用和具体办案指导作用。第三，进一步规范异地办案、交叉办案、授权办案、联合办案等办案模式，优化办案资源，确保诉讼监督工作顺利进行。进一步加强检察机关内部协调配合，明确各自职责，在检察机关内部逐步健全信息共享、情况通报、线索移送、结果反馈等制度，形成监督合力。

另一方面，要加强外部协调配合。在依法监督纠正执法、司法不当行为的同时，主动加强与有关部门的联系沟通，争取支持与配合，共同维护司法公正，实现“双向互动”。第一，加强协调配合，针对突出问题探索开展联合调研，统一执法标准，规范工作制度，避免不同司法机关理解和把握法律时可能出现的不一致。第二，强化工作联系制度，建立不同层次的联席会议等制度，使公、检、法之间互相配合得更加密切，阻力减小，合力增加，从而增强诉讼监督效果。第三，通过积极推进行政执法与刑事司法衔接的信息平台建设、建立长效的信息共享机制，通过现代媒体宣传、网上举报等有效形式加强监督。四是完善人大监督支持机制。人大监督和诉讼监督均以维护法制统一和法律正确实施为目的，应通过监督规范执法行为，完善权力制约机制，保证中国特色司法制度发挥其内在的优越性。

（四）加大诉讼监督的宣传力度营造公正廉洁执法氛围

要继续完善检务公开制度，明确向公众和当事人公开诉讼监督工作事项，增强诉讼监督工作的透明度，保障人民群众对诉讼监督工作的知情权、参与权和监督权，提高执法的公信力。通过开展“举报宣传周”、检察长接待日等活动，激发群众参与诉讼监督的热情，拓宽诉讼监督案件的来源和渠道。结合检察机关正在开展的“四走进”活动，主动走进群众，收集诉讼监督线索。充分发挥“社区检察室”的平台作用，不断延伸发现诉讼监督线索的触角，特别是群众反映强烈的执法不严、司法不公、违法不究、打击不力的案件线索。进一步加强网络宣传和媒体报道，为诉讼监督工作营造良好的外部环境。

（五）立足修改后的刑诉法拓宽诉讼监督途径，强化公正廉洁执法实效

一是以立案监督为突破口，加强对侦查活动的监督。这主要可以通过以

下几种方式：第一，完善立案监督范围。修改后的刑诉法新增规定授权检察机关对非法收集证据的行为进行调查核实，以保证检察机关的知情权和调查权，这对于把不应当立案而立案侦查的问题纳入刑事立案监督的范围内，对侦查机关不应当立案而立案进行监督提供了一些条件。第二，加强与侦查、刑罚执行、行政执法等机关之间的联系与沟通，注意改进监督方式方法，主动争取有关方面支持，推动诉讼监督工作由静态监督向动态监督、由事后监督向同步监督的转变。第三，实现信息渠道畅通，完善立案报备制度。检察机关只有通过审查公安立案情况，才能及时掌握刑事案件发案、破案等情况，把握社会治安状况，并从中发现有案不立、不应立案而立案的线索，把事后监督变成事前监督，把个案监督变成全面监督，从制度上彻底解决有案不立、有罪不究的问题。

二是规范监所检察监督，防止刑罚执行不公。修改后的刑诉法保障了检察机关对监外执行的知情权，以及逮捕后对羁押必要性的审查权，这些规定无疑将强化检察机关对刑事执行活动的监督。有利于检察机关推行对监所规范化管理的动态监督，全面开展纠正脱管、漏管专项活动，建立健全交付、监管、考察、监督工作等制度，完善检察机关对刑罚执行进行的同步监督机制，参与监管单位呈报减刑、假释、暂予监外执行的审核把关，将监督关口前移，加大对刑罚执行同步监督的力度。

三是强化公诉引导侦查机制，提升公正廉洁执法环境。作为一种机制创新模式，公诉引导侦查能提高办案质量和效率，延伸检察机关法律监督职能，提升公正廉洁执法的环境。目前开展公诉引导侦查，尚须完善以下内容：第一，完善相关法律制度，实现规范化指引。公诉引导侦查制度虽然有原则性规定，但仅有部分工作内容在法律条文中有所体现。建议由最高人民检察院与公安部相关部门联合会签体现侦诉配合的规范性文件，统一指导地方实践。第二，创新引导方式，实现多样化引导。公诉引导侦查须采用多种方式并灵活适用才能发挥有效价值，包括提前介入、个案会商、退回补充侦查、联席会议制度等。第三，增加侦查机关赔偿责任，提高侦查责任意识。国家赔偿法规定，采取逮捕措施后决定撤销案件、不起诉或者判决宣告无罪的，作出逮捕决定的机关为赔偿义务机关。要想提高侦查人员的侦控意识，就要将侦查部门的责任延伸至整个诉讼过程，建议在明确撤案、不诉、无罪案件赔偿义务机关是作出逮捕决定机关的同时，从法律上规定侦查机关承担赔偿责任的范围，以增强侦查人员责任意识。

四是强化同步监督，确保简易程序审理案件审慎进行。要对简易程序的启动进行监督。修改后的刑诉法对简易程序适用的条件和对不适用简易程序的四种情形进行了明确的规定。人民检察院认为符合简易程序适用条件的，在提起诉讼时仍可以向法院提出适用简易程序审理的建议；对法院决定适用简易程序审理的案件，人民检察院要对其适用简易程序审理的理由进行审查。要对简易程序的庭审进行监督。根据修改后的刑诉法，检察机关必须派员出席简易程序，对庭审过程进行全程监督，这一规定对检察资源是一项重大考验。一方面，检察机关在人员配置上须进一步完善，比较可行的办法是与法院协商建立简易程序案件集中开庭机制，以提高庭审的效率。另一方面，基于简易程序案件事实清楚、证据较充分，检察机关可以将监督重点放在是否符合适用条件、审判方式是否合法、被告人供述及证据的变化、量刑是否适当等重点上，检察机关发现法院适用简易程序审理刑事案件过程中存在违法行为和错误时，可通过建议暂时休庭、要求法院变更审判程序、发出纠正违法通知书或检察建议、提出抗诉等方式予以及时纠正。

五是落实对二审程序审判监督，筑牢司法公正最后屏障。1996 年刑诉法仅规定了对人民检察院抗诉的案件，第二审人民法院应该开庭审理。在司法实践中，大量上诉案件是书面审理，检察院不派员出庭，事实上难以对庭审活动进行监督。修改后的刑诉法保留了上述规定，同时还规定被告人、自诉人及法定代理人对第一审认定的事实、证据提出异议，可能影响定罪量刑及被告人被判处死刑的上诉案件，人民法院均应当组成合议庭开庭审理。这一规定明确了两类必须要开庭审理的上诉案件，这两类案件人民检察院也应当派员出席。检察机关可以此为依据，进一步加强对上诉案件二审庭审的审判监督。

六是执行好量刑监督制度，促进司法公正廉洁。修改后的刑诉法第 193 条规定：“法庭审理过程中，对于定罪、量刑有关的事实、证据都应当进行调查、辩论。”该规定明确赋予检察机关量刑建议权，使检察机关能够通过量刑建议制度的施行进一步拓宽诉讼监督的途径，对法官的量刑自由裁量权也起到事前监督和预防作用。在修改后的刑诉法已有明确规定的立法基础上，检察机关应进一步细化量刑建议制度：第一，努力实现量刑建议制度的规范统一。“两高”应出台相关司法解释，细化并统一量刑建议制度执行标准，避免检察机关操作模式和价值取向差异过大。第二，重视调查量刑事实。检察机关要引导侦查机关加强对量刑事实的调查，对于侦查机关侦查不足、检察机关又可以自行补充侦查的量刑事实，可以补充侦查。第三，积极推进庭前证据展示制度。检察机关的量刑建议只有建立在全面掌握被告方证据的基础之上才能做到科学并且客观公正。第四，加强监督以提高量刑建议效力。量刑建议有启动量刑程序、明确证明责任、预设监督标尺、制约量刑裁判的效力。

以理性、平和、文明、规范执法理念指导执法办案的实践与启示

叶和林* 黄 胜*

【内容摘要】 在构建社会主义和谐社会的条件下，检察机关服务党和国家的工作大局，必须实现由主要是专政功能向主要是推动科学发展、维护社会和谐稳定、促进公平正义与保障人权的司法功能转变，而要实现这一功能的转变，关键在于坚持理性、平和、文明、规范的执法理念，积极稳妥地执行法律，加强执法规范化建设，提高执法办案能力。

【关键词】 检察机关 理性平和文明规范 执法理念 实践启示

构建社会主义和谐社会对检察工作提出了新的更高要求。检察机关服务党和国家工作大局，必须实现由主要是专政功能向主要是推动科学发展、维护社会和谐稳定、促进公平正义与保障人权的司法功能转变。而要实现这一功能的转变，关键在于坚持理性、平和、文明、规范的执法理念，不断加强执法规范化建设，提高执法办案能力，全面履行检察职能。

一、以理性、平和、文明、规范执法理念指导执法办案的实践

（一）坚持理性执法理念，增强执法办案效果

理性是法律的精神实质，也是检察干警的内在秉性。① 在执法办案实践中，坚持做到：

1. 以理性的执法思维履行检察职能。通过强化学习，使检察干警在执法办案中具备较高的法律意识、大局意识、政治意识、责任意识以及分析问题和解决问题的能力，使每位干警都能知责任、明责任、负责任，能干事、干

---

* 江西省南康市人民检察院副检察长。

* 江西省南康市人民检察院法律政策研究室主任。

① 唐元高、征汉年：《执法新理念的哲学思考》，载《检察日报》2009 年 9 月 18 日第 3 版。

成事、不出事，自觉把检察工作放在党委工作大局中来谋划推进，紧紧围绕大局想问题、作决策、抓落实，摒弃孤立办案、简单就事论事、就案办案、关门办案的单纯业务观点，不仅具有过硬的法律监督能力，而且还具有较强的群众工作能力。尤其在查办职务犯罪案件中，善于从政治上、大局上入手，驾驭办案工作，理性地把握和处理好办案与服务、执行法律与执行政策、惩治与预防等关系，不断改进办案方式方法，找准办案工作与服务大局的结合点，综合运用检察职能，既打击犯罪、惩治腐败，又维护稳定、促进发展，增强检察工作服务社会的质量和效果，为南康在赣南苏区振兴发展中争当排头兵提供有力的司法保障和服务。

2. 客观、冷静、正确地应对执法办案过程中遇到的各种情况和问题。善于把握时代变化、社会心理和群众情绪以及执法活动规律，准确分析形势，既坚持实事求是，又做到具体问题具体分析，以理性的思维、方式、手段处理案件、化解矛盾，讲究执法艺术，将情、理、法融为一体，以事实为依据，以法律为准绳，科学判断，而非盲目抽象、凭感情用事和一时冲动去执法，从而避免了冤假错案的发生，减少了群众的不满情绪，最大限度地增加了社会和谐因素，提升了执法公信力。

3. 坚持释法说理。理性重在讲理，以法为据，以理服人，而不是以权压人、盛气凌人、用贴标签的方式区分人。在执法过程中我们做到用语文明规范，讲明事理、讲清法理、讲通情理，使当事人理性接受处理结果和承担法律责任。坚持以科学的理论、方法、态度、精神对待事物，判断是非，尊重事实，遵从规律，兼顾各利益主体的诉求，冷静考虑各种可能的结果，然后进行分析、比较、权衡，排斥愤怒、暴躁、狂热、偏执、痴迷等精神状态，合理地梳理信息，准确地把握分寸，适当地运用规律，全面地权衡利弊，公平地得出结论，始终把人民满意作为第一标准，充分尊重我国的历史文化传统和老百姓的常识常理常情，在处理每一起案件时都充分考虑群众的意愿，使每一次执法活动都能够让人民群众看得见、摸得着、感受得到检察机关的为民情怀。去年以来，我院对所有不捕、不诉案件都进行了释法说理，让当事人心服口服。

（二）坚持平和执法理念，规范执法办案行为

在构建和谐社会的条件下，司法机关应当提倡一种“平和”的执法理念。检察机关的司法属性要求必须是平和执法观念的倡导者。[①] 实践中，做到以下几点：

① 吕端胜：《以平和、公正、文明理念指导执法实践的三点思考》，载《人民检察》2006年第8期。

1. 始终保持平静的执法心态。和谐社会是一个宽容平和的社会。过去一段时间，有的干警在执法活动中存在漠视无罪推定原则，重视有罪供述，忽视甚至忽略无罪辩解，违法取证，简单、教条采取强制措施等问题，这种过于刻板的传统执法模式往往容易激起犯罪嫌疑人的怨愤和抵触情绪。这就要求检察机关在执法办案中做到“宽严相济”、“刚柔结合”，既严格遵守和执行法律，又在执法的各个环节都体现出人权、人性和人文关怀。因此，通过落实平和执法理念，让现代司法理念植根于干警心中，打牢公正规范执法的思想基础，既避免先入为主，消除对立情绪，又杜绝了冤假错案，促进了社会的和谐。

2. 坚持执法活动的稳定性与一贯性。法律的稳定性、连续性必须通过司法的稳定性来实现。平和的执法理念及实践要求忠诚规范地执行法律，不忽左忽右、忽宽忽严，因而最容易被人们所接受。同时，平和的执法观要求检察官坚持把“科学的态度、理性的思维、质疑的精神、多方的视角、平和的心态、公平的对待”作为应有的职业素养，在执法办案中，始终保持一种稳定的执法情绪，通过忠实地执行法律条文来体现法治的精神，一贯稳定、公平、公正、慎重地处理每一起案件，对待每一个犯罪嫌疑人、被告人，使办理的每一起案件都实现公平、公正。通过充分发挥法律监督职能作用，让人民看到客观公正的过程，得到体现公平正义的结果。

3. 慎重采取羁押性强制措施。法律的功能就是要保护生产力，发展生产力，推进社会的文明进步，化解社会矛盾，促进社会和谐。在社会主义现代化建设时期，政法机关不仅仅是“刀把子”，更主要是社会主义现代化建设事业的保护者、社会主义现代化建设秩序的维护者、社会主义现代化建设发展的推动者。所以，在执法办案中，我们牢固树立理性、平和、文明、规范的执法理念，认真贯彻宽严相济的刑事政策，严格掌握批捕、起诉法定条件，依法、客观、全面地审查判断证据，严把事实关、证据关、适用法律关和强制措施运用关，高度重视犯罪嫌疑人的辩解和辩护人提供的证据材料，准确地排除非法证据，尤其是对严厉剥夺人身自由的逮捕措施，坚持必要性与最低限度的原则，采取十分慎重的态度，对确有逮捕必要的，才适用逮捕措施。对主观恶性较小、社会危害性不大、犯罪情节轻微的，可捕可不捕的不捕，克服了过去动辄采取拘留、逮捕强制措施的做法，充分体现了司法的谦抑性。我院近十年立案查办贪污贿赂案件160人，仅对45人采取了逮捕强制措施，不但没有影响案件质量，还保证了办案安全，提高了办案效率，降低了办案成本，扩大了办案效果。

（三）坚持文明执法理念，提高执法办案能力

文明是执法为民理念的本质要求和外在体现，也是对严格执法的进一步

要求。司法走向文明，表明司法的权威不再简单依靠国家强制力，而是更多地转向依靠社会公众的尊重与认可，以从根本上消解矛盾。① 因此，检察干警的执法办案能力也要与不断发展的社会相适应，牢固树立文明执法理念，把以人为本的价值取向贯穿于执法办案的各个环节和全过程。

1. 强化保障人权的观念。保障人权，充分实现人的价值，体现人文关怀已成为现代司法重要的理念和现代法治的基本精神，也是我国实行依法治国，建设社会主义法治国家的重要内容。历史的经验表明，只有严格依法公正执法，才能树立法治权威，才会有良好的社会秩序和风尚，法律所蕴含的公正、公平、正义等基本价值才能得以实现。文明执法能减少对立面，消除不必要的干扰与指责，感化当事人，减少办案风险与降低办案成本，增强执法办案效果。我院在侦查活动中，第一次讯问犯罪嫌疑人时，都要详细了解犯罪嫌疑人家庭及个人健康状况情况，如某局执法队长刘某被传唤后，办案人员得知其妻子临近分娩，即让其陪护妻子待产，其妻分娩后，刘某主动找到办案人员全部交代了其受贿 40000 余元的问题。

2. 忠实践行“立检为公、执法为民”思想。检察权是国家通过宪法和法律赋予检察机关，用来为国家的稳定和发展服务，为社会的公平和正义服务，为人民谋利益的。特权思想、霸道作风、粗暴执法、滥用职权、徇私枉法等问题，都直接侵害人民的利益，与国家设立检察权的根本目的背道而驰。作为法律监督机关，检察机关的全部执法活动都必须体现人民的意愿，维护人民的利益。在构建和谐社会的历史定位中，在执法思想和执法理念方面必须把维护法律的尊严和统一正确实施，把维护公平和正义、稳定和秩序作为根本的出发点和落脚点，为经济社会发展和全民和谐创业提供和谐稳定的治安环境、廉洁高效的政务环境、诚信有序的市场环境、公平正义的法治环境，真正体现人民检察为人民。

3. 积极推行人性化执法办案。在执法办案过程中，作为犯罪嫌疑人、被告人也渴望得到人性化的对待。同时，职务犯罪的主体是国家工作人员，大多担任一定的职务，手中掌握一定的权力，如果办案不文明，就会给查办案件带来更大的干扰和阻力，使案件查办工作陷入困境。近年来，我院积极深化人性化执法办案理念，加大初查力度，把功夫下在 12 小时之前的初查上，做到案件突破在 12 小时之前，完善在 12 小时之中，巩固和发展在 12 小时之后。同时，在办案工作中，区分不同情况，给予人文关怀，尊重其人格，维护其利益，体恤其要求，顾及其感受。如善用不同性格特点的侦查人员，多

---

① 张清：《公诉工作应树立四种理念》，载《检察日报》2012 年 5 月 4 日第 3 版。

角度、全方位查办案件；注意从传唤的时间、地点、方式方法以及警车停放的场所等细节方面，减少对犯罪嫌疑人及家人带来不必要的负面影响，依法灵活运用各种侦查措施和手段，既严格执法，准确及时地打击犯罪，又文明办案，保障人权，体现法、理、情的最佳统一，使检察干警赢得犯罪嫌疑人、被告人发自内心的尊重而自愿配合执法办案，确保了案件的顺利侦破，实现了对犯罪嫌疑人的由板着脸孔、横眉冷对到“微笑检察”、“人文关怀”的转变，人性化执法办案不仅得到了被查人及其亲属的认可，而且也得到了党政领导和广大人民群众的赞许。

（四）坚持规范执法理念，提升执法办案公信力

规范执法是检察机关公正执法的保障，也是执法公信力的来源。做好以下几个方面：

1. 进一步强化规则意识。和谐社会是遵循规则、体现秩序的社会。① 在执法办案中，首先应该强化规则意识。近年来，我院从建立健全规范执法的长效工作机制和制度入手，按照最高人民检察院与省院制定的有关执法规范规定，结合开展“规范执法行为，促进执法公正”等专项整改与“发扬传统、坚定信念、执法为民”等主题教育实践活动，引导干警全面确立“案件质量是生命线、细节决定成败”的观念，切实解决存在的突出问题，尤其对以前制定的各项规章制度，进行了补充和完善，编成《规章制度汇编》，对执法的每个环节要求进行细化，使检察工作都有严格规范。同时，完善检务督察和实行案件质量督察制度，坚持“日通报”、“周讲评”、“月分析”、“执法奖惩”制度，抓好制度规范的遵守和执行，使每一位检察官时刻能够想到规则，自觉遵守规则，发现违反制度规范的，及时督促纠正，维护法律规定和规范的严肃性。坚持讯问犯罪嫌疑人同步录音录像的办案做法，严格执行12小时的刚性规定，发挥人民监督员作用，认真开展对“七类情形”监督工作，不断提高执法办案水平，确保案件质量。完善执法责任制和责任追究制度，把责任明确到每个领导、办案人员和工作岗位，增强针对性和可操作性，从源头上保证办案质量。对办公区、办案工作区域视频监控和看守所职务犯罪案件讯问室等硬件进行了升级改造，设立了案件管理中心，形成了以执法办案为中心、以制度规范为基础、以执法管理为前提、以监督制约为关键、以执法保障为条件的规范执法“五位一体”的工作格局，有效地避免了只要强调规范执法办案，就不知如何办案或不敢办案的现象。

2. 完善办案机制，规范执法行为。规范执法行为是公正执法的前提。近

① 孙谦：《在全社会树立崇尚法治的价值观》，载《检察日报》2006年3月6日。

年来，我院立足实际，把握检察工作规律，明确检察业务的实体标准，细化各部门的执法流程、各岗位的操作要求和程序标准，规范绩效考核标准，充分发挥检委会对疑难复杂案件的审查把关作用，用现代信息技术监控案件流程，强化干警执法为民的执法观，着力解决制约规范执法行为的深层次问题，用标准化深化规范化，用信息化提升规范化，用理念化发展规范化，从细节入手，建立长效机制，使每项工作都有科学的标准和要求，每个环节、每个流程都有严密的制度和规定，每个工作步骤都有衡量检验的标准，实现了执法行为步骤法定化、操作直观化、执法正规化，用“规范”确保公正。

3. 不断提高办案质量。公正司法是人心向背与否的关键。我院始终坚持用检察工作主题和总体要求统揽各项工作，始终坚持加大工作力度与提高执法水平和办案质量的有机统一，在确保质量、规范执法的前提下敢于办案、善于办案。一是完善执法办案工作机制。根据刑法、刑诉法和查办案件的特点及一般规律，树立风险立案意识，完善案件质量管理体系，实行主办检察官交流复查制度，开展案件评查，完善职务犯罪案件质量通报制度和案件质量向后延伸考核机制。二是把好初查关、立案关、证据关、侦查措施关、侦结起诉关等关口。严格按照法定程序取证，从立案就考虑到结案，就设想到防止犯罪嫌疑人、被告人翻供，证人翻证，在获取证据上狠下功夫。在案件侦查终结时，主办检察官坚持以起诉的标准去复核、以辩护的观点去审查、以法官的视角去判断事实和证据，做到“身在侦查中，心系法庭上”，使各种证据形成证据锁链，堵塞翻供的漏洞，有效地保证案件质量。三是强化内外监督制约。积极探索完善案件管理中心、人民监督员制度，深入开展检务督察，对各项检察工作实行全程动态监督机制，尤其对执行实体法中的事实、证据、定性、处理情况，对执行程序法中的受案、初查、立案、侦查、起诉等执法办案环节，进行经常性的督察监督，保障各项检察工作的高效高质开展。5 年来，我院先后查办贪污贿赂等职务犯罪案件 79 人，其中科级干部 18 件，大案占立案总数的 43%，均未造成不良影响，既惩治了犯罪，教育挽救了当事人，又化解了社会矛盾。办案力度和质量逐年提高，立案侦查的职务犯罪案件起诉后有罪判决率为 100%，判处实刑 31 人，缓刑 18 人，有罪判决人数占当年立案数的比率逐年提高；提起公诉的各类刑事案件有罪判决率均为 100%，实现了办案数量、质量、效率、效果、规范、安全的有机统一。

二、坚持理性、平和、文明、规范执法理念的启示

理性、平和、文明、规范的执法理念，是新形势下最高人民检察院站在

更高层次对检察工作提出的更高要求，有利于切实提高检察干警法律监督的能力和水平，实现执法办案法律效果和政治效果、社会效果的有机统一。

（一）坚持理性、平和、文明、规范执法，必须打牢思想基础

只有真正内化于心，才能把理性、平和、文明、规范执法理念切实贯穿到每一个执法细节，让执法规范成为一种自觉。一要深入学习和落实最高人民检察院执法工作基本规范。按照“缺什么、补什么”的原则，通过专题讲座等方式，有针对性地加强教育培训，使执法规范真正成为一线执法办案人员的案头书，熟知熟记熟练运用，自觉将规范的各项要求体现到执法办案各环节。二要与核心价值观等主题教育活动紧密结合，通过主题征文、研讨会、演讲、干警论坛等形式，引导检察人员在坚持严格公正执法的同时，坚持理性、平和、文明、规范执法。三要注重提高干警理性、平和、文明、规范执法的能力和水平。相对于平和、文明、规范执法来说，要做到理性执法最难。“理性”不仅要求有非常高的法律意识，而且要有强烈的大局意识、政治意识、责任意识，有很强的群众工作能力，能够理性地把握和处理检察工作中的一系列重大关系。① 这种能力不是一朝一夕就能具有的，要通过大量的、反复的“学习、实践、总结”，才能逐步提高，必须主动适应当前的执法办案新形势，深刻认识执法办案的复杂性，慎重对待执法办案中遇到的新情况新问题，通过多层次、全方位的岗位练兵、技能培训和实战演练，改进执法方式，规范执法行为，加强执法管理，注重执法效果，不断提高法律监督的能力和水平。

（二）坚持理性、平和、文明、规范执法，必须牢牢抓住办案这条主线不放松

查办职务犯罪是检察机关的重要职能，查办职务犯罪工作的成效也主要体现在执法办案上。坚持理性平和文明规范查办职务犯罪，并不是可以不办案，而是要从转变侦查方式方法入手，努力寻求既体现理性平和文明规范办案，又保持一定规模、服务社会和谐稳定的查办职务犯罪新路子。作为基层院检察长，必须始终站在办案第一线，牢牢地把查办职务犯罪工作抓在手里，放在心上。一方面，要坚持对所有自侦案件亲自调度、亲自协调、亲自督导，对社会影响大、人民群众反映强烈的案件，及时向党委、人大、政府汇报、沟通，协调相关部门和环节，最大限度地取得党委、人大、政府的支持和社会各界的理解；另一方面，要正确处理办案和规范执法的关系。既要保持一

① 曹建明：《坚持不懈地抓好基层检察院建设》，载《检察日报》2009 年 5 月 4 日第 1 版。

定的查办大要案、窝案串案、影响稳定、妨害人民群众利益的贪污贿赂等案件的规模，又要积极适应新形势和任务的要求，不断加强执法规范化建设，坚持自觉规范执法。如果不规范执法，一次不规范文明的办案活动对检察机关所造成的影响远远超过办很多的案件。

（三）坚持理性、平和、文明、规范执法，必须严格落实各项工作机制

要严格落实最高人民检察院《检察机关执法工作基本规范》和省院有关规定，严格按程序办案，以制度管案。加强重大敏感案件风险评估，加强办案安全防范，消除各种办案安全隐患。要以容易出现执法不规范的环节为重点，开展专项监督。尤其要围绕受利益驱动办案、违法扣押冻结和处置涉案款物、执法方式简单、不作为、乱作为等人民群众反映强烈的问题，加强经常性检务督察，实现检务督察工作的常规化和长效化，发挥好检务督察的内部监督制约作用。完善职责分明、统一规范的执法责任制度，将执法责任分解到每个人与岗位，落实到每一件具体案件与执法办案每一个环节，使每一个干警、每一个执法环节、每一个执法岗位都有责任、有监督制约，形成一级抓一级、层层抓落实的责任体系。定期对案件进行评查，对于监督、评查中发现的执法不规范、不文明等问题，逐案逐项点评、通报和限期整改。通过这种常态化、细化的案件监督和管理机制，不断规范初查、侦查、采取强制措施等执法行为。完善检委会和人民监督员制度，坚持每个有争议的案件都上检委会，每个应当接受监督的案件都提请人民监督员监督，切实加强对执法办案的监督和制约。加强执法考评体系和监督体系建设，充分发挥执法档案、廉政档案、案件回访和绩效考核的作用，主动接受人大和社会各界监督，不断深化检务公开，让检察权在“阳光下运行”，增强执法公信力。

（四）坚持理性、平和、文明、规范执法，必须坚持让规矩成为执法活动的约束之手

加强执法规范化建设，一方面要始终从“人”和“制度”两方面入手，通过抓认识、抓机制、抓落实、抓典型、抓考核，着力解决执法不规范的源头性、根本性、基础性问题。将执法的一些原则规定细化成实实在在的制度，使干警能够在执法各环节有法可依，有章可循，以制度促执法规范与执法质量。通过约束执法过程，使规范成为干警的保护盾。另一方面要“硬”、“软”件并举，在执法场所严格划分“办事、办公、办案、生活”功能区域，改建改造执法办案场所，使功能区域一目了然，既相对独立又互为关联，既方便执法办案工作，又提高办事效率。近两年，我院先后投资30余万元，对办案区进行了升级改造，建成讯问室、询问室、候问室、辨认室、观察室等，实现了功能区划分，具备功能明确的区域用房、统一标准的办案场所、严格

有序的执法监督制度，一桌一椅都有规矩，执法效果明显，从细节入手避免执法问题的发生。

（五）坚持理性、平和、文明、规范执法，必须大力加强执法信息化建设

通过全面加强信息化建设，充分借助信息化手段，提高所办案件从受理立案到调查取证、采取强制措施、侦查终结、审查起诉、刑罚执行监督等网上操作的水平，强化对执法办案活动的全程、实时、动态监控，提升执法办案自动化、现代化工作水平，减少手工办案中存在的不规范、不严谨等问题，进一步提高执法办案质量。要积极开发“案件管理系统”、“监外（社区矫正）罪犯执行监督信息管理系统”、“不捕不诉案件动态跟踪系统”等软件，将法律监督工作流程网络化，深化监督层次，提升监督效率和质量。完善包括网上执法、网上监督、网上考评、网上统计等涵盖检察执法的所有方面的检察网络执法与监督系统，并发挥其在规范执法主体，明确执法责任，杜绝随意执法，落实干警执法档案制度，规范卷宗等方面的作用，不断推动执法办案的过程控制和科学管理。

（六）坚持理性、平和、文明、规范执法，必须加强对案件的动态监督

2012 年，我院专门成立案件管理中心，案件管理中心以“服务、管理、监督”为职能定位，根据职能需要，共配备 3 名检察干警，其中主任 1 人，副主任 1 人，工作人员 1 人。设置了收案管理、送案管理、流程管理、统计管理和综合查询 5 个岗位以及来访人员接待一个窗口。通过案件统一管理平台，对所办的案件进展、流程以及质量进行监控、评查，推进了检察业务管理工作的信息化，加强了内部监督，既使检察业务管理由静态变为动态，由松散变为集中，由事后监督变为事前、事中监督，也使执法办案的每个环节、每个过程都透明，进一步规范了执法行为，确保了办案质量。截至 2012 年 8 月 28 日，我院案管中心共受理侦查部门提请批捕案件 131 件 176 人，受理侦查部门移送审查起诉案件 240 件 290 人，送达案卷和随案法律文书 299 件，接收法院、公安机关移交法律文书 320 份，接待群众来访咨询 68 人次，达到了预期效果。

附　录

“坚持‘六个并重’ 全面贯彻修改后刑诉法论坛”综述

2012年7月，在全国检察长座谈会上，曹建明检察长强调要牢固树立“五个意识”，进一步做到“六个并重”，为全面实施修改后刑诉法做好充分准备。为进一步明晰“六个并重”的深刻内涵和对检察工作的新要求，真正做到与修改后刑诉法有序衔接，2012年10月10日至11日，江西省人民检察院在南昌举办“坚持‘六个并重’全面贯彻修改后刑诉法论坛”。论坛分为6个单元，围绕检察机关在贯彻修改后刑诉法中如何做到“六个并重”，进行了深入广泛的研讨。江西省人民检察院领导、检委会专职委员、各内设机构负责人，各市分院检察长、研究室主任及部分论文作者共计80余人参加了论坛。省院党组书记、检察长曾页九出席论坛并讲话，检察日报社社长李雪慧、最高人民检察院检察理论研究所副所长谢鹏程应邀出席会议并作了专题辅导发言和点评，南昌大学法学院涂书田教授、江西财经大学法学院谢小剑博士应邀参加会议并作点评，省院党组副书记、副检察长薛江武作论坛总结。现将论坛的精神和主要观点作一介绍。

如何准确理解和贯彻“六个并重”

江西省人民检察院党组书记、检察长曾页九在讲话中指出，一是要深刻认识刑诉法修改对检察工作的重大影响。要切实增强责任感和紧迫感，把全面贯彻修改后的刑诉法作为事关法律监督职能全面正确有效履行和深入推进检察事业科学发展的大事来抓，牢牢把握机遇，沉着应对挑战，确保修改后的刑诉法在检察工作中得到不折不扣的贯彻执行。二是要准确把握“六个并重”的基本内涵。“六个并重”是这次刑诉法修改原则和价值取向的高度概括，是对“五个意识”的进一步深化，与“六观”、“六个统一”一脉相承，充分体现了我国刑事诉讼制度对检察工作提出的基本要求，具有很强的理论性、思想性和针对性，对于检察机关贯彻落实修改后的刑诉法具有十分重要的指导意义。要站在全局和法治的高度，深刻领会刑诉法修改的价值取向和基本原则，准确把握“六个并重”的思想内涵和精神实质，进一步更新和转变执法理念，指导和推动修改后刑诉法全面正确有效地贯彻落实。三是要正确处理贯彻实施修改后刑诉法涉及的重大关系。贯彻实施修改后的刑诉法，涉及新旧法律的衔接、与已出台司法改革措施的关系等一系列重大问题。要从有利于推进法治进程、有利于尊重和保障人权、有利于规范执法行为的高度出发，正确处理好过渡时期适用新旧刑诉法的关系、新刑诉法与已出台司法改革措施的关系、全面推进与试点探索的关系，保证修改后的刑诉法正确有效实施。四是要注意把握贯彻实施修改后刑诉法的几个重大问题。要积极适应刑诉法修改后检察职能的新调整、新变化，深入研究和思考对策措施，妥善应对可能出现的重大情况和问题，确保全面、正确、有效地履行法律监督职责。要进一步强化刑事诉讼监督，坚决防止检察权的滥用，依法正确适用侦查措施和强制措施，切实保障律师的执业权利，切实履行好各项法律监督职责。

检察日报社社长李雪慧在专题辅导发言时指出，“六个并重”是在“五个意识”基础上发展起来的，两者为全面贯彻修改后刑诉法奠定了坚实的思想基础。“六个并重”是一个整体，体现了从宏观到具体，从原则到方法，从外部到内部的一系列要求，具有严密的逻辑结构。坚持惩治犯罪与保障人权并重是刑诉法的整体目标，强调了要尊重犯罪嫌疑人、被告人的主体地位；坚持程序公正与实体公正并重是刑诉法实现的路径，凸显了程序公正的独立价值；坚持全面客观收集审查证据与坚决依法排除非法证据并重是刑诉法的手段，体现了司法机关必须遵循证据规则意识；坚持司法公正与司法效率并重是刑诉法评价的质量标准，指出了切忌将单一诉讼主体的需要特别是职权的特殊需要作为判断和认识效率和公正问题的依据；坚持强化法律监督与强化自身监督并重是检察机关的特殊要求，强化了检察机关作为法律监督机关更要接受外部监督和加强内部制约的意识；坚持严格公正廉洁执法与理性平和文明规范执法并重是检察机关的行为规范，体现了作为执法观的本质要求和行为方法的统一。严格公正廉洁执法是政治性的要求，涉及的是核心价值的问题，理性平和文明规范执法是对检察机关的专业要求。“六个并重”相辅相成，是现代诉讼民主和诉讼文明的重要组成部分。

最高人民检察院检察理论研究所副所长谢鹏程在专题辅导发言时指出，“六个并重”是曹建明检察长对检察工作发展理念和执法理念的丰富和发展，是全面贯彻修改后刑诉法的核心。这次修改后的刑诉法是对近年来中央司法体制改革成果的贯彻落实，也是对 16 年来刑事司法实践经验和理论研究成果的总结和应用，有很大的进步。相比 1996 年刑诉法的修改，修改条款规模基本相当，但这次修改内容更为精细。尊重人权的精神得到进一步彰显，犯罪控制手段得到进一步加强，司法公正得到进一步保障，具有鲜明诉讼文明进步的阶段性特征和时代精神。修改后刑诉法着力加强保障公共安全，有效控制犯罪；着力保障司法公正，解决人民群众反映强烈的问题；着力保障人权，提高司法文明水平，对检察工作具有重大影响，检察机关一定要全面贯彻落实。修改后刑诉法是一个阶段性成果，仍存在一些局限性和不足，在这种情况下，一个法律人的基本责任就是维护法律的权威和尊严，要接受局限、发挥优势、用活条款、激发潜能，为其进步拓展空间。

江西省人民检察院党组副书记、副检察长薛江武在论坛总结时指出，要认清新形势、新问题、新挑战，全面把握“六个并重”内涵，不断更新执法理念，主动适应修改后刑诉法的新要求……要妥善应对检察职能新变化带来的挑战与问题，要根据“六个并重”的要求，把握工作重点，把握关键环节。在审查批捕工作中，要强化对逮捕必要性和捕后羁押必要性的审查，切实贯彻宽严相济刑事政策；在审查起诉工作中，要强化对证据合法性与证明力的审查，实现从定罪公诉向量刑公诉和程序公诉的转化；在侦查工作中，要转变侦查模式，提高案件突破能力与规范执法水平；在诉讼监督工作中，要不断提升监督能力，有效应对监督范围扩大、监督手段增强、监督要求提高的新变化。要积极稳妥地进行有关试点工作，及时总结、评估、交流试点经验，保证试点经验的可行性、可操作性，对于成熟的经验和做法要尽快报送材料，在全省检察机关推行，并力争取得好的效果和影响，为明年修改后刑诉法的实施积累经验，奠定基础。要进一步规范执法办案工作，依法履行职责，正确适用强制措施，建立完善规范执法的监督制约机制，全面准确贯彻修改后刑诉法。

坚持惩治犯罪与保障人权并重

惩治犯罪与保障人权并重，是贯彻落实宪法原则的需要，是司法改革文明进步的体现，也是刑诉法的总体目标。一部刑事诉讼制度的发展史，就是惩治犯罪与保障人权既对立又统一的发展史，是两者相辅相成、协调并进，逐步实现动态平衡的发展史。最高人民检察院检察理论研究所副所长谢鹏程认为，惩治犯罪与保障人权是刑诉法两个并行不悖的目标，是刑事诉讼永恒的主题，在任何时期都是相对动态的平衡，辩证的发展，二者是正和博弈而非零和博弈的关系。这次刑诉法修改一个最大的特点，就是统筹考虑惩治犯罪与保障人权，体现了两者并重。江西省人民检察院党组副书记、副检察长段景来认为，贯彻实施修改后刑诉法特别需要强化人权保障观念，检察机关要充分认识到尊重和保障人权是维护宪法尊严、履行法律监督使命的必然要求，要增强人权意识，把保障人权贯穿检察工作始终，始终坚持保障人权与惩罚犯罪并重，既注重准确及时地惩罚犯罪，依法维护公民、社会和国家利益，又注重保障犯罪嫌疑人、被告人和其他诉讼参与人的合法权利。江西省人民检察院副检察长张国轩认为，坚持惩治犯罪与保障人权并重，一要充分认识坚持惩治犯罪与保障人权并重在法理上、立法上、司法上的重要意义；二要对惩治犯罪与保障人权的现状有客观了解，三要尊重保障人权要从实体法和程序法上共同努力；四要从诉讼模式的演变过程看惩治犯罪与保障人权二者关系的结合；五要从世情、国情、党情、社情的大背景下来理解坚持惩治犯罪与保障人权并重。九江市人民检察院党组书记、检察长熊少健认为，要在贯彻修改后刑诉法中真正做到“坚持惩治犯罪与保障人权并重”，一要转变执法理念，通过重新塑造人权观，以宪法确立的人权保障范围为依据，在保障犯罪嫌疑人、被告人权利的同时不能遗忘被害人权利的保障；二要规范执法行为，进一步细化技术侦查措施、指定监视居住的运用，确保辩护权的有效行使，完善非法证据排除规则；三要对修改后刑诉法中的诸多重要概念的法律含义作出司法解释，这直接关系到检察权的界限，也关系到诉讼当事人的权利。鉴于职务犯罪侦查在惩治犯罪与保障人权中的重要地位，赣州市人民检察院党组书记、检察长胡火箭认为，要切实改变“重实体、轻程序，重打击、轻保护”的落后办案观念和“口供一元中心主义”的畸形取证模式，在查办职务犯罪案件过程中贯彻合法、合理、合情的文明执法观，以文明办案来实现惩治犯罪与保障人权并重。国家检察官学院井冈山分院副院长刘志成从职务犯罪嫌疑人权利保障的角度，提出检察机关在职务犯罪案件办理过程中要树立“权力可为最小化，权利可有最大化”的人权保障落实观以及自律节制适用强制措施等观点。另外，南昌铁路运输检察分院党组书记、检察长丁高保则从“惩罚犯罪规范化”和“保障人权具体化”两个层面对修改后刑诉法中涉及惩治犯罪与保障人权方面的证据规定进行系统梳理，通过分析这些修改对检察工作的影响，提出要“顺势而为，内外兼修”，即对内在更新执法理念、建立科学办案机制、提高业务素质等方面下功夫；对外要与行政执法机关、公安机关、法院等加强沟通联系，在证据的“三性”上下功夫。

坚持程序公正与实体公正并重

程序公正是实现实体公正的重要手段和保障，实体公正是程序公正的结果和最终目的，两者互相依存，互相联系，缺一不可。近年来，随着人民群众法律意识、维权意识明显增强，对程序公正的要求越来越高，人们不仅要求公平正义能够实现，而且要求以看得见的方式来实现。落实程序公正，实现程序公正与实体公正并重，检察机关责任重大。江西省人民检察院党组成员、副检察长李智认为，坚持程序公正与实体公正并重，一要更加深刻认识程序公正的特殊含义，其价值除民主、法治之外，还有安全、稳定、效率等；二要正确处理程序公正与实体公正可能发生的矛盾，坚持程序优先；三是检察机关要重点解决重实体、轻程序的问题，不断更新观念、提高素质、加强能力，以更加有效的程序公正促进更加丰富的实体公正。宜春市人民检察院党组书记、检察长熊金文认为，程序公正是实体公正的基础，有利于尊重和保障人权，对提升司法公信力至关重要，修改后刑诉法更加重视程序公正价值，检察机关应当坚持将“有法必依”作为确保程序公正的基本路径，切实转变刑事诉讼理念，依法规制执法办案行为，及时改进执法办案方式，坚持履行监督职能与接受监督并重，着力解决执法能力和执法保障问题。新余市人民检察院党组书记、检察长刘炽认为，判断公正的价值，应从是否有利于社会持续发展、是否能够满足法律的基本价值、是否符合基本的伦理道德三方面来考量。萍乡市安源区人民检察院党组成员、副检察长王绍红分析了程序正义在刑事诉讼中的基本要求，提出要强化程序意识，坚持程序正义和实体正义并重，全面履行诉讼监督职责，提高检察机关办案水平和办案质量。江西财经大学法学院谢小剑博士认为，随着我国人权保障理念的提升，群众对程序本身是否公正的关注度越来越高，检察院作为法律监督机关，有客观公正的义务，不能仅把自己当作控诉犯罪的追诉者，还要充分保障辩方的合法权益。针对实践中职务犯罪侦查人员出庭作证难的问题，吉安县人民检察院助理检察员张慧玲认为，一方面要从立法层面细化职务犯罪侦查人员出庭作证的启动规则、作证范围、程序、方式等内容，另一方面要从实践层面做好出庭作证的各项准备工作，增强职务犯罪侦查人员出庭作证的应对能力。

坚持全面客观收集审查证据与坚决依法排除非法证据并重

证据是诉讼的核心和基石，对于保证办案质量、实现司法公正具有关键作用。修改后的刑诉法完善了证据种类，明确了举证责任，细化了证明标准，规定了非法证据排除、证人出庭和保护等制度，进一步健全了我国刑事证据规则体系，对今后的执法工作提出了新的更高的要求。检察日报社社长李雪慧认为，证据规则意识已深入检察人员执法理念之中，成为分析、思考、应对证据问题的基本理念。证据规则意识与证据意识略有不同，前者强调的是保证所提交的证据具备证据能力的意识，即更侧重证据的客观性，后者更多的是强调哪些证据不能提交法庭，或者提交法庭之后是否需要排除，即更侧重证据的合法性。修改后的刑诉法要求公安司法机关转变证据理念，既要客观全面收集证据，又要依法排除非法取得的证据。司法机关只有克服障碍，取消对于控诉方、辩护方的“双重标准”，建立起公、检、法三机关分工制约、互相配合的机制，才能使证据制度得到真正有效的执行。江西省人民检察院党组成员、反贪污贿赂局局长邱利认为，检察机关在收集证据的过程中，不仅要重视证据与案件事实之间的客观性和关联性，而且要特别重视证据收集和运用的合法性，确保案件质量经得起历史和法律的检验。检察人员要不断提高依法规范取证能力，牢固树立无罪推定理念，在不得强迫任何人证实自己有罪的前提下，坚持重证据、重调查研究、不轻信口供的办案原则，坚持惩治犯罪与保障人权并重。同时，要切实强化非法证据排除、刑事证明标准等意识，尽快掌握获取和运用新的证据类型的本领，不断总结经验，探索机制方法，以充足的知识储备、有益的实践积累积极迎接修改后刑诉法的全面实施。南昌市人民检察院党组书记、检察长徐胜平认为，非法证据排除规则入法具有重大现实意义，但检察机关在非法证据排除规则适用中还面临不少困难，侦监、公诉部门应从转变执法观念、注重证据细节、规范排除程序、细化核查标准、明确排除后果等方面入手，确保非法证据排除规则在审查逮捕、审查起诉环节适用取得实效；自侦部门也应更新办案观念，转变侦查模式，全面客观收集证据，慎用侦查策略，完善侦查机制，建立专门队伍，积极应对非法证据排除规则带来的挑战。江西省人民检察院公诉一处副处长潜艇认为，坚持全面客观收集审查证据与坚决依法排除非法证据并重，检察机关要更加重视收集证据的全面性、排除非法证据的主动性、法庭上应对证据合法性证明责任的灵活性。针对检察机关如何防止刑讯逼供，鹰潭市人民检察院法律政策研究室主任胡金国认为，要将刑事证据的证明标准逐步走向法律真实，切实转变执法理念，既重打击犯罪，又重保障人权，真正做到二者并重，并通过立法、司法解释不断完善刑事诉讼制度。宜春市袁州区人民检察院法律政策研究室主任刘瑛以公诉工作为切入点，提出公诉人员应当深入理解非法证据排除规则的内涵和精神实质，积极应对非法证据排除审查，提升非法证据的甄别能力，掌握排除非法证据的有效方法，同时还要加强对审判过程中非法证据调查程序的监督。新余市人民检察院法律政策研究室副主任肖巍鹏认为，口供补强规则与非法证据排除规则可以形成有效互补，共同担负起查明案件真相、保障程序公正、化解办案风险的重要作用。

坚持司法公正与司法效率并重

公正是核心和根本，效率是基础和保证，两者既对立又统一，通过二者在司法过程中的静态和动态的有机整合，实现具有多元利益取向的人类对司法多元价值目标的最大需求与满足。修改后的刑诉法很好地统筹兼顾了公正与效率的关系，但是要真正实现公正与效率的两全其美，并不是一个轻松的任务。江西省人民检察院党组成员、副检察长罗晓泉认为，司法公正与司法效率是相互包含、相辅相成的关系，没有公正就没有效率，没有效率就谈不上公正，不讲效率的司法是不公正的司法，不公正的司法是没有效率的司法。

从理论上进行研究，可以帮助我们树立正确的执法理念，在思想上增强司法公正和司法效率的意识；从制度上进行合理的设计，可以解决司法公正与司法效率的实现途径；从执行层面进行深入的研究，完善相关的制度和措施，可以保障司法公正与司法效率的有效实现。景德镇市人民检察院党组书记、检察长黄永茂认为，正确处理司法公正与司法效率的关系，实现司法公正与司法效率并重，必须切实转变执法理念，科学设置考核评价体系，加强案件管理。针对司法实践中流行的“公正优先论”和“效率优先论”的观点，抚州市人民检察院党组书记、检察长何刚认为，这两种观点将公正与效率截然对立，与刑事诉讼的规定不符。对于如何处理公正与效率之间的矛盾，应根据执法办案工作实际和利益权衡原则来处理：一般情况下坚持司法公正与司法效率并重，努力做到公正与效率的有机统一；案件涉及重大国家利益和特别重大社会公共利益，应以司法公正优先；在一些特定情况和特殊的案件中，如修改后刑诉法规定的当事人和解的公诉案件诉讼程序，应允许效率处于优先的地位，节约司法资源的消耗，在保证公正的基础上实现司法效率最大化。针对当前一些业务部门案多人少的突出问题，如何在确保司法公正的前提下提高司法效率，南昌市东湖区人民检察院党组书记、检察长郭云水以该院在实践中探索的公诉案件简易程序的具体经验做法为视角，围绕修改后刑诉法规定简易程序公诉人必须出庭导致出庭案件数量增加、任务加重带来的挑战，提出采用集中移送审查起诉、集中起诉和集中开庭审理的办案模式，合理配置司法资源，确保案件公正、高效办理。为确保刑事司法活动的及时高效，修改后的刑诉法对法定时限进行了修改和完善，共涉及30多个条文，如何建立、完善办案期限预警、案件统一管理等工作机制，江西省人民检察院法律政策研究室副主任李凯俊认为，公正与效率是案件管理的价值追求，要从宏观上构建“管理、监督、服务、参谋”为一体的案件管理基本路径，进一步完善统一负责受理、分流和移送案件，统一对案件的办案流程进行监督等七大具体工作模式，在保障司法公正的前提下，确保案件及时高效办理。上饶市人民检察院法律政策研究室主任邓亚兵认为，司法实践中，检察机关正确处理司法公正与司法效率的关系要克服两种倾向：一是要克服为了追求绝对的公正致使一些案件久拖不决、久审不结的倾向，二是要克服人为司法效率低下致使案件公正受到影响的倾向。

坚持强化法律监督与强化自身监督并重

强化法律监督是检察工作立身之本，强化自身监督是检察事业发展之基。修改后的刑诉法细化了检察机关法律监督职能，增加了监督方式，强化了监督手段，同时对检察机关自身监督也提出了更高的要求和期待。江西省人民检察院检委会专职委员江阶虎认为，强化法律监督是目的，强化自身监督是手段，必须把握好二者的度，片面强调内部监督可能束缚检察人员的手脚，影响法律监督职能的发挥；片面强调法律监督而忽视内部监督，检察队伍就可能出问题。此外，还应充分发挥检察委员会在内部监督中的作用。上饶市人民检察院党组书记、检察长黄严宏认为，检察机关要清醒认识刑诉法修改后面临的新形势新挑战，切实增强责任感和紧迫感，把强化自身监督放到与强化法律监督同等重要的位置，一要加强思想教育，牢固树立监督者更要接受监督的意识；二要狠抓制度建设，实现自身监督长效化；三要提高认识，自觉接受外部监督。吉安市人民检察院党组书记、检察长谢健认为，贯彻实施修改后刑诉法，检察机关首先面对的是司法理念的挑战，只有牢固树立“五个意识”、“六个并重”理念，才能严格地执行好修改后刑诉法；要切实加强学习，真正理解掌握修改后刑诉法在强化法律监督与自身监督方面有哪些新规定、新要求；要按照曹建明检察长的要求和全省检察长座谈会精神，把功夫下在实践上，把重点放在工作方式方法上，重视机制的建立健全和探索创新。永修县人民检察院党组书记、检察长单凯从权力制约的角度，审视了诉讼监督的平衡性问题，他认为诉讼监督既不能扩张也不能谦抑，而应在拓展诉讼监督范围、手段，完善诉讼监督程序的同时，正确认识诉讼监督作用，保持诉讼监督的平衡性定位。抚州市临川区人民检察院党组书记、检察长李仲学结合工作实践，提出检察机关坚持法律监督与自身监督并重，要切实转变思想认识、完善法律监督机制、创新自我监督方式、提高监督质效。当前社区矫正工作已经在全国范围内试行，但是检察机关对社区矫正工作的法律监督却不尽如人意，针对这一问题，余干县人民检察院党组书记、检察长吴波认为，可以通过优化监督方式、完善监督程序、强化监督效力等措施，建立一套行之有效的社区矫正检察监督新模式。宜春市人民检察院法律政策研究室主任张建如认为，检察机关应大力推进检察工作一体化建设，增强监督合力，构建案件管理信息化建设，充分发挥内部监督的作用。

坚持严格公正廉洁执法与理性平和文明规范执法并重

刑诉法的每一次修改，不仅体现了法律对严格公正执法的更高要求，而且体现了对文明规范执法的更高要求。修改后刑诉法对检察机关执法办案提出了更高的要求，特别是在执法环境深刻变化、敏感性日益增强的环境下，检察机关在执法办案中将面临更多的挑战。要坚持严格公正廉洁执法与理性平和文明规范执法并重，必须首先辩证把握两者之间的内在关系和深刻内涵。

江西省人民检察院党组成员、政治部主任张勇玲认为，坚持严格公正廉洁执法与理性平和文明规范执法并重，是对其他五个并重的收尾，是其他五个并重的基础，是最终的落脚点和最初的出发点。严格公正廉洁执法与理性平和文明规范执法是检察精神自我塑造的基本要素，与检察机关的根本职能和宪法定位相一致，与当前所处时代阶段的要求和司法改革方向相适应。鹰潭市人民检察院党组书记、检察长罗庆华认为，虽然严格公正廉洁执法与理性平和文明规范执法都涉及执法观的问题，但是这两者的侧重点有所不同，前者注重的是执法的本质要求，体现了检察机关执法所应追求的价值目标和本质要求；后者注重的是执法的外在表现，体现的是执法的行为方法和基本准则。江西省人民检察院侦查监督一处处长宋智勇认为，严格公正廉洁是司法的核心价值和本质要求，理性平和文明规范是司法的行为方式和基本准则。严格公正廉洁执法侧重于政治层面，突出了目的性要素，强调了外部要求；理性平和文明规范执法侧重于司法层面，突出了行为要素，强调了内部要求，两者既交叉融合，又各有侧重，相辅相成，不可偏废。南昌大学法学院涂书田教授认为，这两个并重在理念上是统一的，但是属于两个层次，严格公正廉洁执法属于“知行统一”中的“行”的范畴，而理性平和文明规范执法则属于“知”的范畴。检察机关在坚持这两个并重时，要“知之而为之，知之而善为”。对于如何实现两者并重的路径问题，南康市人民检察院党组书记、检察长马维新认为，必须引导检察干警铸造忠诚品格、强化公正理念、树立清廉意识、提升文明素养，切实把理性、平和、文明、规范执法理念内化于心、外践于行。针对修改后刑诉法对检察机关执法办案提出的更新更高的要求，丰城市人民检察院党组书记、检察长袁剑波认为，要应对修改后刑诉法的这些规定，检察机关必须紧密结合政法干警核心价值观主题教育实践活动，着力解决执法思想不端正、执法能力不适应、执法行为不规范、执法制度不完善等问题，全面深入推进执法规范化建设，不断提升执法公信力和群众满意度。另外，南昌市人民检察院检委会专职委员熊红文则具体结合公诉工作，对检察机关如何坚持严格公正廉洁执法与理性平和文明规范执法并重进行了阐述论证，他认为在庭前会议中应秉着平等、互信、友好的态度，与辩方等各方人员积极沟通，尽量达成共识，求同存异，如果把自己当成出庭支持公诉的角色，以代表国家指控犯罪和进行审判监督的姿态，显得过于强势。另外，他还提出对非法证据要严格排除，对于非法证据排除请求被否定的案件一般不宜建议法庭从重判处以及要保障辩护律师向犯罪嫌疑人、被告人核实证据的权利等，履行一个理性法律人的客观公正义务。

（江西省人民检察院法律政策研究室整理）

图书在版编目（CIP）数据

修改后刑诉法实施与检察工作/曾页九主编．—北京：中国检察出版社，2013．3
ISBN 978－7－5102－0831－7

Ⅰ．①修…　Ⅱ．①曾…　Ⅲ．①刑事诉讼法－中国－文集②检察机关－工作－中国－文集　Ⅳ．①D925．204－53②D926．3－53

中国版本图书馆 CIP 数据核字（2013）第 020312 号

修改后刑诉法实施与检察工作

曾页九　主编

出版发行：中国检察出版社
社　　址：北京市石景山区鲁谷东街 5 号（100040）
网　　址：中国检察出版社（www.zgjccbs.com）
电　　话：(010)68650024(编辑)　68650015(发行)　68636518(门市)
经　　销：新华书店
印　　刷：三河市西华印务有限公司
开　　本：720 mm×960 mm　16 开
印　　张：35 印张　插页 4
字　　数：646 千字
版　　次：2013 年 3 月第一版　2013 年 3 月第一次印刷
书　　号：ISBN 978－7－5102－0831－7
定　　价：65.00 元